C·H·Beck
PAPERBACK

Wann sind die Religionen entstanden, und warum gibt es sie (fast) überall auf der Welt? Bernhard Maier erzählt die Geschichte der Religionen von den archäologisch nachweisbaren Anfängen bis heute. Dabei gelingt es ihm meisterhaft, die Eigenheiten großer und kleiner Religionen prägnant zu porträtieren, parallele Entwicklungen in Schlüsselepochen deutlich zu machen und Mythologien, Zeitvorstellungen oder heilige Stätten miteinander zu vergleichen. Wer seinen eindrucksvollen Überblick gelesen hat, wird besser verstehen, warum Religionen auch heute noch so machtvoll sind und selbst eingefleischte Skeptiker zutiefst faszinieren.

Bernhard Maier ist Professor für Allgemeine Religionswissenschaft und Europäische Religionsgeschichte an der Universität Tübingen. Bei C.H.Beck erschienen von ihm u. a. die erfolgreichen Standardwerke «Die Religion der Kelten» (^{3}2016) und «Die Religion der Germanen» (2003) sowie zuletzt «Globalgeschichte der frühen Hochkulturen» (2024).

Bernhard Maier

WELTGESCHICHTE DER RELIGIONEN

Von der Steinzeit bis heute

C.H.BECK

Dieses Buch erschien zuerst 2018 in gebundener Form unter dem Titel «Die Ordnung des Himmels. Eine Geschichte der Religionen von der Steinzeit bis heute» im Verlag C.H.Beck und wurde für die Neuausgabe in C.H.Beck Paperback durchgesehen und aktualisiert.

1. Auflage in C.H.Beck Paperback 2023

Mit 50 Abbildungen

Der Verlag dankt
akg images
für die gute Zusammenarbeit

2. Auflage in C.H.Beck Paperback 2026

Wilhelmstraße 9, 80801 München, info@beck.de

www.chbeck.de
Umschlaggestaltung: Rothfos & Gabler, Hamburg
Umschlagabbildung: Der Goldene Felsen bei Kyaikto, Myanmar,
© David Lazar/Getty Images
Satz: Janß GmbH, Print- und Digitalmedien, Pfungstadt
Druck und Bindung: Druckerei C.H.Beck, Nördlingen
Printed in Germany
ISBN 978 3 406 79720 0

verantwortungsbewusst produziert
www.chbeck.de/nachhaltig
produktsicherheit.beck.de

Inhalt

Einleitung

Wer eine geschichtliche Darstellung verfasst, weiß im Allgemeinen nicht, aus welchem speziellen Interesse und mit welcher Motivation der Leser sein Buch zur Hand nimmt. Auch die Vorkenntnisse des Lesers und sein weltanschaulicher Standpunkt sind dem Verfasser in der Regel unbekannt. Was jedoch Leser und Autor in den meisten Fällen miteinander verbinden dürfte, ist die Überzeugung, dass die Beschäftigung mit der Vergangenheit den eigenen geistigen Horizont erweitern und neue Perspektiven auch auf die Gegenwart eröffnen kann. Eine Geschichte der Religionen stellt in diesem Rahmen insofern einen Sonderfall dar, als sich die Darstellung zwangsläufig über viele Epochen und geographische Regionen erstreckt, viele verschiedene Bereiche menschlicher Kultur berührt und aus eben diesen Gründen auf die Ergebnisse einer Vielzahl unterschiedlicher wissenschaftlicher Disziplinen zurückgreifen muss. So erscheint es sinnvoll, diesem Buch einige einleitende Bemerkungen zur Konzeption und ihrer Durchführung voranzustellen.

Es liegt auf der Hand, dass ein Buch von weniger als 600 Seiten angesichts der Fülle des Stoffs und der Komplexität des Themas entweder nur eine erste Einführung in den Gegenstand bieten kann oder aber diese Fülle und Komplexität einem ganz bestimmten Leitgedanken unterordnen muss. Die zuletzt genannte Möglichkeit hat zwar durchaus ihren Reiz und ihre Berechtigung, doch wird ein Buch dieser Art vor allem denen nützen, die bereits mit den Quellen und den unterschiedlichen Möglichkeiten ihrer Deutung vertraut sind und so die Plausibilität der vorliegenden Darstellung im Vergleich zu anderen Entwürfen abschätzen können. Der Verfasser wendet sich demgegenüber in erster Linie an Leserinnen und Leser, die sich dem Gegenstand gleichsam von außen nähern, nicht schon viele andere Bücher zu diesem Thema gelesen haben und von einer einbändigen Darstellung der gesamten Religionsgeschichte nicht so sehr geistreiche Zuspitzung und gewagte Originalität als vielmehr Ausgewogenheit und Zuverlässigkeit erwarten.

Das Buch nimmt seinen Ausgangspunkt bei einem im Alltag weithin üblichen, doch nur selten kritisch reflektierten Sprachgebrauch, demzufolge man von «Religion» (in der Einzahl) und «Religionen» (in der Mehrzahl) reden kann. Dieser Sprachgebrauch beruht auf der zumeist stillschweigend vorausgesetzten Annahme, dass das, was bei uns heute «Religion» heißt, unter anderen Bezeichnungen auch in anderen Zeiten und Räumen zu finden sei, dass man also bestimmte gesellschaftliche Einrichtungen, Lebensformen, ethische Normen, Kulturschöpfungen sowie individuelle und kollektive Handlungen deshalb «religiös» nennen könne, weil wir es gewohnt sind, vergleichbare – oder besser: uns vergleichbar erscheinende – Phänomene unserer eigenen Kultur so zu bezeichnen. Die Plausibilität oder Tragfähigkeit dieser Auffassung soll hier nicht grundsätzlich in Abrede gestellt werden. Ein wesentliches Anliegen des Buchs besteht gleichwohl darin, diesen landläufigen Sprachgebrauch und die ihm zugrunde liegenden Vorstellungen anhand ausgewählter Beispiele immer wieder zu erörtern, zu präzisieren und mitunter kritisch in Frage zu stellen. Zum einen soll der Leser dadurch eine Vorstellung davon bekommen, welche häufig wiederkehrenden und also mutmaßlich grundlegenden Funktionen «der» Religion (Einzahl) – und das heißt eben in der Regel: der einzelnen von uns so genannten «Religionen» (Mehrzahl) – in Vergangenheit und Gegenwart nachweisbar sind. Zum anderen soll das Buch aber auch deutlich machen, dass «Religion» ganz unterschiedliche Formen annehmen kann, dass also die historisch greifbaren Religionen längst nicht immer und überall viele oder gar sämtliche Züge aufweisen, die dem Leser aus den ihm bereits bekannten Religionen vertraut sind.

Im Unterschied zu vergleichbaren Darstellungen steht in vorliegendem Buch nicht jeweils eine Religion im Mittelpunkt der einzelnen Kapitel. Vielmehr geht es in den 25 Kapiteln jeweils um bestimmte Phänomene und religionsgeschichtliche Entwicklungen, die für die betreffende Epoche charakteristisch sind und die vielfach über ihre eigene Zeit hinaus weitreichende Folgen gehabt haben. Sie werden anhand einiger charakteristischer Beispiele aus verschiedenen Religionen veranschaulicht, wobei immer wieder auch kurze Ausblicke auf die weitere Geschichte dieser Phänomene und Entwicklungen gegeben werden.

Weit verbreitet ist das Interesse an Ähnlichkeiten zwischen räumlich wie zeitlich weit voneinander entfernten Religionen. Solche Übereinstimmungen gelten mitunter als Ausdruck «richtiger» oder doch allgemein menschlicher und darum besonders wertvoller Einsichten. Im Hinblick darauf besteht ein wesentliches Anliegen dieses Buches darin, durch eine möglichst präzise Darstellung der betreffenden Sachverhalte in ihren geschichtlichen Zusammenhängen reale von nur scheinbaren Ähnlichkeiten zu unterscheiden. Wichtig sind dafür zum einen Vorsicht und Zurückhaltung bei der Übertragung vertrauter Begriffe auf fremde oder vergangene Kulturen, zum anderen eine angemessene Berücksichtigung der Eigenbegrifflichkeit fremder Religionen. Letztere konnte im Hinblick auf den geringen Umfang des Buches und den Anspruch der Allgemeinverständlichkeit zwar nicht in jedem Fall dargestellt und erläutert werden, kommt aber zumindest in ausgewählten Beispielen immer wieder zur Sprache.

Die Darstellung der religionsgeschichtlichen Fakten soll in möglichst allen Teilen den gegenwärtigen Stand der Forschung widerspiegeln. Dass ein einzelner Verfasser aber weder alle Quellen noch die wissenschaftliche Literatur auf diesem weiten Feld beherrschen oder auch nur vollständig überblicken kann, wird wohl niemanden überraschen. Immerhin hofft der Verfasser, dass er sich durch die wissenschaftliche Beschäftigung mit einzelnen Teilgebieten der Religionsgeschichte sowohl die erforderliche Vorsicht im Umgang mit den Quellen und der Sekundärliteratur als auch die Fähigkeit zu einer kritischen Beurteilung der Rezeptions- und Forschungsgeschichte anderer, ihm weniger vertrauter Bereiche erworben hat. Diese – oft faszinierende – Rezeptions- und Forschungsgeschichte wird in diesem Buch zwar nicht um ihrer selbst willen thematisiert, doch kommt sie in ausgewählten Beispielen wenigstens kurz zur Sprache, damit der Leser einen Einblick in die historische Bedingtheit – und das heißt auch: die Relativität und Vorläufigkeit – jedes und damit auch des gegenwärtigen Erkenntnisstandes erhält.

Die wichtigste Grundlage der Darstellung bilden naturgemäß Texte, die wie keine andere Quelle der historischen Erkenntnis den unmittelbaren Zugang zu religiösen Vorstellungen eröffnen. Gleichwohl soll die Darstellung keine «Geschichte der religiösen Ideen» sein, sondern die gesamte Lebenswirklichkeit der Religionen in all ihren kulturellen, gesellschaftlichen, wirtschaftlichen und politischen Verflechtungen im Auge behalten. Dass die vielfältigen Wechselwirkungen zwischen Religion, Politik, Ökonomie, Sozialstruktur, Literatur, Musik und Kunst immer nur in Ausschnitten erfasst werden konnten, liegt auf der Hand, doch sollen wechselnde Schwerpunkte zumindest einen Eindruck von der Bandbreite dieser Verflechtungen vermitteln. In geographischer und chronologischer Hinsicht liegt ein gewisser Schwerpunkt auf der Religionsgeschichte Europas und des Vorderen Orients, ferner auf den mitunter so genannten Hoch- oder Weltreligionen Asiens. Daneben sollten jedoch auch die indigenen Religionen Afrikas, Amerikas und Eurasiens Berücksichtigung finden und über der Betrachtung der noch heute lebendigen Traditionen auch weniger bekannte untergegangene Religionen nicht vergessen werden.

Die Anmerkungen und das Literaturverzeichnis dienen in erster Linie dazu, wissenschaftlich interessierten Benutzern die Quellen der Darstellung offenzulegen und gleichzeitig Hinweise auf Möglichkeiten einer weiterführenden und vertiefenden Beschäftigung mit dem Thema bereitzustellen. Dabei bringt es die Weite des Gegenstands mit sich, dass hier nur eine kleine Auswahl aus der Überfülle gedruckter oder online verfügbarer Texte geboten werden kann. Grundsätzlich beschränken sich die Literaturhinweise auf selbständig erschienene Publikationen in deutscher, englischer und französischer Sprache. Bevorzugt angegeben werden – im Hinblick auf den einführenden Charakter des Buches – Handbücher sowie Überblicks- und Gesamtdarstellungen, während Spezialuntersuchungen zu Einzelfragen nur in einer kleinen exemplarischen Auswahl berücksichtigt sind. Um die Anmerkungen und das Literaturverzeichnis überschaubar zu halten, beziehen sich die Hinweise zumeist auf die jeweils neuesten mir bekannten Monographien, die ihrerseits weiterführende Quellen- und Literaturhinweise bieten.

Auf die oft überaus nützlichen Überblicksartikel in den großen religionsgeschichtlichen Nachschlagewerken (*Religion in Geschichte und Gegenwart*, *Reallexikon für Antike und Christentum* usw.) sei hier ausdrücklich hingewiesen, auch wenn sie im Folgenden nicht einzeln angeführt sind. Dass mancher Leser auch viele grundlegende und zum Teil klassisch gewordene ältere Darstellungen vermissen wird, liegt vor allem daran, dass man über die Beschäftigung mit der jeweils neuesten Literatur ohnehin auf sie stößt. Da Ausgangspunkt, Inhalt, Umfang, Aufbau und Zielsetzung vieler im Literaturverzeichnis angeführter Werke keineswegs bereits aus dem Titel ersichtlich sind, findet man in den Anmerkungen immer wieder knappe Erläuterungen dazu.

Mit Recht erwartet der Leser von einer Darstellung wie der folgenden, dass der Verfasser alle Religionen in gleicher Weise aus einer neutralen Außenperspektive schildert und Werturteile vermeidet. Dass er seine eigene kulturelle Prägung nicht völlig verleugnen kann, wird gleichwohl niemanden überraschen. Die Selbstverständlichkeit, mit der viele frühe Religionshistoriker die Überlegenheit der eigenen Kultur über alle anderen teils stillschweigend voraussetzten, teils lautstark proklamierten, mag manchen heutigen Leser überraschen, ärgern oder abstoßen. Trotzdem gilt bei allem Streben nach Objektivität und Sachlichkeit aber auch heute noch, dass schon der Entschluss zum Schreiben sowie die Auswahl und Gewichtung des Stoffs eine Vielzahl letztlich subjektiver Entscheidungen nach sich ziehen und völlige Neutralität unmöglich machen. Die Wissenschaftlichkeit der Darstellung muss sich daher in erster Linie daran messen lassen, wie genau sie die heute bekannten, in zahllosen Einzeluntersuchungen ermittelten und immer wieder kritisch reflektierten empirischen Daten der allgemeinen Religionsgeschichte widerspiegelt. Dabei ist zu berücksichtigen, dass sich eine zusammenfassende Darstellung immer nur auf dem schmalen Grat zwischen unvermeidlicher und unzulässiger Vereinfachung bewegen kann. Über viele Einzelheiten, die hier mit wenigen Sätzen abgehandelt werden, sind ganze Bücher geschrieben worden. Auch hier gilt letzten Endes: Zeichnen heißt weglassen.

Wer für eine *Geschichte der Religionen* Abbildungen zur Veranschaulichung des Textes sucht, kann auf einen reichen Schatz imposanter

Denkmäler und Kunstwerke zurückgreifen. Die Verwendung erlesener Materialien, beeindruckende Kunstfertigkeit und eine oft gewaltige Arbeitsleistung zeugen von der zentralen Bedeutung, die Kult und Religion im Leben der Menschen von der Steinzeit bis heute spielten. Doch die Religionsgeschichte besteht nicht nur aus Leistung, Glanz und Pracht, und daher zeigen die Illustrationen des vorliegenden Buches vor allem die Menschen, die den Gang dieser Geschichte bestimmten. Auf vielen Abbildungen sind historische Persönlichkeiten zu sehen, von denen sich die Nachwelt allerdings oft ein ganz anderes Bild machte, als es der Religionshistoriker zeichnet. Gedacht sei hier aber auch der vielen Namenlosen, die nur im Hintergrund, am Rand oder gar nicht auf solchen Bildern erscheinen, «denn die Zunahme des Guten in der Welt beruht auch auf Handlungen, die nicht zur großen Geschichte gehören, und dass unsere Lage nicht so schlimm ist, wie sie hätte sein können, liegt zu einem guten Teil an denen, die treulich ein verborgenes Leben führten und nun in Gräbern ruhen, die keiner besucht».[1]

Mein besonderer Dank gilt an dieser Stelle dem fachkundigen Lektor des Verlags C. H. Beck, Herrn Dr. Ulrich Nolte, der das Projekt einer Weltgeschichte der Religionen initiiert, über etliche Jahre hinweg geduldig begleitet und mit konstruktiver Kritik und vielfältigen Anregungen wesentlich gefördert hat.

Für die vorliegende Neuausgabe des erstmals 2018 unter dem Titel «Die Ordnung des Himmels» veröffentlichten Buchs wurde der gesamte Text überprüft, an einigen Stellen verbessert und vor allem im letzten Teil aktualisiert. Die Hinweise auf weiterführende Literatur in den Anmerkungen wurden um etliche neuere Arbeiten ergänzt und die entsprechenden Titel im Literaturverzeichnis nachgetragen.

Bernhard Maier

ERSTER TEIL

Von den Anfängen bis zum Ende der altorientalischen Großreiche

Nach unserem derzeitigen Kenntnisstand begann die Entwicklung der Gattung Mensch (*Homo*) in einem Zeitraum zwischen zwei und drei Millionen Jahren vor der Gegenwart. Über das Alter der frühesten Spuren menschlicher Religiosität (des *Homo sapiens* und des *Homo neanderthalensis*) gehen die Meinungen der Archäologen und Anthropologen zwar nach wie vor auseinander, doch dürften sie schwerlich weiter als 40 000–80 000 Jahre vor der Gegenwart zurückreichen. Lässt man nun die Stammesgeschichte des Menschen vor 2,5 Millionen Jahren anfangen und veranschaulicht sie in der Form eines Kalenders mit 365 Tagen, so beginnt die Weltgeschichte der Religionen (einschließlich der schriftlosen Frühzeit) erst in den letzten Wochen des Jahres. Beschränken wir uns auf die Religionsgeschichte im eigentlichen Sinn dieses Wortes, also auf den Zeitraum seit dem Einsetzen schriftlicher Quellen, dann setzt sie sogar erst am letzten Tag dieses Menschheitsjahres ein. Betrachtet man die Geschichte der Gattung Mensch gar als bislang letzten Abschnitt in einer sehr viel längeren Geschichte des Lebens auf unserem Planeten und vergegenwärtigt man sich diesen Zeitraum auch wieder im Bild eines einzigen Jahres, so entspricht die Dauer der Weltgeschichte der Religionen innerhalb dieses größeren Rahmens gerade einmal der eines mitternächtlichen Feuerwerks. Was jedoch vordergründig wie eine kurze Episode in der Geschichte des Lebens erscheinen könnte, erweist sich bei näherem Zusehen als äußerst komplex, in vielen Einzelheiten umstritten und keineswegs einfach zu überschauen.

Ur- und Vorgeschichte

In wie viele und welche Epochen kann oder sollte man die Weltgeschichte der Religionen einteilen? Vordergründig könnte es so erscheinen, als böte eine einheitliche Aufteilung des gesamten Zeitraums in gleich lange Abschnitte die beste Gewähr für eine angemessene Darstellung dieser Geschichte. Tatsächlich ist dies aber kaum praktikabel, da unsere Kenntnis der gesamten vorgeschichtlichen Epoche insgesamt so lückenhaft und in vielen Einzelheiten so umstritten ist, dass der Religionshistoriker gerade über diese erste und mit großem Abstand längste Epoche am wenigsten anschaulich erzählen kann. Auch bildet das Einsetzen der schriftlichen Überlieferung im frühen dritten Jahrtausend v. Chr. für die weitere Geschichte der Religionen keineswegs eine so tiefgreifende Zäsur, dass man damit eine neue Epoche der Religionsgeschichte beginnen lassen müsste, denn obwohl die Erfindung der Schrift langfristig kaum zu überschätzende Auswirkungen auf den Gang der Religionsgeschichte haben sollte, wirkte sich dies doch erst mit einer gewissen Verzögerung aus, so dass man die ältesten erhaltenen Schriftquellen vielfach auch zur Deutung der vorausgehenden vorgeschichtlichen Epoche mit Gewinn heranziehen kann. Vieles spricht dafür, dass sich tiefgreifende strukturelle Veränderungen in der Religionsgeschichte erst in den letzten Jahrhunderten vor unserer Zeitrechnung vollzogen, so dass es sich anbietet, den Zeitraum von den mutmaßlich ältesten Spuren menschlicher Religiosität bis zum Ende der altorientalischen Großreiche als eine Einheit zusammenzufassen.[1] Vor einer näheren Betrachtung der religiösen Erscheinungen und Entwicklungen in dieser ersten Epoche der Religionsgeschichte erscheint es jedoch sinnvoll, sich zunächst einige zeitliche und räumliche Differenzierungen zu vergegenwärtigen.[2]

Eine erste, gleichsam provisorische Gliederung der gesamten Frühzeit vor der Entstehung der ältesten Schriftkulturen ermöglicht das im neunzehnten Jahrhundert entwickelte Dreiperiodensystem. Es gliedert die Frühzeit ausgehend von dem jeweils vorherrschenden Werkstoff in die fließend ineinander übergehenden Perioden der Stein-, Bronze- und Eisenzeit. Die mutmaßlich ältesten Spuren menschlicher Religiosität sind in der späten Altsteinzeit zu finden.[3] Vergleichsweise unspektakulär erscheint innerhalb der ersten Periode der Übergang von der Altsteinzeit (Paläolithikum) zur Mittelsteinzeit (Mesolithikum), den man üblicherweise an der erstmaligen Herstellung und Verwendung komplexer Werkzeuge aus Holz und Feuerstein, den Anfängen der Sesshaftwerdung und dem ersten Auftreten von Keramik festmacht. Viel einschneidender war dagegen die Einführung des Ackerbaus und der Viehzucht, die den Beginn der Jungsteinzeit (Neolithikum) bezeichnet. Tatsächlich scheinen sich nicht nur die Wirtschafts- und Gesellschaftsformen, sondern auch die religiösen Äußerungen der Jungsteinzeit (und späterer Epochen) von jenen der vorausgegangenen Alt- und Mittelsteinzeit so grundlegend unterschieden zu haben, dass man in der Sesshaftwerdung des Menschen den Beginn einer neuen Epoche der Religionsgeschichte sehen könnte – wären die vorausgehenden Jahrtausende nicht so unzureichend bekannt, dass man sie in einer zusammenfassenden Gesamtdarstellung wie der vorliegenden kaum als eigenständige Epoche würdigen kann.[4]

Im Hinblick auf die darauf folgenden Epochen der Bronze- und Eisenzeit empfiehlt es sich, neben der zeitlichen auch eine räumliche Differenzierung vorzunehmen, denn zum einen breiteten sich die technischen Neuerungen der Metallverarbeitung mitsamt den damit verbundenen gesellschaftlichen und politischen Veränderungen im Alten Orient viel früher aus als in Europa, und zum anderen besitzen wir gerade für Ägypten, das Zweistromland, Syrien-Palästina und Altkleinasien schon für das dritte und zweite Jahrtausend v. Chr. umfangreiche religiöse Texte, während die schriftlichen Quellen der europäischen Religionsgeschichte mit ganz wenigen Ausnahmen erst in den beiden letzten Dritteln des ersten Jahrtausends v. Chr. (und in manchen Regionen Mittel- und Nordeuropas sogar erst sehr viel später) einsetzen.[5]

Im Vorderen Orient hat die Jungsteinzeit mit dem für sie charakteristischen Übergang von der Wirtschaftsweise der umherschweifenden Jäger und Sammler zur sesshaften Lebensweise der in dörflichen

Gemeinschaften organisierten frühen Ackerbauer vielleicht schon im zehnten Jahrtausend v. Chr. begonnen. Eine unmittelbare Folge der neuen, auf Haustier- und Vorratshaltung gegründeten Wirtschaftsweise war eine größere Unabhängigkeit von der natürlichen Umgebung, die zu einem deutlichen Bevölkerungswachstum und so zur allmählichen Ausbreitung neolithischer Lebens- und Wirtschaftsformen auch nach Europa führte. Hatten im Paläolithikum noch unterschiedliche Formen des Menschen gleichzeitig und teilweise nebeneinander existiert, so erfolgte die Neolithisierung der Alten Welt nach dem Aussterben des Neandertalers um 25 000 v. Chr. ausschließlich durch den *Homo sapiens*. Im vierten Jahrtausend v. Chr. begünstigten in Ägypten und Mesopotamien besondere geographische Gegebenheiten, nämlich ausgedehnte, landwirtschaftlich ertragreiche und daher dicht besiedelte Flusstäler, die Entstehung der altorientalischen Hochkulturen mit ihrer arbeitsteiligen Gesellschaft, ihrer monumentalen Architektur, ihrer zentralen Verwaltung und – damit verbunden – der Entwicklung eines Kalenders und der frühesten Schriftsysteme.

Ägypten und Mesopotamien

Schon um die Mitte des ersten Jahrtausends bezeichnete der griechische Historiker Herodot Ägypten als ein «Geschenk des Nils» (*Historien* 2,5), denn der 6700 Kilometer lange Strom war nicht nur die wichtigste Verkehrsader des Landes, sondern ermöglichte durch die Ablagerung großer Mengen des fruchtbaren Nilschlamms im Gefolge der alljährlichen Überschwemmungen überhaupt erst den ertragreichen Anbau von Gerste, Emmer und Weizen in dem schon damals regenarmen Klima. Aus der Vereinigung von regionalen Gruppen Vieh züchtender Nomaden und sesshafter Bauern entwickelte sich so um 3000 v. Chr. ein einheitliches Gemeinwesen mit einer hierarchisch gegliederten, arbeitsteiligen Gesellschaft, dem Schriftsystem der Hieroglyphen und einer für diese Kultur charakteristischen Religion.[6] Die rund zweieinhalbtausend Jahre altägyptischer Geschichte – von den ersten Pharaonen zu

Beginn des dritten Jahrtausends bis zur Eroberung durch die Perser um die Mitte des ersten Jahrtausends – gliedert man üblicherweise in die vier großen Epochen des Alten, Mittleren und Neuen Reichs sowie der Spätzeit.

Das Alte Reich, das durch eine monumentale Steinarchitektur, lebensgroße Steinplastiken und die ältesten schriftlichen Aufzeichnungen gekennzeichnet ist, umfasst fast das gesamte dritte Jahrtausend. An seiner Spitze stand ein gottgleicher König. In den idealisierenden Biographien der königlichen Beamten, die uns auf den Wänden ihrer Grabkammern bis heute erhalten geblieben sind, hören wir von Feldzügen gegen Nubier und Libyer, Steinbruch-Expeditionen in die gebirgige Wüste zwischen Nil und Rotem Meer und einem regen Schiffsverkehr zwischen Ägypten, Syrien und dem Libanon.[7] Als bis heute geläufiges Sinnbild königlicher Macht entstanden um die Mitte des dritten Jahrtausends unter den Pharaonen Cheops, Chephren und Mykerinos die großen Pyramiden von Giseh, darunter als höchstes Bauwerk der Antike die aus 2,3 Millionen Kalksteinblöcken erbaute, 146 Meter hohe Cheops-Pyramide.

Auf das Alte Reich folgte eine Zeit des Rückgangs der königlichen Zentralgewalt und wachsenden Autonomie der einzelnen Landesteile, in denen örtliche Machthaber königliche Privilegien beanspruchten und in lokalen Machtzentren eigene Dynastien bildeten. Erst in den letzten Jahrzehnten des dritten Jahrtausends gelang die Wiederherstellung der Einheit des Landes, mit der als zweite große Blütezeit der altägyptischen Kultur die Epoche des Mittleren Reichs begann. In enger Zusammenarbeit mit den nach wie vor mächtigen Lokalherrschern betrieben die Pharaonen nun die Festigung der ägyptischen Grenzen im Nordwesten und Nordosten sowie die wirtschaftliche Ausbeutung Nubiens und des Sinaigebiets. Wesentlich verstärkt wurden die Beziehungen zwischen Ägypten und Vorderasien im siebzehnten Jahrhundert, als westsemitische Einwanderer aus Vorderasien ins Nildelta eindrangen, dort vorübergehend die Herrschaft an sich rissen und so erneut den Niedergang der Zentralgewalt einleiteten. Erst um die Mitte des sechzehnten Jahrhunderts wurde Ägypten erneut unter einer einzigen Zentralgewalt vereint und so das Neue Reich begründet. In den rund siebenhundert Jahren seines Bestehens erreichte Ägypten den Höhepunkt seiner Machtentfaltung, indem Pharao Thutmosis III. in der ersten Hälfte des fünfzehnten Jahrhunderts mit seinem Heer über den Euphrat bis zum Orontes vorstieß und erstmals Syrien unter ägyptische Oberhoheit brachte. In den folgenden Jahrhunderten setzte jedoch trotz einer ausgedehnten internationalen Diplomatie und Heiratspolitik der außenpolitische Niedergang des Neuen Reiches ein, das im zwölften Jahrhundert durch die Angriffe der von den Ägyptern so genannten «Seevölker» auf das Nildelta zusätzlich erschüttert wurde. Nachdem Ägypten schon im siebten Jahrhundert vorübergehend zu einer Provinz des Assyrischen Reiches geworden war, wurde es um 525 v. Chr. von den Persern erobert, deren Könige das Land bis zum Aufstieg Alexanders des Großen in der zweiten Hälfte des vierten Jahrhunderts beherrschten.

Ungefähr zur gleichen Zeit, als in Ägypten das Alte Reich entstand, entwickelte sich auch im Zweistromland, in den Flussebenen des Euphrat und des Tigris, die zweite große Schriftkultur der Alten Welt.[8] Als Schöpfer der dort verwendeten Keilschrift gelten die nach einer babylonischen Landschaftsbezeichnung heute so genannten Sumerer, die als Erste in größerem Umfang reine Bildzeichen auch zur Schreibung einzelner Wörter und Silben verwendeten. Von den Sumerern übernahmen diese Erfindung zunächst die ebenfalls im Zweistromland ansässigen Akkader, später auch andere Völker Vorderasiens wie die Hethiter und Hurriter. Anders als in Ägypten gab es in der zweieinhalbtausendjährigen Geschichte Mesopotamiens von den Anfängen bis zur Eroberung des Landes durch Alexander den Großen immer wieder Konflikte zwischen rivalisierenden Gruppierungen. Menschen aus anderen Gegenden wanderten ein, so dass sich unterschiedliche kulturelle Traditionen herausbildeten und sich Machtschwerpunkte häufiger verlagerten.

In die beiden ersten Drittel des dritten Jahrtausends fällt die erste Blütezeit der frühen sumerischen Stadtstaaten, in denen der Tempel eine zentrale Rolle spielte und deren Fürsten politische und religiöse Funktionen in ihrer Person vereinigten. Als erstes Großreich entstand im letzten Drittel des dritten Jahrtausends das Reich von Akkad, das allerdings schon drei Generationen nach dem Tod des Reichsgründers Sargon wieder zerfiel, was zu einem neuerlichen Machtzuwachs einiger sumerisch geprägter Stadtstaaten wie Ur und Isin sowie zu einer Rückbesinnung auf sumerische Kulturtraditionen führte.

Mit dem Beginn des zweiten Jahrtausends gewannen semitischsprachige Bevölkerungsteile zunehmend an Macht und Einfluss, wodurch das Sumerische als gesprochene Sprache schließlich vollständig verdrängt und durch das heute so genannte Akkadische ersetzt wurde. Am oberen Tigris entwickelte sich nun das Reich der Assyrer mit seiner nach dem Reichsgott benannten Hauptstadt Assur, das als Alt-, Mittel- und Neuassyrisches Reich in wechselnder Ausdehnung und Machtfülle bis zum späten sechsten Jahrhundert Bestand haben sollte. Sein südlicher Rivale war das nach seiner Hauptstadt Babylon so genannte Babylonische Reich, das in wechselnden Bündniskonstellationen und mit schwankender territorialer Ausdehnung das Assyrische Reich sogar noch überdauerte und erst 539 v. Chr. mit der Eroberung durch die Perser sein Ende fand.

Zwischen dem oberen Euphrat und Tigris etablierte sich um die Mitte des zweiten Jahrtausends außerdem das Reich der Hurriter. Wie die keilschriftlich überlieferten Eigennamen aus jener Region vermuten lassen, bildeten darin die schon seit dem Ende des dritten Jahrtausends bezeugten Hurriter die Bevölkerungsmehrheit, doch bestand die Führungsschicht allem Anschein nach aus Angehörigen einer später zugewanderten Minderheit, die eine indoeuropäische Sprache verwendete.

Altiran und Altkleinasien

Die Hochebene östlich des Zweistromlands ist für die Religionsgeschichte des Altertums von weitreichender Bedeutung und spielte auch als Brücke zwischen den Hochkulturen Vorderasiens und dem Indischen Subkontinent eine herausragende Rolle.[9] Hier – wenn auch nicht notwendigerweise auf dem Gebiet des modernen Staates Iran – liegt die Heimat des nach Zarathustra (griechisch *Zōroástrēs*) benannten Zoroastrismus, dessen Anfänge wohl bis ins zweite Jahrtausend zurückreichen, der in vielen Zügen jedoch erst aus viel späterer Zeit bekannt ist. In der modernen Forschung hat man dem Zoroastrismus vor allem wegen seiner möglichen Bedeutung für die Entstehung des Monotheismus und wegen seiner Rolle bei der Entstehung des Judentums im Rahmen des Persischen Reichs viel Aufmerksamkeit gewidmet.

Schon im frühen dritten Jahrtausend entstand im Südwesten Irans das von seinen akkadischen Nachbarn so genannte Reich Elam, das bis zu seiner Eroberung durch die Assyrer im siebten Jahrhundert Bestand hatte und dessen Landessprache, das mit keiner anderen Sprache erkennbar verwandte Elamische, noch im Perserreich der darauf folgenden Jahrhunderte eine wichtige Rolle spielte.[10] Dagegen erscheinen die Völker, die später von ihren griechischen Nachbarn Meder und Perser genannt wurden und ebenso wie Zarathustra eine altiranische Sprache verwendeten, erstmals in Quellen des frühen ersten Jahrtausends. Die Meder waren maßgeblich an der Vernichtung des Assyrischen Reiches im späten siebten Jahrhundert beteiligt, gingen aber schon bald nach der Mitte des sechsten Jahrhunderts im Perserreich auf, das in der Folge auch das Babylonische und das Ägyptische Reich unterwarf und als das letzte und flächenmäßig bedeutendste altorientalische Großreich erst um 330 v. Chr. mit der Eroberung durch Alexander den Großen sein Ende finden sollte.

Ähnlich wie Iran bildete auch Kleinasien im Nordwesten des Zweistromlands eine Brücke, in diesem Fall zwischen den frühen Hochkulturen Mesopotamiens und dem Mittelmeerraum.[11] Vermutlich schon in der zweiten Hälfte des dritten Jahrtausends v. Chr. wanderten die ersten Gruppen von Sprechern einer indoeuropäischen Sprache wohl aus Regionen nördlich des Schwarzen Meeres nach Kleinasien ein. Dort verbanden sie sich mit den Hattiern, den Trägern einer bodenständigen bronzezeitlichen Kultur, die dem heute so genannten Reich der Hethiter ihren Namen gaben. Aus dem ersten Viertel des zweiten Jahrtausends kennt man durch schriftliche Aufzeichnungen und archäologische Ausgrabungen eine Reihe konkurrierender Stadtstaaten, die von planmäßig angelegten ummauerten Zentren aus regiert wurden. Einer der größten und bedeutendsten dieser Staaten war Nesa, das heutige Kültepe, nach dem die Hethiter ihre Sprache, die nur von uns «Hethitisch» genannt wird, als «die von Nesa» bezeichneten. «Die von Hatti» nannten die Hethiter dagegen die nichtindoeuropäische Sprache der alteingesessenen Hattier, deren Eigenbezeichnung man auch in dem Namen des städtischen Zentrums Hattusa, des heutigen Bogazköy nordwestlich von Nesa, wiederfindet. Eine andere indoeuropäische Sprache Altkleinasiens war das mit dem Hethitischen eng verwandte Luwische.

Noch in der ersten Hälfte des zweiten Jahrtausends wurde das Reich der Hethiter zu einer international gefürchteten Großmacht, die ihren Herrschaftsanspruch zeitweise bis nach Syrien-Palästina und Mesopotamien ausweitete. Warum das Hethitische Großreich bald nach 1200 sein Ende fand, ist bis heute ungeklärt. Soziale Unruhen, Versorgungskrisen und eine Veränderung der politischen Kräfteverhältnisse in Verbindung mit der Zuwanderung neuer Völker im Mittelmeerraum, wie man sie auch in Ägypten nachweisen kann, mögen wesentlich zu seinem politischen Zusammenbruch beigetragen haben. Wenn an einigen Stellen der Hebräischen Bibel vom Land des Volkes der Hittim und von dessen Stammvater Het als einem Sohn des Noah-Enkels Kanaan die Rede ist (vgl. etwa Genesis 10,15 und Josua 1,4), so beziehen sich diese Mitteilungen nicht mehr auf die vom anatolischen Hattusa aus regierte Großmacht des zweiten Jahrtausends v. Chr., sondern auf einige in Nordsyrien gelegene Nachfolgestaaten, die im Laufe des achten Jahrhunderts infolge der Ausdehnung des Neuassyrischen Reichs endgültig untergingen.[12]

Syrien, Palästina und der Mittelmeerraum

Eine religionshistorisch bedeutende Brücke zwischen Ägypten, Mesopotamien und Altkleinasien war auch die Region Syrien-Palästina, also das Kulturland am Ostufer des Mittelmeeres.[13] Hier reichen die ältesten Siedlungsspuren – etwa in Jericho – bis ins zehnte Jahrtausend zurück, doch datieren die ältesten schriftlichen Quellen der Religionsgeschichte erst aus der zweiten Hälfte des zweiten Jahrtausends. Herausragende Bedeutung kommt dabei den Texten in einer westsemitischen Sprache zu, die 1928 in dem um 1200 zerstörten Ugarit, dem heutigen Ras Schamra in Syrien, gefunden wurden. Neben Wirtschaftstexten, Briefen und Verträgen fand man Götterlisten, Texte zur Vorzeichendeutung, Mythen um den Wettergott Baal sowie Epen um die Könige Keret und Aqhat, die wegen ihrer zeitlichen und räumlichen Nähe zur frühen Religion Israels in der Forschung große Aufmerksamkeit erregt haben.[14] Aus dem ersten Jahrtausend kennt man – vor allem durch archäologische Funde und vergleichsweise wenige Inschriften – die Religionen der Phöniker und Aramäer, die ebenso wie die Bewohner Ugarits eine westsemitische Sprache verwendeten. Von überragender Bedeutung für die Religionsgeschichte Syrien-Palästinas im ersten Jahrtausend ist schließlich die Hebräische Bibel, deren vorliterarische Anfänge noch ins zweite Jahrtausend v. Chr. zurückreichen, deren Redaktion jedoch erst in den letzten Jahrhunderten vor unserer Zeitrechnung ihren Abschluss fand.

Im Vergleich zum Alten Orient ist die Quellenlage für die frühe Religionsgeschichte Europas sehr uneinheitlich. Außerhalb des Mittelmeerraums sind wir bis zu den Anfängen der Romanisierung – und außerhalb der Grenzen des Römischen Reichs oftmals noch lange darüber hinaus – fast ausschließlich auf archäologische Funde angewiesen, während schriftliche religiöse Quellen fast vollständig fehlen.[15] Letztere stammen in der Frühzeit vor allem aus dem Kulturraum der frühen Griechen. Hier datieren die ältesten Schriftquellen bereits aus der zweiten Hälfte des zweiten Jahrtausends, und aus den beiden letzten Dritteln des ersten Jahrtausends ist eine Fülle von Informationen über die Kulte, Riten und Mythen jener Zeit erhalten.[16] An erster Stelle stehen dabei die beiden Epen *Ilias* und *Odyssee*, die man im Altertum ebenso wie eine Reihe von Götterhymnen (und einige andere Werke) dem Dichter Homer zuschrieb, ferner die als *Theogonie* bekannte religiöse Dichtung des Epikers Hesiod, von denen schon der Historiker Herodot im fünften Jahrhundert v. Chr. annahm, dass sie auf die religiösen Vorstellungen der Griechen einen überragenden Einfluss ausübten (*Historien* 2,53).

1. Bestattungen: Älteste Zeugnisse von Religion?

Ein aus zahlreichen Abenteuergeschichten und -filmen bekanntes Motiv ist der «Elefantenfriedhof» – ein Ort, der sterbende Elefanten auf eine geheimnisvolle Weise anzieht und so dem, der ihn findet, durch die Ansammlung gewaltiger Mengen Elfenbein zu unerhörtem Reichtum verhilft. Wie man heute weiß, handelt es sich dabei um einen modernen Mythos, vielleicht verursacht von der Beobachtung, dass altersschwache Elefanten in der Tat bestimmte Orte mit einer für sie besonders geeigneten und leicht erreichbaren Vegetation bevorzugen und dann auch oft dort verenden. Ihren besonderen Reiz erhält die Geschichte dadurch, dass Friedhöfe dem modernen Menschen sonst als primär religiös motiviert und daher als zutiefst menschlich und der Tierwelt völlig fremd erscheinen. Doch sind Bestattungen in gleich welcher Form wirklich die frühesten Zeugnisse von Religion?[17]

Vorgeschichtliche Bestattungen und ihre Deutung

Die ältesten archäologischen Funde, die man mitunter als Überreste von Bestattungen interpretiert, stammen noch aus dem Paläolithikum, genauer gesagt aus dem Zeitraum zwischen 80 000 und 40 000 v. Chr., an dessen Ende der Übergang von den Kulturen des Mittelpaläolithikums zu denen des Jungpaläolithikums und die allmähliche Verdrängung des Neandertalers durch den modernen Menschen steht. Bereits 1886 entdeckten Vorgeschichtsforscher in einer Höhle bei Spy d'Omeau in Belgien die Skelette zweier Neandertaler, aus deren Fundlage man auf eine regelrechte Bestattung und damit auf eine religiöse Motivation der dabei durchgeführten Handlungen schloss. Zu Beginn des zwanzigsten Jahrhunderts stieß man auf weitere mutmaßliche Bestattungen von Neandertalern in Frankreich, so etwa unter den Felsschutzdächern von La Chapelle-aux-Saints im Département Corrèze, wo man das gut erhaltene Skelett eines erwachsenen Mannes fand, und von La Ferrassie in der Dordogne, wo die Skelette zweier Erwachsener und mehrerer Kinder zutage kamen. An der Ostgrenze des bis dahin bekannten Verbreitungsgebietes des Neandertalers fanden russische Archäologen 1938 in der usbekischen Teschik-Tasch-Höhle das Skelett eines acht- bis zehnjährigen Kindes im Fundzusammenhang mit sechs Hornpaaren sibirischer Steinböcke, was man ebenfalls als Überreste eines Bestattungsrituals deutete. Hinzu kamen weitere Funde aus jüngerer Zeit, darunter in den Jahren 1957–1961 die archäologische Ausgrabung von zehn Neandertaler-Skeletten in der Shanidar-Höhle im Norden des Irak sowie 1979 die Entdeckung einer Neandertaler-Bestattung mit einigen aus Muscheln gefertigten Perlen als mutmaßlicher Grabbeigabe in der sogenannten Roche à Pierrot bei Saint-Césaire in Südfrankreich.

Mit der allmählichen Verdrängung des Neandertalers durch den Homo sapiens mehren sich auch die Spuren mutmaßlich religiös motivierter Bestattungen. Zu den wohl bedeutendsten jungpaläolithischen Bestattungen in Deutschland zählt ein im Februar 1914 in Bonn-Oberkassel von Steinbrucharbeitern entdecktes Doppelgrab, in dem neben den Überresten eines Hundes und weiterer Tiere auch die Skelette eines vermutlich um 12 000 v. Chr. hier beigesetzten ungefähr fünfzigjährigen Mannes und einer zwanzig bis fünfundzwanzig Jahre alten Frau gefunden wurden. Beträchtliches Aufsehen erregte auch der Fund von 33 menschlichen Schädeln (von vier Männern, zehn Frauen und neunzehn Kindern), die man 1908 in zwei mit Rötel eingefärbten Mulden in der Großen Ofnethöhle bei Nördlingen entdeckte. Dort waren sie – nach Ausweis neuerer Radiokarbondatierungen – im achten Jahrtausend zusammen mit mutmaßlichen Schmuckstücken oder Amuletten wie etwa Schneckengehäusen und Hirschzähnen so in der Höhle deponiert worden, dass sie nach Westen in Richtung des Ausgangs und der untergehenden Sonne blickten. Zu den spektakulärsten Funden der neueren Zeit zählt die 2005 gemachte Entdeckung einer Doppelbestattung zweier Neugeborener auf dem Wachtberg in Krems an der Donau. Die beiden toten Säuglinge wurden um 27 000 v. Chr. mit Rötel bestreut und mit zwei Perlenketten als Grabbeigaben unter dem Schulterblatt eines Mammuts beigesetzt.

Für den Religionshistoriker besteht die erste Schwierigkeit bei der Deutung dieser Funde in der unsicheren Materialgrundlage, da viele vor der Mitte des zwanzigsten Jahrhunderts gemachte Entdeckungen nach heutigen Maßstäben so unzureichend dokumentiert sind, dass nicht nur viele Fragen offenbleiben, sondern man auch die Zuverlässigkeit der vorhandenen Angaben in Frage stellen muss. Mitunter ist aber auch bei neueren, besser dokumentierten Grabungen die Deutung der Befunde unsicher oder umstritten, da neue Interpretationsansätze immer wieder zur Revision bestehender Überzeugungen führen. Ein typisches Beispiel dafür ist die Interpretation des 1968 entdeckten Grabes Nr. 4 von Shanidar. Hier deutete man die erhöhte Konzentration von Blütenstaub im Erdreich zunächst als Hinweis auf Blumen oder Blüten als Grabbeigabe, zog später jedoch auch die Möglichkeit in Betracht, dass diese pflanzlichen Reste auf sehr viel spätere Aktivitäten von Wühlmäusen zurückgehen könnten. Ähnlich ist man sich bei dem oben erwähnten Skelett aus der Teschik-Tasch-Höhle keineswegs sicher, ob die Lage der – teilweise angenagten – Knochen tatsächlich den ursprünglichen Zustand und damit die Vorgänge bei der Bestattung widerspiegelt oder nicht vielmehr eine spätere Störung des Grabes durch Raubtiere. Gerade religiöse Deutungen eröffnen ein breites Spektrum von Interpretationen. Die Entscheidung für eine Deutung hängt in der Regel stark davon ab, wie man sich das Weltbild der Menschen jener Zeit vorstellt – und Vermutungen darüber sind wiederum nur auf der Grundlage sehr viel jüngerer Quellen mit Hilfe von Analogieschlüssen möglich. Mit welchen Unsicherheiten solche Rückschlüsse behaftet sind, wird jeder unschwer feststellen, der einmal in älteren populärwissenschaftlichen Werken nachforscht, wie drastisch sich in den vergangenen hundert

Abb. 1 Jungsteinzeitliches Hockergrab aus Rössen in Sachsen-Anhalt, fünftes Jahrtausend v. Chr.

Jahren nicht nur Rekonstruktionszeichnungen, sondern auch deren Erläuterungen verändert haben. Im Rückblick – aber eben leider auch erst dann – lassen sie nämlich oft nur allzu deutlich die Handschrift ihrer jeweiligen Entstehungszeit und deren spezifische Sicht auf die Vergangenheit erkennen. Will man nicht selbst in diese Falle tappen, beschränkt man die Deutung vorgeschichtlicher Bestattungsrituale also besser auf einige allgemeine Überlegungen, die durch eine größere Anzahl von Einzelbeispielen gestützt werden.

Bestattungen als gemeinschaftliches Ritual

Ein geeigneter Ausgangspunkt für die Interpretation vorgeschichtlicher Bestattungen ist die Regelhaftigkeit vieler damit verbundener Handlungen und deren ausgeprägt kollektiver Charakter. In vielen Fällen folgen Bestattungen nämlich einem vorgegebenen Muster, das von der Gemeinschaft über einen längeren Zeitraum hinweg als verbindlich anerkannt und darum mit nur wenigen Ausnahmen befolgt wurde. Besonders augenfällig ist dies bei Gräberfeldern oder Grabanlagen, die von einer größeren Anzahl von Personen über einen längeren Zeitraum genutzt wurden. Ein charakteristisches Beispiel dafür ist die bekannte prähistorische Anlage von Stonehenge in Südwestengland.[18] Schon 1966 hat man dort bei der Anlage eines Besucherparkplatzes drei nur wenige Meter voneinander entfernte Pfostenlöcher entdeckt, die mit Hilfe der Radiokarbon-Methode in das achte Jahrtausend v. Chr. und damit in eine Zeit lange vor der Sesshaftwerdung des Menschen in dieser Region datiert werden konnten. Wie neuere Ausgrabungen im Umfeld der nahegelegenen Quelle von Blick Mead seit 2005 gezeigt haben, könnte diese Region tatsächlich bereits lange vor der Einführung von Ackerbau und Viehzucht für Jäger und Sammler auch aus weit entfernten Regionen eine wichtige Rolle gespielt haben.

Die früheste Phase der heute als Stonehenge bekannten Anlage bezeichnet ein um 3000 v. Chr. angelegter kreisrunder Graben mit einem Wall auf der Innenseite und einer viel niedrigeren Gegenböschung auf der Außenseite. Der Umstand, dass einige der dafür verwendeten Spitzhacken aus Hirschgeweih nach der Aushebung des Grabens nicht einfach weiterverwendet, sondern auf der Sohle des Grabens niedergelegt wurden, lässt ebenso wie Tierknochenfunde unweit des Eingangsbereichs darauf schließen, dass schon diese ersten Arbeiten eine religiöse Bedeutung hatten und von Riten begleitet waren. In einer zweiten Phase der Anlage legte man einen Zugangsweg im Nordosten an und stellte im Inneren der Einfriedung hölzerne Einbauten und Steine auf, die jedoch nicht in ihrer ursprünglichen Gestalt erhalten geblieben sind. In einer dritten Phase wurden schließlich die teilweise noch heute vorhandenen Steine errichtet. Die Aufstellung der großen Steine des weithin sichtbaren äußeren Kreises wird in die Zeit zwischen 2440 und 2100 v. Chr. datiert, die der im Kreisinneren wie ein Hufeisen angeordneten Steine in die Zeit zwischen 2300 und 1900 v. Chr.

Bemerkenswert ist, dass der Standort für diese Anlage nicht zuletzt deswegen ausgesucht wurde, weil in seiner unmittelbaren Umgebung von der frühen Jungsteinzeit bis in die Bronzezeit auf relativ engem Raum eine Vielzahl von Gräbern und weiteren damit im Zusammenhang stehenden Denkmälern angelegt wurden. So entstand bereits in der ersten Hälfte des vierten Jahrtausends v. Chr. auf einer Anhöhe nur wenige Kilometer nordwestlich von Stonehenge die heute als *Robin Hood's Ball* bekannte Wall- und Grabenanlage, die ein Gelände von etwa drei Hektar umschloss. Ähnlich gestaltete Einfriedungen sind Windmill Hill im Norden sowie Whitesheet Hill, Hambledon Hill und Maiden Castle im Südwesten von Stonehenge. In der unmittelbaren Umgebung dieser Einfriedungen fand man zahlreiche 20–80 Meter lange und oftmals von Gräben flankierte längliche Hügelgräber, bevor dann in der späten Jungsteinzeit mehrere runde oder ovale Einfriedungen mit Wall und Graben entstanden. Vom Anfang des zweiten Jahrtausends, also aus der Frühen Bronzezeit, stammen schließlich zahlreiche kreisrunde Hügelgräber, die oft weithin sichtbar auf Höhenzügen und in Gruppen angelegt wurden. Sie fehlen zwar in unmittelbarer Nähe von Stonehenge, sind aber in einem Abstand von 1,5 bis 2,5 Kilometern besonders häufig, um dann mit zunehmendem Abstand zu Stonehenge wieder seltener zu werden. So liegt Stonehenge inmitten einer Landschaft, in der von der Frühen Jungsteinzeit bis zur Bronzezeit eine Vielzahl von Aktivitäten im Zusammenhang mit dem Grab- und Totenbrauchtum stattfand.

Wie schon ein oberflächlicher Blick in die archäologische Hinterlassenschaft bzw. deren wissenschaftliche Aufbereitung zeigt, findet diese Art von zeitlicher und räumlicher Kontinuität im Bestattungsbrauch zahlreiche Parallelen in vielen vor- und frühgeschichtlichen Kulturen der Alten Welt. So kennt man aus dem ägyptischen Qubbet el-Hawa am Westufer des Nils unweit Assuan, wo im Altertum die Grenze zwischen Oberägypten und Nubien verlief, eine bedeutende, heute zum UNESCO-Weltkulturerbe gezählte Nekropole. Dort wurden vom Alten Reich bis zur griechisch-römischen Epoche immer wieder Leichen bestattet. Dabei bildeten die Felsengräber der lokalen Eliten des Alten und Mittleren Reiches, die in den Jahrhunderten um 2000 v. Chr. angelegt wurden, einen glanzvollen Höhepunkt.[19]

Gräber als Ausdruck kollektiver Identität

Das Bemühen, den kollektiv und oft mit großem Aufwand vollzogenen Bestattungen auch sichtbaren Ausdruck zu verleihen, ging oft Hand in Hand mit der Befolgung allgemein verbindlicher Normen und der Beachtung einer die Generationen übergreifenden Kontinuität. Besonders augenfällig ist dies bei den seit dem neunzehnten Jahrhundert so genannten Megalithgräbern der Jungsteinzeit, die aus gewaltigen Steinblöcken gefügt wurden. Sie begegnen vor allem im Mittelmeerraum, an der Süd-, West- und Nordküste der Iberischen Halbinsel, in Westfrankreich sowie in Großbritannien und Irland. Viele von ihnen wurden zwischen 5000 und 2000 v. Chr. errichtet. In das fünfte Jahrtausend v. Chr. datiert man den so genannten Cairn von Barnenez an der Bucht von Morlaix, der vom Neolithikum bis in die frühe Bronzezeit genutzt wurde. Dabei handelt es sich um eine über 70 Meter lange, 25 Meter breite und 6–7 Meter hohe Steinanhäufung, die insgesamt elf Kammergräber aus Schiefer- und Granitplatten überdeckt. Ein weiteres monumentales Kammergrab befindet sich auf der kleinen Insel Gavrinis im Golf von Morbihan unweit Carnac, wo man noch heute über dreitausend aufrecht stehende Steine sehen kann, die in bis zu 15 Kilometer langen Reihen angeordnet sind. Auch in Irland konnten noch in der zweiten Hälfte des zwanzigsten Jahrhunderts über 12 000 Megalithgräber aus dem vierten und dritten Jahrtausend nachgewiesen werden. Zu den bekanntesten Beipielen zählt das vor einigen Jahrzehnten rekonstruierte und seitdem öffentlich zugängliche Hügelgrab von Newgrange im Tal der Boyne, wo alljährlich zur Wintersonnenwende die Strahlen der aufgehenden Sonne durch eine kleine Öffnung über der Eingangstür in den Gang dringen und von dort bis in den Innenraum wandern.[20] Die gleiche Orientierung zeigt auch der Gang des um 2800 v. Chr. erbauten Grabs von Maeshowe auf Orkney. Mit seiner annähernd quadratischen, von einem Kragsteingewölbe überdeckten zentralen Grabkammer und seinem über 7 Meter hohen Grabhügel von 35 Metern Durchmesser gehört es zu den bedeutendsten Anlagen dieser Art.

Verknüpft man den Aspekt der räumlich-zeitlichen Kontinuität der Bestattungssitten mit ihrem ausgeprägt gemeinschaftlichen Charakter und dem Streben nach äußerer und dauerhafter Monumentalität, so liegt die Vermutung nahe, dass sie in vielen Fällen die Solidarität und kollektive Identität innerhalb einer Gesellschaft stärken sollten. Wahrscheinlich sollten weithin sichtbare Grabmonumente einerseits dem Selbstverständnis der Gesellschaft einen für jedes einzelne Mitglied sicht- und nachvollziehbaren Ausdruck verleihen, andererseits aber auch eine Gruppe insgesamt gegenüber ihren Nachbarn abgrenzen. Seit dem Beginn der Jungsteinzeit dürfte dabei der Anspruch auf den Besitz von Land eine wichtige Rolle gespielt haben. Die Pflege von Gräbern der Vorfahren wäre dann sinnfälliger Ausdruck der Rechtmäßigkeit dieses Anspruchs. In unterschiedlichen Bestattungssitten konnte aber auch die Arbeitsteiligkeit und hierarchische Gliederung einer Gesellschaft zum Ausdruck gebracht werden, was besonders in den Gräbern der Bronze- und Eisenzeit vielfach bezeugt ist. Naheliegende Ausdrucksmittel waren dabei zum einen Unterschiede in der Größe eines Grabmonuments, zum anderen Abstufungen in der Ausstattung der Verstorbenen mit Grabbeigaben. Ein charakteristisches Beispiel dafür ist die Bestattung eines fünfunddreißig bis fünfundvierzig Jahre alten Toten, dessen Skelett 2002 bei Amesbury ungefähr 5 Kilometer südöstlich von Stonehenge entdeckt wurde.[21] Hier ergab die Analyse des Zahnschmelzes, dass der Tote nicht in der Region aufgewachsen, sondern vermutlich aus dem Gebiet der Schweiz, aus Österreich oder dem bayerischen Alpenvorland nach Stonehenge gekommen war. Mit rund hundert Objekten enthielt sein Grab fast zehnmal so viele Beigaben wie vergleichbare Bestattungen jener Epoche und ist damit bis heute das am reichsten ausgestattete Grab der Frühen Bronzezeit Englands. Die Vermutung liegt nahe, dass die hier beigesetzte Person zur gesellschaftlichen Oberschicht gehörte, die sich durch die Beherrschung besonderen Wissens im Zusammenhang mit der Metallverarbeitung, vielleicht aber auch durch politische oder religiöse Funktionen auszeichnete.

Wie genau man sich solche Funktionen und die zugrunde liegende Gesellschaftsordnung vorzustellen hat, ist jedoch mangels schriftlicher

Quellen kaum auszumachen Dies zeigt etwa das 1968 entdeckte und 1978/79 untersuchte späthallstattzeitliche Grab von Hochdorf bei Ludwigsburg, dessen Ausstattung im Unterschied zu vergleichbaren älteren Funden nicht nur unversehrt, sondern auch ungewöhnlich gut erhalten war. Die durch eine aufwendige Konstruktion gegen Grabräuber geschützte zentrale Holzkammer enthielt das gut erhaltene Skelett eines ungefähr vierzig Jahre alten Mannes, den man auf einer Liege aus Bronzeblech aufgebahrt hatte. Zahlreiche persönliche Gegenstände, darunter einen Hut aus Birkenrinde, drei Angelhaken und einen Köcher mit Pfeilen, hatte man dem Toten mitgegeben. Darüber hinaus war seine Kleidung für die Bestattung mit eigens dafür angefertigtem Goldschmuck verziert worden. An Grabbeigaben fand man ferner einen vierrädrigen Wagen mit Zaumzeug, ein umfangreiches Speise- und Trinkgeschirr sowie einen aus dem Mittelmeerraum importierten, 500 Liter fassenden Bronzekessel. Über die Rolle, die der Tote zu Lebzeiten in seinem Gemeinwesen spielte, gehen die Meinungen der Prähistoriker jedoch bis heute weit auseinander, da man sie letztlich nur über die Auswahl der Grabbeigaben, den Vergleich mit ähnlichen Gräbern und Analogieschlüsse annäherungsweise ermitteln kann.

Deutlicher sind uns die gesellschaftlichen Verhältnisse und die damit verbundenen religiösen Vorstellungen im frühen Griechenland, wo der Kult halbgöttlicher Heroen eine wichtige Rolle spielte.[22] Er stand in engem Zusammenhang mit den Gräbern, von denen man annahm, dass sie die Gebeine der als Ahnherren der jeweiligen Gemeinschaft verehrten Heroen enthielten. Von besonderer Bedeutung waren in diesem Zusammenhang heroisierte Städtegründer, deren Gebeine mitunter wie Reliquien verehrt und feierlich von einem Ort an einen anderen verbracht werden konnten. Vordergründig dem Götterkult ähnlich, unterschieden sich die den Heroen dargebrachten Opfer doch in charakteristischer Weise von jenen, die man zu Ehren der großen Götter und Göttinnen vollzog. Das kam nicht zuletzt in unterschiedlichen Bezeichnungen zum Ausdruck. So nannte man den Kultbezirk einer Gottheit *témenos*, das eingefriedete Heroengrab jedoch *sēkós*, und während das Götteropfer *thysía* hieß, wurde das für die Heroen als *enágisma* bezeichnet.

Abb. 2 Frau mit Schale als Gabe an einen Toten. Attische Vasenmalerei, fünftes Jahrhundert v. Chr.

Die zentrale Rolle der Bestattungsriten, des Opferkults für die Toten und der Unterscheidung zwischen gewöhnlichen und herausragenden Verstorbenen bei den Griechen brachte es mit sich, dass sie diesen Aspekten auch bei ihren schriftlosen Nachbarvölkern besondere Beachtung schenkten. Angaben dazu bilden seit dem fünften Jahrhundert v. Chr. einen festen Bestandteil der ethnographischen Schilderungen, die Historiker gemäß einer literarischen Konvention ihren Darstellungen der geschichtlichen Abläufe beigaben. Am Anfang steht dabei Herodot mit seiner ausführlichen Beschreibung der Bestattungssitten bei den Skythen (*Historien* 4,71–72): Ihm zufolge wurden die Leichen der skythischen Könige einbalsamiert, mit Wachs überzogen und auf einem Wagen von einem Stamm zum anderen geführt, um die dem Toten gebührenden Trauerriten zu vollziehen. Anschließend wurde der tote König an einem dafür traditionell genutzten Ort unter einem gewaltigen Grabhügel beigesetzt. Nicht nur eine seiner Frauen, sondern auch verschiedene Bedienstete sowie seine Pferde mussten ihm in den Tod nachfolgen. Menschen- und Tieropfer, so Herodot weiter, kennzeichneten auch die aufwendigen Trauerfeiern, die die Skythen ein Jahr später am Grab des Verstorbenen vollzogen. Es ist charakteristisch für die antike Ethnographie insgesamt, dass Herodot in seiner Schilderung zwar zahlreiche farbige Einzelheiten nennt, sich über den Sinn der Riten jedoch ausschweigt.

Ganz ähnlich hält es Caesar, der im ethnographischen Exkurs seiner Feldzugsberichte zwar von Tier- und Menschenopfern bei den aufwendigen Leichenbegängnissen der Kelten berichtet (*Der Gallische Krieg* 6,19,4), jedoch keinerlei Zusammenhang mit dem von ihm an anderer Stelle postulierten keltischen Glauben an die Wiedergeburt herstellt. Mitunter geben antike Autoren zwar vor, die genaue Bedeutung eines Rituals zu kennen, doch sind entsprechende Bemerkungen keineswegs immer schlüssig. So etwa berichtet Tacitus von den Germanen, dass sie bei den Bestattungen keinerlei Aufwand treiben, doch jedem seine Waffen und manchen auch das Pferd ins Feuer mitgeben. Hoch aufragende, kunstvolle Denkmäler verschmähten sie, weil das für die Verstorbenen eine Last sei (*Germania* 27,1). Tatsächlich ist die Darstellung des römischen Historikers jedoch hier – wie auch überall sonst in der *Germania* – in erster Linie darauf berechnet, die Sitten der vermeintlich urtümlichen Germanen denen der kaiserzeitlichen Römer möglichst effektvoll gegenüberzustellen. Wie die in römischen Grabinschriften gängige Formel *Sit tibi terra levis* («Möge dir die Erde leicht sein») zeigt, ist denn auch die Vorstellung vom Grab als einer auf den Toten drückenden Last eher römisch als germanisch. Wie schwierig es sein kann, die komplexe Symbolik einer realen germanischen Bestattung zu interpretieren, wenn schriftliche Selbstzeugnisse fehlen, zeigt das Grab des letzten heidnischen Frankenkönigs Childerich, das 1653 am rechten Scheldeufer bei Tournai entdeckte wurde. Die reichhaltige Ausstattung kann zwar bis heute nicht in allen Einzelheiten sicher gedeutet werden, lässt jedoch ebenso weitreichende wie vielschichtige Kulturbeziehungen – unter anderem zur Symbolsprache der römischen Spätantike, aber auch zum Grabbrauchtum osteuropäischer Reitervölker – erkennen.[23]

Totenfürsorge und -abwehr

Im Hinblick auf den Verstorbenen überwog bei vor- und frühgeschichtlichen Bestattungssitten teils der Aspekt der Pflege und Versorgung, teils jener der Abwehr, je nachdem, ob der oder die Tote eher als schutzbedürftig und bedroht oder als eine Bedrohung für die Lebenden angesehen wurde. Vorstellungen von einer potentiellen Gefährlichkeit einzelner Toter lassen sich vor allem in irregulären, das heißt von der üblichen Norm deutlich abweichenden Bestattungen mit ungewöhnlichen Manipulationen des Leichnams erkennen.[24] Mitunter geben dabei besondere Grabbeigaben einen Hinweis darauf, dass die Verstorbenen innerhalb ihrer Gemeinschaft besondere Funktionen ausübten. Krankhafte Veränderungen am Skelett lassen dagegen vermuten, dass auch Menschen mit bestimmten Krankheiten oder Behinderungen nach ihrem Tod als gefährlich gelten konnten. Präzise Aussagen darüber sind jedoch erst für jene Kulturen möglich, in denen schriftliche Selbstzeugnisse vorliegen. So zeigt sich im frühen Mesopotamien die Ambivalenz der Einstellung gegenüber den Toten darin, dass unbestattete Verstorbene als krank machende Totengeister den Lebenden gefährlich werden konnten, die ordentlich Bestatteten dagegen regelmäßig Opfer empfangen mussten. Dafür waren in der Regel die Nachkommen, mitunter aber auch vertraglich dazu verpflichtete Außenstehende zuständig.[25]

Viele Belege für die Vorstellung von einer besonderen Schutzbedürftigkeit der Toten bietet die altägyptische Kultur, wo man ebenfalls Totenopfer darbrachte. Der Glaube an ein dem Diesseits ähnliches Jenseits brachte schon in der Frühzeit die bekannte Sitte der Mumifizierung des Leichnams mit Hilfe von Natron hervor.[26] Die Vorstellung, Verstorbene könnten im Jenseits zu unwillkommenen Arbeiten aufgerufen werden, führte zu der Sitte, dem Toten besondere Tonfigürchen,

Uschebti («Antwortende») genannt, mitzugeben, die an seiner Stelle antworten und diese Arbeiten verrichten sollten.[27] Aus dem gesamten Zeitraum vom Alten Reich bis zur Spätzeit kennt man außerdem sogenannte Totenbriefe. Dabei handelt es sich um Mitteilungen an Verstorbene, die auf Tongefäße oder seltener Papyrus geschrieben wurden, wenn sich der Absender vom Verstorbenen bedroht fühlte oder umgekehrt Hilfe von ihm erhoffte. Dabei handelt es sich um eine besondere Ausprägung der im gesamten Alten Orient bis hin zu den antiken Kulturen des Mittelmeerraums verbreiteten Vorstellung, dass eine Kommunikation mit den Verstorbenen mit Hilfe besonderer Techniken der Totenbeschwörung grundsätzlich möglich ist. In der Hebräischen Bibel findet sie sich in der Erzählung von Sauls Konsultation der Totenbeschwörerin von Endor (1 Samuel 28).[28] Literarisch gestaltet findet man dieses Motiv auch in der *Odyssee* (10,517–537 und 11,23–50) sowie an zentraler Stelle im sechsten Buch von Vergils *Aeneis*, wo Aeneas in der Unterwelt einen Blick auf die künftige Größe Roms werfen darf. Dass griechisch-römische Vorstellungen vom Verhältnis der Lebenden zu den Toten auch sonst an altorientalische Vorläufer anknüpfen, zeigt der in griechischen Zaubersprüchen geläufige Begriff des Totendämons (*nekydaímōn*), der nach einem gewaltsamen vorzeitigen Tod noch eine Zeitlang ruhelos umherirren muss und mitunter versucht, an den Lebenden Rache zu nehmen. Spezifisch neuzeitlich ist demgegenüber das bekannte Motiv vom «Fluch der Mumie», das letztlich auf einer Kombination von Elementen des viktorianischen Schauerromans mit der Ägyptenfaszination des neunzehnten Jahrhunderts beruht.[29]

Lässt man das bisher Gesagte noch einmal Revue passieren, so ist klar, dass man bei der Deutung vorgeschichtlicher Bestattungsriten zwar oft plausible Vermutungen über *mögliche* religiöse Bezüge anstellen, ohne schriftliche Selbstzeugnisse jedoch nur wenig Konkretes aussagen kann. So legt die Sitte der Brandbestattung die Vermutung nahe, dass die Transformation des Leichnams einen integralen Bestandteil der Bestattung bildete, doch sind natürlich ganz verschiedene Begründungen dafür denkbar.[30] In ähnlicher Weise legt die im Altertum weit verbreitete Sitte eines Banketts im Rahmen der Trauerfeierlichkeiten die

Vermutung nahe, dass man damit die Solidarität und das Gemeinschaftsgefühl stärken wollte, doch bleiben weitergehende religiöse Assoziationen dieses Brauchs letztlich im Dunkeln.[31] Im Allgemeinen lassen sich für die vorgeschichtliche Epoche also weder die konkrete Motivation für bestimmte Riten noch die Ursachen für deren Wandel näher bestimmen. So kann man die damaligen Vorstellungen über den Tod, seine Herkunft, seinen Sinn, das Jenseits oder die Möglichkeiten und Bedingungen eines individuellen Weiterlebens nach dem Tod kaum ermitteln. All dies wird für uns erst ab dem dritten Jahrtausend v. Chr. und in vielen Regionen sogar erst viel später mit dem Einsetzen der ältesten Schriftquellen greifbar. Selbst dann stehen wir jedoch vor der Schwierigkeit, dass uns die Begrifflichkeit der Kulturen des Altertums oft fremd ist und die dahinterstehenden Vorstellungen erst mühsam aus den Texten selbst rekonstruiert werden müssen.

Frühe Seelenvorstellungen

Aus der abendländischen Tradition kennt man die Unterscheidung, mitunter auch Gegenüberstellung, von «Leib» (lateinisch *corpus*, griechisch *sōma*) und «Seele» (lateinisch *anima*, griechisch *psychē*). Der damit verbundene Gegensatz ist für die frühe griechische Kultur relativ leicht nachzuvollziehen, denn die Unterscheidung zwischen dem greifbaren Leib und einer ungreifbaren, schattenhaften Seele, die im Augenblick des Todes den Körper verlässt, ähnelt grundsätzlich der in unserer eigenen Kultur verbreiteten.[32] Gleichwohl finden wir auch in Griechenland eine Vielzahl unterschiedlicher und zum Teil widersprüchlicher Anschauungen, denn neben der gängigen Vorstellung von einem Abstieg der Seele in eine freudlose und düstere Unterwelt gibt es auch die Vorstellung von einem Aufstieg in himmlische Sphären (parodistisch zitiert bei Aristophanes, *Der Friede*, 827 ff.), von einem angenehmen Aufenthalt in den Elysischen Gefilden an den Grenzen der Erde (*Odyssee* 4,563–569) oder von einer Vernichtung der Seele beim Tod des Menschen (mit Nachdruck bestritten von Plato, *Phaidros*, 245b–c).

Das Menschenbild der alten Ägypter ist dagegen für uns viel schwerer nachzuvollziehen, denn sie verwendeten anstelle eines einzigen Wortes für «Seele» drei verschiedene Begriffe: *Ka*, *Ba* und *Ach*. *Ka* bezeichnete vielleicht ursprünglich so etwas wie die Lebenskraft, während der auch als Vogel oder Vogel mit menschlichem Kopf dargestellte *Ba* einerseits die Seele des Verstorbenen, andererseits aber auch die Erscheinungsform eines Gottes bezeichnen kann. Der ebenfalls als Vogel dargestellte *Ach* nahm in späterer Zeit die Bedeutung «Dämon, Gespenst» an.

Schwer zu fassen und für uns erläuterungsbedürftig ist aber auch das Menschenbild des alten Mesopotamien. Dort gab es mit *pagru* und *zumru* zwei verschiedene Wörter für «Leib» – auch wir verwenden ja für den Menschen sowohl «Leib» als auch «Körper», für Tiere aber nur letzteren Begriff. Der Mensch bestand außerdem aus dem «Fleisch» (*šīru*), dem «Selbst» (*ramanu*), der auch als Atem im Sinne von Lebenskraft verstandenen «Kehle» (*napištu*), einem «(Toten)Geist» (*eṭemmu*), einer «Traumseele» (*zaqīqu*) und einem «Verstand» oder «Intellekt» (*ṭēmu*).[33] Dass man die damit verbundenen Vorstellungen nur aus den Verwendungsweisen der betreffenden Begriffe in den uns erhaltenen Texten erheben kann, liegt auf der Hand. Gleichwohl stellt man bei einem Blick in die Forschungsgeschichte ernüchtert fest, dass dies in vielen Fällen leichter gesagt als getan ist. Im Allgemeinen gelingt das Verständnis solcher Texte nämlich nur mit Hilfe einer ganzen Reihe von Vorannahmen, und daher hat jede Zeit auch stets ihren eigenen kulturellen Horizont in die jeweilige Deutung der Texte miteingebracht.[34]

Auch wenn die Anfänge der Totenbestattung und ihr ursprünglicher Zusammenhang mit den ältesten Religionen im Dunkeln liegen, hat sie viele frühe Religionen überdauert und stellt nach wie vor einen integralen Bestandteil wohl aller großen Religionen dar.[35] Selbst der nichtreligiöse Umgang mit den Toten im zwanzigsten und einundzwanzigsten Jahrhundert ist maßgeblich von religiösen Vorstellungen der Vergangenheit geprägt und beeinflusst damit auch die kulturellen Normen und Rechtsbestimmungen der Gegenwart.

2. Unfassbar nah und unerreichbar fern: Götter und Göttinnen

Ähnlich wie die religiöse Sinngebung der ältesten Bestattungsriten verlieren sich auch die frühesten Spuren der Gottesvorstellung im Dunkel der Vorgeschichte. Gleichwohl lohnt sich auch hier ein Blick auf die archäologische Hinterlassenschaft der schriftlosen Frühzeit – nicht zuletzt deswegen, weil man in der Vergangenheit aus ihr mitunter allzu leichtfertig Rückschlüsse auf das Vorhandensein von Gottesvorstellungen gezogen hat.[36]

Altsteinzeitliche Götterbilder?

Zu den bekanntesten vorgeschichtlichen Kunstschöpfungen, die man mit der Verehrung von Göttern und Göttinnen in Verbindung gebracht hat, zählen einige steinerne Frauenstatuetten, die in missverständlicher Weise gelegentlich als Venusfigurinen bezeichnet werden. Die mit großem Abstand ältesten Beispiele sehen einige Forscher in der 250 000–280 000 Jahre alten sogenannten Venus von Berekhat Ram, die 1981 auf den Golanhöhen gefunden wurde, sowie in der 300 000–500 000 Jahre alten Venus von Tan-Tan, die man 1999 in Südmarokko entdeckte. Tatsächlich könnte es sich jedoch in beiden Fällen um Steine handeln, die zufällig so ähnlich geformt sind wie die erst aus viel späterer Zeit bekannten Frauenstatuetten. An den Anfang der Tradition unbekleideter weiblicher Figuren mit möglicherweise religiöser Bedeutung stellen die meisten Prähistoriker daher die erst 2008 entdeckte Venus vom Hohlen Fels auf der Schwäbischen Alb, die vermutlich zwischen 38 000 und 33 000 v. Chr. aus Mammut-Elfenbein geschnitzt wurde, sowie die 1988 gefundene Venus vom Galgenberg bei Stratzing in Niederösterreich, die um 30 000 v. Chr. aus grünem Serpentin gefertigt wurde. Die bekannteste der mittlerweile über zweihundert prähistorischen Figurinen ist die 11 Zentimeter hohe Venus von Willendorf. Sie ist aus Kalkstein gefertigt und wurde schon 1908 bei dem Ort Willendorf in der Wachau gefunden.

Charakteristisch für die meisten dieser jungpaläolithischen Frauenstatuetten sind stark ausgeprägte weibliche Merkmale, eine weitgehende Vernachlässigung des Gesichts sowie die Hervorhebung des Bauches und der Schenkel, wodurch viele von ihnen hochschwanger oder stark übergewichtig wirken. Die Annahme eines Bezugs zur Fruchtbarkeit, vielleicht auch zu Schwangerschaft und Geburt, ist naheliegend, doch fehlen bislang klare Hinweise auf die Funktion dieser Figurinen, deren künstlerische Tradition um 20 000 v. Chr. ihr Ende fand. Die Vermutung, es habe sich dabei um Darstellungen einer Göttin gehandelt, bleibt daher reine Spekulation.

Götter und Göttinnen der Jungsteinzeit

Ähnlich wie bei den Religionen der Alt- und Mittelsteinzeit ist auch bei den Kulten, Riten und Mythen der Jungsteinzeit eine enge Wechselbeziehung zwischen Religion, Gesellschaft und Wirtschaft anzunehmen, denn die vor- und frühgeschichtlichen Religionen waren nach dem Zeugnis der frühen Schriftquellen in erster Linie auf die Sicherung der Lebensgrundlagen, die Stärkung kollektiver Identitäten, den Abbau von Spannungen und damit die Bewahrung der gesellschaftlichen Ordnung ausgerichtet. Daher waren vor allem jene kritischen Zeitpunkte von religiösen Handlungen begleitet, die über den Untergang oder das Überleben der oft kleinräumig organisierten Gemeinschaften entscheiden konnten. Dies waren im Falle der Jäger und Sammler der Kontakt mit dem Jagdwild, im Falle der sesshaften Ackerbauer die Bestellung der Felder und das Einbringen der Ernte. Gerade die bäuerlichen Gemeinschaften waren infolge ihrer Unbeweglichkeit in hohem Maße von der Gunst des Klimas und des Wetters abhängig, da verheerende Unwetter oder das Ausbleiben von Niederschlägen sich schnell zur existentiellen Bedrohung auswachsen konnten. Eine zentrale Bedeutung für das Weltbild erhielt daher der

Kreislauf der Jahreszeiten mit dem kontinuierlichen Wechsel von Aussaat und Ernte, Entstehen und Vergehen. Die vorausschauende Berechnung der Jahreszeiten, die zur Entstehung der ersten Kalendersysteme führte, spielte in diesen Kulturen eine herausragende Rolle.

Um sich den mutmaßlichen Gottesvorstellungen der ältesten jungsteinzeitlichen Ackerbauer anzunähern, kann man sich am ehesten an den Verhältnissen orientieren, die die frühesten Schriftquellen des dritten und zweiten Jahrtausends widerspiegeln. Dabei muss man natürlich die Möglichkeit religiöser Neuerungen im Zuge gesellschaftlicher und politischer Veränderungen im Auge behalten. Außerdem können moderne Forscher unbewusst durch den eigenen Zeitgeist beeinflusst werden. Ein charakteristisches Beispiel für diese Problematik ist die moderne Vorstellung von der Verehrung einer «Großen Göttin» durch friedliebende, mutterrechtlich organisierte jungsteinzeitliche Bauern. In den Jahrzehnten nach dem Ende des Zweiten Weltkriegs war sie relativ weit verbreitet und wurde in Fachkreisen viel diskutiert. Heute dagegen gilt sie als moderne Wunschvorstellung, die ihre Entstehung vor allem den politischen Veränderungen und gesellschaftlichen Debatten der 1950er und 1960er Jahre verdankt. Weder kann man sämtliche neolithischen Abbildungen weiblicher Gestalten mit starker Betonung der Geschlechtsmerkmale als bildliche Darstellungen ein und derselben Muttergöttin ansehen, noch bilden archäologische Funde und ethnologische Parallelen eine ausreichende Grundlage für die Annahme einer matriarchalen, also von Frauen dominierten, neolithischen Gesellschaftsordnung. Wahrscheinlich spielte die Erde, deren Ertrag das Überleben der neolithischen Ackerbauer und Viehzüchter sicherte, in der religiösen Vorstellungswelt jener Zeit eine wichtige Rolle. Ob man sich jedoch die Erde insgesamt als eine Göttin vorstellte und als eine «Mutter Erde» kultisch verehrte, ist fraglich, zumal verschiedene Anhaltspunkte auf eine religiöse Bedeutung nicht der Erde im Allgemeinen, sondern nur des jeweiligen Siedlungsgebietes einer Gemeinschaft hinweisen. Betrachtet man nun die schriftlich bezeugten Gottesvorstellungen Altägyptens, des Vorderen Orients und des antiken Mittelmeerraums insgesamt, fällt der Zusammenhang zwischen den Gottesvorstellungen einer Kultur und ihren Vorstellungen von einer kosmischen Ordnung auf, die die belebte und unbelebte Natur sowie die menschliche Gesellschaft umfasst.

Die Götter und die Weltordnung in Ägypten, Mesopotamien und Indien

In Ägypten bezeichnete man die umfassende Ordnung der Welt, des ägyptischen Staates und damit des gesamten sozialen Lebens mit dem – grammatisch weiblichen – Wort *Maat* (*m"t*), das in der Hieroglyphenschrift durch eine Straußenfeder versinnbildlicht wurde. Je nach dem Zusammenhang kann man es auch mit «Wahrheit», «Richtigkeit» oder «Gerechtigkeit» übersetzen.[37] Diese Ordnung umfasste den Lauf der Gestirne, den Wechsel von Tag und Nacht, das An- und Abschwellen des Nils und das Leben der Pflanzen und Tiere in gleicher Weise wie die politische Stabilität des ägyptischen Staates und die Regeln des menschlichen Zusammenlebens. Ihr Gegenteil war *Isfet* (*jsft*), was dementsprechend am ehesten mit «Unordnung», «Chaos» oder «Lüge» zu übersetzen ist. Göttlicher Garant dieser Ordnung war der Sonnengott Re. Deshalb personifizierte man Maat auch als Tochter des Sonnengottes und stellte sie bildlich als sitzende Göttin mit einer Straußenfeder auf dem Kopf dar. Die Umsetzung und Bewahrung der göttlichen Ordnung war eine Hauptaufgabe des Herrschers. Bildlich stellte man dies so dar, dass der König die Maat «opferte».

Von zentraler Bedeutung ist der Begriff der Maat in den sogenannten Lebenslehren, die man dem Genre der Weisheitsliteratur zurechnen kann, das auch aus der Bibel und den Literaturen des Zweistromlands bekannt ist. Ihr ältester Vertreter ist die sogenannte «Lehre des Ptahhotep», deren Ratschläge in erster Linie für Angehörige der staatstragenden Beamtenschicht bestimmt waren. «Sei nicht eingebildet auf dein Wissen», «Halte die Menschen nicht in Schrecken vor dir», «Hüte dich vor der Verführung zur Habgier» und «Gib keinen Klatsch weiter» sind nur einige der Ratschläge, die den Empfänger zu

Abb. 3 Der König opfert die Maat. Ägyptische Statuette, um 1200 v. Chr.

Selbstbeherrschung, Wahrhaftigkeit, Gerechtigkeit, Urteilsfähigkeit, Großzügigkeit und Höflichkeit erziehen sollen. Dabei wechselt der Verfasser immer wieder von Mahnungen und Warnungen zu allgemeinen Feststellungen, die sich ähnlich wie in den biblischen Psalmen häufig über zwei Zeilen erstrecken. Oft wiederholt die zweite Zeile den Gedanken der ersten mit anderen Worten, führt ihn weiter aus oder verdeutlicht ihn durch einen Hinweis auf das Gegenteil. «Vollkommene Rede ist verborgener als ein Malachit, und doch kann man sie entdecken bei den Mägden über den Mahlsteinen», heißt es etwa an einer Stelle, oder «Wen sie (die Götter) leiten, der kann nicht fehlgehen, doch wen sie schifflos lassen, der findet keine Überfahrt».

Eine wichtige Rolle spielt Maat auch in der für die ägyptische Religion so charakteristischen Vorstellung des Totengerichts, die seit dem Mittleren Reich in Texten und seit dem Neuen Reich auch bildlich vielfach bezeugt ist. Ihr zufolge muss sich jeder Verstorbene vor dem thronenden Totenherrscher Osiris und unter Aufsicht des Schreibergottes Thoth für die Abweichungen seiner Lebensführung von der Maat verantworten, indem auf einer Balkenwaage das Herz des Verstorbenen gegen eine Straußenfeder als Symbol der göttlichen Ordnung aufgewogen wird. Welche Verfehlungen ethischer, aber auch kultischer Art man begehen konnte, erläutert der heute als Kapitel 125 gezählte Abschnitt des sogenannten «Totenbuchs», einer auf Papyrus geschriebenen Spruchsammlung, die man im Neuen Reich den Toten mit ins Grab gab. Als «verklärt» oder wörtlich «wahr (*m*'') an Stimme» galt der Tote, der diese Prüfung bestand und folglich nicht der Vernichtung preisgegeben wurde.[38] Wie manche anderen Züge der altägyptischen Kultur gelangte die Vorstellung vom Totengericht mit Hilfe einer Balkenwaage schon in der Antike ins Christentum, wo sie insbesondere in der Kunst des Mittelalters – mit dem Weltenrichter Christus an Stelle des Totengottes Osiris, dem Erzengel Michael an Stelle des Schreibergottes Thoth und den Seelen der Verstorbenen an Stelle des Herzens und der Straußenfeder – häufig vorkommt.

Gut bezeugt, doch in der Begrifflichkeit unserer Zeit schwer zu fassen, sind die Ordnungsbegriffe der altmesopotamischen Kulturen. An erster Stelle steht hier der Begriff des Schicksals (*nam*), das die Götter den Menschen «schneiden» (*tar*), das heißt: entscheiden oder bestimmen. Dabei geht die darin angelegte Bedeutung der «Ordnung» nicht zuletzt daraus hervor, dass mit *nam* auch abstrakte Begriffe wie *nam-lugal* «Königtum» (zu *lugal* «König») und *nam-dingir* «Göttlichkeit» (zu *dingir* «Gott») gebildet werden. Dass mit dem Begriff *nam* auch das individuelle Schicksal im Rahmen einer umfassenden göttlichen Ordnung gemeint sein kann, zeigt der Ausdruck *nam-tag*, der sich als Bezeichnung des Eingriffs in diese Ordnung mit unserem Begriff der Sünde berührt. In seiner genauen Bedeutung bis heute umstritten ist der sumerische Ordnungsbegriff *Me*, der so etwas wie das Wesen der Dinge meint und vielleicht am ehesten mit «das, was ist» im Sinne einer göttlichen Weltordnung übersetzt werden kann. Der Begriff bezeichnet also eine göttliche Kraft, die sowohl in abstrakten Begriffen als auch in konkreten Dingen auf der Erde, im Himmel oder in der Unterwelt vorhanden ist. Eng damit verwandt ist der Begriff *garza*, der jedoch im Unterschied zu Me auf den kultischen Bereich beschränkt ist und so etwas wie die Summe der Kultordnungen bezeichnet.

In den ältesten indischen Quellen, die wohl noch in das zweite Jahrtausend v. Chr. zurückreichen, erscheint die Vorstellung von einer unpersönlichen Weltordnung in dem Begriff *Rita* (*ṛta*), der wörtlich übersetzt soviel wie «Fügung» bedeutet. Er bezeichnet eine Macht, die in gleicher Weise die Ordnung der Natur, der menschlichen Gesellschaft und des Götterkults umgreift und so den geregelten Lauf der Welt gewährleistet. Dem Rita entsprechend geht jeden Morgen die Sonne auf, strömen die Flüsse, handeln die ehrlichen Menschen und erhalten die Götter ihre Opfer. Auch die Zeit steht unter der Herrschaft des Rita, wobei das Jahr als sein nie alterndes, zwölfspeichiges Rad bezeichnet wird. In besonderer Weise mit Rita verbunden sind die Götter Mitra und Varuna, aber auch der Feuergott Agni dank seiner beherrschenden Rolle im Opferkult. Das hohe Alter des Begriffs Rita und der damit verbundenen Vorstellungen bezeugt nicht zuletzt der Umstand, dass er in etwas anderen Schreibungen (*arta* und *aša*) auch bei den sprachlich und kulturell mit den alten Indern eng verwandten iranischen Völkern bezeugt ist – *Artaxerxes*, «der durch die göttliche Ordnung herrscht», heißen in der griechischen Geschichtsüberlieferung nicht weniger als fünf altpersische Könige aus der Dynastie der Achämeniden, und den gleichbedeutenden Namen *Ardaschir* verwendete noch im dritten Jahrhundert n. Chr. der Begründer des Reichs der Sasaniden, die Iran bis zur Eroberung durch die Muslime im siebten Jahrhundert beherrschten.

Wirkungsweisen von Göttern in frühgeschichtlichen Kulturen

Für eine nähere Bestimmung des Zusammenhangs zwischen diesen Ordnungskonzepten und den Göttern kommt den Schriftquellen eine Schlüsselrolle zu, doch ist ihre Aussagekraft auch immer wieder kritisch zu hinterfragen. Dies gilt besonders für Fremdzeugnisse, bei denen man mit unbewussten Missverständnissen oder propagandistisch motivierten Einseitigkeiten und Fehlurteilen rechnen muss. «Zu den Göttern zählen sie nur die, die sie mit eigenen Augen sehen können und deren Wirken ihnen offenkundig Hilfe bringt: die Sonne, das Feuer und den Mond.

Die übrigen kennen sie nicht einmal vom Hörensagen», schreibt etwa Caesar um die Mitte des ersten Jahrhunderts v. Chr. von den Germanen, nachdem er kurz zuvor erklärt hat, die Kelten hätten von den meisten Göttern mehr oder weniger dieselben Vorstellungen wie die Römer (*Der Gallische Krieg* 6,17,2 und 6,21,2). Tatsächlich verbirgt sich hinter dieser Aussage jedoch nicht ein tiefer Graben zwischen den Gottesvorstellungen links und rechts des Rheins, sondern lediglich das Bemühen des Eroberers Caesar, den Rhein als natürliche Grenze seiner politisch-militärischen Annexionspläne darzustellen. Ähnliche Vorbehalte gelten für den in der Hebräischen Bibel immer wieder anzutreffenden Vorwurf, die Verehrung von Götterbildern bei den Nachbarvölkern Israels richte sich unmittelbar auf diese von Menschen hergestellten Objekte selbst. Betrachtet man nämlich die mesopotamischen, kanaanäischen und ägyptischen Selbstzeugnisse, erweist sich diese Beschreibung als eine – absichtliche oder unbewusste – Vergröberung von teilweise recht subtilen Überlegungen zum Zusammenhang zwischen einem Gott und seinem Bild. Dass beide Aussagen noch im zwanzigsten Jahrhundert oft für bare Münze genommen worden sind, liegt an dem besonderen Prestige, das die Hebräische Bibel und die Literatur der Antike lange genossen.

Die ersten Vorstellungen von einem göttlichen Wirken bezogen sich vermutlich auf Schutzgottheiten im persönlichen Umfeld des einzelnen Menschen. So verehrte man in Ägypten Tauret oder Taweret («die Große»), die als Göttin der Schwangeren bei den Gefahren der Entbindung und des Kindbetts Hilfe bringen konnte. Dargestellt wurde sie zumeist als aufrecht stehendes trächtiges Nilpferd mit löwenähnlichen Beinen, einem oft löwenähnlichen Kopf und menschlichen Armen und Brüsten. In der Hand hält die Göttin als charakteristisches Attribut die sogenannte Sa-Schleife, ein dem Anch-Zeichen (Henkelkreuz) vergleichbares Schutzsymbol. Bezeichnenderweise kennt man ihre Verehrung vor allem durch die Funde von Amuletten und kleinen Skulpturen, die im häuslichen Kult verwendet wurden, während die Göttin in den großen Tempeln des Landes keine Rolle spielte. Eine mit ihr vergleichbare griechische Göttin war Eileithyia, «die (zu Hilfe) Kommende», mit deren Hilfe schon die Göttin Hera die Entbindung Letos und damit die Geburt des Heroen Herakles zu verhindern suchte, wie dies der frühgriechische Hymnus an den Apollo von Delos erzählt. Als Schutzgöttin des häuslichen Herdes galt in Griechenland Hestia, der man vor jeder Mahlzeit ein kleines Opfer darbrachte.

Für das gesamte Pantheon ungleich wichtiger und in ihren Funktionen komplexer war die für Liebe, Sexualität und Fortpflanzung zuständige Göttin. Sie erscheint in sumerischen Texten als Inanna, in akkadischen als Ischtar, in Kleinasien als Schawuschka, in Syrien als Astarte und im frühen Griechenland als Aphrodite.[39] Die Wesenszüge und Attribute dieser Göttinnen sind sich sehr ähnlich. Als Totengottheiten findet man in Ägypten Osiris und Anubis, in Syrien Mot, in Mesopotamien Nergal mit seiner Gattin Ereschkigal und in Griechenland Hades, doch gehen die Funktionen dieser Gottheiten, ihre bildlichen Darstellungen, die Formen ihrer kultischen Verehrung sowie die damit verbundenen Jenseitsvorstellungen weit auseinander.

Die stark ausgeprägte Arbeitsteiligkeit der altorientalischen und antiken Gesellschaften brachte es mit sich, dass auch die unterschiedlichen Sphären menschlicher Betätigung unter dem Schutz ganz bestimmter Gottheiten standen. So kennt man aus Ägypten den Gott Thoth, der als Herr des Wissens und Berechnens die Schutzgottheit der schriftkundigen Beamten war, während in Mesopotamien der im Sumerischen Enki und im Akkadischen Ea genannte Gott der Weisheit als Beschützer der Handwerker galt.[40] Daneben hatten aber auch spezialisierte Fertigkeiten ihre eigenen Schutzgottheiten, wie dies aus dem frühen Griechenland in Gottheiten wie Artemis (Jagd), Hermes (Handel), Apollo (Musik) oder Hephaistos (Schmiedekunst) deutlich wird.

Der zentralen Bedeutung der Landwirtschaft in sämtlichen Kulturen des Altertums entspricht die bedeutende Rolle der Götter, die man für gedeihliches Wetter und damit für das Gelingen der Ernte und eine ausreichende Versorgung der Bevölkerung verantwortlich glaubte. Der Wettergott hieß in Mesopotamien auf Sumerisch Ischkur, auf Akkadisch Adad oder Addu. In Syrien erscheint er schon im dritten Jahrtausend v. Chr. unter dem Namen Hadda, der etymologisch – wie übrigens auch die Bezeichnungen des keltischen Gottes Taranus und des germanischen Gottes Thor/Donar – mit dem Wort für «Donner» zusammenhängt. In Kleinasien kannte man den Wettergott unter den Namen Teschub, Taru und Tarchun, während ihn jüngere Texte aus Syrien oft einfach nur als Baal (*bʻl*), «Herr», bezeichnen. In Ägypten begegnen «Himmel» und «Erde» als Ehepaar in der Gestalt des Erdgottes Geb, auf dessen Rücken die Pflanzen wachsen, und seiner Gemahlin, der Himmelsgöttin Nut, die im Osten die Sonne und die Gestirne gebiert und im Westen wieder verschlingt. In Mesopotamien dagegen erscheint der Himmelsgott in sumerischen Texten unter dem Namen An und in akkadischen als Anu, wobei seine Gattin sumerisch Ki («Erde») und akkadisch Antu genannt wird.

Im Hinblick auf die räumliche und soziale Gebundenheit der einzelnen Gottheiten ist oft eine Hierarchie zu beobachten, die zahlreiche Abstufungen von der einzelnen Stadt über eine größere Region bis hin zu den großen Territorialreichen umfasst. Am unteren Ende der Skala standen Götter, die mit einer Stadt eng verbunden waren, etwa der sumerische Gott Ningirsu als «Herr» (*nin*) der Stadt Girsu oder der ägyptische Ptah als Hauptgott der Stadt Memphis. Eine unvergleichlich größere Rolle spielten demgegenüber die großen Reichsgötter, deren Kult in der Regel eng mit politischen Entwicklungen verbunden war. So wurde der ägyptische Gott Amun, dessen Kult ursprünglich in der Stadt Theben beheimatet war, mit dem Aufstieg Thebens zur Hauptstadt des Mittleren Reiches zu einem Reichsgott, der in vielen Tempeln des Landes neben den dort beheimateten Göttern verehrt wurde und dem in der Stadt Karnak der größte ägyptische Tempel überhaupt geweiht war. Ähnlich stieg in Mesopotamien Marduk, ursprünglich der Stadtgott Babylons, mit der Gründung des Babylonischen Reiches zum Oberhaupt des gesamten babylonischen Pantheons auf, der in dieser Rolle die Funktionen vieler untergeordneter Gottheiten auf sich vereinigte. Hauptgott des Assyrischen Reiches war Assur, ursprünglich Schutzgott der gleichnamigen Hauptstadt des Assyrerreichs.

Mit der Vorstellung von individuellen oder kollektiven Strafen für Verstöße gegen die göttliche Ordnung war die Ansicht verbunden, dass der mächtigste Gott diese Ordnung bei Bedarf auch mit Gewalt durchsetzte, so dass Kriege auf göttliche Weisung geführt werden konnten. «So müssen umkommen, Herr, all deine Feinde», heißt es etwa in dem sogenannten Deboralied, einem der mutmaßlich ältesten Teile der Hebräischen Bibel. Der Umstand, dass die biblischen Erzählungen die Kriege des Gottes der Bibel in vielfältiger Weise mit dem Kampf für den Monotheismus verknüpfen, könnte den Eindruck erwecken, dass das Bekenntnis zur gewaltsamen Durchsetzung der göttlichen Ordnung eine Folge der Hinwendung zum Monotheismus sei. Tatsächlich waren Kriege unter dem Schutz und mit dem Beistand des wichtigsten nationalen Gottes oder der Götter im Allgemeinen jedoch im gesamten Altertum weit verbreitet.[41] So berichten ägyptische Inschriften unter anderem in den Tempeln von Karnak, Luxor und Abu Simbel, wie Pharao Ramses II. 1274 v. Chr. in der Schlacht von Kadesch unweit der heutigen syrisch-libanesischen Grenze durch das unmittelbare Eingreifen des Gottes Amun einen glänzenden Sieg über die Hethiter errang – während die Schlacht in Wahrheit wohl eher unentschieden ausging. Bei den Hethitern wiederum handelte der König im Frieden wie auch in Kriegszeiten unter dem Schutz des Wettergottes und dessen Gemahlin, der Sonnengöttin, denen sein Land gehörte und in deren Namen er es verwaltete. Die oberste Schutzgottheit der assyrischen Herrscher war der oft bewaffnet dargestellte Gott Assur, während der König – in Anknüpfung an ältere mythische Vorbilder – die Rolle eines Hirten, Jägers und Kriegers einnahm.[42] Der vor allem durch seine Gesetze bekannte König Hammurabi von Babylon herrschte im Auftrag des Sonnengottes Schamasch, der zugleich als Hüter der Gerechtigkeit galt.

Die Perserkönige führten ihre Kriege unter dem Schutz des obersten Gottes Ahura Mazda, dessen Symbol, eine geflügelte Sonnenscheibe, vermittelt über die Religionen der Assyrer und Hethiter auf das alte Ägypten zurückgeht. «Nach dem Willen Ahura Mazdas bin ich König», spricht Darius I. in der ersten großen Inschrift von Behistun, um nach einer Aufzählung der von ihm unterworfenen Länder hinzuzufügen: «Nach dem Willen Ahura Mazdas waren sie meine Untertanen und zahlten mir Tribut.» Daher wurde jeglicher Widerstand gegen den rechtmäßigen König als Aufruhr gegen die göttliche Ordnung gebrand-

Abb. 4 Hammurabi vor dem Gott Schamasch. Diorit-Stele aus dem achtzehnten Jahrhundert v. Chr.

markt. «Ahura Mazda leistete mir Beistand; nach dem Willen Ahura Mazdas schlug mein Heer das abtrünnige Heer», lesen wir mehrfach im königlichen Tatenbericht. Im kleineren Maßstab finden wir diese Anschauungen auch auf einer Inschrift, in der König Mescha von Moab, der auch in der Hebräischen Bibel (2 Könige 3) erwähnt wird, um die Mitte des neunten Jahrhunderts v. Chr. sich des Beistands des nationalen Schutzgottes Kemosch rühmt, «denn er rettete mich vor allen Angreifern und ließ mich triumphieren über alle meine Feinde».

Echnatons Monotheismus

Der Umstand, dass viele Götter und Göttinnen uns gleichsam als individuelle Persönlichkeiten mit einem eigenen Namen sowie charakteristischen Wesenszügen und Verhaltensweisen gegenübertreten, sollte uns nicht darüber hinwegtäuschen, dass man sich die Realität komplexer und zugleich diffuser vorstellte. Zum einen lag dies daran, dass neben den klar umrissenen Götterpersönlichkeiten auch nicht weiter namentlich unterschiedene Kollektive wie etwa die römischen *lares* und *penates* als Schutzgötter des Hauses und der Familie sowie eine Vielzahl relativ farb- und konturloser Geister als wirkmächtig anerkannt und verehrt wurden.[43] Zum anderen ergab sich eine gewisse Unbestimmtheit und Fluidität daraus, dass man unterschiedliche Namen nicht in jedem Fall auf unterschiedliche Götter und Göttinnen bezog, sondern sie als gleichberechtigte Bezeichnungen ein und derselben Gottheit auffassen konnte. Eine wichtige Rolle spielten diese Gleichsetzungen von jeher im Kulturkreis der Keilschrift, wo sprachlich und kulturell höchst unterschiedliche Bevölkerungsgruppen auf engem Raum zusammenlebten. Gleichsetzungen und Verschmelzungen von Namen, Attributen und Wirkungsweisen der Götter findet man aber auch im pharaonischen Ägypten, wo die Frage zwischen Einheit und Vielfalt des göttlichen Wirkens zu einem frühen Zeitpunkt, wenn auch nur vorübergehend, zugunsten der zuerst genannten Option in einem monotheistischen Sinn entschieden wurde.

Wie im Zweistromland hatte man auch in Ägypten von Anbeginn der geschichtlichen Überlieferung an eine Vielzahl von Göttern und Göttinnen verehrt – auch wenn die ägyptischen Lebenslehren oft nur «den (Schöpfer-)Gott» oder »(die) Götter» erwähnen. Radikal in Frage gestellt wurde der ägyptische Polytheismus jedoch unter Pharao Amenophis IV., der um die Mitte des vierzehnten Jahrhunderts den Thron bestieg. Fünf Jahre später nahm er den Namen Achanjati an und ist deswegen heute unter dem Namen Echnaton bekannt.[44] Kennzeichnend für die ägyptische Religion jener Zeit war zum einen die Überzeugung von einem Weiterleben nach dem Tode, die eine umfangreiche Ritualliteratur hervorbrachte, zum anderen die beherrschende Stellung des Sonnengottes Amun-Re, dessen Wirkungsbereich die Welt der Lebenden sowie die Unterwelt umfasste. Soweit es die – durchweg zeitgenössischen – Quellen erkennen lassen, knüpfte Amenophis IV. nach seinem Regierungsantritt an diese Verehrung des Sonnengottes an, sah im Unterschied zu seinen Vorgängern aber nicht mehr Re oder Amun, sondern die als *Aton* bezeichnete physische Erscheinung der Sonne als dessen eigentliche Verkörperung an.

Besonders augenfällig ist das neue Gottesbild in der Kunst jener Zeit. Hatte man Aton in den frühesten Darstellungen aus der Regierungszeit des Königs noch – in Anlehnung an die traditionelle Ikonographie – als menschliche Gestalt mit dem Kopf eines Falken abgebildet, erschien er bald nur noch als Sonnenscheibe, deren Strahlen in segnenden Händen enden. Eine grundsätzliche Abkehr von Konventionen der ägyptischen Kunst, die man bis dahin nie in Frage gestellt hatte, ist auch in den Darstellungen des Königs und seiner Familie zu beobachten. Sie zeigen den Pharao im Gegensatz zu den idealisierenden Herrscherbildern seiner Vorgänger mit überschmalem Gesicht, schräg sitzenden Augen, aufgeworfenen Lippen und hängendem Kinn. Wie ein Vergleich mit den übrigen Bilddenkmälern jener Epoche zeigt, handelt es sich dabei nicht um realistische Porträtdarstellungen des Königs, sondern um eine bewusste Stilisierung, die zum einen die Einmaligkeit und Außergewöhnlichkeit Echnatons, zum anderen die für den Schöpfergott charakteristische Verbindung männlicher und weiblicher Eigenschaften zum Ausdruck bringen sollte. Pflegte man vor Amenophis IV. Flachbilder in Innenräumen in versenktem Relief, an Außenwänden dagegen in erhabenem Relief auszuführen, so bevorzugte man nun – der neuen Hochschätzung des Sonnenlichts entsprechend – auch außen das versenkte Relief, das erst durch den Einfall des Sonnenlichts und die dadurch geworfenen Schatten seine volle Wirkung erzielte.

Als Neuerer erwies sich Echnaton aber auch auf sprachlichem Gebiet, indem er die Umgangssprache seiner Zeit zur Literatursprache erhob. Dieses heute so genannte Neuägyptische unterscheidet sich von dem bis dahin als offizielle Sprache gepflegten Mittelägyptischen in ähnlicher Weise wie die frühen romanischen Sprachen vom Lateinischen, unter anderem durch den Gebrauch eines unbestimmten und bestimmten Artikels sowie durch die Verwendung neuer Wörter. Den endgültigen Bruch mit der traditionellen Religion vollzog Amenophis IV. fünf Jahre nach seinem Regierungsantritt, als er auf einer abgelegenen Wüstenterrasse am

Ostufer des Nils, dem heute so genannten Tell el-Amarna in Mittelägypten, eine neue Residenz mit dem Namen Achetaton («Horizont des Aton») gründete.[45] Die zur Bebauung bestimmte Fläche wurde durch Grenzstelen mit königlichen Inschriften markiert und erstreckte sich in nord-südlicher Ausdehnung über 10 Kilometer. Den Mittelpunkt der in kürzester Zeit errichteten Stadt mit 50 000 bis 100 000 Bewohnern bildete der große Aton-Tempel mit weiteren Kultanlagen. Unmittelbar südlich davon befanden sich der Staatspalast und der durch eine Brücke mit ihm verbundene Privatpalast mit dem Staatsarchiv. Mit der Ausgestaltung des Aton-Kults in seiner neuen Hauptstadt verband Echnaton eine bis dahin beispiellose Verfolgung der alten Götter, insbesondere des Reichsgottes Amun. Dessen großer Tempel in Theben wurde geschlossen, sein Name auf zahllosen Denkmälern in allen Teilen des Landes getilgt. Mit diesem Schritt vollzog der König erstmals den Schritt vom Polytheismus zum Monotheismus und stellte sich zugleich als erster Stifter einer neuen Religion dar.

Vermutlich lag jedoch in der Fixierung auf die Person des Herrschers, verbunden mit einem allzu schroffen Gegensatz zum traditionellen Polytheismus und Jenseitsglauben der Ägypter, bereits der Keim zum Untergang der neuen Religion. Wahrscheinlich wurden die ausschließliche Verehrung Atons, die Verfolgung der alten Götter und die Leugnung der jenseitigen Unterwelt mitsamt ihrer Mythologie gleich nach dem Tod des Königs wieder aufgegeben. Unter den Königen Sethos I. und Ramses II. wurde Echnatons Name aus den Königslisten getilgt und geriet allmählich in Vergessenheit, bis er von den Ägyptologen des neunzehnten Jahrhunderts wiederentdeckt wurde. Die dauerhafte Durchsetzung der Verehrung eines einzigen Gottes gelang daher erst der Religion Israels und dem daraus erwachsenen Judentum, das den Monotheismus dem Christentum und dem Islam vermittelte.

3. Zeichendeutung, Opfer und Gebet: Formen der Interaktion

Über die Vorstellungen, wie man mit den Göttern in Kontakt treten, ihren Willen erfahren und gegebenenfalls beeinflussen zu können glaubte, geben uns viele unterschiedliche Schriftquellen des Alten Orients Auskunft. Ihre Begrifflichkeit in eine uns verständliche Sprache zu übersetzen, ist jedoch nicht leicht, da fast alle in unserer Kultur gängigen Wörter für dieses uns letztlich fremde Gebiet entweder aus dem Wortschatz der griechisch-römischen Antike oder der Bibel stammen und dem Selbstverständnis der altorientalischen Kulturen oft nicht gerecht werden. Sie sind daher nur unter Vorbehalt für eine Beschreibung geeignet. Im gesamten Altertum verbreitet war jedenfalls die Vorstellung, dass sich der Wille der Götter und ihre Kenntnis von Dingen, die den Menschen verborgen sind, in besonderen Zeichen zu erkennen geben. Diese Zeichen, so die allgemeine Auffassung, kann der Mensch zu seinem Nutzen beachten und nur zu seinem Schaden ignorieren. Sie bildeten den Gegenstand der Zeichendeutung, die von den Griechen Mantik und von den Römern Divination genannt wurde.[46]

Traumdeutung, Omina, Opferschau und Orakel

Bei vielen Erscheinungen, die man auf das Wirken der Götter zurückführte, handelte es sich um alltägliche Dinge, die ihre besondere Qualität erst durch die religiöse Deutung erhielten. So etwa heißt es von Odysseus, dass er nach seiner Ankunft in Ithaka Zeus um ein Zeichen der Bestätigung dafür bat, dass seine Heimkehr dem Willen der Götter entsprach, «und es hörte ihn der Berater Zeus und donnerte alsbald von dem glänzenden Olymp, hoch her aus den Wolken, und es freute sich der göttliche Odysseus» (*Odyssee* 20,102–104).

Ein besonders weit verbreitetes Zeichen war der Traum, durch den sich eine Gottheit unmittelbar offenbaren konnte, ohne dass es einer Deutung bedurfte. So träumt in der Hebräischen Bibel Jakob in Beth-El, «eine Leiter sei auf die Erde gestellt, die mit der Spitze an den Himmel rührte, und die Engel Gottes stiegen daran auf und nieder. Und siehe, der Herr stand vor ihm und sprach: Ich bin der Herr, der Gott deines Vaters Abraham und der Gott Isaaks; das Land, auf dem du ruhst, will ich dir und deinen Nachkommen geben» (Genesis 28,12–13). In ähnlicher Weise heißt es von Salomo (1 Könige 3,5): «In Gibeon erschien der Herr dem Salomo des Nachts im Traum, und Gott sprach: Tue eine Bitte! Was soll ich dir geben?» Als der König daraufhin um ein verständiges Herz und die Fähigkeit zur Unterscheidung von Gut und Böse bittet, spricht Gott (1 Könige 3,11–12): «Weil du um solches bittest und bittest nicht um langes Leben, auch nicht um Reichtum noch um den Tod deiner Feinde, sondern um Einsicht, das Recht zu verstehen, so tue ich nach deinen Worten: Siehe, ich gebe dir ein weises und verständiges Herz, dass deinesgleichen vor dir nicht gewesen ist und deinesgleichen nach dir nicht erstehen wird.»

Neben solchen Erzählungen stehen in der Bibel aber auch Beispiele symbolischer Träume, deren Sinn sich erst dem kundigen Deuter erschließt, so etwa in der Josefserzählung die Geschichte von den Träumen des Pharao (Genesis 41) oder im Danielbuch die Erzählung vom Traum des Königs Nebukadnezar (Daniel 2). Ein einziges Mal begegnet ein solcher symbolischer oder allegorischer Traum auch in der *Odyssee* (19,535–550), indem der Dichter Penelope träumen lässt, ein Adler töte ihre zwanzig Gänse, was noch im Traum selbst als Hinweis auf den bevorstehenden Tod der Freier von der Hand des heimkehrenden Odysseus gedeutet wird (*Odyssee* 19,535–550).

In der Hebräischen Bibel findet man allerdings auch Vorbehalte gegenüber der Traumdeutung, «denn wo viele Träume sind und viele Worte, ist auch viel Nichtiges» (Prediger 5,6), und «wie einer, der nach dem Schatten greift und dem Winde nachjagt, so ist der, der sich auf Träume verlässt» (Sirach 34,2). In der griechisch-römischen Antike entspann sich über das Für und Wider der Traumdeutung eine ausgedehnte philosophische Debatte. Die Anhänger des Pythagoras sahen Dämonen als Vermittler der Träume an, während die Schüler Epikurs die Traumdeutung vollständig ablehnten. Positiv sahen die Träume demgegenüber Platon, die Stoiker und die späteren Neuplatoniker, deren Einschätzung auch das frühe Christentum maßgeblich beeinflusste. Zur Verteidigung seiner Kunst schrieb im zweiten Jahrhundert n. Chr. der griechische Wahrsager Artemidoros von Ephesos ein fünfbändiges Werk über die Traumdeutung.[47]

Da grundsätzlich jede erstaunliche oder bemerkenswerte Erscheinung als Ausdruck einer göttlichen Willensäußerung gelten konnte, entwickelte sich in der griechisch-römischen Antike eine umfangreiche Literatur zu der Frage, wie solche Vorzeichen oder Prodigien (*prodigia*) zu deuten seien. Man unterschied dabei natürliche Zeichen (*signa oblativa*) von erbetenen oder absichtlich herbeigeführten (*signa impetrativa*). Zur ersten Gruppe zählte man die *omina*: zufällige und ohne menschliches Zutun entstandene Erscheinungen des Himmels sowie der Tier- und Pflanzenwelt, die sowohl Gutes als auch Schlechtes bedeuten konnten. Sie bildeten schon in Mesopotamien den Gegenstand einer umfangreichen Literatur, wie insbesondere die unter dem Namen *Enuma Anu Enlil* bekannte Sammlung von mehreren tausend solcher Omina auf etwa 70 Keilschrifttafeln erkennen lässt. Man vermutet, dass der Grundstock der Sammlung bis zum Anfang des zweiten Jahrtausends v. Chr. zurückreicht, während die letzte sicher datierbare Aufzeichnung aus dem Jahr 194 v. Chr. stammt. Behandelt werden vor allem Mondfinsternisse und Konstellationen des Mondes mit Sternen und Planeten, aber auch Sonnenfinsternisse und Farbveränderungen der Sonne, besondere Stern- und Planetenkonstellationen sowie Erdbeben, Gewitter und ungewöhnliche Wetterphänomene, deren Bedeutung in kurzen, nach dem Schema «wenn» – «dann» gebauten Sätzen erläutert wird.[48] In einem engen Zusammenhang mit solchen Beobachtungen standen Aufzeichnungen über «gute» oder «schlechte» Tage bzw. Zeiten, die ebenfalls weit verbreitet waren.[49]

Hochentwickelt waren im gesamten Kulturkreis der Keilschrift aber auch Techniken der Deutung von Zeichen, die man gezielt zu diesem Zweck herbeiführen konnte. Eine wichtige Rolle spielte dabei die Opferschau. Man stellte vor der Schlachtung eines Schafs bestimmte Fragen und las nach dem Vollzug des Opfers aus dem Aussehen der verschiedenen Leberteile die Antworten. Dabei ging es teils um öffentliche Angelegenheiten wie etwa Feldzüge oder die Besetzung von Ämtern, teils um rein private Probleme wie familiäre Beziehungen oder Krankheiten. Als eine charakteristisch mesopotamische Form der Erkundung des göttlichen Willens erscheint diese Technik denn auch in der Hebräischen Bibel: «Denn der König von Babel steht am Scheidewege, am Anfang der beiden Straßen, um sich wahrsagen zu lassen: er schüttelt die Pfeile [...] und beschaut die Leber» (*Ezechiel* 21,26). Bekannt ist die Leberschau aber auch aus vielen anderen Kulturen, darunter Griechenland.

Eine besondere, räumlich und institutionell verfestigte Form der Befragung des Götterwillens war das Orakel (von lateinisch *oraculum*, «Sprechstätte»), das uns vor allem aus dem griechischen Kulturkreis bekannt ist, aber weit darüber hinaus verbreitet war. Als der bedeutendste griechische Orakelgott galt Apollo, der Heiligtümer in Delphi, Didyma und Klaros besaß. Das Orakel in Delphi hatte er der Ursprungssage zufolge von dem Drachen Pytho übernommen, weshalb er auch den Beinamen Pytho oder Pythios trug. Im Innern des Heiligtums in Delphi übermittelte die Orakelpriesterin Pythia den Ratsuchenden auf einem Dreifuß die Antworten des Gottes auf ihre Fragen. In seiner unmittelbaren Nähe bezeugten zahlreiche Schatzhäuser mit kostbaren Weihegeschenken die internationale Bedeutung des Orakels, das nach der Erzählung Herodots unter anderem von dem Lyderkönig Kroisos und von den Athenern während der Perserkriege aufgesucht wurde (*Historien* 1,53 und 7,140–142).[50] Der zweite wichtige Orakelgott der Griechen war Zeus, dessen Heiligtum in Dodona schon in der *Ilias* (16,233–234) erwähnt wird und erst gegen Ende des vierten Jahrhunderts n. Chr. endgültig geschlossen wurde.

Die zentrale Bedeutung der Erkundung des göttlichen Willens in der gesamten Antike brachte es mit sich, dass Griechen und Römer den Divinationstechniken ihrer Nachbarvölker besondere Beachtung schenkten. So berichtet Diodor von Sizilien nach einem älteren Bericht des Poseidonios von den Kelten, dass ihre Wahrsager die Zukunft mit Hilfe

Abb. 5 Ein Krieger beschaut zum Zweck der Weissagung eine Leber, die ihm ein Jüngling entgegenhält. Griechische Vasenmalerei, um 520 v. Chr.

des Vogelflugs und der Opferschau voraussagten und bei der Beratung besonders wichtiger Dinge einen Menschen mit einem Schwertstreich oberhalb des Zwerchfells niederstreckten. Aus der Art und Weise des Niederstürzens, dem Zucken der Glieder und dem Strömen des Blutes weissagten sie (*Bibliothek* 5,31,3). Von den Germanen erzählt Tacitus, dass sie zum einen das Wiehern und Schnauben besonderer heiliger Pferde als Vorzeichen deuteten, zum andern Stäbchen, die sie aus den Zweigen fruchttragender Bäume schnitten und mit bestimmten Zeichen versahen, als Losorakel verwendeten (*Germania* 10,1–2). Zwei konkrete Beispiele für die Wirkungsweise eines solchen Losverfahrens bietet Iulius Caesar in der Schilderung seines Feldzugs gegen den Germanenkönig Ariovist. Ihm zufolge schoben die Germanen nämlich die Entscheidungsschlacht gegen die Römer zunächst deswegen hinaus, weil ihre Frauen aufgrund von Losbefragungen und Weissagungen von einem Kampf vor dem nächsten Neumond abrieten. Als Caesar einen gallischen Adligen aus der Hand der Germanen befreite, berichtete der, man habe in seiner Gegenwart dreimal das Los befragt, ob man ihn sofort verbrennen oder für später aufsparen solle (*Der Gallische Krieg* 1,50 und 53).

Die geschilderten Techniken der Erkundung des göttlichen Willens dürften vor allem dazu gedient haben, die Überzeugung von einer göttlichen Ordnung der Dinge gerade auch in Zeiten öffentlicher und privater Krisen zu stärken und bei unvermeidlichen Entscheidungen mit gravierenden Auswirkungen auf eine unwägbare Zukunft psychische Spannungen abzubauen, um so ein zielgerichtetes Handeln zu ermöglichen. Vor allem seit der Mitte des ersten Jahrtausends v. Chr. wurde die Zeichendeutung jedoch auch in Frage gestellt. Dies stand im Zusammenhang mit dem Aufkommen neuer philosophischer Strömungen und einem Wandel des vorherrschenden Gottesbildes. Die Auswirkungen dieses Wandels erfassten auch die Interpretation des Opferwesens, das neben der Zeichendeutung von jeher die zweite Säule der Interaktion zwischen Mensch und Gottheit gebildet hatte.

Anlässe, Zwecke und Formen des Opfers

«Er war ein großer Opferer», heißt es in den isländischen Familiensagas des Spätmittelalters, wenn von einem waschechten Heiden vor der Christianisierung Skandinaviens die Rede ist. Hier wie auch sonst im Mittelalter galt das Opfer als *die* heidnische Kulthandlung schlechthin, deren Vollzug die Anhänger der alten Religion von denen des neuen christlichen Glaubens, der ja nur noch das Messopfer kannte, trennte. Dass die Germanen ursprünglich ein eigenes Wort dafür hatten, ist gleichwohl zweifelhaft, denn altnordisch *blóta* hieß wohl ursprünglich ganz allgemein «verehren», während das Gotische für «opfern» ein Wort mit der allgemeinen Bedeutung «darbringen» verwendet und unser deutsches Wort *opfern* aus der lateinischen Kirchensprache (von *operari*, «Almosen spenden») stammt, ursprünglich also gar keine heidnisch-religiöse Bedeutung hatte. Anders steht es im Lateinischen, wo «opfern» (*sacrificare*) schon vom Wortsinn her die Überführung des zu Opfernden in die sakrale Sphäre bezeichnet und daher nur in einem religiösen Sinn gebraucht werden konnte. Eine Vielzahl unterschiedlicher Begriffe kennt schließlich das Hebräische, wo je nach dem Anlass und der Art des Opfers zwischen Brand-, Speise-, Heils-, Sünd- und Schuldopfer unterschieden wird (vgl. Leviticus 1–7).

Der kaum überschaubaren Vielzahl der Wörter für «Opfer» und «opfern» in den verschiedenen Sprachen des Altertums entspricht eine ausgeprägte Vielfalt von Bräuchen, die wir – im Rückblick und aus der Außenperspektive – unter dem allgemeinen Oberbegriff «Opfer» zusammenfassen. Hinter ihnen verbirgt sich eine Fülle unterschiedlicher Auffassungen und Deutungen der damit bezeichneten Handlungen, die man nur noch teilweise aus den uns erhaltenen Texten ermitteln kann.[51] Mit an erster Stelle steht der Gedanke der unwiderruflichen Veräußerung: Der Opfernde gibt die Verfügungsgewalt über das von ihm Geopferte auf, wie dies noch die übertragene Bedeutung unseres alltagssprachlichen Ausdrucks «etwas einer Sache zum Opfer bringen» kennzeichnet. Die andere Seite der Medaille ist die Annahme, dass das Geopferte dem Empfänger – also der Gottheit – in irgendeiner Weise zugutekommt, sei es, dass sie sich eines Gegenstands bedient oder dass sie sich eine Speise oder ein Getränk einverleibt. Auch wenn im einen Fall der erste Aspekt des Gebens und in einem anderen der zweite Aspekt des Empfangs durch die Gottheit im Vordergrund stehen mag, so gehören doch beide untrennbar zusammen und geben dem Opfer überhaupt erst seinen vielleicht ursprünglichen Sinn, nämlich die Herstellung einer sozialen Beziehung zwischen Geber und Empfänger. *Do ut des*, «Ich gebe, damit du gibst», lautet nicht von ungefähr eine gängige Umschreibung des Grundgedankens der Opferpraxis.

Von dem Gabentausch, der in frühen Gesellschaften weithin üblich war, unterscheidet sich das Opfer aber in zweierlei Hinsicht, denn zum einen erforderte die besondere, übermenschliche Qualität des Empfängers häufig auch besondere Verfahrensweisen zur Überführung des zu Opfernden in die Sphäre des Göttlichen, und zum anderen opferte man besonders häufig in Not- und Krisensituationen, um sich so des Beistands der Götter zu versichern. Dies führte dazu, dass die betreffenden Handlungen vielfach mit besonderen psychischen Spannungen und außeralltäglichen Emotionen verbunden waren. In hohem Maße galt dies für all jene Opfer, die mit der konzentrierten Ausübung von Macht und Gewalt verbunden waren – sei es, dass man wertvolle Gegenstände bewusst zerstörte oder dass man Lebewesen auf rituelle Weise tötete. Dabei war der gemeinschaftliche Verzehr des Opferfleischs zwar kein universaler, aber doch ein weithin üblicher Ausdruck der Wechselbeziehung zwischen einer Gottheit und ihrer Kultgemeinschaft.

Eine zentrale Rolle für das ägyptische Opfer spielte die Vorstellung, dass die Götter ebenso wie die Menschen der regelmäßigen Speisung bedurften. Dies zeigt bereits das hieroglyphische Schriftzeichen für «Opfer», das ein Brot auf einer Matte zeigt. Die in Ägypten üblichen drei Mahlzeiten pro Tag wurden daher auch im Götterkult eingehalten, wobei die Götter mit einigen Einschränkungen die gleichen Speisen erhielten wie die Menschen. Große Opfertiere wie etwa Rinder wurden in besonderen Schlachthöfen und unter Beobachtung besonderer Zeremonien geschlachtet. Dabei war man sich des Unterschieds zwischen einer menschlichen und einer göttlichen Mahlzeit bewusst, denn häufig wurde eine Opfermahlzeit nacheinander zur Speisung verschiedener Götterstatuen verwendet, bis sie schließlich von den Priestern selbst verzehrt wurde. Dass dem König die zentrale Rolle im Götterkult zukam und er diese Aufgabe nur an die Priester als seine Stellvertreter delegierte, zeigt die in zahllosen Inschriften bezeugte Bezeichnung des Opfers als «eine Gabe, die der König gibt».

Die Vorstellung des Opfers als einer Speisung der Götter findet man auch in den ältesten indischen Opferhymnen, von denen über zweihundert dem Feuergott Agni gewidmet sind. Was die Hymnen über Agni berichten, spiegelt vor allem die rituelle Rolle des Feuers wider: Als «Bote» geleitet er die Götter zum Opfer und führt ihnen zugleich die Opfergabe zu. Als «der mit den zwei Geburten» hat er Anteil an der himmlischen und der irdischen Sphäre, und verschiedene Aussagen über Agnis Herkunft gehen auf unterschiedliche Möglichkeiten der Entstehung und Erzeugung des Feuers zurück: Spiegelt sich in der Vorstellung von Agnis Geburt aus dem Stein die Beobachtung der mit Feuersteinen erzeugten Funken, so bezeichnen die zehn Schwestern, die Agni als den «Sohn der Kraft» hervorbringen, die zehn Finger der Hände beim kraftvollen Drehen des Feuerholzes. Verschiedentlich vergleichen die indischen Hymnen Agni mit bestimmten Tieren, so etwa wenn das Prasseln des Feuers mit dem Brüllen eines Stiers gleichgesetzt wird oder wenn Agni sich aus dem Himmel kommend auf das Brennholz niederlässt wie der Vogel auf einen Baum. Aber auch dort, wo der Dichter sich Agni in menschlicher Gestalt vorstellt, erkennt man hinter den poetischen Schilderungen seines rötlichen Bartes und der scharfen, goldenen Zähne die Beschreibung der züngelnden, alles verzehrenden Flammen. «Ich rufe Agni, den Priester des Hauses, den göttlichen Vollzieher des Opfers, den Rufer, der die meisten Schätze bringt», beginnt bereits das erste Lied des ersten Liederkreises des Rigveda, der ältesten Sammlung dieser Hymnen. Zentrale Bedeutung besaß das Feuer wegen seiner reinigenden Kraft, die alle schädlichen Substanzen vernichten konnte, aber auch wegen seiner Fähigkeit, im Brandopfer die für die Götter bestimmte Gabe mit dem Rauch zur Sonne und damit in die Sphäre der Götter emporzutragen. Damit verbunden war die Vorstellung von einer Art Naturkreislauf: Rauch und Gabe steigen zum Himmel empor, und der Himmel spendet den Regen, der die Pflanzen wachsen lässt und dadurch Menschen und Tiere mit Nahrung versorgt. Während der Familienvorstand und seine Gattin, gegebenenfalls unter Beteiligung eines Hauspriesters, die häuslichen Opfer vollzogen, durften öffentliche Opfer nur von besonderen Spezialisten dargebracht werden.

Riten zur Tilgung von Sünden

Die verbreitete Auffassung, dass die Ordnung der Welt und des menschlichen Zusammenlebens von den Göttern überwacht werde, zog zwangsläufig die Vorstellung nach sich, dass Verstöße gegen diese Ordnung auch von den Göttern bestraft würden.[52] Sie führte andererseits aber auch analog zu den Verhältnissen im Rechtsleben zu der Überzeugung, dass der

Mensch seine Strafe durch besondere Handlungen oder ein bestimmtes Verhalten abwenden oder doch zumindest mildern könne. Eine solche Haltung bezeugen etwa die sogenannten Pestgebete des Hethiterkönigs Mursili, die gegen Ende des vierzehnten Jahrhunderts v. Chr. in Kleinasien entstanden. In ihnen spiegelt sich die Überzeugung, dass menschliches Fehlverhalten des Herrschers nicht nur das gesamte Land, sondern je nach der Schwere des Vergehens sogar spätere Generationen in Mitleidenschaft ziehen kann. Wie sich den Gebeten entnehmen lässt, hatte nämlich Mursilis Vater Suppiluliuma seinen Bruder, den legitimen Thronerben Tudhalija den Jüngeren, ermordet, um an seiner statt den Thron besteigen zu können. Als Jahre später eine Epidemie im Land ausbrach, deutete Mursili dies als göttliche Strafe für den Frevel seines Vaters, den er als dessen Nachfolger sühnen müsse.

Eine zentrale Rolle spielt die Frage nach dem Umgang mit menschlichen Verstößen gegen die göttliche Ordnung in der Hebräischen Bibel, die – in einer für das ganze Altertum bezeichnenden Weise – unterschiedliche Begriffe für solche Verstöße kennt und rituelle, ethische und rechtliche Verfehlungen nicht klar voneinander trennt. Im Hinblick auf die Folgen solcher Verfehlungen gab es offenkundig unterschiedliche Anschauungen. Auf der einen Seite belegen viele Texte die Vorstellung von einem individuellen, gleichsam biographischen Tun-Ergehen-Zusammenhang, etwa wenn einer der Autoren des Hiob-Buchs den vom Unglück verfolgten Hiob Gott gegenüber klagen lässt, «dass du mir Bitteres auferlegst und mich büßen lässt die Schuld meiner Jugend» (Hiob 13,26), oder wenn der Psalmdichter Gott bittet, «Der Sünden meiner Jugend gedenke nicht» (Psalm 25,7a). Auf der anderen Seite findet man aber auch die Anschauung, dass die Folgen einer solchen Verfehlung über den einzelnen Menschen hinaus auf die ganze Gemeinschaft zurückfallen können, etwa wenn Gott als Strafe für das Fehlverhalten König Davids die Pest in Israel wüten lässt (2 Samuel 24,10–16). Hinzu kommt – ähnlich wie in den Pestgebeten des Königs Mursili – die Anschauung, dass sich ein solcher Tun-Ergehen-Zusammenhang auch über mehrere Generationen erstrecken kann.

Zur Vermeidung oder wenigstens Milderung der negativen Folgen menschlicher Verfehlungen kennt die Hebräische Bibel eine Vielzahl von Riten zur Wiederherstellung der göttlichen Ordnung, die neben dem Eingeständnis der Schuld und der Bitte um Vergebung auch die symbolische Reinigung sowie die Wiedergutmachung in Form eines Opfers umfassen.[53] Eine wichtige Rolle spielt in diesem Zusammenhang neben den Vorstellungen des «Abwaschens» oder «Reinigens» von Sünden auch die Anschauung, dass der Urheber seine Schuld «tragen» muss, ein anderer sie jedoch «wegtragen» und so ihre negativen Folgen beseitigen kann. «Sünde» ist hier also weniger ein abstrakter Begriff als vielmehr die Bezeichnung für eine zwar unsichtbare, doch stoffähnliche Substanz, die an ihrem Urheber haftet und dort ihre verhängnisvolle Wirkung ausübt. Auf dieser Anschauung beruht der am Versöhnungstag praktizierte Ritus, bei dem der Hohepriester die Sünden des Volkes insgesamt durch Handauflegen und Sündenbekenntnis auf einen Ziegenbock («Sündenbock») übertrug und ihn daraufhin in die Wüste schickte (Leviticus 16,21). Entscheidende Bedeutung gewann in den letzten fünf Jahrhunderten v. Chr. ferner die von den Priestern am Tempel in Jerusalem vollzogene Sühne, bei welcher der Schuldige seine Hände auf den Kopf eines Haustieres stützte, seine Schuld dadurch auf das Tier übertrug und es sodann unter der Mitwirkung eines Priesters in den Tod schickte (Leviticus 4,27–35).[54]

Dass der in verschiedenen Formen postulierte Tun-Ergehen-Zusammenhang für den einzelnen Menschen oft undurchschaubar blieb, führte dazu, dass er auch immer wieder angezweifelt oder grundsätzlich in Frage gestellt wurde.[55] Dichterisch gestaltet findet man diese Problematik in einem wohl im späten zweiten Jahrtausend v. Chr. verfassten babylonischen Text, der nach seinen Eingangszeilen unter dem Titel *Ludlul bel nemeqi* («Preisen will ich den Herrn der Weisheit») bekannt wurde.[56] Er formuliert – eingebettet in den Lobpreis des Gottes Marduk am Anfang und am Ende – die Einsicht, dass ein den Göttern wohlgefälliges Verhalten eben nicht immer und zwangsläufig auch eine Belohnung nach sich zieht und dass der Wille der Götter den Menschen letztlich verborgen bleibt. Indem der Dichter jedoch am Ende des Werks von der Aufhebung seines Leids durch Marduk berichtet und erneut den Lobpreis anstimmt, bekennt er sich zur traditionellen Frömmigkeit seiner Zeit, die also nicht grundsätzlich verworfen wird. Sehr viel später, wahrscheinlich im fünften oder vierten Jahrhundert v. Chr., entstand das biblische Hiobbuch, das unter veränderten religiösen und kulturellen Vorzeichen letztlich eine ähnliche Problematik behandelt. Die Frage nach der Theodizee oder Gerechtigkeit eines gütigen Gottes angesichts des vielfältigen Leids in der Welt und im Leben einzelner Menschen ist seitdem immer wieder aufgegriffen und von theologischer wie philosophischer Seite erörtert worden.[57]

Opfer, Weihung und Bann

Über die Rolle des Opfers in der frühen griechischen Religion geben zahlreiche Texte und bildliche Darstellungen Auskunft, so dass wir sowohl über die unterschiedlichen Anlässe als auch über das breite Spektrum der Opfergaben und die damit verbundenen Riten gut orientiert sind. Gleich zu Beginn der *Ilias* lässt der Dichter den Helden Achilles dem Pestgott Apollo ein Sühneopfer in Aussicht stellen: «Vielleicht, dass er den Fettdampf von Lämmern oder makellosen Ziegen entgegennimmt und gewillt ist, das Verderben von uns abzuwehren» (1,66–67). Immer wieder hören wir auch von Dankopfern, etwa wenn der Dichter der *Odyssee* den alten Nestor nach seiner Heimkehr aus Troja von der Ausfahrt dorthin erzählen lässt: «Gar schnell durchliefen die Schiffe die fischreichen Pfade [...] und wir brachten dem Poseidon viele Schenkel von Stieren dar, nachdem wir die große Meeresfläche durchmessen hatten» (3,176–179). Im Hinblick auf die Art der Opfergabe kennen wir einerseits unblutige Opfer von Getreide, Früchten, Gemüse und Broten, andererseits blutige Opfer, bei denen vor allem Haustiere wie etwa Rinder und Schweine geschlachtet und gemeinsam verzehrt wurden.

Weihegeschenke für die Götter bezeichnete man als «das, was man (der Gottheit) hinstellt» (*anáthēma*); sie gingen in den Besitz der Götter über, galten daher als ebenso unveräußerlich wie unantastbar und blieben mitunter noch in späterer Zeit mit dem Namen des Opfernden

Abb. 6 Zwei Männer führen ein als Opfertier geschmücktes Kalb zur Schlachtung. Wandmalerei aus dem Grab des Mennah, Schreiber unter Pharao Thutmosis IV., aus dem fünfzehnten Jahrhundert v. Chr.

verknüpft. So berichtet Herodot von dem goldenen Dreifuß, den König Kroisos dem Apollo Ismenios in Theben stiftete, von goldenen Kühen und Säulen, die er in Ephesos weihte, und von einem großen goldenen Schild, den er einer Göttin in Delphi schenkte: «Diese Gegenstände sind bis heute erhalten geblieben, andere sind nicht mehr vorhanden» (*Historien* 1,92). Als unantastbar galten auch Waffen und andere Beute, die man nach einem Sieg dem Kriegsgott weihte. Sie wurden ursprünglich dort aufgehängt, wo man die Wendung (*tropē*) des Kampfgeschehens lokalisierte, so dass *trópaion* (lateinisch *tropaeum* und *trophaeum*, daher deutsch *Trophäe*) eine allgemeine Bezeichnung von Siegesdenkmälern wurde, wie sie schließlich im gesamten Mittelmeerraum üblich waren. Caesar berichtete noch um die Mitte des ersten Jahrhunderts v. Chr. von den Kelten: «Nach dem Sieg opfern sie die erbeuteten Tiere und tragen das Übrige an einem Ort zusammen. Bei vielen Stämmen kann man an geweihten Stätten aus Beutegut errichtete Hügel sehen, und nur selten kommt es vor, dass jemand unter Missachtung der schuldigen Ehrfurcht Beute bei sich zu verstecken oder bereits Geweihtes wegzunehmen wagt, worauf eine besonders furchtbare und qualvolle Hinrichtung steht» (*Der Gallische Krieg* 6,17,3–5).

Die Vorstellung, dass man im Falle eines Sieges die gesamte Beute Gott weihte und durch eine vollständige Vernichtung dem menschlichen Zugriff entzog, begegnet auch in der Hebräischen Bibel in den Erzählungen von den frühen Kriegen des Volkes Israel, wo diese Vernichtung mit dem Stichwort «Bann» (von einer Wurzel *ḥrm* mit der Grundbedeutung «absondern») bezeichnet wird.[58] «Und sie vollstreckten den Bann an allem, was in der Stadt war, mit der Schärfe des Schwertes», heißt es etwa im Bericht über die Eroberung Jerichos, «an Mann und Weib, an jung und alt, an Rind, Schaf und Esel» (Josua 6,21; vgl. 10,28–40). Auch dort galt es als todeswürdiges Verbrechen, etwas von der Gott geweihten Beute zu entwenden, wie dies in den beiden Erzählungen vom Diebstahl Achans aus dem Stamm Juda (Josua 7) und vom Ungehorsam Sauls (1 Samuel 15) anschaulich geschildert wird. Die weitaus meisten Hinweise auf Opferpraktiken findet man indessen nicht in den erzählenden Passagen der Hebräischen Bibel, sondern in den Sammlungen kultischer und ritueller Bestimmungen. Eine besonders wichtige Rolle spielt dort das im Rahmen eines Kultmahls vollzogene Schlachtopfer, bei dem das Blut und Fett von Schafen oder Rindern für Gott auf einem Altar verbrannt, das Fleisch dagegen von der Kultgemeinschaft verzehrt wurde. Daneben kannte man aber auch das Brand- oder Ganzopfer, bei dem man das geopferte Tier vollständig auf dem Altar verbrannte, wie dies etwa von Noah nach der Sintflut berichtet wird. «Und der Herr roch den lieblichen Duft und sprach bei sich selbst: Ich will hinfort nicht mehr die Erde um der Menschen willen verfluchen» (Genesis 8,21).

Ähnlich wie bei der Vorzeichendeutung führten auch im Opferwesen Wandlungen des Gottesbilds – besonders seit der Mitte des ersten Jahrtausends v. Chr., teilweise aber auch schon früher – immer wieder zur Kritik an überkommenen Vorstellungen. So lässt schon der anonyme Erzähler der mittelägyptischen *Geschichte vom Schiffbrüchi-*

gen die darin beschriebene schlangengestaltige Gottheit laut auflachen, als ihr der Schiffbrüchige kostbare Opfergaben verspricht, und ihm beim Abschied nur auftragen, ihr einen guten Namen in seiner Heimatstadt zu machen. Eine grundsätzliche Kritik der herrschenden Opferpraxis findet man im achten Jahrhundert v. Chr. bei den Propheten Amos und Hosea. In ähnlicher Weise spricht Gott in einem der Psalmen (50,12–13), «Wenn mich hungerte, ich brauchte es dir nicht zu sagen; denn mein ist der Erdkreis und was ihn erfüllt», um sogleich die rhetorische Frage anzuschließen, «Sollte ich etwa das Fleisch von Stieren essen und das Blut von Böcken trinken?».

Lieder, Gebete, Beschwörungen

In einer engen Verbindung mit dem Opfer und der Zeichendeutung steht die unmittelbare Anrede der Gottheit, für die es in den Schriftkulturen des Altertums zahllose Beispiele gibt.[59] Im Allgemeinen unterscheidet man Hymnus, Gebet und Beschwörung, doch sind die Grenzen zwischen diesen Formen in vielen Traditionen fließend. Einem spezifisch christlichen Verständnis zufolge unterscheidet sich das Gebet von der Beschwörung dadurch, dass der Mensch im Gebet der Gottheit als Bittsteller gegenübertritt, während er in der Beschwörung eine höhere Macht – Gott kommt dem christlichen Weltbild zufolge dafür nicht in Frage – zur Erfüllung seines Wunsches glaubt zwingen zu können. Das Gebet erscheint in christlicher Tradition daher vielfach als Teil der Religion, während die Beschwörung der Magie zugeordnet wird. Tatsächlich ist diese Unterscheidung jedoch außerhalb des Christentums oft wenig hilfreich oder gar nicht möglich, so dass man allenfalls den Hymnus als feierliche, oft metrisch gebundene und gesungene Form der Anrede an eine Gottheit klar von anderen Formen abgrenzen kann.

Im Bereich der griechischen Kultur bezeichnet *hýmnos* ursprünglich ganz allgemein einen Gesang, dann jedoch im Besonderen ein religiöses Lied oder den Lobgesang für eine Gottheit. Die ältesten uns bekannten

Lieder dieser Art sind die sogenannten Homerischen Hymnen, eine Sammlung von 33 anonymen Götterliedern im homerischen Versmaß, von denen die ältesten wohl noch aus dem siebten Jahrhundert v. Chr. stammen.[60] Am Anfang dieser Sammlung steht ein 546 Verse zählender Hymnus auf Apollo, der vielleicht aus zwei ursprünglich selbständigen Hymnen zusammengesetzt ist, da er in seinem ersten Teil die Insel Delos als die Geburtsstätte des Gottes feiert und im zweiten Teil die Suche des Gottes nach einer Orakelstätte, die Tötung des Drachen Pytho und den Bau des Apollotempels von Delphi beschreibt. Wenn der Hymnos in den Versen 146 ff. die Versammlungen der Bewohner von Delos schildert, die dort mit Spielen, Tänzen und Liedern des Gottes gedenken, gibt er damit vielleicht einen Fingerzeig, bei welchen Gelegenheiten ein solcher Hymnus vorgetragen wurde. Von vergleichbarer Länge ist der Hymnus auf Demeter, der vom Raub der Persephone, der Suche der Mutter nach ihrer Tochter und schließlich der Wiedervereinigung beider Göttinnen erzählt. Hier stand dem Dichter der Kult der Demeter in Eleusis vor Augen, dessen Besonderheiten er auf Ereignisse zurückführt, die in seiner Erzählung geschildert werden. Von der Vermählung der Göttin Aphrodite mit dem sterblichen Helden Anchises erzählt der Hymnus auf Aphrodite, während der Dichter des Hymnus auf Hermes die Streiche des jugendlichen Gottes in den Mittelpunkt rückt.

Ein Vergleich der Homerischen Hymnen mit ähnlichen Texten aus dem Alten Ägypten und dem Kulturkreis der Keilschrift zeigt eine ganze Reihe gemeinsamer Merkmale. Dazu gehören etwa die Anrufung des Gottes mit Namen, Beinamen und manchmal auch Genealogie, der Hinweis auf seinen Kult- bzw. Aufenthaltsort, die Aufzählung der göttlichen Eigenschaften, mitunter schließlich der ausführliche Bericht über die göttlichen Taten. Besondere Aufmerksamkeit fanden von jeher jene 150 Lieder, die in der Hebräischen Bibel das «Buch der Lobpreisungen» (*sēfer tehillīm*) bilden und die man ausgehend von der griechischen Übersetzung dieses Titels mit *psalmoí* (das heißt «Lieder mit Saitenspielbegleitung») heute zumeist als «Psalmen» bezeichnet.[61] Schon im achtzehnten Jahrhundert entdeckte man den für die Psalmen charakteristischen «Parallelismus der Glieder» (*parallelismus membrorum*), der zwei Gedanken in ungefähr gleich langen Satzgliedern so miteinander verbindet, dass der zweite Teil den Gedanken des ersten mit anderen Worten wiederholt oder ihn durch einen gegensätzlichen Gedanken verdeutlicht. Darauf folgten im neunzehnten und zwanzigsten Jahrhundert vielfältige Untersuchungen, die unter Rückgriff auf ein beständig wachsendes Vergleichsmaterial aus dem Umfeld der Hebräischen Bibel zum einen literarische Gattungen und Formen, zum anderen die Rolle der Psalmen im öffentlichen Kult ermitteln wollten. Wie man heute annimmt, erreichte die Sammlung tatsächlich jedoch erst im zweiten Jahrhundert v. Chr. die Gestalt, in der sie uns heute vorliegt, so dass viele ursprünglich im Kult verwendete Lieder im Laufe der Zeit abgewandelt und erweitert, andere dagegen als Ausdruck individueller Frömmigkeit ohne unmittelbaren Bezug zum Kult neu gedichtet worden sein dürften.

Dass die Psalmen in inhaltlicher und stilistischer Hinsicht aus einem gemeinsamen altorientalischen Fundus schöpfen, zeigen viele Parallelen bis hin zu nahezu wortgleichen Aussagen und sprachlichen Bildern. Ein berühmtes Beispiel dafür ist die enge Übereinstimmung des sogenannten Großen Sonnenhymnus Echnatons mit dem 104. Psalm, die wahrscheinlich durch den Einfluss des ägyptischen Textes auf die kanaanäische Kultdichtung und deren Wirkung auf die frühe Dichtung Israels zu erklären ist.[62]

Blickt man jenseits der feierlichen, dichterisch gestalteten Hymnen auf die stilistisch oft weniger anspruchsvollen Formen der göttlichen Anrede in Gebet und Beschwörung, so ist zunächst ein quellenkritischer Vorbehalt im Auge zu behalten. Wirklich aussagekräftig sind hier nämlich nur solche Texte, über deren Verwendung man zumindest gut begründete Vermutungen anstellen kann und die nicht im Verdacht der literarischen oder historischen Stilisierung stehen. Ein reiches, aber auch oft schwer zu deutendes Anschauungsmaterial bieten die Kulturen im Umfeld der Hebräischen Bibel, also des Zweistromlands, Altkleinasiens und Syrien-Palästinas.[63] Aus dem alten Zweistromland etwa kennt man eine Reihe von akkadischen Texten, die man Handerhebungsgebete oder Gebetsbeschwörungen nennt. In ihnen preist der Beter zunächst die angerufene Gottheit, benennt sodann das Leiden, das ihn zu dem Gebet veranlasste, und bekennt seine Verfehlungen. Das Gebet schließt mit der Bitte um die Vergebung auch der unbewusst und ungewollt begangenen Sünden und um die Aufhebung des Leidens. Ähnliche Sündenbekenntnisse findet man in den sumerischen «Herzberuhigungsklagen», einer literarischen Gattung, die anscheinend erst nach dem Aussterben des Sumerischen als gesprochener Sprache entstand und vermutlich denselben religiösen Hintergrund wie die akkadischen Gebetsbeschwörungen widerspiegelt.

Wie aus den Texten selbst hervorgeht, stand die Bitte um den Beistand einer Gottheit häufig im Zusammenhang mit dem Vollzug bestimmter ritueller Handlungen, die ihre Wirksamkeit sicherstellen sollten. Dies führte dazu, dass sie in der neuzeitlichen Forschung des Öfteren als «magisch» (ab)qualifiziert wurden – sei es, dass man sie als Ausdruck individuell-privaten, gleichsam egoistischen Eigennutzes der dem Allgemeinwohl verpflichteten öffentlichen Religionsausübung gegenüberstellte, oder dass man sie als Ergebnis einer vermeintlich urtümlichen, die eigenen menschlichen Möglichkeiten grotesk überschätzenden Geisteshaltung ansah. Im Hintergrund stand dabei zum einen die im Christentum weithin gängige Gleichsetzung außerchristlicher religiöser Riten mit Magie (im Sinne eines teuflischen Blendwerks), zum anderen die letztlich auf Fehlschlüssen der frühen Ethnologie beruhende, inzwischen vollständig aufgegebene Theorie von der Magie als einer chronologischen Vorstufe der Religion. Tatsächlich kann man die aus dem Alten Orient und Ägypten auf uns gekommenen Gebete und Beschwörungen jedoch nicht auf zwei unterschiedliche Kategorien «Religion» und «Magie» verteilen, da sich das Gottesbild der betreffenden Kulturen von dem späteren christlichen deutlich unterscheidet und die Polemik des frühen Monotheismus gegen eine polytheistische Umwelt darin noch kaum eine Rolle spielte.[64]

4. Heilige Räume und Zeiten: Kultstätten und Tempel, Alltag und Feste

Wie die im vorigen Kapitel angeführten Beispiele zeigen, konnten Handlungen, die auf eine unmittelbare Kommunikation zwischen Menschen und Göttern zielten, grundsätzlich überall und jederzeit vollzogen werden. Gleichwohl spielten klar abgegrenzte Räume und Zeiten eine Rolle, weil man seit der Sesshaftwerdung in der Jungsteinzeit den Göttern ebenso wie den Menschen ortsfeste Wohnsitze zuschrieb. Außerdem wies man dem öffentlichen, unter allgemeiner Beteiligung vollzogenen Kult ganz bestimmte Stellen im Kreislauf der Jahreszeiten an, die oft auf die landwirtschaftlichen Arbeitsabläufe abgestimmt waren.[65]

Höhlen als altsteinzeitliche Kultstätten

Zu den wohl ältesten noch heute fassbaren Kultstätten der Menschheit zählen die seit der jüngeren Altsteinzeit aufwendig mit Bildern versehenen Höhlen.[66] Ihre Erforschung begann 1879 mit der Entdeckung von Tierbildern in der elf Jahre zuvor gefundenen Höhle von Altamira rund 30 Kilometer westlich von Santander in der nordspanischen Region Kantabrien. Sie wurden zwar nicht sofort in ihrer Bedeutung für unsere Sicht der Vorgeschichte erkannt, fanden jedoch nach der Entdeckung vergleichbarer Darstellungen in anderen Höhlen zunehmende Beachtung. Auf die Entdeckung der Höhlenmalereien von Trois-Frères im Département Ariège 1910 und Lascaux im Département Dordogne 1940 folgten zuletzt die spektakulären Funde jungpaläolithischer Höhlenkunst in der Cosquer-Höhle südöstlich von Marseille 1991, in der Chauvet-Höhle im Département Ardèche 1994 sowie in der Cussac-Höhle unweit von Lascaux im September 2000. Sie alle stammen nach Ausweis der Radiokohlenstoffdatierungen aus den aufeinander folgenden jungpaläolithischen Kulturen des Aurignacien, Gravettien, Solutréen und Magdalénien und damit aus der Zeit zwischen ca. 32 000 und 12 000 v. Chr. Ausgeführt sind sie in verschiedenen Gravur-, Mal- und Zeichentechniken, bei denen vermutlich in Farbe getauchte Finger, Pinsel aus Federn oder Tierhaar sowie Röhrchen zum Versprühen der Pigmente zum Einsatz kamen. Für die Herstellung der Farbmittel verwendete man unter anderem Ocker, Rötel, Holzkohle, verschiedene Erze, Mangan und Feldspat sowie als Bindemittel Wasser, Blut, Harz, Milch und Pflanzensäfte. Abgebildet wurden vor allem größere Tiere wie Mammuts, Nashörner, Bären, Wildrinder, Auerochsen, Pferde, Steinböcke und Hirsche, sehr viel seltener dagegen Fische, Schlangen oder Vögel. Außerdem findet man abstrakte geometrische Figuren, die Umrisse menschlicher Hände mit weit ausgestreckten und gespreizten Fingern sowie menschliche Gestalten, die im Unterschied zu den Tierbildern in der Regel viel weniger realistisch ausgeführt sind.

Das Fehlen umfänglicher weiterer Spuren menschlicher Anwesenheit in vielen Höhlen und die immer wieder beobachtete Bevorzugung schwer zugänglicher Stellen für die Bilder führte schon im frühen zwanzigsten Jahrhundert zu der Vermutung, die Bilder hätten nicht dekorativen, sondern rituellen Zwecken gedient. Ausgehend von der damals weit verbreiteten Annahme, Magie sei grundsätzlich älter als Religion, deutete man sie gerne als Ausdruck einer altsteinzeitlichen Jagdmagie, die das ausreichende Vorhandensein des Wildes oder den Erfolg der Jäger befördern sollte. Eine andere, auf zeitgenössischen ethnologischen Beobachtungen fußende Theorie sah in den Bildern dagegen die bleibenden Spuren komplexer Initiationsriten, mit denen Heranwachsende in die Gemeinschaft der Jäger aufgenommen wurden. Mitunter berief man sich auch auf die besonders vor dem Ersten Weltkrieg populäre Theorie des Totemismus, die in der Verehrung von Tieren als göttlichen Ahnen der Stammesgemeinschaft eine weit verbreitete Form vorgeschichtlicher Religiosität sah, und brachte die Höhlenmalereien mit solchen Vorstellungen in Verbindung. Insbesondere nach dem Zweiten Weltkrieg führte das Interesse an Ethnomedizin, veränderten Bewusstseinszuständen und der rituellen Verwendung von Drogen dazu, dass man die Höhlenmalereien mit den religiösen Vorstellungen des Schamanismus zu erklären suchte, wie sie Reisende und Ethnographen seit dem späten siebzehnten Jahrhundert bei den indigenen Völkern Sibiriens und Innerasiens beobachtet hatten.[67] Als mögliche Darstellung eines Schamanen deutete man daher nicht nur das berühmte Bild eines Mannes mit Tierfell und Hirschgeweih aus der Trois-Frères-Höhle, sondern auch die aus Mammutelfenbein geschnitzte und als «Löwenmensch» bekannte Skulptur eines Mischwesens mit menschlichem Körper und Löwenkopf aus der Hohlensteinhöhle. Im Rückblick wird deutlich, wie vorgefasste Meinungen und Theorien die Deutung der Bilder immer wieder maßgeblich beeinflusst haben. Dabei übersah man häufig den Umstand, dass die zum Vergleich herangezogenen ethnischen Religionen der Gegenwart und jüngeren Vergangenheit eine lange Geschichte hinter sich haben und keineswegs von jeher in der uns bekannten Form praktiziert wurden. Auch sind uns viele inzwischen verschwundene oder stark veränderte ethnische Religionen nicht unmittelbar aus Selbstzeugnissen, sondern nur durch die zeitspezifische Brille ihrer jeweiligen Beobachter zugänglich. Man wird daher gut daran tun, Analogieschlüsse von antiken oder gar rezenten indigenen Religionen auf die Kulte, Riten und Mythen der Altsteinzeit mit Vorsicht zu betrachten, auch wenn man sich über einen Zusammenhang der Bilder mit den religiösen Vorstellungen ihrer Schöpfer weithin einig ist.

Die frühesten Heiligtümer Alteuropas

Die Überreste des vielleicht ältesten architektonisch gestalteten Heiligtums der Vorgeschichte stammen aus dem zehnten Jahrtausend v. Chr. Dies schließt man aus Funden an der archäologische Stätte von Göbekli Tepe etwa 15 Kilometer nordöstlich von Şanlıurfa im Südosten der Türkei, die 1994 entdeckt wurde und seitdem von Mitarbeitern des Deutschen Archäologischen Instituts untersucht wird. Der Interpretation des Ausgräbers zufolge bestand dort auf einem Höhenzug ein ausgedehntes Bergheiligtum, das an der höchsten Stelle einer langgestreckten Bergkette möglicherweise noch von Wildbeutern dort errichtet wurde.

In das ausgehende Mesolithikum, also in die Zeit noch vor der Sesshaftwerdung und dem Übergang zu Ackerbau und Viehzucht, datiert man die Anfänge der umfangreichen, bislang nur zu einem sehr kleinen Teil freigelegten Anlage. Sie besteht aus bis zu 50 Tonnen schweren monolithischen Pfeilern, die mit Tierreliefs und abstrakten Zeichen verziert sind und die man aus bis zu 500 Meter entfernten Steinbrüchen herbeigeschafft hatte. Hätte man die Errichtung einer solchen Anlage noch vor wenigen Jahrzehnten nur einer sesshaften jungsteinzeitlichen Bevölkerung zugetraut, so geben die Funde vom Göbekli Tepe nunmehr Anlass dazu, unsere Vorstellungen von den Ursprüngen ortsfester Kultstätten, aber auch von den organisatorischen Leistungen und kulturschöpferischen Fähigkeiten der frühen Wildbeutergruppen neu zu überdenken. Dabei ist allerdings zu beachten, dass sowohl die Datierung der Anlage als auch ihre Deutung nach wie vor kontrovers beurteilt werden und zu ihrer Absicherung noch weitere Forschungen erforderlich sind.[68]

Aus dem Mittelmeerraum kennt man einige der ältesten architektonisch gestalteten Kultstätten des Neolithikums auf den Inseln Malta und Gozo etwa 100 Kilometer südöstlich von Sizilien, wo zahlreiche Tempelanlagen aus der Zeit zwischen 3800 und 2500 v. Chr. teilweise bis zu einer Höhe von 6 Metern erhalten geblieben sind. Zu den ältesten dieser Kultstätten, die oft aus tonnenschweren Kalksteinblöcken errichtet sind, zählen der wohl in der ersten Hälfte des vierten Jahrtausends v. Chr. erbaute Tempel von Ġgantija südöstlich des Ortes Xaghra auf der Insel Gozo sowie der deutlich schlechter erhaltene Tempel von Skorba bei dem Ort Żebbiegh im Westen Maltas. Die umfangreichste und zugleich jüngste megalithische Tempelanlage Maltas findet man in Tarxien östlich des Ortes Paola im Südwesten der Insel, wo in der ersten Hälfte des dritten Jahrtausends vier aufeinander folgende und miteinander verbundene Heiligtümer entstanden. Welche Kulthandlungen man in diesen Tempeln vollzog, ist unbekannt, doch lassen bildliche Darstellungen von Haustieren wie Widder, Schwein und Ziege sowie der Fund eines Steinmessers und zahlreicher Tierknochen auf Opferhandlungen schließen.

Außerhalb des Mittelmeerraums, in Mittel- und Nordeuropa, konnten architektonisch gestaltete Heiligtümer in monumentaler Steinbauweise für das Neolithikum und die Bronzezeit bislang nur sehr selten nachgewiesen werden. Vielerorts vollzog man den Götterkult wohl an mehr oder weniger naturbelassenen Plätzen, die man im Hinblick auf topographische Besonderheiten oder ihren Bezug zu schon vorhandenen Siedlungen ausgewählt hatte. Aus den Alpen und dem nördlichen Alpenvorland kennt man zahlreiche Brandopferplätze, die allem Anschein nach höchstens durch Steinkreise oder Steinsetzungen von der Umgebung abgegrenzt waren.[69] Teils in der Ebene, teils in exponierten Höhenlagen angelegt, zeichnen sie sich durch große Mengen kalzinierter Haustierknochen und Tonscherben aus, die man als Überreste kontinuierlich über einen längeren Zeitraum hinweg durchgeführter Opfermahlzeiten interpretiert. Sie sind schon in der Bronzezeit nachgewiesen und waren teilweise noch bis in die römische Zeit in Gebrauch. Ebenfalls schon für die Bronzezeit nachweisbar ist die Nutzung von Höhlen und Felsspalten für Opferhandlungen sowie die Niederlegung von Opfergaben in Flüssen, Seen und an Quellen.

Da man nur selten dauerhaftes Material verwendete und Monumentalität oft nicht angestrebt wurde, bieten stein- und bronzezeitliche Kultstätten dem heutigen Betrachter oft nur einen schwachen Abglanz ihres ursprünglichen Aussehens. Aus der Zeit um 3000 v. Chr. stammt etwa die heute vor allem durch ihre Fernsicht beeindruckende neolithische Kultstätte auf der Kuppe des 312 Meter hohen Hügels von Cairnpapple nur wenige Kilometer westlich von Edinburgh. Sie bestand aus einer im Norden und Süden offenen Umfriedung aus Wall und Graben, in deren Innerem vierundzwanzig eiförmig angeordnete Vertiefungen nachgewiesen werden konnten. Diese dienten vermutlich zur Aufnahme hölzerner Pfosten oder aufrecht stehender Steine. Annähernd kreisförmige Steinsetzungen, die vermutlich rituellen Zwecken dienten, kennt man auch aus anderen Regionen der Britischen Inseln, wobei der Steinkreis von Stonehenge zwar die bekannteste, mit seiner Kombination von senkrechten Trag- und waagerechten Decksteinen aber zugleich die ungewöhnlichste Anlage dieser Art darstellt. Viel typischer ist demgegenüber etwa der Steinkreis von Callanish an der Westküste der Insel Lewis, den man in die erste Hälfte des dritten Jahrtausends v. Chr. datiert. Mit ihm zu vergleichen sind auf der Orkney-Insel Mainland die bis zu 5 Meter hohen Steine von Stenness, von denen heute noch vier von ursprünglich zwölf aufrecht stehen. Nur einen Kilometer nordwestlich davon befindet sich der Steinkreis von Brodgar, von dem noch siebenundzwanzig 2 bis 4 Meter hohe Steine erhalten sind. Letzterer ist mit einem Durchmesser von 104 Metern nach Stanton Drew und Avebury in England der drittgrößte Steinkreis der Britischen Inseln. Besondere Beachtung verdient in diesem Zusammenhang der Umstand, dass man auf der schmalen Landzunge zwischen den Steinsetzungen von Stenness und Brodgar erst 2008 die Überreste eines 25 Meter langen und 20 Meter breiten mutmaßlichen Kultbaus mit bis zu 4 Meter dicken steinernen Mauern entdeckte. Wie neuere Ausgrabungen und geomagnetische Prospektionen zeigten, gehörte dieses Gebäude zu einem ursprünglich wohl um die hundert Häuser umfassenden Komplex, der als eine Art Tempelbezirk durch eine dicke Mauer von der Außenwelt abgegrenzt war. Einmal mehr unterstreicht auch diese unerwartete Entdeckung die Vorläufigkeit unseres heutigen Bilds vom Aussehen vorgeschichtlicher Heiligtümer.

Ägyptische und griechische Tempel

Ägypten ist neben Mesopotamien die älteste Kultur, über deren Tempel nicht nur die stummen Überreste, sondern auch schriftliche Quellen Auskunft geben.[70] Die weitaus meisten archäologischen Überreste der «Gotteshäuser», wie die Ägypter selbst ihre Tempel nannten, stammen allerdings erst aus dem Neuen Reich, der Spätzeit und der darauf folgenden Jahrhunderte. Auch viele spekulative theologische Ausdeutungen der architektonischen Symbolik durch die Ägypter selbst sind erst aus relativ später Zeit bezeugt. Höchstwahrscheinlich waren die ältesten Tempel – wie auch sehr viel später noch der allergrößte Teil der profanen Architektur – aus Lehmziegeln, Holz und Flechtwerk erbaut und sind deshalb nicht erhalten geblieben. Außerdem ist damit zu rechnen, dass viele Anlagen in späterer Zeit abgerissen und durch Neubauten mit einem erweiterten Grundriss ersetzt wurden. Aus dem Alten Reich kennt man daher neben den sogenannten Totentempeln der verstorbenen Könige fast nur die bald nach der Mitte des dritten Jahrtausends v. Chr. erbauten Sonnenheiligtümer, zu denen nach Ausweis der uns bekannten Denkmäler eine rechteckige Umfassungsmauer, ein offener Hof mit einem Altar unter freiem Himmel, ein dahinter gelegener hoher Obelisk und verschiedene Vorratsräume gehörten.

Im Unterschied zu den frühen Sonnenheiligtümern und königlichen Totentempeln gehören die Göttertempel des Neuen Reichs zu den größten und aufwendigsten Bauwerken der ägyptischen Kultur überhaupt. Weit verbreitet waren Tempel mit einer axialen Ausrichtung, die von einer – heute zumeist nicht mehr erhaltenen – Lehmziegelmauer umgeben waren. Den eigentlichen Tempel betrat man durch ein mächtiges Tor zwischen zwei Tortürmen (Pylonen), die von hohen Flaggenmasten überragt wurden. Hinter dem Tor erstreckte sich zumeist ein von Säulen flankierter offener Hof. Dahinter befanden sich eine Halle mit Vorrichtungen für die Speisung des Kultbilds und schließlich das Allerheiligste mit dem Kultbild der hauptsächlich verehrten Gottheit, mitunter flankiert von seitlichen Räumen mit Kultbildern weiterer Götter und Göttinnen, deren Verehrung vielfach von einer Region Ägyptens zur anderen stark schwankte. In der Regel nahm dabei die Größe, Höhe und Helligkeit der Räume vom Eingangstor bis zum Allerheiligsten beständig ab, so dass man den Eindruck erhielt, die Gottheit wohne im Verborgenen. Späten Texten aus griechischer und römischer Zeit zufolge stellte der ägyptische Tempel ein Abbild des Kosmos dar, indem etwa der Fußboden des Allerheiligsten den Urhügel als Ausgangspunkt der Weltentstehung versinnbildlichte.

Über den Kult, den man in den Tempeln vollzog, geben in erster Linie die Texte und Bilder an den Wänden Auskunft, deren Verhältnis zur alltäglichen Realität man allerdings kaum beurteilen kann. Jedenfalls brachte es die zentrale Rolle des Götterkults für den ägyptischen Staat bzw. des Königs für den Götterkult mit sich, dass sich die Tempel als Zentren für die Versorgung der Götter auch zu bedeutenden Zentren der wirtschaftlichen und handwerklichen Produktion entwickelten. Mit der Zeit besaßen viele große Tempel Felder, Viehherden, Bergwerke, Zolleinnahmen und selbst Besitzungen im Ausland, die dem unmittelbaren Zugriff des Königs entzogen waren. Auch Kriegsgefangene, deren Zahl während der Expansion Ägyptens im Mittleren Reich besonders groß war, dürften vielfach zur Zwangsarbeit den Tempeln überstellt worden sein. Daher gehörten zu jedem großen Tempel auch noch zahlreiche Wirtschaftsgebäude, Magazine, Werkstätten und Wohnungen für die Priester und weiteres Personal. So musste die vorübergehende Schließung sämtlicher großer Tempel des Landes durch Echnaton nicht nur für den Götterkult, sondern für die gesamte Wirtschaft des Landes gravierende Folgen haben. Den Tempelkult an sich hatte Echnaton im Übrigen keineswegs abgeschafft, sondern nur im Einklang mit seinem Gottesbild modifiziert, indem die Tempel Atons keinerlei dämmrige und schattige Räume kannten.

Vergleicht man das Erscheinungsbild und die Funktionen eines ägyptischen Tempels mit einem griechischen Tempel, ergeben sich augenfällige Gemeinsamkeiten, aber auch Unterschiede.[71] Wie in Ägypten galt auch in Griechenland der Tempel (*naós*) als Wohnhaus der Gottheit. Seinen Kern bildete daher der rechteckige, oft mit einem Giebeldach versehene Raum, der das Kultbild enthielt. Schon im neunten und achten Jahrhundert v. Chr. wurde dieser Kern durch eine Ringhalle erweitert, was die Monumentalität eines Tempels erhöhte und ihn gleichzeitig von einem profanen Wohnbau abgrenzte. So entstand der noch heute als typisch griechisch wahrgenommene Tempel des sechsten und fünften Jahrhunderts v. Chr. mit einem fensterlosen rechteckigen Raum für das Kultbild, einer umlaufenden Säulenhalle, einem mit Skulpturen geschmückten Giebel und einem Stufenunterbau. Vor dem Eingang stand der Altar, so dass Außenstehende während des Opfers bei geöffneter Tür das Kultbild sehen konnten, aber auch umgekehrt die Opferhandlung für das Kultbild sichtbar war. Anders als in Ägypten war der Zutritt zum Tempelinneren – etwa für Betende – nicht allein den Priestern und dem Tempelpersonal vorbehalten, doch spielte sich der Kult im Wesentlichen vor dem Tempel ab, der somit kein Versammlungsraum war.

Die große Sorgfalt und der beträchtliche Aufwand, die man in der Zeit der griechischen Stadtstaaten auf den Bau der Tempel, ihre künstlerische Ausgestaltung sowie die Lösung architektonischer Probleme verwandte, erklärt sich nicht zuletzt daraus, dass ein Gemeinwesen der eigenen kollektiven Identität in der Gestalt eines Tempels sichtbaren Ausdruck verleihen konnte. Nicht von ungefähr kennt man daher gerade aus den Randgebieten des griechischen Kulturraums, etwa aus Unteritalien oder Kleinasien, eine ganze Reihe von Sakralbauten, die Tempel des griechischen Mutterlandes im Hinblick auf Größe und Aufwand deutlich in den Schatten stellen. Eine wichtige Rolle spielte ferner das Asyl, also die Schutzfunktion eines Tempels. Sie ergab sich aus der weithin respektierten Vorstellung von der Unverletzlichkeit (*asylía*) eines jeden Heiligtums, aber auch aus der besonders massiven Bauweise der meisten Tempel. Oft gehörten zu einem Tempel daher auch Schatzhäuser, in denen man kostbare Weihegeschenke oder wichtige Urkunden aufbewahrte.[72] Dass keltische Kriegerscharen, die im frühen vierten Jahrhundert v. Chr. in Griechenland einfielen, sich über die Unverletzlichkeit dieser Schatzhäuser einfach hinwegsetzten, war für die Griechen ein bis dahin unerhörter Frevel.

Der Bau eines Tempels im Alten Orient

Dass der Bau eines Tempels selbst eine religiöse Handlung darstellte und von Riten begleitet war, bestätigen zahlreiche Texte aus vielen Kulturen des Altertums. Einzigartig unter den Zeugnissen, die uns im Original erhalten geblieben sind, ist eine umfangreiche Inschrift des sumerischen Fürsten Gudea von Lagasch aus der Zeit gegen Ende des dritten Jahrtausends v. Chr., deren Bruchstücke zwischen 1877 und 1900 bei der archäologischen Untersuchung des Ortes Tello zutage kamen. Aufgezeichnet auf zwei Tonzylindern von etwa 60 Zentimetern Länge und über 30 Zentimetern Durchmesser, berichtet der in vierundfünfzig Spalten mit je zwanzig bis dreißig Zeilen gegliederte Text von einem Tempelbau des Fürsten in seiner Hauptstadt Girsu (dem heutigen Tello) und lässt uns so an Ritualen teilhaben, die wir allein aufgrund der archäologischen Überreste kaum vermuten könnten.[73]

An den Anfang seines Berichts stellt der Erzähler den Wunsch des Gottes Ningirsu nach einem neuen Tempel und die Billigung dieses Wunsches durch den Gott Enlil. Daraufhin, so heißt es, schaute der weise und gottesfürchtige Herrscher Gudea des Nachts in einem Traum den Gott und empfing von ihm den Auftrag zum Tempelbau. Da Gudea durch die Schau dreier weiterer, ihm unbekannter göttlicher Wesen verunsichert wurde, begab er sich nach dem Erwachen mit dem Boot flussabwärts zum Tempel der Göttin Nansche, der Schwester Ningirsus, nicht ohne zuvor in einem nahegelegenen Tempel Ningirsu und der Göttin Gatumdug ein Opfer darzubringen und ein Gebet an sie zu richten. Auf die Schilderung seines Traums hin nannte ihm Nansche die Namen der von ihm geschauten Gottheiten und empfahl ihm, nach seiner Rückkehr dem Gott Ningirsu in seinem bisherigen Tempel einen Streitwagen als Opfer darzubringen, um ihn zu weiteren Auskünften zu bewegen. Gudea befolgte den Rat der Göttin und empfing nach ausgedehnten rituellen Vorbereitungen im Tempel Ningirsus ein weiteres Traumgesicht, in dem der Gott sein machtvolles Wesen offenbarte und dem Land für die Zeit des Tempelbaus Fruchtbarkeit verhieß. Vom Schlaf erwacht, fand Gudea den göttlichen Entschluss durch eine rituelle Eingeweideschau bestätigt und traf daraufhin erste Vorbereitungen für die Grundsteinlegung. Zu diesem Zweck unterband er zunächst alle Formen ritueller Unreinheit sowie jeglichen Streit unter seinen Untertanen. Dann hob er Fronarbeiter aus und ließ das Baumaterial herbeischaffen. Zedernholz, Alabaster, Kupfer, Silber, Gold und weitere Rohstoffe trafen von überall her in Girsu ein. Mit eigener Hand steckte Gudea den Bauplatz ab, brachte ein Opfer dar, stellte den ersten Lehmziegel her und legte ihn an Ort und Stelle. Durch die Beobachtung weiterer Vorzeichen versicherte sich Gudea erneut des göttlichen Wohlwollens und schaute in einem dritten Traum den vollendeten Tempel, dessen Entstehung unter Mitwirkung der verschiedenen Götter der Text ausführlich schildert.

Mit dem Hinweis auf die Vollendung der Bauarbeiten endet die Erzählung des ersten Zylinders. Der Text des zweiten Zylinders schließt unmittelbar daran an und berichtet zunächst von den Vorbereitungen Gudeas für den Einzug Ningirsus und seiner Partnerin Baba in den neuen Tempel. Wie es heißt, erzählte der Fürst dem Gott in einem Gebet von der Fertigstellung des Heiligtums und stattete es mit Hilfe der Götter kostbar aus. Daraufhin begaben sich Ningirsu und Baba in den neuen Tempel, in dem man ihnen sogleich Trank- und Speiseopfer darbrachte. Ausführlich beschreibt der Text in diesem Zusammenhang eine Reihe von Ämtern und Funktionen, mit denen untergeordnete Gottheiten betraut wurden. Weitere Geschenke Gudeas, darunter ein Streitwagen mit den dazugehörigen Waffen, Gefäße und eine Liegestatt, vervollständigten die Einrichtung des Heiligtums. Zur Feier seiner Übernahme durch das Götterpaar veranstaltete Gudea ein siebentägiges Fest, während dessen Schulden und Strafen erlassen und alle sozialen Unterschiede vorübergehend aufgehoben wurden. Mit dem Lobpreis Gudeas und Ningirsus endet der Text.

Eine augenfällige Parallele findet die Darstellung des Tempelbaus auf den Tonzylindern Gudeas in den Schilderungen von der Errichtung des ersten Tempels in Jerusalem, den die Hebräische Bibel dem König Salomo zuschreibt. Ähnlich wie der sumerische Text sieht auch die Bibel in der Weisheit und Frömmigkeit des Herrschers eine Grundvoraussetzung für den Tempelbau (1 Könige 5,1–19). Wie bei Gudea, beruht auch bei Salomo die Berufung zum Bauherrn auf einer göttlichen Erwählung (1 Chronik 28,10), und wie in Sumer war man auch in Israel der Auffassung, beim Bau der göttlichen Wohnung einem von Gott offenbarten Plan zu folgen (Exodus 25,8–9 mit Bezug auf die Bundeslade). Wie von Gudea heißt es auch von Salomo, dass er im ganzen Land Fronarbeiter aushob und aus dem Ausland Baumaterial herbeischaffen ließ (1 Könige 5,27–32), und nicht von ungefähr erinnert das sumerische Bild vom Tempel Ningirsus als eines Berges an die biblische Rede von Zion als Gottes heiligem Berg (Psalm 2,6), wie denn auch das hebräische Wort für «Tempel» und «Palast», *hekal*, letztlich auf sumerisch *é-gal*, «großes Haus», zurückgeht.

Abb. 7 Zwei Betende vor einer Göttin. Sumerisches Rollsiegel, um 2500 v. Chr.

Das Weiterleben der altorientalischen Vorstellungen vom Tempel als eines Garanten der Gegenwart Gottes reicht infolge der besonderen Bedeutung des Jerusalemer Tempels und des Tempelbergs für Juden, Christen und Muslime bis in die Gegenwart.[74] Es erstreckt sich von den bildlichen Darstellungen der Tempelfassade während des letzten Aufstands der Juden gegen die römische Herrschaft über die christliche Deutung des jüdischen Tempels als Vorbild der Kirche Christi und des Himmlischen Jerusalems, den koranischen Hinweis auf eine nächtliche Reise des Propheten Muhammad zum «fernen Heiligtum» Jerusalem (Sure 17,1) und den Bau des Felsendoms und der al-Aqsa-Moschee bis hin zur Symbolkraft jenes letzten Restes des von den Römern endgültig zerstörten jüdischen Tempels, der Klagemauer, im religiösen Leben des heutigen Judentums.

Zeitrechnung und Kalender

So wie viele religiöse Handlungen mit bestimmten Orten verbunden waren, spielte oft auch die Zeit bei ihrem Vollzug eine wichtige Rolle. Dies galt besonders für gemeinschaftlich durchgeführte Riten, die nicht zuletzt der Stärkung der kollektiven Identität dienten und diesen Zweck nur dann erfüllen konnten, wenn man sie nicht nur räumlich, sondern auch zeitlich konzentrierte. Die kollektive Bejahung und Bestätigung der Lebensgrundlagen und der sozialen Ordnungen musste regelmäßig wiederholt werden. Da sie mit einem Hochgefühl verbunden war, wurden diese Unterbrechungen des Alltags als religiöse Feste gefeiert. Um sie zeitlich festzulegen, stellte man vielfach umfangreiche Kalenderberechnungen an. Kürzere Zeitspannen folgten den Mondphasen, längere Zeiträume ergaben sich aus dem Lauf der Sonne, und beide Systeme wurden in unterschiedlicher Weise miteinander kombiniert.[75]

Eines der eindrucksvollsten Überbleibsel frühbronzezeitlicher religiöser Vorstellungen und Zeitberechnungen ist die Himmelsscheibe von Nebra, die 1999 von Raubgräbern auf dem Mittelberg bei Nebra in Sachsen-Anhalt entdeckt wurde. Dabei handelt es sich um eine annähernd kreisrunde, 4,5 bis 1,7 Millimeter starke Bronzeplatte mit eingelegten Goldapplikationen, die einen Durchmesser von etwa 32 Zentimetern und ein Gewicht von etwa 2,3 Kilogramm hat. Die Scheibe wurde zwischen 2100 und 1700 v. Chr. hergestellt und um 1600 zusammen mit anderen Bronzeobjekten vergraben. Mit Hilfe der eingelegten Goldbleche zeigt sie einen nächtlichen Sternenhimmel, auf dem zwischen den Abbildungen eines Vollmonds und einer zunehmenden Mondsichel deutlich die sieben Plejaden als eine Ansammlung eng beieinander stehender goldener Punkte zu erkennen sind. Hinzu kommen zwei nachträglich am Rand der Scheibe angebrachte Horizontbögen sowie eine weitere sichelförmige Goldapplikation, in der man die Darstellung einer Sonnenbarke vermutet, da sie bronzezeitlichen Schiffsdarstellungen aus Griechenland und Skandinavien ähnelt. Obschon die Deutung dieser Bildelemente in vielen Einzelheiten umstritten ist, steht außer Frage, dass die Himmelsscheibe als eine Art Kalender zur Bestimmung der Zeiten für Aussaat und Ernte diente, da die Beobachtung der Plejaden zu diesem Zweck auch aus Mesopotamien und dem frühen Griechenland gut bezeugt ist. Wie die naturwissenschaftliche Untersuchung der Himmelsscheibe ergab, hatten ihre Hersteller das Kupfer aus Erzminen im heutigen Österreich, das Zinn aus Cornwall und das Gold aus dem rumänischen Siebenbürgen bezogen. Dies belegt einmal mehr die weit verzweigten Fernhandelswege, wie man sie für die Bronzezeit immer wieder auch anhand von Grabfunden feststellen konnte.

Feste im Alten Orient und in Alteuropa

Vergleicht man die religiösen Feste in den frühen Schriftkulturen der Alten Welt, so fällt ihr enger Bezug zu den landwirtschaftlichen Aktivitäten in diesen durchweg agrarisch strukturierten Gesellschaften auf. In der Hebräischen Bibel gilt dies in erster Linie für das Massotfest, das Wochenfest und das Laubhüttenfest, die zu den ältesten in der Bibel erwähnten Festen gehören.[76] Benannt nach dem Verzehr besonderer, ungesäuerter Brote (*maṣṣōt*), wurde das Massotfest am Neumond des Frühjahrsmonats Abib zur Zeit der Gerstenernte abgehalten (Exodus 34,18–20). Erst im siebten Jahrhundert v. Chr. wurde es mit dem Passafest zusammengelegt (Deuteronomium 16,1–8), als dessen Ursprung man ein bei den frühen Viehzüchtern gefeiertes Fest anlässlich des Weidewechsels im Frühjahr annimmt. Einige Wochen nach dem Massotfest feierte man das – nach dem zeitlichen Abstand zum Massotfest benannte – eintägige Wochenfest, bei dem man die Erstlinge der Weizenernte als Dankopfer darbrachte (Exodus 34,22a). Ein Herbstfest war die älteste Form des Laubhüttenfests, das ursprünglich auf die Ernte des Weins und der Baumfrüchte bezogen war (Exodus 34,22b). Aus Griechenland kennt man als Frühlingsfest die im Februar/März zu Ehren des Gottes Dionysos gefeierten Anthesterien, bei denen der im Vorjahr geerntete neue Wein eine wichtige Rolle spielte. Im Oktober/November wurden die Thesmophorien als Fest zu Ehren der Göttin Demeter nach der Bestellung der Wintersaat gefeiert.

Ein wesentlicher Bestandteil der großen religiösen Feste war ihr kollektiver Charakter, bei denen auch solche Personen eingebunden waren, die sonst am Rand der Gesellschaft standen. «Und du sollst an deinem Feste fröhlich sein», heißt es etwa in der Hebräischen Bibel (Deuteronomium 16,14) anlässlich des Laubhüttenfests, «du und dein Sohn und deine Tochter, dein Sklave und deine Sklavin, der Levit, der Fremdling, die Waise und die Witwe, die an deinem Orte wohnen.» Ähnlich beteiligte man in Athen bei dem zu Ehren der Stadtgöttin Athene gefeierten Fest der Panathenäen nicht nur die gesamte Bürgerschaft, sondern auch die in der Stadt dauerhaft ansässigen Fremden oder «Mitbewohner» (*métoikoi*). Im kaiserzeitlichen Rom stellte man bei dem in der zweiten Dezemberhälfte gefeierten Fest der Saturnalien die Sklaven ihren Herren vorübergehend gleich oder vertauschte gar spielerisch die Rollen.

Hand in Hand mit dem gemeinschaftlichen Charakter der großen religiösen Feste ging oft das Verbot von Kampfhandlungen, das die Unversehrtheit der Teilnehmer gewährleisten sollte. Während der Olympischen Spiele etwa, die man seit dem achten oder siebten Jahrhundert v. Chr. als gesamtgriechisches religiöses Fest im Heiligen Hain von Olympia zu Ehren des Gottes Zeus abhielt, galt ein vertraglich vereinbarter «Olympischer Friede», der jedermann die sichere Anreise, Teilnahme und Heimkehr ermöglichen sollte. Tacitus berichtet von einem religiösen Fest germanischer Stämme an der Ostseeküste, bei dem das Kultbild der germanischen Göttin Nerthus durch das Gebiet ihrer Verehrer gefahren wurde: «Man beginnt keine Kriege, greift nicht zu den Waffen, alles Eisen bleibt weggeschlossen. Dann kennt, dann liebt man nur Ruhe und Frieden, bis der Priester die Göttin, wenn sie vom Umgang mit den Menschen genug hat, ihrem Heiligtum zurückgibt» (*Germania* 40).

Feierliche Umzüge oder Prozessionen waren ein häufiges Kennzeichen der religiösen Feste des Altertums.[77] Im Alten Ägypten gehörten sie zu den seltenen Gelegenheiten, bei denen man in Kontakt zu den sonst im Tempelinneren verborgenen Kultbildern der Götter und Göttinnen treten konnte. Dabei nutzte man die kaum voraussagbaren Bewegungen des Kultbilds während des Umzugs als Orakel, um auf Entscheidungsfragen eine positive oder negative Antwort zu erhalten. Eine eindrucksvolle Wiedergabe der an den Panathenäen durchgeführten großen Festprozession zeigt der Fries, der einst die Außenwand der Cella des Parthenon in Athen bekrönte. Zu sehen sind dort jugendliche Reiter, Mädchen mit einem für die Göttin bestimmten Gewand, junge

Abb. 8 Reiter beim Festzug anlässlich der Panathenäen. Parthenonfries, fünftes Jahrhundert v. Chr.

Frauen und Ehefrauen, athenische Bürger und Fremde, Musikanten und nicht zuletzt die im Zug mitgeführten Opfertiere.

Ein weiterer wesentlicher Bestandteil vieler religiöser Feste waren in Griechenland Wettspiele, bei denen sich die Teilnehmer in körperlicher Gewandtheit und Kraft oder in Musik und Dichtkunst um einen ausgesetzten Preis miteinander messen konnten. Zu diesen Preisen zählten die sogenannten Panathenäischen Preisamphoren, die man – gefüllt mit Olivenöl – vom sechsten bis zum zweiten Jahrhundert v. Chr. den Siegern der sportlichen Wettkämpfe verlieh, die alljährlich am Fest der Panathenäen abgehalten wurden. Charakteristisch für sie war die schwarzfigurige Malweise, die man ansonsten seit dem frühen fünften Jahrhundert aufgegeben hatte. Die Vorderseite der Amphoren zeigt zumeist ein Bild der nach links schreitenden Stadtgöttin Athene, die Rückseite in der Regel den Wettkampf oder die Siegerehrung.

Von den musikalischen Darbietungen, die solche religiösen Feste begleiteten, geben Schriftquellen und archäologische Funde nur einen schwachen Abglanz wieder. «Lobet ihn (Gott) mit dem Schall der

Posaunen», heißt es etwa in der Hebräischen Bibel, «lobet ihn mit Psalter und Harfe! Lobet ihn mit Handpauken und Reigen, lobet ihn mit Saitenspiel und Schalmei!» (Psalm 150,3–4). Die große Bedeutung des Reigens zeigt nicht zuletzt der Umstand, dass das semitische Wort dafür in der Hebräischen Bibel in der Form *ḥāg* als gewöhnliche Bezeichnung eines religiösen Festes erscheint und im Islam in der Bezeichnung der Pilgerfahrt als Hadsch (*ḥaǧǧ*) bis heute weiterlebt.

Dass viele religiöse Feste der Alten Welt ursprünglich im Zusammenhang mit jahreszeitlich gebundenen landwirtschaftlichen Aktivitäten standen, sollte nicht darüber hinwegtäuschen, dass sie oft viel komplexer und damit auch schwerer zu deuten sind. Dies zeigt anschaulich das mesopotamische Akitu-Fest, das als eines der ältesten uns bekannten Feste des Zweistromlands schon in Quellen aus der Zeit um 2500 v. Chr. erwähnt wird.[78] In Sumer wurde dieses Fest ursprünglich zweimal im Jahr gefeiert, nämlich im ersten und im siebten Monat des sumerischen Kalenders anlässlich der Gerstenaussaat und des Gerstenschneidens. Eine wichtige Rolle spielte dabei der Mondgott Nanna, der Schutzgott von Ur. In seiner späteren babylonischen Form war das Akitu-Fest dagegen ein ausgesprochenes Neujahrsfest, das vornehmlich im Herbst gefeiert wurde und mit Marduk als dem Schutzgott Babylons verbunden war. In dieser späteren Form erstreckten sich die Feierlichkeiten des Akitu-Fests über insgesamt elf Tage und beinhalteten neben einer Rezitation des Weltschöpfungsberichts durch den höchsten religiösen Würdenträger der Stadt auch eine große Tempelreinigung und Bußriten, die der König stellvertretend für sein Land auf sich nahm. Die enge Verbindung des Festes mit dem Gott Marduk zeigt sich nicht zuletzt darin, dass das Neujahrsfest im benachbarten Assyrien mit seinem Schutzgott Assur unter ganz anderem Vorzeichen gefeiert wurde.

Wie sehr sich die Bedeutung und damit auch der Ablauf eines Festes im Laufe der Zeit ändern konnten, lässt sich auch anhand des Passa-Festes veranschaulichen. Der wahrscheinlich ältesten uns erhaltenen Beschreibung zufolge wurde beim Passafest zur Vollmondnacht des Frühjahrsäquinoktiums im Kreis der Familie ein Lamm geschlachtet und das Fleisch gegessen. Mit dem Blut bestrich man die Türpfosten und den Türsturz (Exodus 12,3b.6b.7a.8a). Ursprünglich handelte es sich dabei vielleicht um ein Ritual, das Viehzüchter zur Schadenabwehr durchführten, doch wurde es schon früh umgedeutet und auf die Erzählung vom Auszug Israels aus der Gefangenschaft in Ägypten bezogen. Erscheint das Passafest im Ezechiel-Buch (45,21–25) als Sühnefeier, so wird es im Buch Esra (6,19–22) in erster Linie als Freudenfest anlässlich der Rückkehr aus dem Exil in Babylon gedeutet. Daran zeigt sich, dass die Einzelheiten festlicher Begehungen ihren ursprünglichen Anlass oft lange überdauerten. Sie wurden zu unterschiedlichen Zeiten mit ganz unterschiedlichen Bedeutungen unterlegt und gleichsam neu aufgeladen. War die «richtige» Art und Weise, ein Fest zu feiern, in vielen Fällen durch die Tradition mehr oder weniger festgelegt, so waren doch zu verschiedenen Zeiten – und mitunter auch in verschiedenen Personengruppen zur gleichen Zeit – völlig unterschiedliche Erzählungen zur historischen bzw. mythischen Begründung dieser Traditionen im Umlauf. Dies wirft die Frage auf, welche Rolle die Mythologie in den Religionen des Altertums spielte.

5. Ausdruck früher Weltbilder: Mythen und ihre Deutung

Deutsche Mythologie nannte Jacob Grimm (1785–1863) das Werk, in dem er 1836 all das zusammenstellte, was er über die Götter und Göttinnen der Germanen als den Vorfahren der Deutschen glaubte sagen zu können. Seine erklärte Absicht war es, der so viel besser bekannten antiken Mythologie etwas Gleichwertiges zur Seite zu stellen, und so erhellt der Titel seines Werkes nicht zuletzt die Wertschätzung, die man zu seiner Zeit den Mythen der Griechen und Römer entgegenbrachte. Eine der wichtigsten Quellen für die antike Mythologie sind bis heute die homerischen Epen. Will man verstehen, auf welcher Grundlage man sich seit der Romantik eine Vorstellung davon machte, was Mythologie ist, muss man diese ältesten Werke der griechischen Literatur genauer betrachten.

Die Mythen Homers und ihre Rezeption

Homer und Hesiod «waren es, die den Griechen eine Lehre von der Abstammung der Götter und den Göttern ihre Bezeichnungen gaben. Sie legten ihren Rang und ihre Funktionen fest und beschrieben ihre äußere Erscheinung.» So schrieb im fünften Jahrhundert v. Chr. der «Vater der Geschichte» Herodot (*Historien* 2,53). Aus heutiger Sicht ist die Wirkung gerade Homers und der ihm zugeschriebenen Epen *Ilias* und *Odyssee* eher noch größer, denn noch heute bestimmen die Erzählungen vom Trojanischen Krieg und von den Irrfahrten des Odysseus maßgeblich unsere Vorstellung davon, welches Bild sich die Griechen von ihren Göttern machten.[79] Zeus, «Vater der Menschen und Götter», die Liebesgöttin Aphrodite, der Götterbote Hermes, der Meeresgott Poseidon und viele andere sind noch heute viel bekannter als etwa die Götter der Kelten, Germanen oder Slawen, was in erheblichem Maße auf die Übernahme weiter Bereiche der griechischen Mythologie durch die Römer zurückgeht. Ein genaueres Verständnis dieser Breitenwirkung erschließt jedoch erst der Blick auf den historischen Ursprung der homerischen Epen.

Wohl in der ersten Hälfte des zweiten Jahrtausends v. Chr., also in der Frühen Bronzezeit, waren die ersten Sprecher einer griechischen Sprache von der Balkanhalbinsel aus in das griechische Festland und die Peloponnes eingewandert. In den folgenden Jahrhunderten gründeten sie dort zahlreiche Königreiche oder Fürstentümer, die sie von stark befestigten Zentralsiedlungen aus regierten. Charakteristische Beispiele für solche Fürstensitze sind Iolkos im östlichen Thessalien, Theben in Boiotien, Athen in Attika, Mykenae und Tiryns in der Argolis und Pylos in Messenien. Mit der Eroberung weiter Teile des minoischen Kreta im fünfzehnten Jahrhundert v. Chr. und der Übernahme der dort entwickelten Silbenschrift erreichte diese sogenannte Mykenische oder Achäische Kultur den Höhepunkt ihrer Macht. Dreihundert Jahre später jedoch gingen fast alle frühgriechischen Fürstensitze nahezu gleichzeitig in Flammen auf. Wahrscheinlich verursachten umfangreiche Völkerwanderungen, die man auch für den Untergang des Hethiterreichs in Kleinasien und die Angriffe der sogenannten Seevölker auf Ägypten verantwortlich macht, ihren Zusammenbruch. Ein Teil der Bevölkerung wich ostwärts nach Euboia, auf die Ionischen Inseln, die Kykladen, Zypern und die kleinasiatische Westküste aus. Weite Gebiete des griechischen Festlands und der Peloponnes besiedelten anschließend die Dorer, die aus dem Balkanraum nach Griechenland einwanderten.

In welchem Ausmaß die Mykenische Kultur in den «dunklen Jahrhunderten» zwischen 1200 und 800 v. Chr. weiterlebte, lässt sich wegen der Spärlichkeit der Quellen nicht genau sagen. Jedenfalls war die Erinnerung an die Namen und den Glanz der alten Fürstensitze noch lebendig, als die Kultur der ionischen Griechen Kleinasiens, der Kykladen, Attikas und Euboias im achten Jahrhundert v. Chr. einen neuen Aufschwung nahm. Im Zuge intensiver Handelskontakte mit der Levante übernahmen die Griechen jener Zeit neue religiöse Kulte, literarische Stoffe und Motive, künstlerische Anregungen, technische Neuerungen mitsamt ihren Bezeichnungen und nicht zuletzt das phönizische Alphabet, aus dem später durch etruskische Vermittlung die lateinische Schrift hervorging. In der zweiten Hälfte des achten Jahrhunderts v. Chr. entstanden vermutlich die homerischen Epen in der uns bekannten Form.

Wie man heute weiß, stehen die beiden Epen *Ilias* und *Odyssee* in einer langen Tradition mündlicher Dichtung. Das beweist in erster Linie der hohe Anteil formelhafter Wendungen im Text, die es dem Sänger erleichterten, das Werk auch ohne Rückgriff auf schriftliche Aufzeichnungen bei jedem neuen Vortrag gleichsam neu zu erschaffen. Auffällig sind jedoch die große Länge und der kunstvolle Aufbau der homerischen Epen, für die man bei den heutigen Vertretern einer mündlichen epischen Dichtung keine Entsprechungen finden konnte. Ein Vergleich der *Ilias* und *Odyssee* mit diesen modernen Dichtungen beweist also einerseits die Traditionsgebundenheit der homerischen Epen, andererseits aber auch ihre Außergewöhnlichkeit.

Die uns überlieferten Texte der *Ilias* und der *Odyssee* gehen auf eine Fassung zurück, die im dritten Jahrhundert v. Chr. von Philologen im ägyptischen Alexandria erstellt wurde. Aus dieser Zeit stammt auch die noch heute übliche, im Grunde jedoch willkürliche Einteilung der beiden Epen in 24 Bücher, die nach den 24 Buchstaben des griechischen Alphabets bezeichnet werden – Großbuchstaben (Majuskeln) für die *Ilias*, Kleinbuchstaben (Minuskeln) für die *Odyssee*. Zitate und Anspielungen bei griechischen Autoren des siebten bis vierten Jahrhunderts lassen darauf schließen, dass zu jener Zeit unterschiedliche Fassungen der Epen in Umlauf waren, ohne dass wir uns vom Ausmaß der Unterschiede ein genaues Bild machen können. Selbst über den ursprünglichen Umfang von *Ilias* und *Odyssee* herrscht Unklarheit, denn schon in der Antike wurde vermutet, das für den Gesamtaufbau entbehrliche 10. Buch der *Ilias* sei eine spätere Zutat, und die *Odyssee* habe ursprünglich mit dem 296. Vers des 23. Buches geendet.

Wörtliche Übereinstimmungen zwischen *Ilias* und *Odyssee* lassen vermuten, dass die *Ilias* früher entstanden ist, da einige Stellen in der *Odyssee* fast wie Zitate wirken. Dass beide Epen von ein und demselben Verfasser stammen, galt in der Antike zwar als ausgemacht, doch war über die Lebensumstände dieses Dichters schon im frühen siebten Jahrhundert v. Chr. nichts Näheres mehr bekannt. Angesichts gravierender Unterschiede im Ethos der beiden Epen, ihrer Handlungsführung und der in ihnen geschilderten Lebenswelt hält man es heute für gut möglich, dass die *Odyssee* gar nicht vom Dichter der *Ilias* stammt, sondern nicht allzu lange nach der *Ilias* in bewusster Nachahmung des älteren Epos von einem anderen Meister der mündlichen Dichtung geschaffen wurde. Jedenfalls ist die in der *Ilias* und der *Odyssee* geschilderte Welt der frühen Griechen nicht die Welt des Verfassers – oder der Verfasser – dieser Werke, sondern die einer ganzen Epoche, die sich vom dreizehnten bis zum achten Jahrhundert v. Chr. erstreckt und damit die Kultur der spätmykenischen Zeit und die der frühen Ionier umgreift. Dabei wurde älteres Traditionsgut mitunter missverstanden oder umgedeutet.

Ein charakteristisches Beispiel dafür bieten die Hinweise auf Streitwagen, deren Existenz in einer fernen Vergangenheit dem Dichter zwar noch bekannt war, von deren militärischer Funktion und Einsatzweise er aber keine genauen Vorstellungen mehr hatte. Außerdem bieten die beiden Epen trotz der bunten Vielfalt ihrer Schilderungen kein getreues Spiegelbild der gesamten Lebenswirklichkeit, sondern nur einen künstlerisch gestalteten und idealisierten Ausschnitt. So erfährt man in der *Ilias* zwar viel über herausragende Helden adliger Abstammung, aber fast nichts über die große Masse der gewöhnlichen Krieger.

Auch die Riten und Glaubensvorstellungen, die in *Ilias* und *Odyssee* teils geschildert, teils als bekannt vorausgesetzt werden, geben nicht einfach die zeitgenössische Wirklichkeit des Dichters wieder. Vielmehr ist auch hier damit zu rechnen, dass der Dichter von vornherein eine Auswahl aus der bunten Fülle und Vielfalt des Stoffs getroffen hat, dass er die Religion der adligen Oberschicht viel stärker berücksichtigt als die der Handwerker und Bauern und dass sich in seinen Beschreibungen Traditionsgut unterschiedlichen Alters und unterschiedlicher Herkunft mischt. Es wäre daher verfehlt, einzelne Stellen ohne Rücksicht auf den dichterischen Gesamtzusammenhang als Belege für bestimmte religiöse Vorstellungen oder Haltungen der frühen Griechen im Allgemeinen heranzuziehen oder gar aus einer Blütenlese solcher Stellen die Religion der Griechen insgesamt rekonstruieren zu wollen. Wenn das Geschick der Menschen in der *Ilias* teils durch den Willen der Götter, teils durch ein davon unabhängiges Schicksal bestimmt erscheint, weist das zwar auf konkurrierende religiöse Vorstellungen hin, doch sollte man vom Dichter keine theologische Klärung oder Wertung dieses Widerspruchs erwarten.

Unübersehbar sind gerade auf dem Gebiet der Religion die Unterschiede zwischen den beiden Epen: Treten die Götter der *Ilias* häufig in der Mehrzahl oder sogar in ihrer Gesamtheit in Erscheinung, so betont die *Odyssee* viel stärker das Wirken einzelner Gottheiten. Auch zeigen die durchweg parteiischen Götter der *Ilias* mitunter eine moralische Lässigkeit, die man bei den Göttern der *Odyssee* vergeblich sucht. Diese Unterschiede sind jedoch kein Ausdruck unterschiedlicher religiöser

Haltungen bei den frühen Griechen, sondern lediglich eine Folge des jeweils vorherrschenden Themas der beiden Epen. Wenn nämlich der Dichter der *Ilias* in seiner Schilderung des Krieges zwischen Griechen und Trojanern keiner Seite Recht oder Unrecht gibt und für beide Parteien Sympathie weckt, so findet dies eine genaue Entsprechung in dem Umstand, dass auch die Götter moralisch indifferent erscheinen. Umgekehrt entspricht dem Nachdruck, den die *Odyssee* auf den letztlichen Sieg des Rechts über das Unrecht legt, der ausgeprägt ethische Charakter ihrer Götter. *Ilias* und *Odyssee* spiegeln also keineswegs «die» Mythologie «der» Griechen im Allgemeinen wider, sondern sind in hohem Maße den Bedingungen einer bestimmten Epoche und den besonderen Umständen bei der Entstehung dieser Werke verpflichtet.

Für die Erforschung der Mythologie sind die homerischen Epen von jeher bedeutsam gewesen, denn gegen sie wendete sich erstmals eine philosophisch motivierte Kritik am Mythos. Diese Kritik begegnet uns zuerst bei den sogenannten vorsokratischen Philosophen des sechsten und fünften Jahrhunderts v. Chr., die nicht nur auf die kulturspezifischen Grundlagen und damit auf die Relativität aller Gottesvorstellungen hinwiesen, sondern auch den fehlenden ethischen Gehalt gerade der Göttererzählungen der *Ilias* beanstandeten. «Schwarz und stumpfnasig, so stellt die Götter sich vor der Äthiope, / Aber blauäugig und blond denkt sich der Thraker die seinen», dichtete etwa Xenophanes von Kolophon, von dem auch die folgenden Verse überliefert sind: «Alles haben Homer und Hesiod auf die Götter geschoben, / Was bei den Menschen als Schimpf und Schande gilt: / Diebstahl, Ehebruch und gegenseitige Täuschung.» Auf diese Kritik an den homerischen Mythen antwortete Theagenes von Rhegion mit einer allegorischen Interpretation des Textes, indem er die Gottheiten der griechischen Mythologie als Personifikationen von Naturvorgängen oder auch von geistigen Eigenschaften und Zuständen deutete – eine Art der Textlektüre, die in den beiden letzten Jahrhunderten v. Chr. von den griechisch gebildeten Juden in Ägypten auch auf die griechische Übersetzung der Hebräischen Bibel angewendet wurde und aus diesem Umfeld Eingang ins frühe Christentum fand.[80] Weit verbreitet war die allegorische Mythendeutung außerdem in der frü-

Abb. 9 Odysseus und die Göttin Athene. Griechische Vasenmalerei, fünftes Jahrhundert v. Chr.

hen Religionswissenschaft des späten neunzehnten Jahrhunderts, als man insbesondere die altesten indischen religiösen Texte mit ihrer reich entwickelten Mythologie als dichterische Umschreibungen bemerkenswerter Naturvorgänge wie etwa des Sonnenlaufs oder der Entstehung von Unwettern auffasste.

Altindische Mythen

In Europa wurde die indische Literatur erstmals im späten achtzehnten Jahrhundert im Zusammenhang mit dem Ausbau des Britischen Kolonialreichs im Nordosten des Subkontinents bekannt. Auf die Entdeckung der umfangreichen Sanskrit-Literatur, für die sich auch Goethe begeisterte, folgte um die Mitte des neunzehnten Jahrhunderts die Erschließung der ältesten religiösen Texte, der Veden, die in einer älteren Sprachstufe abgefasst sind. Besondere Aufmerksamkeit fand dabei der Rigveda («das Wissen um die Preislieder»).[81] Dies lag abgesehen vom Interesse der Romantik für alles Indische an seinem hohen Alter, bildete er doch – zusammen mit den sogenannten Gathas des Zarathustra, der ältesten Literatur der Zoroastrier – die früheste Sammlung religiöser Hymnen in einer indoeuropäischen Sprache, die in ununterbrochener Tradition von der schriftlosen Vorzeit bis zur Gegenwart tradiert, kommentiert und rituell verwendet wurden. Denn obschon die handschriftliche Überlieferung der vedischen Texte erst im zweiten Jahrtausend n. Chr. einsetzt, ging diesen schriftlichen Aufzeichnungen doch eine rund zweitausendjährige mündliche Tradition voraus, die bis zur Entstehung dieser Texte während oder bald nach der Einwanderung von Sprechern einer indoeuropäischen Sprache in das nordwestliche Indien im späten zweiten Jahrtausend v. Chr. zurückreicht.

Zu den bemerkenswertesten Hymnen des Rigveda zählen zwei Gedichte, die sich mit der Entstehung der Welt befassen und damit Überlegungen in den Mittelpunkt der Betrachtung rücken, die in den meisten anderen Hymnen entweder gar nicht oder nur am Rande angesprochen werden. Beide Texte entstammen dem zehnten und letzten der insgesamt zehn Bücher oder Liederkreise (Mandalas), in die man den Rigveda einteilt. Ihre relativ späte Entstehung zeigt sich sowohl in der gedanklichen Nähe ihres Inhalts zu späteren philosophischen Abhandlungen als auch in den Schilderungen des gesellschaftlichen Umfelds der Dichter, das sich von dem der ältesten rigvedischen Texte deutlich unterscheidet. Die Entstehung der Welt aus einem anfangslosen einheitlichen Urprinzip lehrt der 129. Hymnus des zehnten Buchs: Bevor das Seiende und das Nichtseiende, Tod und Unsterblichkeit, Sonne und Mond existierten, habe es nur «das Eine» *(tad ekam)* gegeben. Durch Erhitzung (*tapas*) sei daraus das Verlangen entstanden, das aus der Einheit die Vielfalt hervorgebracht habe. In den beiden letzten Strophen äußert der Dichter jedoch Zweifel daran, dass irgendjemand etwas Zuverlässiges über die Entstehung der Welt aussagen könne. Da auch die Götter erst im Zuge der Schöpfung entstanden seien, wisse dies vielleicht nur der hier als «Aufseher» bezeichnete oberste Gott im höchsten Himmel – vielleicht aber auch nicht einmal er.

Eine andere Darstellung der Weltentstehung findet man im 90. Hymnus des zehnten Liederkreises. Hier ist es der riesenhafte Urmensch Puruscha (*Puruṣa*) mit tausend Köpfen, tausend Augen und tausend Füßen, aus dem die Welt hervorgeht. Indem die Götter ihn zum Opfer darbrachten, entstanden aus ihm die Hymnen, die Lieder und die Opferformeln.

Dies ist die erste Erwähnung jener drei Sammlungen von Ritualtexten, die zusammen die älteste Schicht der altindischen Literatur bilden: Finden wir im Rigveda den Text der Preislieder für die einzelnen Götter, so enthält der Samaveda die dazugehörigen Melodien und der Yajurveda die beim Opfer rezitierten Sprüche. Unerwähnt bleibt im Puruscha-Hymnus der Atharvaveda, eine Sammlung von Beschwörungen und Segensformeln, deren Kenntnis man dem «dreifachen Wissen» (*trayi vidya*) des Rig-, Sama- und Yajurveda in der frühen Zeit unterordnete und erst später als fast gleichberechtigt zur Seite stellte. Aus dem Puruscha, so der Hymnus weiter, gingen auch Pferde, Rinder, Ziegen und Schafe sowie die einzelnen Stände oder Klassen der indischen Gesellschaft hervor: Aus seinem Mund entstand die Klasse der Priester (*brāhmaṇa*), aus seinen Armen die der Krieger (hier *rajanya*, später auch *kṣatriya*), aus seinen Schenkeln die der Bauern und Handwerker (*vaiśya*) und aus seinen Füßen die der niedrigen Arbeiter (*śūdra*). Dies ist die erste Darstellung der einzelnen Stände, aus denen man sich die indische Gesellschaft zusammengesetzt dachte.

Dass man zur Bezeichnung der «Stände» oder «Klassen» der indischen Gesellschaft ein Wort für «Farbe» (*varṇa*) verwendete, könnte die Vermutung nahelegen, dass Unterschiede der Hautfarbe und mithin der Gegensatz zwischen den Einwanderern und der alteingesessenen Bevölkerung bei der Entstehung der indischen Gesellschaftsordnung eine wichtige Rolle spielten. Charakteristisch für die gesellschaftliche Gliederung im späteren Hinduismus ist jedoch weniger die Gliederung in vier Stände als vielmehr eine Einteilung in mehrere tausend, durch Heiratsverbote voneinander klar abgegrenzte Gruppen (*jāti*), deren Angehörige durch gemeinsame Berufe, gesellschaftliche Verpflichtungen, Sitten und Gebräuche miteinander verbunden sind. Für diese Gruppen, in die der Einzelne hineingeboren wird, prägten europäische Beobachter der Frühen Neuzeit auf der Grundlage des lateinischen Wortes *castus* («keusch» oder «rein») das Wort *Kaste*.

Mesopotamische Mythen

Es liegt wohl an dem engen Bezug des Puruscha-Mythos zur indischen Religion und Gesellschaft, dass er in Europa kaum über den Kreis der Fachleute hinaus bekannt wurde. Ungleich größer war demgegenüber das allgemeine Interesse, als man bald nach der Entzifferung der Keilschrift um die Mitte des neunzehnten Jahrhunderts altorientalische Mythen im Umfeld der Bibel entdeckte, die zu der biblischen Erzählung vom Ursprung des Menschen ebenso auffällige Parallelen wie charakteristische Unterschiede aufwiesen. Beachtung fand dabei vor allem die mesopotamische Erzählung von der Sintflut, von der die ersten Fragmente 1853 in der einstigen Bibliothek des assyrischen Königs Assurbanipal in Ninive zu Tage kamen. Sie wurde in Europa erstmals 1872 einer größeren Öffentlichkeit bekannt und stellt sich heute als Teil einer weitverzweigten und über viele Jahrhunderte gewachsenen Dichtung dar, die man im Allgemeinen als das «Gilgamesch-Epos» kennt.[82]

Die Geschichte von Gilgamesch, dem König von Uruk, wurde in der uns bekannten Fassung im letzten Drittel des zweiten Jahrtausends v. Chr. aufgezeichnet. Ihr Schöpfer war späterer Überlieferung zufolge ein babylonischer religiöser Würdenträger namens Sin-leqe-unnini, der auf eine ältere Fassung der Erzählung aus dem ersten Drittel des zweiten Jahrtausends v. Chr. zurückgreifen konnte, die ihrerseits wiederum auf noch älteren Texten aus dem dritten Jahrtausend fußte. Bruchstücke von Übersetzungen in die Sprachen der Hethiter und Hurriter wurden in der hethitischen Hauptstadt Hattusa und in der Stadt Megiddo im Norden des heutigen Staates Israel gefunden. Sie belegen, dass die Geschichte von Gilgamesch schon im zweiten Jahrtausend weit über die Grenzen des Zweistromlands hinaus bekannt war. In ihrer letzten Fassung, die man vor allem durch die Funde aus Ninive kennt, sind der Geschichte von Gilgamesch insgesamt zwölf unvollständig erhaltene Keilschrifttafeln gewidmet. Die letzte Tafel enthält als eine Art Anhang die babylonische Übersetzung des zweiten Teils einer ursprünglich selbständigen sumerischen Erzählung um Gilgamesch.

Die ersten elf Tafeln erzählen, wie in einer fernen Vergangenheit Gilgamesch, der König von Uruk, dem Urmenschen Enkidu begegnete, der mit wilden Tieren aufgewachsen war. Nach einem unentschiedenen Zweikampf schließt Gilgamesch Freundschaft mit ihm. Gemeinsam töten sie Chumbaba, den Wächter des Zedernwalds, und einen vom Himmelsgott gesandten Stier, worauf die Götter Enkidu zur Strafe an einer Krankheit sterben lassen. Um das Geheimnis des Lebens zu ergründen, wendet sich der verzweifelte Gilgamesch daraufhin an seinen Urahn Uta-napischti, der einst dank einer Warnung des Gottes der Weisheit mit seiner Familie und ausgewählten Tieren auf einem Boot eine alles zerstörende Flut überlebte. Uta-napischti zeigt Gilgamesch, wo er die Pflanze der ewigen Jugend finden kann, doch bevor er ihre Wirkung an sich selbst erproben kann, wird sie ihm während der Rast an einem Teich von einer Schlange gestohlen. Mit der Rückkehr Gilgameschs nach Uruk, über das er als vorbildlicher König herrscht, endet die Geschichte.

Etwa um dieselbe Zeit, als man die altbabylonische Fassung des Gilgamesch-Stoffs zusammenstellte, entstand wahrscheinlich auch die uns erhaltene Fassung des Mythos, der heute nach seinen babylonischen Anfangsworten unter dem Titel *Enuma Elisch*, «Als oben (der Himmel noch nicht benannt war)», bekannt ist.[83] In Abschriften aus dem ersten Jahrtausend v. Chr. nahezu vollständig erhalten, schildert der Mythos auf sieben Tontafeln in etwa tausend Zeilen zunächst die Entstehung der Götter aus den beiden uranfänglichen Elementen Apsu und Tiamat, die in der Mythologie des Zweistromlands das Süß- und das Salzwasser repräsentieren. Vom lärmenden Treiben der jungen Götter gestört, will Apsu sie mit der Unterstützung seines Beraters Mummu töten, doch der Gott der Weisheit, Ea, versetzt ihn mit einer Beschwörung in Schlaf. Mit seiner Gemahlin Damkina erzeugt Ea dann Marduk, der im Auftrag der anderen Götter Tiamat tötet und aus der einen Hälfte ihres Leichnams den Himmel, aus der anderen die Erde erschafft. Dann ordnet er den Kosmos, indem er der Sonne, dem Mond und den Sternen ihren Platz zuweist. Aus dem Blut von Tiamats Verbündetem Kingu erschafft Marduk die Menschen, damit sie den Göttern dienen, und grün-

Abb. 10 Religiöser Würdenträger in Anbetung der (sinnbildlich dargestellten) Götter Marduk und Nabu. Tonsiegel, siebtes/sechstes Jahrhundert v. Chr.

det die Stadt Babylon mit seinem Tempel, wo Menschen und Götter ihn als ihren König verehren.

In dieser Fassung steht der Mythos um den Aufstieg des Gottes Marduk zum König der Götter in einem engen Zusammenhang mit dem politischen Aufstieg Babylons, als dessen Schutzgott Marduk galt. Viele seiner Motive begegnen aber auch in anderen Mythen, die aus dem Kulturkreis der Keilschrift und angrenzenden Regionen überliefert sind. Der Name Tiamat etwa wurde mit der Urflut (*t^e^hôm*) aus dem biblischen Schöpfungbericht (Genesis 1,2) verglichen.[84] Das Motiv einer Abfolge miteinander verfeindeter Göttergenerationen kennt man seit langem aus der *Theogonie* («Götterentstehung»), die der frühgriechische Dichter Hesiod aus Askra in Böotien um 700 v. Chr. verfasste.[85] Sie erzählt in etwas über tausend Versen von einem uranfänglichen leeren Raum (*cháos*), von der Vermählung des Himmels (Uranos) und der Erde (Gaia) und von ihrem jüngsten Sohn Kronos, der seinen Vater mit einer Sichel entmannte, ihm die Herrschaft entriss und seine eigenen Kinder verschlang, um schließlich selbst von seinem Sohn Zeus entmachtet zu werden. Ihre zeitlich wie räumlich nächste Entsprechung findet diese Erzählung in dem hurritisch-hethitischen Mythos um den Gott Kumarbi, der den Götterkönig Anu stürzte und entmannte, um dann selbst von seinem Sohn Teschub entmachtet und in die Unterwelt verbannt zu werden. Dass viele dieser Mythen sprach- und kulturübergreifend verbreitet waren, belegt nicht zuletzt die verbreitete Gleichsetzung der Götternamen, indem etwa der hurritische Kumarbi in Mesopotamien mit Enlil, in Syrien dagegen mit Dagan oder El gleichgesetzt wurde.

Germanische Mythen?

Wer sich heute aus Nachschlagewerken oder Handbüchern über «die» Mythologie der frühen Griechen, Inder, Bewohner des Zweistromlands und Hethiter zu orientieren versucht, erhält in der Regel eine Darstellung, die in hohem Maße den heute bekannten Originalquellen aus jener Zeit verpflichtet ist. Viele andere Kulturen haben jedoch überhaupt keine schriftlichen Aufzeichnungen ihrer Mythen hinterlassen. Ein charakteristisches Beispiel dafür sind die Germanen, die seit dem ersten Jahrhundert v. Chr. verstärkt in den Gesichtskreis der Mittelmeervölker traten, ihre Mythen jedoch nur mündlich überlieferten, so dass wir für die Zeit vor der Christianisierung fast ausschließlich auf einige wenige Bemerkungen antiker Historiker angewiesen sind. Tacitus etwa schreibt (*Germania* 2): «In alten Liedern, was bei ihnen die einzige Art geschichtlicher Überlieferung darstellt, feiern sie einen aus der Erde hervorgegangenen Gott Tuisto. Ihm schreiben sie einen Sohn Mannus als Ahnherrn und Gründer ihres Volkes zu, dem Mannus wiederum drei Söhne, nach deren Namen man die dem äußeren Weltmeer zunächst wohnenden Stämme Ingaevonen, die in der Mitte Erminonen und die übrigen Istaevonen nennt.» Angaben wie diese zu interpretieren, ist jedoch nicht einfach, denn obwohl einige der erwähnten Namen Entsprechungen in späteren germanischen Literaturen finden – so etwa kennt man passend zum Namen der Ingaevonen im Altenglischen einen

Helden namens Ing –, sind uns dazu keine längeren erzählenden Texte erhalten geblieben.

Was in Handbüchern und Nachschlagewerken zum Thema «Germanische Mythologie» zu lesen steht, beruht denn auch überwiegend auf dem Zeugnis der späteren altnordischen Literatur. Wichtig sind hier vor allem zwei Werke: erstens die heute so genannte Prosa-Edda, in welcher der isländische Gelehrte und Politiker Snorri Sturluson (1179–1241) über zweihundert Jahre nach dem Übertritt Islands zum Christentum die alten Erzählungen von den heidnischen Göttern auszugsweise zusammenstellte, paraphrasierte und kommentierte; zweitens eine etwas später und unabhängig davon entstandene Sammlung von strophischen Götterliedern, die man heute – irreführend – als Ältere oder Lieder-Edda bezeichnet. Für eine germanische Mythologie sind beide Werke allerdings nicht repräsentativ, denn sie bilden nur einen kleinen Ausschnitt aus den einst vorhandenen Göttererzählungen ab und sind überdies den Denkmustern und literarischen Konventionen des christlichen Mittelalters verpflichtet.[86] Außerdem kann es sich bei den Mythen der Edda natürlich immer nur um solche aus der Heimat der isländischen Siedler, also aus dem Norwegen des ausgehenden ersten Jahrtausends handeln. Diese Erzählungen für «die» Germanen insgesamt zu vereinnahmen und ihre Existenz schon für die Zeit des Tacitus vorauszusetzen, ist letztlich ein vorwissenschaftliches Erbe der Romantik und gilt heute mit Recht als unhaltbar.

Ansätze einer vergleichenden Mythenforschung

Über die Frage, wie die vielen Parallelen auch zwischen den Mythen weit voneinander entfernter Traditionen zu erklären sind, gehen die Meinungen auseinander. Weit verbreitet war lange die Annahme, man könne analog zur Rekonstruktion der indogermanischen Grundsprache aus den verschiedenen historisch bezeugten Einzelsprachen – wie etwa Sanskrit, Griechisch, Gotisch und Latein – auch aus den in diesen Sprachen überlieferten Mythen eine urindogermanische Mythologie erschließen. Besonderen Einfluss hatte dabei vor allem der französische Sprach- und Religionswissenschaftler Georges Dumézil (1898–1986), der in seiner Theorie einer indogermanischen «Ideologie der drei Funktionen» die Auffassung vertrat, das Weltbild der Indogermanen habe ebenso wie ihre Gesellschaftsordnung auf einer hierarchischen Dreigliederung mit den drei grundlegenden Funktionen der Herrschaft, des Kriegswesens und der Fruchtbarkeit beruht.[87] Tatsächlich ist es jedoch äußerst fraglich, ob man mündlich überlieferte Erzählungen nach denselben Grundsätzen miteinander vergleichen kann, wie dies für den Laut- und Formenbestand zweier verwandter Sprachen möglich ist.[88]

Liegen also der Ursprung und die Vorgeschichte der uns bekannten Mythen weitgehend im Dunkeln, so ist man sich doch weitgehend einig über die Funktion, die ihnen in Kulturen des Altertums zukam. Sie bestand allem Anschein nach vor allem darin, Identität zu stiften und zu bestärken und dabei dem einzelnen Menschen wie auch der Gesellschaft insgesamt Orientierung zu geben. Daher sind mythische Erzählungen vom Ursprung des Menschen, von der Gesellschaftsordnung, vom Wechsel der Jahreszeiten, vom Verhalten der Tiere oder von der Ursache ungewöhnlicher Naturphänomene keine zweckfreien oder spielerischen Erklärungsversuche des Unerklärlichen. Vielmehr ging es bei solchen Mythen darum, Spannungen, Unsicherheiten und Ängste zu bewältigen, indem man deren Ursachen in größere, die menschlichen Handlungsmöglichkeiten übersteigende Zusammenhänge einordnete und das Wissen darum auf übermenschliche und kollektiv verbindliche Grundlagen zurückführte. Wie sich diese Bewältigung im Einzelnen gestaltete, entzieht sich jedoch meist unserer Kenntnis, da die uns erhaltenen schriftlich fixierten Texte ganz unterschiedliche Verwendungsweisen mythischer Überlieferungen widerspiegeln.

ZWEITER TEIL

Vom Hellenismus bis zum Aufstieg des Islams

Mit dem Untergang des Perserreichs infolge der Eroberungen Alexanders des Großen um 330 v. Chr. begann ein neuer Abschnitt der Religionsgeschichte. Diese Behauptung klingt vordergründig nach einer typisch eurozentrischen Sichtweise. Doch der Hellenismus, also die Ausbreitung der griechischen Sprache und die wechselseitige Durchdringung griechischer und orientalischer Kulturen, brachte tatsächlich nicht nur für die religiösen Verhältnisse des Mittelmeerraums und der angrenzenden Regionen des Vorderen Orients wesentliche Veränderungen mit sich. Auch der Aufstieg des Islams am Ende der Epoche, die in diesem Teil behandelt wird, war zunächst vor allem für das Gebiet des einstigen Römischen Reichs und dessen östliche Nachbarstaaten von Bedeutung, hatte dann aber Folgen weit darüber hinaus. Der Zeitraum vom Hellenismus bis zur Ausbreitung des Islams bildet daher in der Weltgeschichte der Religionen eine eigenständige Epoche. Viele religionsgeschichtliche Entwicklungen, die sich zunächst im Mittelmeerraum und Vorderen Orient entfalteten, wirkten langfristig weit über ihr Ursprungsgebiet hinaus. Außerdem gab es unabhängig davon in diesem Zeitraum auch in Indien und China eine Reihe religiöser Neuerungen, die diese Kulturen nachhaltig prägten und langfristig ebenfalls weit über ihr Herkunftsgebiet hinaus ausstrahlten.

Der Mittelmeerraum

Im Mittelmeerraum ist das vierte Jahrhundert v. Chr. durch den Aufstieg Makedoniens unter König Philipp II. (um 382–336 v. Chr.) gekennzeichnet. Sein Sohn und Nachfolger Alexander der Große (356–323 v. Chr.) begann schon im zweiten Jahr seiner Herrschaft einen Eroberungskrieg gegen das Perserreich, der nach der Unterwerfung Kleinasiens, Syriens und Ägyptens 330 v. Chr. mit der Eroberung von Persepolis und dem Tod des letzten Perserkönigs endete. In den darauf folgenden Jahren eroberte Alexander weite Gebiete Ostirans und stieß mit seinem Heer bis zum Indus vor, starb jedoch im Sommer 323 v. Chr. mitten in der Neuorganisation seines Riesenreichs und der Vorbereitung weiterer Feldzüge unerwartet an einem Fieber. Fortgesetzt wurde die schon von ihm initiierte Verschmelzung griechischer und orientalischer Kultur von seinen Generälen, die als seine Nachfolger (Diadochen) das von ihm eroberte Reich unter sich aufteilten. Makedonien fiel an Antigonos, Ägypten an Ptolemaios und Vorderasien an Seleukos. Die von diesen Herrschern gegründeten Dynastien hatten in Makedonien bis 168 v. Chr., in Vorderasien bis 64 v. Chr. und in Ägypten sogar bis 30 v. Chr. Bestand.

Das Ende des Hellenismus fällt zusammen mit dem Aufstieg der Römischen Republik. Sie wurde nach der Eroberung ganz Italiens, dem endgültigen Sieg über die ehemals phönikische Handelsrepublik Karthago und nach der Unterwerfung der Pyrenäenhalbinsel und Galliens zur beherrschenden Macht des Mittelmeerraums. Mit der Eroberung des letzten noch bestehenden hellenistischen Königreichs in Ägypten ging daraus das Römische Weltreich hervor, das sich zu Beginn des zweiten Jahrhunderts von Nordafrika bis zum Balkan und von der Iberischen Halbinsel und Britannien bis nach Mesopotamien erstreckte. Seit dem dritten Jahrhundert geriet das Römische Reich jedoch vor allem durch die Angriffe germanischer Völker im Norden und das Erstarken des neupersischen Reichs der Sasaniden in Mesopotamien zunehmend in die Defensive, wurde um 300 in großem Umfang dezentralisiert und schließlich 395 in ein Weströmisches und ein Oströmisches Reich aufgeteilt. Während das Oströmische Reich formal noch bis zur Eroberung Konstantinopels durch die Osmanen im Jahr 1453 bestehen blieb, endete das Weströmische Reich bereits 476 mit der Absetzung des letzten römischen Kaisers.

Im fünften und sechsten Jahrhundert entstanden auf dem Boden des einstigen Weströmischen Reiches mehrere germanische Königreiche, darunter das Reich der Westgoten in Spanien, der Vandalen in Nordafrika, der Ostgoten in Oberitalien und der Franken in Gallien. Das

Oströmische Reich konnte seinen Bestand zunächst weitgehend sichern, erschöpfte sich dann jedoch zunehmend in militärischen Auseinandersetzungen mit dem Reich der Sasaniden. In das daraus resultierende Machtvakuum stießen um die Mitte des siebten Jahrhunderts arabische Stämme vor. Sie hatten im Zeichen der neuen Religion des Islams alte Konflikte beigelegt und eroberten innerhalb weniger Jahrzehnte Syrien, Ägypten und das Reich der Sasaniden. In der ersten Hälfte des achten Jahrhunderts drangen sie im Osten bis zum Indus und im Westen über Nordafrika und die Iberische Halbinsel bis an die Grenzen des Frankenreichs vor, beseitigten damit die religiös-kulturelle Einheit des Mittelmerraums und etablierten den Islam als eine neue Weltreligion.

Indien

Im Nordwesten des Indischen Subkontinents reichen die Anfänge der Sesshaftwerdung des Menschen bis ins achte Jahrtausend v. Chr. zurück.[1] Vom frühen dritten bis zum frühen zweiten Jahrtausend entwickelte sich dort entlang des Indus auf dem Boden älterer regionaler Kulturen die sogenannte Indus-Kultur mit den beiden großen städtischen Zentren Mohenjo-Daro und Harappa (beide im heutigen Pakistan). Sie gilt seit ihrer Wiederentdeckung und archäologischen Erforschung im späten neunzehnten und frühen zwanzigsten Jahrhundert neben Ägypten und Mesopotamien als dritte frühe Hochkultur. Unser Wissen über sie ist jedoch sehr beschränkt, da bisher nur wenige Siedlungen ausgegraben wurden und es noch immer nicht gelungen ist, die dort gebräuchliche Bilderschrift zu entziffern. Die wirtschaftliche Grundlage der Indus-Kultur bildete eine effiziente Landwirtschaft, doch sind auch Handelsbeziehungen zu weit entfernten Regionen, darunter Iran und Mesopotamien, archäologisch nachweisbar. Welche Faktoren um 1800 v. Chr. zum allmählichen Niedergang und schließlich zur Auflösung der Indus-Kultur führten, ist umstritten.

Um die Mitte des zweiten Jahrtausends v. Chr. wanderten von Nordwesten her Sprecher einer indoeuropäischen Sprache nach Indien ein, die sich selbst als «Arier» (*Ārya*) bezeichneten. Sie besiedelten zunächst den Pandschab, das «Fünfstromland» im heutigen indisch-pakistanischen Grenzgebiet, und danach die weiter östlich gelegenen Täler des Ganges und seines wichtigsten Nebenflusses, der Jamuna. Im Zuge dieser Landnahme gingen sie allmählich von der nomadischen zur sesshaften Lebensweise über, gründeten Städte und bildeten durch den Zusammenschluss von Stammesverbänden Königreiche. So entstand im Nordosten des Indischen Subkontinents auf dem Gebiet des heutigen indischen Bundesstaates Bihar im sechsten und fünften Jahrhundert v. Chr. das Reich von Magadha, aus dem sich das Nanda-Reich und schließlich im dritten und zweiten Jahrhundert das Reich der Maurya entwickelte. Als sein Begründer gilt Chandragupta. Seinen Berater Kautilya hielt man in späterer Zeit für den Autor eines berühmten Lehrbuchs der Staatskunst. In seiner Hauptstadt Pataliputra, dem heutigen Patna, empfing Chandragupta um 300 v. Chr. den griechischen Gelehrten Megasthenes, der als Abgesandter des Seleukidenreichs nach Indien gereist war und danach unter dem Titel *Indiká* eine berühmte, wenn auch nur bruchstückhaft erhaltene Darstellung Indiens in griechischer Sprache verfasste.[2] Als bedeutendster Maurya-Herrscher gilt Chandraguptas Enkel Ashoka (304–232 v. Chr.), unter dessen Herrschaft sich der Einfluss des Maurya-Reichs nach der Eroberung des Königreichs Kalinga um 260 v. Chr. bis weit nach Südindien erstreckte.

Nordwestlich des Indischen Subkontinents entstand im Gefolge des Alexanderzuges in der Region Baktrien, ganz im Norden des heutigen Staates Afghanistan, ein Griechisch-Baktrisches Königreich. Aus ihm ging im zweiten und ersten Jahrhundert v. Chr. ein Indo-Griechisches Königreich mit dem Schwerpunkt in der Region Gandhara im heutigen afghanisch-pakistanischen Grenzgebiet hervor. Ihm folgte im zweiten und dritten Jahrhundert das Reich der Kuschana, das sich zur Zeit seiner größten Ausdehnung vom Gebiet der heutigen Staaten Tadschikistan und Afghanistan bis nach Nordindien erstreckte und seinen Reichtum vor allem der Kontrolle bedeutender Fernhandelswege auf der Seidenstraße und im Indischen Ozean verdankte.[3] Erst im frühen vierten Jahrhundert entwickelte sich mit dem Aufstieg der Gupta-Könige im Grenzgebiet von Bihar und Bengalen wieder ein indisches Großreich, das jedoch bereits im sechsten Jahrhundert wieder zerfiel. In der ersten Hälfte des siebten Jahrhunderts regierte Harshavardhana von seiner Hauptstadt Kannauj (Kanyakubja) aus große Teile Nordindiens, doch hatte auch diese Reichsbildung keinen dauerhaften Bestand. Schon bald nach Harshavardhanas Tod rangen die rivalisierenden Dynastien der Pratihara im Nordwesten, der Rashtrakuta in Zentral- und Südindien und der Pala im Nordosten miteinander um die Vorherrschaft, während gleichzeitig die ersten muslimischen Heere aus Nordwesten nach Indien eindrangen.

China

In China reichen die ältesten Spuren der Anwesenheit des modernen Menschen (*Homo sapiens*) bis in die Altsteinzeit zurück. Als unmittelbare Vorläufer der historisch bezeugten chinesischen Kultur gelten einige jungsteinzeitliche Kulturen, die sich zwischen 7000 und 2000 v. Chr. auf dem Gebiet des späteren China entwickelten. Charakteristisch für sie sind der Anbau von Reis und Hirse, das sesshafte Leben in Dörfern sowie die Haltung verschiedener Haustiere, darunter Wasserbüffel, Schweine und Hunde. An kunsthandwerklichen Produkten sind Keramik, Lackarbeiten, Schmuck aus Jade und Gagat, polierte Steingeräte sowie Werkzeuge und Musikinstrumente aus Knochen bezeugt. Auch kannte man bereits die Seidenraupenzucht.

Chinesischer Überlieferung zufolge bestand in der frühen Bronzezeit, also an der Wende vom dritten zum zweiten Jahrtausend v. Chr., als erstes Chinesisches Reich das der Xia-Dynastie, doch ist die Zuverlässigkeit der viel später entstandenen Berichte darüber umstritten. In die Zeit zwischen dem achtzehnten und dem zwölften Jahrhundert v. Chr. datiert man die darauf folgende Shang-Dynastie. Für sie liegen mit den sogenannten Orakelknochen erstmals zeitgenössische Schriftquellen vor, die bisher jedoch nur teilweise verständlich sind. Das von ihr beherrschte Gebiet erstreckte sich von der Küste des Ostchinesischen Meeres entlang des unteren und mittleren Laufs des Gelben Flusses (Huang He) und nach Süden hin bis zum mittleren Jangtsekiang ungefähr bis zur Mitte der heutigen Volksrepublik China. Als zu Beginn des zwanzigsten Jahrhunderts die Hauptstadt Yinxu wiederentdeckt wurde, fand man die Überreste von Palästen und Tempeln sowie mehrere reich ausgestattete Gräber der Herrscherfamilie. Im elften Jahrhundert v. Chr. wurde die Shang-Dynastie von der Zhou-Dynastie abgelöst, die China bis in die zweite Hälfte des dritten Jahrhunderts v. Chr. beherrschte. Als Westliche Zhou-Dynastie bezeichnet man dabei den Zweig der Familie, der von seiner Hauptstadt Hao in der heutigen Provinz Shaanxi aus das Land vom elften bis zum achten Jahrhundert v. Chr. regierte, während die darauf folgende Östliche Zhou-Dynastie ihren Sitz in der weiter östlich gelegenen Stadt Chengzhou bei Luoyang in der Provinz Henan hatte. Ihr Niedergang fällt mit dem Aufstieg rivalisierender regionaler Fürsten zusammen. Der Zeitraum vom späten fünften bis zum frühen dritten Jahrhundert v. Chr. gilt deshalb auch als die «Zeit der Streitenden Reiche».

Als Sieger aus dem Kampf der rivalisierenden Fürstentümer ging 221 v. Chr. das am weitesten westlich gelegene Reich der Qin hervor. Noch nie zuvor hatte in China ein so großes Territorium einem einzigen Herrscher unterstanden. Mit der Qin-Dynastie beginnt daher die Tradition des chinesischen Kaiserreichs. Bekannt ist die für den ersten Kaiser Qin Shihuangdi errichtete monumentale Grabanlage mit ihren vielen Tausend überlebensgroßen Terrakottasoldaten, die erst 1974 entdeckt wurden. Bereits 206 v. Chr. folgte auf den Sohn des ersten Qin-Kaisers die Han-Dynastie, die in einem westlichen und einem darauf folgenden östlichen Zweig China bis 220 n. Chr. regierte. In diese Zeit fallen die Angliederung weiter Gebiete im heutigen Südchina und die Unterwerfung mehrerer Fürstentümer entlang der Seidenstraße, in deren Gefolge sich weitreichende Handelsbeziehungen und ein intensiver kultureller Austausch mit den Regionen des Vorderen Orients und dem Mittelmeerraum entwickelten. Auf die Absetzung des letzten Han-Kaisers folgte zwischen 220 und 280 die «Zeit der Drei Reiche», in der wiederum regionale Herrscher um die Vorherrschaft kämpften.

Von 265 bis 420 regierte die Jin-Dynastie mit den aufeinander folgenden Epochen der Westlichen und der Östlichen Jin, die jedoch ihren Herrschaftsanspruch insbesondere im Norden gegen die dort entstehenden regionalen Dynastien immer weniger durchsetzen konnte. In die Zeit vom frühen fünften bis zum späten sechsten Jahrhundert datiert die Aufteilung Chinas unter der Herrschaft der Südlichen und der Nördlichen Dynastien, die erst unter der Sui-Dynastie (581–618) wieder überwunden wurde.

Auf den Sturz des letzten Sui-Kaisers folgte 681 die Tang-Dynastie, die China von ihrer Hauptstadt Chang'an, dem heutigen Xi'an, aus bis 907 regierte und auf den Höhepunkt seiner Macht führte. Bereits dem zweiten Tang-Kaiser Taizong (599–649) gelang es, die Turkvölker im Nordwesten Chinas durch militärische Siege zu schwächen, dadurch den Einfluss Chinas entlang der Seidenstraße auszudehnen und so die Handels- und Kulturbeziehungen mit den Regionen des Vorderen Orients zu stärken. Diplomatische Kontakte bestanden um diese Zeit unter anderem zum Oströmischen und zum aufstrebenden Arabisch-Islamischen Reich. Intensive Beziehungen pflegte China darüber hinaus zu Korea, wo der Tang-Kaiser erstmals in der zweiten Hälfte des siebten Jahrhunderts militärisch in die inneren Machtkämpfe auf der Halbinsel eingriff, und zu dessen Nachbar Japan.

6. Das Unheil der Welt: Religionen als Erlösungswege

In dem Jahrtausend um Christi Geburt entwickelte sich zwischen den Ländern des Mittelmeerraums, des Vorderen Orients, Indiens, Zentralasiens und Chinas ein lebhafter kultureller Austausch. Um zu zeigen, wie dieser Austausch auch das Neben-, Mit- und Gegeneinander der Religionen prägte und seinerseits von den Religionen geprägt wurde, soll der Blick zunächst auf einige Entwicklungen in der ersten Hälfte des ersten Jahrtausends v. Chr. gerichtet werden, ohne deren Kenntnis viele spätere Erscheinungen der Religionsgeschichte kaum verständlich sind.

Der Begriff der Achsenzeit

Wer die wichtigsten religionsgeschichtlichen Entwicklungen in den knapp elf Jahrhunderten zwischen dem Untergang des Alexanderreichs und dem Aufstieg des Islams zur Weltreligion zu beschreiben versucht, kommt nicht umhin, zu dem von Karl Jaspers (1883–1969) geprägten Begriff der «Achsenzeit» Stellung zu nehmen.[4] Als eine «Achse der Weltgeschichte» bezeichnete Jaspers in seinem erstmals 1949 veröffentlichten Buch *Vom Ursprung und Ziel der Geschichte* den Zeitraum zwischen 800 und 200 v. Chr., in dem seiner Auffassung zufolge eine Reihe bedeutender Persönlichkeiten unabhängig voneinander in verschiedenen Kulturräumen innovative und zukunftsweisende Gedanken entwickelten, so dass man die Geschichte in ein «Davor» und ein «Danach» einteilen könnte. Gemeint waren damit die Entstehung des Konfuzianismus und Daoismus in China, die Lehren der älteren Upanischaden sowie die Entstehung des Buddhismus und Jainismus in Indien, das Auftreten der biblischen Propheten in Israel und eines Propheten namens Zarathustra in Iran sowie schließlich die Grundlegung der abendländischen Philosophie in Griechenland.

Dass Jaspers' Ansatz in der Folge viel Anklang fand, hat mehrere Ursachen. Zunächst führen viele religiöse und philosophische Traditionen der Gegenwart ihren Ursprung tatsächlich auf Entwicklungen innerhalb der betreffenden Jahrhunderte zurück. Darüber hinaus konnte die Vorstellung der Achsenzeit an das traditionelle christliche Geschichtsbild anknüpfen, in dem Christus die Mitte der Weltgeschichte bildet. Eine wichtige Rolle spielte vermutlich auch das gesellschaftliche Klima der Nachkriegszeit, als man gerade in Deutschland nach den materiellen und geistigen Verheerungen der nationalsozialistischen Diktatur und am Beginn des Atomzeitalters verstärkt nach Sinn und Ziel der Geschichte fragte und dabei der Rückbesinnung auf den Humanismus der Antike und dessen Verortung in universalhistorischen Zusammenhängen viel abgewinnen konnte. Hinzu kam die beträchtliche moralische Autorität des Verfassers, der während der Diktatur zwangspensioniert und mit Publikationsverbot belegt worden war, nach 1945 jedoch vielfach geehrt wurde.

Obwohl gerade in den letzten Jahren viele Historiker und Religionswissenschaftler wieder mit dem Begriff der Achsenzeit arbeiten, stützt sich die vorliegende Darstellung nicht auf diesen Epochenbegriff. Das hängt zunächst mit der Neudatierung und Neubewertung historischer Entwicklungen zusammen, durch die sich die erstaunliche Gleichzeitigkeit weit auseinanderliegender Entwicklungen in einigen Fällen verflüchtigt. So gilt Zarathustra inzwischen nicht mehr als Zeitgenosse des Perserkönigs Darius, die Durchsetzung des Monotheismus wird heute nicht mehr so wie früher auf die großen Propheten des achten bis sechsten Jahrhunderts zurückgeführt, und die kontrastive Gegenüberstellung griechischer Bürgerfreiheit und orientalischer Despotie erweist sich im Nachhinein als das Produkt einer neuzeitlich-europäischen Idealisierung der Antike. Eine weitere Schwäche des Achsenzeit-Konzepts liegt darin, dass sich die Zurückführung des Ursprungs vielschichtiger Traditionen auf Ereignisse in dem genannten Zeitraum bei näherer Betrachtung oft als das Produkt einer viel späteren Traditionsbildung und damit als das Resultat einer selektiven Wahrnehmung späterer Generationen erweist. So ist das heutige Christentum mit all seinen unterschiedlichen Facetten in religionswissenschaftlicher Sicht das Ergebnis einer über zweitausendjährigen Entwicklung, an der viele verschiedene Faktoren aus allen Jahrhunderten beteiligt waren, ohne dass man den frühen Propheten Israels jene beherrschende Rolle zubilligen müsste, die ihnen erst die historisch-kritische protestantische Theologie des neunzehnten und zwanzigsten Jahrhunderts zusprach. Ganz abgesehen davon sind übrigens auch lange nach der von Jaspers postulierten Achsenzeit immer wieder Neuerungen zu verzeichnen, die ähnlich folgenreich waren wie die von Jaspers genannten – man denke nur an den

Gebrauch kanonischer Heiliger Schriften in der Mission, die veränderte Rolle des Individuums in der modernen Industriegesellschaft oder die derzeit noch kaum abschätzbare Bedeutung des Internet für die religiöse Kommunikation.

Dennoch gibt es in der Religionsgeschichte des ersten Jahrtausends v. Chr. eine Tendenz, die vorher in dieser Deutlichkeit nicht nachweisbar ist und in der Folgezeit viele Religionen nachhaltig prägen sollte. Dabei handelt es sich um die Überzeugung, dass die gegenwärtige Situation des Menschen grundsätzlich unheilvoll ist und er die bestehenden Verhältnisse nicht konsolidieren und bewahren, sondern ganz im Gegenteil überwinden muss. Bis dahin hatten religiöse Handlungen vor allem dazu gedient, die bestehende Ordnung zu festigen, drohendes Unheil von ihr fernzuhalten und Verfehlungen gegen sie zu sühnen. Nun aber entstanden innerhalb und außerhalb der vorhandenen Traditionen neue religiöse Bewegungen mit dem Ziel, einer als heillos empfundenen Unordnung zu entkommen und eine neue Ordnung herzustellen oder doch wenigstens für die Zukunft, und sei es «am Ende der Zeiten», zu erwarten. Eine einheitliche Ursache für die Entstehung dieser neuen Erlösungsreligionen lässt sich kaum ausmachen, wie denn auch ihre weitere Entwicklung unterschiedlich verlief. Hier sei der Blick zunächst darauf gerichtet, wie die neuen Heilslehren die unheilvolle Situation des Menschen in der Welt charakterisierten und welche Lösungswege sie ihren Anhängern in Aussicht stellten.

Daoismus und Konfuzianismus

In China sind die langfristig bedeutsamen religionsgeschichtlichen Entwicklungen des letzten Jahrtausends v. Chr. eng mit den beiden Traditionen verknüpft, die in Europa unter den Bezeichnungen Daoismus (Taoismus) und Konfuzianismus zusammengefasst werden.[5] Den Beginn des Daoismus verbindet die chinesische Überlieferung mit dem Wirken des Laozi (Lao-Tse), des «Alten Meisters», der als älterer Zeitgenosse des Konfuzius im sechsten Jahrhundert v. Chr. gelebt haben soll. Die ältesten historischen Angaben über sein Leben bietet jedoch erst das *Shiji*, ein Werk des Historikers Sima Qian aus der Zeit um 200 v. Chr., das die Geschichte Chinas von den mythischen Anfängen bis zu der Zeit des Verfassers, also dem China der frühen Han-Dynastie, schildert. Bereits zu dieser Zeit lagen jedoch nur noch spärliche Nachrichten über Laozi vor. Der Überlieferung zufolge wurde er in einem Dorf in der Provinz Henan geboren und diente eine Zeit lang als Reichsarchivar in der Bibliothek der Zhou-Dynastie. Gegen Ende seines Lebens soll er unter dem Eindruck des drohenden politischen Niedergangs das Land auf einem schwarzen Ochsen reitend in Richtung Westen verlassen haben. Als ihn ein Grenzwächter aufforderte, sein Wissen in einem Buch festzuhalten, soll er das *Daodejing* (*Tao-Te-King/Ching*) niedergeschrieben haben.[6]

Ob Laozi eine historische Gestalt war, ist umstritten. Vielleicht dienten der Name und die daran geknüpften Erzählungen lediglich dazu, dem ursprünglich anonym überlieferten *Daodejing* einen Verfasser zu geben. Auch wird das *Daodejing* heute nicht mehr ins sechste, sondern ins vierte Jahrhundert v. Chr. datiert. In der uns vorliegenden Gestalt besteht es aus einer Sammlung von oftmals dunklen und schwer übersetzbaren gereimten Sinnsprüchen und philosophischen Aphorismen, die – vielleicht aufgrund von zahlensymbolischen Vorstellungen der Han-Zeit – in (9 × 9 =) 81 Kapitel gegliedert wurden. Die Kapitel 1–37 behandeln die philosophischen Grundprinzipien, die Kapitel 38–81 deren praktische Anwendung. Den Inhalt des Buches im Einzelnen zu beschreiben, ist jedoch nicht leicht, denn obwohl das *Daodejing* das am häufigsten übersetzte Werk der chinesischen Literatur und gleichzeitig eines der meistübersetzten Werke der Weltliteratur ist, gehen die Deutungen der Übersetzer und Kommentatoren oft weit auseinander.

Im Mittelpunkt des Werks und des gesamten Daoismus steht der Begriff des Dao (*dào*, ältere Umschrift *tao*). Er spielte zwar schon lange vor dem *Daodejing* eine wichtige Rolle, sollte jedoch erst im Daoismus zum Dreh- und Angelpunkt einer ganzen Weltanschauung und Heilslehre werden. Ursprünglich bedeutete Dao soviel wie «Weg» oder «Bahn» und konnte daher im übertragenen Sinn auch den «Ablauf» oder das

Abb. 11 Aus dem Fels gemeißelte Kolossalstatue des Laozi am Fuß des Berges Qingyuan in der chinesischen Provinz Quanzhou. Zeit der Sung-Dynastie, siebtes bis dreizehntes Jahrhundert

«Gesetz» (etwa im jahreszeitlichen Lauf der Natur) sowie den «rechten Weg» oder die «Methode» (etwa bei handwerklichen Arbeitsabläufen) bezeichnen. Im Daoismus dient Dao als eine Art Chiffre für das Absolute, die höchste Wirklichkeit oder das Weltgesetz, das hinter allen Erscheinungen steht. Als Ursprung und Vereinigung der Gegensätze sowie Urgrund des Seins entzieht es sich der begrifflichen Erfassung und kann daher nicht definiert, sondern nur umschrieben werden. «Sagbar das Dao, doch nicht das ewige Dao; nennbar der Name, doch nicht der ewige Name», lauten die ersten Zeilen des *Daodejing*.

Ein weiterer zentraler Begriff des Daoismus ist Qi (*qì*, ältere Umschrift *ch'i*), das eine Art Fluidum oder vitale Energie bezeichnet, je nach dem Zusammenhang aber auch so etwas wie Hauch, Äther, Kraft oder Atmosphäre bedeuten kann. Weder physischer noch geistiger Natur, bildet Qi die unveränderliche Grundlage der sich ständig verändernden Wirklichkeit. In einem engen Zusammenhang damit steht das Begriffspaar Yin und Yang, das bereits vor dem *Daodejing*, etwa im

«Buch der Wandlungen» (*Yi Jing*, ältere Umschrift *I Ging*) eine wichtige Rolle spielte.[7] Dabei handelt es sich um zwei Prinzipien, die einander bedingen, sich gegenseitig ergänzen und einander in rhythmischem Wechsel ablösen. Ursprünglich im Qi vermischt, bilden Yin und Yang erst durch ihre Trennung die uns bekannte Welt, was durch das Prinzip des *Tàijí* (ältere Umschrift: Tai Chi) oder der Einheit von komplementären Polaritäten ausgedrückt wird. Von seiner Grundbedeutung her ist Yin zunächst auf den Schatten, dann auf das Dunkle, das Kühle, das Feuchte, das Weiche, die Nacht und den Winter bezogen, während Yang zunächst der Sonne oder dem Licht und sodann dem Hellen, Trockenen und Harten, dem Tag und dem Sommer zugeordnet wird. Aus dem Wechselspiel und dem Zusammenwirken der beiden Prinzipien ergibt sich die Weltordnung. Daneben kennt der Daoismus jedoch auch eine Fünf-Elemente-Lehre, in der die gesamte Natur als Wechselspiel der fünf Grundelemente «Holz», «Feuer», «Erde», «Metall» und «Wasser» beschrieben wird. Diese «Elemente» bezeichnen jedoch keine Bestandteile eines unveränderlichen Ganzen, sondern Phasen der Wandlung oder Aspekte eines zyklischen Ablaufs, wie er auch in der Abfolge der Jahreszeiten zu beobachten ist.

So sieht der Daoismus die Welt in einem beständigen Wandel begriffen. Die Ethik des *Daodejing* und des gesamten Daoismus besteht darin, diese Gesetzmäßigkeit zu erkennen und sich ihr anzupassen. Ethisch richtig ist es, den Dingen und Lebewesen ihren «Lauf» zu lassen, die ihnen innewohnende Ordnung also nicht mit Gewalt verändern zu wollen. Eine wichtige Rolle spielt dabei der Begriff Wu wei (*wúwéi*), der die «Enthaltung von einem gegen die Natur gerichteten Handeln» bezeichnet. Getadelt werden daher Impulsivität, Übereifer, sinnlose Kraftverschwendung und blinder Aktionismus, gelobt wird dagegen die aus innerer Stille erwachsene richtige Handlung, das «Handeln durch Nicht-Handeln».

Ist der Daoismus eine Religion oder eine Philosophie? Tatsächlich wird eine rigorose Gegenüberstellung dieser beiden Begriffe der Vielschichtigkeit des Daoismus nicht gerecht, denn neben dem Ideal des daoistischen Philosophen, der das Dao durch eine bestimmte Geisteshaltung zu verwirklichen sucht, steht das Ideal des religiösen Daoisten, der durch verschiedene Techniken wie etwa Fasten, Meditation oder Atemübungen, aber auch auf dem Weg der Alchemie die ewige Glückseligkeit als «Unsterblicher» (*xiān*) zu erlangen sucht.

Den eigentlichen Beginn des religiösen Daoismus bezeichnet die im zweiten Jahrhundert von Zhang Daoling (Chang Tao-ling) in der heutigen Provinz Sichuan im damaligen Westchina begründete «Bewegung der Himmelsmeister» (*tiānshī dào*). Der Überlieferung zufolge wurde Zhang Daoling nach dem Studium des *Daodejing* von Laozi selbst aufgrund einer Erscheinung zum Himmelsmeister (*tiānshī*) berufen, um auf Erden die Herrschaft der drei Himmel zu errichten. Im Zuge seiner Missionstätigkeit reformierte Zhang Daoling die herrschende volkstümliche Religion, heilte Kranke und setzte sich an die Spitze der «Fünf-Scheffel-Reis-Bewegung» (*Wŭdŏumĭ dào*). Sie wurde so genannt, weil die Bekehrten als eine Art Steuer fünf Scheffel Reis entrichten mussten. Nach dem Tod Zhang Daolings wurde die Bewegung von seinem Sohn Zhang Heng und danach von seinem Enkel Zhang Lu weitergeführt. Er erreichte im Jahr 215 als Gegenleistung für die Anerkennung der Herrschaft des Generals Cao Cao von dessen Sohn Cao Pi die offizielle Anerkennung durch den Herrscher. In der Folge entwickelte sich der Daoismus zu einer Religion mit eigenen Funktionsträgern, Tempeln, Ritualen, Festen, der Ausbildung eines Kanons Heiliger Schriften, einer Vielzahl von Gottheiten und einer ihnen gewidmeten Liturgie. An oberster Stelle des daoistischen Pantheons stehen die «Drei Reinen» (*Sānqīng*), die die Struktur des Universums verkörpern. Als eine Verkörperung des *Dao* wurde nun auch Laozi vergöttlicht. Eine Blüte erlebte der religiöse Daoismus im siebten bis zehnten Jahrhundert unter der Tang-Dynastie, deren Herrscher sich auf Laozi als ihren mythischen Ahnherrn beriefen und erstmals daoistische Priester nach Korea entsandten.

Ähnlich spärlich wie beim Daoismus ist die Quellenlage für die frühe Geschichte des Konfuzianismus.[8] Erst das *Shiji* des chinesischen Historikers Sima Qian bietet ausführliche Nachrichten über den namengebenden Stifter, deren Zuverlässigkeit man jedoch kaum überprüfen kann.[9] Chinesischer Überlieferung zufolge wurde Kong Qiu 551 v. Chr. als Sohn einer verarmten adligen Familie in der Stadt Kufu im damaligen Staat Lu in der heutigen Provinz Shandong geboren, wo er 479 v. Chr. starb. Erst in späterer Zeit nannte man ihn *Kongzi* oder *Kongfuzi*, «Lehrmeister Kong», was dann im siebzehnten und achtzehnten Jahrhundert von den lateinisch schreibenden Gelehrten des Jesuitenordens mit *Confucius* wiedergegeben wurde. Wie es heißt, wuchs Konfuzius nach dem frühen Verlust seines Vaters bei seiner Mutter auf. Nach einem vorübergehenden Aufenthalt im Nachbarstaat Qi bekleidete er nacheinander mehrere öffentliche Ämter im Staat Lu, ging dann jedoch noch einmal aus Unzufriedenheit über die politischen Verhältnisse für dreizehn Jahre ins Exil, um erst wenige Jahre vor seinem Tod wieder zurückzukehren. Als wichtigste Quelle seiner Lehre gelten die sogenannten «Analekten» oder «Gespräche» (*lún yŭ*) des Konfuzius mit seinen Schülern. Sie wurden in der uns vorliegenden Fassung allerdings erst im zweiten Jahrhundert n. Chr. nach älteren Quellen zusammengestellt.[10] Im Mittelpunkt der Gespräche des Konfuzius steht das Bildungsideal des Edlen: Er verwirklicht in seinem Handeln Mitmenschlichkeit im Sinne der Integration des Einzelnen in die Gesellschaft (*rèn*), Gerechtigkeit (*yí*), Folgsamkeit und Fürsorge gegenüber den Eltern bzw. Vorfahren (*xiào*) sowie Anstand und angemessene Umgangsformen (*lĭ*).

Versteht man unter Konfuzianismus die Adaption und Weiterentwicklung des konfuzianischen Bildungsideals, entspricht ihm der chinesische Begriff der «Schule der Gelehrten» (*rújiā*), wie man in China die Weitergabe und Umsetzung der konfuzianischen Lehre nennt. Maßgeblich geprägt wurde diese konfuzianische Lehre insbesondere durch Mengzi (latinisert Mencius, um 370–290 v. Chr.), der die moralische Verantwortung des Herrschers betonte und den aktiven Widerstand gegen eine Gewaltherrschaft für gerechtfertigt hielt. Analog zu den Begriffen «Lehre des Dao» (*Dàojiào*) und «Lehre des Buddha» (*Fójiào*) gibt es in China aber auch den Begriff der «Lehre des Konfuzius» (*Kŏngjiào*). Er bezeichnet im Unterschied zur «Schule der Gelehrten» kein Bildungsideal, sondern die kultische Verehrung des

Konfuzius, die bereits zur Zeit der Han-Dynastie nachweisbar ist und sich unter anderem in Opferhandlungen und einem Tempelkult manifestierte. Gemeinsam ist beiden Ausprägungen des Konfuzianismus eine hierarchische Gesellschaftsordnung, in welcher der Einzelne je nach seiner Stellung die ihm zukommende Funktion ausüben soll. Dazu befähigt wird er durch die Erziehung in der Familie, die dementsprechend einen hohen Stellenwert einnimmt, und durch die Selbsterziehung. Eine zentrale Rolle spielte der Konfuzianismus dabei für die Ausbildung der staatstragenden Beamtenschicht des chinesischen Kaiserreichs.

Die Wiedergeburtslehre der Upanischaden

In Indien steht die erste Hälfte des ersten Jahrtausends v. Chr. im Zeichen der Vedischen Religion, die nach grundlegenden Texten, den als übernatürliches «Wissen» (*veda*) aufgefassten Opferhymnen, so genannt wird. Alternativ dazu bezeichnet man diese Religion auch als «brahmanisch», da ihre obersten religiösen Würdenträger in der einheimischen Begrifflichkeit Brahmanen heißen. Im Mittelpunkt der Vedischen Religion stand das von den Brahmanen vollzogene Opfer, um dessen Durchführung und spekulative Ausdeutung sich eine reiche Literatur entwickelte. Indischer Anschauung zufolge sind die Werke dieser Literatur jeweils einer von zwei grundverschiedenen Kategorien zuzuordnen: Auf menschliche Verfasser führt man allein die jüngsten, als «Überlieferung» (*smṛti*) bezeichneten Texte zurück. Dabei handelt es sich um Lehrbücher – *Sutras* (Leitfäden) oder *Vedangas* (Glieder des Veda) –, in denen man maßgebliche Ritualvorschriften zum Zweck der leichteren Erlernbarkeit in möglichst übersichtlicher Anordnung knapp zusammenfasste. Als «Offenbarung» (*śruti*) gelten demgegenüber die vier großen Sammlungen der Opferhymnen und -sprüche (*Rigveda*, *Samaveda*, *Yajurveda* und *Atharvaveda*) sowie die unmittelbar daran anschließenden, von den Sutras bereits vorausgesetzten erklärenden Texte. Dabei handelt es sich zunächst um die sogenannten *Brahmanas*, die Anweisungen zur richtigen Durchführung der Kulthandlungen sowie ausführliche Erörterungen ihrer Bedeutung enthalten. Ferner gehören dazu die im Anschluss an die Brahmanas entstandenen *Aranyakas* (Wildnistexte oder Waldbücher), die nur ganz bestimmte, mit besonderer Vorsicht und daher fernab der menschlichen Siedlungen zu behandelnde Rituale erörtern. In diesen Büchern findet man auch spekulative symbolische Ausdeutungen der Rituale. An chronologisch letzter Stelle der Offenbarungsliteratur stehen schließlich die *Upanischaden*.[11] In ihnen begegnet erstmals die Vorstellung von einem Kreislauf der Wiedergeburten, die der älteren vedischen Überlieferung noch fremd ist, in der Folge jedoch eine weitreichende Wirkung entfaltete.

Die Upanischaden galten ursprünglich als Geheimlehren, die im Zwiegespräch zwischen Meister und Jünger weitergegeben wurden. Das legt schon die sprachliche Herleitung der Bezeichnung vom Sanskrit-Verb *upa-ni-sad*, «sich in der Nähe niedersetzen», nahe. Oftmals sind sie in Brahmanas oder Aranyakas eingebettet oder an diese angeschlossen, doch bilden die einzelnen Upanischaden in der uns überlieferten Form oft keine Einheit, sondern bestehen aus verschiedenen Texten unterschiedlichen Alters. Zum Teil sind die Upanischaden anonym, zum Teil werden sie namentlich bekannten Autoren zugeschrieben, doch können diese Zuschreibungen in der Regel nicht überprüft werden. Ihre Gesamtzahl wird in den verschiedenen religiösen und philosophischen Schulen unterschiedlich hoch angesetzt, da man immer wieder auch sehr späte und nur vereinzelt rezipierte Texte zur Steigerung ihres Ansehens als Upanischaden bezeichnet hat. Üblich ist die Annahme eines Gesamtbestands von 108 Upanischaden, der erstmals um die Mitte des siebzehnten Jahrhunderts erwähnt wird. Von diesen 108 Texten stammen zehn noch aus dem ersten Jahrtausend v. Chr. und genießen daher ein besonders hohes Ansehen.

Zu den wichtigsten religiösen Anschauungen, die in den ältesten Upanischaden erstmals formuliert und in späterer Zeit vielfach variiert wurden, gehört die Lehre vom leidvollen Kreislauf der Wiedergeburten (*saṃsāra*), der durch das Karma (*karman*) oder die Taten eines Menschen bedingt ist und den man durchbrechen muss, will man Erlösung (*mukti* oder *mokṣa*) finden. Die Ursprünge dieser Vorstellung liegen im

Dunkeln, doch war sie in Indien schon um die Mitte des ersten Jahrtausends v. Chr. weit verbreitet und wurde in der Folge von den meisten Religionen und Philosophien Indiens – mit einigen Ausnahmen wie etwa der atheistisch-materialistischen Charvaka-Schule – akzeptiert. Da die Wiedergeburtslehre Glück und Unglück, Gesundheit und Krankheit, aber auch die gesellschaftliche Stellung des einzelnen Menschen auf frühere Existenzen zurückführt, entwickelte sich eine enge Verbindung zwischen ihr und der für Indien charakteristischen Kastenordnung, von der schon im Zusammenhang mit der altindischen Mythologie die Rede war. Über die Art und Weise, wie der Kreislauf der Wiedergeburten zu durchbrechen sei, entstanden schon bald völlig verschiedene Erlösungslehren, von denen der Buddhismus zu den erfolgreichsten gehören sollte.[12] In der Auseinandersetzung mit dem Buddhismus veränderte sich aber auch die Religion der Brahmanen, aus der schließlich das hervorgehen sollte, was europäische Beobachter später unter dem Sammelbegriff «Hinduismus» zusammenfassten.

Der Buddhismus

«Während ich nun dies erkannte und einsah, wurde mein Geist befreit von dem Übel der Lust, befreit von dem Übel des Daseins, befreit von dem Übel der Unwissenheit. Und als er befreit war, kam mir die Erkenntnis: ‹Er ist befreit›, und ich erkannte: ‹Zerstört ist die Wiedergeburt, ich führe den Wandel der Heiligkeit, getan ist, was zu tun war; nicht gibt es etwas anderes nach dieser Existenz.›» Mit diesen Worten schildert einer der ältesten uns erhaltenen buddhistischen Texte den Augenblick, der manchmal als die Geburtsstunde des Buddhismus gilt. Der Sprecher dieser Worte ist Siddhartha Gautama, der aufgrund des darin geschilderten «Erwachens» (*bodhi*) aus dem Schlaf der Unwissenheit den Ehrentitel «der Erwachte» (*Buddha*) erhielt.

Die Ursprünge des Buddhismus sind in der weiten Ebene zwischen den Himalaya-Vorbergen und dem Fluss Ganges, unweit der heutigen Grenze zwischen Indien und Nepal, zu suchen. Über die Frage nach der

Lebenszeit des Buddha gehen die Meinungen jedoch auseinander. Datierten europäische Religionswissenschaftler und Indologen den Stifter des Buddhismus nach Abwägung der divergierenden Angaben in den Quellen früher gerne in die Zeit von 560–480 v. Chr., so neigt man heute zu einem deutlich späteren Ansatz, nämlich um 450–370 v. Chr. Ebenso unsicher wie seine Lebenszeit ist auch die Biographie des Buddha, da die späteren buddhistischen Texte, die uns darüber Auskunft geben, eher erbauliche als historiographische Zwecke verfolgten.

Der Überlieferung zufolge war Siddhartha Gautama ein Sohn des Fürsten Shuddhodana und seiner Gattin Maya aus dem Stamm der Shakyas, der als eine Art Kriegeradel im Gebiet um seine Hauptstadt Kapilavastu, nordöstlich des Königreichs Kosala mit seiner wichtigen Pilgerstadt Benares, ansässig war. Als junger Erwachsener heiratete er eine gleichaltrige Cousine namens Yasodhara und hatte mit ihr zusammen einen Sohn namens Rahula. Mit neunundzwanzig Jahren, so die Überlieferung, verließ Siddhartha unter dem Eindruck der Fragwürdigkeit des Lebens im Angesicht von Alter, Krankheit und Tod seine Familie und seine vertraute Umgebung. Sieben Jahre lang suchte er als Asket vergeblich nach Erlösung von allem Leiden, bis ihm schließlich nach langem Ringen in innerer Versenkung unter einem Feigenbaum in Uruvela, dem heutigen Bodh-Gaya, das Erwachen (*bodhi*) oder eben die erlösende Erkenntnis zuteil wurde. Danach, so die buddhistische Überlieferung, lebte der Buddha noch mehrere Jahrzehnte als wandernder Lehrer, bis er in hohem Alter verstarb.

Die älteste und nach allgemeiner Einschätzung zuverlässigste Quelle für unsere Kenntnis der Lehre des Buddha bilden die Texte des *Tipitaka* («Dreikorb»), die vermutlich im ersten Jahrhundert v. Chr. schriftlich fixiert wurden. Dass die darin enthaltenen Lehrreden die Aussagen des Buddha wortgetreu wiedergeben, ist zwar im Hinblick auf die lange Dauer der vorausgehenden mündlichen Überlieferung zu bezweifeln, doch dürften die Texte des Tipitaka unter den zahllosen noch erhaltenen Schriften der unterschiedlichen Schulen und Richtungen des Buddhismus dem religiösen Weltbild des historischen Siddhartha Gautama relativ nahe kommen.

Den Ausgangspunkt der Lehre des Buddha bildete ein fundamentaler Gegensatz zur Weltsicht der Upanischaden, denen zufolge die uns umgebende empirische Wirklichkeit auf eine einzige oder mehrere ewige Substanzen zurückgeht. Im Unterschied dazu leugnet der Buddhismus jegliches eigenständige Sein und setzt an dessen Stelle eine Vielzahl von Daseinsfaktoren, die jedoch keine festen oder bleibenden Einheiten bilden, sondern beständig in Abhängigkeit voneinander entstehen und vergehen und dadurch die Welt der sinnlichen Wahrnehmung und menschlichen Erfahrung hervorrufen. In Übereinstimmung mit seiner Annahme, es gebe keinen letzten Daseinsgrund, und mit seiner Überzeugung von der einzigen Realität eines beständigen Wandels leugnete der Buddha auch die Existenz einer unveränderlichen, ewigen Seele des Menschen. Stattdessen lehrte er, dass sich die empirische Persönlichkeit eines Menschen aus fünf Gruppen von Daseinsfaktoren (*skandha*) zusammensetzt, die unter anderem das Bewusstsein, die Triebkräfte und die sinnliche Wahrnehmung bilden. Diese sind jedoch weder für sich genommen noch als Ganzes beständig, so dass die gesamte Persönlichkeit keine eigenständige Realität besitzt. Lediglich die Schnelligkeit, Komplexität und Kontinuität des dauernden Wechsels der Daseinsfaktoren erzeugt im Menschen die Illusion, sein Ich sei von der Geburt bis zum Tod dasselbe oder habe womöglich eine Existenz, die über dieses Leben hinausreicht.

Was der Buddhismus lehrt, ist also keine «Seelenwanderung», sondern die zwangsläufige Entstehung immer neuer Lebewesen aufgrund der Kausalität des Karma, also der Summe der Handlungen eines Menschen. Ausführlich dargestellt wird dies im zwölfgliedrigen Lehrsatz vom «abhängigen Entstehen», den man wegen seiner allgemeinen Hochschätzung in allen kanonischen Texten zu den ältesten Bestandteilen der buddhistischen Lehre zählt. Als erste Ursache des Leidens erscheint hier das Nichtwissen, nämlich der Wahrheit. Dieses Nichtwissen ist jedoch nicht ursprünglich und unableitbar, sondern lediglich die Folge des Karmas einer früheren Existenz. Aus dem Nichtwissen entstehen die Triebkräfte, und aus diesen das Bewusstsein, das wiederum «Name und Gestalt», also die Individualität des geistig-leiblichen

Wesens hervorbringt. Aus der Individualität entsteht die Sechsheit der Sinne – Sehen, Hören, Riechen, Schmecken, Fühlen und Denken –, die wiederum die «Berührung», also den Kontakt mit der Außenwelt nach sich zieht. Aus diesem Kontakt entsteht die Empfindung, daraus der «Durst», daraus das Anklammern ans Leben, das schließlich das karmische Werden als Voraussetzung für die Entstehung einer neuen Existenz hervorbringt. Als vorletztes Glied der Zwölferkette erscheint somit die Geburt, die zwangsläufig Altern und Sterben nach sich zieht.

Um den Kreislauf der Entstehung immer neuer Existenzen zu durchbrechen, muss man durch die erlösende Erkenntnis dieser Zusammenhänge das Nichtwissen beseitigen und dadurch die Kette der Abhängigkeiten sprengen. Eine Grundvoraussetzung dafür ist die Einsicht in die «vier edlen Wahrheiten», nämlich die Wahrheit über das Leiden, über die Entstehung des Leidens aus der Leidenschaft, über die Vernichtung des Leidens durch Leidenschaftslosigkeit und schließlich über den praktischen Weg zur Vernichtung des Leidens. Letzteren erläutert die Lehre vom «edlen achtfachen Pfad». Er besteht aus der rechten Ansicht, dem rechten Entschluss, der rechten Rede, dem rechten Verhalten, dem rechten Lebensunterhalt, der rechten Anstrengung, der rechten Bewusstheit und zuletzt der rechten geistigen Sammlung. Oberstes Ziel ist die Erlösung vom Kreislauf der Existenzen (*nirvāṇa*), die mit dem Verlöschen einer Flamme verglichen wird.

In der Religion der Brahmanen war der alte Ordnungsbegriff *ṛta* durch *dharma* (wörtlich «Stütze» oder «Tragendes») verdrängt worden. Wie vormals *ṛta*, bezeichnete *dharma* die Gesamtheit der kosmischen und sozialen Ordnung, die auch in der Kastenordnung zum Ausdruck kommt. Dementsprechend verwendet man im heutigen Indien den Ausdruck *Sanātana dharma* («Ewiges Gesetz») als Eigenbezeichnung für die traditionelle indische Religion und damit als Äquivalent des europäischen Ausdrucks «Hinduismus», der erst in der Zeit des Kolonialismus entstand. Der Buddhismus dagegen verwendet *dharma* zur Bezeichnung des vom Buddha erkannten Weltgesetzes, weshalb der «edle achtfache Pfad» bildlich oft als Rad mit acht Speichen dargestellt wird. Buddhistischer Überlieferung zufolge setzte der Buddha mit sei-

Abb. 12 Nordindische Buddha-Statue. Gandhara, erstes/ zweites Jahrhundert

ner ersten Predigt nach der Erleuchtung das «Rad der Lehre» oder «Rad des Gesetzes» (*Dharmacakra*) in Gang und stiftete so die buddhistische Religion, die nach seinem Tod (*parinirvāṇa*) von seinen Schülern weitergeführt wurde.

Der Jinismus

Ungefähr um die gleiche Zeit wie der Buddhismus entstand in derselben Region und in einem ähnlichen gesellschaftlichen Umfeld eine weitere bis heute lebendige Erlösungslehre, der Jinismus.[13] Ihr Stifter war Vardhamana, der jinistischer Überlieferung zufolge als Sohn eines Kriegers in Bihar geboren wurde. Im Alter von dreißig Jahren soll er seine Familie verlassen und dem weltlichen Leben entsagt haben, um als Wanderasket durch die Abtötung aller Bedürfnisse und Leidenschaften Erlösung vom Kreislauf der Wiedergeburten zu erlangen. Dies gelang ihm nach zwölf Jahren strengster Askese, woraufhin er die Ehrentitel «Großer Held» (*Mahāvīra*) und «Sieger» (*Jina*) erhielt. Nach letzterer Bezeichnung nannten sich seine Anhänger fortan Jainas. Ihrer Auffassung zufolge war der Stifter ihrer Lehre der bislang letzte einer Reihe von vierundzwanzig «Furtbereitern» (*tīrthaṃkara*), die in verschiedenen Zeitaltern auftraten, um den Menschen den Weg zur Erlösung zu zeigen und die vorübergehend in Vergessenheit geratene Lehre des Jinismus wiederzubeleben. Dass der Stifter des Jinismus an die Lehre eines früheren Asketen anknüpfte und dessen Anhänger in seine eigene Gemeinschaft aufnahm, gilt als möglich. Ansonsten gibt es über sein Leben jedoch nur wenige überprüfbare Informationen, und auch über seine Datierung gehen die Meinungen der modernen Forscher – ähnlich wie im Falle des Buddha – weit auseinander. Nahm man früher an, er habe im sechsten Jahrhundert v. Chr. gelebt, so hält man heute auch ein Wirken im fünften oder vierten Jahrhundert v. Chr. für möglich.

Wie der Buddhismus lehnt auch der Jinismus die Autorität der Veden und den damit verbundenen Opferritualismus der brahmanischen Religion strikt ab. Im Unterschied zur Lehre des Buddha geht er jedoch – ähnlich wie der Hinduismus – von der Existenz einer unvergänglichen Seele (*jīva*) aus, die sich aus eigener Kraft und ohne Hilfe durch ein höheres Wesen aus dem Kreislauf der Existenzen befreien muss. Um dies zu erreichen, muss der Mensch das in früheren Existenzen erworbene Karma durch strenge Askese tilgen und zugleich dafür sorgen, dass er in seinem gegenwärtigen Leben kein neues Karma bildet. Das Spektrum der Möglichkeiten, um dieses Ziel zu erreichen, erstreckt sich je nach der Radikalität des Anspruchs vom Spenden des Besitzes für wohltätige Zwecke und von der strikten Gewaltlosigkeit (*ahiṃsā*) auch gegenüber Tieren und Pflanzen über die Vermeidung jeder körperlichen und geistigen Anstrengung und die Einübung besonderer Meditationstechniken bis hin zur vollständigen Verweigerung der Nahrungsaufnahme.

In Europa fand die indische Praxis der Askese erstmals im Zusammenhang mit dem Indienfeldzug Alexanders des Großen Beachtung. Eine Hauptquelle dafür ist der zeitgenössische griechische Historiker Onesikritos, der in seiner bruchstückhaft überlieferten Biographie Alexanders anlässlich seines Aufenthalts in Nordwestindien von einer Begegnung und Unterredung mit mehreren einheimischen Asketen berichtet, die er als Gymnosophisten (*gymnosophistai*), «nackte Weise», bezeichnet. Da Onesikritos selbst ein Schüler des Philosophen Diogenes von Sinope war, der als Begründer des Kynismus die Bedürfnislosigkeit zum Ideal erhoben hatte, ist seine Schilderung der Gymnosophisten möglicherweise von den Idealen der kynischen Philosophie beeinflusst. Ähnlich beschrieb einige Generationen später der stoische Philosoph Poseidonios während eines Forschungsaufenthalts in Südfrankreich die keltischen Druiden ausgehend von den philosophischen Ideen der Stoa. Gleichwohl steht die grundsätzliche Authentizität von Onesikritos' Bericht außer Frage. Die fortdauernde Präsenz griechischer Sprache und Kultur in den nordindischen Nachfolgestaaten des Alexanderreichs dürfte in Verbindung mit dem Fernhandel zwischen Indien und Europa dafür gesorgt haben, dass indische religiöse Vorstellungen und Praktiken in der Zeit des Hellenismus auch in den Ländern des Vorderen Orients und im Mittelmeerraum bekannt wurden. Um zu verstehen, welche neuen Heilslehren sich dort in den elf Jahrhunderten zwischen dem Tod Alexanders und dem Aufstieg des Arabisch-Islamischen Reiches entwickelten, seien hier zunächst die frühe Religion Israels und das daraus hervorgegangene Judentum ins Auge gefasst.

Die Religion Israels und die Entstehung des Judentums

Die Ursprünge der Religion Israels stehen im Zusammenhang mit Wanderbewegungen westsemitischer Stämme und Stammesgruppen, die man gegen Ende des zweiten Jahrtausends v. Chr. nicht nur in Syrien und Palästina, sondern auch in Ägypten nachweisen kann.[14] Um diese Zeit zerfiel das Großreich der Hethiter, und selbst Ägypten konnte sich nur mit Mühe gegen den Ansturm der sogenannten «Seevölker» und der mit ihnen verbündeten libyschen Stämme aus den Gebieten westlich des Niltals behaupten. Die Hebräische Bibel sieht in der Zeit um 1200 v. Chr. jene entscheidende Phase der Geschichte, in der Gott mit seinem Volk einen Bund schloss und ihm im Anschluss an die vorausgegangene Epoche der Patriarchen oder Erzväter die Besiedelung des Landes Kanaan ermöglichte. Folgt man der biblischen Erzählung, so hatte sich Gott bereits den Erzvätern Abraham, Isaak und Jakob offenbart, auf dessen zwölf Söhne das Volk Israel seine Abkunft zurückführte. Anlässlich einer Hungersnot hatten sich die Nachkommen Jakobs in Ägypten niedergelassen, wo man sie zunächst gastfreundlich aufgenommen, später jedoch unterdrückt und zu Fronarbeiten herangezogen hatte. Zu ihrem Befreier wurde Mose, der sie aus Ägypten herausführte und durch die Wüste in das ihnen verheißene Land Kanaan führte. Auf dem Weg dorthin schloss Gott durch die Vermittlung des Mose am Berg Sinai einen Bund mit dem von ihm erwählten Volk und verpflichtete es, ausschließlich ihn zu verehren. Nach einem vierzigjährigen Aufenthalt in der Wüste erreichten die Israeliten schließlich das Ostjordanland, wo Mose im Alter von 120 Jahren starb.

Die zentrale Bedeutung der hier skizzierten Ereignisse in der Erinnerung Israels und später der Juden begründet das hohe Ansehen, das die auch als *Pentateuch* bezeichneten fünf Bücher der *Tora* oder «Weisung» vor allen anderen Schriften der Hebräischen Bibel von jeher genossen. Sie bilden das Fundament für die darauf folgenden Bücher der *Nebi'im* oder «Propheten» und der *Ketubim* oder «Schriften». Ihre heute bekannte Gestalt erhielt die Hebräische Bibel jedoch erst relativ spät, worauf weiter unten im Zusammenhang mit anderen «Heiligen Schriften» noch näher eingegangen wird. Wie man heute weiß, wurden viele der teils mündlich, teils schriftlich überlieferten Erzählungen aus der Frühzeit Israels über Jahrhunderte hinweg geformt, erweitert und im Lichte der jeweiligen Gegenwart neu gedeutet. In der uns vorliegenden endgültigen Fassung des Textes erkennt man dies etwa am Wechsel zwischen dem Gottesnamen *Jahwe* und der Gottesbezeichnung *Elohim* sowie in Spannungen oder Widersprüchen zwischen aufeinanderfolgenden Erzählungen, etwa wenn der erste Schöpfungsbericht (Genesis 1,1–2,4a) das Bild eines souveränen und transzendenten Gottes zeichnet, der *Elohim* genannt wird, während der unmittelbar anschließende zweite Schöpfungsbericht (Genesis 2,4b–3,24) den nunmehr *Jahwe* genannten Gott sehr viel plastischer und menschenähnlicher darstellt. Seit dem achtzehnten Jahrhundert wird die Bibel historisch-kritisch erforscht, das heißt, man fragt, wann und wie bestimmte Texte entstanden sind. Seit dem Ende des neunzehnten Jahrhunderts werden zur Erforschung der Religionsgeschichte Israels und des Judentums auch außerbiblische Texte sowie archäologische Funde ausgewertet, die gerade in den letzten Jahrzehnten das bis dahin vorherrschende Bild stark modifiziert haben.

Wie man heute annimmt, unterschied sich die Religion Israels im frühen ersten Jahrtausend v. Chr. nur wenig von den Religionen der Nachbarvölker. Eine wichtige Rolle spielte darin jener Gott, der in der vokallosen Schrift der Hebräischen Bibel und der zeitgenössischen Inschriften JHWH genannt wird. Aufgrund eines Missverständnisses schloss man aus der biblischen Schreibung des Namens früher auf die Aussprache *Jehova*, während man den Namen heute – wenn überhaupt – zumeist *Jahwe* ausspricht. Inschriften, die man in den 1970er Jahren an den archäologischen Stätten von Kuntillet Adschrud und Chirbet el-Qom entdeckte, lassen vermuten, dass JHWH nicht allein, sondern zusammen mit seiner Gemahlin Aschera verehrt wurde, so wie man im benachbarten Ugarit nur wenige Jahrhunderte zuvor den Schöpfergott El zusammen mit seiner Gemahlin Athirath verehrt hatte. Darüber hinaus schrieb man JHWH – ähnlich wie dies in den Nachbarreligionen üblich war – den Vorsitz über eine Art himmlischen Thronrat zu, der aus weiteren, ihm untergeordneten göttlichen Wesen bestand. Zu seinen wichtigsten Aufgaben gehörte die Sicherung der Lebensgrundlagen, was sich in der Verantwortung für gedeihliches Wetter als der wichtigsten Grundlage für die Landwirtschaft und im Schutz vor äußeren Feinden manifestierte.[15]

Als Mittler zwischen Gott und Israel galt seit dem frühen ersten Jahrtausend v. Chr. der König. Er leitete den Kult, sorgte für den Bau ortsfester Heiligtümer und ernannte die religiösen Würdenträger, die zugleich königliche Beamte waren. Eine herausragende Rolle spielte dabei seit dem siebten Jahrhundert der Tempel in Jerusalem, doch gab es im Land auch noch weitere Heiligtümer, an denen man JHWH und seine Gemahlin verehrte. Mit diesen Kultstätten waren Propheten verbunden, die wie Orakelpriester als Sprecher Gottes dienten und den von ihnen übermittelten Forderungen kultischer und sonstiger Art durch die Verheißung von Belohnungen und die Androhung von Strafen Nachdruck verliehen. Sah man im Wirken der Propheten früher eine Besonderheit der frühen Religion Israels, so kennt man heute durch den Fund von Keilschriftdokumenten aus der Stadt Mari am mittleren Euphrat ganz ähnliche religiöse Verhältnisse auch aus dem ostsemitischen Bereich und aus einer früheren Zeit.[16] Neben dem öffentlichen Gottesdienst im Tempel, der vom König geleitet wurde, gab es auch Kulte, die privat von den Familien in ihren Häusern ausgeübt wurden, was man vor allem durch archäologische Funde belegen kann. In diesen häuslichen Formen der Religion spielte die kultische Versorgung der Ahnen, aber auch die Verehrung von Schutzgottheiten eine wichtige Rolle.[17]

Bedeutende Veränderungen ergaben sich für die Religionsgeschichte Israels aus der Annexion des Königreichs Israel durch die Assyrer um 720 v. Chr. Zahlreiche Flüchtlinge aus dem Nordreich werteten das bis dahin weniger bedeutende Südreich auf, und der Tempel in Jerusalem gewann zunehmend an Bedeutung. «Israel» wurde zur Bezeichnung für das gesamte Volk, und die Erzählungen vom Ursprung und der Vergangenheit des Volkes Israel wurden im Lichte gegenwärtiger Ereignisse neu gedeutet. Die biblische Mose-Erzählung ähnelt auffällig einem neuassyrisch und neubabylonisch überlieferten Keilschrifttext, der zwar vorgeblich die Geschichte Sargons von Akkad um 2300 v. Chr. erzählt, bei dem es sich jedoch in Wahrheit um eine assyrische Propagandaschrift aus dem späten achten Jahrhundert v. Chr. handeln dürfte. Man vermutet daher, dass in jener Zeit das Profil des Gottes JHWH und seines Kultes in Auseinandersetzung mit der Religion des übermächtigen Assyrischen Reichs und seines Nationalgottes Assur gleichsam aktualisiert und neu geschärft wurde.

Neuerliche gravierende Veränderungen ergaben sich nur wenige Generationen später, als die Babylonier gegen Ende des siebten Jahrhunderts v. Chr. die Vormachtstellung des Assyrischen Reiches beendeten und den Widerstand der Könige von Juda gegen ihre Politik damit beantworteten, dass sie 587 oder 586 v. Chr. das Königreich Juda eroberten. Sie zerstörten den Tempel in Jerusalem und deportierten einer weithin geübten Praxis entsprechend einen Großteil der Oberschicht nach Babylonien. Dieses Exil endete erst 539 v. Chr. mit der Unterwerfung Babylons durch das Persische Reich, nach der zumindest ein Teil der Verbannten nach Juda zurückkehrte. Im Mittelpunkt ihrer Religion, die sich in der neugeschaffenen persischen Provinz Jehud etablierte, stand der sogenannte Zweite Tempel von Jerusalem, den man ab 520 erbaute und 515 v. Chr. einweihte. An die Stelle des Königs als Mittler zwischen JHWH und seinem Volk trat der Hohepriester, der einen königsähnlichen Rang bekleidete. Die älteren, in der Familie ausgeübten Hauskulte wurden vollständig verworfen, so dass sich das gesamte religiöse Leben auf den Jerusalemer Tempel konzentrierte. Er wurde dadurch zu einem Wallfahrtsort, zu dem jeder männliche Jude dreimal im Jahr pilgern sollte, um unter priesterlicher Aufsicht Opfer darzubringen. Ein rigoroser Monotheismus und ein konsequentes Bilderverbot kennzeichneten den Kult des Zweiten Tempels, den man durch eine abermalige Um- und Fortschreibung der Überlieferungen vom Ursprung und der Geschichte des Volkes Israel legitimierte. Besonders wichtig wurden in dieser Zeit ohne einen eigenen Staat und König Geschichten aus der fernen Zeit der Stammväter, als es noch keine Könige gab. Aus der Religion Israels entwickelte sich so die jüdische Religion, die sowohl das frühe Christentum als auch den Islam nachhaltig prägen sollte.

7. Anpassung durch Wandel: Formen wechselseitiger Beeinflussung

Zu den wichtigsten Neuerungen in der Religion des Judentums während der letzten drei Jahrhunderte v. Chr. gehören eine zunehmend negative Bewertung der Gegenwart und die Hoffnung auf eine Verwandlung der Welt in der Zukunft. Mitunter war damit auch die Erwartung eines endzeitlichen Erlösers und einer Auferstehung der Toten zu einer neuen, verklärten Existenz verknüpft.[18] Dass das nachexilische Judentum mit dieser Endzeiterwartung und Auferstehungshoffnung ein ganz anderes Profil zeigt als die vorexilische Religion Israels, hat in der Forschung immer wieder zu der Vermutung Anlass gegeben, die betreffenden Vorstellungen seien auf den Einfluss der persischen Religion zurückzuführen, denen die Heimkehrer unter der relativ toleranten persischen Oberhoheit positiv gegenüberstanden. Dabei nahmen die meisten Forscher an, dass die religiösen Anschauungen der Perser jener Zeit insgesamt denen ähnelten, die in der alt- und mitteliranischen Literatur der Zoroastrier zu finden sind. Tatsächlich ist jedoch das Alter vieler religiöser Anschauungen der Zoroastrier, die erst relativ spät bezeugt sind, umstritten. Um die Möglichkeit persischer Einflüsse auf das nachexilische Judentum einschätzen zu können, muss man sich daher zunächst mit den Quellen der Religion Zarathustras vertraut machen.

Zarathustra und der Zoroastrismus

Über das Leben Zarathustras, in dem heutige Zoroastrier den Stifter ihrer Religion sehen, unterrichten uns zwei Texte, die im neunten Jahrhundert in mittelpersischer Sprache abgefasst wurden. Dabei handelt es sich zum einen um den *Denkard*, die «Akten der Religion», ein umfassendes Kompendium der zoroastrischen Religion, zum anderen um die *Wizidagiha i Zadspram*, die «Anthologie des Zadspram», eine geschichtstheologische Abhandlung über das Leben Zarathustras und seine heilsgeschichtliche Bedeutung. Zarathustras Wirken bildete diesen Texten zufolge den Mittel- und Wendepunkt einer Geschichte, die sich von der Schöpfung der Welt bis zu ihrer Verklärung am Ende der Zeiten erstreckt und insgesamt vier Weltalter umfasst. Im ersten Weltalter rief der «Weise Herr» (altiranisch *Ahura Mazda*, mittelpersisch *Ohrmazd*) zunächst das geistige Urbild der Schöpfung hervor. Ihm folgte im zweiten Weltalter die materielle Schöpfung, die – obschon zunächst vollkommen – aufgrund ihrer materiellen Existenz den Angriffen des «Bösen Geistes» (altiranisch *Angra Mainyu*, mittelpersisch *Ahreman*) ausgesetzt war. So konnte Angra Mainyu im dritten Weltalter in die Schöpfung eindringen, in der von da an Gut und Böse miteinander vermischt waren. Zu Beginn des vierten Weltalters sandte Ahura Mazda den Propheten Zarathustra, der die Menschen zum Kampf gegen das Böse aufrief. Eine wichtige Rolle spielt dabei der Begriff *asha* oder *arta*, der sprachgeschichtlich dem vedischen *ṛta* entspricht und die vom Schöpfergott gewollte kosmische und gesellschaftliche Ordnung bezeichnet. In der Zukunft, so lehren die mittelpersischen Schriften der Zoroastrier, werden nach Zarathustra noch drei weitere Helfer auftreten, deren letzter die Auferstehung der Toten herbeiführen und das Weltgericht einleiten wird. Danach wird das Böse vernichtet werden, und Ahura Mazda wird der Welt ihre ursprüngliche Vollkommenheit wiedergeben.

Es ist verlockend, diese oder ähnliche Anschauungen bereits für die Zeit des Perserreichs vorauszusetzen und Vorstellungen des hellenistischen Judentums, etwa die Erwartung eines endzeitlichen Erlösers oder einer Auferstehung der Toten, daraus abzuleiten. Andererseits muss man bedenken, dass die mittelpersischen Texte in der uns vorliegenden Form erst viel später entstanden sind. Zu jener Zeit hatte sich der aus Arabien vordringende Islam bereits als die herrschende Religion Irans etabliert, und etliche Zoroastrier waren bereits nach Nordwestindien ausgewandert, wo sie noch heute die Religionsgemeinschaft der Parsen bilden.

Wesentlich älter als die mittelpersische Literatur der Zoroastrier ist das *Avesta*, in dem die liturgischen Texte des Zoroastrismus versammelt sind. Obschon auch das Avesta kaum vor dem vierten Jahrhundert aufgezeichnet worden sein dürfte und die ältesten Handschriften sogar erst aus dem dreizehnten Jahrhundert stammen, sind die avestischen Texte doch in einer dem Vedischen nahestehenden Sprache abgefasst, was die Annahme einer jahrhundertelangen mündlichen Tradition nahelegt.[19] Das Avesta, das ursprünglich wesentlich umfangreicher war als heute, besteht aus drei Teilen, nämlich dem in 72 Kapitel unterteilten *Yasna*, der bis heute beim Hauptgottesdienst der Zoroastrier rezitiert wird, den 21 als *Yashts* bezeichneten Hymnen an mythologische Wesen und schließlich dem *Videvdad*, einer Sammlung religiöser Rechtsvorschriften.

Zu den ältesten Abschnitten des Avesta, die in einer deutlich früheren Form des Avestischen abgefasst sind als die übrigen Teile, zählen die Kapitel 28–34, 43–46, 47–50, 51 und 53 des *Yasna*, die man zusammen als die fünf *Gathas* (Gesänge) bezeichnet. Ihr Verständnis stellt den Religionshistoriker jedoch noch immer vor erhebliche Probleme – teils wegen ihrer überaus poetischen, mitunter absichtlich dunklen und mehrdeutigen Sprache, teils wegen der komplizierten und mit vielen Unsicherheiten belasteten Überlieferung, teils wegen der geringen Zahl dieser ältesten zoroastrischen Texte. In welchem Umfang man die sehr viel spätere mittelpersische Übersetzung des Avesta, den *Zand*, zur Erhellung des Originals heranziehen kann, ist gerade im Hinblick auf die Gathas umstritten. Ganz abgesehen von den Schwierigkeiten beim Verständnis auch der Übersetzung kann man nämlich nur selten überprüfen, ob die Übersetzung einer Stelle das ursprünglich Gemeinte wirklich trifft. Ähnliche Vorbehalte gelten für viele Passagen der mittelpersischen zoroastrischen Literatur, die vordergründig zahlreiche dunkle Stellen im Avesta zu erhellen scheinen, vielleicht aber erst im Laufe der Jahrhunderte aus nicht mehr recht verständlichen Abschnitten des heiligen Textes herausgesponnen wurden.

Noch vor wenigen Jahrzehnten glaubten Forscher, man könne Zarathustras Förderer Vischtaspa mit dem von den Griechen *Hystaspes* genannten Vater des Perserkönigs Darius I. gleichsetzen und so die Anfänge des Zoroastrismus in das sechste Jahrhundert v. Chr. datieren. Dagegen neigt man heute fast allgemein zu einer Datierung der ältesten Teile des Avesta in die zweite Hälfte des zweiten Jahrtausends v. Chr., da die Sprache der Gathas viel altertümlicher ist als die der jüngeren Teile des Avesta, deren Sprache wiederum dem Altpersischen zur Zeit des Königs Darius ähnelt. Lange Zeit gingen Iranisten und Religionswissenschaftler in Anlehnung an die zoroastrische Überlieferung davon aus, die Gathas seien von Zarathustra selbst gedichtet worden, doch ist man inzwischen auch davon abgekommen. Auch sieht man in den mittelpersischen Lebensbeschreibungen Zarathustras und seiner Charakterisierung als Prophet eine nachträgliche Legendenbildung. Welche religiösen Anschauungen im Perserreich des sechsten bis vierten Jahrhunderts v. Chr. tatsächlich im Umlauf waren und die Religionen der Nachbarvölker beeinflussen konnten, bleibt daher in vieler Hinsicht unklar. Spätestens im Zuge der Auseinandersetzung mit dem Islam entwickelte sich der Zoroastrismus zu einer streng monotheistischen Religion, in der die Umsetzung der ethischen Gebote im Leben des einzelnen Gläubigen wie auch die Beachtung der zahlreichen Reinheitsvorschriften und die korrekte Durchführung der traditionellen Rituale gleichermaßen wichtig sind. Zusätzlich geschärft wurde das monotheistische Profil des Zoroastrismus seit dem neunzehnten Jahrhundert durch die Interaktion der Parsen in Indien mit europäischen Missionaren und Wissenschaftlern, die gerade diesen Aspekt besonders schätzten und den Zoroastriern dadurch die Gelegenheit gaben, sich von ihrer hinduistischen Umgebung abzuheben.[20]

Das hellenistische Judentum

Nach dem Untergang des Perserreichs und dem Tod Alexanders des Großen fiel Palästina zunächst an das Reich der Ptolemäer. Zu dieser Zeit lebten bereits zahlreiche Juden in der Zerstreuung (Diaspora), besonders im hellenistischen Ägypten. Dort entstanden im Laufe des dritten Jahrhunderts v. Chr. die ersten Synagogen, die als Versammlungshäuser einem opferlosen Kult mit Hymnengesang und Gebeten dienten. Die Verbindung zum Jerusalemer Tempel hielt man durch eine Tempelsteuer aufrecht, die von allen Diaspora-Juden erhoben wurde, sowie durch regelmäßige Wallfahrten anlässlich der großen Feste.

Zu einem Wendepunkt in der Geschichte des hellenistischen Judentums wurde in den Jahren 202–195 v. Chr. der Fünfte Syrische Krieg zwischen den beiden Dynastien der Ptolemäer und Seleukiden, denn danach gingen alle asiatischen Besitzungen der Ptolemäer und damit auch Palästina mit seiner Hauptstadt Jerusalem in den Besitz des Seleukidenherrschers Antiochos III. über. Ihm folgte 187 v. Chr. sein Sohn Seleukos IV. und 175 v. Chr. dessen Bruder Antiochos IV. Epiphanes, der im Unterschied zu seinen Vorgängern eine Politik der rücksichtslosen Hellenisierung verfolgte. Er plünderte 169 v. Chr. den Jerusalemer Tempelschatz und verbot schließlich sogar die Opfer im Tempel, die Beschneidung sowie die Einhaltung des Sabbats und anderer Festtage. Als der König 167 v. Chr. im Tempel einen Altar für Zeus Olympios aufstellte und die Bevölkerung zur Teilnahme am polytheistischen Kult aufforderte, kam es zum Aufstand.[21] An seine Spitze setzte sich der Priester Mattathias, der zusammen mit seinen fünf Söhnen von der Wüste Juda aus den Widerstand gegen die Seleukiden organisierte. Nach seinem Tod 166 v. Chr. fiel die Führung an seinen Sohn Judas mit dem Beinamen *Makkabi* (griechisch *Makkabaios*), «der Hammer», weshalb die Erhebung schließlich als «Makkabäeraufstand» bekannt wurde. Drei Jahre nach der Entweihung des Jerusalemer Tempels erzielten die Aufständischen den entscheidenden Erfolg. Nachdem man Jerusalem im Handstreich erobert und das zentrale Heiligtum von allen hellenistischen Neuerungen gereinigt hatte, wurde der Tempel am 25. Tag des Monats Kislew (nach christlicher Zeitrechnung am 14. Dezember) dem Gott Israels neu geweiht. Im Chanukka-Fest wird dieses Ereignis bis heute alljährlich festlich begangen.

Mit dem siegreichen Einzug des Judas Makkabäus in Jerusalem und der Wiedereinweihung des Tempels waren der Kampf zwischen Abgrenzung und Assimilation und damit die Auseinandersetzungen zwischen den rivalisierenden Parteien innerhalb des Judentums jedoch nicht beendet. Nach weiteren Kämpfen fiel Judas Makkabäus trotz einer römischen Zusage gegenseitiger Waffenhilfe im März 160 v. Chr. im Kampf gegen eine seleukidische Übermacht. Die Führung der Aufständischen übernahm daraufhin sein Bruder Jonathan, der dank innerer Zwistigkeiten im Seleukidenreich 153 v. Chr. das Amt des Hohepriesters für sich gewinnen konnte. Ihm folgte 143 v. Chr. sein Bruder Simon, der im Zuge des allmählichen Verfalls der seleukidischen und ptolemäischen Macht 142 v. Chr. für Judäa und Jerusalem die volle politische Unabhängigkeit errang. Mit seiner erfolgreichen Vereinigung des religiösen und politischen Führungsanspruchs begründete er die Dynastie der Hasmonäer, die nach ihrem Ahnherrn Hasmon so genannt wurde. Durch territoriale Eroberungen konsolidierten die Hasmonäer ihre Macht, die sie trotz des wachsenden Einflusses der Römer noch bis 63 v. Chr. erhalten konnten.[22] Dann jedoch nutzte der römische Feldherr Pompeius die Thronwirren nach dem Tod der hasmonäischen Königinwitwe Salome Alexandra dazu, Jerusalem zu erobern, den Tempel zu erstürmen und Judäa in die neugegründete römische Provinz Syrien einzugliedern. 37 v. Chr. ermordete Herodes der Ältere, den die Römer kurz zuvor als Vasallenkönig eingesetzt hatten, den letzten männlichen Nachkommen der Makkabäer.

Für die Geschichte des Judentums kommt der Epoche der Hasmonäer oder Makkabäer große Bedeutung zu, denn in den Auseinandersetzungen der nachexilischen Religion Israels mit dem Hellenismus entstanden jene unterschiedlichen Parteien oder Ausrichtungen, die in der darauf folgenden Römerzeit das Judentum prägen sollten.[23] Als Pharisäer («Abgesonderte») bezeichnete man all jene, die im Alltag die strengen Reinheitsvorschriften der Tora befolgten und von den Schriftgelehrten die Auslegung der «mündlichen Tora» erwarteten, die man ebenfalls auf Mose zurückführte. In ihrer Auslegung der Tora waren die Pharisäer jedoch trotz allen Bemühens um die Wahrung der jüdischen religiösen Identität an ihre hellenistische Umwelt angepasst. Eine wichtige Rolle spielten für sie neben volkstümlichen Bräuchen, die man aus der mündlichen Tora ableitete, die Erwartung eines Gesalbten (Messias) aus dem Hause Davids als Befreier von der Fremdherrschaft, einer allgemeinen Auferstehung der Toten am Ende der Geschichte und eines endzeitlichen Gottesgerichts.

Im Gegensatz zur Laienbewegung der Pharisäer stand die Partei der Sadduzäer, die sich vor allem aus der Priesteraristokratie und dem grundbesitzenden Landadel Judäas zusammensetzte. Ihre Mitglieder waren zwar offen für hellenistische Kultureinflüsse, in religiöser Hinsicht jedoch streng konservativ. Sie betonten deshalb die zentrale Bedeutung der nachexilischen Kultordnung und verwarfen die mündliche Tora der Pharisäer ebenso wie die Vorstellung einer endzeitlichen Auferstehung der Toten oder die Annahme göttlicher Eingriffe in die Geschichte und in das Leben einzelner Menschen.

Sadduzäer und Pharisäer wurden von verschiedenen radikalen Gruppierungen abgelehnt. Die Essener oder Essäer (wahrscheinlich «die Frommen») lehnten den Jerusalemer Tempel- und Opferkult ebenso wie alle hellenistischen Einflüsse strikt ab, folgten eigenen Reinheitsgesetzen und lebten zumindest teilweise ehelos in einer ordensähnlichen Gemeinschaft. In den Jahren 1947 bis 1956 entdeckte man in Felshöhlen unweit der antiken Stätte von Khirbet Qumran im Westjordanland zahlreiche Handschriften mit religiösen Texten, die aus der Zeit zwischen der Mitte des dritten Jahrhunderts v. Chr. und der Mitte des ersten Jahrhunderts n. Chr. stammten. Man vermutet, dass viele dieser Texte von einer Gruppe der Essener genutzt wurden, obschon der Zusammenhang zwischen den Ruinen von Qumran und den Handschriften umstritten ist.[24] Seit 6 v. Chr., als Judäa in eine römische Provinz umgewandelt wurde, kennt man ferner die Widerstandsbewegung der Zeloten («Eiferer»), die zum Guerillakrieg gegen die Besatzungsmacht aufriefen und ihren politisch-militärischen

Widerstand mit Vorstellungen von einem bevorstehenden Anbruch der endzeitlichen Gottesherrschaft verbanden.[25]

Was die Geschichtsauffassung weiter Kreise des Judentums in den beiden letzten Jahrhunderten v. Chr. nachhaltig prägte, wird heute zumeist unter dem Oberbegriff der Apokalyptik zusammengefasst. Dabei handelt es sich um eine religiöse Haltung, die der gegenwärtigen Welt nichts Positives abgewinnen kann und den Anbruch einer idealen Endzeit mit einem Reich des Friedens und der Gerechtigkeit herbeisehnt. Wortreich ausgemalt wurden diese Vorstellungen in der literarischen Gattung der Apokalypse, die sich durch ausführliche Visionsschilderungen und eine ausgeklügelte Symbolsprache auszeichnen. Sie sind in der Regel anonym, wurden jedoch häufig unter dem Namen eines berühmten Weisen der Vorzeit überliefert.[26] Politische Dynamik entfaltete die Apokalyptik durch die Vorstellung, dass die Verfolgung der Gerechten in der gottlosen Gegenwart heilsnotwendig sei. Die daraus resultierende Hochschätzung des Martyriums sollte später im Christentum wie auch im Islam weiterwirken.

Religion und Philosophie im Hellenismus

Innerhalb der hellenistischen Staatenwelt stellte das palästinische Judentum mit seinem Beharren auf dem bildlosen Kult des einen Gottes einen Sonderfall dar. Insgesamt waren ganz andere Erscheinungen typisch, die in einem engen Zusammenhang mit den politischen, gesellschaftlichen und wirtschaftlichen Veränderungen jener Zeit standen. Durch die Entstehung monarchisch regierter Territorialstaaten verloren die Kulte der traditionellen Stadtstaaten mit ihren lokalen Tempeln und Festen an Attraktivität und Bedeutung. An ihre Stelle traten neue Formen von Religiosität, darunter die göttliche Verehrung des Herrschers, die bis dahin im griechischen Kulturkreis unbekannt war. Schon Alexander der Große hatte sich selbst zum Sohn des Zeus erklärt und seine eigene kultische Verehrung neben den Olympischen Göttern angeordnet. Nun widmete man auch den Begründern der Diadochenreiche und ihren Nachfolgern teils zu Lebzeiten, teils nach ihrem Tod eigene Kulte, die nicht zuletzt der Legitimation und Sicherung ihrer Herrschaft dienten. Eine (pseudo-)historische Begründung für diesen neuen Herrscherkult lieferte der Schriftsteller Euhemeros von Messene, der um 300 v. Chr. in seinem utopischen Roman «Heilige Inschrift» (*Hiera anagraphē*) von einer Insel im Indischen Ozean erzählte, wo eine Inschrift noch heute davon berichte, dass Uranos, Kronos und Zeus die ersten Könige dieser Insel gewesen und erst nach ihrem Tod von den dankbaren Untertanen vergöttlicht worden seien.[27]

Hand in Hand mit der zentralen Bedeutung des staatlich gelenkten Herrscherkults und dem Niedergang der überkommenen Stadtreligionen ging der Aufschwung neuer, vorwiegend individueller oder privat organisierter Kulte, die dem einzelnen Menschen neue Möglichkeiten der Identitätsbildung und Sinnstiftung eröffneten und ihm zugleich Schutz und Zuwendung versprachen. Aufgewertet wurden dabei besonders die Heilgötter, die lange Randfiguren des Götterkreises gewesen waren, nun aber in den Mittelpunkt der Verehrung rückten. Zu ihnen gehörte Asklepios, der als Sohn des Heilgottes Apollo und einer sterblichen Mutter die Stellung eines Heroen und damit eines Mittlers zwischen Göttern und Menschen einnehmen konnte. Charakteristisch für den Kult des Asklepios war das Ritual der Inkubation, bei dem sich der Kranke im Heiligtum des Gottes zum Schlafen niederlegte und entweder sogleich geheilt wurde oder im Traum die Anweisung zu seiner Heilung empfing.[28] Ein anderer überaus populärer hellenistischer Heilgott war der oft mit Isis zusammen genannte Serapis oder Sarapis, der auf ältere ägyptische und griechische Anschauungen Bezug nahm. Von großer Bedeutung für die Verbreitung solcher Heilkulte waren Wundergeschichten, wie sie im zweiten Jahrhundert n. Chr. von Lukian von Samosata in seiner Satire über den Heilkult des Alexander von Abonouteichos parodiert wurden.[29]

Neben dem Kult der Heilgötter nahmen auch Mysterienkulte einen Aufschwung, der sich bis in die römische Kaiserzeit fortsetzte. Ihre Riten und Mythen unterlagen der Geheimhaltung, so dass man nur durch eine besondere Initiation oder Einweihung Zutritt erlangen konnte. Sie knüpften an ältere religiöse Anschauungen aus dem gesamten Mittelmeerraum an und bestanden vielfach neben den öffentlichen Kulten der Götter. Manche von ihnen, wie etwa die Mysterien der Demeter und ihrer Tochter Persephone in Eleusis, konzentrierten sich auf einen einzigen ortsfesten Mittelpunkt, während andere Mysterien, wie etwa die der Isis, der Kybele, des Dionysos oder des Mithras, an zahlreichen verschiedenen Orten präsent waren.[30] Konzentrierte sich die ältere Forschung vor allem auf den weltabgewandten Charakter dieser Kulte mit ihrer Hoffnung auf ein glückseliges Leben des Einzelnen nach dem Tode, so betont man heute ergänzend dazu auch die wichtige Rolle, die sie für die gesellschaftliche Integration ihrer Anhänger und damit für deren Selbstverständnis in diesem Leben spielten.

Sinnstiftung durch die Einbettung des eigenen Lebens in größere Zusammenhänge, Rückhalt bei der Bewältigung des Daseins und Teilhabe an der kollektiven Identität einer selbst gewählten Gemeinschaft bot jedoch nicht nur die Religion, sondern auch die Philosophie, die unterschiedliche Positionen zur Religion einnahm. Propagierte die um 300 v. Chr. begründete Stoa die Übereinstimmung des Einzelnen mit dem Weltwillen (*lógos*), so betonte der seit dem ersten Jahrhundert v. Chr. fassbare Mittelplatonismus die zentrale Bedeutung des Schöpfergottes (Demiurg), und die Skeptiker lehrten das Ideal der *epochē*, der Enthaltung von jeglichen Urteilen. Als Inbegriff des Atheismus galt zeitgenössischen Beobachtern die Philosophie Epikurs, dessen Atomismus die Vorsehung und die Unsterblichkeit gleichermaßen leugnete.[31] Religiöse und philosophische Züge trug vielfach auch die hellenistische Astrologie. Sie war nicht so sehr darauf aus, den Einfluss der Gestirne auf das menschliche Leben zu bestimmen, sondern bemühte sich darum, Entsprechungen zwischen dem Menschen als Mikrokosmos und dem Aufbau des Universums als Makrokosmos zu erkennen.[32]

Die Anfänge des Christentums

Um zu verstehen, welche Rolle das Christentum im Kontext der bisher skizzierten religiösen Anschauungen spielte, sei hier zunächst unsere Kenntnis von der Biographie des Jesus von Nazareth zusammengefasst, mit dem die Geschichte der christlichen Religion untrennbar verbunden ist.[33] Lange Zeit galten die vier Evangelien des Neuen Testaments als eine ebenso zuverlässige wie unbezweifelbare Quelle für das Leben Jesu, bis die historisch-kritische Forschung des neunzehnten und frühen zwanzigsten Jahrhunderts zentrale Prämissen der Lektüre radikal in Zweifel zog. In der Folge wurde sogar die Geschichtlichkeit Jesu selbst bestritten, auch wenn man bald einsah, dass man damit über das Ziel hinausgeschossen war. Doch obwohl die Historizität Jesu heute allgemein als gesichert gilt, bleiben im Hinblick auf sein Leben und Wirken doch viele offene Fragen. Vielen gilt lediglich als gesichert, dass er gelebt hat und dass er gekreuzigt wurde.

Vermutlich wurde Jesus um 4 v. Chr., also noch unter der Regierung des Königs Herodes des Großen, als Sohn eines Bauhandwerkers in dem Dorf Nazareth in Galiläa geboren. Diese Region zwischen dem See Genezareth und der Küstenebene war erst 104 v. Chr. unter den Hasmonäern wieder jüdisch geworden. Zur Zeit Herodes' des Großen war die Bevölkerung dort teils jüdisch, teils heidnisch, was zu erheblichen gesellschaftlichen Spannungen geführt haben dürfte. Jesu Muttersprache war zweifellos Aramäisch, doch könnte er auch das Griechische als die gängige überregionale Verkehrssprache verstanden und vielleicht sogar selbst gesprochen haben. Nach Kontakten zum Kreis um Johannes den Täufer begann Jesus wohl im Frühjahr 28 oder 29 zunächst in den jüdisch besiedelten Gebieten nördlich und östlich des Sees Genezareth als prophetischer Wanderprediger aufzutreten und einen Kreis von Schülern um sich zu sammeln. In religiöser Hinsicht standen er und seine Jünger vermutlich den Pharisäern nahe, denn sie teilten nicht nur deren Auferstehungshoffnung und Erwartung eines messianischen Heilbringers, sondern auch das religiöse Ziel einer Erneuerung des ganzen Volkes Israel im Geist der Tora.[34] Dagegen ist eine geistige Verwandtschaft Jesu und seiner Jünger zu den Essenern ebenso unwahrscheinlich wie eine engere Verbindung zu den gewaltbereiten Zeloten. Deren Vorstellungen von einer besonderen Nähe der Rechtlosen und gesellschaftlich Deklassierten zu Gott sowie ihre Hochschätzung des Martyriums scheinen Jesus und seine Jünger jedoch geteilt zu haben.

Im Mittelpunkt des Wirkens Jesu stand die Botschaft vom Anbruch der Herrschaft Gottes. Doch während andere Prediger wie Johannes der Täufer den Anbruch der Gottesherrschaft für die nahe Zukunft voraussagten, betonte Jesus, dass das Gottesreich durch sein Wirken bereits in der Gegenwart angebrochen sei und demnächst vollendet werde. Eine wichtige Rolle spielte dabei die Vorstellung von einem endzeitlichen «Menschensohn», die aus der zeitgenössischen Apokalyptik stammt und die Jesus vermutlich auf sich bezog. In Gleichnissen suchte er den Hörern seiner Predigten seine Sicht der Gottesherrschaft nahezubringen, wobei er in erster Linie die Sammlung und Vollendung Israels im Auge hatte. Dies zeigt nicht zuletzt die Zwölferzahl des engsten Jüngerkreises, in der man ein Symbol der endzeitlichen Wiederherstellung der zwölf Stämme des Gottesvolkes sieht. Wie die Schilderungen des Einzugs in Jerusalem und der darauf folgenden Ereignisse in den kanonischen Evangelien vermuten lassen, versuchte Jesus im Anschluss an sein Wirken in Galiläa, auch im religiösen Mittelpunkt des Judentums für seine Botschaft zu werben. Dies führte zu seiner Verhaftung und Überstellung an die römischen Behörden, die ihn wegen Anstiftung zum Aufruhr und Landesfeindschaft nach der damals gängigen Praxis zum Tod durch Kreuzigung verurteilten. Als mögliches Datum seiner Hinrichtung gilt der 14. Tag des Monats Nisan im Jahre 30.

Weshalb und unter welchen Umständen die Gemeinde der Anhänger Jesu seinen Tod überdauerte und dadurch zu einer neuen Deutung seiner Person veranlasst wurde, ist wegen der Spärlichkeit unserer Quellen kaum zu klären. Von großer Bedeutung waren vermutlich die in den Evangelien mehrfach erwähnten Erscheinungen des verstorbenen Jesus, während die Erzählungen vom leeren Grab erst spätere literarische Gestaltungen des in diesem Kreis verbreiteten Auferstehungsglaubens darstellen. Eine Hauprolle spielten dabei zum einen die Jünger Jesu, die sich zweifellos noch lange dem Judentum zugehörig fühlten, zum anderen der aus Tarsus gebürtige Jude Paulus, der als einer der ersten die Gemeinschaft der Anhänger Jesu auch für die Heiden öffnete.[35] Im Mittelpunkt der neuen Sicht auf den Gekreuzigten stand jedenfalls seine Deutung als «Gesalbter» – aramäisch *m*^{e}*šīḥā*, gräzisiert *messías*, ins Griechische übersetzt *christós* –, so dass «Christianer» oder «Christen» erst zu einem Spitznamen und dann zur allgemein üblichen Eigenbezeichnung der Anhänger Jesu wurde. Allerdings wandelte man im Zuge dieser Entwicklung die traditionellen messianischen Vorstellungen bald ab und verband sie mit weiteren Anschauungen aus unterschiedlichen Traditionen. Eine wichtige Rolle spielte in diesem Zusammenhang die Vorstellung vom «Menschensohn» aus der Daniel-Apokalypse und das Motiv vom stellvertretend leidenden «Gottesknecht» aus dem Buch Jesaja, die eine neue Sinngebung des Leidens und der Kreuzigung Jesu ermöglichten. Zum bleibenden Symbol der Demut und Bescheidenheit des Friedenskönigs wurde das Bild seines Einzugs in Jerusalem, den die Evangelisten als Erfüllung einer messianischen Weissagung des Propheten Sacharja (9,9) deuteten.

Die Frage, wie man die heilsgeschichtliche Rolle Jesu zu verstehen habe und was seine Botschaft war, bildete bis ins vierte Jahrhundert den Gegenstand intensiver Diskussionen und wurde schließlich unter ganz anderen weltanschaulichen Voraussetzungen und gesellschaftlichen Bedingungen entschieden, als sie an ihrem Anfang schon bald nach Jesu Tod geherrscht hatten. Bis zur Mitte des vierten Jahrhunderts hatten sich die Christen nämlich von einer unbedeutenden Splittergruppe innerhalb des Judentums zu einer im ganzen Römischen Reich verbreiteten Religion entwickelt, die breite Schichten besonders der städtischen Bevölkerung erreichte und noch vor dem Ende des vierten Jahrhunderts zur Staatsreligion werden sollte. Diese Entwicklung, in der sich das Profil der frühen christlichen Gemeinden tiefgreifend veränderte, soll weiter unten ausführlich dargestellt werden.

Abb. 13 Darstellung eines gekreuzigten Esels mit der griechischen Inschrift «Alexamenos betet seinen Gott an». Wandritzung vom Palatin in Rom, drittes Jahrhundert

Gnosis und Manichäismus

Im spätantiken Christentum setzte sich letztlich die Auffassung durch, in Jesus sei Gott leibhaftig Mensch geworden. In scharfer Konkurrenz zu dieser Auffassung standen dabei jene Vorstellungen, die man heute unter dem Sammelbegriff «Gnosis» oder «Gnostizismus» zusammenfasst. Damit bezeichnet man eine weit verbreitete religiöse Strömung der römischen Kaiserzeit, in deren Mittelpunkt das Streben nach Erlösung durch «Erkenntnis» (griechisch *gnōsis*) stand.[36] Charakteristisch für sämtliche Spielarten dieser Bewegung ist eine radikal dualistische Weltsicht, in der von Gott als dem Inbegriff des Guten nur in negativen Wendungen wie «unbekannt», «unnennbar» und «unsagbar» oder in Metaphern wie «Licht», «Geist» und «Fülle» die Rede ist. In einem schroffen Gegensatz zu diesem rein transzendenten und letztlich unfassbaren Gott steht die materielle Schöpfung. Sie wurde der gnostischen Weltsicht zufolge von einem bösen Geist, dem Demiurg, gestaltet und steht daher vollständig unter der Herrschaft des Bösen. Sinnbilder dieser Herrschaft waren für viele Gnostiker die sieben in der Antike so bezeichneten Planeten (Sonne, Mond, Merkur, Venus, Mars, Jupiter und Saturn) sowie die zwölf Tierkreiszeichen. Die verschiedenen gnostischen Systeme erklärten die Entstehung der materiellen Welt entweder aus dem Gegensatz zweier von jeher antagonistischer Prinzipien oder aber durch einen «Fall», der durch die widergöttliche Handlung eines von Gott geschaffenen Wesens verursacht wurde. Steht der menschliche Körper als Bestandteil der materiellen Schöpfung vollständig und unwiderruflich unter der Herrschaft des Bösen, so ist doch das «Selbst» des Menschen göttlicher Herkunft und Natur. Erlösung kann der Mensch daher nur dann erlangen, wenn er den als «Schlaf», «Vergessen», «Trunkenheit», «Betäubung» oder «Gefangenschaft» umschriebenen gegenwärtigen Zustand des Selbst überwindet und zu seinem göttlichen Ursprung zurückfindet. Die «Erkenntnis», durch die dies geschieht, unterscheidet sich als blitzartige religiöse Erweckung von dem als reine Schau verstandenen Erlebnis der Mystiker, aber auch von der durch intellektuelle Anstrengung erworbenen Einsicht der Philosophen. Bewirkt wird die Erkenntnis durch den «Ruf», mit dem die Stifter der unterschiedlichen gnostischen Systeme die ihnen zuteil gewordene Offenbarung an ihre gemeinschaftlich organisierten Anhänger weitergeben. Vollendet wird die Erlösung jedoch erst am Ende der Zeiten, wenn die Materie vernichtet wird und das göttliche Selbst ins Lichtreich zurückkehrt.

Christliche Gnostiker betrachten Jesus als eine Erlösergestalt, die dem bösen Schöpfergott wesensfremd und entgegengesetzt ist. Doch diese Deutung wurde spätestens im Laufe des dritten Jahrhunderts endgültig verworfen. Die Schriften der gnostischen Theologen, darunter die Predigten, Briefe und Hymnen des um 160 verstorbenen Valentinus oder Valentinianus, wurden nun größtenteils vernichtet. Unsere Kenntnis der gnostischen Weltanschauung beruhte daher lange fast ausschließlich auf der Polemik, die in den Schriften kirchlich anerkannter

Theologen wie Irenäus von Lyon, Hippolytus von Rom oder Eusebius zu finden war. Erst in den Jahren 1945–1948 entdeckte man nahe der oberägyptischen Stadt Nag Hammadi zahlreiche gnostische Originaltexte wohl aus dem zweiten und dritten Jahrhundert, die man aus dem Griechischen ins Koptische übersetzt hatte.[37] Hat sich unsere Kenntnis der Gnosis dadurch stark erweitert und verbessert, so bestehen doch nach wie vor große Unsicherheiten. Sie betreffen vor allem die Frage, welche Faktoren zur Entstehung der Gnosis führten.

In der Tradition der antiken Gnosis steht bzw. stand bis noch vor kurzem die kleine Religionsgemeinschaft der Mandäer, die in der Spätantike von Palästina aus nach Südmesopotamien gelangte und dort eine eigene religiöse Literatur in mandäischer (aramäischer) Sprache pflegte.[38] Ihr Name ist von dem aramäischen Wort für «Erkenntnis» abgeleitet, so dass «Mandäer» eigentlich «Gnostiker» bedeutet; die Eigenbezeichnung der Mandäer ist indes «Nazoräer», das heißt «Observanten», was sich auf die strenge Beachtung der kultischen Vorschriften bezieht. In der Frühen Neuzeit nannte man die Mandäer auch «Johanneschristen», da Johannes der Täufer in ihren Schriften eine wichtige Rolle spielt. Das bedeutendste Ritual der Mandäer ist ein Tauf- und Waschritus, der an jedem Sonntag und zu bestimmten anderen Anlässen zu wiederholen ist.

Ungefähr um die gleiche Zeit wie die Religion der Mandäer entstand der Manichäismus, der mit der Gnosis einige Ähnlichkeit aufweist und dem Christentum im Römischen Reich noch bis ins fünfte Jahrhundert Konkurrenz machte. Auch er war jedoch lange ebenfalls nur aus den antimanichäischen Schriften der kirchlich anerkannten Theologen bekannt.[39] Zu den wichtigsten Texten, die im zwanzigsten Jahrhundert unsere Kenntnis des Manichäismus auf eine neue Grundlage stellten, zählt der erst um 1970 entzifferte Kölner Mani-Kodex, in dem der Religionsstifter Mani in griechischer Sprache von seinem Leben und Wirken erzählt. Dieser Darstellung zufolge wurde Mani am 14. April 216 in einem Dorf in der Nähe der Stadt Ktesiphon unweit des heutigen Bagdad geboren. Seine Kindheit und Jugend verbrachte er gemeinsam mit seinem Vater bei einer asketisch ausgerichteten judenchristlichen

Täufersekte, den nach ihrem Stifter Elkasai so genannten Elkasaiten. Diese hatten sich im Sumpfland zwischen Euphrat und Tigris niedergelassen, wo sie sich von der Landwirtschaft ernährten. Mit vierundzwanzig Jahren schied Mani aus ihrer Gemeinschaft aus, um eine eigene Religion zu verkünden. Dabei wandte er sich zunächst nach Indien, wo er Bekanntschaft mit dem Buddhismus machte. Vertraut auch mit christlichen und zoroastrischen Lehren, betrachtete Mani von da an nicht nur den Buddha, sondern auch Zarathustra, Jesus Christus und den Apostel Paulus als seine Vorgänger. Sich selbst sah er als den im Johannes-Evangelium verheißenen Parakleten («Fürsprecher»). Sein Weltbild entfaltete Mani – darin den Gnostikern ähnlich – in einem umfangreichen Mythos, in dem sich der «Vater der Größe» als Herr des Lichtreichs und der König der Finsternis als unversöhnliche Gegenspieler gegenüberstehen.

In Manis Heimat war bereits 224 mit König Ardaschir der erste Herrscher aus der Dynastie der Sasaniden auf den Thron gelangt. Als dessen Mitregent Schapur I. nach dem Tod Ardaschirs 242 die Nachfolge antrat, kehrte Mani aus Indien zurück, gewann das Vertrauen des neuen Königs und durfte als Mitglied des königlichen Gefolges im Reich der Sasaniden missionieren. Dabei spielte neben der persönlichen Überzeugungskraft Manis vielleicht auch der Umstand eine Rolle, dass der anpassungs- und wandlungsfähige Manichäismus mit seinen vielfältigen Beziehungen zu ganz verschiedenen Religionen dem König für die Konsolidierung des Vielvölkerstaates der Sasaniden besonders gut geeignet erschien. Nach drei Jahrzehnten erfolgreichen Wirkens wendete sich jedoch das Blatt. Nach Schapurs Tod 273 folgte ihm zunächst Hormizd I. und bereits ein Jahr später dessen Bruder Bahram I. auf den Thron. Er förderte im Unterschied zu seinen Vorgängern den Zoroastrismus als herrschende Religion des Sasanidenreichs, und Mani wurde nach einem Verhör durch den König ins Gefängnis geworfen, wo er nach kurzer Haft 276 oder 277 verstarb.

Für die manichäische Religion bedeutete der Tod ihres Stifters einen Einschnitt, jedoch keineswegs das Ende. Vielmehr breitete sie sich unter der Leitung des Archegos oder Kirchenführers und der ihm unterstell-

Abb. 14 Bildnis eines vornehmen Manichäers oder vielleicht des Propheten Mani. Malerei aus Turfan, achtes/neuntes Jahrhundert

ten Würdenträger (12 Lehrer, 72 Bischöfe und 360 Presbyter) im Reich der Sasaniden und im Römischen Reich immer weiter aus. Charakteristisch für die manichäischen Gemeinden war eine strikte Zweiteilung, bei der man unter Rückgriff auf die Lehre von der Seelenwanderung die ethisch fortgeschrittenen «Auserwählten» (*electi*) oder «Heiligen» von der großen Menge der «Hörer» (*auditores*) oder «Katechumenen» unterschied. Sollten die «Erwählten» ein vorbildliches asketisches Leben führen, so billigte man den «Hörern» eine weniger strenge Lebensführung zu. Allerdings sollten sie sich durch Beten, Fasten und ein periodisches Sündenbekenntnis ihres Glaubens bewusst bleiben und die Lebensweise der berufslosen «Erwählten» auch materiell unterstützen. Eine wichtige Rolle für den inneren Zusammenhalt der manichäischen Gemeinden spielten wöchentliche Kultfeiern, die – wohl in Abgrenzung vom jüdischen Sabbat und christlichen Sonntag –

am Montag abgehalten wurden und sich durch eine hochentwickelte musikalische Gestaltung auszeichneten. Einmal im Jahr feierten die Manichäer das Bema-Fest, in dessen Verlauf sie die Vergebung ihrer Sünden erlangten, in einem kultischen Mahl die Befreiung des göttlichen Lichts aus der Materie feierten und gleichzeitig des Todes ihres Religionsstifters gedachten.

Nachdem die Manichäer im Römischen Reich bereits wenige Jahre nach Manis Tod durch Kaiser Diokletian und später durch die christlichen Kaiser verfolgt worden waren, stießen sie in Iran auf den entschiedenen Widerstand der Sasaniden und später der muslimischen Herrscher. Ein neues Verbreitungsgebiet öffnete sich der manichäischen Lehre jedoch in Zentralasien, wo Kaufleute aus dem ostiranischen Volk der Sogdier sie heimisch machten. Über die Seidenstraße gelangte der Manichäismus um 700 nach China und in das Reich des Turkvolks der Uiguren, dessen Herrscher ihn 762 zur Staatsreligion erhoben. Während die Gemeinden der Manichäer in Europa spätestens seit den Verfolgungen des oströmischen Kaisers Justinian im sechsten Jahrhundert verschwunden waren, hielten sie sich an der Seidenstraße auch nach der Vernichtung des Reichs der Uiguren durch die Kirgisen bis zum Mongolensturm im dreizehnten Jahrhundert. Die letzten Zeugnisse des chinesischen Manichäismus stammen aus dem sechzehnten Jahrhundert. Danach verlieren sich die Spuren dieser einstigen Weltreligion auch in ihrem östlichsten Verbreitungsgebiet endgültig.

Die Anfänge des Islams

Als letzte der großen Weltreligionen, deren Entstehung in das Jahrtausend zwischen dem Beginn des Hellenismus und dem Übergang von der Spätantike zum Frühmittelalter fällt, ist hier schließlich noch der Islam zu behandeln. Als Ausgangspunkt kann dabei die Person Muhammads dienen, auch wenn er nach muslimischem Selbstverständnis als Prophet des Islams und nicht als dessen Stifter angesehen wird. Auch müssen im Hinblick auf Muhammads Biographie manche Fragen offenbleiben, und viele Entwicklungen des Islams lange nach seinem Tod waren keineswegs von Anfang an angelegt.[40]

Muhammad wurde um 570 als Angehöriger eines weniger bedeutenden Zweiges des Stammes der Quraisch in der arabischen Stadt Mekka geboren. Angelegt in einer Talsohle zwischen steil abfallenden Hügeln rund 70 Kilometer östlich der Küste des Roten Meeres, verdankte die Heimatstadt des Propheten ihren Wohlstand in erster Linie der Funktion als Handels- und Verkehrsknotenpunkt, denn von dort führten Fernhandelsrouten südwärts in den Jemen und weiter über das Meer nach Indien, westwärts zur Küste des Roten Meeres und weiter nach Äthiopien, nordostwärts in das vom Perserreich der Sasaniden beherrschte Mesopotamien und nordwärts nach Gaza und Damaskus. In einem engen Zusammenhang mit diesen Handelsaktivitäten stand das Heiligtum der Kaaba von Mekka, zu dessen Verehrung die Anerkennung heiliger Monate mit einem Verbot gewalttätiger Auseinandersetzungen gehörte, was den friedlichen Warenaustausch begünstigte. Seit der ersten Hälfte des sechsten Jahrhunderts wurden die Geschicke des Ortes vom Stamm der Quraisch gelenkt, der durch die Finanzierung und Ausrüstung von Handelskarawanen zu großem Wohlstand gelangt war.

Muhammad selbst, so die muslimische Überlieferung, war nach dem frühen Tod seiner Eltern zunächst bei seinem Großvater und nach dessen Tod bei einem Onkel aufgewachsen. Von Beruf Kaufmann, hatte er mit fünfundzwanzig Jahren seine Arbeitgeberin, die um fünfzehn Jahre ältere und vermögende Witwe Chadidscha, geheiratet. Mit ihr zusammen hatte er eine Tochter namens Fatima. Nach religiösen Andachtsübungen auf dem Berg Hira erfuhr Muhammad wohl um 610 seine Berufung zum Gesandten Gottes (*rasūl Allāh*) und Siegel der Propheten (*ḫātam an-nabīyīn*). Seinen göttlichen Auftrag sah er darin, in Mekka den ursprünglichen Monotheismus Abrahams wiederherzustellen und seine Landsleute mit dem Hinweis auf das drohende Gericht Gottes und die Auferstehung der Toten zu einem sozial verantwortlichen Handeln zu ermahnen.[41] Als die polytheistischen Mekkaner die neue Lehre zu unterdrücken versuchten, folgte Muhammad 622 einem Angebot der rund 350 Kilometer nördlich von Mekka gelegenen Oasenstadt Medina, im Rahmen eines Schutzbündnisses mit seinen Anhängern dorthin überzusiedeln, um zwischen verfeindeten Parteien die Funktion eines Schlichters wahrzunehmen. Im Gefolge dieser Übersiedlung (*hiǧra*) entstand so aus der Vereinigung mekkanischer Auswanderer (*muhāǧirūn*) und medinensischer Helfer (*anṣār*) die Gemeinde (*umma*) der Muslime mit Muhammad als religiösem und politischem Führer.

Da Muhammad nach wie vor das Heiligtum der Kaaba für die Verehrung des einen Gottes und damit Mekka für die Muslime reklamierte, kam es schon bald zu kriegerischen Auseinandersetzungen mit den Mekkanern. Seinen ersten bedeutenden Erfolg erzielte Muhammad im März 624, als er bei der kleinen Marktstadt Badr, die südwestlich von Medina an der Karawanenstraße von Mekka nach Syrien lag, gegen eine zahlenmäßig überlegene mekkanische Streitmacht einen glänzenden Sieg davontrug. In seiner religiösen Sendung bestätigt und in seinem politischen Ansehen gestärkt, schloss Muhammad nun erstmals auch Bündnisse mit den Beduinen der Umgebung. Wenige Monate später jedoch erlitten die Muslime am Berg Uhud 5 Kilometer nördlich von Medina bei einem neuerlichen Gefecht mit den Mekkanern eine empfindliche Niederlage, bei der sogar der Prophet selbst verwundet wurde. Nun verbündeten sich die Mekkaner ihrerseits mit verschiedenen Beduinenstämmen und erschienen – vermutlich zu Beginn des Jahres 627 – mit einem großen Heeresaufgebot vor Medina, das die Muslime mit einem breiten Graben zusätzlich befestigt hatten. Die militärische Unerfahrenheit der Mekkaner, ihre Unentschlossenheit und Muhammads diplomatisches Geschick führten schließlich dazu, dass die Einnahme Medinas scheiterte und die Belagerung abgebrochen werden musste. In der Folge wendete sich das Blatt, und als Muhammad 630 vor Mekka erschien, um die Pilgerfahrt durchzuführen, wurde ihm die Stadt kampflos übergeben. Nach weiteren militärischen Siegen über seine letzten noch verbliebenen Gegner stieg Muhammad zum unbestrittenen Herrscher Zentral- und Südarabiens auf, doch schon kurze Zeit später erkrankte er unerwartet an einem Fieber und starb am 8. Juni 632.

Zur Sicherung des Fortbestands der muslimischen *umma* einigte man sich darauf, dass Abu Bakr als einer der ältesten Gefährten des

Propheten sein Stellvertreter oder Nachfolger (*ḫalīfa*, «Kalif») werden solle. Unter seiner Führung (632–634) wurden schwankend gewordene arabische Stämme erneut auf die Lehre des Propheten eingeschworen, neue Verbündete gewonnen und die ersten erfolgreichen Kämpfe gegen das Byzantinische Reich und das Perserreich bestanden. Vieles, was in späterer Zeit als typisch islamisch gelten sollte, entwickelte sich erst allmählich im Laufe der folgenden Jahrhunderte. Zum Kernbestand des Islams zählte man jedoch schon bald nach seiner Entstehung die fünf «Pfeiler der Religion» (*arkān ad-dīn*): das Glaubensbekenntnis (*šahāda*), in dem der Gläubige die Einzigkeit Gottes und die Stellung Muhammads als seines Gesandten bekräftigt, das fünfmal täglich zu vollziehende rituelle Gebet (*ṣalāt*), die Entrichtung einer Armensteuer (*ṣadaqa* oder *zakāt*), das Fasten (*ṣaum*) im Monat Ramadan und schließlich die Wallfahrt nach Mekka (*ḥaǧǧ*) im zwölften Monat des islamischen Jahres.

Eine zentrale Rolle für die weitere Entwicklung des Gemeinwesens der Muslime spielte die Sammlung und Kodifizierung der an den Propheten ergangenen Offenbarungen, die muslimischer Überlieferung zufolge unter dem dritten Kalifen Uthman erfolgte. Eine solche Zusammenstellung hatten zuvor bereits Juden und Christen vorgenommen, die teilweise dieselben Schriften als kanonisch anerkannten. Der Besitz einer unveränderlichen Heiligen Schrift, die von allen Anhängern als verbindlich anerkannt wurde, sollte die weitere Entwicklung der drei monotheistischen Religionen nachhaltig prägen. Es erscheint daher angebracht, an dieser Stelle die Entstehung der jüdischen und christlichen Bibel sowie des Korans aus einer vergleichenden Perspektive genauer zu betrachten.

8. Fixierung der Offenbarung und Kanonisierung: Heilige Schriften

The Sacred Books of the East, «Die Heiligen Bücher des Ostens» – so nannte der im viktorianischen Oxford wirkende deutsche Indologe und Religionswissenschaftler Friedrich Max Müller (1823–1900) eine umfangreiche Sammlung von englischen Übersetzungen aus den großen religiösen Traditionen Asiens, die er unter Mitwirkung zahlreicher Fachgelehrter zusammenstellte und zwischen 1879 und 1910 in fünfzig Bänden drucken ließ.[42] Dass eine Übersetzung der Bibel nicht in diese Reihe aufgenommen wurde, lässt vermuten, dass man bei aller Wertschätzung der außerchristlichen Religionen das traditionelle christliche Postulat einer Sonderstellung der christlichen Offenbarung nach wie vor gewahrt wissen wollte. Davon abgesehen zeigt die Sammlung aber auch eine Tendenz zur Bevorzugung einiger weniger sprachlicher und kultureller Traditionen, da fast alle Texte den Literaturen des Brahmanismus, des älteren Buddhismus, des älteren Zoroastrismus sowie des Konfuzianismus und Daoismus entnommen sind. Dagegen ist der Islam nur mit einer zweibändigen Übersetzung des Korans vertreten, und manche anderen Religionen wie etwa die der Jainas oder der Sikhs fehlen ganz. Noch bedenklicher als diese Einseitigkeit der Auswahl ist jedoch der Umstand, dass die einheitliche Ausstattung dieser Bände und ihre durchgängige Bezeichnung als «Heilige Bücher» dem europäischen Leser eine Uniformität suggerieren, die ihnen nicht zukommt, denn der religiöse Status dieser Texte, die Vorstellungen über ihre Entstehung und ihre Verwendungsweisen in Kult und Liturgie sind sehr unterschiedlich. So handelt es sich beim Veda und beim Avesta um Ritualtexte, die von den religiösen Funktionsträgern der betreffenden Traditionen in Verbindung mit bestimmten Ritualen in einer genau festgelegten Weise zu rezitieren sind, während die Heiligen Schriften des Buddhismus, der jüdischen und christlichen Religion sowie des Islams zum Teil ganz andere Funktionen erfüllen.[43]

Der Pali-Kanon und seine Rezeption in Europa

Von der zweifellos reichen buddhistischen Literatur, die in den Jahrhunderten um Christi Geburt in den verschiedenen Regionen Indiens entstand, ist infolge der späteren Verdrängung des Buddhismus aus Indien nur ein kleiner Teil auf uns gekommen. Am besten erhalten hat sich hier der heute so genannte Pali-Kanon. Dabei handelt es sich um Texte in einer mittelindischen Sprache, die auf ältere indische Sprachformen zurückgeht, jedoch in ihrer Lautgestalt und Grammatik vom Sanskrit als der klassischen Literatursprache stark abweicht. Ursprünglich bedeutete *Pali* wohl «Reihe», dann «Ordnung» oder «Kanon», so dass die heutige Verwendung des Wortes zur Bezeichnung der mittelindischen Kunst- oder Literatursprache des Buddhismus nicht etwa die geographische oder ethnische Zugehörigkeit der Sprecher dieser Sprache widerspiegelt, sondern umgekehrt von den Texten, durch die allein man diese Sprache kennt, abgeleitet ist. Anzumerken ist dabei auch, dass der Gebrauch des Wortes «Kanon» in diesem Zusammenhang auf einem spezifisch christlichen Sprachgebrauch beruht, denn das Wort *kanōn* (ursprünglich «Maßstab» oder «Richtschnur») findet man als Bezeichnung einer als verbindlich und normativ anerkannten Sammlung Heiliger Schriften erstmals bei griechischen Kirchenschriftstellern des vierten Jahrhunderts. Nach der allgemein üblichen Einteilung besteht der auch als «Dreikorb» (*Tipitaka*) bezeichnete Pali-Kanon aus drei Gruppen von Schriften: dem «Korb der Ordensdisziplin» (*Vinaya-Pitaka*), dem «Korb der Lehrreden» (*Sutta-Pitaka*) und dem «Korb der Lehrbegriffe» (*Abhidhamma-Pitaka*).

Das besondere Interesse des *Vinaya-Pitaka* gilt dem buddhistischen Mönchtum, von dem weiter unten noch ausführlich die Rede sein soll. Er besteht zunächst aus dem *Suttavibhanga*, einer Erläuterung des aus 227 Abschnitten bestehenden Beichtformulars (*Patimokkha*), in dem mögliche Vergehen gegen die Ordensregel dargestellt und nach ihrer jeweiligen Schwere in Gruppen eingeteilt werden. Ebenfalls zum ersten Korb gehört der *Khandhaka*, der aus zwei als *Mahavagga* und *Cul-*

lavagga bezeichneten Abschnitten besteht. Er enthält zahlreiche Bestimmungen für das tägliche Leben der Mönche und Nonnen, aber auch Anweisungen für den Umgang mit Fehlverhalten. Eine Ergänzung dazu bildet der aus 19 Kapiteln bestehende *Parivara*, der die Angaben der beiden anderen Schriften durch Inhaltsangaben und Auflistungen für den praktischen Gebrauch zusammenfasst.

Das Kernstück des Pali-Kanons bildet der *Sutta-Pitaka*, in dem die Lehrreden des Buddha in fünf Sammlungen (*nikāya*) zusammengefasst sind. Die beiden ersten Sammlungen (*Dighanikāya* und *Majjhimanikāya*) enthalten Texte von großer und mittlerer Länge, während die sehr viel umfangreichere dritte und vierte Sammlung (*Samyuttanikāya* und *Anguttaranikāya*) eine größere Zahl von kurzen Stücken enthält. Die fünfte Sammlung (*Khuddakanikāya*) besteht aus Texten unterschiedlichen Charakters, darunter Mönchs- und Nonnenlieder, die in Versen abgefassten Merksprüche des *Dhammapada* und eine Sammlung von mehreren hundert Geburtsgeschichten des Buddha (der sogenannte *Jātaka*). Sie erzählen von den früheren Existenzen des Religionsstifters und stellen dank ihrer Verarbeitung älterer Erzählstoffe ein Kompendium der indischen Märchenliteratur dar. Den Abschluss des Pali-Kanons bildet das *Abhidhamma-Pitaka*, das verschiedene systematische Lehrtexte und eine Widerlegung abweichender Lehrmeinungen enthält.

Als eine eigenständige Religion ist der Buddhismus in Europa erst zu Beginn des neunzehnten Jahrhunderts bekannt geworden. Über seine Geschichte war damals noch kaum etwas bekannt, da man die in Tibet, China, Japan und Südostasien umlaufenden buddhistischen Texte noch kaum historisch einordnen konnte. Erst nach und nach stellten europäische Forscher fest, dass es sich bei den meisten buddhistischen Schriften um direkte oder indirekte Übersetzungen aus dem Sanskrit handelte, was auf Indien als den Ursprungsort des Buddhismus hinwies. Zugleich führten die Entdeckung des buddhistischen Schrifttums von Ceylon (Sri Lanka) und das vergleichende Studium der Pali-Sprache dazu, dass man im Pali-Kanon Sri Lankas die älteste und damit ursprünglichste Literatur des Buddhismus erkannte. Zum wichtigsten

Vermittler des Pali-Kanons in England wurde Thomas William Rhys Davids (1843–1922), der Sohn eines freikirchlichen Pfarrers, der bei dem deutschen Indologen Adolf Friedrich Stenzler (1807–1887) an der Universität Breslau Sanskrit studiert hatte und während seiner Tätigkeit für die britische Kolonialverwaltung mit dem Buddhismus auf Sri Lanka Bekanntschaft machte. Nach seiner Rückkehr aus Indien gründete er 1881 die *Pali Text Society* und wurde ein Jahr später an der Universität von London zum Professor des Pali ernannt. In der Folge übersetzte er für Max Müllers *Sacred Books of the East* zahlreiche Werke der buddhistischen Literatur aus dem Pali, drei von sechs Bänden davon in Zusammenarbeit mit dem deutschen Indologen Hermann Oldenberg (1854–1920).

Die Entstehung der Bibel

Repräsentiert der Pali-Kanon «nur» einen kleinen Teil der weitverzweigten buddhistischen Religion, so bildet die Hebräische Bibel nicht nur die Grundlage der jüdischen Religion in allen ihren Ausprägungen, sondern auch – als «Schriften des Alten Bundes» oder «Altes Testament» – den ersten Teil der christlichen Offenbarung.[44]

Am Anfang der Geschichte des Wortes *Bibel* steht eine schon im dritten Jahrtausend v. Chr. bekannte Hafenstadt an der Küste des Mittelmeers im heutigen Libanon, die von den ostsemitischen Akkadern *Gubla* und von den Griechen *Byblos* genannt wurde. Sie diente als Umschlagplatz für einen vor allem in Ägypten aus der Papyrusstaude gewonnenen Schreibstoff, den die Griechen darum ebenfalls *byblos* nannten. Erst nachträglich wurde diese Bezeichnung auf andere Formen des Schreibuntergrunds ausgeweitet, so dass sie – in den Schreibungen *biblos* und *biblion* – auch zur Bezeichnung eines gebundenen Buches mit Seiten aus Pergament (Tierhaut) dienen konnte. Im Griechischen war die Form *biblia* der gewöhnliche Plural von *biblion*, so dass man *ta biblia* «die Bücher» als zusammenfassende Bezeichnung sämtlicher Schriften der Hebräischen Bibel verwenden konnte. Im Lateinischen jedoch fasste man die Form *biblia* – analog zu Wörtern wie *fabula* (Fabel) und *familia* (Familie) – als Singular und grammatisch weiblich auf, so dass es noch heute im Französischen *la Bible*, im Italienischen *la Bibbia* und im Deutschen *die Bibel* heißt.

Seit dem Mittelalter begegnet die Bezeichnung *Tanak(h)* als Bezeichnung der Hebräischen Bibel. Dabei handelt es sich um ein Kunstwort, dessen drei Konsonanten T, N und K auf die Anfangsbuchstaben jener drei großen Schriftsammlungen Bezug nehmen, aus denen sich die Hebräische Bibel zusammensetzt. Als *Tora* («Weisung» oder «Gesetz») gelten die mitunter auch *Pentateuch* (griechisch «fünfteilig») genannten fünf ersten Bücher der Bibel. Im Judentum bezeichnet man sie im Allgemeinen mit ihren jeweiligen Anfangsworten; dagegen erscheinen sie in der christlichen Tradition als die «Fünf Bücher Mose» oder mit ihren am jeweiligen Inhalt orientierten lateinischen Bezeichnungen *Genesis*, *Exodus*, *Leviticus*, *Numeri* und *Deuteronomium*.[45] Als *Nebi'im* («Propheten») bezeichnet man den zweiten, mittleren Teil der Hebräischen Bibel. Er besteht zum einen aus den «früheren Propheten», denen in christlicher Überlieferung die sogenannten historischen Bücher Josua, Richter, 1–2 Samuel und 1–2 Könige entsprechen, zum anderen aus den «späteren Propheten», die man in christlicher Überlieferung als die drei «großen» Schriftpropheten Jesaia, Jeremia, Ezechiel und als die zwölf «kleinen» Schriftpropheten (von Hosea, Joel und Amos bis Haggai, Sacharja und Maleachi) kennt. Den dritten, abschließenden Teil der Hebräischen Bibel bilden die *Ketubim* («Schriften»). Dazu gehören die Psalmen, Sprüche und das Buch Job, die fünf zu liturgischen Zwecken verwendeten *Megillot* oder «Festrollen» (Hohes Lied, Ruth, Klagelieder, Prediger und Esther) sowie schließlich die Bücher Daniel, Esra, Nehemia und 1–2 Chronik.

Einer späteren jüdischen Überlieferung zufolge wurde der hier beschriebene jüdische Kanon der Bibel schon im ersten Jahrhundert n. Chr. bald nach dem 70 n. Chr. gescheiterten Aufstand gegen die Römer und der Zerstörung des Jerusalemer Tempels festgelegt. Tatsächlich dürfte es sich bei der Kanonbildung aber um einen längeren Prozess gehandelt haben, der vielleicht schon im fünften Jahrhundert v. Chr.

begann und erst im dritten oder vierten Jahrhundert n. Chr. seinen Abschluss fand.[46] «Im Gesetz und in den Propheten sowie in den anderen (Schriften), die auf sie folgten, ist uns viel Herrliches gegeben», schrieb um 130 v. Chr. der Verfasser des griechisch geschriebenen Vorworts zum Sirach-Buch und zeigt damit an, dass man zu jener Zeit bereits die später gängige Dreiteilung kannte. Der genaue Umfang namentlich des letzten Teils dürfte jedoch noch längere Zeit geschwankt haben. Dies schließt man nicht zuletzt aus dem Hinweis auf «das Gesetz und die Propheten» im Matthäus-Evangelium (5,17) oder auf «das Gesetz des Mose, die Propheten und die Psalmen» im Lukas-Evangelium (24,44). Für die spätere Geschichte des Judentums war und ist die Hebräische Bibel jedenfalls von kaum zu überschätzender Bedeutung. Seit der Zerstörung des zweiten Jerusalemer Tempels stand die feierliche Lesung der Tora und bestimmter anderer Teile der Hebräischen Bibel im Mittelpunkt des Gottesdienstes, und die hebräische Sprache der Bibel diente fortan als Ausgangspunkt aller grammatischen Studien und Muster stilistischer Vollkommenheit. Mittelalterliche Mystiker bemühten sich um die Entschlüsselung der darin verborgenen Offenbarung geheimer Zusammenhänge, und den Reformern des achtzehnten bis zwanzigsten Jahrhunderts diente sie immer wieder als Vorbild für ihre Bemühungen um eine zeitgemäße Erneuerung jüdischer Religiosität.

Wohl schon im frühen dritten Jahrhundert v. Chr. begann man in Ägypten eine Übersetzung der Tora ins Griechische, um dadurch der griechischsprachigen jüdischen Gemeinde in Alexandria ein Gesetzbuch zu geben. Einer späteren Legende zufolge hatte der Herrscher Ptolemäus II. Philadelphos eigens dafür zweiundsiebzig Gelehrte aus Jerusalem nach Ägypten eingeladen, weshalb die erste griechische Übersetzung der Hebräischen Bibel später als *Septuaginta* oder »(Übersetzung der) siebzig (Ältesten)» bekannt wurde.[47] Tatsächlich entstand die Septuaginta jedoch über einen längeren Zeitraum. Dabei wurden auch einige Schriften wie etwa das Sirachbuch, die Weisheit Salomos und die Makkabäerbücher übersetzt und damit in die Sammlung aufgenommen, die zwar im griechischsprachigen Judentum des zweiten Jahrhunderts v. Chr. hohes Ansehen genossen, später jedoch nicht als kanonisch anerkannt wurden. Da sich das antike und mittelalterliche Christentum in seiner Vorstellung vom Umfang der «Schriften des alten Bundes» im Wesentlichen an der Septuaginta orientierte, bildeten diese Texte bis zur Reformation einen selbstverständlichen Bestandteil der lateinischen Bibel. Erst als man im Gefolge der humanistischen Rückbesinnung auf die Ursprünge auch in der Frage des Kanons wieder unmittelbar auf die Hebräische Bibel zurückgriff, wurden sie als «deuterokanonische» Schriften ausgegrenzt.

Das frühe Christentum übernahm zunächst auch die jüdische Bibel und die zu jener Zeit übliche Sicht darauf. Dennoch entstanden bereits wenige Jahrzehnte nach Jesu Tod eigene christliche Schriften und kamen bei den verschiedenen Gemeinden in Umlauf. In ihnen sprach schon Paulus (1 Korinther 11,25, in Anspielung auf Jeremia 31,31) von einem durch Jesu Tod geschlossenen «neuen Bund», den er dem von Gott mit Israel geschlossenen «alten Bund» gegenüberstellte. Gegen Ende des zweiten Jahrhunderts erwähnte der kleinasiatische Bischof Melito von Sardes erstmals die «Bücher des alten Bundes» als Bezeichnung der Hebräischen Bibel. Für «Bund» gebrauchte er dabei das griechische Wort *diathēkē*, das schon in der Septuaginta zur Übersetzung des hebräischen Wortes *b^erīt* gedient hatte. Mit der lateinischen Übersetzung von *diathēkē* durch den juristisch geprägten Begriff *testamentum* betonte man den Charakter des «neuen Bundes» als einer letztwilligen, unantastbaren Verfügung Gottes. Ausschlaggebend dafür waren sowohl die Abgrenzung vom Judentum als auch innerkirchliche Auseinandersetzungen, denn der Theologe Markion und die Gnostiker lehnten die Identität des Schöpfergottes der Hebräischen Bibel mit dem gütigen Gott des Neuen Testaments rundweg ab und wollten daher auch das «Alte Testament» nicht anerkennen. Damit konnten sie sich in der Kirche insgesamt jedoch nicht durchsetzen, so dass die Christen auch die Bibel der Juden als «von Gott inspiriert» (*theopneustós*) anerkannten. Ihr zur Seite stellte man seit der zweiten Hälfte des vierten Jahrhunderts das «Neue Testament», das ebenfalls als göttlich inspiriert galt. Es besteht in den weitaus meisten christlichen Kirchen bis heute aus siebenundzwanzig in derselben Reihenfolge angeordneten Einzelschriften, nämlich aus den vier kanoni-

Abb. 15 Darstellung des Evangelisten Markus. Koptische Ikonenmalerei, um 500

schen Evangelien, der Apostelgeschichte, den vierzehn nach ihrer Länge geordneten Paulusbriefen, den sieben sogenannten katholischen Briefen und schließlich der Offenbarung des Johannes.

Apokryphen und Pseudepigraphen

Hand in Hand mit der Festlegung des Kanons ging die Entscheidung darüber, welche Schriften keinen Platz darin finden sollten. Im heutigen Sprachgebrauch bezeichnet man diese Texte zumeist als Apokryphen (von griechisch *apokryphos*, «verborgen») oder Pseudepigraphen (von griechisch *pseudepigraphos*, «unecht»), je nachdem, ob man den Akzent darauf legt, dass sie von der gottesdienstlichen Verwendung ausgeschlossen waren oder dass sie unter einem heute als unecht geltenden Verfassernamen zirkulierten. Abgesehen von den oben erwähnten deuterokanonischen Schriften, die von protestantischer Seite mitunter auch als «Apokryphen» bezeichnet werden, lernte man in Europa seit der Frühen Neuzeit zahlreiche Apokryphen und Pseudepigraphen aus dem Umfeld der Hebräischen Bibel und des Neuen Testaments kennen. Diese Schriften hatte man zwar nie in den jüdischen bzw. christlichen Kanon aufgenommen, doch waren sie in vielen Fällen dennoch weit verbreitet und wurden viel benutzt. Sie sind daher vor allem auch für unsere Kenntnis abweichender, in späterer Zeit als häretisch verworfener religiöser Anschauungen von hohem Interesse.

Geht man von der Reihenfolge der biblischen Erzählungen im jüdischen und christlichen Kanon aus, so ist hier an erster Stelle eine Gruppe von Texten zu nennen, die das Leben Adams und Evas nach der Vertreibung aus dem Paradies ausmalen. Dabei handelt es sich in erster Linie um die in griechischer Sprache überlieferte *Apokalypse des Mose* und um das in einer lateinischen Fassung erhaltene *Leben Adams und Evas*. Beide entstanden zwischen dem zweiten und sechsten Jahrhundert n. Chr. in einem christlichen Umfeld, gehen jedoch vermutlich auf eine ältere, hebräisch oder aramäisch geschriebene jüdische Vorlage zurück. Sie erzählen nicht nur von der Buße Adams und Evas nach dem Sündenfall, sondern auch von einer schweren Krankheit Adams, von der Geburt Kains und Abels und vom Begräbnis des ersten Menschenpaares.

Eine überragende Rolle unter den Gestalten der biblischen Urzeit spielte in der späteren Überlieferung Henoch, von dem die Bibel berichtet, er sei wegen seiner Frömmigkeit noch zu Lebzeiten entrückt worden (Genesis 5,18–24). Er galt besonders in der Apokalyptik als Empfänger grundlegender Offenbarungen und erscheint daher in späteren jüdischen Legenden als ein bedeutender Weiser. Die vermutlich ältesten mit Henoch verbundenen Traditionen findet man im ersten Henochbuch, das wahrscheinlich im zweiten oder ersten Jahrhundert v. Chr. entstand und uns in einer äthiopischen Übersetzung aus der Zeit um 500 vorliegt. Es enthält Mahnreden Henochs, aber auch astronomische Spekulationen zum Lauf der Gestirne und zur Geschichte Israels. Recht alt ist auch das sogenannte zweite Henochbuch, das vollständig nur in zwei frühmittelalterlichen altslawischen Übersetzungen vorliegt, dessen mutmaßlich griechisch geschriebene Vorlage aber vielleicht noch aus der Zeit des zweiten Jerusalemer Tempels stammt. Eine wichtige Rolle spielt darin Henochs Reise durch die sieben Himmel, die ihn durch die Hölle und das Paradies bis vor den Thron Gottes führen. Deutlich jünger ist dagegen das dritte Henochbuch, das jüdische Überlieferungen des dritten oder vierten Jahrhunderts widerspiegelt.

Im Einklang mit der hohen Bedeutung der Patriarchen und der Gestalt des Mose für die biblische Geschichte findet man eine ganze Reihe von Texten, in denen sie als Empfänger oder Gewährsleute außerordentlicher Offenbarungen auftreten. So kennt man eine *Apokalypse Abrahams*, die wahrscheinlich im späten ersten oder frühen zweiten Jahrhundert in hebräischer Sprache abgefasst wurde, uns aber nur in einer slawischen Übersetzung erhalten ist. Ungefähr gleich alt ist das *Testament Abrahams*, das in zwei verschiedenen griechischen Fassungen auf uns gekommen ist und sowohl jüdische als auch christliche Anschauungen widerspiegelt. Abschiedsreden der zwölf Söhne Jakobs enthält das *Testament der zwölf Patriarchen*, das wahrscheinlich von einem christlichen Autor im zweiten Jahrhundert verfasst wurde, während die nur bruchstückhaft erhaltene *Himmelfahrt des Mose*, die Übersetzung eines hebräischen oder aramäischen Originals aus dem zweiten oder ersten Jahrhundert v. Chr., einen Ausblick auf die letzten Dinge und das endzeitliche Strafgericht Gottes gibt.

Die Geschichte der Welt von der Schöpfung bis zum Auszug der Israeliten aus Ägypten behandelt ausführlich das *Buch der Jubiläen* oder *Jubiläenbuch*, in dem der als «Jubiläum» bezeichnete Zeitraum von (sieben mal sieben =) neunundvierzig Jahren eine wichtige Rolle spielt. Der Verfasser bietet neben zahlreichen Einzelheiten, die in den kanonischen Texten fehlen, immer wieder genaue Angaben zur Datierung der Ereignisse. Das Buch stand nicht zuletzt deswegen bei den frühen christlichen Schriftstellern in hohem Ansehen und wird von ihnen auch immer wieder ohne Vorbehalte zitiert. Abgefasst in hebräischer Sprache, wahrscheinlich im zweiten Jahrhundert v. Chr., ist das Jubiläenbuch in Fragmenten aus Qumran sowie in einigen Bruchstücken in griechischer, lateinischer und syrischer Sprache auf uns gekommen. Vollständig erhalten hat es sich jedoch nur in äthiopischen Fassungen aus der Frühen Neuzeit, da es in der äthiopischen Kirche noch heute zum Bestand der kanonischen Schriften zählt.

Unter den apokryphen Schriften, in denen Jesus selbst oder Gestalten aus der Frühgeschichte des Christentums als Empfänger und Vermittler besonderer Offenbarungen erscheinen, stehen im Hinblick auf ihre hohe religionsgeschichtliche Bedeutung die gnostischen oder gnostisch beeinflussten Evangelien an erster Stelle. Zu ihnen gehört das Thomas-Evangelium, das vermutlich zwischen der Mitte des zweiten und der Mitte des dritten Jahrhunderts in Syrien auf Griechisch verfasst wurde und uns in einigen griechischen Fragmenten und einer koptischen Übersetzung erhalten ist.[48] Es enthält über hundert Aussprüche Jesu, von denen gut die Hälfte Entsprechungen in den kanonischen Evangelien findet, einige weitere bereits aus außerkanonischen Quellen bekannt waren, wieder andere dagegen nur hier bezeugt sind. Das Werk macht insgesamt einen uneinheitlichen Eindruck, weshalb die Forschungsmeinungen über seine Entstehung weit auseinandergehen. Während einige Forscher meinen, dass hier sogar bisher unbekannte authentische Jesusworte überliefert sein könnten, lesen andere das Buch als theologische Schrift einer christlichen Gemeinschaft späterer Zeit. Eindeutig gnostisch geprägt sind dagegen das *Evangelium Veritatis* oder *Evangelium der Wahrheit*, das vermutlich aus dem zweiten oder dritten Jahrhundert stammt und eine ausführliche Darstellung des gnostischen Erlösermythos enthält, sowie die unter dem Titel *Pistis Sophia* bekannte Sammlung von Lehrgesprächen des auferstandenen Jesus mit seinen Jüngern, deren koptische Übersetzung schon gegen Ende des achtzehnten Jahrhunderts bekannt geworden ist.

Während viele dieser gnostisch geprägten Texte lange Zeit verschollen waren und daher kaum rezipiert wurden, übte eine andere Gruppe von neutestamentlichen Apokryphen einen weitreichenden und tiefgreifenden Einfluss auf die christliche Kunst und Frömmigkeit aus. Dabei handelt es sich um die Kindheitsevangelien, die das Leben Marias vor der Geburt Jesu und den Zeitraum von Jesu Geburt bis zu seinem ersten öffentlichen Auftreten im Jerusalemer Tempel phantasievoll ausschmücken. Zu ihnen gehören das vermutlich um die Mitte des zweiten Jahrhunderts außerhalb Palästinas entstandene *Protevangelium des Jakobus*, auf das die in der christlichen Kunst gängige Darstellung Josefs als eines alten Mannes zurückgeht, und das wahrscheinlich im frühen siebten Jahrhundert abgefasste *Pseudo-Matthäus-Evangelium*, das erstmals die aus vielen Krippendarstellungen bekannte Szene von der Anbetung des neugeborenen Jesus durch einen Ochsen und einen Esel erzählt.

Koran und Hadith

Vor dem Hintergrund des jüdischen und christlichen Kanons, der in der Spätantike umlaufenden Apokryphen und Pseudepigraphen sowie der teilweise höchst kontrovers geführten Debatten um die unterschiedlichen Medien der göttlichen Offenbarung und deren angemessene Deutung entstand in der ersten Hälfte des siebten Jahrhunderts als vorerst letzte Heilige Schrift einer Weltreligion der Koran.[49]

In der uns heute vorliegenden Form besteht der Koran (arabisch *Qurʾān*) aus insgesamt 114 überwiegend nach dem Grundsatz der abnehmenden Länge angeordneten Abschnitten oder Suren, von denen wiederum jede in Verse unterschiedlicher Länge eingeteilt ist. Die Sprache des Korans ist das Arabische, und zwar nicht etwa der regionale Dialekt von Mekka als der Heimatstadt Muhammads, sondern jene überregionale Literatursprache, in der auch die älteste arabische Dichtung abgefasst ist. Sie liegt auch der modernen arabischen Schriftsprache zugrunde. In stilistischer Hinsicht ist der Koran durch die ihm eigene «Reimprosa» (*sağʿ*) charakterisiert, in der die einzelnen Verse zwar durch einen Endreim miteinander verbunden sind, im Unterschied zur zeitgenössischen altarabischen Dichtung jedoch keine metrische Gliederung mit fester Silbenzahl aufweisen. Das Wort *qurʾān*, das im Koran selbst erstmals belegt ist, ist wahrscheinlich das Verbalsubstantiv zu einer

Wurzel *qr'* mit der Grundbedeutung «rezitieren» oder «vortragen». Man sieht darin eine arabische Nachbildung des syrischen Wortes *qeryānā*, das in der christlichen Liturgie die Schriftlesung oder einen zum liturgischen Vortrag bestimmten Abschnitt der Bibel bezeichnet.

Am Anfang der Sammlung von Offenbarungen, auf die der Koran zurückgeht, standen vermutlich jene relativ kurzen Suren, die jetzt im letzten Drittel des Heiligen Buches zusammengestellt sind. Dabei handelt es sich um dichterisch geformte, oft leidenschaftliche Aufrufe des Propheten an seine Zuhörer, dem einen, wahren Schöpfergott keine anderen, falschen Götter beizugesellen und sich auf das bevorstehende Strafgericht Gottes am Ende der Zeiten vorzubereiten. Nach der Übersiedlung Muhammads nach Medina änderten sich sowohl die Länge als auch der Stil und der Inhalt der Suren. Neben die poetisch-schwungvollen Ermahnungen traten längere erzählende Passagen, die auf Begebenheiten der Heilsgeschichte Bezug nehmen. Dabei handelt es sich um die heute so genannten «Straflegenden», die davon erzählen, wie Gott zu einem Volk der Vorzeit einen Propheten als Warner sandte, dem jedoch die meisten seiner Landsleute keinen Glauben schenkten, weshalb sie von Gott vernichtet wurden. In dieser zweiten Schicht der koranischen Verkündigung begegnet auch schon der Anspruch, dass die mitgeteilten Offenbarungen einer himmlischen «Urschrift» (*umm al-kitāb*) entnommen sind, so dass die koranische Offenbarung der jüdischen Tora und dem christlichen Evangelium ebenbürtig zur Seite gestellt wird. In den ältesten Suren bildeten die Reimwörter am Ende eines Verses zumeist einen integralen Bestandteil des Satzes, der für den gedanklichen Zusammenhang unverzichtbar ist. Dagegen überwiegen in den mittleren Suren eigenständige Reimverse oder Reimklauseln, die einen eher prosaischen Abschnitt durch eingeschobene theologische Aussagen kommentieren. Die chronologisch letzte Schicht der prophetischen Verkündigung bilden ausführliche, überwiegend prosaische Ausführungen zu aktuellen politischen und rechtlichen Streitfragen, wie sie sich aus Muhammads besonderer Stellung als Führer des muslimischen Gemeinwesens in Medina ergaben. Eine abschließende Redaktion der koranischen Sammlung glaubt man nicht zuletzt darin zu erkennen,

Abb. 16 Der Erzengel Gabriel überbringt dem Propheten Muhammad die erste Offenbarung. Persische Miniatur, frühes dreizehntes Jahrhundert

dass die nur wenige Verse zählende Sure «Die Eröffnung» (*al-Fātiḥa*) mit dem feierlichen Lobpreis Gottes am Anfang des Korans steht, während zwei weitere gebetsähnliche Suren (113 und 114) den Schluss bilden.

In den Suren des Korans spiegelt sich also eine längere theologische Entwicklung. Nicht nur Glaubensvorstellungen und rituelle Anweisungen wurden immer wieder den veränderten Gegebenheiten angepasst, sondern auch die Deutung der Offenbarung selbst wandelte sich. Eine wichtige Rolle spielt in diesem Zusammenhang der Begriff der Abrogation (*nasẖ*). Damit ist gemeint, dass einzelne Stellen des Korans durch spätere Offenbarungen modifiziert oder außer Kraft gesetzt wurden, denn Gott kann «einen Vers anstelle eines andern eintauschen» (Sure 16,101) und «löscht, was er will, aus, oder lässt es bestehen» (Sure 13,39). Etwas anders gelagert ist der Fall der durch Salman Rushdies gleichnamiges Buch weithin bekannt gewordenen «Satanischen Verse».[50] Dabei handelt es sich um zwei Verse, die muslimischer Überlieferung zufolge unmittelbar nach Vers 53,20 verkündet wurden, die Muhammad jedoch kurz darauf als eine Eingebung Satans widerrief, so dass sie nie einen Bestandteil des Korans bildeten.

Seit der zweiten Hälfte des neunten Jahrhunderts begegnet die These von der «Unnachahmlichkeit» (*iʿǧāz*) des Korans, mit der man die inhaltliche und formale Einzigartigkeit des heiligen Buches begründete. Diese These ist zwar bereits in einzelnen Aussagen des Korans selbst angelegt, stellt in ihrer ausgebildeten Formulierung jedoch ein Produkt späterer exegetischer Reflexion dar. Unterschiedlich beurteilt wurde auch die Frage, ob der Koran selbst erschaffen sei oder das von Ewigkeit her präexistente Wort Gottes darstelle. Hier vertrat die Mehrheit der muslimischen Gelehrten die zuletzt genannte Auffassung, so dass der Koran vielfach eine Stellung erhielt, die weit über die christliche Vorstellung der Inspiration hinausging.

Während der Koran auf manche Aspekte der muslimischen Lebensführung ausführlich eingeht, werden andere gar nicht oder nur ganz am Rande behandelt. Dies führte schon zu Muhammads Lebzeiten dazu, dass man dem Vorbild des Propheten und seiner Gefährten große Bedeutung beimaß. Die Gesamtheit dieser Überlieferungen von der «Gewohnheit» (*sunna*) des Propheten und seinen Aussprüchen bezeichnete man als Hadith (*ḥadīṯ*).[51] Sammlungen solcher Berichte und Aussprüche entwickelten sich schon bald zu einer wichtigen Quelle für die muslimische Lebensführung, die Auslegung des Korans und das muslimische Rechtswesen. Entscheidend für die Beurteilung der Zuverlässigkeit einer Überlieferung ist muslimischer Auffassung zufolge die Kette der Überlieferer (*isnād*), mit deren Hilfe man den Wortlaut (*matn*) auf einen Augen- oder Ohrenzeugen aus dem Umkreis des Propheten zurückführte. Die ältesten dieser Sammlungen waren daher auch nicht nach inhaltlichen Gesichtspunkten, sondern nach den jeweiligen Tradenten angeordnet. Tatsächlich dürften jedoch viele Traditionen in der uns vorliegenden Form nicht auf den Propheten selbst zurückgehen, sondern theologische, politische und gesellschaftliche Entwicklungen innerhalb des frühen Islams widerspiegeln.

9. Verfolgung, Duldung, Förderung: Religion und Politik

Die zentrale Bedeutung kanonischer Schriften für den Buddhismus, das Christentum und den Islam könnte vordergründig den Eindruck erwecken, als verdankten die betreffenden Religionen ihre Ausbreitung in erster Linie der Überzeugungskraft ihrer Lehre. Tatsächlich spielten dabei jedoch auch politische Faktoren eine wesentliche Rolle, wie ein Blick auf die Geschichte ihrer Expansion deutlich macht.

Der Buddhismus in Indien

Die frühe Geschichte des Buddhismus in Indien wird uns mangels Quellen oft nur in Umrissen deutlich. Buddhistischer Überlieferung zufolge traten die Anhänger des Buddha schon kurz nach seinem Tod unter der Schirmherrschaft des Herrschers von Magadha zum sogenannten Ersten Konzil von Rajagriha zusammen. Dort, so heißt es im *Tipitaka*, habe man den «Korb der Ordensregeln» und den «Korb der Lehrreden», also die beiden ersten der drei Teile des späteren Pali-Kanons, zusammengestellt. Als wichtigsten Zeugen für die getreue Wiedergabe der Lehrreden nennt die buddhistische Überlieferung den Mönch Ananda, der als Cousin des Buddha und als dessen Lieblingsjünger gilt. Für die Kodifizierung der Ordensregeln habe man auf die Kenntnisse des Mönchs Upali zurückgegriffen. Über hundert Jahre später, so die buddhistische Überlieferung, wurde in der Stadt Vaishali das Zweite Konzil anberaumt. Unterschiedliche Positionen zur Auslegung der Ordensregeln und zur Stellung des von der Lehre Buddhas Erleuchteten (*Arhat*) sollen dort zur Spaltung zwischen der «Lehre der Älteren» (*Sthaviravāda* oder *Theravāda*) und der Schule der «Großen Versammlung» (*Mahāsānghika*) geführt haben. Diese Spaltung gilt als Ausgangspunkt der folgenden Trennung in die beiden großen Schulrichtungen des «Kleinen Fahrzeugs» (*Hīnayāna*) und des «Großen Fahrzeugs» (*Mahāyāna*). Beiden Schulrichtungen gemeinsam ist die Auffassung der buddhistischen Lehre als eines Fahrzeugs (*yāna*), dessen man sich auf dem Weg zur Erlösung bedient, das man nach dem Erreichen des Ziels aber auch wieder verlässt und nicht weiter beachtet. Während das «Kleine Fahrzeug» das Ideal des *Arhat* vertritt, dem es in erster Linie um die eigene Erlösung zu tun ist, propagiert das «Große Fahrzeug» das Ideal des *Bodhisattva* («Erleuchtungswesen»), der aus Mitleid (*karunā*) seine eigene Erlösung aufschiebt, um anderen Wesen zur Erleuchtung zu verhelfen. Ihren vorläufigen Abschluss fand die frühe Geschichte des Buddhismus mit dem Dritten Konzil von Pataliputra, dem heutigen Patna, das buddhistischer Überlieferung zufolge um 250 v. Chr. auf Veranlassung des Königs Ashoka einberufen wurde.

Während der Regierungszeit Ashokas und in den darauf folgenden Jahrhunderten breitete sich der Buddhismus in weiten Teilen Indiens aus. Der traditionellen buddhistischen Geschichtsschreibung zufolge wurde die neue Religion erstmals im zweiten Jahrhundert v. Chr. von Ashokas Sohn Mahinda und einigen anderen buddhistischen Mönchen nach Sri Lanka gebracht. Dort, so heißt es, bekehrte sich der örtliche Herrscher Devanampiya Tissa zu der neuen Religion und stellte den Mönchen in seiner Hauptstadt Anuradhapura Land zur Verfügung. Auf Veranlassung Mahindas errichtete man in Sri Lanka den ersten Stupa zur Aufbewahrung einiger aus Nordindien mitgebrachter Reliquien des Buddha. In der Folge brachte eine Schwester Mahindas auch einen Ableger jenes Bodhi-Baums aus Bodhgaya, unter dem Siddhartha Gautama die Erleuchtung erlangt hatte, nach Sri Lanka. Er wurde in Anuradhapura neu eingepflanzt und stellt als Sri Mahabodhi heute noch ein bedeutendes Ziel buddhistischer Pilger dar. Ableger dieses Baumes wurden später auch an anderen buddhistischen Stätten Sri Lankas eingepflanzt, wo man eigens für sie die als *Bodhi Gara* bezeichneten offenen Gebäude errichtete. Nur wenige Kilometer von Anuradhapura entfernt entstand in Mihintale auf einem Berg eine der frühesten buddhistischen Klosteranlagen. Buddhistischen Quellen zufolge gelangte der Theravada-Buddhismus, die einzige noch bestehende Schule des

Hinayana-Buddhismus, in der Folge von Sri Lanka aus nach Südostasien, wo er vor allem auf dem Gebiet der späteren Staaten Kambodscha, Laos, Myanmar (Birma) und Thailand Fuß fassen konnte.

Ebenfalls noch während der Herrschaft Ashokas gelangte der Buddhismus nach Nordwestindien, wo sich unter griechischem Einfluss in der Region Gandhara im Grenzgebiet der heutigen Staaten Afghanistan und Pakistan eine bedeutende buddhistische Kunst entwickelte. Hatte man den Buddha bis dahin ausschließlich durch Symbole wie etwa die Lotosblüte, den Bodhi-Baum, das «Rad der Lehre» oder einen bloßen Fußabdruck dargestellt, so entstanden nun die ersten figürlichen Darstellungen des Religionsstifters sowohl durch Statuen als auch auf Münzen. Aus Gandhara stammen auch die ältesten Handschriften der buddhistischen Literatur, deren Texte in einer mittelindischen, heute Gandhari genannten Sprache aufgezeichnet wurden.

Eine wichtige Rolle spielte der Buddhismus auch im Reich der Kuschana, in dem sich religiöse, philosophische und kulturelle Traditionen aus Griechenland, Iran und Indien vermischten. Es erreichte seine größte Ausdehnung vom Gebiet des heutigen Afghanistan bis zum Industal und in das Gebiet des Ganges unter dem Herrscher Kanischka, den man heute zumeist in die erste Hälfte des zweiten Jahrhunderts datiert. Zu jener Zeit entstand wenige Kilometer südlich von Peschawar ein bedeutender buddhistischer Stupa, den buddhistische Pilger aus China in späterer Zeit mehrfach beschrieben, der jedoch bereits in der ersten Hälfte des elften Jahrhunderts von muslimischer Seite zerstört wurde. Zu Beginn des zwanzigsten Jahrhunderts fanden britische Archäologen dort ein figürlich geschmücktes Bronze-Reliquiar mit einer Inschrift Kanischkas. Ein Ratgeber des Herrschers war der buddhistische Dichter und Dramatiker Ashvaghosha, der in der klassischen Literatursprache Sanskrit eine als *Buddhacarita* bekannte epische Dichtung über das Leben des Buddha in achtundzwanzig Gesängen verfasste. Vom Reich der Kuschana aus verbreitete sich der Mahayana-Buddhismus seit dem fünften Jahrhundert nach Tibet, China, Korea und Japan, wo er im Austausch und in der Auseinandersetzung mit einheimischen religiösen Traditionen neue Formen annahm.

Die Christianisierung des Römischen Reichs und seiner Nachfolgestaaten

Am Anfang der Ausbreitung des Christentums im Römischen Reich steht das Frühchristentum, womit man heute zumeist die Gesamtheit der christlichen Gemeinden des ersten Jahrhunderts bezeichnet. Früher sprach man auch gerne vom «Urchristentum», doch wird diese Bezeichnung wegen des Verdachts der Verklärung einer vermeintlich idealen Urzeit inzwischen gemieden. Da zeitgenössische außerchristliche Quellen für diese frühe Zeit vollständig fehlen, ist man für die Rekonstruktion des frühchristlichen Lebens und seiner Geschichte weitgehend auf die Schriften des Neuen Testaments angewiesen, deren Darstellung jedoch in vielen Punkten weder ausgewogen noch vollständig ist. Gemeinsam waren den verschiedenen christlichen Gemeinden der Glaube an die Auferstehung des gekreuzigten Jesus, das Aufnahmeritual der Taufe auf den Namen Jesu, gemeinschaftliche Mahlfeiern, die Lektüre der Hebräischen Bibel als eine Verheißung des Wirkens und der Predigt Jesu sowie die Erwartung der Wiederkunft Christi und des endzeitlichen Gottesgerichts.[52]

Eine wichtige Rolle spielte in diesem Zusammenhang das oft spannungsvolle Neben-, Mit- und Gegeneinander zweier großer Strömungen innerhalb der christlichen Gemeinden, den heute so genannten Judenchristen und den Heidenchristen. Die Judenchristen waren als Juden geboren oder hatten sich vor ihrem Bekenntnis zu Christus zum Judentum bekehrt und beharrten daher auf einer mehr oder weniger vollständigen Beibehaltung der jüdischen religiösen Gebote. Dieser innerste Kern der christlichen Gemeinden war in sich jedoch uneinheitlich, denn er umfasste neben aramäischsprachigen Juden aus Jerusalem und Palästina auch griechischsprachige Diaspora-Juden, die im Hinblick auf den jüdischen Tempel und die Tora unterschiedliche Auffassungen vertraten. Schon bald schlossen sich jedoch, vor allem außerhalb Palästinas, auch Personen ohne einen engen Bezug zum Judentum der neuen Bewegung an, die als Heidenchristen die Beschneidung und die Befolgung der jüdischen Religionsgesetze rundweg ablehnten. Sie setzten sich im Gefolge der Missionsreisen des Apostels Paulus und im Anschluss an die Zerstörung des Jerusalemer Tempels weithin durch und prägten so immer mehr das Gesicht der neuen Religionsgemeinschaft, die sich nunmehr als «wahres Israel» verstand und damit zunehmend in Konkurrenz und Gegensatz zum Judentum trat.

Auf das Frühchristentum folgte zu Beginn des zweiten Jahrhunderts die Zeit der Alten Kirche, wie man die Epoche des Christentums bis zum Ende des Weströmischen Reiches gegen Ende des fünften Jahrhunderts oder bis zum Aufstieg des Islams in der ersten Hälfte des siebten Jahrhunderts heute gemeinhin nennt.[53] Welche Schichten der Gesellschaft die neue Religion in erster Linie ansprach, ist wegen der Spärlichkeit unserer Quellen schwer zu sagen. Jedenfalls konnte das Christentum überall im Römischen Reich vor allem in den Städten Fuß fassen, während ländliche Gebiete noch für längere Zeit überwiegend heidnisch blieben. Charakteristisch für das gesamte zweite Jahrhundert war eine ausgeprägte, von einer Gemeinde zur anderen wechselnde Vielfalt von Glaubensüberzeugungen, auch wenn es eine Reihe als verbindlich anerkannter religiöser Grundanschauungen und einige gemeinsame Riten wie etwa Taufe und Abendmahl gab. Setzte man sich anfangs vor allem mit dem Judentum auseinander, so gingen christliche Schriftsteller gegen Ende des zweiten Jahrhunderts verstärkt dazu über, ihre Religion gegenüber der heidnischen Umwelt abzugrenzen.[54]

Mit der allmählichen Ausbildung hierarchischer kirchlicher Strukturen, dem Bemühen um eine überregionale Vereinheitlichung des Kults und der Glaubensinhalte sowie der Übernahme antiker philosophischer Lehren und Bildungsinhalte wuchs die Attraktivität und damit auch die gesellschaftliche Bedeutung des Christentums. Sie konnte auch durch die schweren Christenverfolgungen unter den Kaisern Decius (249–251), Valerian (257–258) und Diokletian (303–311) auf Dauer nicht beeinträchtigt werden. Auf die Tolerierung des Christentums zu Beginn des vierten Jahrhunderts durch Kaiser Konstantin (um 270–337) folgten die reichsweiten Konzilien von Nicaea (325) und Konstantinopel (381), mit denen jahrzehntelange christologische Kontroversen

Abb. 17 Konstantin der Große. Marmorbüste, um 330

beendet wurden, und schließlich gegen Ende des vierten Jahrhunderts das Verbot aller heidnischen Kulte und die Anerkennung des Christentums als Reichsreligion.[55]

Besondere Beachtung verdient der Anteil der in den nordafrikanischen Provinzen beheimateten Kirchenschriftsteller lateinischer Sprache, deren Schriften nach dem Untergang des Weströmischen Reiches das europäische Christentum bis in die Neuzeit prägen sollten.[56] Chronologisch an erster Stelle steht hier Tertullian, der um 160 als Sohn eines römischen Offiziers in Karthago geboren wurde. Nach einer juristischen Ausbildung und Tätigkeit in Rom kehrte er um 195 als Christ in seine Heimatstadt zurück und wirkte dort als Kirchenschriftsteller. Mit über dreißig erhaltenen Werken ist er der fruchtbarste christlich-lateinische Autor seiner Zeit, und seine sprachlich geschliffenen apologetischen und dogmatischen Schriften vermitteln einen guten Eindruck von den theologischen und weltanschaulichen Kontroversen innerhalb und außerhalb der Kirche. Sein mit Abstand umfangreichstes Werk *Gegen Markion* (*Adversus Marcionem*) ist eine Abrechnung mit dem als Ketzer exkommunizierten Theologen Markion, der von allen biblischen

Schriften nur das Evangelium nach Lukas und zehn Paulusbriefe gelten lassen wollte. Stärker noch als Tertullians Denken wirkte dabei seine Sprache, denn er erweiterte das Bedeutungsspektrum lateinischer Wörter zur Wiedergabe theologischer Gedankengänge und prägte neue lateinische Ausdrücke für Schlüsselbegriffe der griechischen Theologie.

Aus der Generation nach Tertullian stammt als einer der meistgelesenen lateinischen Kirchenschriftsteller Cyprian von Karthago. Er wurde zwischen 200 und 210 als Sohn wohlhabender heidnischer Eltern wahrscheinlich in Karthago geboren und erhielt eine Ausbildung als Redner, bevor er sich 246 zum Christentum bekehrte. Seit 248/49 Bischof von Karthago, überstand er ein Jahr später unter Kaiser Decius die erste allgemeine Christenverfolgung und erlitt 258 während der zweiten großen Verfolgung unter Kaiser Valerian in der Nähe seiner Heimatstadt den Märtyrertod. Im Mittelpunkt seines Wirkens und seiner schriftstellerischen Tätigkeit steht die Einheit der Kirche und ihre überragende Bedeutung für den einzelnen Gläubigen. «Niemand kann Gott zum Vater haben, der nicht die Kirche zur Mutter hat», heißt es in seiner Schrift *Von der Einheit der Kirche* (*De ecclesiae unitate* 6). In der innerkirchlichen Kontroverse um den Umgang mit jenen Christen, die unter Androhung von Folter und Tod dem Kaiserbild geopfert, Weihrauch gestreut oder eine schriftliche Loyalitätserklärung abgegeben hatten, vertrat Cyprian eine gemäßigte Position, indem er den «Abgefallenen» zwar eine strenge Buße auferlegte, jedoch anders als noch Tertullian ihre Wiederaufnahme in die Kirche nicht kategorisch ausschloss. Im Streit um den Primat oder Erstlingsrang des Bischofs von Rom beharrte er im Gegensatz zum Anspruch Papst Stephans I. auf der Gleichberechtigung aller Bischöfe.

Der Kirchenschriftsteller Arnobius wirkte in den Jahren um 300 in seiner Heimatstadt Sicca Veneria an der Straße von Karthago nach Cirta als Redner und Lehrer der Beredsamkeit. Während der Christenverfolgung unter Diokletian oder kurz danach verfasste er eine Streitschrift *Gegen die Heiden* (*Adversus gentes* oder *Adversus nationes*). Kaum überraschend erscheinen darin die üblichen Hinweise auf die Unsinnigkeit der heidnischen Mythologie, die Überlegenheit der christlichen

Ethik und die Übereinstimmung des Christentums mit den Lehren der großen Philosophen. Dagegen verwundert die oft oberflächliche Darstellung zentraler christlicher Lehren, etwa wenn die Existenz der Heidengötter nicht ausgeschlossen wird und Christus gleichsam als Gott zweiten Ranges gilt. Vergleichbare theologische Schwächen zeigt Arnobius' Schüler und Landsmann Laktanz, der kurz vor 300 von Kaiser Diokletian als Lehrer der Beredsamkeit in dessen neue Residenz Nikomedien berufen wurde. Nach seiner Bekehrung zum Christentum verlor Laktanz im Zuge der diokletianischen Verfolgung seine geachtete Stellung, wurde jedoch nach der Konstantinischen Wende um 317 von Kaiser Konstantin als Erzieher seines ältesten Sohnes Crispus nach Gallien geholt. Besondere Beachtung verdient sein Hauptwerk *Göttliche Unterweisungen* (*Divinae Institutiones*), da es den ersten Versuch einer Gesamtdarstellung des christlichen Glaubens in lateinischer Sprache darstellt.

Alle genannten Autoren überragt in seiner Bedeutung für spätere Jahrhunderte Aurelius Augustinus. 354 als Sohn des Heiden Patricius und seiner Frau Monica, einer Christin, in der numidischen Kleinstadt Thagaste geboren, erhielt er seine Schulbildung in seiner Heimatstadt und im benachbarten Madaurus, bevor er sich 371 auf den Wunsch seines Vaters hin zum Studium der Rhetorik nach Karthago begab. Eine wichtige Rolle für seine Entwicklung spielte eigenen Angaben zufolge die Lektüre des *Hortensius*, einer heute fast vollständig verlorenen philosophischen Schrift Ciceros, die 373 sein Interesse an religiösen und weltanschaulichen Fragen weckte. Noch im gleichen Jahr schloss er sich der Religion der Manichäer an und wirkte nach dem Abschluss seines Studiums als Lehrer der Grammatik in Thagaste und seit 375 in Karthago. 384 nahm er eine Stelle als Lehrer der Rhetorik in Mailand an, wo er sich unter dem Einfluss der neuplatonischen Philosophie und der Predigten des Bischofs Ambrosius dem Manichäismus immer mehr entfremdete und schließlich im August 386 zum Christentum bekehrte. 387 kehrte er nach Nordafrika zurück, wurde 391 in Hippo Regius vom dortigen Bischof zum Priester geweiht und schließlich 396 zu dessen Nachfolger berufen. Von da an widmete er sich ganz der Seelsorge und

Kirchenpolitik und stellte seine umfangreiche schriftstellerische Tätigkeit in den Dienst inner- und außerkirchlicher Streitfragen. 430 starb Augustinus in Hippo Regius, während die Stadt von einem Heer des germanischen Volks der Vandalen belagert wurde.

In der Theologie wirkte Augustinus vor allem durch seine Gnadenlehre, in der er auf der Grundlage paulinischer Vorstellungen von der Erbsünde die Unfähigkeit des natürlichen Menschen zum Guten hervorhebt und – in Abgrenzung von seinem theologischen Gegner Pelagius – die zentrale Bedeutung der Gnade als freies Geschenk göttlicher Hilfe betont. Eng verbunden mit dieser Auffassung ist eine besonders strenge Prädestinationslehre im Sinne einer göttlichen Vorausbestimmung des Menschen zur Seligkeit oder zum Verderben. Begründet hat sie Augustinus in seinem Werk *Vom Gottesstaat* (*De civitate dei*), das eine umfassende Geschichtstheologie enthält.

Am Anfang der Christianisierung Mittel-, Nord- und Osteuropas steht die Bekehrung der Goten, für die der Bischof Wulfila schon in der zweiten Hälfte des vierten Jahrhunderts die Bibel ins Gotische übersetzte.[57] In der Folge traten auch andere germanische Völker wie etwa die Burgunden, Sueben und Vandalen zum Christentum über. Sie alle lernten das Christentum zunächst in der – von der Reichskirche schon bald verworfenen – «arianischen» oder besser «homöischen» Ausprägung kennen, die im Unterschied zum Glaubensbekenntnis der Konzilien von Nicaea und Konstantinopel nicht den später allgemein anerkannten Trinitätsglauben, sondern die Unterordnung des Sohnes unter den Vater postulierte. Dies führte nach dem Untergang des Weströmischen Reiches dazu, dass es in den germanischen Nachfolgereichen immer wieder zu konfessionellen Spannungen zwischen der herrschenden germanischen Oberschicht und ihren romanischen Untertanen kam. Im Laufe des sechsten Jahrhunderts ließen sich daher die Könige der Burgunden, Sueben und Westgoten trinitarisch taufen, nachdem um 500 bereits der fränkische König Chlodwig direkt vom Heidentum zum Katholizismus übergetreten war.

Nicht vergessen sei über der Kontinuität des lateinischsprachigen christlichen Mittelalters mit der Antike, dass sich im griechisch- und aramäischsprachigen Osten des Römischen Reichs seit der Spätantike eigenständige Ausprägungen des Christentums entwickelten.[58] An erster Stelle ist dabei die griechischsprachige Staatskirche im Römisch-Byzantinischen Reich selbst zu nennen, von deren späterer Mission in Ost- und Südosteuropa weiter unten noch die Rede sein wird. Östlich von Byzanz führte das Königreich Armenien schon um das Jahr 314 das Christentum als Staatsreligion ein, woraufhin die Bibel schon im frühen fünften Jahrhundert ins Armenische übersetzt wurde. In unmittelbarer Nachbarschaft lebten aramäischsprachige Christen teils im Oströmischen Reich, teils im persischen Sasanidenreich. Im westsyrischen Gebiet entstand ausgehend vom altkirchlichen Patriarchat von Antiochia, das seinen Ursprung auf den Apostel Petrus zurückführte, die auch als Jakobitische Kirche bezeichnete Syrisch-Orthodoxe Kirche. Dagegen entwickelte sich östlich davon auf dem Boden des persischen Sasanidenreichs die mitunter auch als «Nestorianische Kirche» bezeichnete Assyrische Kirche des Ostens oder Ostsyrische Kirche. In Ägypten entstand die Koptisch-Orthodoxe Kirche, die ihre Anfänge auf den Evangelisten Markus zurückführte und seit dem zweiten Jahrhundert neben dem Griechischen auch das Koptische, eine Fortsetzung des Altägyptischen, als liturgische Sprache verwendete.

Die frühe Ausbreitung des Islams

Im Römischen Reich hatte das Christentum als Religion einer kleinen Minderheit die staatlichen Strukturen zunächst abgelehnt und sich erst nach einem längeren Wandlungsprozess mit ihnen arrangiert, um sie schließlich zu vereinnahmen und in seinem Sinn umzugestalten. Im Unterschied dazu bildeten Herrschafts- und Religionsausübung im frühen Islam seit der Übersiedlung Muhammads nach Medina eine Einheit, denn der politische Führer des muslimischen Gemeinwesens – zunächst der Prophet und dann dessen Nachfolger oder Stellvertreter, der Kalif – war zugleich das religiöse Oberhaupt der Muslime. Sucht man daher zu den ersten anderthalb Jahrhunderten der muslimischen

Expansion eine Parallele, so ist dies nicht die Ausbreitung des Christentums in den ersten anderthalb Jahrhunderten seines Bestehens, sondern die gleichzeitige Ausbreitung des Christentums nach der Auflösung des Weströmischen Reichs im europäischen Frühmittelalter. Hier wie dort ging die Islamisierung bzw. Christianisierung nämlich mit der Ausdehnung oder dem Aufbau von Herrschaftsstrukturen einher, auch wenn zwischen der Expansion des Christentums und des Islams aufgrund ihres unterschiedlichen Selbstverständnisses und wegen augenfälliger kultureller Unterschiede in den jeweiligen Missionsgebieten gewichtige Unterschiede bestanden.[59]

Von zentraler Bedeutung für die Ausbreitung des muslimischen Gemeinwesens, das beim Tod des Propheten noch ganz auf Teile der Arabischen Halbinsel beschränkt war, ist der koranische Begriff der «Schriftbesitzer» oder «Leute des Buches» (*ahl al-kitāb*). Er bezeichnete zunächst die Juden und Christen, denn der Koran erkennt die Tora (*taurāt*) und das Evangelium (*inǧīl*) als göttliche Offenbarungen an und sieht in vielen biblischen Gestalten (insbesondere Abraham, Mose und Jesus) Propheten, die ebenfalls den Islam verkündet haben. Muhammad gilt daher als «Siegel der Propheten» (*ḫātam an-nabīyīn*), als Vollender und Wiederhersteller der ursprünglichen Religion. Gleichwohl zeigen die koranischen Urteile über Juden und Christen teilweise erhebliche Unterschiede, die nicht zuletzt die unterschiedlichen Erfahrungen Muhammads mit Vertretern dieser Religionsgemeinschaften in Mekka und Medina widerspiegeln. Neben Mahnungen, Juden und Christen sollten den Koran als Bestätigung früherer Offenbarungen anerkennen oder sich doch wenigstens mit den Muslimen gegenüber den Polytheisten zusammenschließen, stehen Vorwürfe, die «Schriftbesitzer» hielten sich selbst nicht an das, was ihre Religion ihnen vorschreibe, sie suchten Muslime vom wahren Glauben abzubringen, und sie hätten ihre eigenen Offenbarungsschriften nicht mit ausreichender Sorgfalt bewahrt oder sogar absichtlich verfälscht.

Im Gefolge der muslimischen Expansion setzte sich weithin die Praxis durch, unter Berufung auf Sure 9,29 den Angehörigen all jener Religionsgemeinschaften, die sich auf eine schriftliche Offenbarung berufen konnten, den Status einer geschützten Minderheit (*ahl aḏ-ḏimma*) zuzubilligen. Damit konnte jeder Einzelne von ihnen als *ḏimmī* gegen die Zahlung einer besonderen Kopfsteuer (*ǧizya*) – auch als Ersatz für die muslimische Armensteuer (*ṣadaqa* oder *zakāt*) – eine begrenzte Kultfreiheit in Anspruch nehmen.[60] Waren die heidnischen Sachsen als Nachbarn des aufstrebenden Reichs der Franken also genötigt, nach ihrer Unterwerfung nicht nur den Herrschaftsanspruch des fränkischen Königs, sondern auch dessen Religion mit all ihren kirchlichen Strukturen anzuerkennen, so dürften sich viele der mehrheitlich christlichen Bewohner des Oströmischen Reiches sowie die dort ansässigen Juden mit der neuen Herrschaft der Muslime leichter abgefunden haben, da sie ihre Religion und damit einen wesentlichen Teil ihrer kulturellen Identität behalten durften, auch wenn ihre steuerliche und gesellschaftliche Benachteiligung dazu führte, dass viele von ihnen schließlich zum Islam konvertierten.

Bereits 634 stießen arabische Truppen bis nach Syrien vor, eroberten die byzantinische Festung von Bosra und erzwangen ein Jahr später die Übergabe von Damaskus. Daraufhin ging das Oströmische Reich zum Gegenangriff über, doch wurde das byzantinische Heer im August 636 in der Schlacht am Jarmuk, einem Nebenfluss des Jordan, vernichtend geschlagen. In der Folge zogen sich die oströmischen Truppen nach Kleinasien zurück und überließen damit ganz Syrien und Palästina den Muslimen, die 638 Jerusalem und Antiochia, 640 oder ein Jahr später auch die bedeutende Hafenstadt Caesarea Maritima einnahmen. Vom Tempelberg in Jerusalem war nach der Prophetenbiographie des Ibn Ishaq (um 704–768) Muhammad einst zum Himmel aufgestiegen und wieder zur Erde zurückgekehrt; die Bedeutung der Stadt als eine der drei heiligen Sädte des Islams dokumentiert als einer der ältesten muslimischen Sakralbauten der um 690 errichtete Felsendom.

Noch vor der Mitte des siebten Jahrhunderts drangen die Araber auch in Ägypten ein, die traditionelle Kornkammer des Römischen Reiches. Sie besetzten die strategisch wichtige Festung Babylon in der heutigen Altstadt von Kairo, besiegten die oströmischen Truppen in der Schlacht von Heliopolis und eroberten nach mehrmonatiger Belagerung die Hafenstadt Alexandria. 642 stießen arabische Truppen in die Kyrenaika vor und nahmen 643 die Hafenstadt Tripolis ein. Bis zum Ende des siebten Jahrhunderts eroberten die Muslime Tripolitanien, Tunesien sowie Ostalgerien und erreichten schließlich in Marokko die Atlantikküste.[61] Unter Tariq ibn Ziyad, einem zum Islam konvertierten Berber, setzten muslimische Truppen im Frühjahr 711 über die Straße von Gibraltar – der Name bedeutet «Felsen des Tariq» (*ǧabal Ṭāriq*) – auf die Iberische Halbinsel über. Noch im Juli besiegten sie am Río Guadalete die Westgoten unter ihrem König Roderich, der in der Schlacht fiel. Daraufhin eroberten sie in rascher Folge Córdoba, Málaga sowie die Hauptstadt Toledo und nahmen bis 719 fast die gesamte Iberische Halbinsel ein.[62] 720 gelang ihnen nach einem Vorstoß über die Pyrenäen die Einnahme der Stadt Narbonne und ihres Umlands, das sie über mehrere Jahrzehnte hinweg besetzt hielten. Ein Vorstoß ins Zentrum des Frankenreichs wurde jedoch 732 durch Karl Martell, den Großvater Karls des Großen, in der Schlacht von Tours und Poitiers zurückgeschlagen.

Die ersten Angriffe der Muslime auf das persische Reich der Sasaniden erfolgten ungefähr zur gleichen Zeit wie der Vormarsch auf Syrien und Palästina. Im Herbst 634 erlitten die Araber zwar in der sogenannten «Schlacht an der Brücke» unweit der Stadt Hira eine schwere Niederlage, doch gelang ihnen schon wenige Jahre später in der Schlacht von Qadisiya ein entscheidender Sieg über die Perser. Daraufhin überließ der persische Großkönig das Zweistromland den muslimischen Eroberern und zog sich in die weiter östlich gelegenen Regionen seines Reichs zurück. Nach einem weiteren Sieg über die geschwächten persischen Truppen in der Schlacht bei Nihavand (642) besetzten die Muslime nach und nach das gesamte Perserreich, dessen letzter Großkönig Yazdegerd III. 651 auf der Flucht ermordet wurde. In den folgenden Jahrzehnten eroberten muslimische Heere weite Gebiete Zentralasiens. Um 710 drangen sie bis Nordwestindien vor, wo ihr Vormarsch jedoch in mehreren Schlachten von regionalen Machthabern aufgehalten wurde.

Um die erstaunliche Schnelligkeit und Stetigkeit der muslimischen Eroberungen zu erklären, verweist man zumeist auf die taktische Be-

Abb. 18 Abbildung eines Mannes aus dem Palast des Kalifen Hischam, achtes Jahrhundert

weglichkeit der arabischen Heere und das weitgehende Fehlen geographischer Barrieren, die Unzufriedenheit weiter Bevölkerungsteile in den benachbarten Vielvölkerstaaten mit den bestehenden Herrschaftsstrukturen, die politische und militärische Schwäche der Perser und Byzantiner infolge jahrzehntelanger militärischer Auseinandersetzungen, vor allem aber auf die bis dahin unbekannte Dynamik der vereinigten arabischen Stämme infolge der religiösen Legitimation ihres Kampfes. Ob die neue Religion jedoch tatsächlich der Motor oder nicht vielmehr eine Begleiterscheinung der arabischen Expansion war, wird nach wie vor kontrovers diskutiert. Jedenfalls übernahmen die neuen muslimischen Herrscher in den ersten Jahrzehnten ihrer Eroberungen vielerorts die Verwaltungsstrukturen des Byzantinischen und des Persischen Reiches, wobei sie auch die traditionellen Verwaltungssprachen Griechisch bzw. Mittelpersisch zunächst beibehielten und erst viel später durch das Arabische ersetzten.

In den historischen Karten moderner Geschichtswerke kommt die Expansion des frühen Islams am sinnfälligsten durch die einheitliche (meistens grüne) Färbung des Vorderen Orients sowie weiter Gebiete Zentralasiens, Nordafrikas und der Iberischen Halbinsel zum Ausdruck. Dies sollte jedoch keinesfalls darüber hinwegtäuschen, dass das islamische Herrschaftsgebiet oder «Haus des Islams» (*dār al-islām*) stets nur in bestimmter Hinsicht eine Einheit bildete: Neben gewichtigen Übereinstimmungen im Welt- und Menschenbild, der gemeinsamen Wertschätzung des Korans und der arabischen Sprache sowie eines daraus abgeleiteten, den täglichen Alltag wie auch den Jahreskreislauf prägenden Gottesdienstes standen nämlich von Anfang an auch erhebliche, teils religiös, teils politisch und ethnisch begründete innere Spannungen sowie eine ausgeprägte sprachliche, kulturelle und gesellschaftliche Vielfalt, die weiter unten noch ausführlich zur Sprache kommen wird.

10. Differenzierung und Spezialisierung: Lebensformen und Organisation

Der Hinweis auf die kulturelle Vielfalt des mittelalterlichen und neuzeitlichen Islams zeigt eine Konstante an, die auch in den anderen großen Religionen zu beobachten ist: Hand in Hand mit ihrem Wachstum und ihrer Ausbreitung geht die Tendenz zur Differenzierung und Spezialisierung. Dies zeigt sich in der Ausbildung von nationalen und regionalen, teilweise ethnisch und kulturell begründeten Sonderformen, aber auch in der Entwicklung unterschiedlicher Organisations- und Lebensweisen. Immer wieder stellte sich dabei die Frage nach der theoretischen Begründung und religiösen Legitimierung, worauf am Ende dieses Kapitels noch einmal zurückzukommen ist.

Schon in den frühen Schriftkulturen des Altertums hatte man den Kult mit Hilfe besonders qualifizierter religiöser Funktionsträger oder Spezialisten vollzogen. Eine reich entwickelte Begrifflichkeit dazu findet man in den altägyptischen Quellen, die zahlreiche Titel, aber auch Angaben zu den Aufgaben und der gesellschaftlichen Stellung dieser Personen enthalten. Charakteristisch dafür ist die enge Verbindung religiöser und staatlicher Ämter, da religiöse Funktionsträger ägyptischer Anschauung zufolge nur als Stellvertreter des Königs tätig werden konnten. So hatte jeder Göttertempel einen oder mehrere «Gottesdiener» (*ḥm nṯr*), denen die Organisation des Kults oblag und die ihrerseits wiederum von dem «Gaufürsten» als einem königlichen Beamten beaufsichtigt wurden.

In der modernen Forschung ist es üblich geworden, für religiöse Funktionsträger aus dem Bereich der altorientalischen Kulturen die Sammelbezeichnung «Priester» (*priest*, *prêtre* usw.) zu verwenden, die ebenso wie unser Fremdwort *Presbyter* auf griechisch *presbýteros*, «Ältester», zurückgeht. Doch diese Bezeichnung ist wegen ihres traditionellen Gebrauchs in einem christlichen Sinn nicht so einfach auf andere Kulturen übertragbar. Andererseits ist es kaum praktikabel, sie überall durch die überlieferten einheimischen Begriffe zu ersetzen, zumal die meisten aus dem Altertum auf uns gekommenen Bezeichnungen religiöser Funktionsträger heute nicht mehr geläufig sind. Ähnliche Vorbehalte gelten für die Bezeichnung «Mönch», die zwar im Christentum geprägt wurde, jedoch oft umstandslos auch mit Bezug auf den Buddhismus verwendet wird. Da in diesen und ähnlichen Fällen hinter identischen Bezeichnungen oft weit auseinanderliegende religiös-gesellschaftliche Realitäten stehen, sei an dieser Stelle der Blick auf die besonderen Formen der Spezialisierung und Organisation der großen Weltreligionen am Übergang von der Antike zum Mittelalter gerichtet.[63]

Das buddhistische Mönchtum

«Ich nehme Zuflucht zum Buddha – Ich nehme Zuflucht zum Dharma – Ich nehme Zuflucht zum Sangha.» Mit dem dreimaligen Aussprechen dieser Formel erfolgt traditionell der Übertritt bzw. das Bekenntnis zur Religion des Buddhismus. Mit ihr bringt der Neubekehrte seine besondere Wertschätzung jener «Drei Kostbarkeiten» oder «Drei Juwelen» (*triratna*) zum Ausdruck, auf denen diese Religion beruht: des Buddha, seiner Lehre und der Gemeinschaft (*sangha*) der Mönche und Nonnen.

Buddhistischer Anschauung zufolge bilden die Anhänger des Buddha eine «Vierfache Gemeinschaft» (*parisā*), die zum einen die Mönche (*bhikku*) und Nonnen (*bhikkunī*), zum anderen die «Dabeisitzenden», also die Laienschüler (*upāsaka*) und Laienschülerinnen (*upāsikā*), umfasst. Sie werden mit Blick auf ihre enge Verbundenheit mit dem weltlichen Leben mitunter auch «Hausväter» (*gahapati*) und «Hausmütter» (*gahapatikā*) genannt. Die Laienanhänger des Buddhismus folgen keinem umfangreichen Regelwerk, sondern verpflichten sich lediglich zur Einhaltung von fünf grundlegenden Verhaltensregeln (*sīla*), nämlich keine Lebewesen zu töten, keinen Diebstahl zu begehen, sich kein sexuelles Fehlverhalten zu erlauben, keine Unwahrheiten zu sagen und auf jegliche Rauschmittel zu verzichten. Im Übrigen ist die Bewertung und Stellung der Laien in den verschiedenen Ausprägungen oder Schulen des Buddhismus unterschiedlich. Der frühe Buddhismus, wie er noch heute in der Theravada-Schule praktiziert wird, geht davon aus, dass nur Mönche die Erlösung erlangen können und den Laien eine rein unterstützende Funktion zukommt. Dagegen gesteht der Mahayana-Buddhismus die Möglichkeit der Erlösung auch den Laien zu. Überall jedoch stehen die Gruppen der Laien sowie der Mönche und Nonnen in einem symbiotischen Verhältnis zueinander: Die Laien erwerben durch die materielle Unterstützung der Mönche und Nonnen religiöses Verdienst, das sie auf dem Weg zur Erlösung voranbringt, während der Orden als wichtigster Garant für die Bewahrung der Lehre des Buddha gilt, jedoch ohne die

Abb. 19 Buddha predigt einem Mönch. Wandmalerei aus Kumtura in Zentralasien, sechstes Jahrhundert

Unterstützung durch die Laien keinen dauerhaften Bestand haben könnte.

Voraussetzung für die Aufnahme als Mönch oder Nonne ist der Auszug in die «Hauslosigkeit» (*pabbajjā*). Auf eine Zeit als Novize (*sāmanera*) oder Novizin (*sāmanerī*) folgt die volle Ordination (*upasampadā*); sie wird von einer größeren Zahl von Ordensmitgliedern vollzogen, die selbst vor längerer Zeit ordiniert wurden. Zu der damit verbundenen Aufnahmezeremonie gehören unter anderem das Scheren der Haare, das Anlegen einer besonderen Ordenstracht und das dreimalige Aussprechen der zu Beginn dieses Abschnitts zitierten Bekenntnisformel. Von zentraler Bedeutung für das Zusammenleben im Orden ist der als *Pātimokkha* bezeichnete Teil des Vinaya-Pitaka, der 227 Regeln für die Mönche und 348 Regeln für die Nonnen enthält und der alle vierzehn Tage, jeweils bei Voll- und Neumond, im Rahmen einer «Beichtfeier» (*uposatha*) rezitiert wird. Dabei können schwere Verfehlungen auch mit dem Ausschluss aus der Gemeinschaft geahndet werden. Allgemein verbindlich waren eine zölibatäre Lebensweise und der Verzicht auf persönlichen Besitz jenseits einiger weniger Habseligkeiten. Im Übrigen wurden die überlieferten Regeln für eine asketische Lebensführung unterschiedlich streng ausgelegt. Ursprünglich bildeten die buddhistischen Mönche und Nonnen wohl eher lose Gemeinschaften, in denen es weder eine lebenslange Verpflichtung der Mitglieder noch eine ausgeprägte Hierarchie oder ortsfeste Klöster gab. Dies änderte sich jedoch schon bald, so dass bereits im frühen Buddhismus ebenso wie später in den verschiedenen Ausprägungen des Mahayana-Buddhismus zahlreiche ausgedehnte, mitunter auch politisch einflussreiche Klosteranlagen entstanden.[64]

Die Rabbinen und ihre Literatur

Dem Johannes-Evangelium zufolge begegnete Maria von Magdala dem auferstandenen Jesus am leeren Grab, erkannte ihn jedoch erst, als er sie mit ihrem Namen ansprach. «Da wendet sie sich um und sagt zu ihm: Rabbuni! (das heißt: Meister)» (Johannes 20,16). Als «Rabbuni» wurde Jesus dem Markus-Evangelium zufolge auch von jenem Blinden angeredet, der ihn darum bat, wieder sehen zu können (Markus 10,51), während ihn seine Jünger dem Evangelisten zufolge oft mit dem kürzeren, aber im Wesentlichen gleichbedeutenden Ausdruck «Rabbi» ansprachen (Markus 9,5; 11,21; 14,45).

Abgeleitet von einer hebräisch-aramäischen Wurzel mit der Bedeutung «groß», diente der hebräische Titel *Rabbi* bzw. seine aramäische Entsprechung *Rabban* schon bald nach der Entstehung der jüdischen Religion im Gefolge der Rückkehr aus dem Babylonischen Exil und dem Bau des Zweiten Tempels als Bezeichnung für jüdische Religionsgelehrte. Einen tiefgreifenden Einschnitt in der Geschichte dieser Würdenträger bildete die Zerstörung des Zweiten Jerusalemer Tempels am Ende des jüdischen Aufstands gegen die Römer im Jahre 70. Im Zuge der vielfältigen Neuerungen, die sich aus dem Wegfall des Tempels, des Opferkults und der eng mit dem Tempelkult verbundenen Priesterschicht ergaben, entwickelte sich eine neue religiöse Führungsschicht, die man heute üblicherweise als «Rabbinen» bezeichnet, während man die unter ganz anderen gesellschaftlichen Bedingungen wirkenden Funktionsträger des mittelalterlichen und neuzeitlichen Judentums zumeist «Rabbiner» nennt.[65]

Am Anfang des Wirkens der Rabbinen steht die Überzeugung, dass Mose am Berg Sinai von Gott nicht nur eine schriftliche, sondern auch eine mündliche Tora empfangen habe. Letztere sei über viele Generationen hinweg ausschließlich mündlich überliefert worden, bis man sie in den ersten drei Jahrhunderten unserer Zeitrechnung in einer für die gesamte spätere Geschichte grundlegenden Sammlung jüdischer Religionsgesetze erstmals schriftlich fixierte. Da das Studium und die Weitergabe dieser Gesetze darauf beruhte, dass man sie sich durch ständiges Wiederholen einprägte, bezeichnete man diese Sammlung mit dem hebräischen Wort für «Wiederholung» als *Mischna*.[66] Insgesamt besteht die Mischna aus dreiundsechzig größtenteils auf Hebräisch abgefassten Traktaten, von denen jeweils sieben bis zwölf eine von insgesamt sechs «Ordnungen» (*s^{e}darim*) bilden. So enthält die zweite Ordnung «Festzeiten» (*Mo'ed*) zwölf Traktate mit allgemeinen Bestimmungen für die großen Festtage und ausführlichen Regeln für den Sabbat, während die dritte Ordnung «Frauen» (*Nashim*) Anweisungen zu Ehe, Verlobung und Scheidung enthält. Als Urheber dieser Kodifizierung der Religionsgesetze gelten die *Tannaim* oder Tannaiten («Lehrer»), von denen über 250 in mehreren aufeinander folgenden Generationen dem Namen nach bekannt sind. Als einer der ersten Tannaiten galt Jochanan ben Sakkai, dem die Überlieferung die Gründung eines Lehrhauses in Jawne gleich nach der Zerstörung des Jerusalemer Tempels zuschreibt. Weitere bedeutende Tannaiten der darauf folgenden Zeit waren Jochanans Schüler

Rabbi Elieser, genannt «der Große», Rabbi Akiba, der während der Verfolgung der Juden unter Kaiser Hadrian im Jahr 135 den Märtyrertod erlitt, sowie der 217 verstorbene Rabbi Jehuda ha-Nasi, auf den man die Schlussredaktion der Mischna zurückführt.[67] Zusätzliche mündliche Überlieferungen des Judentums wurden gleichzeitig mit oder kurz nach der Kodifizierung der Mischna in einer weiteren Sammlung zusammengestellt, die man als *Tosefta* («Ergänzung») bezeichnet.

Auf die Tannaim oder Tannaiten folgten in der Zeit vom dritten bis zum fünften Jahrhundert die teils in Palästina, teils in Babylonien tätigen *Amora'im* oder Amoräer («Sprechende» oder «Berichtende»), deren vielfältige, in aramäischer Sprache geführte Diskussionen über die mündliche Tora in einer als *Gemara* («Vollendung») bekannten Sammlung schriftlich festgehalten wurden. Mischna und Gemara bilden zusammen den *Talmud* («Studium» oder «Belehrung»), der in zwei unterschiedlich umfangreichen und auch inhaltlich verschiedenen Fassungen vorliegt.[68] Aus Palästina stammt der Jerusalemer Talmud (*Talmud Jeruschalmi*). Erheblich umfangreicher und wirkungsgeschichtlich bedeutender ist jedoch der Babylonische Talmud (*Talmud Bavli*), der vor allem in den mesopotamischen Städten von Sura und Pumbedita entstand. Dort hatten sich seit dem Babylonischen Exil im sechsten Jahrhundert v. Chr. bedeutende jüdische Gemeinden und Zentren jüdischer Gelehrsamkeit gebildet. Der *Talmud Bavli* ist zumeist dann gemeint, wenn man ganz allgemein von *dem* Talmud spricht.

Im Hinblick auf Stil und Inhalt des Talmud unterschied man bereits im mittelalterlichen Judentum innerhalb der rabbinischen Literatur die beiden sich gegenseitig ergänzenden Aspekte der *Aggada* (auch *Haggada*, von der hebräischen Wurzel *ngd*, «erzählen») und der *Halakha* (von der hebräischen Wurzel *hlk*, «gehen» oder «wandeln»). *Aggada* bezeichnet den nichtgesetzlichen Zweig dieser Literatur, der die biblischen Erzählungen in erbaulicher Absicht ausgestaltete, ergänzte und dadurch für den Gebrauch in der Gegenwart aktualisierte. *Halakha* dagegen bezeichnet die Gesamtheit der aus der Bibel abgeleiteten Rechtsvorschriften, die man in 248 Geboten und 365 Verboten zusammenfasste. Sie betreffen kultisch-rituelle Speise- und Reinheitsvorschriften, aber auch Bestimmungen des Zivil- und Strafrechts. Mit der Halakha beschäftigen sich auch die unter dem Sammelbegriff *Midrasch* zusammengefassten Werke, die der Ableitung von Rechtsbestimmungen aus der Bibel bzw. der Legitimation bestehender Rechtsvorschriften durch den Rückgriff auf dazu passende biblische Passagen gewidmet sind.[69]

Ihren für spätere Zeiten maßgeblichen Abschluss fand die rabbinische Literatur in der Zeit vom sechsten bis zum elften Jahrhundert. Dies war die Zeit der *Ge'onim* (Plural von hebräisch *ga'on*, «Hoheit» oder «Herrlichkeit»); so nannte man in späterer Zeit die Leiter der auch als *Jeshiva* bezeichneten großen rabbinischen Lehreinrichtungen oder Akademien in Babylonien und Israel. Die Hochschätzung und zentrale Bedeutung der Rabbinen und ihrer Literatur bezeugt nicht zuletzt das Amt des «Rabbiners» (im osteuropäischen Judentum auch *Rebbe* genannt), das sich seit dem späten dreizehnten Jahrhundert entwickelte und unter Rückgriff auf die Tradition der antiken Rabbinen weite Bereiche des neuzeitlichen Judentums bis in die Gegenwart prägen sollte.

Die Entstehung der christlichen Volkskirche

Im Christentum bildeten sich seit der zweiten Hälfte des zweiten Jahrhunderts allmählich organisatorische Strukturen aus, die für die Spätantike und nach dem Zerfall des Weströmischen Reiches auch für dessen Nachfolgestaaten im Frühen und Hohen Mittelalter konstitutiv werden sollten. Besonders wichtig wurde die herausgehobene, durch eine besondere Weihe zum Ausdruck gebrachte Stellung des Klerus und dessen klare Abgrenzung gegenüber den Laien, außerdem die zunehmende Bedeutung des Bischofsamtes. Hatte die Leitung der Gemeinden ursprünglich vielfach in den Händen einer Gruppe gleichberechtigter Personen gelegen, so sprach man sie seit der Mitte des zweiten Jahrhunderts immer häufiger dem Bischof zu; er leitete die Eucharistiefeiern und war Sprecher des Gremiums der Presbyter (Gemeindevorsteher). Seine besondere Stellung begründete man mit der Theorie der apostolischen Sukzession: Beleg für die Autorität des einzelnen Bischofs und die Zuverlässigkeit seiner

Lehre war – und ist in der römisch-katholischen Kirche bis heute – die kontinuierliche Weitergabe der Amtsvollmacht von einem der zwölf Apostel über eine Kette von Bischöfen bis zum gegenwärtigen Amtsträger. In den Händen der Bischöfe lagen von da an nicht nur die Fixierung bzw. Modifizierung der als verbindlich anerkannten kirchlichen Lehre, sondern auch die Weihe anderer kirchlicher Funktionsträger, die wichtigsten Funktionen innerhalb gottesdienstlicher Handlungen, die Entscheidungsgewalt über den Ausschluss aus der Kirche und die Verwaltung der kirchlichen Armenfürsorge.

Infolge dieser vielfältigen Aufgaben amtierten die Bischöfe seit dem dritten Jahrhundert zunehmend hauptberuflich. Nachdem sie zunächst von der Gemeinde besoldet worden waren, wurden sie mit der zunehmenden Integration der christlichen Kirche in die politischen Strukturen der Spätantike im Laufe des vierten Jahrhunderts zu hohen Beamten, deren Bedeutung man auch äußerlich mit Attributen wie Thron und Baldachin zum Ausdruck brachte. Grundsätzlich galten zwar alle Bischöfe als gleichberechtigt, doch wurden die Metropoliten oder Bischöfe der großen Provinzhauptstädte mit der Zeit zu Vorstehern über Bistumsverbünde. Gleichzeitig entwickelte sich aus der Funktion des Presbyters, auf den der Bischof einen Teil seiner Aufgaben übertragen konnte, das Amt des Priesters. Auf ihn übertrug man im lateinischsprachigen Christentum des Abendlands nun auch die ursprünglich nur für den Bischof geltende Forderung nach einer zölibatären oder ehelosen Lebensführung.[70]

Ein drängendes Problem der Christen des zweiten und dritten Jahrhunderts war der angemessene Umgang mit abweichenden Glaubensaussagen, unterschiedlichen Ansichten über den Umfang der Bibel, konkurrierenden Bibelauslegungen, regionalen Unterschieden in der Liturgie und rivalisierenden Autoritätsansprüchen. In den ersten beiden Jahrhunderten ermöglichten die überschaubare Zahl der christlichen Gemeinden und ihre zeitliche Nähe zum Ursprung der neuen Religion eine pragmatische Lösung: Legitimiert war eine Gemeinde, wenn sie auf eine apostolische Tradition verweisen konnte. Umstritten war aber auch die Frage, wie weit sich der ethische Anspruch der Kirche auf Politik und Gesellschaft erstrecken durfte und wie man sich zu Nichtchristen verhalten sollte. Glaubt man dem Kirchenschriftsteller Tertullian, so standen die Christen dem römischen Staat trotz ihres Widerstands gegen den Kaiserkult positiv gegenüber, da sie seine Notwendigkeit im göttlichen Heilsplan anerkannten. Auch sonderten sich die Christen der Darstellung Tertullians zufolge von den Nichtchristen keineswegs ab und hielten nur dort Distanz, wo es ihnen aus ethischen Gründen geboten erschien, etwa bei Zirkusdarbietungen, Gladiatorenkämpfen oder Theateraufführungen. Die Meinungen darüber, was bei einer christlichen Lebensführung zu tolerieren sei, gingen jedoch insbesondere mit dem Anwachsen der Gemeinden weit auseinander. Ihren Höhepunkt erreichte die Diskussion um den ethischen Anspruch und wie rigoros er durchzusetzen sei im Jahre 250, als Kaiser Decius zur Stärkung des polytheistischen Götterkults die erste allgemeine Christenverfolgung durchführen ließ. Bis dahin war die Kirche vielfach in der Lage gewesen, dem Druck der regional begrenzten und mit unterschiedlicher Härte durchgeführten Verfolgungen auszuweichen. Nun aber beugten sich Christen in großer Zahl dem staatlichen Zwang, durch Gebet und Weihrauchopfer am Kult der Staatsgötter teilzunehmen. Andere wiederum verschafften sich auf unlauterem Wege die erforderlichen Opferbescheinigungen.

Nach dem Ende der Verfolgung stellte sich in einem bis dahin unbekannten Umfang die Frage, wie mit diesen «Abgefallenen» (*lapsi*) zu verfahren sei. Einige Christen bestritten jede Möglichkeit, nach einer solchen Verfehlung in die Kirche zurückzukehren. Andere dagegen beharrten auf dem Recht zur Buße und neuerlichen Bewährung. Im Kern ging es dabei um die Frage, ob die Kirche eine kleine Gemeinschaft von Auserwählten mit hohen ethischen Anforderungen oder aber eine breite Volkskirche mit weniger strengen Maßstäben sein sollte. Zur Debatte standen jedoch auch Fragen der kirchlichen Autorität, denn das Recht auf Vergebung nahmen nicht nur die Bischöfe in Anspruch, sondern auch einige der standhaft gebliebenen Bekenner (*confessores*), die bei vielen Gläubigen in höchstem Ansehen standen. Auch hier ging es im Kern um ein für den Fortbestand der Kirche zentrales Problem: War das Recht auf Sündenvergebung an ein kirchliches Amt gebunden, und wenn ja, bestand es dann unabhängig von der moralischen Qualifikation des Amtsinhabers?

Ähnlich gelagert war das Problem, das wenige Jahre später im sogenannten Ketzertaufstreit erörtert wurde: War die Taufe, die ein Häretiker gespendet hatte, gültig, oder musste man sie wiederholen? Während Bischof Cyprian von Karthago wie zuvor schon Tertullian die Anerkennung einer Taufe durch Ketzer ablehnte, nahm der römische Bischof Stephan I. den gegensätzlichen Standpunkt ein. Im Gefolge dieser Auseinandersetzungen wurde der rigorose Anspruch vieler früher Christen zunehmend abgemildert. Die Kirche öffnete sich damit für breite Schichten der Bevölkerung, doch die Befürworter einer strenger und anspruchsvoller geregelten Lebensweise suchten nun nach neuen Lebensformen, in denen sie ihre Ideale verwirklichen konnten.

Askese und Mönchtum im Abendland

Das Wört Mönch (lateinisch *monachus*) ist von dem griechischen Adjektiv *monachós*, «einzeln, einzig», abgeleitet. Das verweist darauf, dass die Anfänge des abendländischen Mönchtums im griechischsprachigen Mittelmeerraum liegen. Dort waren besonders in Ägypten, aber auch in Kleinasien, Syrien-Mesopotamien, Palästina und der Sinai-Halbinsel schon seit der zweiten Hälfte des dritten Jahrhunderts christliche Asketen zu finden. Sie lebten dort teils allein als Eremiten oder Anachoreten («Zurückgezogene»), teils als Koinobiten («gemeinsam Lebende») in einer arbeitsteiligen und nach Regeln organisierten Gemeinschaft. Als Urbild des Anachoreten erscheint im frühchristlichen Schrifttum Antonius der Große, dessen Leben Athanasius von Alexandria beschrieben hat. Die koinobitische Lebensweise verband man dagegen vor allem mit dem heiligen Pachomios, der als erster eine Regel für das mönchische Gemeinschaftsleben aufgestellt hat. Begünstigt wurde der Aufschwung des Mönchtums durch das Ende der Christenverfolgungen zu Beginn des vierten Jahrhunderts, da viele Christen die mönchische Lebensweise als unblutiges Martyrium auffassten und von den Asketen nunmehr all jene besonderen Fähigkeiten erwarteten, die man zuvor den Märtyrern zugeschrieben hatte. Ihren Niederschlag fand die weit verbreitete Hochschätzung der mönchischen Lebensweise nicht zuletzt in einer ausgedehnten Literatur. Dazu gehören die «Aussprüche der (Wüsten-)Väter» (*Apophthegmata patrum*), Athanasius' Biographie des Antonius (*Vita Antonii*), die mystischen und asketischen Schriften des Evagrius Ponticus sowie einige Sammlungen von Mönchsbiographien, die von der spätantiken Romanliteratur beeinflusst sind, darunter die anonym überlieferte *Historia monachorum* («Geschichte der Mönche»).[71]

Im lateinischsprachigen Westen des Römischen Reichs sind christliche Asketen vereinzelt bereits für das späte zweite und frühe dritte Jahrhundert bezeugt. Stärker als ihr Vorbild wirkte aber das Beispiel der östlichen Mönche und Mönchsgemeinschaften, das man durch Augenzeugenberichte (etwa des nach Trier und Rom verbannten Antonius-Biographen Athanasius), durch eigene Anschauung (etwa im Fall des Johannes Cassianus durch Reisen nach Ägypten, Palästina und Kappadokien) sowie durch literarische Vermittlung kennenlernen konnte. Seit der zweiten Hälfte des vierten Jahrhunderts häufen sich daher auch im Westen die Nachrichten über Gemeinschaften von Asketen und Asketinnen, die sich vorzugsweise auf die kleineren Inseln der Adria und des Mittelmeers zurückzogen. Gleichzeitig entstanden aber auch städtische Männer- und Frauenklöster, die sich im Zuge der kirchlichen Förderung des Märtyrerkults die Pflege der Märtyrergräber, den Unterhalt der Gedächtniskirchen und die Betreuung der Pilger zur Aufgabe machten.[72] Darüber hinaus hören wir immer wieder von mönchisch organisierten Klerikergruppen (etwa um die Bischöfe Eusebius von Vercelli und Augustinus von Hippo) und charismatischen Einsiedlern (wie etwa Martin von Tours). Jede dieser Gemeinschaften folgte ihren eigenen Regeln, die nur in wenigen Fällen schriftlich überliefert wurden.

Eine wichtige Rolle spielte seit dem sechsten Jahrhundert das irische Mönchtum, das mit zahlreichen wohlhabenden und politisch einflussreichen Klöstern die kirchlichen Strukturen des Landes prägte und sich durch ein intensives Bildungsstreben und eine besonders strenge Askese

Abb. 20 Benediktinermönch mit dem Modell einer Kirche. Wandmalerei in der Chiesa San Benedetto in Mals, Italien, frühes neuntes Jahrhundert

auszeichnete. Das Ideal der religiös motivierten Heimatlosigkeit und Wanderschaft (*peregrinatio*) führte zu einer intensiven Missionstätigkeit irischer Mönche in Schottland, England und im Frankenreich. Den langfristig größten Erfolg für die Verbreitung des Mönchtums erzielten jedoch nicht irische Klostergründer, sondern die Nachfolger Benedikts von Nursia. Benedikt gründete um 530 die dem heiligen Martin geweihte Abtei Monte Cassino und verfasste dort unter Verwendung einer älteren anonymen Quelle, der sogenannten *Regula Magistri*, die nach ihm benannte Benediktsregel (*Regula Benedicti*). Sie versteht sich vor allem als Anleitung für Menschen, denen die klösterliche Lebensform noch neu und ungewohnt ist, und sie wurde von Papst Gregor I., dem Verfasser einer viel gelesenen Biographie Benedikts, vor allen anderen Mönchsregeln bevorzugt. Im siebten und achten Jahrhundert setzte sie sich zunächst in England und danach auch im Frankenreich allgemein durch. Auf Veranlassung des heiligen Bonifatius wurden neue Klöster wie etwa Fulda und Gorze sogleich der Benediktsregel unterstellt, während ältere Klöster wie Sankt Gallen sie nachträglich annahmen. Zu Beginn des neunten Jahrhunderts machte Benedikt von Aniane die *Regula Benedicti* mit der Unterstützung Ludwigs des Frommen zur weithin vorherrschenden, nahezu alleingültigen Mönchsregel im lateinischen Abendland.

Die Leitung der Gemeinde im frühen Islam

Nach dem unerwarteten Tod Muhammads im Juni 632 stellte sich in Mekka die Frage, wer die politische, militärische und religiöse Führung des Gemeinwesens übernehmen sollte. Als Antwort darauf wurde das Amt eines Nachfolgers oder «Stellvertreters» (*ḫalīfa*) geschaffen. Zum ersten dieser Kalifen wurde Abu Bakr gewählt. Er war einer der ersten Anhänger des Propheten gewesen, hatte ihn bei der Übersiedlung nach Medina begleitet und war obendrein durch die Heirat Muhammads mit seiner Tochter Aischa zu dessen Schwiegervater geworden. Ihm folgte nur zwei Jahre später Umar ibn al-Chattab, dessen Tochter Hafsa ebenfalls eine Ehefrau Muhammads war. Nach seinem Tod 644 stand zwölf Jahre lang Uthman ibn Affan an der Spitze des muslimischen Gemeinwesens, der wie Abu Bakr unter den ersten Anhängern Muhammads gewesen war und nacheinander zwei Töchter des Propheten geheiratet hatte.

Unter der Regierung Uthmans setzte sich die Expansion des arabisch-islamischen Reiches unvermindert fort, doch kam es innerhalb der herrschenden Schicht immer wieder zu Spannungen, da der neue Kalif bei der Besetzung wichtiger Schaltstellen der Macht verstärkt auf Angehörige seiner eigenen Familie, der Banu Umaiya oder Umaiyaden, zurückgriff. Als Uthman im Juni 656 ermodet wurde, ging das Kalifat an Ali ibn Abi Talib über. Er war ein Vetter des Propheten und durch die Heirat mit Muhammads Tochter Fatima zugleich sein Schwiegersohn und Vater des Brüderpaares Hasan und Husain, der einzigen männlichen Nachkommen Muhammads. Da der neue Kalif keine Anstalten traf, die Mörder seines Vorgängers zur Rechenschaft zu ziehen, verweigerten ihm mehrere führende Muslime die Gefolgschaft. Unter ihnen waren Aischa, die jüngste Witwe des Propheten, und Muawiya, der Statthalter von Damaskus. Sie bildeten zusammen mit anderen Unzufriedenen innerhalb kurzer Zeit eine schlagkräftige Opposition gegen ihn. Im Dezember 656 kam es bei Basra zur sogenannten Kamelschlacht, bei der die Truppen Alis den Anhängern der Prophetenwitwe Aischa eine vernichtende Niederlage zufügten. Muawiya jedoch, der sich auf eine breitere Machtbasis stützen konnte, verweigerte Ali nach wie vor den Treueschwur, so dass es im Sommer 657 bei Siffin am oberen Euphrat erneut zur Schlacht kam. Nach langwierigen Gefechten einigten sich die Anführer der verfeindeten Parteien darauf, die Frage nach der legitimen Nachfolge des Propheten von einem Schiedsgericht auf der Grundlage des Korans entscheiden zu lassen. Dies wurde jedoch von etlichen Anhängern Alis mit der Begründung «Gott allein (gebührt) die Entscheidung!» (*lā ḥukma illā li-llāh*) umgehend abgelehnt. In der Folge verließen viele enttäuschte Anhänger Alis dessen Heerlager und bildeten so die Gruppe der Charidschiten (von arabisch *ḫawāriǧ*, dem Plural von *ḫāriǧī*, «Ausziehender»).[73] Als Ali ihre Bewegung mit Waffengewalt zu unterdrücken versuchte, kam es zu einer Reihe von Aufständen gegen seine Herrschaft, in deren Gefolge er selbst im Januar 661 von einem Charidschiten ermordet wurde.

Nach Alis Tod wurde sein älterer Sohn Hasan zum Kalifen gewählt, doch konnte Muawiya ihn schon wenige Monate später dazu bewegen, gegen eine finanzielle Entschädigung abzudanken und ihn selbst als den rechtmäßigen Kalifen anzuerkennen. Während Hasan sich daraufhin nach Medina zurückzog, wo er 670 starb, begründete Muawiya in der neuen Hauptstadt Damaskus die Dynastie der Umaiyaden, die bis 750 über das arabisch-islamische Reich herrschen sollte. 680 unternahm Hasans jüngerer Bruder Husain nach dem Tod Muawiyas noch einmal einen Aufstand, doch wurde er in der Schlacht von Kerbela von Muawiyas Nachfolger Yazid I. besiegt und getötet.

Knapp fünfzig Jahre nach dem Tod des Propheten ging so die politische Einheit des frühen islamischen Staats endgültig verloren. Anhaltende Auseinandersetzungen um die Rechtmäßigkeit des Kalifats führten in der Folge zur Spaltung der Muslime in die beiden Hauptrichtungen der – erst später so genannten – Sunniten, die heute mit rund 90 Prozent die Mehrheit stellen, und der Schiiten, die mit rund 10 Prozent eine einflussreiche Minderheit bilden. Ausschlaggebend für die Benennung war in erster Linie die Frage nach der Legitimation des Kalifen, denn im Unterschied zu den Sunniten akzeptierten und akzeptieren die Schiiten als die «Partei Alis» (*šīʿat ʿAlī*) bis heute nur den vierten der vier ersten Nachfolger des Propheten. Er gilt ihnen als der erste *Imam* oder Führer der Gemeinschaft aller Muslime, dessen Führungsanspruch nach seinem Tod 661 auf seinen ältesten Sohn Hasan und nach dessen Tod 669 auf Hasans jüngeren Bruder Husain überging.

Wie die Würde des Imams nach Husains Tod weitergegeben wurde, wird von verschiedenen schiitischen Gruppierungen bis heute unterschiedlich beurteilt. Die zahlenmäßig größte Gruppe bilden die «Zwölfer-Schiiten» oder Imamiten, die insgesamt zwölf sündlose und mit unfehlbarem Wissen begabte Imame anerkennen und davon ausgehen, dass der letzte dieser zwölf Imame 874 aus seiner Hauptstadt Samarra in die Verborgenheit entrückt wurde, um am Ende der Zeit als «Rechtgeleiteter» (*Mahdī*) wiederzukehren. Weitere Gruppierungen sind die Zaiditen und die Ismailiten, die die Reihe der Imame mit dem 740 im Kampf gegen die Umaiyaden gefallenen Zaid ibn Ali bzw. mit dem 760 verstorbenen Ismail ibn Dschafar enden lassen. Von ihnen allen wird weiter unten noch ausführlich die Rede sein.

Parallelen und Analogien

Vergleicht man die Entwicklungen innerhalb der großen Religionen während der ersten Jahrhunderte ihres Bestehens, werden Übereinstimmungen und Entsprechungen deutlich. Sie ergeben sich daraus, dass jede dieser Religionen einerseits auf einen Ursprung in der Geschichte rekurrierte und damit die Kontinuität mit der Vergangenheit betonte, sich aber andererseits immer wieder an geänderte gesellschaftliche, politische und kulturelle Rahmenbedingungen anpassen musste. Da sich alle großen Religionen im Wesentlichen vor dieselben Herausforderungen gestellt sahen, ähneln sich auch ihre Antworten darauf.

Eine erste Herausforderung ergab sich aus der geographischen Ausbreitung in eine sprachlich neue Umgebung. Dies führte – teilweise mehrfach – zu der Notwendigkeit von Übersetzungen. Die Hebräische Bibel wurde ins Griechische übertragen, und im frühen Christentum wurde das Aramäische durch das Griechische und im Westen später durch das Lateinische abgelöst. Im Buddhismus verwendete man statt des Sanskrit oder Pali verschiedene zentral- und ostasiatische Sprachen. Je nach dem Selbstverständnis der Traditionen ging man dabei unterschiedlich weit, und teilweise erhielt die ursprüngliche Sprache einen besonderen Rang, wie dies noch heute aus der privilegierten Stellung des arabischen Korans gegenüber sämtlichen Übersetzungen in andere Sprachen deutlich wird.

Hand in Hand mit dem Sprachwechsel ging nicht selten die Auseinandersetzung mit einer anderen kulturellen Tradition. Dies waren für das Diaspora-Judentum, das Christentum und den Islam die verschiedenen Schulen der antiken griechischen Philosophie, für den chinesischen Buddhismus dagegen der Daoismus und Konfuzianismus. Auch in dieser Hinsicht ging man in den verschiedenen Religionen unterschiedlich weit, so dass etwa der Neuplatonismus für die Entwicklung der christlichen Theologie eine zentrale Bedeutung einnahm, der Daoismus dagegen für die weitere Geschichte des Buddhismus nur eine untergeordnete Rolle spielte. Anzumerken ist aber auch, dass die Art und Weise solcher kultureller Anpassungen im Rückblick oft sehr unterschiedlich beurteilt wurden. Dies zeigen besonders deutlich die Diskussionen über eine angebliche «Hellenisierung» bzw. «Germanisierung» des Christentums, die oft auch von den unterschiedlichen konfessionellen bzw. weltanschaulich-politischen Standpunkten der beteiligten Wissenschaftler geprägt waren, indem man spätere Entwicklungen als «Verfälschungen» eines «ursprünglichen» authentischen Kerns brandmarkte.[74]

Wo unterschiedliche kulturelle, sprachliche und ethnische Prägungen innerhalb ein und derselben Religion wirksam wurden, konnte ihre innere Kohärenz mitunter auch in Frage gestellt werden oder sich sogar auflösen. Dies zeigen etwa die unterschiedlichen Schulen des Hinayana- und des Mahayana-Buddhismus, von denen sich zumindest einige ganz unabhängig voneinander entwickelten. Eine vergleichbare Tendenz zeigt sich auch in der allmählichen Entfremdung zwischen dem griechischsprachigen östlichen und dem lateinischsprachigen westlichen Christentum. Sie begann bereits in der Spätantike und erreichte im Jahr 1054 mit dem Morgenländischen Schisma, als Papst Leo IX. und Patriarch Michael I. von Konstantinopel sich gegenseitig exkommunizierten, ihren Höhepunkt. Die wahrscheinlich größte kulturelle Anpassungsfähigkeit zeigte der Manichäismus, der sich seiner jeweiligen kulturellen Umgebung von Nordafrika bis Zentralasien ganz bewusst in einem solchen Ausmaß anglich, dass er in den verschiedenen Regionen ein völlig unterschiedliches Gesicht zeigte.

In welchem Ausmaß es den Religionen gelang, trotz aller zentrifugalen Kräfte einen inneren Zusammenhalt zu bewahren, hing wesentlich von ihrer Organisationsstruktur und der Legitimation religiöser Autorität ab. Relativ einheitlich und straff organisiert war das spätantike und mittelalterliche Christentum, das in großem Umfang auf die Verwaltungsstrukturen des Römischen Reichs zurückgreifen konnte und diese Strukturen nach dessen Untergang teilweise weiterführte, ja sogar auf neu christianisierte Gebiete ausdehnte. Deutlich weniger straff organisiert war demgegenüber das islamische Kalifat, das in der Anfangsphase der arabischen Eroberungen vielfach auf die Verwaltungsstrukturen und das dazugehörige Personal des Byzantinischen und des Sasanidischen Reichs zurückgriff, schon wenige Jahrzehnte nach seiner Einführung durch die Spaltung in Sunniten, Schiiten und Charidschiten geschwächt wurde und später oft kaum mehr als die nominelle Oberhoheit beanspruchte. Weitgehend dezentralisiert verlief die Ausbreitung des Buddhismus, der trotz des wiederholten Rückgriffs auf seine indischen Ursprünge vielerorts eigenständige, lokal und regional geprägte Formen annahm.

Innerhalb der einzelnen Traditionen entstanden mit der beständigen Ausbreitung der Religionen und der Integration immer breiterer Bevölkerungsschichten neue Lebensformen. Wie der Manichäismus den Neubekehrten die beiden Lebensweisen als «Hörer» oder «Auserwählte» zur Wahl stellte, so boten auch das Christentum und der Buddhismus ihren Anhängern je nach der Höhe des eigenen Anspruchs und dem Wunsch nach der Teilhabe am weltlichen Leben oder dem Rückzug daraus die beiden Lebensweisen als Mönch oder Laie. Wie weiter unten noch zu zeigen sein wird, findet man grundsätzlich vergleichbare Wahlmöglichkeiten auch im Islam, wo ordensähnliche Gemeinschaften strengere Maßstäbe an ihre Mitglieder anlegen als an den durchschnittlichen Gläubigen.

DRITTER TEIL

Europa und Asien im Zeichen der Weltreligionen

Rund acht Jahrhunderte trennen den Aufstieg des Islams und des Frankenreichs im siebten und achten Jahrhundert von der Eroberung Konstantinopels durch die Osmanen, der Erfindung des Buchdrucks, der Entdeckung Amerikas und des Seewegs nach Indien sowie schließlich den Anfängen der Reformation im fünfzehnten und frühen sechzehnten Jahrhundert. Für Christen, Muslime und Buddhisten stand dieser Zeitraum im Zeichen der beständigen Expansion ihrer Religionen, aber auch der gegenseitigen Konkurrenz, vielfältiger Neuerungen infolge gesellschaftlicher Veränderungen und teilweise erbitterter innerer Auseinandersetzungen.

Die christlichen Reiche Europas

Unter den politischen Akteuren, die das Gesicht des Christentums in Europa prägten, ist an erster Stelle das Byzantinische Reich zu nennen. Hervorgegangen aus dem 395 entstandenen Oströmischen Reich, umfasste es um die Mitte des sechsten Jahrhunderts außer Kleinasien noch Italien sowie weite Teile der Balkanhalbinsel, Nordafrikas und Syrien-Palästinas. Durch die Expansion des arabisch-islamischen Reichs verlor Byzanz im Laufe des siebten Jahrhunderts zwar Syrien und Palästina sowie ganz Nordafrika, doch konnte es seine Besitzungen in Kleinasien trotz wiederholter Angriffe der Muslime zunächst erfolgreich verteidigen und im zehnten und elften Jahrhundert sogar noch Territorium in Südosteuropa dazugewinnen. Während des dreizehnten und vierzehnten Jahrhunderts verlor das Byzantinische Reich jedoch zunehmend an Boden und politischem Einfluss. Durch das Vordringen des Osmanischen Reiches auf dem Balkan wurde es immer weiter reduziert und bestand am Ende nur noch aus Konstantinopel, das die Osmanen im Mai 1453 einnahmen und zu ihrer neuen Hauptstadt machten.

Im achten Jahrhundert gelangten die Waräger, eine Gruppe von hauptsächlich schwedischen Wikingern, auf ihren Kriegs- und Handelsfahrten von der Ostseeküste über die großen Flüsse bis nach Osteuropa in das Gebiet der heutigen Staaten Russland, Weißrussland und Ukraine. Dort gründeten sie mehrere bedeutende Handelsplätze, darunter Staraja Ladoga, Nowgorod, Gnjosdowo bei Smolensk und Kiew. Im späten neunten Jahrhundert entwickelte sich daraus das Reich von Kiew, die Kiewer Rus, in der eine warägische Oberschicht über eine Bevölkerung herrschte, die sowohl ethnisch als auch sprachlich bunt gemischt war. Baltische, slawische, finnische und turksprachige Volksgruppen lebten dort unter der Oberhoheit der Rurikiden-Dynastie, die ihre Abkunft auf den Reichsgründer Rurik (um 830–um 879) zurückführte. Seine größte Macht erreichte die Kiewer Rus im zehnten und elften Jahrhundert, obwohl das Reich an seiner Südflanke immer wieder von turksprachigen Nomadenvölkern wie den Chasaren, Petschenegen und Kiptschaken oder Kumanen bedroht wurde. Um die Mitte des elften Jahrhunderts begann mit dem Aufstieg von Teilfürstentümern der Niedergang des Reichs von Kiew, das jedoch erst um die Mitte des dreizehnten Jahrhunderts durch das Vordringen der Mongolen sein Ende fand. Zu seinen Nachfolgestaaten gehörte das Fürstentum von Wladimir-Susdal, die Wladimirer Rus. Daraus entstand in der zweiten Hälfte des dreizehnten Jahrhunderts das Fürstentum Moskau, das im vierzehnten Jahrhundert zum Großfürstentum aufstieg. Nachdem sich sein Territorium unter der langen Herrschaft Iwans III. des Großen (1462–1505) vervierfacht hatte, betrachteten sich die Großfürsten von Moskau nach dem Untergang des Reichs von Byzanz zunehmend als legitime Erben der Oströmischen Kaiser. 1547 krönte sich Iwan IV. der Schreckliche (1530–1584) erstmals zum Zaren von Russland. Damit verband man die Vorstellung, Moskau würde als «Drittes Rom» die christliche Zivilisation bewahren, während das Christentum andernorts von Häresien bedroht war.

Von den Nachfolgestaaten des Weströmischen Reiches waren das Reich der Vandalen in Nordafrika und das der Ostgoten in Italien schon um die Mitte des sechsten Jahrhunderts durch die Expansion des Oströmischen Reichs wieder beseitigt worden. Auf die Eroberung des Westgotenreichs durch muslimische Araber und Berber 711 folgte der Aufstieg des Frankenreichs, das 534 bereits das Reich der Burgunder in Südfrankreich und 774 auch das Reich der Langobarden in Oberitalien eroberte. Am Weihnachtstag des Jahres 800 ließ sich Karl der Große (742–814), der seit 771 das Fränkische Reich allein regierte, in Rom von Papst Leo III. zum Kaiser krönen und erneuerte so das weströmische Kaisertum. Nach der Teilung des Frankenreichs 843 regierten die Nachfahren Karls des Großen im Westfrankenreich mit kurzen Unterbrechungen bis 987, als sie von der Dynastie der Kapetinger abgelöst wurden. Im Ostfrankenreich regierten die Karolinger bis 911, als ihre Linie ausstarb und es nach einer kurzen Herrschaft des fränkischen Herzogs Konrad vom sächsischen Adelsgeschlecht der Liudolfinger (919–1024) regiert wurde. Als König Otto I. sich 962 vom Papst zum Kaiser krönen ließ, knüpfte er daran wie zuvor Karl der Große den Anspruch, das Weströmische Kaiserreich zu erneuern. Gleichwohl bildete das «Heilige Römische Reich», wie man den Herrschaftsbereich der römisch-deutschen Kaiser seit der Mitte des dreizehnten Jahrhunderts nannte, nie einen einheitlichen Territorial- oder Nationalstaat. Vielmehr blieb es bis zur Abdankung des letzten Kaisers Franz II. im Jahr 1806 ein komplexes politisches Gebilde, in dem auch die geistlichen und weltlichen Reichsstände – Erzbischöfe, Prälaten, Kurfürsten, Grafen und Freie Städte – erhebliche Macht besaßen.

Das Gebiet des Islams

Unter den Reichsbildungen im Zeichen des Islams ist an erster Stelle das Kalifat der Umaiyaden zu nennen, dessen Herrscher von Damaskus aus zwischen 661 und 750 die erst kürzlich von den Arabern eroberten Territorien regierten. Um die Mitte des achten Jahrhunderts erstreckte sich ihr Reich von der Iberischen Halbinsel über Nordafrika, Ägypten, Syrien-Palästina, die Arabische Halbinsel, Mesopotamien und Iran bis nach Zentralasien und zum Indusgebiet. Um diese Zeit verdeutlichten jedoch die erste Niederlage gegen die Franken bei Tours und Poitiers 732, das zweimalige Scheitern einer Belagerung von Konstantinopel und mehrere militärische Niederlagen gegen das Turkvolk der Chasaren nördlich des Kaukasus auch die vorläufigen Grenzen der islamischen Expansion.

750 führten interne Machtkämpfe sowie Aufstände infolge der Benachteiligung nicht-arabischer Bevölkerungsgruppen im Umaiyadenreich zur Ablösung der Umaiyaden durch die Dynastie der Abbasiden. Sie führten ihre Herkunft auf Muhammads Onkel Abbas zurück, fanden jedoch vor allem unter der nicht-arabischen Bevölkerung Irans Unterstützung. Nach einer vernichtenden Niederlage der umaiyadischen Truppen in der Schlacht am Zab im Februar 750 wurde der letzte umaiyadische Kalif Marwan II. auf der Flucht in Ägypten ermordet und seine Familie nahezu vollständig ausgerottet. Hand in Hand mit der Konsolidierung der abbasidischen Herrschaft ging die Reorganisation des Kalifenreichs, in dem der Einfluss der alten arabischen Aristokratie stark zurückging. 762 gründete der Kalif al-Mansur an einem Knotenpunkt mehrerer wichtiger Handelswege unweit der alten Hauptstadt des Sasanidenreichs eine neue Hauptstadt, Bagdad, die sich rasch zu einem bedeutenden wirtschaftlichen und kulturellen Zentrum entwickelte. Bereits in der zweiten Hälfte des neunten Jahrhunderts zeigte das straff zentralistisch organisierte Abbasidenreich jedoch erste Auflösungserscheinungen, indem örtliche Machthaber, gestützt auf regionale Eliten und begünstigt von der oft großen Entfernung zur Hauptstadt Bagdad, weitgehend selbständig agierten. Wie weiter unten dargestellt wird, erkannten sie die Oberhoheit des Kalifen nur noch formal an oder lehnten sie – mit unterschiedlichen religiösen Begründungen – ganz ab.

Das Ende des abbasidischen Kalifats kam 1258, als die Mongolen unter ihrem Anführer Hülegü Bagdad eroberten und zerstörten und den letzten Kalifen hinrichteten. Zwar wurde in Ägypten ein Abbasidenprinz zum neuen Kalifen ausgerufen, doch diente dies letztlich nur der Legitimation der dort herrschenden Dynastie. Zur langfristig wichtigsten politischen Macht der islamischen Welt nach dem Mongolensturm wurde im Vorderen Orient und in Europa das Osmanische Reich, das 1299 auf dem Boden des Seldschukenreichs errichtet wurde und erst 1922 mit der Gründung der Türkei sein Ende fand. Von den islamischen Großreichen, die seit der Frühen Neuzeit in Iran, Afghanistan und Indien errichtet wurden, wird ebenfalls weiter unten noch die Rede sein.

Die buddhistischen Regionen Asiens

Zu den Ländern, die seit der Spätantike nachhaltig vom Buddhismus geprägt wurden, gehören in erster Linie Tibet, China, Korea und Japan. In Tibet, das von jeher eine Brückenfunktion zwischen Indien und China innegehabt hatte, bestand vom siebten bis zum neunten Jahrhundert ein einheitliches Reich, das zur Zeit seiner größten Ausdehnung die gesamte Tibetische Hochebene vom Himalaya bis zu den chinesischen Provinzen Gansu und Yunnan umfasste. Darauf folgte von der Mitte des neunten bis zur Mitte des dreizehnten Jahrhunderts eine Zeit der politischen Zersplitterung, in der lokale Machthaber miteinander rivalisierten. Nach der Invasion der Mongolen 1240 wurde Tibet bis zur Mitte des vierzehnten Jahrhunderts von der mongolischen Yuan-Dynastie beherrscht, doch konnte es danach unter der Phagmodrupa-Dynastie seine Unabhängigkeit zurückgewinnen.

In China folgte auf das Ende der Tang-Dynastie 907 ein halbes Jahrhundert der politischen Zersplitterung, das man mitunter auch als «Zeit der Fünf Dynastien und Zehn Reiche» bezeichnet. 960 jedoch gelang es dem Heerführer Zhao Kuangyin, etliche Provinzen unter seiner Herrschaft zu vereinen und so die Song-Dynastie zu begründen. Üblicherweise unterscheidet man dabei die Nördliche Song-Dynastie mit der Hauptstadt Kaifeng von der 1127 darauf folgenden Südlichen Song-Dynastie mit der Hauptstadt Hangzhou. In diese Epoche fallen die Einführung des Papiergelds und die Erfindung des Schießpulvers, aber auch eine Zunahme des Buchdrucks, eine Steigerung der Wirtschaftsleistung durch verbesserte Anbaumethoden und ein beträchtliches Bevölkerungswachstum. 1215 fielen die Mongolen unter Dschingis Khan erstmals in Nordchina ein und eroberten Peking. Sein Enkel Kublai Khan machte Peking 1264 zur Hauptstadt seines Reiches und begründete 1271 die mongolische Yuan-Dynastie, die die Song-Dynastie 1279 ablöste und China bis 1368 regierte. Da die Mongolen in China nur eine Bevölkerungsminderheit stellten, unterhielten sie intensive Kontakte zu den weiter westlich gelegenen Reichen der Goldenen Horde und der muslimischen Il-Khane, was auch einen Aufschwung des Fernhandels und des Kulturaustauschs zur Folge hatte. Um die Mitte des vierzehnten Jahrhunderts leiteten jedoch Hungersnöte und regionale Aufstände den Niedergang der Mongolenherrschaft in China ein. 1368 vertrieb Zhu Yuanzhang den letzten Yuan-Kaiser aus Peking und begründete unter dem Namen Hongwu die Ming-Dynastie, die China bis 1644 beherrschte.

In Korea gilt das erste Jahrtausend unserer Zeitrechnung als die «Zeit der Drei Reiche». Dabei handelt es sich um das Reich Goguryeo, das sich zur Zeit seiner größten Ausdehnung vom Norden der koreanischen Halbinsel bis in die südliche Mandschurei erstreckte, das Reich Baekje im Südwesten sowie im Südosten das Reich Silla, das im letzten Drittel des ersten Jahrtausends seine Herrschaft über den gesamten Süden der Halbinsel ausdehnte. 918 entstand auf dem Boden aller drei Staaten das Reich Goryeo, von dem sich die europäische Bezeichnung «Korea» herleitet. Zwischen 1230 und 1240 eroberten die Mongolen die Koreanische Halbinsel und brachten die herrschende Dynastie unter ihre Abhängigkeit. 1369 erkannte der König Goryeos die Oberhoheit der neuen chinesischen Ming-Dynastie an, doch wurde seine Dynastie 1392 von dem Heerführer Yi Seong-gye gestürzt. Er gründete unter dem Namen Taejo die Joseon-Dynastie, deren Herrscher das Land bis zur Annexion der Koreanischen Halbinsel durch Japan im Jahr 1910 regierten.

In Japan begann die historische Epoche mit der Kofun-Zeit, die ihren Namen von den für sie charakteristischen Hügelgräbern hat. Sie dauerte vom dritten bis zum sechsten oder siebten Jahrhundert und war durch intensive Kontakte zu Korea und China gekennzeichnet, in deren Gefolge auch die chinesische Schrift übernommen wurde. Ihr folgten vom frühen siebten bis zum späten achten Jahrhundert die beiden Epochen der Asuka-Zeit und der Nara-Zeit, die beide nach den damaligen Hauptstädten benannt sind. In ihnen entwickelte sich Japan erstmals zu einem zentralistisch regierten Kaiserreich, und in der ersten Hälfte des achten Jahrhunderts entstanden die frühesten Werke der japanischen Literatur. In der darauf folgenden, nach der damaligen Hauptstadt Heyan (heute Kyoto) benannten Heian-Zeit begann jedoch bereits der Niedergang der Zentralgewalt. Regionale Machthaber aus einigen wenigen einflussreichen Familien bestimmten auch die Politik in der darauf folgenden, bis 1333 währenden Kamakura-Zeit, in der der Kaiser dem Heerführer Minamoto no Yoritomo erstmals den erblichen Titel eines Shogun verlieh. 1274 und 1281 konnten zwei Invasionsversuche der Mongolen erfolgreich abgewehrt werden. Rivalitäten unter regionalen Machthabern kennzeichneten die anderthalb Jahrhunderte nach dem Ende des Kamakura-Shogunats, in denen die einflussreiche Familie der Ashikaga den Shogun stellte. Sie verstärkten sich zu bürgerkriegsähnlichen Unruhen in der darauf folgenden Sengoku-Zeit oder «Zeit der Streitenden Reiche», die vom späten fünfzehnten Jahrhundert bis in die zweite Hälfte des sechzehnten Jahrhunderts dauerte. Örtliche Fürsten kämpften miteinander um die Vorherrschaft, während gleichzeitig die ersten europäischen Seefahrer im Anschluss an die Entdeckung des Seewegs nach Indien Japan erreichten.

11. Mission und Herrschaftsanspruch: Krieg und Konversion

In den letzten Jahrhunderten vor der Entdeckung der Neuen Welt wurden die letzten indigenen Religionen Europas nahezu vollständig durch das Christentum und den Islam ersetzt. In Asien waren es dagegen vor allem der Islam und der Buddhismus, die die traditionellen Glaubensvorstellungen und Riten zwar nicht vollständig verdrängten, aber doch in ihrem Geltungsbereich stark einschränkten. Ein Vergleich der verschiedenen Regionen macht deutlich, in welchem Ausmaß überall kulturelle Angleichungsprozesse, die friedliche Werbung für den neuen Glauben durch Missionare sowie militärische und politische Zwangsmaßnahmen an diesem Prozess beteiligt waren.

Die letzten Heiden Europas

In der römischen Provinz Britannia, die erst im frühen fünften Jahrhundert aufgegeben wurde, hatte das Christentum schon im zweiten Jahrhundert Fuß gefasst. Von dort aus gelangte es – zunächst vermutlich durch kriegsgefangene britannische Sklaven – auch nach Irland, dessen Bewohner sich im Laufe des fünften und sechsten Jahrhunderts zur neuen Religion bekehrten. Von Irland aus wurde schon gegen Ende des sechsten Jahrhunderts Schottland missioniert, während man gleichzeitig von Rom aus die Bekehrung der Angelsachsen in Angriff nahm.[1] Seit dem siebten und achten Jahrhundert wirkten irische und angelsächsische Missionare auch auf dem europäischen Festland, darunter Willibrord (um 658–739) bei den noch heidnischen Friesen und Winfried/Bonifatius (um 673–754) bei den Friesen und Hessen.[2] Die Bekehrung der Sachsen begann mit den Sachsenkriegen Karls des Großen 772 und endete mit der Unterwerfung der Sachsen unter die fränkische Herrschaft und der Einrichtung des Bistums Münster 805.

Als Karl der Große 800 vom Papst zum Kaiser gekrönt wurde, waren also die meisten Regionen Mittel-, West- und Nordwesteuropas bereits für das Christentum gewonnen worden. Immer noch heidnisch waren dagegen viele Bewohner Skandinaviens, die baltischen Völker an der Ostseeküste sowie ein Großteil der slawischen Bevölkerung Mittel-, Ost- und Südosteuropas. Wesentliche Anstöße zu ihrer Christianisierung erfolgten zunächst aus dem Frankenreich und danach durch die deutschen Könige und Kaiser sowie aus dem Byzantinischen Reich.[3]

Noch vor dem Ende des achten Jahrhunderts lenkten die Überfälle der Wikinger auf England, Schottland, Irland und das Frankenreich

Abb. 21 Taufe heidnischer Germanen und Märtyrertod des Bonifatius. Buchmalerei aus Fulda, 975

selbst die Aufmerksamkeit der christlichen Herrscher Europas auf ihre heidnischen nördlichen Nachbarn.[4] Sie führten zu einer Verstärkung der Missionsbemühungen, die von den Kontakten der Wikinger mit dem Christentum außerhalb ihrer Heimatregionen und von den politischen Einigungs- und Zentralisierungsprozessen in den skandinavischen Ländern selbst zusätzlich begünstigt wurden. Eine wichtige Rolle spielte dabei die Einführung kirchlicher Strukturen und Institutionen als Instrumente der Herrschaftssicherung, aber auch die mit der Christianisierung verbundenen Möglichkeiten eines verbesserten und erweiterten Handels- und Kulturaustauschs mit den südlichen Nachbarn.

Bereits um 700 hatte der angelsächsische Missionar Willibrord vergeblich versucht, den dänischen Fürsten Angantyr zu bekehren. Weitergeführt wurden diese Missionsbemühungen jedoch erst unter Ludwig dem Frommen (778–840), in dessen Auftrag Erzbischof Ebo von Reims seit 823 in Dänemark missionierte. 826 ließ sich der dänische Fürst Harald «Klak» Halfdansson, seit 814 ein Lehnsmann Ludwigs des Frommen, in Ingelheim mit seinem Gefolge taufen, um so die Beziehungen zum fränkischen König zu stärken und seine eigene Position im Machtkampf mit mehreren dänischen Rivalen zu verbessern. Mit der

Leitung der Mission in Dänemark betrauten der König und der Papst den Benediktinermönch Ansgar, der seit 851 auch in Schweden missionierte.[5] Wesentlich gefördert wurde die Christianisierung Dänemarks durch Harald I. «Blauzahn», der 948 die Oberhoheit Ottos I. anerkannte, in Schleswig, Ribe und Aarhus die ersten dänischen Bistümer gründete und sich um 965 mit seinem Gefolge taufen ließ. Nach Haralds Tod betrieb sein Sohn Sven I. «Gabelbart» noch einmal die Rückkehr zum Heidentum. Dies blieb jedoch eine Episode, da Svens Sohn Knut der Große nach der Eroberung Englands erneut das Christentum zur Konsolidierung seiner Herrschaft einsetzte, indem er in England den Kirchenbau förderte und Priester aus England nach Dänemark kommen ließ. Weitgehend abgeschlossen wurde die Christianiserung Dänemarks unter Sven Estridsson, dessen Sohn Sven auf dem Ersten Kreuzzug bei Kämpfen mit den Seldschuken in Kleinasien ums Leben kam.

Bereits 911 hatte sich Rollo, der Anführer der dänischen Wikinger in der Normandie, taufen lassen und war im Gegenzug vom westfränkischen König Karl III. mit Ländereien am Unterlauf der Seine belehnt worden. Der erste getaufte König Norwegens war Hakon I. «der Gute», der die neue Religion als Ziehsohn des englischen Königs Aethelstan an dessen Hof kennengelernt hatte. Intensive Bemühungen um eine umfassende Christianisierung Norwegens unternahm jedoch erst König Olav I. Tryggvason. Er gründete 997 an der Mündung des Flusses Nidelva die Stadt Nidaros (Trondheim) und betrieb während seiner nur fünfjährigen Herrschaft die Missionierung der Färöer, Orkneys und Islands, dessen Bewohner auf einer allgemeinen Volksversammlung noch im Todesjahr des Königs den Übertritt zum Christentum vollzogen. Zum Abschluss kam die Christianisierung Norwegens unter König Olav II. Haraldsson, der nach seinem Tod am 29. Juli 1030 in der Schlacht von Stiklestad zum Märtyrer stilisiert und schon bald in ganz Skandinavien als Heiliger verehrt wurde. Als letzte der skandinavischen Länder wurden im Laufe des zwölften Jahrhunderts Schweden und Finnland für die neue Religion gewonnen.

Anders als in Skandinavien ging die Missionierung der slawischen Völker Ost- und Südosteuropas von zwei verschiedenen, miteinander konkurrierenden Reichen aus. Schon gegen Ende des achten Jahrhunderts förderte Karl der Große die Missionierung der slawisch besiedelten Gebiete zwischen Main und Regnitz sowie in Kärnten, um die Ostgrenze seines Reiches zu sichern. Darauf folgten im neunten Jahrhundert ausgedehnte Missionsbemühungen in Böhmen, Mähren und Slowenien, die vor allem von den Bistümern Regensburg, Passau und Salzburg ausgingen. In diesen Regionen wirkten seit 863 auch die beiden byzantinischen Missionare Kyrill (ursprünglich Konstantin, um 826–869) und Method (um 815–885), zwei Brüder, auf deren Initiative hin neben dem Griechischen und Lateinischen nunmehr auch das Altslawische für den Gottesdienst zugelassen wurde. Zu diesem Zweck übersetzten Kyrill und Method Teile der Bibel sowie verschiedene liturgische Texte, zu deren Aufzeichnung Kyrill ein neues Alphabet mit vierzig Buchstaben entwickelte, das man als Glagoliza oder glagolitische Schrift bezeichnet.[6]

Fränkische und byzantinische Missionsbemühungen konkurrierten auch in Bulgarien miteinander, wo Boris I. um 865 mit der Taufe den christlichen Namen Michael annahm und ebenfalls das Altslawische als Liturgiesprache einführte. In Bulgarien setzte sich der oströmische Einfluss letztlich durch und führte 927 zur Etablierung einer unabhängigen bulgarisch-orthodoxen Kirche; ebenso nahm in der Kiewer Rus Wladimir I. der Große 988 das orthodoxe Christentum an. Dagegen kehrte Mähren im Laufe des zehnten Jahrhunderts wieder zur römischen Liturgie zurück.

Vom Ostfränkischen (Deutschen) Reich aus erfolgte schließlich auch die Christianisierung der Westslawen, der ihnen benachbarten Ungarn und zuletzt der baltischen Völker. 966 nahm der polnische Fürst Mieszko I. das Christentum an. Seinem Beispiel folgte 985 der ungarische Fürst Stephan, der fünfzehn Jahre später durch einen päpstlichen Gesandten zum ersten König von Ungarn gekrönt wurde und für die Missionsarbeit in seinem Herrschaftsgebiet vor allem auf Geistliche aus dem deutschsprachigen Raum zurückgriff. Einen schweren Rückschlag erlitt die Missionierung der slawischen Völker zwischen Elbe und Oder jedoch 983, als sich die heidnischen Liutizen und Abodriten gegen den deutschen Kaiser Otto II. erhoben und die erst kurz zuvor gegründeten Bischofssitze in Havelberg und Brandenburg zerstörten. Die Lage änderte sich grundlegend erst wieder im Gefolge des sogenannten Wendenkreuzzugs von 1147, in dem sächsische, polnische und dänische Adlige gemeinsam gegen die auch als Wenden bekannten Elbslawen vorgingen. Im Laufe des dreizehnten und vierzehnten Jahrhunderts erfolgte schließlich unter maßgeblicher Beteiligung des deutschen Ordens die oft gewaltsame Missionierung der Letten, Liven, Kuren, Esten, Preußen und Litauer. Als die letzten Heiden Europas verblieben damit nur noch die Finnen und Samen (Lappen) im hohen Norden, die erst in der Frühen Neuzeit, nachdem Norwegen 1537 die Reformation angenommen hatte, in einer über zweihundert Jahre währenden Missionsarbeit der evangelisch-lutherischen Kirche zum Christentum bekehrt wurden.

Dass das Christentum die heidnischen Religionen nicht mit einem Schlag vollständig ersetzte, liegt auf der Hand und wird überall dort, wo die Missionsarbeit der ersten Generationen in Quellen greifbar ist, bestätigt. Viele Bräuche, die vor der Christianisierung einen integralen Bestandteil der Kultur gebildet hatten, wurden nun als Aberglaube gebrandmarkt, im Verborgenen aber nach wie vor so lange praktiziert, bis die flächendeckende Kontrolle seitens der Kirche dem ein Ende setzte. Manches, was von kirchlicher Seite vom Mittelalter bis zur Frühen Neuzeit als Zauber, Magie oder Hexerei bekämpft wurde, beruhte vermutlich auf vorchristlichen Vorstellungen, die man im Zuge des Glaubenswechsels an das neue Weltbild angepasst hatte.[7] Ein Beispiel dafür ist etwa die Vorstellung Schaden stiftender Geister im häuslichen Bereich, die es durch kleine Opfer zu beschwichtigen gilt.

Die Ausbreitung des Islams in Asien

Mit dem wachsenden Machtverlust der vornehmen altarabischen Familien entwickelten sich während des Kalifats der Abbasiden neue Zentren der islamischen Kultur jenseits ihres arabisch-syrischen Kerngebiets. Dem Machtbereich der Abbasiden weitgehend entzogen war schon bald «der ferne Westen» des islamischen Kulturraums. Dort etablierte Abd ar-Rahman I., ein Enkel des Umaiyaden-Kalifen Hischam, 756 das Emirat von Córdoba, das 929 in ein Kalifat umgewandelt wurde und in dieser Form erst 1031 unterging. In Marokko herrschten zwischen dem späten achten und dem späten zehnten Jahrhundert die Idrisiden, deren Begründer Idris seine Abkunft auf den Prophetenenkel Hasan zurückführte, und in Algerien vom späten achten bis zum frühen zehnten Jahrhundert die charidschitischen Rustamiden, deren Anhänger nach dem Untergang der Dynastie in die Oasen Südalgeriens abwanderten und dort bis heute eine bedeutende religiöse Minderheit bilden. Zum schärfsten Rivalen der abbasidischen Kalifen wurden die schiitischen Fatimiden, die ebenfalls die Kalifenwürde beanspruchten und daher auf den Sturz der Abbasiden hinarbeiteten. Sie etablierten sich zunächst 909 im heutigen Tunesien, eroberten jedoch 969 Ägypten und verlegten daraufhin ihre Hauptstadt nach Kairo. Nachdem sie vorübergehend ganz Syrien und Palästina unter ihre Herrschaft gebracht hatte, wurde die Dynastie der Fatimiden 1171 von dem kurdischstämmigen Feldherrn Saladin, dem Begründer der sunnitischen Aiyubiden-Dynastie, gestürzt.

Geht die Zersplitterung des Abbasidenreichs auf der Pyrenäenhalbinsel und in Nordafrika nicht zuletzt auf Spannungen zwischen den arabischen Neuankömmlingen und der alteingesessenen berberischen Bevölkerung zurück, so spiegelt sich in der Entmachtung des Kalifen in den weiter östlich gelegenen Teilen des abbasidischen Reichs der Aufstieg iranisch- und turkstämmiger Bevölkerungsteile. Zu den bedeutendsten Dynastien, die durch ihre kulturellen Aktivitäten das Gesicht des Islams auch langfristig maßgeblich prägten, zählen in Westasien die Seldschuken und Osmanen, weiter östlich die Samaniden und Ghaznawiden.

Die Seldschuken gehörten ursprünglich zu einem türkischen Stammesverband im westlichen Zentralasien, dem heutigen Kasachstan. Nachdem sie gegen Ende des zehnten Jahrhunderts den Islam angenommen hatten, unterwarfen sie in den darauf folgenden Jahrzehnten weite Gebiete Ostirans und Westafghanistans, um schließlich 1055 nach der

Eroberung großer Teile Persiens und des Irak als Nachfolger der schiitischen Buyiden die Schutzherrschaft über die Abbasiden zu übernehmen. Zu seiner größten Blüte gelangte das Reich der Seldschuken unter dem Sultan Alp Arslan (um 1030–1072) und seinem Sohn und Nachfolger Malik Schah (1055–1092). Beide wurden tatkräftig unterstützt von dem persischstämmigen Wesir Nizam al-Mulk (1018–1092), der in bedeutenden Städten des Seldschukenreichs wie Bagdad, Basra, Isfahan und Mossul Lehranstalten zur Pflege des islamischen Rechts gründete. Da eine türkische Literatursprache noch nicht existierte, förderten die Seldschuken das Persische, in dem Autoren wie der epische Dichter Nizami (1141–1209), der Dichter, Philosoph und Mathematiker Omar Chayyam (1048–1131) und nicht zuletzt Nizam al-Mulk als Verfasser eines einflussreichen Buchs der Staatskunst (*Siyāsat-nāma*) die Tradition der neupersischen Literatur begründeten.

In Anatolien schuf der seldschukische Heerführer Suleiman aus den nordwestlichen Provinzen des Seldschukenreichs 1078 das unabhängige Sultanat von Rum (Ostrom), das zwar um die Mitte des dreizehnten Jahrhunderts die Oberhoheit der Mongolen anerkennen musste, sich jedoch erst im frühen vierzehnten Jahrhundert auflöste. Auf seinem Boden gründete Osman I. Gazi (1258–1326) 1299 auf dem Gebiet der antiken Provinz Bithynien unweit der Grenze zu Byzanz das Osmanische Reich, das sich in der Folge vor allem auf Kosten des Byzantinischen Reichs rasch vergrößerte. 1326 eroberte Osmans Sohn und Nachfolger Orhan I. (1281–1359) die bedeutende Handelsstadt Bursa, das antike Prusa, und machte sie zu seiner Hauptstadt. Unter ihm und seinem Nachfolger Murad I. (um 1320–1389) eroberten die Osmanen weite Gebiete Anatoliens, dehnten ihre Herrschaft aber auch auf Südosteuropa aus. 1354 eroberten sie Gallipoli und 1361 Adrianopel, das Murad I. 1368 unter dem Namen Edirne zur neuen Hauptstadt machte. Zwischen 1370 und 1400 wurden Makedonien und Bulgarien zu einem Teil des Osmanischen Reichs, das 1422 erstmals Konstantinopel belagerte und 1453 schließlich eroberte. Zwischen 1460 und 1475 fielen auch die Peloponnes, Serbien, Albanien und die Krim an das Osmanische Reich, das unter seinem zehnten Sultan Süleyman I. (1494–1566) mit der Eroberung

Belgrads (1521), der Einnahme von Rhodos (1522), der ersten Belagerung Wiens (1529) und umfangreichen Gebietserweiterungen im Osten den Höhepunkt seiner Macht erreichte. Ägypten, wo turkstämmige Militärsklaven (Mamluken) um die Mitte des dreizehnten Jahrhunderts die von Saladin begründete Aiyubiden-Dynastie verdrängt hatten, wurde 1517 von den Osmanen erobert. Nach osmanischer Darstellung übertrug damals der letzte noch in Kairo residierende Abbasidenkalif Mutawakkil die Kalifenwürde auf Sultan Selim I. (1470–1520). In das fünfzehnte und sechzehnte Jahrhundert fallen auch die Anfänge der osmanischen Literatur, durch die das Türkische neben dem Persischen und Arabischen zu einer der drei großen Kultursprachen der islamischen Welt wurde. Nachdem schon Sultan Mehmed II. bald nach der Eroberung Konstantinopels mit dem Bau des Topkapi-Palasts begonnen hatte, entstand im Auftrag Süleymans I. zwischen 1550 und 1557 die nach ihm benannte Süleymaniye-Moschee, eine der großen Moscheen Istanbuls.

Im nordöstlichen Herrschaftsbereich der Abbasiden regierten vom frühen neunten bis zum frühen elften Jahrhundert die iranischstämmigen Samaniden, die weitreichende Handelsbeziehungen von China bis nach Südrussland unterhielten und ihre Hauptstadt Buchara zu einem Zentrum der Kultur und Literatur machten. Zu den von ihnen geförderten Wissenschaftlern zählen der Universalgelehrte al-Biruni (973–1048), Verfasser eines Handbuchs der Astronomie und einer Geschichte Indiens, sowie der Arzt, Philosoph und Mathematiker Ibn Sina (Avicenna), Autor eines viel benutzten und auch ins Lateinische übersetzten Handbuchs der Medizin. Neben diesen Gelehrten, die ihre Werke in arabischer Sprache verfassten, förderten die Samaniden aber auch Persisch schreibende Autoren wie den Dichter Rudaki (um 858–um 940), der unter dem Titel *Kalila wa-Dimna* eine viel gelesene Sammlung ursprünglich indischer Fabeln in neupersische Verse übertrug, sowie den Epiker Firdausi (940–1020). Er schuf mit seinem 60 000 Verse zählenden «Königsbuch» (*Schahname*) das iranische Nationalepos, eine Geschichte der Herrscher Irans von der mythischen Urzeit bis zum Ende des Sasanidenreichs. Es gilt als eines der bedeutendsten Werke der neupersischen Literatur und ist dank der Verarbeitung alt-

Abb. 22 Mahmud von Ghazna erhält ein Ehrengewand von dem abbasidischen Kalifen Qadir. Miniatur aus dem frühen vierzehnten Jahrhundert

iranischer Mythen zugleich eine wertvolle Quelle für die iranische Religionsgeschichte der vorislamischen Zeit.

Zu den wichtigsten Erben der Samaniden zählen die turkstämmigen Ghaznawiden, die nach der Stadt Ghazna (heute Ghazni in Zentralafghanistan) benannt sind und deren Reich sich unter ihrem bedeutendsten Herrscher, Mahmud von Ghazna (971–1030), von Iran bis nach Nordwestindien erstreckte. Wie schon die Samaniden, knüpften auch die Ghaznawiden an die Kultur Irans an und förderten deshalb das Neupersische als Literatursprache; diese Tradition setzten auch die ostiranischen Ghuriden fort, die von der afghanischen Gebirgsregion Ghur aus das Reich der Ghaznawiden in der zweiten Hälfte des zwölften Jahrhunderts eroberten und ihre Herrschaft zeitweise über ganz Nordindien bis nach Bengalen ausdehnten. Sie bereiteten damit den Boden für das islamische Sultanat von Delhi, das in unterschiedlicher Ausdehnung vom frühen dreizehnten bis zum frühen sechzehnten Jahrhundert bestand, sowie für das Reich der ursprünglich turksprachigen Mogulkaiser, die 1526 das Erbe der Ghuriden antraten und ebenfalls das Persische als Hofsprache pflegten.

Kreuzzüge und Reconquista

Während weite Teile der islamischen Welt im christlichen Mitteleuropa im Mittelalter nur einer kleinen Zahl von Diplomaten, Händlern und Missionaren bekannt wurden, bestand im Mittelmeerraum eine ausgedehnte Kontaktzone zwischen den beiden großen Religionen. Sie erstreckte sich von der Iberischen Halbinsel über Süditalien und den Balkanraum bis nach Kleinasien, Syrien und Palästina, wobei Phasen der friedlichen Koexistenz und kriegerische Auseinandersetzungen einander abwechselten. Maßgeblich und langfristig beeinflusst wurde die Wahrnehmung der jeweils anderen Religion in dieser Zeit besonders durch die später so genannten Kreuzzüge, aber auch durch die christliche Expansion auf der Pyrenäenhalbinsel, die man aus christlicher Perspektive als «Rückeroberung» (Reconquista) ansah.

Bis heute ist es weithin üblich, den Begriff «Kreuzzug» für verschiedene militärische Unternehmungen zu verwenden, die von der mittelalterlichen Kirche zur Verteidigung oder Ausbreitung des Christentums gegen Heiden (wie etwa Wenden, Preußen, Ungarn und Mongolen) oder Häretiker (wie etwa Albigenser oder Hussiten) initiiert oder zumindest gefördert wurden. Als Kreuzzüge im engeren oder eigentlichen Sinn des Wortes bezeichnet man dagegen in der Regel all jene Kriege, die mit päpstlicher Unterstützung vom Ende des elften bis zum Ende des dreizehnten Jahrhunderts zur Rückeroberung oder Verteidigung der Heiligen Stätten in Palästina gegen die Muslime geführt wurden. Was diese militärischen Unternehmungen von anderen Kriegen unterschied und ihnen in den Augen der beteiligten Akteure eine besondere, religiöse Qualität verlieh, war zum einen ihre theologische und kirchenrechtliche Legitimierung als Gerechter Krieg, zum andern ihr enger Bezug zur Einrichtung der Bußwallfahrt.[8]

Die Deutung der Kreuzzüge als «Gerechte Kriege» fußte auf der augustinischen Lehre, dass ein Gerechter Krieg nur von einer dazu befugten Autorität wie dem Kaiser oder Papst angeordnet werden könne, eine Unrechtshandlung des Gegners als legitimer Kriegsgrund vorliegen müsse und dass der Krieg selbst von christlicher Seite mit lauteren Absichten zu führen sei. Unter militärisch-politischen Gesichtspunkten dienten die Kreuzzüge in erster Linie der Eroberung des Heiligen Landes und der Verteidigung von Christen, aber der einzelne Teilnehmer konnte sie zugleich als religiös verdienstvolle Bußübung verstehen. Dies zeigte sich bereits darin, dass der Kreuzfahrer zunächst ein rechtverbindliches Gelübde ablegte, von dem er nur unter bestimmten Voraussetzungen und auf päpstliche Anordnung hin entbunden werden konnte. Im Gegenzug erhielten die Teilnehmer an einem Kreuzzug bestimmte Privilegien wie etwa den Schutz des Besitzes während ihrer Abwesenheit, einen Aufschub bei Gerichtsverfahren und der Rückzahlung von Schulden, die Befreiung von Steuern und Zöllen sowie schließlich einen Ablass, also den Nachlass zeitlicher Strafen für bereits gebeichtete Sünden. Letzterer war deswegen besonders attraktiv, da man allgemein davon ausging, dass Sünden, für die man in dieser Welt noch keine Strafe verbüßt hatte, nach dem Tod im Fegefeuer gebüßt werden müssten.

Obschon die Expeditionen ins Heilige Land aus zahlreichen, teilweise gleichzeitigen militärischen Unternehmungen bestanden, ist es heute üblich, sieben Kreuzzüge voneinander zu unterscheiden. Den unmittelbaren Anlass für den ersten Kreuzzug (1096–1099) bildete der Vorstoß der Seldschuken nach Syrien-Palästina und Kleinasien, der die Pilgerfahrt zu den Heiligen Stätten erschwerte und Ostrom unmittelbar bedrohte. Als Papst Urban II. auf der Synode von Clermont-Ferrand zur Befreiung der Heiligen Stätten aufrief, zog ein Kreuzfahrerheer über den Balkan und Kleinasien nach Syrien, eroberte Antiochia und Jerusalem und errichtete an der Ostküste des Mittelmeers mehrere Kreuzfahrerstaaten. Nachdem ein zweiter Kreuzzug (1147–1149) weitgehend ergebnislos geblieben war, veranlasste der Sieg des muslimischen Feldherrn Saladin über ein Kreuzfahrerheer in der Schlacht bei Hattin und seine Eroberung Akkons und Jerusalems 1187 den dritten Kreuzzug (1189–1192). Er endete nach dem Tod Friedrich Barbarossas in Kleinasien mit der Einnahme Akkons und der vertraglichen Zusicherung Saladins, christlichen Pilgern Zugang zu den Heiligen Stätten zu gewähren. Verheerend für das weitere Verhältnis zwischen Rom und

Byzanz war der vierte Kreuzzug (1202–1204), da das Kreuzfahrerheer auf Betreiben Venedigs Byzanz eroberte und dort vorübergehend ein Lateinisches Kaisertum errichtete. Auf dem fünften Kreuzzug (1228–1229) erreichte Kaiser Friedrich II. nur durch Verhandlungen die Abtretung von Nazareth, Bethlehem und Jerusalem, das jedoch 1244 erneut und diesmal endgültig an die Muslime verlorenging. Nach dem Scheitern des sechsten und siebten Kreuzzugs, den der französische König Ludwig IX. 1248–1254 nach Ägypten und 1270 nach Tunis geführt hatte, eroberten die Muslime 1291 mit Akkon den letzten noch verbliebenen christlichen Stützpunkt in der Levante.

Im vierzehnten und fünfzehnten Jahrhundert gab es immer wieder Versuche, den Kreuzzugsgedanken wiederzubeleben, doch politische Rivalitäten innerhalb der christlichen Reiche verhinderten langfristig alle Bemühungen, noch einmal an die – wenn auch bescheidenen – politischen Erfolge der Vergangenheit anzuknüpfen. Spätestens mit der Eroberung Konstantinopels durch die Osmanen 1453 wurde deutlich, dass die Kreuzzüge die religiöse Landkarte des östlichen Mittelmeerraums nicht verändert hatten. Anders stand es dagegen auf der Pyrenäenhalbinsel, wo es den christlichen Herrschern gelang, die muslimischen Reiche nach und nach vollständig zu erobern und dort erneut das Christentum als die vorherrschende Religion zu etablieren.

Einer späteren, legendarisch überformten Tradition zufolge begann die Reconquista um 720 mit einem Sieg der Christen über die Muslime bei Covadonga in Asturien. Bereits um die Mitte des achten Jahrhunderts konnte König Alfons I. von Asturien (693–757) seinen Herrschaftsbereich auf Galicien und den Norden von Kastilien ausdehnen, doch blieben die christlichen Gebietsgewinne lange eng begrenzt. Dies änderte sich jedoch zu Beginn des elften Jahrhunderts, als das Kalifat von Córdoba in mehrere Teilkönigreiche zerfiel, der christliche Adel Spaniens sich verstärkt um internationale Unterstützung bemühte und die Kirche den Kreuzzugsgedanken zur Stärkung des christlichen Expansionsstrebens nutzte. Nach der Eroberung Toledos 1085 und Zaragozas 1118 erlitten die Christen zwar im Juli 1195 in der Schlacht von Alarcos noch einmal eine vernichtende Niederlage, doch leitete der Sieg der Christen in der Schlacht von Las Navas de Tolosa im Juli 1212 endgültig den Niedergang der muslimischen Herrschaft in Spanien ein. Nach der Eroberung Córdobas (1236), Valencias (1238) und Sevillas (1248) verblieb als letztes muslimisches Reich der Pyrenäenhalbinsel im äußersten Süden das Emirat von Granada. Über zwei Jahrhunderte konnte es sich durch geschicktes Taktieren zwischen den Machtblöcken seine Unabhängigkeit bewahren, doch mit der Vereinigung der Königreiche von Kastilien und Aragón 1479 zeichnete sich sein Ende ab. Nach der Eroberung Málagas (1487) und Almerías (1491) kapitulierte der letzte Emir von Granada und übergab die Reste seines Reiches den Katholischen Königen Isabella von Kastilien und Ferdinand von Aragón.

Der Buddhismus in Tibet, China, Korea und Japan

Weitaus weniger als der Islam mit seiner Verehrung der Kaaba in Mekka oder das Christentum mit seiner Hochschätzung Jerusalems und Roms, ist die Lehre des Buddha mit den Orten verbunden, an denen sie zuerst verkündet wurde. Andererseits war die Bereitschaft des Buddhismus, mit den lokalen und regionalen Religionen seines Missionsgebietes in Austausch zu treten und neue Formen des Kults und der Organisation zu entwickeln, sehr viel stärker ausgeprägt. Eine wichtige Rolle spielte dabei die Integration nichtbuddhistischer religiöser Vorstellungen und Praktiken in das buddhistische Weltbild, aber auch die Übersetzung der buddhistischen Schriften in fremde Sprachen.[9]

Nach Tibet gelangte der Buddhismus vermutlich schon um die Mitte des ersten Jahrtausends, und schon in der ersten Hälfte des siebten Jahrhunderts soll König Songtsen Gampo, der mit zwei buddhistischen Frauen verheiratet war, die neue Religion gefördert haben. Entscheidend für ihre Verbreitung wurde jedoch der Umstand, dass König Thrisong Detsen sie in der zweiten Hälfte des achten Jahrhunderts zur Staatsreligion erhob und die beiden nordindischen Mönche Padmasambhava und Shantarakshita mit der Missionierung des Landes betraute. Sie gründeten in Samye ungefähr sechzig Kilometer südöstlich von Lhasa das erste buddhistische Kloster. Der Überlieferung zufolge fand dort 792–794 das Konzil von Samye oder Konzil von Lhasa statt, auf dem unter Mitwirkung des Mönchs Kamalashila, eines Schülers von Shantarakshita, die unterschiedlichen Lehrmeinungen des indischen und des chinesischen Buddhismus im Hinblick auf die Erleuchtung erörtert wurden.

Charakteristisch für den Buddhismus Tibets ist die rituelle Praxis des Tantrismus, die auch als «Diamantfahrzeug» (*vajrayāna*) bezeichnet wird. Sie zielt auf den Erwerb übernatürlicher Fähigkeiten (*siddhi*) durch besondere Übungen (*sādhana*) ab und misst der Einweihung durch einen Lehrmeister große Bedeutung bei.[10] Dies gilt besonders für die Tradition der *Nyingmapa* («Schule der Alten»), die unmittelbar auf Padmasambhava zurückgeht und in den ersten Jahrhunderten des Buddhismus in Tibet dessen vorherrschende Ausrichtung darstellte. Ihre Grundlage bildeten die Texte, die auf Veranlassung Padmasambhavas aus dem Sanskrit ins Tibetische übersetzt wurden.

Diese erste Phase der Ausbreitung des Buddhismus in Tibet dauerte fast bis zur Mitte des neunten Jahrhunderts und war bereits durch eine enge Verzahnung von geistlicher und weltlicher Macht und eine herausragende Rolle des Klosterwesens gekennzeichnet. Im späten neunten und zehnten Jahrhundert zog der Niedergang der königlichen Zentralgewalt auch den tibetischen Buddhismus in Mitleidenschaft, doch folgte im elften Jahrhundert eine Phase der Erneuerung und Konsolidierung. Daran war der aus Bengalen stammende indische Gelehrte Atisha maßgeblich beteiligt, der sich für eine enge Verbindung mönchischer und tantrischer Traditionen einsetzte. Eine wichtige Rolle spielte ferner der aus Tibet stammende Laie Marpa, der nach seiner Rückkehr von ausgedehnten Reisen nach Indien neue tantrische Texte in seiner Heimat bekannt machte. Zu seinem bedeutendsten Schüler wurde der aus Westtibet stammende Tantriker Milarepa.

Unter dem Einfluss dieser Anregungen und Neuentwicklungen entstanden im tibetischen Buddhismus des elften und zwölften Jahrhunderts neben der ursprünglichen «Schule der Alten» weitere Schulen, die unterschiedliche Züge der buddhistischen Lehre hervorhoben, ihre eigene Hierarchie und Organisation ausbildeten und in ganz Tibet Klöster gründeten. Dazu gehörte die Schule der Kadampa («Die an das Wort Gebundenen»), deren Vertreter sich auf einen Schüler Atishas beriefen und sich für eine strenge Mönchsdisziplin einsetzten. Eine zunehmend wichtige Rolle spielten seit jener Zeit die Mongolen, die um die Mitte des dreizehnten Jahrhunderts das Oberhaupt der von ihnen favorisierten Sakyapa-Schule zum Regenten in Tibet einsetzten. Gleichzeitig verringerte sich mit dem Vordringen des Islams in Nordindien die Bedeutung dieser Region für den tibetischen Buddhismus. Zum wichtigsten mongolischen Förderer der buddhistischen Lehre wurde in der zweiten Hälfte des dreizehnten Jahrhunderts Kublai Khan, der sich nach der Eroberung Chinas gegen den Konfuzianismus und Daoismus wandte, den Buddhismus aber begünstigte.

Im vierzehnten und fünfzehnten Jahrhundert vollzogen sich im tibetischen Buddhismus Entwicklungen, die sein Gesicht bis heute maßgeblich geprägt haben. So stellte man unter dem Gelehrten Bu-ston (1290–1364) einen Kanon der Heiligen Schriften zusammen, der unter den Bezeichnungen *Kandschur* und *Tandschur* insgesamt mehr als dreihundert Bände mit über viertausend Werken umfasst. Enthält der *Kandschur* sämtliche dem Buddha selbst zugesprochenen Lehren, so findet man im *Tandschur* die Kommentare der großen Gelehrten des Mahayana sowie zahlreiche weitere Texte zur Medizin, Astronomie, Astrologie, Philologie, Grammatik und Dichtkunst.

Nur wenige Jahrzehnte nach der Ausbildung des Kanons von *Kandschur* und *Tandschur* begründete der aus Nordosttibet stammende Mönch Tsong-kha-pa (1357–1419) als Fortsetzung der Kadampa-Schule die letzte und zugleich einflussreichste Schule der «Anhänger des Weges der Tugend» (dGe-lugs-pa). Sie propagierte im Kampf gegen die Verweltlichung der Klöster eine erneute Stärkung der Hierarchie und eine Betonung der mönchischen Disziplin mit Zölibat, strengen Verhaltensregeln und der Enthaltsamkeit von berauschenden Getränken. Zu einer Hochburg der Reformbewegung wurde Lhasa, in dessen Umgebung Tsong-kha-pa und seine Schüler in den beiden ersten Jahrzehnten des fünfzehnten Jahrhunderts drei neue Klöster gründeten. Von den

Chinesen und später auch den Europäern wurden die Mönche dieser Schule nach der gelben Farbe ihrer Kopfbedeckung mitunter als «Gelbmützen» bezeichnet, um sie von den als «Rotmützen» bekannten Angehörigen der älteren Schulen zu unterscheiden. Wesentlich gefördert wurden die «Anhänger des Weges der Tugend» von den Mongolen. Deren Fürst Altan Khan verlieh ihrem Oberhaupt im sechzehnten Jahrhundert den halb mongolischen, halb tibetischen Titel eines *Dalai Lama* («Ozean der Weisheit»). In der Folge verfestigte sich die Vorstellung von einer Doppelhierarchie: Der Dalai Lama, der im Kloster Potala in Lhasa residierte, vertrat die weltliche Seite der Herrschaft, der Pantschen Lama mit Sitz im Kloster Tashilumpo dagegen die geistliche. Die enge Verbindung der mongolischen Herrscher mit Tibet resultierte in einer umfangreichen Missionstätigkeit, infolge derer weite Teile der Mongolen und später auch der Burjaten, Tuwinen und Kalmücken zum tibetischen Buddhismus bekehrt wurden.

Nach China gelangte der Buddhismus bereits in den ersten Jahrhunderten unserer Zeitrechnung, breitete sich dort jedoch erst seit dem siebten Jahrhundert unter der Tang-Dynastie weithin aus. In der Folge entwickelten sich auf der Grundlage des Mahayana unterschiedliche Schulen, die in der Überlieferung mit den Namen bedeutender Lehrer verknüpft sind. Besonders einflussreich und weit verbreitet war die Jingtu-Schule, die auch als «Schule des Reinen Landes» oder «Amitabha-Buddhismus» bekannt ist.[11] In ihrem Mittelpunkt steht die Verehrung eines transzendenten Buddha Amitabha, der über ein «Reines Land» jenseits des leidvollen Kreislaufs der Wiedergeburten herrscht. Durch das Vertrauen auf die «Kraft» des Buddha Amitabha, das sich vor allem durch die vollkommene Hingabe in der Anrufung seines Namens manifestiert, hofft der Gläubige, nach seinem Tod selbst in dieses Reine Land einzutreten.

Als eine weitere einflussreiche Form des Buddhismus in China etablierte sich seit dem fünften und sechsten Jahrhundert die Chan-Schule, in der man durch bestimmte Übungen und meditative Versenkung einen höheren Bewusstseinszustand (Sanskrit *dhyāna*, woraus chinesisch *chán*) zu erreichen versucht.[12] Als ihr Urheber gilt der Mönch

Bodhidharma, der späterer Überlieferung zufolge im frühen sechsten Jahrhundert aus Indien nach China reiste und dort am Berg Song in der Provinz Henan das Shaolin-Kloster gründete. Weithin berühmt wurde dieses Kloster später durch die dort praktizierte Kampfkunst (Kung Fu), die allerdings erst in frühneuzeitlichen Quellen näher beschrieben wird.

In der zweiten Hälfte des sechsten Jahrhunderts entstand die nach einem Gebirge südlich von Shanghai benannte Tiantai-Schule oder «Schule des Lotos-Sutra», die neben Schriften des Mahayana-Buddhismus auch solche der Theravada-Tradition anerkennt. Bei dem namengebenden Lotos-Sutra, das vermutlich um die Zeitenwende entstand und auf Sanskrit, Chinesisch, Tibetisch und einigen weiteren zentralasiatischen Sprachen überliefert ist, handelt es sich um einen der am meisten geschätzten Texte des Mahayana-Buddhismus. In seinem Mittelpunkt steht der transzendente Buddha (Adibuddha) des Mahayana, dem es um die Erlösung aller leidenden Wesen zu tun ist.

Viele chinesische Herrscher standen dem Buddhismus positiv gegenüber und stützten sich in ihrem Bemühen um die Festigung und Erweiterung der eigenen Macht auf den Einfluss der großen buddhistischen Klöster. Dies führte aber auch immer wieder zu Spannungen, da die Mönche von sämtlichen Abgaben befreit waren, ihre ehe- und kinderlose Lebensweise den Idealen des Konfuzius zuwiderlief und der klösterliche Einfluss auf die Politik sich auch gegen den regierenden Herrscher wenden konnte. Immer wieder kam es daher zu Versuchen einzelner Kaiser, die Macht der Klöster zu beschneiden und ihren oft beträchtlichen Reichtum einzuziehen. Der Tang-Kaiser Wuzong (um 810–846) tat sich in dieser Hinsicht besonders hervor. Er verfolgte nicht nur Manichäer und Christen, sondern zerstörte auch zahlreiche buddhistische Klöster, konfiszierte ihren Besitz und zwang die Mönche zur Rückkehr in den Laienstand.

In Korea fand der Buddhismus bereits in der zweiten Hälfte des vierten Jahrhunderts Eingang und wurde zeitweise als Staatsreligion gefördert. Auch dort stand er jedoch in Konkurrenz zum Daoismus und Konfuzianismus, die sich unter chinesischem Einfluss ebenfalls auf der Koreanischen Halbinsel ausbreiteten. Seine größte Blüte erlebte der koreanische Buddhismus in der Zeit vom siebten bis zum zehnten Jahrhundert, als die Zahl der Klöster zunahm und im ganzen Land buddhistische Bauwerke entstanden. In dieser Zeit begann man mit der Aufzeichnung des buddhistischen Kanons in koreanischer Sprache, wofür über 80 000 Holzdruckstöcke angefertigt wurden. Unter der Joseon-Dynastie ging der Einfluss des Buddhismus jedoch seit dem späten vierzehnten Jahrhundert stark zurück, da die Herrscher den Konfuzianismus bevorzugten.

Der Buddhismus gelangte teils über Korea, teils direkt aus China seit der zweiten Hälfte des sechsten Jahrhunderts auch nach Japan. Dort entwickelten sich die aus China bekannten Schulen unter dem Einfluss einheimischer japanischer Vorstellungen weiter und spielten zeitweise im religiösen Leben des Landes die Hauptrolle.[13] Eine erste Blüte erlebte der japanische Buddhismus im achten Jahrhundert. Zu dieser Zeit brachte der koreanische Mönch Sim-sang auf Einladung des japanischen Kaisers Shomu die ursprünglich chinesische Huayan-Schule oder «Schule der Blütenpracht» (japanisch *Kegon*) nach Japan. In ihrem Mittelpunkt steht die Lehre vom inneren Zusammenhang alles Seienden, derzufolge jede kleine Veränderung Auswirkungen auf alles andere hat. Um 750 entstand in der Stadt Nara der Tempel von Todai-ji mit seiner über fünfzehn Meter hohen Bronzestatue eines sitzenden Buddha. Um die gleiche Zeit etablierte der chinesische Mönch Jianzhen (688–763) die auf der chinesischen Lüzong basierende «Schule der Verhaltensregeln» (japanisch *Rishhū*), mit deren Hilfe der Kaiser die Organisation des buddhistischen Mönchtums in geregelte und den Herrschenden genehme Bahnen zu lenken suchte. Charakteristisch für den japanischen Buddhismus insgesamt war die Verschmelzung der buddhistischen Lehre mit Vorstellungen und Riten der traditionellen einheimischen Religion (*Shintō*), die durch die Verehrung zahlreicher übernatürlicher Wesen (*kami*) gekennzeichnet ist und auch die Ahnenverehrung miteinbezieht.[14]

Zu Beginn der Heian-Zeit, in der ersten Hälfte des neunten Jahrhunderts, brachte der japanische Mönch Saicho (767–822) nach einem Studienaufenthalt in China Lehren der buddhistischen Tiantai-Tradition nach Japan und begründete so die japanische Tendai-Schule, die auf dem Lotos-Sutra fußte und jedem Wesen die Möglichkeit zusprach, die Buddhaschaft zu erlangen. Sie breitete sich in den nächsten Jahrhunderten infolge ihrer Förderung durch die Aristokratie stark aus, konkurrierte dabei jedoch mit dem als *Mizong* bekannten Buddhismus der Vajrayana-Tradition, der ebenfalls im frühen achten Jahrhundert durch den Mönch Kukai (774–835) von China nach Japan verpflanzt worden war. Eine wichtige Rolle in diesem sogenannten esoterischen Buddhismus spielen die Verehrung eines transzendenten Buddha Vairocana, der dem Buddha Amitabha vergleichbar ist, sowie die innere Versenkung mit Hilfe bestimmter magischer Silben oder Mantras. In Japan wurde diese Schule daher unter dem Namen *Shingon* (nach chinesisch *zhēnyán*, einer Übersetzung des altindischen Wortes *mantra*) bekannt. Ähnlich wie die Tendai-Schule, aber im Unterschied zu den meisten übrigen Ausrichtungen des Buddhismus, lehrt auch die Shingon-Schule, dass der Mensch bereits in diesem Leben zum Buddha werden kann.

Zu den bedeutendsten Neuerungen, die den japanischen Buddhismus in der Kamakura-Zeit und darüber hinaus bis in die Neuzeit prägen sollten, gehört die Stiftung der «Schule des Reinen Landes» (japanisch *Jōdo-shū*) durch den Mönch Honen (1133–1212) und ihre Weiterentwicklung durch Honens Schüler Shinran (1173–1263). Im Mittelpunkt dieser überaus populären Ausrichtung des Buddhismus stand wie schon in der chinesischen Jingtu-Schule das hingebungsvolle Vertrauen auf den Buddha Amitabha oder Amida. Der Gläubige hofft, durch dessen Kraft (*tariki*) zur Wiedergeburt im «Reinen Land» als Vorstufe seiner endgültigen Erlösung zu gelangen. Dies war mit einer Abwertung des traditionellen Mönchtums und seiner Unterstützung durch Almosen verbunden, aber auch mit der Kritik an meditativen Techniken, deren Wirksamkeit von den Anhängern der «Schule des Reinen Landes» in Frage gestellt wurde. Eine wichtige Rolle spielte die Meditation dagegen von jeher im chinesischen Chan-Buddhismus, der im zwölften und dreizehnten Jahrhundert unter der Bezeichnung *Zen* nach Japan gelangte. Maßgeblich daran beteiligt war der japanische Mönch Dogen (1200–1253), der die als *Zazen* bezeichnete Sitzmeditation einführte. Er lehnte sowohl die populären Anrufungen eines transzendenten Buddha als auch die Vermischung der buddhistischen Lehre mit einheimischen religiösen Vorstellungen strikt ab.

12. Zwischen Toleranz und Zwangsbekehrung: Religiöse Minderheiten

Der Buddhismus nahm im Laufe seiner Geschichte immer wieder auch auf politische Entwicklungen Einfluss, doch waren geistliche und weltliche Macht nicht immer so eng miteinander verzahnt, dass die Frage nach dem angemessenen Umgang mit religiösen Minderheiten zu einem drängenden Problem geworden wäre. Anders stand es dagegen im Christentum und im Islam, in deren organisatorischer Struktur Religion und Politik viel enger miteinander verbunden waren und in deren Heiligen Schriften der Umgang mit Andersgläubigen und Abweichlern eine wichtige Rolle spielen. Wie man im Einzelnen mit religiösen Minderheiten innerhalb des eigenen Machtbereichs verfuhr, unterlag jedoch je nach den besonderen historischen Umständen erheblichen Schwankungen.[15]

Juden und Muslime unter christlicher Herrschaft

Nach der Zerstörung Jerusalems im Jahr 70 und nach dem Scheitern des Bar-Kochba-Aufstands im Jahr 135 verließen viele Juden Palästina und siedelten sich im Westen des Römischen Reiches an. Im Frühen Mittelalter bestanden bedeutende jüdische Gemeinden vor allem auf der Pyrenäenhalbinsel und in Nordfrankreich in den Reichen der Westgoten und Franken. Sie lebten dort gegen Zahlung einer besonderen Abgabe als Schutzbefohlene des Herrschers in eigenen Wohngebieten unter einer mehrheitlich christlichen Bevölkerung, die ihnen ablehnend oder gar feindlich gegenüberstand. Da sie keinen Grundbesitz erwerben durften und deshalb keine Landwirtschaft betreiben konnten, verdienten sie ihren Lebensunterhalt vor allem durch Handel sowie im Zins- und Wechselgeschäft, das den Christen verboten war. Ihr Schutz (und die damit verbundenen Einnahmen) war ein Privileg des Herrschers; im zwölften und dreizehnten Jahrhundert entwickelte sich daraus ein besonderer Rechtsstatus der Juden als kaiserliche «Kammerknechte». Dieser Status garantierte ihnen gegen die Zahlung hoher Steuern den Schutz von Leben und Eigentum, bestimmte wirtschaftliche Privilegien und eine gewisse Autonomie, wurde mitunter jedoch auch als eine Art Leibeigenschaft interpretiert.

Zu den bedeutendsten jüdischen Ansiedlungen im deutschsprachigen Raum zählten die eng miteinander verbundenen jüdischen Gemeinden (*Kehillot*) von Speyer, Worms und Mainz. Sie entwickelten sich zu bedeutenden Zentren der jüdischen Kultur, deren Lehranstalten (*Jeschiwot*) für das Studium der Tora und des Talmud auch international renommierte Gelehrte anzog. Gleichwohl kam es – abgesehen von der rechtlichen, gesellschaftlichen und wirtschaftlichen Benachteiligung, denen die Juden unter christlicher Herrschaft stets ausgesetzt waren – immer wieder zu massiven Übergriffen gegen sie. Wesentlichen Anteil daran hatte der christliche Antijudaismus, der die Kirche als das «wahre Israel» ansah, den Juden die Schuld am Tod Jesu zuschrieb und die Zerstreuung der Juden als göttliche Strafe interpretierte. In Mitteleuropa erreichten die Feindseligkeiten gegen die Juden einen ersten Höhepunkt während des ersten Kreuzzugs in den Jahren 1096–1099. Im Frühjahr 1096 drangsalierten die Teilnehmer des sogenannten Volks- oder Armenkreuzzugs, der zu einem großen Teil aus Bauern, Tagelöhnern und Bettlern bestand, aus Frankreich kommend zuerst die Juden in Trier und Speyer. Danach überfielen sie die jüdischen Gemeinden von Worms und Mainz, wo sie ein Blutbad mit Hunderten von Toten anrichteten. Weitere judenfeindliche Ausschreitungen gab es auch in anderen Städten des Rheinlands, darunter Köln, Neuss und Xanten.

In den folgenden Jahrhunderten häufen sich in den Quellen die Hinweise auf antijudaistische Vorurteile und Verleumdungen, mit denen sich

Abb. 23 Verbrennung von Juden. Illustration aus Hartmann Schedels Weltchronik, 1493

die jüdische Bevölkerung von da an zum Teil noch bis in die jüngste Vergangenheit auseinandersetzen musste. Dazu gehörte die Behauptung, Juden verwendeten zur Herstellung ihrer ungesäuerten Brote (Mazzen), die während des Pessach-Festes gegessen wurden, das Blut christlicher Kinder, die man zu diesem Zweck in ritueller Weise ermorden würde. Diese sogenannte Ritualmordbeschuldigung wanderte ab dem zwölften Jahrhundert von England aus über Frankreich und Deutschland nach Osteuropa und hielt sich zäh bis ins zwanzigste Jahrhundert. Seit dem dreizehnten Jahrhundert warf man den Juden außerdem vor, Hostien zu stehlen, um sie zu entweihen; dies führte im Frühjahr 1298 zu der – nach dem Namen des Anführers so genannten – Rintfleisch-Verfolgung, der in Franken und angrenzenden Regionen mehrere tausend Juden zum Opfer fielen. In der ersten Hälfte des vierzehnten Jahrhunderts begegnet erstmals der Vorwurf, die Juden würden die Brunnen vergiften. Als 1348/49 die Pest von Italien und Spanien auf Frankreich, die Schweiz und Deutschland übergriff, kam es dort massenhaft zu Pogromen, bei denen mehrere hunderttausend Juden umgebracht wurden. Daraufhin flohen viele mitteleuropäische Juden nach Osteuropa. Dort siedelten sie sich vor allem in der Ukraine, in Ungarn sowie im Königreich Polen und im Großfürstentum Litauen an, wo man ihnen aus wirtschaftlichen Gründen einen umfassenden Schutz und weitgehende Rechte gewährte. Ihre Sprache war vielfach das Jiddische, das sich seit dem frühen dreizehnten

Jahrhundert aus dem Mittelhochdeutschen entwickelte, in seinem Wortschatz jedoch viele aramäische, hebräische und slawische Bestandteile aufweist. Sich selbst bezeichneten die mittel- und osteuropäischen Juden nach einem in der Völkertafel (Genesis 10,3) erwähnten Urenkel Noahs namens Aschkenas als Aschkenasim.

Auf der Iberischen Halbinsel waren die Juden unter dem Namen Sephardim oder Sepharden bekannt, da man den in der Bibel (Obadja 20) erwähnten Namen Sepharad auf Spanien bezog. Dort verschlechterte sich die Lage der Juden, die in Spanien unter islamischer Herrschaft rechtlich relativ gut gestellt waren, im Gefolge der Reconquista dramatisch. 1391 kam es an vielen Orten zu Pogromen, bei denen zahlreiche Juden umgebracht oder zur Taufe gezwungen wurden. Verstärkt wurde die verbreitete antijüdische Stimmung durch den hochangesehenen Dominikaner Vinzenz Ferrer (1350–1419), der in seinen Predigten die herannahende Endzeit beschwor. In den Jahren 1413/14 erzwangen Christen ein Religionsgespräch, die sogenannte Disputation von Tortosa, bei dem die jüdischen Argumente gegen die Messianität Jesu zurückgewiesen wurden. Danach sahen sich die Juden zusätzlichen Repressalien ausgesetzt, so dass viele von ihnen zum Christentum übertraten.

Eine drastische Verschärfung folgte im Frühjahr 1492 nach dem Ende der letzten muslimischen Herrschaft auf der Pyrenäenhalbinsel. Wenige Monate nach der Eroberung von Granada erließen Ferdinand II. von Aragón und Isabella I. von Kastilien das sogenannte Alhambra-Edikt, das Juden im Machtbereich der «katholischen Könige» nur die Wahl zwischen Exil und Übertritt zum Christentum ließ. Juden, die im Land blieben und sich als «Gezwungene» (hebräisch *anusim*) taufen ließen, standen vielerorts unter dem Verdacht, als sogenannte Kryptojuden weiterhin im Geheimen ihrer alten Religion und Kultur anzuhängen. Immer wieder kam es daher zu repressiven Maßnahmen gegen diese Konvertiten, die man als *Conversos*, «Bekehrte», oder – mit einem abschätzigen Ausdruck unklarer Herkunft – als *Marranos* bezeichnete. Viele Juden, deren Familien seit Jahrhunderten auf der Pyrenäenhalbinsel gelebt hatten und die eine Ladino oder Judenspanisch genannte romanische Sprache verwendeten, wanderten daher aus und ließen sich im gesamten Mittelmeer-

Abb. 24 Zwangstaufe spanischer Muslime. Hochaltar in der Kathedrale von Granada, 1502

raum nieder.[16] Bedeutende Zentren der sephardischen Kultur entstanden so auf islamischem Gebiet in der marokkanischen Stadt Fès, in Kairo, in Istanbul sowie in Thessaloniki, das seit 1387 zum Osmanischen Reich gehörte. Viele andere Vertriebene ließen sich auf christlichem Gebiet in den großen Hafenstädten nieder, da sie im Bankengeschäft oder im Fernhandel tätig waren. Bedeutende sephardische Gemeinden entstanden daher in Livorno, Bordeaux und Bayonne, später auch in Hamburg, Amsterdam und London.

Während jüdische Minderheiten in weiten Teilen Europas ansässig waren, bildeten Muslime nur auf der Iberischen Halbinsel während und nach der Reconquista einen erheblichen Anteil an der Gesamtbevölkerung. Man bezeichnete sie mit einem der arabischen Sprache entlehnten

Ausdruck als Mudéjares und gestattete ihnen gegen Zahlung einer besonderen Abgabe eine begrenzte Freiheit der Religionsausübung.[17] Viele dieser Muslime waren in der Landwirtschaft oder als Handwerker tätig und daher für die Wirtschaftskraft einer Region von erheblicher Bedeutung. Ihr Einfluss auf die Baukunst der Pyrenäenhalbinsel zeigt sich im sogenannten Mudéjarstil, der Elemente der islamischen Architektur wie Hufeisenbögen und Rankenornamente (Mauresken) mit solchen der Gotik verbindet. Ihre romanische Sprache und Literatur, zu deren Aufzeichnung sie die arabische Schrift verwendeten, bezeichnet man mit dem spanischen Adjektiv *aljamiado* (von arabisch *ʿağamīya*, «Fremdsprache») als Aljamiadoliteratur.

Mit dem Abschluss der Reconquista verstärkte sich auch der Druck auf die Mudéjares, zum Christentum überzutreten, obwohl man der muslimischen Bevölkerung Granadas Religionsfreiheit zugesichert hatte. Nach Aufständen in den Jahren 1499–1501 zwang man viele von ihnen zur Taufe. Auch diese Neubekehrten, die man *Moriscos*, «Mauren», nannte, standen jedoch stets unter dem Verdacht, ihre alte Religion heimlich weiter zu praktizieren. Immer wieder kam es daher zu gewaltsamen Auseinandersetzungen, bis Philipp III. von Spanien (1578–1621) 1609 die letzten noch verbliebenen Morisken per Dekret des Landes verwies.[18]

Juden und Christen unter muslimischer Herrschaft

Ungleich größer als die Zahl der Muslime unter christlicher Herrschaft war bis ins zwanzigste Jahrhundert die Zahl der Christen und Juden, die nach der Zahlung einer Kopfsteuer (*ğizya*) als «Schutzbefohlene» (*ahl aḏ-ḏimma*) unter islamischer Herrschaft lebten. Die rechtlichen Bestimmungen dafür wurden im Gefolge der weitreichenden islamischen Eroberungen während des achten Jahrhunderts ausgearbeitet, wobei man auf die koranische Unterscheidung zwischen den «Schriftbesitzern» (*ahl al-kitāb*), den nichtmuslimischen «Ungläubigen» (*kuffār*) und den polytheistischen «Beigesellern» (*mušrikūn*) zurückgriff. Den Polytheisten im islamischen Herrschaftsbereich blieb grundsätzlich nur die Alternative zwischen dem Übertritt zum Islam, der Auswanderung oder dem Tod. Schutzverträge durften nur mit «Schriftbesitzern» abgeschlossen werden, doch vertraten muslimische Rechtsgelehrte unterschiedliche Auffassungen darüber, welche Religionsgemeinschaften zu dieser Gruppe gehörten. Viele Stellen im Koran beziehen sich eindeutig auf Juden oder Christen, doch erwähnen zwei Verse (Sure 2,62 und 5,69) in diesem Zusammenhang auch die Gemeinschaft der «Sabier» (*ṣābi'ūn*), von denen es heißt, dass sie gleich Muslimen, Juden und Christen «an Gott und den Jüngsten Tag glauben». Wegen des Gleichklangs der Bezeichnung *ṣābi'ūn* und dem mandäischen Wort *ṣeba* ist vermutet worden, Muhammad habe dabei eine den Mandäern ähnliche Täufersekte im Süden des Irak im Auge gehabt; im neunten Jahrhundert bezog man diese Koranverse jedoch auf die Anhänger einer polytheistischen Religion in der Nähe von Harran im nördlichen Mesopotamien. Da der Koran selbst die Gruppe der «Schriftbesitzer» nirgends genau definiert, betrachteten manche Rechtsgelehrte neben Juden und Christen auch Zoroastrier und Manichäer oder auch Hindus als potentielle Kandidaten für den Abschluss von Schutzverträgen.

Im Allgemeinen waren nichtmuslimische Untertanen rechtlich und wirtschaftlich schlechter gestellt als die Muslime, doch unterlag ihre Behandlung großen Schwankungen. In der ersten Zeit ihrer Herrschaft waren die muslimischen Eroberer oft relativ großzügig, da sie zur Aufrechterhaltung der Wirtschafts- und Verwaltungsstrukturen auf die Kooperation der christlichen und jüdischen Bevölkerungsteile angewiesen waren, doch mit der zunehmenden Islamisierung einer neueroberten Region erhöhte sich vielerorts der Druck. Restriktiv gehandhabt wurde besonders der Bau neuer Kirchen, den man oft vollständig untersagte. Darüber hinaus waren die «Schutzbefohlenen» oft bestimmten Kleidervorschriften unterworfen, durften nicht auf Pferden reiten oder Waffen tragen und waren bei Gerichtsverfahren gegen Muslime nicht als Zeugen zugelassen; auch wurden Verbrechen gegen sie in der Regel weniger streng bestraft als solche gegen Muslime.

Trotz der grundsätzlichen Benachteiligung von Christen und Juden unter muslimischer Herrschaft konnten einige von ihnen, besonders in der Frühzeit des Islams, eine bedeutende Stellung einnehmen.[19] Ein bekanntes Beispiel dafür ist der syrische Christ Sargun ibn Mansur, der unter den beiden ersten Umaiyaden-Kalifen als Sekretär und Schatzmeister tätig war. Sein Sohn, Johannes von Damaskus (650–754), war ebenfalls zunächst für den Kalifen Abd al-Malik tätig, zog sich dann jedoch wegen der zunehmenden Feindschaft gegen die Christen am Hof des Kalifen in das Kloster Mar Saba bei Jerusalem zurück. Dort verfasste er die theologische Schrift *Quelle der Erkenntnis*, die als sein Hauptwerk gilt. Dabei handelt es sich um ein dreiteiliges dogmatisches Werk, das neben einer Darstellung der christlichen Glaubenssätze auch einen Abriss der antiken Philosophie und eine Darstellung von hundert christlichen Irrlehren enthält. Als christliche Irrlehre verstand Johannes auch den Islam, den er als einer der Ersten von einem christlichen Standpunkt aus darstellte. Ein weiterer christlicher Gelehrter, der am Hof des Abbasiden-Kalifen al-Mahdi in Bagdad wirkte, war der Syrer Theophilos von Edessa (695–785). Umfassend gebildet, verfasste er eine heute verlorene Chronik, welche die Geschichte des Vorderen Orients bis zur Mitte des achten Jahrhunderts behandelte, Übersetzungen griechischer Werke ins Syrische sowie mehrere Abhandlungen zur Astrologie.

Dass es im islamischen Machtbereich auch immer wieder zu gewaltsamen Ausschreitungen gegen Christen kam, ist indes auch gut bezeugt. Frühe Belege dafür findet man in der sogenannten *Chronik von Zuqnin.* Am Ende dieser syrischen Weltchronik aus dem achten Jahrhundert wird das schwere Leben der christlichen Schutzbefohlenen unter islamischer Herrschaft beschrieben. Sie wurde früher dem syrischen Chronisten Dionysius von Tell Mahre (773–845) zugeschrieben, weshalb der anonyme Verfasser manchmal auch als Pseudo-Dionysius von Tell Mahre bezeichnet wird.[20] Oft ist es wegen der Spärlichkeit oder Einseitigkeit unserer Quellen allerdings schwierig, sich vom Ablauf der Ereignisse ein zutreffendes Bild zu machen. Ein bekanntes Beispiel dafür sind die sogenannten «Märtyrer von Córdoba» – eine Gruppe von ungefähr fünfzig Christen, die bald nach der Mitte des neunten Jahrhunderts wegen ihrer Schmähung des Propheten und des Islams in Córdoba hingerichtet wurden. Da zeitgenössische muslimische Quellen fehlen, ist man für die Beurteilung dieses Falles ausschließlich auf einige wenige Darstellungen von christlicher Seite angewiesen. Ob sie eine realistische Schilderung der Ereignisse bieten oder in hohem Maße literarischer Stilisierung verpflichtet sind, ist umstritten. Insgesamt scheinen solche Verfolgungen der Mozaraber, wie man die christlichen Bewohner des muslimischen Teils der Pyrenäenhalbinsel nannte, aber eher selten gewesen zu sein.[21]

Für die Juden brachte ihre Eingliederung in den islamischen Machtbereich nach dem Untergang des Westgotenreichs oft eine Verbesserung ihrer Lage mit sich, und manche von ihnen bekleideten unter muslimischer Herrschaft hohe Ämter. Das erste namentlich bekannte Beispiel dafür ist der jüdische Arzt Hasdai ibn Schaprut (um 910–970), der im Auftrag des Kalifen Abd ar-Rahman III. (889–961) dabei half, das pharmakologische Werk des antiken Arztes Dioskurides aus dem Griechischen ins Arabische zu übersetzen, einige Jahre später im Auftrag Abd ar-Rahmans mit einem Abgesandten Kaiser Ottos I. verhandelte und danach für den Kalifen in diplomatischer Mission an den Königshöfen von León und Navarra tätig war. Bereits 1066 kam es jedoch in Granada zum ersten antijüdischen Pogrom in Europa, dem mehrere tausend Juden zum Opfer fielen. Dass man heute dennoch von einem «Goldenen Zeitalter» der jüdischen Kultur im islamischen Spanien spricht, liegt zum einen an den bedeutenden kulturellen Leistungen, die sephardische Juden trotz widriger Umstände unter muslimischer Herrschaft hervorbrachten, zum anderen an der späteren Idealisierung und Verklärung jener Zeit. Wesentlichen Anteil daran hatten jüdische Gelehrte des neunzehnten Jahrhunderts, die den «Mythos Andalusien» als Gegenentwurf zu der anhaltenden Benachteiligung ihrer Kultur und Religion in den mitteleuropäischen christlichen Ländern ihrer Zeit benutzten.[22]

Abweichler und Abtrünnige im Christentum und im Islam

Der Exklusivitätsanspruch, der das Verhalten von Christen und Muslimen gegenüber den Angehörigen der jeweils anderen Religion und den Juden maßgeblich bestimmte, kam auch in ihrem Verhalten gegen Abweichler und Abtrünnige in den eigenen Reihen zum Ausdruck.[23] Im Christentum gab es bereits im zweiten Jahrhundert erhebliche Auseinandersetzungen, die in der Regel damit endeten, dass sich Minderheiten abspalteten oder von der Mehrheit ausgeschlossen wurden. Dies galt etwa für die Anhänger Markions mit ihrer Ablehnung der gesamten Hebräischen Bibel, für die Gnostiker mit ihrer so ganz anderen Auffassung Jesu oder für die prophetische Bewegung des Montanismus, die in der zweiten Hälfte des zweiten Jahrhunderts unter Berufung auf Eingebungen des Heiligen Geistes das bevorstehende Weltende und eine rigorose Ethik verkündete. Mit der Proklamation des Christentums als Staatsreligion im Römischen Reich änderte sich jedoch auch der Umgang mit Häresien und Häretikern.[24] Als Bischof Priscillian von Ávila (um 340–385) für Priester wie Laien eine streng asketische Lebensweise forderte, wurde er auf Betreiben seiner Gegner ungeachtet des Einspruchs prominenter Kirchenführer, darunter Bischof Martin von Tours, als Häretiker hingerichtet.[25] Für die Anwendung von Gewalt und Zwangsmaßnahmen gegen Häretiker plädierte auch Augustinus. Er wandte sich vor allem gegen die einflussreiche Bewegung des Donatismus, der die Gültigkeit der Sakramente von der Würdigkeit des Geistlichen, der sie spendete, abhängig machte, aber auch gegen die Anhänger des Mönchs Pelagius (350–420), der die augustinische Erbsündenlehre verwarf und ein abweichendes Verständnis vom Begriff der göttlichen Gnade vertrat.[26]

Die enge Verschränkung geistlicher und weltlicher Gewalt in den Nachfolgestaaten des Weströmischen Reichs brachte es mit sich, dass Häretiker auch dort mit massiven Repressalien rechnen mussten. Als der Mönch Gottschalk von Orbais (um 805–um 870) die augustinische Prädestinationslehre dahingehend verschärfte, dass nicht nur die Erwählung, sondern auch die Verdammung eines jeden Menschen von Gott vorherbestimmt sei, führte diese Lehre von der «doppelten Vorherbestimmung» (*gemina praedestinatio*) zu einer erbitterten Kontroverse. Am Ende zwangen Gottschalks Gegner, darunter der berühmte Gelehrte Rabanus Maurus (um 780–856), den Mönch zur Verbrennung seiner eigenen Schriften, schlossen ihn aus der Kirche aus und verurteilten ihn zu lebenslanger Kerkerhaft. Da er es noch auf dem Totenbett ablehnte, seine Lehre zu widerrufen, verweigerte man ihm auch ein christliches Begräbnis.[27]

Mit der wachsenden Macht des Papsttums und der Popularität des Kreuzzugsgedankens ging seit dem zwölften Jahrhundert auch eine deutliche Verschärfung des Vorgehens gegen Abweichler und Abtrünnige einher. Dies zeigte sich im kirchlichen Umgang mit den Katharern, die man nach einem ihrer Zentren in der südfranzösischen Stadt Albi auch als Albigenser bezeichnet.[28] Die Katharer – die sich selbst einfach nur «Christen» oder «Gottesfreunde» nannten – verstanden ihre Gemeinschaft als die einzig wahre Kirche, ließen Männer und Frauen zum Priesteramt zu, predigten eine bescheidene und enthaltsame Lebensführung, erkannten als Sakrament nur die Taufe an und hatten ein ausgeprägt dualistisches Weltbild, das die materielle Welt rein negativ beurteilte und darum auch das Alte Testament mit seiner Beschreibung eines gütigen Schöpfergottes verwarf. Besonders im Hinblick auf diesen letzten Punkt erinnert ihre Lehre stark an die antike Gnosis und den Manichäismus, doch ist eine historische Kontinuität mit diesen Bewegungen unwahrscheinlich. Nachgewiesen sind dagegen Kontakte zur dualistischen Bewegung der Bogomilen, die sich seit dem elften Jahrhundert vor allem auf dem Balkan ausbreitete und dort, besonders in Bosnien, trotz der Bekämpfung durch den byzantinischen Staat bis in die zweite Hälfte des fünfzehnten Jahrhunderts Bestand hatte.

Bis zum Beginn des dreizehnten Jahrhunderts breiteten sich die Katharer von den Pyrenäen bis ins Rheinland und nach Oberitalien aus. Wiederholte kirchliche Verurteilungen der Bewegung und die Exkommunikation ihrer Mitglieder blieben nicht zuletzt deshalb ohne die erhoffte Wirkung, weil die Katharer in ihrem südfranzösischen (okzitanischen) Kernraum von weiten Teilen des Adels, der in Opposition zum französischen König stand, unterstützt wurden. So rief Papst Innozenz III. (um 1160–1216) im Herbst 1208 zum Kreuzzug gegen sie auf. In zwanzigjährigen Kämpfen, die mit äußerster Härte geführt wurden, eroberten die Kreuzfahrer zahlreiche Städte und Festungen der Katharer. Dabei wurden viele von ihnen massakriert oder als Ketzer verbrannt. Im April 1229 besiegelte der Vertrag von Paris zwischen dem Grafen Raimund von Toulouse (1197–1249) und König Ludwig IX. von Frankreich (1214–1270) das Ende der Albigenserkriege, die Eingliederung Okzitaniens in das Königreich Frankreich und den allmählichen Niedergang der Katharerbewegung. Ihre Unterdrückung, die sich bis ins frühe vierzehnte Jahrhundert hinzog, war eine Hauptaufgabe der Inquisition, für die unter Papst Gregor IX. (1167–1241) erstmals auch päpstliche Sonderbeauftragte, die sogenannten Inquisitoren, mit dem Aufspüren und der strafrechtlichen Verfolgung von Häretikern beauftragt wurden.[29] Eine wichtige Rolle spielten in diesem Zusammenhang besonders Vertreter des Dominikaner- und Franziskanerordens. In seinem 1252 erlassenen Dekret *Ad Extirpanda* («Zur Ausrottung») erlaubte Papst Innozenz IV. (um 1195–1254) zu diesem Zweck erstmals den Einsatz der Folter.

Einige Gruppen, die im dreizehnten und vierzehnten Jahrhundert als häretisch gebrandmarkt und von der Inquisition verfolgt wurden, bewegten sich zwar jenseits, aber doch noch relativ nahe am Rande dessen, was die Kirche für erlaubt hielt. Dazu gehörte die Laienbewegung der Flagellanten oder Geißler, die sich auf öffentlichen Umzügen selbst geißelten, um für ihre Sünden zu büßen.[30] Während die Kirche die Selbstgeißelung in Klöstern unter bestimmten Voraussetzungen als Bußübung oder Mittel der Kontemplation erlaubte, wurde die öffentliche Geißelung, die gerade während der Pest oft mit apokalyptischen Vorstellungen verbunden war, 1349 von Papst Clemens VI. (1290–1352) verboten. In ähnlicher Weise wurden die sogenannten Beginen (weiblich) und Begarden (männlich), die sich nur mit einem Gelübde auf Zeit zum ehe- und besitzlosen Leben in einer geistlichen Gemeinschaft verpflichteten, vielerorts von der Kirche anerkannt oder zumindest toleriert, mitunter aber auch wegen der Verbreitung häretischen Gedankenguts verfolgt.[31] Bekannt ist das Schicksal der französischen Begine Margareta Porete (Marguerite Porète, um 1260–1310), die in ihrer Schrift *Le mirouer des simples ames* («Der Spiegel der einfachen Seelen») eine eigenständige Theologie entwickelte, darüber jedoch in Konflikt mit der Inquisition geriet und schließlich als Ketzerin öffentlich verbrannt wurde.[32] Von einigen anderen Häretikern und ihren Anhängern, deren Aktivitäten zeitlich und der Tendenz nach den Reformatoren des sechzehnten Jahrhunderts nahestehen, wird weiter unten noch die Rede sein.

Im Islam kommt der Abfall vom Glauben (*ridda*) bereits im Koran zur Sprache. Ihm zufolge wird der Abtrünnige (*murtadd*) im Jenseits von Gott bestraft, es sei denn, er zeigt Reue und kehrt zum Islam zurück (Sure 16,106; 2, 217; 3,86–91). Schon im achten Jahrhundert begegnet jedoch in der Hadith-Literatur und den darauf gegründeten Rechtsnormen die Auffassung, dass der Abfall vom Glauben bereits in diesem Leben zu bestrafen sei, und zwar mit dem Tode. Als Apostasie galten dabei die verbale Lästerung Gottes oder des Propheten, bestimmte Handlungen wie die Missachtung des Korans oder die Verehrung von Götzenbildern, aber auch die absichtliche Unterlassung des Gebets. Juden und Christen, die zum Islam konvertiert, dann aber wieder abgefallen waren, gab man häufig Gelegenheit zur Umkehr; sie mussten dann erneut das islamische Glaubensbekenntnis sprechen und ihrer früheren Religion abschwören. Ebenso sah man in der Regel davon ab, bei einer erzwungenen Apostasie die Todesstrafe zu vollstrecken.

Die Praxis, andere Muslime der Apostasie zu bezichtigen oder sie durch ein Rechtsgutachten zu Apostaten zu erklären, nennt man im Islam *takfīr* (zu *kufr*, «Unglaube»).[33] Sie spielte seit der Abspaltung der Charidschiten im Jahr 658 eine wichtige Rolle in der religiösen Legitimation innerislamischer Auseinandersetzungen. Die arabische Entsprechung des Begriffs *Häretiker* oder *Ketzer* ist dagegen *zindīq*. Damit bezeichnete man unter der Herrschaft der Abbasiden zum einen die Manichäer, zum anderen solche Muslime, die man verdächtigte, mit Manichäern oder mit manichäischen Überzeugungen zu sympathisieren. Bei ihrer Verfolgung tat sich insbesondere der dritte Abbasiden-

Kalif al-Mahdi (um 745–785) hervor, unter dessen Herrschaft (775–785) viele wirkliche oder vermeintliche Häretiker hingerichtet wurden. Eine religiöse Verfolgung anderer Art wurde zwischen 833 und 849 unter den Kalifen al-Mamun und seinen beiden Nachfolgern durchgeführt. Den Hintergrund dazu bildete die Kontroverse um die Frage, ob der Koran das ewige und unerschaffene Wort Gottes sei. Die Hoftheologen al-Mamuns, die zur rationalistischen Schule der Mutaziliten gehörten, vertraten im Gegensatz zur Mehrheit der muslimischen Theologen die Auffassung, dass der Koran erschaffen sei. Dies veranlasste den Kalifen zur Einsetzung einer Inquisition oder «Prüfung» (*miḥna*), bei der hochgestellte Rechts- und Religionsgelehrte einen Eid auf ihre Überzeugung von der Erschaffenheit des Korans ablegen mussten.[34] Als der Kalif al-Mutawakkil (822–861) im zweiten Jahr seines Kalifats die *miḥna* wieder abschaffte, setzte vielerorts eine Reaktion gegen die Lehren der Mutaziliten ein, die in der Folge zunehmend an Boden verloren und nach dem zwölften Jahrhundert nur noch für Teile der schiitischen Theologie von Bedeutung waren.

Vergleicht man abschließend das Neben-, Mit- und Gegeneinander der drei monotheistischen Religionen vom Aufstieg des Islams bis zum Ausgang des Mittelalters, werden kultur- und religionsübergreifende Parallelen deutlich. Jede der drei Religionen beanspruchte für sich selbst den Vorrang vor den beiden anderen, doch nur der Islam und das Christentum besaßen infolge des Zusammenwirkens staatlicher und religiöser Autorität die politischen und militärischen Mittel, diesen Anspruch in ihrem eigenen Herrschaftsbereich durchzusetzen. Beide Religionen beriefen sich in ihrer Behandlung von Andersgläubigen auf religiöse Gebote ihrer Offenbarungsschriften, die jedoch hier wie dort in unterschiedlicher Weise ausgelegt werden konnten. Ausschlaggebend waren oft nicht so sehr religiös bestimmte Erwägungen als vielmehr ein Pragmatismus, den die politischen und wirtschaftlichen Rahmenbedingungen diktierten. So verliefen denn auch politisch-militärische Konfliktlinien und Allianzen zwischen Christen und Muslimen keineswegs immer entlang der Glaubensgrenzen. Pragmatisch war oft aber auch der Umgang mit den religiösen Praktiken und Lehren von Minderheiten innerhalb des eigenen Lagers. Zur radikalen Bekämpfung einer Häresie entschied man sich zumeist nur dann, wenn die dafür erforderlichen Machtmittel bereitstanden. Wo dieser Kampf nicht zu gewinnen war, versuchte man, heterodoxe Strömungen zu integrieren oder aber ihnen durch die Bereitstellung annehmbarer Alternativen den Boden zu entziehen.

Kultureller Austausch

Ein wichtiger Aspekt der engen Kontakte zwischen Juden, Christen und Muslimen im Mittelalter ist der Kulturaustausch, besonders im Bereich des Übersetzungswesens.[35] In der zweiten Hälfte des dritten Jahrhunderts entstand in der südwestiranischen Provinz Chusistan die sogenannte Akademie oder Hochschule von Gundischapur. Während der fast vierzigjährigen Herrschaft des Sasanidenkönigs Chosrau I. (531–579) übersetzten dort aramäische und nestorianische Christen, die wegen ihrer Verfolgung durch Byzanz ins Sasanidenreich geflohen waren, zahlreiche Texte medizinischen, mathematisch-astronomischen und philosophischen Inhalts aus dem Griechischen ins Mittelpersische. Kontakte bestanden auch nach Indien, so dass in dieser Zeit auch die Tierfabelsammlung *Pancatantra*, die unter dem Einfluss der buddhistischen *Jataka*-Erzählungen entstanden war, aus dem Sanskrit ins Mittelpersische übersetzt wurde. Nach der Eroberung des Sasanidenreichs durch die Araber wurde die Akademie von Gundischapur noch drei Jahrhunderte unter muslimischer Herrschaft weitergeführt und inspirierte schließlich 825 den Kalifen al-Mamun zur Gründung einer Nachfolgeeinrichtung in der Hauptstadt Bagdad, die als «Haus der Weisheit» (*bait al-ḥikma*) bekannt wurde.

Im Mittelpunkt der Übersetzungstätigkeit im «Haus der Weisheit» stand die Übertragung griechischer, aramäischer und mittelpersischer Texte ins Arabische. Eine wichtige Rolle spielte dabei der christliche Gelehrte Hunain ibn Ishaq (808–873), der Sohn eines nestorianischen Apothekers, der Syrisch, Griechisch und Arabisch beherrschte. Im Auftrag seines Lehrers, des nestorianischen Arztes Yuhanna ibn Masawayh (um 777–um 857), erwarb Ibn Ishaq auf Reisen in Syrien, Palästina und Ägypten alte Handschriften mit Texten philosophischen, medizinischen und naturwissenschaftlichen Inhalts, die in Bagdad ins Arabische übersetzt wurden. Zu seinen Mitarbeitern zählten sein Sohn Ishaq ibn Hunayn (um 830–910) und der Mathematiker Thabit ibn Qurra (836–901). Letzterer gehörte der Religionsgemeinschaft der Sabier an, die man als «Schriftbesitzer» duldete, und war ein Schüler der «Söhne des Musa» (*Banū Mūsa*), dreier Brüder, die als Mathematiker und Übersetzer von Werken der griechischen Mathematik in Bagdad tätig waren.

Zu einem Zentrum der Vermittlung arabischsprachiger Werke an Europa wurde seit dem elften Jahrhundert das spanische Toledo, das 1085 wieder an die Christen gefallen war. Dort förderte Erzbischof Raimund von Toledo die Übertragung zahlreicher philosophischer und naturwissenschaftlicher Werke aus dem Arabischen ins Lateinische, deren Übersetzer uns oft namentlich bekannt sind.

In welchem Umfang anonyme Helfer an der Entstehung ihrer Übersetzungen beteiligt waren, ist nur in Einzelfällen bekannt. Eine wichtige Rolle spielten vermutlich mehrsprachig gebildete Juden, deren provisorische Übertragungen aus dem Arabischen ins Altkastilische anschließend ins Lateinische übersetzt wurden. Erst in der zweiten Hälfte des dreizehnten Jahrhunderts ging man unter der Herrschaft König Alfons' X. von Kastilien verstärkt dazu über, auch das Altkastilische als Übersetzungssprache zu verwenden. Seit dem neunzehnten Jahrhundert ist es üblich, in diesem Zusammenhang von der «Übersetzerschule von Toledo» zu sprechen, doch ist der institutionelle Rahmen, in dem die uns bekannten Übersetzungen entstanden, letztlich unbekannt. Ein universitätsähnlicher Schulbetrieb ist jedenfalls unwahrscheinlich.

Ein Großteil der Übersetzungen, die im Laufe des zwölften und dreizehnten Jahrhunderts entstanden, waren Fachtexte aus der Mathematik, Astronomie und Medizin, die keinen unmittelbaren Einfluss auf die Religionsgeschichte hatten. Anders stand es dagegen mit den lateinischen Übersetzungen arabischer philosophischer Texte. Sie trugen wesentlich dazu bei, bis dahin unbekannte Teile der aristotelischen Philosophie in

Europa bekannt zu machen, die später vor allem in der Scholastik und im spätmittelalterlichen Bildungswesen rezipiert wurden.[36] Bereits 1143 entstand in Spanien aber auch die erste vollständige Übersetzung des Korans durch den Engländer Robert von Ketton.[37] Obwohl der Übersetzer auf die stilistische Eigenart der Vorlage kaum Rücksicht nahm und über weite Strecken eher eine sinngemäße Übertragung als eine wörtliche Übersetzung vorlegte, blieb sein Werk doch lange maßgeblich. Es wurde 1543 erstmals gedruckt und diente als Vorlage für die 1547 veröffentlichte erste italienische Übersetzung des Korans, auf die wiederum die 1616 erschienene erste deutsche Fassung des Korans zurückgeht.

13. Religion im Alltag: Ausdrucksformen der Frömmigkeit

Welche Rolle spielte die Religion im täglichen Leben der Menschen in den Jahrhunderten zwischen dem Ausgang der Antike und dem Anbruch der Neuzeit? Die Frage ist leichter gestellt als beantwortet, denn zum einen kommt ein Großteil der Anhänger aller uns bekannten Religionen jener Zeit in den Quellen gar nicht oder nur ganz am Rande zur Sprache, und zum andern kann man die überaus disparaten Informationen zu diesem Thema nur schwer zu einem einheitlichen, für den gesamten Zeitraum und alle großen Traditionen gültigen Bild zusammenfügen. Grundsätzlich vergleichbar und vergleichend darstellbar ist indes die große Bedeutung herausgehobener Zeiten und Räume, wie sie religionsübergreifend im Feiern jahreszeitlicher Feste, in der Konzentration frommer Handlungen auf heilige Stätten sowie – als Schnittpunkt dieser beiden Phänomene – im Pilgerwesen zum Ausdruck kommt.

Religion im Tagesablauf und Jahreskreislauf

Tage, Wochen und Jahre sind in den monotheistischen Religionen die wichtigsten Einheiten, die das religiöse Leben zeitlich strukturieren. Charakteristisch für das Judentum ist das dreimalige Beten am Morgen, am Nachmittag und am Abend, das auch vom Christentum übernommen wurde. Den Islam kennzeichnet dagegen das fünfmalige tägliche Gebet in der Morgendämmerung, am Mittag, am Nachmittag, bei Sonnenuntergang und am Abend. Alle drei Religionen machen dabei Gebrauch von vorgeprägten sprachlichen Formen und durch die Tradition geheiligten Texten. Zentraler Bestandteil des Morgen- und Abendgebets im Judentum ist das *Schma Jisrael*, dessen Anfangsworte dem Fünften Buch Mose entnommen sind: «Höre, Israel! Der Herr (ist) unser Gott; der Herr (ist) einzig» (Deuteronomium 6,4). Der Bedeutung des *Schma Jisrael* entspricht im Christentum die des Vaterunsers, das in zwei Fassungen unterschiedlicher Länge im Matthäus-Evangelium (6,9–13) und im Lukas-Evangelium (11,2–4) überliefert ist. Es gilt als das einzige Gebet, das Jesus selbst seine Jünger gelehrt hat, und wurde in dem uns vorliegenden Wortlaut wohl schon von den Christen der ersten Generation gemeinsam gebetet. Eine vergleichbare Stellung hat im Islam die erste Sure des Korans, die als «die Eröffnende» (*al-Fātiḥa*) die Sammlung der koranischen Offenbarungen einleitet und mit nur sieben Versen das ansonsten durchgeführte Prinzip einer Anordnung der Suren nach ihrer Länge durchbricht; die Rezitation dieser Verse steht im rituellen Gebet mit an erster Stelle.

Alle monotheistischen Religionen fordern oder empfehlen für die Verrichtung dieser Gebete bestimmte Formen, darunter bestimmte Körperhaltungen und Gesten oder eine besondere Art der Artikulation. Von zentraler Bedeutung ist im Judentum und Islam außerdem die Beachtung ritueller Reinheitsvorschriften. Im Judentum gehört dazu je nach Anlass die *Tevila*, das Eintauchen des ganzen Körpers in einem rituellen Tauchbad (*Mikwe*), oder die rituelle Waschung der Hände (*Netilat Jadajim*). Im Islam erreicht man die für das Ritualgebet zwingend vorgeschriebene Reinheit (*ṭahāra*) durch die «kleine rituelle Waschung» (*wuḍū'*), bei der man sich – in Anlehnung an Sure 5,6 – nach einer entsprechenden Absichtserklärung (*nīya*) zunächst das Gesicht und die Hände wäscht, sich über den Kopf streicht und danach die Füße wäscht. Davon zu unterscheiden ist die «große rituelle Waschung» des ganzen Körpers (*ġusl*), die unter bestimmten Umständen zwingend erforderlich ist und vor dem Freitagsgebet zumindest empfohlen wird.

Ein altorientalisches Erbe der monotheistischen Religionen ist die Sieben-Tage-Woche, die durch die Hervorhebung eines einzelnen Feiertags den Alltag strukturiert. Im Judentum ist dies als siebter Wochentag der Sabbat, an dem man – vom Abend des vorausgehenden Freitags bis zum Einbruch der Dunkelheit am Samstag – ruhen und keinerlei Arbeit verrichten soll (Exodus 20, 8–11 und Deuteronomium 5, 12–15). Der Sabbat beginnt am Freitagabend mit einem Segensspruch (*Kiddusch*), der vom männlichen Familienoberhaupt zu sprechen ist. Während des Hauptgottesdienstes am Samstagmorgen wird die Tora-Rolle in feierlicher Prozession durch die Synagoge getragen und nach der Lesung wieder in ihren Schrein zurückgebracht. Am späten Samstagabend beendet man mit einem Segensspruch beim Schein einer Kerze den Sabbat und eröffnet die neue Woche.

Im Christentum feierte man im Unterschied zum Judentum den ersten Tag der Woche als den Tag, an dem – nach Matthäus 28,1 – Jesus von den Toten auferstand. Er hieß darum der «Tag des Herrn» (griechisch *kyriakē hēmera*, lateinisch *dies dominica*, woraus französisch *dimanche*), während man ihn im Heidentum als den «Tag des Sonnengottes» (griechisch *hēmera Hēliou*, lateinisch *dies Solis*) bezeichnete. Die Germanen übernahmen die römische Benennung der Wochentage nach Göttern in der Spätantike. Wie einige deutsche und englische Wochentagsnamen (*Sonntag/Sunday* für *dies Solis*, *Montag/Monday* für *dies Lunae*) noch heute erkennen lassen, ersetzten sie die lateinischen Götternamen jedoch teilweise durch die Namen der einheimischen germanischen Gottheiten, mit denen man sie gleichsetzte. Aus dem *dies Mercurii* (französisch *mercredi*) wurde so der «Wodanstag» (englisch *Wednesday*), eine Bezeichnung, die man im Althochdeutschen allerdings durch *mittiwehha*, «Mittwoch», ersetzte. Wie frühchristliche Schriften aus dem späten ersten und frühen zweiten Jahrhundert zeigen, begingen Christen den ersten Tag der Woche mit Liedern, Gebeten, einem Sündenbekenntnis, einer Lesung aus der Heiligen Schrift und einem gemeinschaftlichen feierlichen Mahl. An die frühchristliche Praxis, zweimal in der Woche zu fasten, erinnern noch heute die Wochentagsnamen im Irischen, wo *Dé Céadaoin* den Mittwoch als «Tag des ersten Fastens», *Dé hAoine* den Freitag als «Fastentag» und *Déardaoin* den Donnerstag als «Tag zwischen den beiden Fasten(tagen)» bezeichnet.

Im religiösen Leben des Islams ist der wichtigste Tag der Woche der Freitag, wenn man sich zum gemeinsamen Gebet trifft. Muslimischer Überlieferung zufolge wurde diese Sitte ungefähr um die Zeit der Hidschra eingeführt. Ausschlaggebend für die Wahl des Freitags war vielleicht weniger die Abgrenzung vom jüdischen Sabbat als vielmehr die Überlegung, dass der Freitag als wöchentlicher Markttag in der Oasenstadt Medina die beste Gelegenheit für eine allgemeine Versammlung der Muslime bot. Das damals eingeführte Freitagsgebet (*ṣalāt al-ǧumʿa*) gilt bis heute für erwachsene männliche Muslime als eine Verpflichtung; Frauen wird die Teilnahme empfohlen. Ein wesentlicher Bestandteil des Freitagsgebets ist die Ansprache oder Predigt (*ḫuṭba*), die im Namen des jeweils anerkannten Herrschers gehalten wurde und bei der in der Frühzeit des Islams auch politische Entscheidungen verkündet wurden.

Das islamische Jahr gliedert ein reiner Mondkalender, der aus zwölf Mondmonaten mit neunundzwanzig oder dreißig Tagen besteht und damit um etwa elf Tage kürzer ist als ein Sonnenjahr. Die Schaltmonate, die vorher in Arabien für eine Übereinstimmung mit dem Sonnenjahr gesorgt hatten, sollen noch von Muhammad selbst als unerlaubte heidnische Eingriffe in die göttliche Ordnung abgeschafft worden sein. Damit wurde der islamische Kalender aber auch für die Landwirtschaft unbrauchbar und ist heute vor allem ein religiöser Kalender. Der jüdische Kalender ist dagegen ein Lunisolarkalender, bei dem in einem Zeitraum von neunzehn Jahren siebenmal ein dreizehnter Mondmonat ein-

Abb. 25 Muslim beim Gebet. Persische Miniatur aus dem fünfzehnten Jahrhundert

geschoben wird, um die Abweichung vom Sonnenjahr auszugleichen. Im Christentum galt bis ins sechzehnte Jahrhundert allgemein der von Iulius Caesar eingeführte julianische Kalender, bei dem ein Sonnenjahr aus elf Monaten mit je 30 oder 31 Tagen und einem Monat mit 28 Tagen bestand. Jedes vierte Jahr war ein Schaltjahr, in dem der Februar neunundzwanzig statt achtundzwanzig Tage hatte. Da das julianische Jahr damit jedoch etwas über elf Minuten länger war als das Sonnenjahr, woraus sich im Laufe der Jahrhunderte eine Abweichung von mehreren Tagen ergab, führte Papst Gregor XIII. (1503–1585) den Gregorianischen Kalender ein: Man ließ bei der Umstellung den 15. Oktober 1582 unmittelbar auf den 4. Oktober folgen und beschränkte die Abweichung vom Sonnenjahr durch eine verbesserte Schaltregel mit etwas weniger Schaltjahren auf das Mindestmaß.

Der jüdische Jahreskreislauf beginnt mit dem Neujahrsfest (*Rosch ha-Schana*) am ersten Tag des Monats Tischri (September/Oktober).

Ihm folgt am zehnten Tag desselben Monats als höchster jüdischer Feiertag der Versöhnungstag (*Jom Kippur*), der als Tag der Reue mit strenger Ruhe und Fasten begangen wird. Ein neues Profil erhielten infolge der Zerstörung des Zweiten Tempels die großen Wallfahrtsfeste. Das Fest der ungesäuerten Brote (*Pessach* oder *Passah*) in der dritten Woche des siebten Monats Nisan wird als Familienfest zur Erinnerung an den Auszug aus Ägypten gefeiert; das fünfzig Tage später begangene Wochenfest (*Schawuot*), ursprünglich ein Erntedankfest, erinnert an den Empfang der Zehn Gebote am Berg Sinai; das fünf Tage nach dem Versöhnungstag gefeierte siebentägige Laubhüttenfest (*Sukkot*), ursprünglich ebenfalls ein Erntedankfest, ist mit der Wüstenwanderung nach dem Auszug aus Ägypten verbunden. Nachbiblischen Ursprungs sind das achttägige Lichterfest (*Chanukka*), an dem man der Wiedereinweihung des Zweiten Tempels im Jahr 164 v. Chr. gedenkt, sowie das «Fest der Lose» (*Purim*), das an die im Buch Esther geschilderte Rettung der Juden in der persischen Diaspora erinnnert.

Im Christentum sind die meisten jährlich wiederkehrenden Feiertage dem Oster- und Weihnachtsfestkreis zugeordnet, die zusammen mit einigen weiteren Festen und Fastenzeiten das Kirchenjahr bilden. Höchstes christliches Fest ist der Ostersonntag als Tag der Auferstehung Jesu; man feiert ihn in den westlichen Kirchen traditionell am ersten Sonntag nach dem ersten Vollmondtag, der auf das Frühjahrsäquinoktium folgt. Im vierten Jahrhundert erweiterte man das Osterfest um die ihm vorausgehende Heilige Woche; dabei gedenkt man am Sonntag vor Ostern, dem Palmsonntag, des Einzugs Jesu in Jerusalem, am Gründonnerstag des letzten Abendmahls Jesu mit seinen Jüngern, am Karfreitag der Kreuzigung Jesu und am Karsamstag seines Abstiegs in die Unterwelt. Am vierzigsten Tag nach Ostern feiern Christen seit dem vierten Jahrhundert das Fest der Himmelfahrt Christi, und am fünfzigsten Tag nach Ostern gedenkt man am Pfingstsonntag der Herabkunft des Heiligen Geistes auf die Jünger, als sie zum jüdischen Fest Schawuot in Jerusalem versammelt waren (Apostelgeschichte 2,1–42). Dieser Tag gilt seit dem zweiten Jahrhundert als Gründungstag der christlichen Kirche. Seit dem vierten Jahrhundert ist eine vierzigtägige Zeit des Fastens und der Buße als Vorbereitung auf Ostern bezeugt, die mit dem Aschermittwoch beginnt.

Im Jahr 274 hatte Kaiser Aurelian den Tag der Wintersonnenwende, der im Julianischen Kalender auf den 25. Dezember fiel, zum Staatsfeiertag zu Ehren des «Unbesiegten Sonnengottes» (*Sol Invictus*) erklärt. Dies war vermutlich der Grund, warum man im lateinischsprachigen Christentum seit dem vierten Jahrhundert Weihnachten als das Fest der Geburt Christi ebenfalls am 25. Dezember feierte. Im griechischsprachigen Osten des Römischen Reichs beging man seit der ersten Hälfte des vierten Jahrhunderts die Geburt Jesu am 6. Januar, dem Fest der Erscheinung des Herrn (Epiphanie). Mit der Ausbreitung des Weihnachtsfestes am 25. Dezember im gesamten Römischen Reich veränderte sich jedoch der Inhalt des Epiphaniefestes. Während man im lateinischsprachigen Westen an diesem Tag vor allem der Anbetung des Kindes durch die Weisen aus dem Morgenland gedachte, stand im griechischsprachigen Osten die Taufe Jesu im Mittelpunkt. Ähnlich wie beim Osterfest erweiterte man auch Weihnachten durch die Einführung des Advents zu einem eigenen Weihnachtsfestkreis. Aller Heiligen gedenkt man im lateinischsprachigen Westen seit dem neunten Jahrhundert am 1. November, während man in den orthodoxen Kirchen dafür den schon im vierten Jahrhundert eingeführten Termin am ersten Sonntag nach Pfingsten beibehielt. Im Westen wurde Allerheiligen außerdem gegen Ende des zehnten Jahrhunderts ergänzt durch das unmittelbar darauf folgende Fest Allerseelen, das allen Verstorbenen gewidmet ist. Seit 1264 feiert man in der römisch-katholischen Kirche am Donnerstag nach dem Sonntag, der auf Pfingsten folgt, das Fronleichnamsfest, an dem man der Einsetzung des Sakraments der Eucharistie gedenkt.

Da der Islam im Unterschied zum Judentum und Christentum einem reinen Mondkalender folgt, ist keiner der wichtigen islamischen Feiertage an eine bestimmte Jahreszeit gebunden. Das höchste islamische Fest ist das viertägige Opferfest (*ʿīd al-aḍḥā*), das am zehnten Tag des zwölften Monats auf dem Höhepunkt der Wallfahrt nach Mekka gefeiert wird. Das Fest erinnert an den Propheten Ibrahim (Abraham), der dem Koran zufolge bereit war, seinen Sohn zu opfern, jedoch von Gott daran gehindert wurde und daraufhin mit seinem Sohn zusammen einen Widder opferte (Sure 37,99–113). Nach islamischer Tradition handelt es sich hier um Abrahams erstgeborenen Sohn Ismail, den Stammvater der Araber. Am Opferfest schlachten daher alle Muslime, die wirtschaftlich dazu in der Lage sind, ein Schaf oder ein anderes Haustier, dessen Fleisch man danach an Bedürftige verteilt. Das zweite große Fest des islamischen Jahres ist das Fest des Fastenbrechens (*ʿīd al-fitr*), das unmittelbar nach dem Ende des Fastenmonats Ramadan begangen wird. Unterschiedliche Bedeutung für Sunniten und Schiiten hat der Aschura genannte zehnte Tag des ersten Monats Muharram. An diesem Tag gedenken die Schiiten mit Trauerprozessionen und szenischen Darstellungen des Todes von Muhammads Enkel Husain in der Schlacht von Kerbela, während Sunniten die Errettung des Mose bei seiner Durchquerung des Schilfmeers während des Auszugs aus Ägypten feiern.

Wirft man nach diesem kurzen Streifzug durch die Feiertage der monotheistischen Weltreligionen einen Blick auf die Verhältnisse im Buddhismus, werden gewichtige Unterschiede sichtbar. Zwar spielt das Gebet im Sinne der Anrufung eines höheren Wesens auch in mehreren Ausrichtungen des Buddhismus eine wichtige Rolle, doch ist es in der Regel weniger zentral als in Judentum, Christentum und Islam. Die nächste Entsprechung zum Sabbat, Sonntag und Freitag bilden die Uposatha-Tage, die ebenfalls nach dem Mondkalender berechnet werden, doch sind sie hauptsächlich für die Mönche und Nonnen von Bedeutung und spielen für die Laien kaum eine Rolle. Dies gilt auch für die ungefähr drei Monate dauernde Zurückgezogenheit der Mönche und Nonnen während der Regenzeit (*Vassa*). Tatsächlich zeigen viele jahreszeitlich gebundene Feste, die man heute in überwiegend buddhistischen Ländern feiert, schon durch ihre ausgeprägte Verschiedenheit und ihre vielfältigen lokalen Bezüge, dass sie mit den zentralen Inhalten der buddhistischen Lehre oft nur oberflächlich verbunden sind.

Beachtung verdient in diesem Zusammenhang schließlich auch, dass der Buddhismus (ebenso wie der Hinduismus) analog zum Kreislauf der Existenzen auch eine zyklische Geschichtsauffassung propagiert, während die großen monotheistischen Religionen von der Vorstellung eines einmaligen linearen Ablaufs von der Schöpfung bis zum Weltende geprägt sind.

Versammlungsräume und Gotteshäuser

Wie schon in den Religionen des Altertums spielen auch in den Weltreligionen neben außeralltäglichen Zeiten bestimmte hervorgehobene Räume eine wichtige Rolle. Im Zusammenhang damit stehen in der Regel besondere, oft monumental ausgeführte Sakralbauten mit einer überwiegend kultischen Funktion, denen in der Regel weitere Gebäude zugeordnet sind.

Von zentraler Bedeutung für das Judentum ist seit der Zerstörung des Zweiten Tempels die Synagoge (von griechisch *synagōgē*, «Versammlung» und «Versammlungsort»).[38] Inschriftlich bezeugt sind Gebetsstätten der Diaspora-Juden bereits seit der zweiten Hälfte des dritten Jahrhunderts v. Chr.; die ältesten archäologischen Überreste stammen aus dem ersten Jahrhundert v. Chr. Wie aus der architektonischen Gestaltung und einigen literarischen Hinweisen hervorgeht, dienten diese Synagogen nicht nur als Stätten der Schriftlesung und der religiösen Unterweisung, sondern auch als Versammlungsorte für alle Belange der gesamten jüdischen Gemeinde eines Ortes. Im Gefolge der Neuordnung des Kults nach der Zerstörung des Tempels in Jerusalem wurde die Einrichtung der Synagoge deutlich aufgewertet, was nicht zuletzt in einer zunehmenden Monumentalität der neu errichteten Bauten und ihrer Ausstattung zum Ausdruck kommt. Berühmt sind die Malereien der Synagoge von Dura-Europos am oberen Euphrat aus dem dritten Jahrhundert, auf denen einige der ältesten bildlichen Darstellungen biblischer Erzählungen zu sehen sind.

Beim Bau einer Synagoge übernahm man oft lokal übliche Formen, so dass kein einheitlicher Baustil zu erkennen ist. Zu den wichtigsten Bestandteilen gehören der durch einen Vorhang (*Parochet*) verdeckte Toraschrein oder «heilige Schrein» (*Aron ha-Qodesch*) zur Aufbewahrung der Schriftrollen, ein «ewiges Licht» (*Ner Tamid*) zur Erinnerung an den siebenarmigen Leuchter des Jerusalemer Tempels und eine erhöhte Plattform (*Bema* oder *Bima*), von der aus man die Schrift verlas, Gebete sprach und predigte. Sie stand früher zumeist in der Mitte des Raumes, mit ringsum angeordneten Sitzen, und wurde erst seit dem neunzehnten Jahrhundert nach der Art eines Vortragsraumes in die Nähe der Wand mit dem Toraschrein gerückt. Die Wahrnehmung der religiösen Funktionen war religionsmündigen männlichen Mitgliedern der Gemeinde (nach der Vollendung des dreizehnten Lebensjahres) vorbehalten, doch konnten Frauen getrennt von den Männern, oft auf einer Empore, am Gottesdienst teilnehmen. Im Mittelalter bildete die Synagoge den Mittelpunkt des gesamten religiösen und sozialen Lebens einer jüdischen Gemeinde, so dass der Ausschluss aus dieser Gemeinschaft eine schwerwiegende Strafe darstellte.

Im Christentum ist die Errichtung besonderer Gebäude für die Feier des gemeinschaftlichen Gottesdienstes mit Abendmahl, die Durchführung bischöflicher Amtshandlungen und das individuelle Gebet der Gläubigen seit dem dritten Jahrhundert bezeugt.[39] Für diese Zwecke errichtete man im Gefolge der zunehmenden staatlichen Förderung des Christentums seit dem vierten Jahrhundert auch Monumentalbauten, deren Anlage und Ausstattung sich an der spätantiken Repräsentationsarchitektur orientierte. Im Laufe der Zeit entwickelten sich dann unterschiedliche Gebäudetypen, die den jeweiligen lokalen Gegebenheiten und besonderen Funktionen angepasst waren. Ihr charakteristisches Verständnis als «Gotteshaus» zeigt bereits die Bezeichnung *Kirche* (aus griechisch *kyriakē*, «dem Herrn gehörend»). Eine weit verbreitete Bauform war die Basilika, eine zumeist dreischiffige rechteckige Halle mit einem Eingang im Westen und einer halbkreisförmigen Apsis am Ende des Mittelschiffs im Osten. Vor der Apsis stand, oft über dem Grab eines Märtyrers, der aus dem rechteckigen römischen Esstisch hervorgegangene Altar, und in ihrer Mitte stand der Bischofsthron (*cathedra*). Gegenüber der Gemeinde befand sich mitunter eine Kanzel (*ambo*) für die Predigt. In der lateinischsprachigen Kirche des Westens knüpfte man insbesondere seit der Karolingerzeit an spätantike Vorbilder an und erweiterte die Basilika oft um das Bauelement der Krypta, das der zunehmenden Reliquienverehrung diente. Seit dem ausgehenden zehnten Jahrhundert findet man romanische Kirchenbauten mit den für sie charakteristischen wuchtigen Mauern und relativ kleinen Rundbogenfenstern; seit dieser Zeit entwickelte sich auch der Kirchturm zu einem beherrschenden Merkmal des Kirchengebäudes. Im Laufe des zwölften und dreizehnten Jahrhunderts wurde der romanische Baustil ausgehend von Frankreich allmählich von der Gotik mit ihren Rippengewölben und großflächigen Spitzbogenfenstern abgelöst. In den orthodoxen Kirchen des Ostens entwickelten sich seit dem fünften Jahrhundert eigene Bauformen, darunter die für Südosteuropa, Griechenland und Russland charakteristische Kreuzkuppelkirche, deren Grundriss sich als gleichschenkliges Kreuz mit einer Kuppel in der Mitte darstellt.

Der jüdischen Synagoge und christlichen Kirche entspricht im Islam die Moschee (von arabisch *masǧid* «Ort, wo man sich niederwirft» oder «Stätte der Anbetung»).[40] Dort gemeinschaftlich zu beten, gilt an allen Tagen als verdienstvoll und ist am Freitagmittag für erwachsene männliche Muslime eine religiöse Pflicht. Als Ort, wo sich die Versammlung (*ǧamāʿa*) der Gläubigen trifft, heißt eine Freitagsmoschee daher auch «Versammlungsmoschee» (*masǧid ǧāmiʿ*, woraus türkisch *cami* «Moschee»). Charakteristische Elemente sind ein umfriedeter rechteckiger Hof mit einer nach Mekka ausgerichteten Gebetsnische (*miḥrāb*), eine Kanzel (*minbar*) für die Freitagspredigt sowie – seit der Abbasidenzeit – mindestens ein Turm oder Minarett (*manāra*, ursprünglich «Leuchtturm»). Von ihm lässt traditionell der Gebetsrufer (*muʾaḏḏin*, woraus durch türkische Vermittlung deutsch *Muezzin*) fünfmal am Tag den Gebetsruf (*aḏān*) erschallen. Die besondere Würde des Ortes betont die schon früh bezeugte Sitte, vor dem Betreten die Schuhe auszuziehen und lautes Sprechen zu vermeiden. Die ältesten monumentalen Moscheebauten entstanden unter den Umaiyaden-Kalifen und wohl in bewusster Konkurrenz zu den monumentalen Kirchen des Oströmischen Reichs. In Damaskus, wo man im vierten Jahrhundert einen römischen Tempel zu Ehren des Gottes Jupiter durch eine Johannes dem Täufer geweihte christliche Basilika ersetzt hatte, diente diese

Basilika nach der Übernahme der Stadt durch die Muslime noch mehrere Jahrzehnte als Kultstätte für Christen und Muslime, bis sie im frühen achten Jahrhundert endgültig, doch unter Beibehaltung vieler christlicher Bauelemente, in eine Moschee umgewandelt wurde. Mit der Ausbreitung des Islams entwickelten sich von Andalusien bis Zentralasien zahlreiche Abwandlungen und Ausgestaltungen der ursprünglichen Hofmoschee, die in ihrer Architektur und den verwendeten Baumaterialien den örtlichen Gegebenheiten Rechnung trugen.

Eine Fortsetzung der im Altertum weit verbreiteten Vorstellung vom Tempel als der Wohnung eines Gottes oder einer Göttin findet man im Hinduismus.[41] Der hinduistische Tempel symbolisiert den mythischen Berg Meru im Zentrum des Universums und ist zugleich Schauplatz der täglich oder doch wenigstens regelmäßig durchgeführten Verehrung (*pūjā*) einer Gottheit; dabei vollzieht ein eigens geschultes Tempelpersonal eine Abfolge von bis zu sechzehn Handlungen, in deren Verlauf man die Gottheit nach überlieferter Weise um ihre Anwesenheit bittet, ihr Wasser zum Reinigen der Füße, der Hände und des Gesichts anbietet und sie sodann salbt, kleidet, schmückt, speist und mit Opfergaben beschenkt. Die religiöse Unterweisung mit Hilfe einer Ansprache oder Predigt spielt in einem hinduistischen Tempel dagegen keine Rolle. Im Mittelpunkt des Tempels, den man als «Wohnung» (Sanskrit *mandira*, Hindi *mandir*) bezeichnet, steht das «Haus des Schoßes» (*garbhagṛha*), in dem sich ein Bild oder eine Statue der Gottheit befindet. Der rituellen Reinigung des Tempelpersonals und der Besucher dient häufig ein nahegelegener Teich oder Brunnen, zu dem man auf Stufen hinabsteigt. Im Hinblick auf die architektonische Gestaltung unterscheidet man einen nordindischen Typus, bei dem ein hoch aufragender, sich nach oben verjüngender Tempelturm (*śikhara*) von vielen kleineren Türmen umgeben ist, und einen südindischen Typus, bei dem sich über dem Heiligtum ein mehrfach gestufter Turm (*vimāna*) mit quadratischem oder rechteckigem Grundriss erhebt.

Funktionen der Wallfahrt

In einem engen Zusammenhang mit der herausgehobenen religiösen Bedeutung bestimmter Orte steht in allen Weltreligionen die individuell oder gemeinschaftlich durchgeführte Wallfahrt, durch die sich die Gläubigen von ihrer vertrauten Umgebung und aus den gewohnten sozialen Bindungen lösen und in ritualisierter Weise die oft beschwerliche und mitunter gefährliche Reise zu einem Heiligtum von überregionaler Bedeutung unternehmen. Dabei können je nach dem zugrunde liegenden religiösen Weltbild ganz unterschiedliche Motivationen eine Rolle spielen, von der Hoffnung auf eine wirksamere Hilfe der Gottheit in unmittelbarer Nähe ihres Heiligtums über den Erwerb von religiösem Verdienst durch das Ertragen aller Beschwernisse und Gefahren bis hin zu dem Wunsch nach seelischer Läuterung durch das Abstreifen alltäglicher Bindungen und die Fokussierung auf ein religiöses Ziel.

Im Hinduismus bezeichnet man einen Wallfahrtsort als «Furt» (*tīrtha*) und eine Wallfahrt dementsprechend als «Reise zu einer Furt» (*tīrthayātrā*). Das Ziel der Wallfahrt ist das «Erblicken» (*darśana*) der Gottheit, von der sich die Gläubigen ganz allgemein den Erwerb von religiösem Verdienst, mitunter aber auch konkrete Hilfe in einem persönlichen Anliegen wie etwa der Heilung von einer Krankheit oder der Erfüllung eines Kinderwunsches erhoffen. Wichtig sind dabei nicht nur die Riten, die man am Ziel der Pilgerfahrt durchführt, sondern auch die Reise selbst, die der Vorbereitung und Reinigung dient. Zu den bedeutendsten Wallfahrtsorten zählen die «vier Stätten» (Hindi *char dham*): Badrinath im Norden des Indischen Subkontinents ist dem Gott Vishnu geweiht, Puri im Osten Krishna, Rameswaram im Süden Shiva und Dvaraka im Westen wiederum Krishna. Eine wichtige Rolle spielen auch die «Sieben Heiligen Städte» (*sapta purī*), von denen jede in besonderer Weise mit einer großen Gottheit oder deren irdischer Erscheinungsform (*avatāra*) verbunden ist. Dabei handelt es sich um Haridwar am Westufer des Ganges im nordindischen Bundesstaat Uttarakhand; hier wird die Quelle des heiligen Flusses Ganges verehrt. Dwarka an der Westküste im heutigen Bundesstaat Gujarat gilt als Hauptort des Gottes Krishna; in Kanchipuram am Nordufer des Palar im südindischen Bundesstaat Tamil Nadu steht der Große Tempel des Gottes Shiva; in Ujjain im Bundesstaat Madhya Pradesh findet alle zwölf Jahre das größte hinduistische Pilgerfest statt. Drei bedeutende heilige Orte liegen im Bundesstaat Uttar Pradesh: Mathura gilt als Geburtsort Krishnas, Ayodhya als Geburtsort Ramas, und Varanasi (Benares) ist eng mit Shiva verbunden. Die zentrale Bedeutung dieser Kultorte bis auf den heutigen Tag veranschaulicht der Umstand, dass die Zerstörung der 1528 errichteten Babri-Moschee in Ayodhya durch Hunderttausende von Hindu-Pilgern 1992 zu Unruhen führte, bei denen zweitausend Menschen ums Leben kamen.

Schon in den ersten Jahrhunderten des Buddhismus wurden Orte, die im Leben des Buddha eine besondere Rolle spielten, zum Ziel frommer Pilger. Dies waren Lumbini im heutigen Nepal als Geburtsort des Buddha, Bodhgaya im Nordosten Indiens als der Ort seiner Erleuchtung, Sarnath bei Benares als die Stätte seiner ersten Predigt und Kushinagar nahe der Grenze zu Nepal als der Ort, an dem er bei seinem Tod ins Parinirvana einging. Mit der Ausbreitung des Buddhismus entstanden zahlreiche weitere Pilgerorte, die man häufig mit legendenhaften Erzählungen von einem Besuch des Buddha noch zu seinen Lebzeiten legitimierte. Auch berichtete man von Kaiser Ashoka als dem großen Förderer des Buddhismus, er habe Stupas in weit entfernten Regionen mit buddhistischen Reliquien ausgestattet und so zu Wallfahrtsorten gemacht. Religiöses Verdienst erwirbt man durch die Umwandlung dieser Stupas im Uhrzeigersinn (*pradakṣiṇā*), weshalb manche dieser kuppel- oder turmförmigen Monumente einen eigenen Umwandlungsgang (*pradakṣiṇāpatha*) aufweisen. Mit der Ausbreitung des Mahayana-Buddhismus in Tibet, China und Japan erweiterte sich auch das Spektrum der möglichen Wallfahrten, indem man nun auch zu Orten pilgerte, die nicht mit dem Buddha selbst, sondern mit einem Bodhisattva oder einem anderen Heiligen der Vergangenheit verbunden waren. In Japan entstand so auf der Insel Shikoku ein über tausend

Kilometer langer Pilgerweg mit 88 heiligen Stätten, die dem Mönch Kukai als dem Begründer der Shingon-Schule gewidmet sind.

Im antiken Judentum war Jerusalem mit dem Zweiten Tempel der zentrale Wallfahrtsort. Dorthin pilgerten am Pessach-, Wochen- und Laubhüttenfest zahlreiche Pilger aus dem gesamten Mittelmeerraum, um ihre Opfer darzubringen. Mit der Zerstörung des Zweiten Tempels und dem Ende des auf ihn fokussierten Opferkults endete auch die zentrale Bedeutung des Wallfahrtsgedankens im Judentum, obschon man auch später noch zu den Gräbern bedeutender Frommer aus der biblischen und nachbiblischen Zeit pilgerte, um ihr Andenken zu ehren. Eine ungleich wichtigere Rolle spielte die Wallfahrt dagegen im Christentum, wo man sie mitunter zwar auch kritisierte, zumeist jedoch als Mittel zur Stärkung des Glaubens, als religiös verdienstvolle geistliche Übung oder als Bußleistung zur Wiedergutmachung von Verfehlungen schätzte. Schon in der Spätantike pilgerte man zu den heilsgeschichtlich bedeutenden Stätten im Heiligen Land, aber auch zu den Gräbern der Apostel und Märtyrer, vor allem in Rom. Eine wichtige Rolle spielte dabei die zunehmende Märtyrer- und Heiligenverehrung, in deren Folge man Reliquien aller Art zum Ziel von Wallfahrten machte.[42]

Schon im achten Jahrhundert begegnet die Legende, der Apostel Jakobus sei auf einer Missionsreise auch auf die Iberische Halbinsel gelangt. Als man im frühen neunten Jahrhundert glaubte, im äußersten Nordwesten der Pyrenäenhalbinsel sein Grab gefunden zu haben, wurde der nach ihm benannte Ort Santiago de Compostela (*Sant Iago* aus *Sanctus Iacobus*) zu einer Wallfahrtsstätte, die seit dem zehnten Jahrhundert Pilger aus ganz Europa anzog. Ein weiterer wichtiger Wallfahrtsort war Canterbury. Dort wurde Erzbischof Thomas Becket im Dezember 1170 im Zuge einer Auseinandersetzung mit dem englischen König Heinrich II. ermordet, jedoch bereits drei Jahre später auf Betreiben der Herzogin Matilde, einer Tochter Heinrichs II., heiliggesprochen. Im späten vierzehnten Jahrhundert diente die farbige Schilderung einer Pilgerreise von London nach Canterbury dem mittelenglischen Autor Geoffrey Chaucer als Rahmenhandlung für seine «Canterbury-Geschichten» (*Canterbury Tales*).

Abb. 26 Pilger auf dem Weg nach Canterbury. Buchillustration aus dem fünfzehnten Jahrhundert

Als Reliquien verehrte man nicht nur die sterblichen Überreste der Heiligen, sondern auch Gegenstände, mit denen sie in Berührung gekommen waren. So gehörte der Mantel (*cappa*) des heiligen Martin von Tours zum Kronschatz der fränkischen Könige. Er begleitete sie auf den Fahrten durch ihr Herrschaftsgebiet und wurde in besonderen Räumlichkeiten aufbewahrt, die man daher Kapellen (*capellae*) nannte. Wo Reliquien dauerhaft an einem Ort verblieben, schuf man zu ihrer Aufbewahrung häufig kostbare und künstlerisch aufwendig gestaltete Reliquienschreine oder Reliquiare, die den Gegenstand der Verehrung zunächst verbargen, seit dem dreizehnten Jahrhundert aber auch immer wieder hinter Glas oder Bergkristall zur Schau stellten. Als größtes und aufwendigstes mittelalterliches Reliquiar gilt der Dreikönigenschrein im Kölner Dom aus der Zeit um 1200.

Im Jahr 1300 rief Papst Bonifatius VIII. erstmals ein «Gnadenjahr» oder «Jubiläumsjahr» aus, das allen Rompilgern einen vollständigen Ablass von den Sündenstrafen in Aussicht stellte. Die erheblichen Einkünfte, die der Stadt Rom und dem Papst dadurch zuflossen, führten schon bald dazu, dass solche «Heiligen Jahre» in immer kürzeren Abständen wiederholt wurden. Schon im Jahr 1350 konnten die Gläubigen durch das Ablegen der Beichte und die Zahlung einer Geldsumme auch ohne Wallfahrt einen vollständigen Ablass erlangen. Dies rief jedoch auch Kritiker auf den Plan, die nicht nur das mit den Wallfahrten verbundene Gewinnstreben, sondern auch die verbreitete Wundersucht, den betrügerischen Handel mit falschen Reliquien und eine von der persönlichen Haltung losgelöste, rein «äußerliche» Frömmigkeit geißelten. Die Kritik der Reformatoren an kirchlichen Missständen war daher zu einem guten Teil die Kritik an den Auswüchsen des Wallfahrtswesens, das dadurch in der Frühen Neuzeit in manchen Regionen vollständig abgeschafft wurde und in anderen nur in stark modifizierter und theologisch reflektierter Form weitergeführt wurde.

Eine zentrale Bedeutung hat die Wallfahrt bis heute im Islam.[43] Als «Kleine Wallfahrt» (*ʿumra*) bezeichnet man hier den verdienstvollen, doch nicht zwingend vorgeschriebenen Besuch der heiligen Stätten in Mekka, der zu jeder beliebigen Zeit stattfinden kann. Die «Große Wallfahrt» (*ḥağğ*) ist dagegen eine Verpflichtung, der jeder erwachsene und gesunde Muslim, sofern es ihm seine wirtschaftlichen Mittel erlauben, wenigstens einmal im Leben nachkommen soll. Sie wird zwischen dem achten und zehnten Tag des letzten Monats (*D̲ū l-ḥiğğa*) durchgeführt und beginnt damit, dass sich der Pilger in einen besonderen Weihezustand (*iḥrām*) begibt, der auch im Tragen einer besonderen Kleidung aus weißer Wolle zum Ausdruck kommt. Zu den komplexen und durch religiöse Vorschriften genau geregelten Riten nach der Ankunft in Mekka gehören die siebenmalige Umwandlung (*ṭawāf*) der Kaaba im Hof der Großen Moschee von Mekka, der rituelle Lauf (*saʿy*) zwischen den beiden Stätten as-Safa und al-Marwa, das Verharren (*wuqūf*) am Berg Arafa, das Gebet an der Stätte Muzdalifa, die symbolische Steinigung (*rağm*) Satans bei dem Ort Mina und die rituelle Rasur des Kopfes.

Begrifflich unterscheidet man die Kleine und Große Wallfahrt nach Mekka von der Wallfahrt zu anderen Orten, die üblicherweise als «Besuch» (*ziyāra*) bezeichnet wird. Das Ziel dieser Besuche sind häufig Gräber von besonders ausgezeichneten Frommen oder Heiligen; sie liegen oft in der näheren Umgebung der Gläubigen und erfordern daher keine Pilgerfahrt im eigentlichen Sinn des Wortes. Eine wichtige Rolle spielen solche Besuche von Gräbern von jeher für die Schiiten, wo besonders das Grab Husains in Kerbela und das Grab Alis in Nadschaf südlich von Bagdad zahlreiche Pilger anziehen. Die oft nur lokale oder regionale Verehrung der Gräber von Frommen, zu denen man Weihegaben bringt, um ihren Segen (*baraka*) zu erhalten, breitete sich später auch im sunnitischen Islam stark aus. Die damit verbundenen Bräuche wurden jedoch wegen ihrer fehlenden Begründung durch Koran und Hadith auch immer wieder als unislamisch gebrandmarkt.

14. Der Einzelne und sein Gott: Formen der Mystik

«Wer in Mekka von Gott abwesend ist, ist in der gleichen Lage, wie wenn er in seinem eigenen Haus von ihm abwesend ist, denn eine Abwesenheit ist nicht besser als die andere, und wer in seinem eigenen Haus bei Gott gegenwärtig ist, ist in der gleichen Lage, wie wenn er in Mekka gegenwärtig ist, denn eine Gegenwart ist nicht besser als die andere.» So schrieb im elften Jahrhundert der persische Mystiker Hudschwiri.[44] Kritik am Pilgerwesen findet man auch sonst bei den Mystikern, die sich auf Aussagen der kanonischen Heiligen Schriften über die Allgegenwart Gottes berufen konnten. Ihre mystischen Erfahrungen zu beschreiben, ist jedoch nicht leicht, denn der Sammelbegriff «Mystik» umfasst zahlreiche verschiedene Erscheinungen der religiösen Praxis und der theologischen Reflexion, die in unterschiedlichen historischen Zusammenhängen stehen. Die innere Einheit dieser Erscheinungen ist in der Vergangenheit je nach dem weltanschaulichen Standpunkt des außenstehenden Betrachters teils vorbehaltlos bejaht, teils entschieden bestritten worden. Da man häufig von christlicher, jüdischer, islamischer und hinduistischer Mystik spricht, sollen hier die einzelnen Traditionen der Reihe nach betrachtet werden.[45]

Die Anfänge der christlichen Mystik

Das griechische Adjektiv *mystikós* ist von dem Verb *mýein* abgeleitet, mit dem man das «Schließen», nämlich der Augen und der Lippen, im Zusammenhang mit der Mitteilung eines Geheimnisses (griechisch *mystḗrion*) bezeichnet. Über das Lateinische hat das Wort Eingang in die deutsche Sprache gefunden. In der Antike und im Mittelalter begegnet *mystikós/mysticus* vor allem im Zusammenhang mit den Geheimnissen des christlichen Glaubens, die nicht ohne weiteres allen Menschen zugänglich sind. So bezeichnet *corpus mysticum* («mystischer Leib») die Gegenwart Christi in der Eucharistie, *sensus mysticus* («mystischer Sinn») den verborgenen oder allegorischen Sinn der Heiligen Schrift und *mystikē theología* («mystische Gotteslehre») eine Erkenntnis Gottes, die auch auf persönlicher Erfahrung beruht.

Erste Ansätze zu einer christlichen Mystik findet man bereits im Neuen Testament, etwa wenn im Johannes-Evangelium Jesus in seinem Abschiedsgebet Gott darum bittet, «dass alle eins seien, wie du, Vater, in mir bist und ich in dir» (Johannes 17,21), oder wenn in den Briefen des Apostels Paulus davon die Rede ist, dass die Gläubigen «in Christus Jesus» seien (Galater 3,28; Römer 8,1) oder dass jemand in den dritten Himmel entrückt worden sei und im Paradies «unaussprechliche Worte hörte, die ein Mensch nicht sagen darf» (2 Korinther 12,2–4). Die ersten theoretischen Schriften zur Mystik verfasste unter dem Einfluss der platonischen Philosophie um 200 Clemens von Alexandria, der die Askese als Weg der Vervollkommnung und des Aufstiegs zur Gottesschau propagierte. Wenig später schrieb auch Origenes über die Mystik. Er interpretierte auf der Grundlage seiner allegorischen Schriftauslegung das Hohelied als eine Beschreibung der Liebesbeziehung zwischen Gott und Mensch.

Eine wichtige Rolle spielte in der Folgezeit die Gegenüberstellung des tätigen Lebens, der *vita activa*, und des beschaulichen Lebens, der *vita contemplativa*, wie man im lateinischsprachigen Westen den griechischen Gegensatz zwischen *práxis* (Tätigkeit) und *theōría* (Anschauung) wiedergab. Dabei brachte es die hohe Wertschätzung der Askese und des Rückzugs aus der Welt mit sich, dass sich die Mystik vor allem im Mönchtum weiterentwickeln konnte. Zu den frühesten bedeutenden Vertretern dieser monastischen Mystik zählt Evagrius Ponticus, der sich gegen Ende des vierten Jahrhunderts mit einer kleinen Gruppe von Gleichgesinnten in der ägyptischen Wüste niederließ. In seinen Schriften propagierte er die Askese als wichtigste Vorbereitung auf die innere Ruhe und Leidenschaftslosigkeit (*apátheia*), die letztlich zur Schau des göttlichen Lichts führen sollte.

Weitreichenden Einfluss auf die weitere Entwicklung der christlichen Mystik gewann um 500 ein unbekannter christlicher Schriftsteller, der sich nach dem in der Apostelgeschichte (17,34) erwähnten Beisitzer des Areopags in Athen Dionysios Areopagita nannte. Er lehrte einen dreifachen Stufenweg von der Reinigung über die Erleuchtung zur Einigung mit Gott.[46] Ihm folgte im späten sechsten und siebten Jahrhundert Johannes Klimakos, der in einer Schrift mit dem Titel «Himmelsleiter» das monastische Streben nach Vervollkommnung mit dem Ersteigen einer dreißig Sprossen zählenden Leiter verglich – von der Absage an die Welt über die Buße bis hin zur Schau Gottes. Ein Zeitgenosse von ihm war Maximos der Bekenner (Maximus Confessor), der einen einflussreichen Kommentar zum Werk des Pseudo-Dionysios Areopagita verfasste. Als einer der wichtigsten Vermittler des Gedankenguts dieser Mystiker an die spätere griechische Tradition gilt Symeon der Neue Theologe (949–1022), der seine mystischen Erfahrungen in nahezu sechzig Hymnen schilderte. Von ihm ist die asketisch und mystisch geprägte Spiritualität des Hesychasmus stark beeinflusst. Dabei geht es darum, durch einen Zustand vollkommener innerer und äußerer Ruhe (*hēsychía*) zur Gottesschau zu gelangen. Ihren Höhepunkt erreichte diese Bewegung im dreizehnten und vierzehnten Jahrhundert auf dem Berg Athos.

Zum Vermittler der frühen christlichen Mystik des Ostens an den lateinischen Westen wurde Johannes Cassianus (360–um 430), der mit seinen Schriften und der Gründung zweier Klöster in Südgallien das lateinische Mönchtum begründete. Anklänge an das Gedankengut der Mystik findet man in der Folge unter anderem bei Augustinus und Gregor dem Großen, doch entwickelte sich eine eigenständige und kontinuierliche Tradition lateinischer (und wenig später auch volkssprachlicher) Mystik erst mit dem Reformmönchtum im zwölften Jahrhundert. Besonders bedeutend waren hier die beiden Zisterzienser Wilhelm von St. Thierry und Bernhard von Clairvaux, die in ihren Schriften auf das Hohelied und dessen Auslegung durch Origenes zurückgriffen. Eine wichtige Rolle spielten die Schriften der frühen Mystiker aber auch für die Regularkanoniker der 1113 gegründeten Abtei Saint Victor in Paris. Dort übersetzte Johannes Sarracenus die Werke und Briefe des Pseudo-Dionysios Areopagita ins Lateinische, während Hugo von St. Viktor mit seinem *Soliloquium de arrha animae* in Anknüpfung an augustinische Gedanken eine viel gelesene Schrift zur Brautmystik verfasste. Als erste volkssprachliche Auslegung des Hohenlieds entstand wohl um 1160, vermutlich in der steirischen Benediktinerabtei Admont, das – irrtümlich so genannte – «St. Trudperter Hohelied», als dessen Verfasser man den geistlichen Betreuer eines Nonnenkonvents ansieht. Als eine Mystikerin gilt auch die Gelehrte, Dichterin und Komponistin Hildegard von Bingen (1098–1179), deren ausführliche Visionsbeschreibungen eine intensive geistige Auseinandersetzung mit der zeitgenössischen lehrhaften Theologie widerspiegeln. Sie wurde 2012 von Papst Benedikt XVI. zur Kirchenlehrerin erhoben.

Von großer Bedeutung für die weitere Entwicklung der christlichen Mystik im Spätmittelalter erwies sich zum einen die Gründung der ersten Mendikanten- oder Bettelorden in der ersten Hälfte des dreizehnten Jahrhunderts, zum anderen die wachsende Bedeutung des städtischen Bürgertums, deren weibliche Mitglieder häufig von Franziskanern und Dominikanern geistlich betreut wurden. Aus dem wechselseitigen Austausch zwischen den Frauen und ihren in der scholastischen Theologie geschulten Beichtvätern ging eine Frauen-Mystik hervor, die in Visionsbeschreibungen, Briefen, Predigten und gelehrten Abhandlungen ihren Niederschlag fand. Dabei verwendete man neben dem Lateinischen nun auch verstärkt die verschiedenen Volkssprachen, deren Wortschatz zur Wiedergabe der verschiedenen mystischen Erfahrungen um etliche neu gebildete Wörter wie z. B. «Seelengrund» erweitert

Abb. 27 Hildegard von Bingen. Buchmalerei aus Aachen, dreizehntes Jahrhundert

wurde. Zu den bekanntesten deutschen Mystikerinnen jener Zeit zählt Mechthild von Magdeburg (um 1207–um 1282), die ihre mystischen Erfahrungen auf eine Anregung ihres Beichtvaters hin selbst in niederdeutscher Sprache aufzeichnete und in dem Buch «Das fließende Licht der Gottheit» zusammenstellte. Als Seelsorger für Nonnen im süddeutschen Raum wirkte der Dominikaner Meister Eckhart (um 1260–um 1327), der in seinen teils deutsch, teils lateinisch erhaltenen Schriften und Predigten eine umfassende Synthese von Theologie und Philosophie anstrebte und in seiner Mystik die Lehre von der Geburt Gottes in der Seele des einzelnen Menschen entwickelte. Die römisch-katholische Mystik erreichte während des sechzehnten Jahrhunderts mit Ignatius von Loyola, Teresa von Avila und Johannes vom Kreuz einen Höhepunkt, während auf protestantischer Seite die Mystik vor allem den Pietismus und durch ihn die freikirchlichen Erweckungsbewegungen und die idealistische Philosophie des neunzehnten Jahrhunderts beeinflusste. In der russischen Orthodoxie gehören die bedeutendsten – teilweise stark vom byzantinischen Hesychasmus geprägten – Mystiker überhaupt erst dem achtzehnten und neunzehnten Jahrhundert an. Zu ihnen zählen asketische Seelsorger, die als «Altväter» oder Starzen (russisch *starcy*, Singular *starec*) bezeichnet werden. Sie beeinflussten Philosophen wie Solovjov und Bulgakov, aber auch Schriftsteller wie Dostojevskij und Tolstoj.

Der islamische Sufismus

Im Islam findet man als nächste Entsprechung zum christlichen Ausdruck «Mystik» den Begriff des Sufismus (arabisch *taṣawwuf*), der in Europa erst im neunzehnten Jahrhundert gebräuchlich wurde.[47] Er ist von dem Wort *ṣūfī* abgeleitet, das dem Wortsinn nach den Träger eines Gewands aus rauher Wolle (*ṣūf*) bezeichnete, jedoch in der Pluralform *ṣūfīya* bereits im achten Jahrhundert zur Kennzeichnung frommer Asketen diente. Ob sich diese Asketen mit einem Wollgewand von den in Leinen gekleideten Pilgern abgrenzen wollten oder von der vornehm gekleideten Oberschicht, lässt sich heute nicht mehr sagen. Ihr Anliegen bestand jedenfalls darin, jenseits der staatlichen und gesellschaftlichen Institutionen ein innerliches, stark gefühlsbetontes Verhältnis zu Gott zu verwirklichen. Einen wichtigen Anknüpfungspunkt an die traditionelle Frömmigkeit bildete die Tradition der Askese (*zuhd*), wie sie im Koran und in der Sunna in den Berichten von der Fastenpraxis, dem Gebet und den Nachtwachen des Propheten und seiner Gefährten beschrieben wird. Ähnlich wie die christlichen Mönche suchten auch die islamischen Mystiker durch Entsagung und Reinigung zur «Entwerdung» (*fanāʾ*) oder zur Auflösung der Seele (*nafs*) in Gott zu gelangen. Da man diese Erfahrung auch als eine mystische Erkenntnis Gottes (*ma'rifa*) verstehen konnte, wird die Mystik im Islam auch als «Erkenntnis (Gottes)» (*'irfān*) bezeichnet. Eine wichtige Rolle spielte in diesem Zusammenhang die Lehre von einem «inneren Sinn» (*bāṭin*) des Korans, der sich erst dem eingeweihten Leser erschließt.

In der Sprache der islamischen Mystik ist der Gottsucher ein Wanderer (*sālik*) auf einem «Pfad» (*ṭarīqa*), dessen «Stationen» und «Haltepunkte» zu bestimmten Zuständen der Seele in Beziehung gesetzt werden. Mit diesem Wort bezeichnete man zugleich die Institution, die dem Mystiker das Beschreiten dieses Pfads ermöglichte, denn *ṭarīqa* (Plural *ṭuruq*) nannte man auch die – im Deutschen mitunter als «Orden» bezeichnete – Gemeinschaft, in welcher der Schüler von einem Lehrer (arabisch *šayḫ*, persisch *pīr*) unterwiesen wurde. Da die Mitglieder solcher Orden oft auf jeglichen Besitz verzichteten, um sich ganz dem Beistand Gottes in Form von menschlichen Almosen anheimzustellen, nannte man sie oft «Bettler» (arabisch *faqīr*, persisch *darwīš*). Ein anschauliches Bild für die zentrale Rolle des Meister-Schüler-Verhältnisses ist die spirituelle «Kette» (*silsila*), durch die alle Mitglieder einer Sufi-Gemeinschaft mit den Meistern der Vergangenheit, dem Gründer und letztlich dem Propheten selbst verbunden sind. Zu den wichtigsten Techniken, mit denen die Mystiker ihrem Ziel näherzukommen suchten, gehörten Tanz und Musik sowie die rituelle «Erinnerung» oder Anrufung der Namen und Eigenschaften Gottes (*ḏikr*).

Einer der frühesten muslimischen Asketen, auf die sich spätere Mystiker berufen konnten, war der Korangelehrte Hasan von Basra (642–728). Besondere Aufmerksamkeit fand in der europäischen Forschung Husain ibn-Mansur al-Halladsch (857–922), der wegen Blasphemie in Basra öffentlich hingerichtet wurde. Einflussreich war aber auch die Mystikerin Rabia al-Adawiya (um 715–801). Sie führte muslimischer Überlieferung zufolge in Basra zusammen mit anderen Mystikerinnen ein asketisches Leben, um das sich in späterer Zeit zahlreiche Legenden rankten.

Von weitreichender Bedeutung für die Positionierung der Mystik im Verhältnis zur muslimischen Theologie und Philosophie waren die Schriften al-Ghazalis (1058–1111).[48] Er verwarf die Philosophie als einen

Abb. 28 Rabia von Basra. Indische Miniatur, um 1725

eigenständigen Weg zur Wahrheit und beschrieb seine Hinwendung zum Sufismus in einer geistigen Autobiographie mit dem Titel «Der Retter aus dem Irrtum» (*al-munqiḏ min aḍ-ḍalāl*). Ein weiterer einflussreicher Autor war der aus Murcia gebürtige und nach ausgedehnten Reisen in Damaskus verstorbene Ibn Arabi (1165–1240), der in sufischen Kreisen bis heute als «der größte Meister» verehrt wird.[49] Er gilt als prominentester Vertreter der Vorstellung von der «Einheit des Seins» (*waḥdat al-wuǧūd*), also der Einheit von Schöpfer und Schöpfung. Diese Lehre wurde von etlichen späteren Mystikern aufgegriffen, von vielen muslimischen Theologen jedoch auch als Irrlehre kompromisslos bekämpft. Zu den größten Vertretern der islamischen Mystik im persischen Kulturraum zählen Attar (um 1140–1221) und Rumi (1207–1273).

Letzterer trägt den Ehrentitel «Unser Meister» (arabisch *maulānā*, türkisch *mevlana*), und sein Grab in der türkischen Stadt Konya zieht noch heute zahlreiche Pilger an.[50] Auf ihn geht auch die noch heute bestehende Mevlevi-Bruderschaft zurück, deren rituelle Musik und tanzähnliche, kreisende Bewegungen 2005 in die UNESCO-Liste des immateriellen Kulturerbes der Menschheit aufgenommen wurden.

Formen jüdischer Mystik

Am Anfang der mystischen Tradition des Judentums steht die Vision des Propheten Ezechiel von einem göttlichen Thronwagen (*mærkaḇa*) im ersten Kapitel des nach ihm benannten Buchs der Hebräischen Bibel. An sie knüpft die spätantike Tradition der Merkava-Mystik an, deren Anschauungen man vor allem in der sogenannten Hekhalot-Literatur findet.[51] Dabei handelt es sich um eine Gruppe nicht sicher datierbarer, nach ihrer ersten Abfassung immer weiter fortgeschriebener Abhandlungen, die den Weg des Mystikers zum göttlichen Thron im siebten Himmel als ein Durchschreiten himmlischer *hekhalot*, also «Hallen» oder «Paläste», beschreiben. Der Weg dorthin, den diese Schriften eigentümlicherweise nicht als Auf-, sondern als Abstieg bezeichnen, wird in den Texten mit all seinen Gefahren und Prüfungen ausführlich geschildert. Besondere Aufmerksamkeit widmen die Texte dabei der göttlichen Liturgie, also den Gesängen der Engel und der übermenschlichen Träger des göttlichen Throns. Gott selbst wird in einer für die jüdische Tradition ansonsten unüblichen Weise in menschlicher Gestalt aufgefasst und mit den genauen Maßangaben seines Körpers beschrieben.

Ob solche Anschauungen im Zentrum oder eher am Rand des rabbinischen Judentums standen, wird in der Forschung unterschiedlich beurteilt. Die Zuschreibung dieser Schriften an bedeutende rabbinische Autoritäten und die Aufnahme spezifisch rabbinischer Gedanken könnte jedenfalls erst im Laufe der Überlieferung erfolgt sein, um die mystischen und die rabbinischen Traditionen einander anzunähern.

Auch über das religionsgeschichtliche Umfeld dieser frühen mystischen Schriften kann man nur Mutmaßungen anstellen. Neben Parallelen zu den Schriften von Qumran und der jüdischen Apokalyptik findet man auch Anklänge an die Gnosis, den Neuplatonismus und die pagane Magie der Spätantike. Einen ähnlich komplexen Hintergrund vermutet man auch für das mystische «Buch der Schöpfung» (*Sefer Jezira*), in dem das Verhältnis der Grundzahlen von eins bis zehn sowie der zweiundzwanzig Buchstaben des hebräischen Alphabets erörtert wird.[52] Erstmals begegnet hier die in späterer Zeit oft weiterentwickelte Vorstellung von den zehn *sefirot* (Singular *sefira*), die als göttliche Kräfte gemeinsam die Welt konstituieren. In Palästina entstanden, gelangte die Hekhalot-Literatur im Zuge der jüdischen Diaspora über Mesopotamien nach Westeuropa, wo man sich seit der Mitte des zwölften Jahrhunderts viel mit ihr beschäftigte.

In das ausgehende zwölfte Jahrhundert fällt die Entstehung der Kabbala, deren Vertreter sich als «Empfänger» (*mekubbalim*) einer verborgenen, mündlich überlieferten Auslegung der Hebräischen Bibel und des Talmud oder auch als «Verstehende» (*maskilim*) bezeichneten.[53] Ihr Ziel war die mit dem hebräischen Begriff *devequt* umschriebene Bindung an oder Vereinigung mit Gott. Als erstes kabbalistisches Werk entstand um 1185 vermutlich in der Provence oder Nordspanien das «Buch des Glanzes» (*Sefer ha-Bahir* oder kurz *Bahir*), das in der traditionellen Form der Schriftauslegung (*Midrasch*) viele Stellen aus der Bibel, dem «Buch der Schöpfung» und der Hekhalot-Literatur neu interpretierte. Erstmals finden wir hier den schon in der Hebräischen Bibel bezeugten Begriff der Schechina als Bezeichnung einer weiblichen göttlichen Macht. Dabei handelt es sich um eine Vorstellung, die von späteren Mystikern auch in erotischen Bildern von der Beziehung zwischen dem Beter und der Schechina weiterentwickelt wurde.[54] Der erste namentlich bekannte Kabbalist war der aus Südfrankreich gebürtige Isaak ben Abraham (genannt der Blinde, 1160–1235), der einen Kommentar zum *Sefer Jezira* und weitere Abhandlungen zur Mystik verfasste. Ihm folgten im dreizehnten Jahrhundert Rabbi Moses ben Nachman (1194–1270) sowie Abraham Abulafia (1240–um 1291), dessen

Schriften auch christliche Humanisten wie etwa Giovanni Pico della Mirandola (1463–1494) und Johannes Reuchlin (1455–1522) beeinflussten.[55] Wohl gegen Ende des dreizehnten Jahrhunderts entstand als das bedeutendste kabbalistische Werk des Mittelalters der *Sohar* («Glanz»), dessen Kern aus einem fortlaufenden Kommentar zur Tora besteht.[56]

Im modernen Judentum war die Haltung gegenüber der eigenen mystischen Tradition lange ambivalent. Stark mystisch geprägt war die mitunter auch als Sabbatianismus bezeichnete messianische Bewegung um Sabbtai Zvi (1626–1676), der an die Lehren des Kabbalisten Isaak Luria (1534–1572) anknüpfte und auch nach seinem erzwungenen Übertritt zum Islam noch zahlreiche Anhänger an sich binden konnte. Eine wichtige Rolle spielte die Mystik auch in der von Rabbi Israel ben Eliezer (um 1700–1760) begründeten Tradition des Chassidismus, in dessen Mittelpunkt die Verehrung charismatischer geistlicher Führer stand, die *Zaddiq* oder *Rebbe* genannt werden. Dagegen fand die Kabbala bei den Vertretern der Aufklärung und der im neunzehnten Jahrhundert entstandenen Wissenschaft des Judentums nur wenig Anklang, so dass sie im zwanzigsten Jahrhundert sozusagen neu entdeckt werden musste.[57]

Theistische und nicht-theistische Mystik in Indien

In Indien reichen die Anfänge einer nicht-theistischen Mystik bis in die Zeit der Upanischaden mit ihrer Lehre von der Einheit der Individualseele (*ātman*) mit der Allseele (*brahman*) zurück. Der Ausspruch «Ich bin Brahman» (*aham brahmasmi*) wird als klassische Formulierung der Einheit von Atman und Brahman dem Weisen Yajnavalkya zugeschrieben, der unter anderem auch als Verfasser des «Brahmana der Hundert Pfade» (*Śatapatha Brāhmaṇa*) gilt. Ebenso berühmt ist eine andere Formulierung, die Yajnavalkya auf die Frage nach dem Wesen des Brahman gebraucht haben soll. *Neti, neti* (wörtlich «nicht so, nicht so») sei Brahman, da alle Beschreibungen oder begrifflichen Bestimmungen des Brahman letztlich unzulänglich seien. In Verbindung mit einer entschiedenen Ablehnung des Opferwesens und des damit verbundenen

Ritualismus entwickelte man aus den Spekulationen über die Einheit von Atman und Brahman eine monistische Philosophie, in der die Versenkung in das eigene Selbst als Mittel zur Erlösung galt. Daneben entstand in der zweiten Hälfte des ersten Jahrtausends aber auch eine theistische Mystik, in der nicht die in der Meditation gewonnene Erkenntnis, sondern die Hingabe oder liebende Versenkung in das Wesen des Gottes (*bhakti*) das Mittel zur Erlösung ist.[58]

Prominenter Vertreter einer nicht-theistischen Mystik ist der Philosoph Shankara, der indischer Überlieferung zufolge um 788 als Sohn eines Brahmanen im südindischen Kaladi (Kerala) geboren wurde. Schon zu Lebzeiten soll er zahlreiche Anhänger gewonnen und mehrere Klöster gegründet haben, bevor er um 820 im nordindischen Kedarnath (Uttar Pradesh) im Alter von nur zweiunddreißig Jahren starb. Ausgehend vom Denken seines Lehrers Govindapada, der wiederum an Gedanken des Philosophen Gaudapada anknüpfte, interpretierte Shankara die Upanischaden, die Brahmasutras und weitere Schriften wie etwa die *Bhagavadgita* im Sinne einer absoluten Einheitslehre. Oberstes Ziel seiner Philosophie und Gegenstand des von ihm postulierten «höheren Wissens» (*parāvidyā*) ist die Erkenntnis der Identität der Individualseele (*ātman*) mit der Allseele (*brahman*), die in der meditativen Versenkung als Sein (*sat*), Bewusstsein (*cit*) und Glückseligkeit (*ananda*) erfahren werden kann. Die Welt in ihrer Vielfalt und Unterschiedlichkeit gilt ihm als Illusion (*māyā*), die dem Menschen nur auf der Ebene des «niederen Wissens» (*aparavidyā*) als empirische Realität erscheint.

Im Gegensatz zu Shankaras monistischer Lehre der «Nicht-Zweiheit» (*advaita*) steht die «eigenschaftsbehaftete Nicht-Zweiheit» (*viśiṣṭādvaita*) des Philosophen Ramanuja, der nach indischer Überlieferung um 1050–1137 im tamilischen Sprachgebiet Südindiens lebte. Wie Shankara ging auch Ramanuja von den Upanischaden, den Brahma-Sutras und der *Bhagavadgita* aus, sah in dem allumfassenden Göttlichen aber kein unterschiedsloses reines Sein, sondern sprach ihm bestimmte Eigenschaften (*viśeṣa*) zu. Die Einzelseelen und die Materie verhalten sich seiner Auffassung zufolge wie der Leib zur Seele, denn so wie der Leib nicht ohne die mit ihm verbundene Seele existieren kann, so sind auch die Seelen und die Materie vom Göttlichen vollkommen abhängig, gleichzeitig jedoch von ihm verschieden. Die Vielheit, die der Mensch wahrnimmt, ist daher keine Illusion, sondern als Ausdruck unterschiedlicher Formen (*prakara*) des Göttlichen real. Als eine Art von Panentheismus, der die gesamte Realität im Göttlichen enthalten sieht, verbindet die Lehre Ramanujas so die Lehre Shankaras mit der theistischen Frömmigkeit der Alvars, tamilischer Hymnendichter im Dienste des Gottes Vishnu-Narayana.

Eine wiederum andere Form der Mystik findet man im dualistischen Dvaita-Vedanta, als dessen Begründer der südwestindische Philosoph Madhva (um 1199–1278) gilt. Er interpretierte die Aussagen der Upanischaden im Sinne eines «fünffachen Unterschieds» (*pañca-bheda*), nämlich Gottes und der Seelen, Gottes und der Materie, der Seelen und der Materie, der Seelen untereinander und der leblosen Dinge untereinander. Das gesamte Weltgeschehen beruht ihm zufolge auf lediglich drei Entitäten, von denen allerdings nur das Göttliche autonom ist, während die Seelen und die Materie von ihm abhängig sind. Eine wichtige Rolle spielt hier die liebende Hingabe an den Gott Vishnu, wie sie im dreizehnten bis sechzehnten Jahrhundert auch von den religiös-philosophischen Lehrern Nimbarka, Vallabha und Caitanya vertreten wurde.

Einheit und Vielfalt mystischer Erfahrungen

Fragt man abschließend nach dem inneren Zusammenhang der hier besprochenen Erscheinungen, ist zunächst die Geschichte des Begriffs «Mystik» zu bedenken, den man in Europa lange ausschließlich auf das Christentum bezog und erst in der Neuzeit auf andere Traditionen ausdehnte. Seine heutige Verwendung ist daher von den Umständen geprägt, unter denen diese neuzeitliche Ausweitung des Begriffs erfolgte. Dazu gehören zunächst die Hochschätzung einer idealistischen Weltsicht bei vielen Philosophen des achtzehnten und neunzehnten Jahrhunderts sowie die Begeisterung der Romantiker für die neu entdeckten «mystischen» Lehren Indiens. Hinzu kamen im späten neunzehnten und zwanzigsten Jahrhundert ein neu erwachtes Interesse an der psychologischen Deutung religiöser Phänomene sowie das Unbehagen an der Rationalisierung weiter Lebensbereiche und der fehlenden Beziehung des einzelnen Menschen zu religiösen Institutionen und Lehrinhalten. So stand die Beschäftigung mit «der» Mystik oft in einem engen Zusammenhang mit der Kritik an bestimmten Aspekten der eigenen Kultur und dem Streben, die eigene weltanschauliche Position durch den Rückgriff auf vermeintlich universal verbreitete Einsichten und Erfahrungen zu legitimieren. Nicht vergessen sei darüber auch die Prägung der gegenwärtigen Wahrnehmung mystischer Lehren und Praktiken durch ihre kommerziell motivierte Verwertung in Ratgebern und Seminaren.[59]

Trotz dieses Vorbehalts gegenüber einer Ausweitung des Mystik-Begriffs auf unterschiedliche Religionen zeigen sich in vergleichender Perspektive augenfällige Parallelen bei den Beschreibungen mystischer Erfahrungen, die sich von ähnlichen Techniken zu ihrer Herbeiführung über gleichlautende Schilderungen durch außenstehende Beobachter bis hin zu nahezu wörtlichen Übereinstimmungen in der Beschreibung durch die Mystiker selbst erstrecken. Sofern nicht direkte historische Einflüsse vorliegen, sind diese Parallelen in der Struktur des menschlichen Bewusstseins, in der naturgegebenen Beschränkung des Spektrums möglicher sinnlicher Wahrnehmungen und in dem begrenzten sprachlichen Repertoire zur Mitteilung von Grenzerfahrungen begründet.[60]

Auf der anderen Seite sind mystische Erfahrungen an spezifische religiöse Anschauungen und Gemeinschaftsformen gebunden, so dass man sie durch die Reduktion auf einen angeblich allen Mystikern zugänglichen gemeinsamen Erfahrungskern letztlich verkürzt, wenn nicht gar verfälscht. Dies gilt besonders für den islamischen Sufismus, dessen unterschiedliche Schulen auch als Netzwerke zu verstehen sind, die erheblichen politischen und gesellschaftlichen Einfluss haben können. Darüber hinaus ist zu berücksichtigen, dass die Rückbesinnung auf zeitweise wenig geschätzte Formen der Mystik außerhalb Europas in enger Wechselwirkung mit der philologisch-historischen Erforschung der mystischen Traditionen durch europäische Wissenschaftler steht. Was man im Europa des neunzehnten und zwanzigsten Jahrhunderts über buddhistische und hinduistische Meditationstechniken lesen konnte, hatte in vielen Fällen unmittelbare Rückwirkungen auf das Selbstverständnis und die Selbstdarstellung dieser Traditionen in ihren Ursprungsländern und beeinflusste nicht zuletzt deren Missions- und Reformbestrebungen, wovon weiter unten im Zusammenhang mit dem Neohinduismus und Neobuddhismus noch die Rede sein wird.

15. Bewahrung, Anpassung, Erneuerung: Die Auslegung der Offenbarung

Im Unterschied zu den verschiedenen Formen der Mystik mit ihrer Fokussierung auf den einzelnen Menschen und seine individuelle Beziehung zum Absoluten jenseits von Raum und Zeit zeigt sich im gemeinsam praktizierten Kult und in den gelebten ethischen Normen der großen Weltreligionen immer wieder eine Spannung zwischen der aktuellen Gegenwart und den Normen, die aus den kanonischen Schriften und einer idealisierten Anfangszeit erschlossen werden. Dies führte immer wieder zu Bemühungen, für ursprünglich gehaltene Offenbarungen von vermeintlich späteren Zusätzen oder Änderungen zu reinigen, die gelebte religiöse Praxis durch Eliminierung vermeintlich späterer Zutaten erneut an der Anfangszeit auszurichten und die Möglichkeit weiterer Neuerungen durch die Festschreibung eines *status quo* zu erschweren.

Muslimische Exegeten und Rechtsgelehrte

Im Islam bildeten die koranischen Offenbarungen die oberste Richtschnur des Handelns, doch waren sie schon für die Zeitgenossen Muhammads nicht immer einfach zu verstehen. Das lässt die häufige Wendung «sie fragen (dich)» vermuten, mit der schon der Koran selbst darauf Bezug nimmt, dass viele seiner Verse erläuterungs- und ergänzungsbedürftig sind. Nach dem Tod Muhammads und der Redaktion des Korans unter dem dritten Kalifen Uthman entstand mit zunehmendem zeitlichen Abstand zum Kreis der ursprünglichen Hörer eine umfangreiche Literatur zur Auslegung des Korans.[61]

Viele frühe exegetische Werke waren philologisch orientiert und beschäftigten sich zunächst mit den unterschiedlichen Lesarten (*qirā'āt*) des Korans. Diese waren dadurch entstanden, dass man die Offenbarungen zunächst überwiegend mündlich überlieferte und die Möglichkeit einer eindeutigen schriftlichen Fixierung wegen der Mehrdeutigkeit der frühen arabischen Schrift fehlte. Im zehnten Jahrhundert einigte man sich dahingehend, dass man sieben verschiedene Lesarten, die der islamischen Tradition zufolge auf bedeutende Zeitgenossen Muhammads zurückgingen, als gleichberechtigt anerkannte, andere Lesarten dagegen von der Rezitation ausschloss. Besondere Aufmerksamkeit schenkte man außerdem der Abfolge oder relativen Chronologie der einzelnen Suren, da schon im Koran selbst darauf hingewiesen wird, dass eine frühere Offenbarung durch eine spätere modifiziert oder außer Kraft gesetzt werden kann. Um das Alter einer Sure zu bestimmen, sammelte man daher Erzählungen über «Offenbarungsanlässe» (*asbāb an-nuzūl*), die darüber Auskunft gaben, bei welcher Gelegenheit oder aus welchem Anlass ein bestimmter Abschnitt des Korans dem Propheten offenbart wurde. Darüber hinaus suchte man die genaue Bedeutung ungebräuchlicher Wörter, Wendungen und grammatischer Fügungen zu ermitteln.

Neben philologischen Studien zum Koran entstanden auch erzählend-erbauliche Kommentare, die sich den vielen im Koran oft nur beiläufig erwähnten Personen und Ereignissen aus der islamischen Heilsgeschichte widmeten. Allegorische Auslegungen sollten tiefere Schichten der Bedeutung jenseits des wörtlichen Textsinns erschließen. Als *tafsīr* bezeichnete man dabei den Zweig der Exegese, der vor allem auf der Auswertung des Hadith beruhte und damit überwiegend philologisch und historisch ausgerichtet war. *Ta'wīl* nannte man dagegen Deutungen, die auf eigenen Überlegungen des Exegeten beruhten und daher oft spekulativ oder mystisch orientiert waren. Als Begründer der Koranauslegung galt Muhammads Vetter Abdallah ibn al-Abbas (um 620–um 688), ein Sohn des namengebenden Ahnherrn der Abbasidendynastie, der sich bei seiner Deutung schwieriger Koranstellen auf Äußerungen der Gefährten des Propheten, Erläuterungen jüdischer Konvertiten und das Zeugnis der altarabischen Dichtung stützte. Einen ersten Höhepunkt erreichte die Koranexegese im zehnten Jahrhundert mit dem umfassenden Korankommentar des gebürtigen Persers at-Tabari (839–923), der das gesamte bis dahin gewonnene philologisch-textgeschichtliche Wissen systematisch zusammenfasste. Besonders populär wurde seit dem dreizehnten Jahrhundert der Kommentar des ebenfalls aus Persien stammenden Exegeten al-Baidawi, der schon im siebzehnten Jahrhundert auch in Europa bekannt wurde.

Die Gesamtheit der ethischen, rituellen und gesetzlichen Vorschriften und Glaubenssätze, die man aus dem Koran und aus dem Hadith als Quelle der Sunna ableiten kann, bezeichnet man mit einem schon im Koran bezeugten, doch nicht in dieser Weise verwendeten Wort als Scharia (*šarīʿa*). Um ihr Verständnis und ihre Deutung bemüht sich die muslimische Rechtswissenschaft (*fiqh*).[62] Ihre wichtigsten Quellen sind außer dem Koran und der Sunna der Konsens (*iǧmāʿ*) der Gelehrten (*ʿulamā'*) und Rechtsexperten (*fuqahā'*) sowie der Analogieschluss (*qiyās*). Hinzu kommen untergeordnete und nicht überall anerkannte Rechtsquellen wie etwa die als *iǧtihād* bezeichnete selbständige Weiterentwicklung des Rechts durch den einzelnen Juristen oder das lokale Gewohnheitsrecht (*ʿurf* oder *ʿāda*). Für die praktische Anwendung der Rechtswissenschaft sorgt zum einen der Richter oder Kadi (*qāḍī*), der seit der Abbasidenzeit als Vertreter des Kalifen angesehen wird, zum anderen der juristische Berater (*muftī*), der in einem Gutachten (*fatwa*) Auskunft darüber gibt, ob etwas streng verboten, nur missbilligt, in rechtlicher Hinsicht indifferent, nur empfohlen oder absolut geboten ist.

In der Zeit vom achten bis zehnten Jahrhundert entwickelten sich im sunnitischen Islam unterschiedliche Rechtstraditionen oder Rechtsschulen (*maḏāhib*, Singular *maḏhab*). Den Anfang machte der Rechtsgelehrte asch-Schafii (767–820), der als eigentlicher Begründer der islamischen Rechtswissenschaft gilt und dessen schafiitische Rechtsschule bis heute unter anderem in Ostafrika und Südostasien verbreitet ist. Stärkeres Gewicht auf individuelle Lehrmeinungen und das lokale Gewohnheitsrecht legte die hanafitische Rechtsschule, die nach dem Gelehrten Abu Hanifa (699–767) benannt ist, jedoch erst nach seinem Tod ihre charakteristische Ausprägung fand; sie war lange vor allem im Osmanischen Reich weit verbreitet. Die nach Malik ibn Anas (715–795) benannte malikitische Rechtsschule, die auf der Rechtspraxis von Medina beruht, fand vor allem in Nordafrika weite Verbreitung, während die auf Ahmad ibn Hanbal (780–855) zurückgeführte hanbalitische Rechtsschule mit ihren starken Vorbehalten gegenüber individuellen Lehrmeinungen und Analogieschlüssen vor allem auf der Arabischen Halbinsel anerkannt wurde. In der hanbalitischen Tradition steht der einflussreiche Gelehrte Ibn Taimiya (1263–1328), der gegenüber den spekulativen Denksystemen der Philosophen und Mystiker seiner Zeit die zentrale Bedeutung des Korans und der Sunna hervorhob.[63] Er spielt eine wichtige Rolle für den modernen Islamismus, von dem weiter unten noch die Rede sein wird.

Zunehmende Bedeutung für die Weiterentwicklung und Vermittlung der Rechtswissenschaft gewann seit dem zehnten Jahrhundert die Einrichtung besonderer Hochschulen, die man als «Stätte des Lernens» (*madrasa*) bezeichnete. Sie wurden in der Regel aus dem Privatvermögen einer frommen Stiftung (*waqf*) finanziert und waren dadurch von der jeweiligen Obrigkeit bis zu einem gewissen Grad unabhängig, da der Stifter über die Berufung des Professors (*mudarris*) als Inhaber einer besonderen Lehrbefugnis (*iǧāza*) entschied und damit zugleich die Ausrichtung des Unterrichts nach einer der anerkannten Rechts-

Abb. 29 Unterweisung in einer Moschee. Arabische Handschrift aus der Mitte des dreizehnten Jahrhunderts

schulen bestimmte. Ausgehend von Ostiran und Zentralasien, verbreitete sich die Einrichtung der rechtswissenschaftlichen Hochschule bis zum vierzehnten Jahrhundert über das Zweistromland und Syrien nach Kleinasien und über Ägypten und Nordafrika bis nach Andalusien.

Jüdische Philologen und Philosophen

Die zentrale Bedeutung der Hebräischen Bibel für die jüdische Religion und Kultur brachte es mit sich, dass man der Überlieferung des Textes besondere Aufmerksamkeit widmete. Da die hebräische Schrift – ebenso wie die arabische – ursprünglich nur die Konsonanten bezeichnete und dadurch oft mehrdeutig war, ersann man schon im Frühen Mittelalter in Palästina und Mesopotamien unterschiedliche Vokalisationssysteme, um so die Aussprache der einzelnen Wörter, aber auch ihre grammatischen Beziehungen und damit die Bedeutung einer Aussage festzulegen. Auf der Grundlage dieser Vorarbeiten entwickelten Gelehrte der Familien Ben Ascher und Ben Naftali aus Tiberias in Galiläa seit dem achten Jahrhundert ein ausgefeiltes System der Fixierung und Kommentierung, das bis zum elften Jahrhundert alle anderen Systeme weitgehend verdrängte.[64] Nach dem hebräischen Wort für «Überlieferung» bezeichnet man dieses System insgesamt als Masora und seine Exponenten als Masoreten. Ein wesentliches Element ihrer Arbeit bestand zunächst darin, mit Hilfe von Punkten und Strichen, die sie unter die Konsonanten setzten, die verschiedenen Vokale oder deren Fehlen zu bezeichnen. Darüber hinaus gaben sie durch weitere Zeichen Hinweise auf Sprachmelodie und Betonung, markierten die Versenden mit einem besonderen Zeichen und teilten den Text nach mindestens drei Versen in Sinnabschnitte (*Paraschot*). Am seitlichen Rand des Textes gab eine fortlaufende «Kleine Masora» Hinweise darauf, wo anstelle des Geschriebenen (*Ketiv*) etwas anderes zu lesen (*Qere*) war oder wo der Text zwar unverständlich scheinen konnte, nach Auffassung der Masoreten aber gleichwohl korrekt überliefert war. Die «Große Masora» am oberen und unteren Rand des Textes enthielt, ähnlich wie eine moderne Konkordanz, zusätzliche Angaben zu Parallelstellen in anderen biblischen Büchern.

Auf der Grundlage des masoretischen Bibeltextes entstanden ab dem elften Jahrhundert zahlreiche gelehrte Kommentare. Ein früher Wegbereiter auf diesem Gebiet war der aus Oberägypten stammende Gelehrte Saadja ben Joseph (882–942), der seit 928 zum Oberhaupt (*Gaon*) der jüdischen Akademie von Sura in Babylonien berufen wurde.[65] Neben einer einflussreichen Übersetzung eines Großteils der Hebräischen Bibel ins Arabische verfasste er eine Studie zu seltenen oder nur einmal bezeugten biblischen Wörtern, Abhandlungen zum jüdischen Recht, das erste uns bekannte jüdische Gebetbuch (*Siddur*) sowie als sein Hauptwerk eine ausführliche und systematische Darlegung der jüdischen Glaubenslehren, mit der er die Übereinstimmung zwischen Offenbarung und Vernunft zu erweisen suchte. Ursprünglich auf Arabisch geschrieben, wurde das Buch vor allem in der hebräischen Übersetzung von Jehuda ibn Tibbon (1120–1190) viel gelesen. Zu einem der bedeutendsten jüdischen Exegeten wurde Rabbi Schlomo ben Izchak (1040–1105), den man nach den Anfangsbuchstaben seines Titels und Namens auch unter dem Namen Raschi kennt.[66] Geboren in Troyes, studierte er in Mainz und Worms und gründete nach seiner Rückkehr eine eigene Lehreinrichtung in seiner Heimatstadt. Seine am Wortsinn (*Peschat*) orientierten Kommentare zum Talmud und zur Hebräischen Bibel fanden dank ihrer Verbindung von Gelehrsamkeit und Prägnanz weite Verbreitung und beeinflussten unter anderem den franziskanischen Gelehrten Nikolaus von Lyra (um 1270–1349), dessen fortlaufender Kommentar zur Bibel später von Luther benutzt wurde.[67]

Philosophisch waren die mittelalterlichen jüdischen Exegeten in ihrer Auslegung der Hebräischen Bibel zunächst vor allem dem Neuplatonismus mit seinem Dualismus einer geistigen und einer sinnlich wahrnehmbaren Welt verpflichtet. Herausragende Beispiele dafür sind der um 950 verstorbene Mediziner Isaak ben Salomo Israeli (Isaac Judaeus) und der Dichter Salomo ben Jehuda ibn Gabirol (Avicebron, um 1020–1070), der in seinem Hauptwerk «Die Lebensquelle» das Verhältnis zwischen Gott und Welt losgelöst von allen biblischen Lehren als einen Dualismus von Körper und Geist behandelt. Vom Neuplatonismus geprägt war auch der Exeget und Astronom Abraham ibn Esra (1092–1167), dessen Werke ebenso wie die seines älteren Zeitgenossen Raschi auch von christlichen Gelehrten gelesen wurden. Den Einfluss der Philosophie des Aristoteles zeigt dagegen der aus Córdoba gebürtige Mosche ben Maimon (Moses Maimonides, um 1135–1204), der unter dem Druck antijüdischer Verfolgungen 1148 über Nordafrika nach Ägypten floh und seine bedeutendsten Schriften nach 1165 in Kairo verfasste.[68] Zu seinen Hauptwerken zählen die «Wiederholung der Tora» (*Mischne Tora*), eine systematische Sammlung jüdischer Gesetze in vierzehn Bänden, und der «Führer der Unschlüssigen», mit dem Maimonides die Vereinbarkeit der jüdischen Tradition mit den Kategorien der aristotelischen Philosophie nachweisen wollte.

Die nach der *Mischne Tora* bedeutendste Zusammenstellung jüdischer Rechts- und Gesetzestexte schuf als herausragende Autorität auf diesem Gebiet Jakob ben Ascher (um 1280–1340), der zwar aus Deutschland stammte, jedoch seit dem frühen vierzehnten Jahrhundert in Toledo lebte. In seinem Hauptwerk «Vier Reihen» (*Arba'a Turim*) gab er in über 1500 Kapiteln eine vollständige Sammlung der Sabbat- und Feiertagsgesetze, Speise- und Reinheitsvorschriften, Ehegesetze sowie der Bestimmungen des gesamten übrigen Zivil-, Straf- und Prozessrechts. Auf ihm fußt das für spätere Zeiten maßgebliche Werk zu diesem Gegenstand, das der Rabbiner Joseph ben Ephraim Karo (1488–1575) verfasste und unter dem Titel «Der gedeckte Tisch» (*Schulchan Aruch*) 1565 in Venedig erstmals drucken ließ. Das Werk wurde von mehreren Rabbinergenerationen immer wieder überarbeitet und galt lange als die autoritative Sammlung der religiösen Vorschriften (*Halachot*) des Judentums.

Reformbewegungen im Christentum

Wie im Islam das Vorbild Muhammads und seiner Gefährten, konnte im Christentum das Beispiel Jesu und seiner Jünger, aber auch ganz allgemein die Zeit der frühen Christen, als Leitbild für die eigene Lebensführung dienen. Dies führte dazu, dass man Änderungen und Neuerungen, mit denen man den Herausforderungen der Gegenwart zu begegnen suchte, als Rückkehr zu einem früheren Idealzustand darstellte. Im benediktinischen Mönchtum werden solche Reformbestrebungen vor allem seit dem elften Jahrhundert sichtbar. Ein Ausgangspunkt dafür war das 910 gestiftete Kloster Cluny in Burgund, das sich nach der Gewährung rechtlicher Privilegien durch mehrere Päpste zum Zentrum eines eigenen Klosterverbands entwickelte. Eine wichtige Rolle spielte außerdem das um die Mitte des achten Jahrhunderts gegründete Kloster Gorze südwestlich von Metz. Dessen Reformaktivitäten waren eng mit dem König und den zuständigen Bischöfen abgestimmt und strebten – im Unterschied zu Cluny – keine Abhängigkeit der von Gorze aus reformierten Klöster an, sondern lediglich eine rein geistige Bindung mit einer vertraglich festgelegten «Gebetsverbrüderung».

Einen weiteren Schritt zu einer weitreichenden Reform des Klosterwesens im Geiste Jesu und des frühen Christentums unternahm im Frühjahr 1098 Robert, der Abt des 1075 gegründeten Benediktinerklosters Molesme in der Diözese Langres. Er gründete am 21. März – dem Gedenktag des heiligen Benedikt – gemeinsam mit zwanzig gleichgesinnten Mönchen seiner Abtei im Wald von Cîteaux bei Dijon das «Neue Kloster» (*Novum Monasterium*), um dort den Idealen der benediktinischen Regel besser und genauer als zuvor entsprechen zu können. Als Robert ein Jahr später gezwungenermaßen nach Molesme zurückkehrte, um dort erneut die Leitung zu übernehmen, wurde sein Mitarbeiter Alberich der zweite Abt des Reformklosters. Er erreichte, dass Papst Paschalis II. die Unabhängigkeit des Klosters von Molesme anerkannte und es unter päpstlichen Schutz stellte. Außerdem erließ er die ersten Vorschriften zur Kleidung, zur Nahrung und zu den klösterlichen Gewohnheiten der Mönche und veranlasste 1106 die Verlegung der Abtei an ihren heutigen Standort. Nach seinem Tod wurde der Engländer Stephan Harding sein Nachfolger. Als hervorragender Organisator forderte er von den Mönchen Arbeitsamkeit und äußerste Einfachheit der Lebensführung, förderte aber auch eine Reform der Liturgie, indem er Mönche mit dem Sammeln und der Abschrift liturgischer Texte beauftragte. Einen ersten großen Aufschwung nahm Cîteaux ab 1112, als Bernhard von Clairvaux (1090–1153) mit rund dreißig Verwandten und Freunden in das Reformkloster eintrat. Nach der Gründung der vier Tochterklöster La Ferté, Pontigny, Clairvaux und Morimond erhielt das *Novum Monasterium* 1119 offiziell den lateinischen Namen *Cistercium* (Cîteaux). Gleichzeitig schuf die Anerkennung der von Stephan Harding ausgearbeiteten *Charta caritatis* durch Papst Calixt II. eine einheitliche Rechtsgrundlage für den nach *Cistercium*/Cîteaux benannten neuen Orden der Zisterzienser.

Die Zisterzienser unterschieden sich von Cluny vor allem durch ihr Bemühen, zu den Ursprüngen des benediktinischen Mönchtums zurückzukehren. Eremitische Abgeschiedenheit, asketische Strenge und eine genaue Einhaltung der Benediktsregel sollten das Leben der Mönche bestimmen. Die Liturgie war gegenüber der von Cluny stark reduziert und orientierte sich ebenfalls an frühmittelalterlichen Vorbildern. Einfachheit bestimmte auch die Baukunst der Zisterzienser, die Türme, farbige Glasfenster, Skulpturen und überhaupt alle «überflüssigen» Elemente zu vermeiden suchte. Die Forderung nach «Einmütigkeit» (*unanimitas*) führte zu bemerkenswerten Übereinstimmungen im Grundriss der Neugründungen, von denen das Kloster von Clairvaux, das bis ins siebzehnte Jahrhundert erhalten war, als die älteste gilt. Schlichtheit (*simplicitas*) und Geradlinigkeit (*rectitudo*) prägten auch die Ausstattung der Klöster, denn keine Pracht sollte von der Verinnerlichung ablenken. Das immer wieder beschworene Bemühen um Einmütigkeit kennzeichnete auch die Spiritualität der Zisterzienser, die sich durch eine reich entwickelte Passionsfrömmigkeit und Marienverehrung auszeichnet.

Cluny stand mit seiner aufwendigen Liturgie, seinem beträchtlichen Wohlstand und seinen vielfältigen Verflechtungen mit der Politik zwar in einem offenkundigen Gegensatz zu Cîteaux, bildete jedoch in organisatorischer Hinsicht das Vorbild für die zisterziensische Reformbewegung. Wie in Cluny organisierten sich die Zisterzienser in einem straffen Klosterverband mit Cîteaux und den von dort aus gegründeten «Primarabteien» La Ferté, Pontigny, Clairvaux und Morimond an der Spitze. 1153, im Todesjahr Bernhards von Clairvaux, zählte dieser Verband bereits 343 Klöster, so genannte Zisterzen, deren Zahl bis zum siebzehnten Jahrhundert auf über 700 anwuchs. Durch die erfolgreiche Umsetzung ihrer organisatorischen Grundsätze entwickelten sich die Zisterzienser so zum ersten «Orden» im heutigen Sinn dieses Wortes, der zahlreiche spätere Gründungen beeinflusste.

In einem engen Zusammenhang mit den monastischen Reformen der Cluniazenser und Zisterzienser standen Bemühungen, «Missstände» innerhalb der Geistlichkeit insgesamt zu bekämpfen. Eine wichtige Rolle spielte dabei Papst Gregor VII. (um 1025–1085), der während seines Pontifikats (1073–1085) für den Zölibat und gegen die Priesterehe eintrat, die Simonie, das heißt den Kauf geistlicher Ämter, einzudämmen suchte und sich gegen den zunehmenden Einfluss der Laien auf die Kirche wandte. Da Gregor VII. auch das Recht des römisch-deutschen Kaisers auf die Einsetzung von Bischöfen und Äbten bestritt, kam es darüber schon bald zum sogenannten Investiturstreit, der erst 1122 mit einem Ausgleich beigelegt werden konnte.

Vielen Kritikern der Kirche gingen die Reformen jedoch nicht weit genug. Dazu gehörten etwa die Anhänger eines aus Lyon stammenden Kaufmanns namens Valdes, der sich in den 1170er Jahren zu einem Leben in Armut bekehrte und als Wanderprediger das Evangelium verkündete. Da die Kirche sich auf den Standpunkt stellte, das Recht zur Predigt sei dem Klerus vorbehalten, kam es darüber schon bald zum Konflikt zwischen dem Papst und den Waldensern, die sich selbst als «Arme Christi» (*Pauperes Christi*) oder «Arme im Geiste» (*Pauperes Spiritu*) bezeichneten. Obwohl sie 1184 als Ketzer verurteilt wurden, breiteten sich die Waldenser in den folgenden Jahrzehnten bis nach Norditalien und in mehrere Regionen Mitteleuropas aus. Sie vertraten zunehmend abweichende Glaubensauffassungen, betonten etwa die Bedeutung eines persönlichen Bibelstudiums und lehnten die Heiligenverehrung, den Glauben an das Fegefeuer und den Ablasshandel ab. Seit 1230 wurden sie durch die Inquisition und die weltliche Gerichtsbarkeit verfolgt, so dass ihre Gemeinden aus vielen Gegenden wieder verdrängt wurden und sich auf Dauer nur in abgelegenen Regionen in den französischen und italienischen Alpen halten konnten.

Als einzige häretische Bewegung, die in England größeren Zulauf fand, erscheinen gegen Ende des vierzehnten Jahrhunderts die Lollarden.[69] Sie beriefen sich auf die Lehren des populären Theologen John Wyclif (um 1330–1384), der den Machtanspruch des Papstes, den Zölibat und die Heiligenverehrung kritisierte, eine Kirche ohne Besitz und Grundherrschaft sowie eine bescheidene Lebensführung des Klerus forderte und im Hinblick auf die Abendmahlslehre die Auffassung vertrat, dass Christus in der Eucharistie nur symbolisch gegenwärtig sei. Obwohl die Kirche die Lollarden verfolgte, hielten sie sich mancherorts bis zum Ende des fünfzehnten Jahrhunderts. Von weitreichendem Einfluss war besonders ihre Überzeugung, dass die Bibel allen Laien in der

Abb. 30 Hinrichtung des Jan Hus als Ketzer. Holzschnitt aus Ulrich von Richentals Chronik des Konstanzer Konzils, 1483

Volkssprache zugänglich sein müsste, so dass die von Wyclif initiierte Sammlung früher englischer Bibelübersetzungen die Grundlage für alle späteren Übertragungen der Bibel ins Englische bildete.[70]

Zu den Theologen, die auf dem europäischen Festland die Werke Wyclifs lasen, gehörte der böhmische Theologe Jan Hus (um 1370–1415).[71] Seit 1402 Prediger an der Bethlehemskapelle in Prag und zeitweise Rektor der dortigen Universität, kritisierte er den Reichtum und die hierarchische Struktur der Kirche, verurteilte ihren Ablasshandel und verlangte eine Reform des Universitätswesens. In Anlehnung an die Position Wyclifs forderte er eine Übersetzung der Bibel ins Tschechische und verteidigte seine theologischen und kirchenpolitischen Positionen in tschechisch geschriebenen Abhandlungen, die sich gezielt an ein breites Publikum außerhalb der Universitätskreise wandten. 1414 wurde er vor das Konzil von Konstanz geladen, dort aber trotz vorheriger Zusicherung freien Geleits verhaftet und ein Jahr später als Ketzer verbrannt. Zwischen 1419 und 1436 kam es deswegen zunächst in Böhmen und dann auch in angrenzenden Ländern zu den Hussitenkriegen, in deren Verlauf der Papst zum Kreuzzug gegen die Hussiten aufrief.[72]

Mochten die Bewegungen der Waldenser, Lollarden und Hussiten den Zeitgenossen als späte Ausläufer früherer häretischer Gruppierungen erscheinen, so wirken sie vom Standpunkt der Gegenwart aus betrachtet in vieler Hinsicht wie Vorboten der großen Reformatoren des sechzehnten Jahrhunderts, mit deren Wirken die Einheit der lateinischsprachigen Kirche des Mittelalters zu Ende ging. Vor der näheren Betrachtung dieser Entwicklung und ihrer Folgen sind an dieser Stelle aber noch mit den Jesiden im Norden des Zweistromlands und den Sikhs im Norden Indiens exemplarisch zwei Glaubensgemeinschaften zu behandeln, deren religiöse Vorstellungen und Riten an solche der benachbarten Weltreligionen anknüpften, sich als Ganzes aber doch deutlich von ihnen unterschieden.

Die Jesiden

Die Geschichte der Jesiden, die sich selbst als *Êzidî* bezeichnen, reicht möglicherweise bis in das achte Jahrhundert zurück, gewinnt mangels früher Schriftquellen für uns jedoch erst seit dem zwölften Jahrhundert Konturen.[73] Das traditionelle Siedlungsgebiet der Jesiden befindet sich im Norden des Irak, doch findet man sie heute auch in Syrien, Georgien, Armenien, der Türkei und mehreren westeuropäischen Ländern, wohin sie unter dem Druck von Verfolgungen seit dem neunzehnten Jahrhundert auswanderten. Die meisten von ihnen sprechen eine kurdische Mundart, doch gibt es auch arabischsprachige Jesiden. Man vermutet, dass die Eigenbezeichnung der Jesiden vom Namen des Umaiyaden-Kalifen Yazid I. abgeleitet ist, der in der jesidischen Überlieferung eine wichtige Rolle spielt; als prägende Stiftergestalt gilt indes der um 1160 verstorbene Mystiker Scheich Adi ibn Musafir, der seine Abkunft auf den Umaiyaden-Kalifen Marwan I. zurückführte und die Sufi-Bruderschaft der Adawiya begründete. Sein Grab im Lalisch-Tal ungefähr 60 Kilometer nordöstlich von Mossul ist das bedeutendste Heiligtum der Jesiden und eine wichtige Wallfahrtsstätte.

Über den Ursprung der jesidischen Religion gibt es verschiedene Auffassungen, doch sieht man in ihr das Produkt einer Verschmelzung unterschiedlicher Glaubensformen, bei der islamische und altiranische Elemente die Hauptrolle spielten. Erschwert wird das Verständnis der jesidischen Religion und ihrer frühen Geschichte dadurch, dass religiöse Lehren bis ins neunzehnte Jahrhundert ausschließlich mündlich überliefert wurden. 1911 und 1913 erschienen zwei in kurdischer Sprache verfasste Bücher mit jesidischen Glaubenslehren in einer englischen Übersetzung. Dabei handelt es sich um das *Buch der Offenbarung* (*Kitêba Cilwe*), in dem Gott selbst in der ersten Person über sein Wesen Auskunft gibt, und um das *Schwarze Buch* (*Meṣḥefa reş*), das von der Schöpfung, dem Sündenfall, der frühen Geschichte der Jesiden und verschiedenen Reinheitsgeboten handelt. Man geht heute jedoch davon aus, dass diese Bücher nicht von Jesiden verfasst wurden, auch wenn manche Aussagen darin authentische jesidische Traditionen widerspiegeln. Eine unmittelbare Quelle für die Religion der Jesiden sind dagegen mündlich überlieferte geistliche Lieder in kurdischer Sprache, die als *qawl* bezeichnet werden.

Die Jesiden verstehen sich als Monotheisten und glauben, dass Gott seine Schöpfung sieben geistigen Wesenheiten oder Engeln anvertraute. Der wichtigste dieser Engel ist Melek Taus oder Tawuse Melek, der in der Gestalt eines Pfaus, eines traditionellen Symbols der Unsterblichkeit, dargestellt wird. Seine Ähnlichkeit mit dem gefallenen Engel Iblis in der islamischen Tradition führte in der Vergangenheit dazu, dass man die Jesiden als «Teufelsanbeter» brandmarkte. Dabei handelt es sich um Polemik; allenfalls zeigt Melek Taus eine gewisse Ambivalenz, in der man ein Erbe altiranischer religiöser Vorstellungen vermutet. Weitere wichtige Kennzeichen der jesidischen Religion sind die strenge Beachtung von Reinheits- und Speisegeboten und der Glaube an die

Wiedergeburt. Bedeutende Gestalten der jesidischen Geschichte gelten daher als Verkörperungen der sieben Engel. Gebetet wird zwei- bis fünfmal täglich, doch gilt dies nicht als strenge Verpflichtung. Auch gibt es keine verbindlich anerkannten Texte, da die Gebete nur mündlich überliefert wurden. Zu den wichtigsten Festen des jesidischen Kalenders zählen das Neujahrsfest im Frühling und das siebentägige «Versammlungsfest» im Lalisch-Tal im Herbst. Die traditionelle jesidische Gesellschaft ist hierarchisch gegliedert und umfasst verschiedene Gruppen mit festgelegten Rechten und Pflichten. Innerhalb dieser Gruppen und besonders auch nach außen herrscht strenge Endogamie. Wer einen Partner außerhalb der jesidischen Gemeinschaft heiratet, wird ausgeschlossen; der Verstoß kann auch mit dem Tod geahndet werden. Da Muslime die Jesiden zumeist nicht als «Schriftbesitzer» anerkannten, wurden sie immer wieder verfolgt, zuletzt seit 2014 durch den sogenannten Islamischen Staat.

Der Sikhismus

An der Schwelle zur Neuzeit entstand in Nordwestindien der Sikhismus als eine Bewegung, die bestimmte religiöse Praktiken des Islams und des Hinduismus ablehnte, doch unter Verwendung von Elementen dieser beiden Traditionen etwas ganz Eigenes schuf.[74] Am Anfang dieser neuen Religion steht das Wirken des Wanderpredigers Guru Nanak (1469–1539), als dessen «Schüler» (*sikh*) sich seine Anhänger bis heute verstehen. «Sikhismus» ist jedoch – ebenso wie «Hinduismus» – eine europäische Fremdbezeichnung; die Sikhs selbst nannten ihre Religion ursprünglich den «Pfad Nanaks» (*Nānak panth*) oder die «Lehre des Guru» (*gurmat*). Guru Nanak gehörte der indischen Händlerkaste an, verwarf jedoch die indische Kastenordnung, die Rituale der Brahmanen und die Lebensweise der Asketen. Unter dem Einfluss der islamischen Mystik und der hinduistischen Bhakti-Frömmigkeit lehrte er die Verehrung einer einzigen, aus sich selbst entstandenen gestalt- und zeitlosen Gottheit, die mit der menschlichen Seele wesenseins ist und als Schöpfer und Lenker der Welt verstanden wird. Wiederhergestellt wird die ursprüngliche Einheit von Gott und Mensch durch den Guru, der den Menschen durch sein Wort die Erfahrung Gottes vermittelt. Das Ziel ist die Befreiung aus dem Kreislauf der Wiedergeburten mit Hilfe der Gnade Gottes, die den Menschen jedoch nicht aus der Verantwortung für sein Handeln entlässt. Der Sikhismus propagiert daher eine rechtschaffene und maßvolle Lebensführung ohne Alkohol, Tabak oder Drogen.

Auf Guru Nanak folgten im sechzehnten und siebzehnten Jahrhundert neun weitere Lehrer, unter deren Leitung die Gemeinschaft der Sikhs viele ihrer für spätere Zeiten charakteristischen Züge entwickelte. Der zehnte Guru, Gobind Singh (1666–1708), gründete 1699 die Khalsa-Bruderschaft, um die Gemeinschaft der Sikhs auch mit Waffengewalt zu verteidigen. Den unmittelbaren Anlass dazu bildete die Verfolgung der Sikhs durch die Mogulherrscher. Charakteristisch für die Mitglieder der Khalsa-Bruderschaft sind fünf Symbole, die noch heute das Erscheinungsbild vieler männlicher Sikhs kennzeichnen: die mit einem Turban (*dastar*) bedeckten ungeschnittenen Haare (*kesh*), ein Kamm (*kangha*) als Zeichen der Sauberkeit und Ordnung, eine unter der Kleidung getragene kurze Hose (*kachha*) als Zeichen der Selbstbeherrschung, ein Stahlarmreif (*kara*) als Sinnbild der Unendlichkeit Gottes und ein Dolch (*kirpan*) als Zeichen der Verteidigungsbereitschaft.

Im Unterschied zu seinen Vorgängern ernannte Guru Gobind Singh keinen menschlichen Nachfolger, sondern erhob eine Sammlung Heiliger Schriften, den *Guru Granth Sahib* oder *Adi Granth*, zum ewigen Leiter der Sikh-Gemeinschaft. Sie enthält auf 1430 Seiten einen dreizehnseitigen Prolog, sodann zahlreiche, nach einunddreißig Melodietypen (*ragas*) angeordnete Hymnen, ferner einen knapp neunzigseitigen Epilog. Viele dieser Texte gehen auf Guru Nanak zurück, doch wurden auch Verse späterer Gurus und einiger anderer, außerhalb der Gemeinschaft stehender frommer Dichter in die Sammlung aufgenommen. Am Anfang des *Guru Granth Sahib* steht das «Wurzelmantra» (*mul mantar*), die klassische Formulierung der zentralen Glaubenslehre von der Einheit Gottes und der Bedeutung des Guru, die Nanak selbst zugeschrieben wird und einen festen Bestandteil der täglichen Gebete bildet.

Der zentralen Bedeutung des *Guru Granth Sahib* entsprechend, befindet sich ein Exemplar der Schrift an prominenter Stelle im *Darbar Sahib*, dem wichtigsten Raum in den Gebets- und Versammlungsstätten der Sikhs, die auch als *Gurdwara*, «Tor zum Guru», bezeichnet werden. Zu diesen Treffpunkten gehört traditionell auch eine öffentliche Küche, die Angehörigen aller Kasten und Religionsgemeinschaften offensteht. Das wichtigste Heiligtum der Sikhs ist der *Harmandir Sahib* in Amritsar, der auch als «Goldener Tempel» bekannt ist. Mit seinem Bau wurde schon unter dem fünften Guru Arjan Dev (1563–1606) begonnen, doch erhielt er erst im späten achtzehnten und frühen neunzehnten Jahrhundert seine heutige Form mit der charakteristischen goldenen Kuppel.

Dem eigenen Selbstverständnis zufolge erhielt die Religionsgemeinschaft der Sikhs ihre entscheidende Prägung unter den ersten zehn Gurus. Nicht zu unterschätzen ist indes auch der Einfluss der sogenannten Singh-Sabha-Bewegung, die im späten neunzehnten Jahrhundert in Auseinandersetzung mit der britischen Kolonialverwaltung, christlichen Missionaren und den neohinduistischen Strömungen jener Zeit das Profil der eigenen Tradition zu schärfen und sie nach außen abzugrenzen suchte. Um dies zu erreichen, wurden manche Formen der Volksreligiosität, die die Sikhs mit Hindus und Muslimen teilten, abgewertet; umgekehrt wurden Eigenheiten, die besonders für die Sikhs kennzeichnend waren, hervorgehoben, vereinheitlicht und für allgemein verbindlich erklärt. Wie weiter unten deutlich werden wird, folgte die Religion der Sikhs damit einer Tendenz zur Vereinheitlichung nach innen und Profilschärfung nach außen, die in der Epoche des Kolonialismus insgesamt weit verbreitet war.

VIERTER TEIL

Von der Entdeckung Amerikas bis zum Ende des Zeitalters der Aufklärung

Betrachtet man die Geschichte der Religionen unter dem Aspekt einer fortschreitenden Globalisierung, kann man bis zum Anbruch der Neuzeit unschwer mehrere wichtige Etappen auf diesem Weg benennen. Dazu gehören die Diffusion von Kulturtechniken im Gefolge der Sesshaftwerdung in der Jungsteinzeit, die Erfindung der Schrift und die allmähliche Ausweitung ihres Gebrauchs auf immer mehr Bereiche der Kultur, die Bildung von territorialen Großreichen mit ihrer Förderung des interkulturellen Austauschs und schließlich der Aufstieg der Weltreligionen. Zu den wichtigsten Etappen der Globalisierung in der Frühen Neuzeit zählen die Entdeckung Amerikas und des Seewegs nach Indien, in deren Folge sich europäische Großmächte außereuropäische Gebiete unterworfen haben.

Europa

Ein wesentlicher Faktor in der europäischen Politik am Ausgang des Mittelalters und am Beginn der Neuzeit war die politische und militärische Bedrohung der europäischen Staaten durch das Osmanische Reich, das sich immer weiter nach Westen ausdehnte. Als die Osmanen jedoch im Oktober 1571 in der Seeschlacht von Lepanto durch eine vereinigte venezianisch-spanische Flotte vernichtend geschlagen wurden, stellte das einen Wendepunkt dar. Ihre Seeherrschaft im Mittelmeerraum war nun beendet. Bald nach der Mitte des siebzehnten Jahrhunderts versuchten die Osmanen noch einmal, nach Mitteleuropa vorzustoßen, doch nachdem sie Wien 1683 ein zweites Mal erfolglos belagert hatten, gingen Österreich und seine Verbündeten in die Offensive, eroberten 1688 Ungarn und zwangen das Osmanische Reich im Friedensschluss von Karlowitz 1699 erstmals zu weitreichenden Gebietsabtretungen. Im

Laufe des achtzehnten Jahrhunderts konnte das Osmanische Reich zwar seine Besitzungen auf dem Balkan weitgehend halten, geriet jedoch zunehmend in unmittelbare Gegnerschaft zum Russischen Reich, das seit dem ausgehenden sechzehnten Jahrhundert seinen Einfluss auf die Regionen nördlich des Schwarzen Meeres immer weiter ausdehnte.

Zu den einflussreichsten politischen Akteuren Mittel- und Westeuropas in der Frühen Neuzeit gehörte das Heilige Römische Reich Deutscher Nation. Obwohl es bis 1803 bestehen blieb, war es aufgrund seiner territorialen Zersplitterung auf der internationalen Bühne immer weniger handlungsfähig, was den Aufstieg mehrerer ihm benachbarter Staaten begünstigte. Dazu gehörten zunächst Spanien und Portugal, die zeitweise in Personalunion miteinander verbunden waren, sowie Frankreich. Zunehmende Bedeutung gewann aber auch England, das seit 1603 mit Schottland in Personalunion regiert wurde und seit 1707 mit ihm zusammen das Vereinigte Königreich Großbritannien bildete. Hinzu kamen die Niederlande, die 1648 nach einem achtzigjährigen Krieg endgültig unabhängig wurden. In der zweiten Hälfte des siebzehnten Jahrhunderts begann der Aufstieg Preußens, der hundert Jahre später unter der Regierung Friedrichs II. am Vorabend der Französischen Revolution und der darauf folgenden Napoleonischen Ära seinen vorläufigen Höhepunkt fand.

Infolge ihrer zunehmenden militärischen Stärke konnten mehrere europäische Staaten seit dem Ausgang des fünfzehnten Jahrhunderts ihre politischen und wirtschaftlichen Interessen auch außerhalb Europas erfolgreich zur Geltung bringen. Dies betraf vor allem die erst vor kurzem entdeckten Länder der Neuen Welt. Im Dezember 1492 nahm Christoph Kolumbus die Antillen-Insel Hispaniola für die spanische Krone in Besitz. Zwei Jahre später sprach der Vertrag von Tordesillas alle Gebiete, die 1770 Kilometer westlich der Kapverdischen Inseln lagen, den Spaniern zu; die Gebiete östlich dieser Linie, die den Osten Südamerikas schnurgerade zerschneidet, sollten Portugal gehören. Im Juni 1497 erreichte der Venezianer Giovanni Caboto, der für die englische Krone segelte, Neufundland oder Neuengland, und im April 1500 nahm Pedro Álvares Cabral Brasilien für Portugal in Besitz. Von 1519 bis 1521 eroberte Hernán Cortés für Spanien das Reich der Azteken in Mexiko, während sein Landsmann Francisco Pizarro 1531 bis 1534 das Reich der Inka in Peru in Besitz nahm. Von der Mitte des sechzehnten bis zur Mitte des siebzehnten Jahrhunderts dauerte das «Goldene Zeitalter» (*Siglo de Oro*), das Spanien dank seines neuerworbenen Kolonialreichs erlebte.

Während Spanien sich seit dem späten fünfzehnten Jahrhundert auf die Neue Welt konzentrierte, hatte Portugal in Afrika und Asien bereits eigene Interessensphären abgesteckt. Portugiesische Soldaten eroberten 1415 Ceuta an der Straße von Gibraltar und legten 1471 einen dauerhaften Stützpunkt in Tanger an. 1488 gelang Bartolomeu Dias erstmals die Umsegelung der Südspitze Afrikas. Zehn Jahre später landete Vasco da Gama nördlich der Stadt Calicut (heute Kozhikode) an der Südwestküste Indiens und erschloss den seefahrenden Nationen Europas so die Länder Ost- und Südostasiens. Bis zum Ausgang des sechzehnten Jahrhunderts konnte Portugal seine führende Stellung in Ostasien behaupten, bis es dort von den Niederlanden, Frankreich und England verdrängt wurde.

Amerika

Die Geschichte Amerikas in den ersten dreihundert Jahren nach seiner Entdeckung ist über weite Strecken eine Geschichte der europäischen Kolonien auf dem Doppelkontinent, an der vor allem Portugal, die Niederlande, Spanien, Frankreich und England beteiligt waren.

Portugal erhob 1500 Anspruch auf einen Küstenstreifen in der Nähe der heutigen Hafenstadt Porto Seguro im brasilianischen Bundesstaat Bahia. In den darauf folgenden Jahrzehnten brachten die Portugiesen einen Großteil Brasiliens in ihren Besitz, betrieben Tauschhandel mit den einheimischen Völkern und legten Zuckerrohrplantagen an. Um sie zu bewirtschaften, setzte man Arbeitssklaven ein, die von Westafrika nach Amerika verschleppt wurden. Funde von Gold und Diamanten trugen zum wirtschaftlichen Aufstieg der Kolonie bei, so dass an der

Küste mehrere Städte gegründet wurden. Zur wichtigsten Siedlung Brasiliens entwickelte sich seit dem frühen achtzehnten Jahrhundert die Hafenstadt Rio de Janeiro, die 1763 zur Hauptstadt Brasiliens wurde.

Die Niederlande waren hauptsächlich während des siebzehnten Jahrhunderts nach ersten Erfolgen im Unabhängigkeitskrieg gegen Spanien als Kolonialmacht in Amerika präsent. Von 1624 bis 1667 unterhielten sie an der Ostküste der späteren Vereinigten Staaten die Kolonie Neu-Niederlande mit dem Verwaltungssitz Neu-Amsterdam, dem späteren New York. Zwischen 1624 und 1654 bestand außerdem im Nordosten Brasiliens die Kolonie Niederländisch-Brasilien, auf welche die Niederlande nach langjährigen Kriegen mit Portugal erst 1661 gegen Zahlung einer finanziellen Entschädigung endgültig verzichteten. Mehrere Kolonien an der Nordostküste Südamerikas bildeten zusammen Niederländisch-Guayana. Bis auf Suriname, das erst 1975 unabhängig wurde, fielen die meisten von ihnen 1814 an Großbritannien.

Der Krone Spaniens unterstand lange Zeit das flächenmäßig größte Kolonialreich auf dem amerikanischen Doppelkontinent. Bereits 1535 entstand im Anschluss an die Eroberung des Aztekenreichs in Mexiko das Vizekönigreich Neu-Spanien, das weite Teile Mittelamerikas und seit 1565 auch die Philippinen umfasste. Im siebzehnten und achtzehnten Jahrhundert gehörten dazu außerdem weite Landstriche im Südwesten und Westen Nordamerikas. 1542 wurde als zweite spanische Kolonie das Vizekönigreich Neu-Kastilien gegründet, das später in Vizekönigreich Peru umbenannt wurde. Es umfasste zunächst den Großteil der spanischen Besitzungen in Südamerika, wurde jedoch im Laufe des achtzehnten Jahrhunderts aufgeteilt. Dabei bildete man aus dem Gebiet der heutigen Staaten Kolumbien, Panama, Ecuador und Venezuela das Vize-Königreich Neu-Granada und aus dem Territorium der heutigen Staaten Bolivien, Paraguay, Uruguay und Argentinien das Vizekönigreich des Río de la Plata. Der Niedergang des spanischen Kolonialreichs in Amerika begann im frühen neunzehnten Jahrhundert, als immer mehr Länder ihre Unabhängigkeit erklärten.

Frankreich war als Kolonialmacht vor allem in der Osthälfte Nordamerikas aktiv. Auf die Landung der ersten Franzosen an der Mündung des Sankt-Lorenzstroms 1534 folgte zunächst die Einrichtung von Handelsstützpunkten, mit der man die Ausbeutung der reichen Fisch- und Pelztierbestände gewährleisten wollte. Erst zu Beginn des siebzehnten Jahrhunderts ging man allmählich dazu über, in der nunmehr Neu-Frankreich genannten Kolonie dauerhafte Stützpunkte anzulegen und den französischen Einfluss immer weiter auszudehnen. Dies führte jedoch umgehend zum Konflikt nicht nur mit verschiedenen einheimischen Völkern, darunter den Irokesen, sondern auch mit England, das sehr viel mehr Siedler als die Franzosen in die Neue Welt entsandt hatte und seine eigenen kolonialpolitischen Interessen dadurch beeinträchtigt sah. Schon im späten siebzehnten Jahrhundert ging Frankreich ein beträchtlicher Teil des Pelzhandels durch die Gründung der von England kontrollierten Hudson's Bay Company verloren. Weitere territoriale Verluste folgten, als Großbritannien am Ende des Spanischen Erbfolgekriegs im Jahr 1711 die Abtretung der Inseln Neufundland und Neuschottland sowie eines Gebiets an der Hudson Bay erzwang. Das Ende des französischen Kolonialreichs in Nordamerika kam mit dem Abschluss des Siebenjährigen Kriegs im Jahr 1763, als Frankreich Louisiana an Spanien und fast alle seine anderen Besitzungen in Kanada und östlich des Mississippi an Großbritannien abtreten musste.

England hatte seine ersten Kolonien an der Ostküste Nordamerikas bereits unter der Regierung Elisabeths I. im späten sechzehnten Jahrhundert gegründet. Als erste dauerhafte Siedlung entand 1607 die nach Elisabeths Nachfolger Jakob I. benannte Stadt Jamestown. 1664 erhielt England die niederländische Kolonie Neu-Niederlande, die daraufhin zur «Provinz New York» wurde. 1711 übernahm Großbritannien einen Großteil der französischen Territorien in Kanada, 1763 fast alle anderen französischen Gebiete in Nordamerika sowie von Spanien Florida. Das Ende des britischen Kolonialreichs in Nordamerika kam jedoch bereits zwölf Jahre später, als sich die große Mehrzahl der britischen Kolonien in Nordamerika vom Mutterland lossagte und Großbritannien am Ende eines achtjährigen Krieges die Unabhängkeit der Vereinigten Staaten von Amerika anerkennen musste.

Afrika

Weite Bereiche der Geschichte Afrikas im Altertum liegen für uns mangels schriftlicher Quellen und archäologischer Funde fast vollständig im Dunkeln. Genauere Kenntnis von historischen Ereignissen haben wir hauptsächlich aus den Regionen, die an die ägyptische Hochkultur angrenzten, und von den Gegenden an der Südküste des Mittelmeers, die im Laufe des ersten Jahrtausends v. Chr. von den Phöniziern, Griechen und Römern kolonisiert wurden. Zu den bedeutendsten Staatenbildungen zählt das Reich von Aksum, das zur Zeit seiner größten Ausdehnung weite Landstriche am Horn von Afrika umfasste und seine bedeutende Rolle als eine Drehscheibe des internationalen Handels erst mit dem Aufstieg des Islams im siebten und achten Jahrhundert einbüßte.

Seit dem Ausgang des Altertums wurde der Handel mit den Regionen südlich der Sahara durch die Einführung des Kamels im römischen Nordafrika begünstigt. Aus Westafrika südlich der Sahara kennt man vor allem dank der Aufzeichnungen arabischer Historiker und Geographen eine Reihe eigenständiger Reiche wie etwa Ghana, Mali, Gao und Kanem-Bornu, die aus Nordafrika Güter wie Pferde, Waffen und Stoffe und aus der Sahara Salz importierten und im Gegenzug Gold, Elfenbein und Sklaven lieferten. Am Südrand der Sahara entstanden dadurch bedeutende und wohlhabende Handelszentren wie Audaghust, Djenné, Timbuktu und Gao.

Einen Wendepunkt für die Geschichte Afrikas bedeuteten die kolonialen Bestrebungen Portugals, die in der ersten Hälfte des fünfzehnten Jahrhunderts unter Heinrich dem Seefahrer (1394–1460) ihren Anfang nahmen. Sie konzentrierten sich zunächst auf die westafrikanische Küste am Golf von Guinea, bezogen nach der ersten Umsegelung der Südspitze Afrikas im Jahr 1488 aber auch zunehmend die Ostküste Afrikas ein. Versuche, von dort aus auch ins Landesinnere vorzustoßen, scheiterten jedoch. Als erster befestigter portugiesischer Stützpunkt südlich der Sahara entstand 1482 an der «Goldküste», dem heutigen

Ghana, das Fort São Jorge da Mina. Es wurde 1637 von den Niederlanden erobert, 1872 an Großbritannien verkauft und blieb bis zur Unabhängigkeit Ghanas 1957 ein Teil der britischen Kronkolonie Goldküste. Seit 1979 zählt es zum Weltkulturerbe.

Zunehmende Bedeutung gewann seit dem frühen sechzehnten Jahrhundert der von Westafrika aus betriebene atlantische Sklavenhandel, da die Kolonisierung Amerikas und der Karibischen Inseln, besonders durch die zunehmende Ausdehnung der Plantagenwirtschaft, die Nachfrage nach Arbeitssklaven stark ansteigen ließ. Um ihr nachzukommen, brachten europäische Schiffe in großer Zahl Waffen und Manufakturwaren an die Küste Westafrikas, wo man sie auf Märkten gegen Sklaven eintauschte, die dann nach Amerika verschifft wurden. Dort tauschte man die Sklaven gegen landwirtschaftliche Erzeugnisse wie z. B. Rohrzucker oder Baumwolle, die dann in Europa verkauft wurden.

Die ersten europäischen Stützpunkte an der Südspitze Afrikas entstanden kurz nach der Mitte des siebzehnten Jahrhunderts im Auftrag der Niederländischen Ostindien-Kompanie. Durch eine Reihe von Kriegen gegen die einheimischen Völker der Khoisan und Xhosa dehnten niederländische Siedler das von ihnen beherrschte Territorium bis zum Ende des achtzehnten Jahrhunderts immer weiter aus, bis es 1806 von Großbritannien annektiert und in eine britische Kronkolonie umgewandelt wurde. Der Großteil Afrikas wurde indes erst im Laufe des neunzehnten und zu Beginn des zwanzigsten Jahrhunderts kolonisiert.

Asien

Von den Akteuren, die in der Frühen Neuzeit die Politik in Asien wesentlich mitbestimmten, stand das Russische Reich Westeuropa am nächsten. 1558 verlieh Zar Iwan IV. der Kaufmannsfamilie Stroganow das Handelsrecht in Sibirien und beauftragte sie damit, diese Region durch die Ausrüstung eigener Militärexpeditionen und die Anlage befestigter Stützpunkte, sogenannter Ostroge, für Russland zu erschließen. 1582 eroberten Kosaken daraufhin das Khanat Sibir, das bis dahin über den Westen Sibiriens zwischen Ural und Jenissei geherrscht hatte, und gründeten fünf Jahre später als erste russische Stadt an der Mündung des Tobol in den Irtysch Tobolsk. 1619 errichteten Kosaken als Festung und Umschlagplatz für den Handel mit Gold und Pelzen am Ufer des Jenissei die Stadt Jenisseisk und kurz darauf zu ihrem Schutz die Festung Krasnojarsk. 1632 entstand fast 5000 Kilometer von Moskau entfernt am ostsibirischen Fluss Lena der Ostrog Jakutsk, der als Ausgangspunkt weiterer Expeditionen diente; 1647 erreichten Kosaken bei Ochotsk gegenüber der Halbinsel Kamtschatka erstmals die Pazifikküste. Zu einer Drehscheibe des Handels entwickelte sich die 1686 gegründete Stadt Irkutsk am Südende des Baikalsees im Süden Sibiriens, die seit der Mitte des achtzehnten Jahrhunderts durch eine direkte Heer- und Handelsstraße mit Moskau verbunden war.

An der Südflanke des Russischen Reichs erstreckte sich seit dem fünfzehnten Jahrhundert das Reich der Osmanen, das sich in Südeuropa nach dem Scheitern der zweiten Belagerung Wiens 1683 in der Defensive befand. Seine Gegnerschaft zu Russland ergab sich unmittelbar daraus, dass Russland zur Verbesserung seiner Handelsverbindungen den Zugang zum Schwarzen Meer suchte und sich gleichzeitig als Nachfolger des Byzantinischen Reichs und Schutzmacht der christlichen Minderheiten unter osmanischer Herrschaft verstand. Eine besondere Rolle spielte in diesem Zusammenhang die Halbinsel Krim, die für den Zugang zum Schwarzen Meer von entscheidender Bedeutung war und zugleich als Ausgangspunkt der Christianisierung Russlands galt. Nachdem das Khanat der Krimtataren, das mit den Osmanen verbündet war, über zweihundert Jahre lang immer wieder die Südflanke des Zarenreichs angegriffen und 1571 sogar Moskau niedergebrannt hatte, erzwang das mit Österreich verbündete Russland 1792 die Zerschlagung des Khanats und die Annexion der Krim, woraufhin viele Krimtataren in das Gebiet des Osmanischen Reichs flohen. Als eine weitere Folge dieser Niederlage verlor das Osmanische Reich gegen Ende des achtzehnten Jahrhunderts auch die Kontrolle über seine strategisch und wirtschaftlich wichtige Provinz Ägypten, das seit 1805 unter der Herrschaft einer von Muhammad Ali Pascha begründeten Dynastie zwar formal als Vasall des Sultans, doch faktisch weitgehend selbständig agierte.

Östlich des Osmanischen Reichs erstreckte sich in der Frühen Neuzeit von Mesopotamien und dem Kaukasus bis nach Afghanistan das persische Reich der Safawiden, das der aus Aserbaidschan stammende Ismail I. 1501 gegründet hatte. Die Safawiden führten mit Unterbrechungen über hundert Jahre lang Kriege gegen die Osmanen, an deren Ende 1639 Mesopotamien an das Osmanische Reich fiel, während der südliche Kaukasus unter persischer Herrschaft verblieb. Langjährige Kriege führten die Safawiden aber auch gegen die nordöstlich ihres Reichs gelegenen Khanate von Buchara und Chiwa. Aufstände im Osten des Safawidenreichs führten 1722 zum Ende des Herrscherhauses. Erst 1794 gelang es den turkmenischstämmigen Kadscharen, wieder eine stabile Dynastie in Persien zu gründen, die bis 1925 Bestand hatte. Im Norden Indiens bestand von 1206 bis 1526 in wechselnder Ausdehnung und unter der Herrschaft verschiedener Dynastien zentralasiatischer Herkunft das Sultanat von Delhi; sein Nachfolger wurde das Reich der Mogulkaiser, das in der zweiten Hälfte des siebzehnten Jahrhunderts ganz Nord- und Zentralindien sowie Afghanistan umfasste. Sein Niedergang im achtzehnten Jahrhundert fiel zusammen mit der Ausdehnung des britischen Kolonialreichs in Indien. Die Macht der Mogulherrscher wurde dadurch seit dem Beginn des neunzehnten Jahrhunderts immer weiter eingeschränkt, bis 1858 auch ihre nominelle Herrschaft endete.

In China wurde der letzte Kaiser der Ming-Dynastie 1644 von Aufständischen gestürzt. In den Jahren davor hatte sich der Militärführer Nurhaci aus dem tungusischen Volk der Mandschu im Nordosten Chinas eine schlagkräftige Armee geschaffen. Sie eroberte unter der Führung des Mandschu-Prinzen Dorgon Peking, wo ein Neffe Dorgons im gleichen Jahr unter dem Namen Shunzhi zum Kaiser proklamiert wurde. Er begründete damit die Mandschu-Dynastie der Qing, die bis 1911 China regierte. Gleich zu Beginn ihrer Regierung verfügten die neuen Herrscher unter Androhung der Todesstrafe, dass jeder Chinese einen Zopf nach Art der Mandschu tragen müsse, während gleichzeitig

Eheschließungen zwischen den Mandschu und der chinesischen Bevölkerungsmehrheit verboten wurden. Wirtschaftlich waren die ersten hundertfünfzig Jahre der Qing-Herrschaft in China eine Zeit des Aufschwungs, der sich auch in einem starken Bevölkerungswachstum niederschlug. Politisch erstreckte sich der Einfluss des Chinesischen Kaiserreichs in dieser Zeit über die Äußere Mongolei bis nach Zentralasien und Tibet. Die Bewunderung der Europäer für die chinesische Kultur zeigte sich in der Nachahmung chinesischer Sitten und Bräuche, die als «Chinoiserie» bekannt wurde. Bereits gegen Ende des achtzehnten Jahrhunderts kam es jedoch infolge einer zunehmenden Verknappung der Anbauflächen zu wiederholten Unruhen unter der Landbevölkerung, die sich im neunzehnten Jahrhundert noch verschärften.

In Japan ging im Jahr 1600 eine Periode jahrzehntelanger bürgerkriegsähnlicher Unruhen zu Ende, als der Militärführer Ieyasu aus der Familie der Tokugawa in der Schlacht von Sekigahara den entscheidenden Sieg über seine politischen Rivalen errang. Damit begann für Japan die bis 1868 währende Epoche des Tokugawa-Shogunats, die man nach dem alten Namen der Hauptstadt Tokyo auch als Edo-Zeit bezeichnet. Zur Festigung ihrer Herrschaft setzten die Tokugawa-Shogune eine streng hierarchische Gliederung der japanischen Gesellschaft durch, wobei dem Kaisertum nur noch eine symbolische Bedeutung zukam. Nach außen verfolgten sie eine rigorose Politik der Abschottung. Seit den 1630er Jahren wiesen sie zahlreiche Ausländer aus, untersagten Japanern die Ausreise und beschränkten den Auslandshandel auf Transaktionen mit der Niederländischen Ostindien-Kompanie. Auf die vom Ausland erzwungene Öffnung Japans um die Mitte des neunzehnten Jahrhunderts folgte 1868 auch das Ende des Tokugawa-Shogunats. Wie weiter unten zu zeigen sein wird, führte dies nicht nur zu einer durchgreifenden Modernisierung der japanischen Wirtschaft und Gesellschaft, sondern auch zu einer Restauration des Kaisertums unter dem Motto der «aufgeklärten Herrschaft» (*meiji*), die bis heute die japanische Gesellschaft maßgeblich prägt.

16. Wege in die Neuzeit: Territorialisierung und Konsolidierung

Während Spanier und Portugiesen die Neue Welt eroberten, das Osmanische Reich nach Südeuropa expandierte und in Asien neue Großreiche entstanden, zerbrach in Europa in der ersten Hälfte des sechzehnten Jahrhunderts die Einheit der Kirche. Die Reformation im abgelegenen Wittenberg, die diesen Prozess einleitete, hatte weitreichende Folgen für die Kulturen der europäischen Länder bis in die Gegenwart. Im Islam war die bis heute grundlegende Spaltung in Sunniten, Schiiten und Charidschiten zwar bereits im siebten Jahrhundert erfolgt, doch geht die heutige geographische Verteilung dieser unterschiedlichen Ausrichtungen vielerorts ebenfalls auf politische Entwicklungen in der Frühen Neuzeit zurück. Politische und gesellschaftliche Veränderungen jener Zeit erfassten aber auch den Konfuzianismus und den Buddhismus und bestimmten dadurch maßgeblich ihre Verbreitung und ihr Erscheinungsbild in der Gegenwart.

Reformation und Konfessionalisierung in Europa

Nachdem es der lateinischen Kirche des Mittelalters immer wieder gelungen war, Erneuerungs- und Protestbewegungen entweder zu unterdrücken oder aber zu assimilieren, kam es vom frühen sechzehnten bis zum ausgehenden siebzehnten Jahrhundert ausgehend von Deutschland und der Schweiz zu einer ganzen Serie von Reformbewegungen, an deren Ende die Spaltung der Kirche in unterschiedliche Konfessionen stand.[1]

Die Faktoren, die in weniger als zweihundert Jahren zu einer durchgreifenden Umgestaltung der religiösen Landschaft in Europa führten, waren teils religiöser, teils politischer und teils wirtschaftlicher und gesellschaftlicher Art. In religiöser Hinsicht folgte die Reformation dem

Unvermögen der lateinischen Kirche, die immer wieder angeprangerten Missstände innerhalb der Kirche – Missbrauch des Ablasshandels, Ämterkauf, Nepotismus, Verweltlichung und mangelnde Bildung des Klerus sowie eine als rein äußerlich oder gar magisch empfundene Reliquienverehrung – zu beseitigen oder auch nur wirkungsvoll zu bekämpfen. Hinzu kam das Bedürfnis nach neuen Ausdrucksformen des religiösen Lebens, wie es etwa in der «Neuen Frömmigkeit» (*Devotio moderna*) mit ihrem Streben nach einer persönlichen Beziehung des einzelnen Menschen zu Gott zum Ausdruck kam. In politischer Hinsicht ging es zum einen um den Gegensatz zwischen weltlicher und geistlicher Macht, also zwischen Kaiser und Papst, zum andern um widerstreitende Interessen innerhalb der weltlichen Herrschaft, etwa in der Frontstellung des Habsburgerreichs gegen Frankreich, in den vielfältigen Konflikten zwischen dem Kaiser und den Reichsständen oder in dem Streben des englischen Königs nach einem zentralistisch regierten einheitlichen Staat. Hinzu kam die Bedrohung der europäischen Länder durch die Expansion des Osmanischen Reichs, welche die politischen Entwicklungen immer wieder maßgeblich beeinflusste. Wesentliche gesellschaftliche und wirtschaftliche Faktoren waren die Entstehung eines wirtschaftsstarken städtischen Bürgertums im Gefolge der Ausweitung internationaler Handelsbeziehungen bei gleichzeitiger Verschlechterung der Lebensgrundlagen für die von Grundherren abhängige Landbevölkerung sowie das Aufkommen eines neuen humanistischen Bildungsideals mit der Forderung nach einer Neubewertung grundlegender antiker Texte. Eine wichtige Rolle spielte auch die Medienrevolution, die die Erfindung des Buchdrucks mit sich brachte und die von der Reformation vorangetrieben wurde.

Den Anstoß zu den religiösen Neuerungen, die man erst seit dem neunzehnten Jahrhundert insgesamt als «die Reformation» bezeichnet, gab der Mönch Martin Luther (1483–1546), der seit 1505 dem Orden der Augustiner-Eremiten angehörte und seit 1512 als Professor für die Auslegung der Bibel an der Universität Wittenberg lehrte. Er forderte 1517 eine Disputation über den Missbrauch des Ablasshandels, was beträchtliches Aufsehen erregte und ihm ein Jahr später ein Verhör auf dem Reichstag zu Augsburg eintrug. In der Folge leugnete Luther den Primat des Bischofs von Rom und die Unfehlbarkeit eines Konzils, propagierte das allgemeine Priestertum der Gläubigen und verwarf die sieben Sakramente bis auf zwei, Taufe und Abendmahl, da die anderen nicht aus dem Evangelium zu begründen seien. Luther lehrte, dass der Mensch allein durch die Gnade (*sola gratia*) Gottes und nicht durch seine Werke gerettet werden könne, dass der Mensch allein durch den Glauben (*sola fide*) und nicht durch seine Werke gerechtfertigt würde, dass allein die Schrift (*sola scriptura*) und nicht die kirchliche Tradition die Grundlage des christlichen Glaubens bilde und dass allein Christus (*solus Christus*) Mittler zwischen Gott und den Menschen sei.

Zum endgültigen Bruch mit Rom kam es 1521, als die Kirche Luther exkommunizierte und der Reichstag zu Worms ihn wenig später für vogelfrei erklärte. Während Luther sich auf der Wartburg in Sicherheit brachte und dort die Bibel übersetzte, radikalisierten sich einige seiner Anhänger. So rief Luthers ehemaliger Mitstreiter Andreas Bodenstein, genannt Karlstadt (1480–1541), zum Bildersturm auf, während Thomas Müntzer (1489–1525) für die gewaltsame Befreiung der Bauern und die Abschaffung der ständischen Ordnung eintrat. In der Erwartung des nahen Weltendes errichteten Jan Matthys (1500–1534) und Jan van Leiden (1509–1536) als Führer der Täuferbewegung in Münster für kurze Zeit ein Schreckensregiment, das erst mit der Einnahme der Stadt durch die Truppen des Bischofs von Münster und des Landgrafen von Hessen beendet wurde.

Indem Luther allen radikalen Forderungen nach einem Umbau der Gesellschaft eine Absage erteilte, solidarisierte er sich mit den Fürsten; sie wurden nach der Niederschlagung sämtlicher Aufstände zu einer Hauptstütze der von ihm propagierten Lehren. Schon bald begann man daher mit dem Aufbau evangelischer Landeskirchen, wozu auch die Neuordnung des Gottesdienstes und des Bildungswesens gehörte. 1529 forderten sechs Fürsten und vierzehn Freie Reichsstädte unter Berufung auf die Gewissensfreiheit vergeblich die Rücknahme der Reichsacht gegen Luther und die freie Ausübung des neuen Glaubens. Als der Kaiser ein Jahr später auf dem Reichstag zu Augsburg die ausführliche Darlegung ihres religiösen Anliegens im sogenannten Augsburger Bekenntnis (*Confessio Augustana*) zurückwies, vereinigten sich die protestantischen Fürsten und Städte gegen den Kaiser zu einem Verteidigungsbündnis, das als Liga von Schmalkalden oder Schmalkaldischer Bund bekannt wurde. Dieses Bündnis wurde zwar 1547 militärisch zerschlagen, doch erwies sich die politische und militärische Macht des Kaisers als zu gering, um den bereits vollzogenen religiösen Wandel innerhalb seines Reiches wieder rückgängig zu machen. So kam es 1555 zum Augsburger Religionsfrieden, der den lutherischen Reichsständen die freie Religionsausübung zugestand. Nach dieser Vereinbarung bestimmte der jeweilige Landesherr nach der Devise *Cuius regio, eius religio* die Religion seiner Untertanen, die ihrerseits das Recht zur Auswanderung erhielten.

Zu einem weiteren Zentrum der Reformation entwickelte sich bis um die Mitte des sechzehnten Jahrhunderts die Schweiz.[2] Dort veröffentlichte 1525 in Zürich Ulrich Zwingli (1484–1531) seinen «Kommentar über die wahre und falsche Religion», eine ausführliche Darlegung der Grundzüge seiner Theologie, mit der er sich von der traditionellen Lehre und in einigen Punkten wie etwa der Deutung des Abendmahls auch von Martin Luther abgrenzte. 1529–1531 kam es in der Schweiz zu den ersten Religionskriegen in Europa, in denen sich die reformierten Kantone unter der Führung Zwinglis und einige katholische Kantone gegenüberstanden und Zwingli ums Leben kam. Sein Nachfolger in Zürich wurde daraufhin Heinrich Bullinger (1504–1575).

Eine zweite Hochburg der Reformation war seit 1541 Genf unter der Führung von Johannes Calvin (Jean Cauvin, 1509–1564), der 1536 mit seiner «Unterweisung in der christlichen Religion» (*Institutio Christianae Religionis*) ein grundlegendes Werk der reformatorischen Theologie veröffentlicht hatte. Gemeinsam mit Bullinger erarbeitete Calvin 1549 die «Zürcher Übereinkunft» (*Consensus Tigurinus*), mit der sich die führenden Reformatoren der Schweiz auf eine gemeinsame Deutung des Abendmahls verständigten, was Lutheranern und Zwinglianern zuvor misslungen war. 1561 verfasste Bullinger als sein persönliches Glaubensbekenntnis das sogenannte Zweite Helvetische Bekenntnis (*Confessio Helvetica posterior*), das von fast allen reformierten Kirchen der deutschsprachigen Schweiz, aber auch von Genf übernommen wurde.

Charakteristisch für die reformierten Kirchen im Vergleich zum Luthertum war neben der symbolischen Deutung des Abendmahls als einer Gedächtnisfeier die rigorose Ablehnung von Traditionen, die sich nicht aus der Bibel begründen lassen, eine relativ stärkere Gewichtung des Alten Testaments, die Betonung der Prädestinationslehre und die Ablehnung des Bischofsamts. An seine Stelle trat eine synodale, presbyterianische oder kongregationalistische Kirchenverfassung, in der parlamentsähnliche Versammlungen die Entscheidungen treffen. Charakteristisch für reformierte Kirchengebäude sind Nüchternheit und Schmucklosigkeit. Alle Bilder wurden entfernt, und ein Abendmahlstisch ersetzte den Altar. Instrumentalmusik zur Begleitung des Gemeindegesangs, der sich unter Calvin auf den Gesang von Psalmen beschränken musste, wurde abgelehnt. Im Mittelpunkt stand die Verkündigung von Gottes Wort.

In ihrer evangelisch-lutherischen Ausprägung verbreitete sich die Reformation schon bald in Skandinavien, wo zwischen 1527 und 1539 Schweden, Dänemark, Norwegen und Island die neue Lehre annahmen. Dagegen wirkte die schweizerische reformierte Theologie vor allem auf die Niederlande, Frankreich und Schottland.

Der englische König Heinrich VIII. (1491–1547) erhielt 1521 für eine Schrift zur Verteidigung der Sieben Sakramente gegen die Anschauungen Luthers vom Papst den Titel «Verteidiger des Glaubens» (*Fidei Defensor*). Doch kurz darauf, 1534, brach er mit dem Papst, da dieser sich weigerte, seine Ehe mit Katharina von Aragón zu annullieren, und ließ sich vom Parlament zum Oberhaupt der Kirche von England erklären. 1538 verfügte er die Auflösung aller Klöster und die Beschlagnahme ihres Besitzes und ließ ein Jahr später die *Great Bible* als erste autorisierte Übersetzung der Bibel ins Englische veröffentlichen. Unter Heinrichs Nachfolger Eduard VI. erschien 1549 als Agende der neuen Anglikanischen Kirche das *Book of Common Prayer*, das Ordnungen für Morgen- und Abendgebet, Gottesdienste, Taufe, Abendmahl, Bestattungen, Ordinationen und andere kirchliche Dienste enthält. Eduards Nachfolgerin Maria I. (1516–

1558) versuchte ab 1553, den Katholizismus erneut als Staatsreligion zu etablieren, doch vergeblich. Ihren vorläufigen Abschluss fand die Reformation in England unter Marias Nachfolgerin Elisabeth I. (1533–1603), die 1571 in den sogenannten «Neununddreißig Artikeln» die Stellung der Anglikanischen Kirche gegenüber dem Katholizismus und dem Calvinismus neu bestimmte.

Schottland übernahm 1560 unter dem Reformator John Knox (1514–1572) eine calvinistische Form der Reformation. Um die Mitte des siebzehnten Jahrhunderts wurden calvinistische Grundsätze der sogenannten Puritaner unter der Militärdiktatur Oliver Cromwells vorübergehend auch in England eingeführt, dort jedoch nach der Restauration der Monarchie 1661 wieder verworfen. 1688/89 führte die Annäherung König Jakobs II. an den Katholizismus zur «Glorreichen Revolution», in deren Folge der Status der Englischen und Schottischen Nationalkirche gefestigt wurde, während man die Katholiken im Vereinigten Königreich, besonders in Irland, diskriminierte.

In Frankreich wurden die Parteigänger Luthers schon seit den 1520er Jahren unterdrückt, da hohe kirchliche Würdenträger seit 1516 direkt vom König ernannt wurden, der die Kirche so in den Dienst der Verwaltung und der staatlichen Machtinteressen stellte. Gleichwohl fanden die Ideen der Reformatoren und besonders die Johannes Calvins im gehobenen Bürgertum immer mehr Anklang, so dass trotz staatlicher Verfolgung im ganzen Land reformierte Untergrundkirchen entstanden. Ihre Anhänger nannte man spöttisch «Hugenotten», was vermutlich als «Eidgenossen» oder «Hausgenossen» zu deuten ist und entweder auf die enge Verbindung zu den Calvinisten in Genf oder auf die Praxis der heimlichen häuslichen Bibellektüre anspielt.

Nachdem der Abschluss des Augsburger Religionsfriedens 1555 deutlich gemacht hatte, dass die konfessionelle und damit auch politische Einheit des Heiligen Römischen Reichs endgültig verloren war, fürchtete die französische Krone wegen der zunehmenden Unterstützung der Hugenotten durch Teile des Adels eine ähnliche Entwicklung in Frankreich und verstärkte daher ihre Repressalien gegen die Anhänger der Reformation. Dies führte zwischen 1562 und 1598 zu den Hugenottenkriegen, wie man eine Serie von insgesamt acht Bürgerkriegen heute zumeist bezeichnet. Darin ging es nicht nur um die relative Geltung von Katholizismus und Calvinismus, sondern auch um den Konflikt zwischen einer zentralistisch organisierten Monarchie und den Machtinteressen des Adels, die Gegensätze zwischen Adel und Bürgertum und die außenpolitische Positionierung Frankreichs im gesamteuropäischen Machtgefüge. Doch 1594 konvertierte der frühere Hugenottenführer Heinrich von Bourbon zum Katholizismus, wurde König von Frankreich und erließ 1598 das Edikt von Nantes, das den Anhängern der Reformation begrenzte Rechte einräumte und gleichzeitig den Katholizismus als Staatsreligion bestätigte. Die Religionskriege waren damit zwar beendet, doch die zugrundeliegenden Konflikte schwelten weiter und brachen erneut aus, als Ludwig XIV. 1685 zur Sicherung seiner absolutistischen Stellung das Edikt von Nantes widerrief. Daraufhin flohen Hunderttausende von Hugenotten in die Niederlande, die Schweiz und nach Preußen. Deutliche Erleichterungen für die nichtkatholische Bevölkerung gewährte erst wieder 1787 Ludwig XVI., kurz bevor die Französische Revolution die völlige rechtliche Gleichstellung brachte.

Die römisch-katholische Kirche begegnete den Herausforderungen durch die Reformation mit einer Reihe eigener Reformen und dem Bestreben, die weitere Ausbreitung der Reformation zu verhindern und bereits verlorenen Boden wieder zurückzugewinnen. Eine wichtige Rolle spielte dabei der von Ignatius von Loyola (1491–1556) gegründete Jesuitenorden.[3] Íñigo López de Loyola, der jüngste Sohn eines baskischen Adligen, diente nach dem Tod seines Vaters als Offizier in der Armee des Vizekönigs von Navarra. 1521 wurde er bei der Verteidigung Pamplonas gegen französische Truppen schwer verwundet und entschloss sich auf dem Krankenlager zu einer radikalen Änderung seiner bisherigen Lebensweise. Nach einem Aufenthalt im Benediktinerkloster Montserrat und zwei Pilgerfahrten nach Rom und Jerusalem begann er 1526 an der Universität von Alcalá das Studium der Philosophie und Theologie, das er in Salamanca und Paris fortsetzte. 1534 gründete er mit einigen Gleichgesinnten die *Societas Jesu* oder «Gesellschaft Jesu». Die Bezeichnung «Jesuiten» wurde den Mitgliedern des Ordens ursprünglich

Abb. 31 Ein Postreiter bringt die Nachricht vom Ende des Dreißigjährigen Krieges, mit dem das Zeitalter der Konfessionalisierung in weiten Teilen Europas seinen Abschluss fand. Zeitgenössisches Flugblatt

nur als Spottname beigelegt, ist heute aber auch als Selbstbezeichnung geläufig.

Im Unterschied zu fast allen früheren Ordensgemeinschaften leben die Jesuiten nicht in mönchischer Zurückgezogenheit, sondern sind als seelsorgerlich wirkende Geistliche tätig. Daher leben sie auch nicht ortsfest in abgeschlossenen Klöstern, sondern in offenen «Häusern» oder «Kollegien», ohne gemeinsames Chorgebet und ohne eine eigene Ordenstracht. Besondere Kennzeichen des Ordens sind außerdem die Verpflichtung zum unbedingten Gehorsam gegenüber dem Papst und ein streng hierarchischer und zentralistischer Aufbau. Aufgeteilt in einzelne, von den jeweiligen Bischöfen unabhängige «Ordensprovinzen», liegt die Leitung bei einem auf Lebenszeit gewählten «Generaloberen», der von einer «Generalkongregation», bestehend aus einem Generalvikar, den Assistenten des Generaloberen und Vertretern der einzelnen Provinzen, gewählt wird.

In den Bemühungen der römisch-katholischen Kirche, die weitere

Ausbreitung der Reformation zu verhindern und protestantische Gebiete nach Möglichkeit zu rekatholisieren, spielten die Jesuiten eine Schlüsselrolle, die vor allem in der Predigt, der Seelsorge, dem Bildungswesen und der kirchenpolitischen Einflussnahme zum Ausdruck kam. Den Ausgangspunkt dafür bildete das Konzil von Trient (Tridentinum), das in drei Perioden von 1545 bis 1563 tagte und neben innerkirchlichen Reformen auch ein neues Glaubensbekenntnis beschloss. Große Erfolge erzielte der Jesuitenorden in Polen, wo König Stephan Báthory zur Förderung seiner machtpolitischen Interessen seit 1564 die Errichtung mehrerer jesuitischer Ordenshäuser und 1578 die Gründung der einflussreichen, von Jesuiten geleiteten Universität Vilnius genehmigte. Obschon die polnische Oberschicht und die Bürger der Städte um die Mitte des sechzehnten Jahrhunderts mehrheitlich dem Protestantismus zuneigten, gelang es den Jesuiten bis zum Ende des siebzehnten Jahrhunderts, den Katholizismus in Polen neu zu etablieren und dauerhaft zu verankern. Eine zentrale Rolle spielte der Jesuitenorden aber auch in der überseeischen Mission, wovon weiter unten noch die Rede sein wird.

Sunniten, Schiiten und Ibaditen

Während man sich in Europa während des sechzehnten und siebzehnten Jahrhunderts in einer langen Reihe von Kriegen mit den Folgen der konfessionellen Spaltung auseinandersetzte, bestand im islamischen Kulturraum schon seit langem die Spaltung in Sunniten, Schiiten und einige kleinere Gruppierungen. Die Sunniten bilden bis heute die mit Abstand größte Ausrichtung des Islams. Überwiegend sunnitisch geprägt sind die islamischen Länder Afrikas und des ehemaligen Osmanischen Reichs, Zentralasien und Afghanistan, Pakistan und Bangladesch sowie schließlich Indonesien, wo derzeit über zweihundert Millionen Muslime leben, statistisch etwa jeder achte Muslim. Eine schiitische Bevölkerungsmehrheit haben dagegen nur einige wenige Länder des Vorderen Orients, wobei man zwischen unterschiedlichen Ausprägungen der Schia unterscheiden muss.

Als Zaiditen bezeichnet man Schiiten, nach deren Überzeugung das Kalifat der beiden ersten Kalifen Abu Bakr und Umar rechtmäßig war und das Imamat, also die Leitung des islamischen Gemeinwesens, danach über die beiden Enkel des Propheten, Alis Söhne Hasan und Husain, weitergegeben wurde. Die Zaiditen sind nach einem Enkel Husains benannt, der als einer der ersten Imame gilt und 740 während eines Aufstands gegen den Umaiyadenkalifen Hischam ums Leben kam. Politische Geltung erlangten die Zaiditen erstmals in der zweiten Hälfte des neunten Jahrhunderts, als sie in der Region Tabaristan südlich des Kaspischen Meeres sowie im nördlichen Jemen eigene Fürstentümer gründeten. Der letzte Herrscher der Zaiditen im Jemen war Muhammad al-Badr (1926–1996), der kurz nach seiner Ausrufung zum König durch einen Militärputsch vertrieben wurde und im Exil verstarb. Seit 2004 kämpfen im Jemen zaiditische Rebellen mit Unterstützung der schiitischen Republik Iran gegen die von Saudi-Arabien unterstützte Regierung.

Im Unterschied zu den Zaiditen gehen die Ismailiten davon aus, dass das Imamat von Ali an seinen Sohn Hasan und von diesem an sechs weitere Imame weitergegeben wurde. Mitunter spricht man daher auch von «Siebener-Schiiten», obschon einige schiitische Gruppierungen, die dieser Grundanschauung folgen, auch noch andere, spätere Imame anerkennen. Die Gruppierung entstand zur Zeit der frühen Abbasiden in der zweiten Hälfte des achten Jahrhunderts. Ihre Theologie zeigt Anklänge an dualistische Anschauungen, wie sie auch im Neuplatonismus und in der Gnosis begegnen. Eine wichtige Rolle spielt der Glaube an einen tieferen, verborgenen Sinn des Korans. Politisches Gewicht gewann diese Ausprägung der Schia erstmals im zehnten und elften Jahrhundert, als die ismailitischen Karmaten im Nordosten der Arabischen Halbinsel einen eigenen Staat gründeten und von dort aus Feldzüge bis nach Basra, Mekka und in den Jemen führten.

Der ismailitischen Lehre folgte auch die Dynastie der Fatimiden, die vom frühen zehnten bis zum späten zwölften Jahrhundert zunächst vom Maghreb und später von Ägypten aus das Reich der Abbasiden bedrohten. Von den Fatimiden trennte sich um das Jahr 1000 die Bewegung der Drusen, die im sechzehnten und siebzehnten Jahrhundert im Libanon in einem eigenen Emirat lebten und heute vor allem in Syrien und im Libanon anzutreffen sind. Sie bilden dort in strenger Abgrenzung zur Außenwelt eine religiöse Minderheit, die von der Mehrheit der Muslime wegen ihres Glaubens an die Seelenwanderung und ihrer Ablehnung der Scharia und des Freitagsgebets als unislamisch angesehen wird. Als eine weitere Abspaltung von den Fatimiden entstand um 1100 die radikale Bewegung der Nizariten, die bis zum Auftreten der Mongolen um die Mitte des dreizehnten Jahrhunderts durch politische Morde Aufsehen erregte. Unter dem Namen «Assassinen» (vielleicht *ḥašīšīyūn*, «Haschisch-Esser» im Sinne von «Berauschte») wurden sie zur Zeit der Kreuzzüge auch in Europa weithin bekannt.[4] Nachdem die Nizariten im Mittelalter überwiegend in Syrien und Iran aktiv waren, sind sie heute vor allem in Indien und Pakistan, aber auch in den islamisch geprägten Regionen Ostafrikas verbreitet. Geistliches Oberhaupt von rund zwanzig Millionen Nizariten ist heute der Aga Khan.

Neben den Zaiditen und Ismailiten entstand eine schiitische Gruppierung, die für die ausschließliche Weitergabe des Imamats an die Nachkommen Husains eintrat und die Rechtmäßigkeit der drei ersten Kalifen verwarf. Aus ihr gingen im zehnten Jahrhundert die sogenannten Zwölfer-Schiiten hervor. Benannt sind sie nach ihrer Überzeugung, dass es insgesamt zwölf Imame gegeben habe. Der letzte Imam sei in die Verborgenheit entrückt worden, von wo der Mahdi, der «Rechtgeleitete», am Ende der Zeiten wiederkommen werde. Von der Erwartung der nahen Wiederkunft des Mahdi wurden viele islamische Bewegungen befeuert, zuletzt die iranische Revolution von 1979.

Politisch begünstigt wurden die Zwölfer-Schiiten erstmals im zehnten und elften Jahrhundert durch die Dynastie der Buyiden, die selbst zaiditische Schiiten waren. In dieser Zeit entstanden nach dem Vorbild der sunnitischen Hadithe Sammlungen von Aussprüchen der schiitischen Imame, die man als «die Vier Bücher» *(al-kutub al-arbaʿa)* kanonisierte. Seine für spätere Zeiten maßgebliche Förderung erhielt der Islam der Zwölfer-Schiiten jedoch unter der Herrschaft der Safawiden. Sie etablierten ihn im frühen sechzehnten Jahrhundert durch Zwangsmaßnahmen als Staatsreligion in ihrem Reich, das neben Iran zunächst auch weite Teile Mesopotamiens umfasste. Noch heute sind daher rund neun Zehntel der Bevölkerung in den modernen Staaten Iran und Aserbaidschan, aber auch über die Hälfte der Muslime im Irak Schiiten.

In der zweiten Hälfte des neunten Jahrhunderts entstand in Mesopotamien die schiitische Gruppe der Nusairier (*Nuṣairīyūn*). Sie erhielt ihren Namen von dem Prediger Muhammad ibn Nusair, doch werden ihre Anhänger heute zumeist als «Anhänger Alis» oder Alawiten (*ʿAlawīyūn*) bezeichnet. Die Nusairier betrachteten Ali als eine Erscheinungsform Gottes, lehrten die Seelenwanderung und vertraten eine symbolische oder allegorische Ausdeutung der islamischen religiösen Gebote. Grundlegend für das Gemeinschaftsleben war ferner die Trennung in eine kleine, in besondere Riten eingeweihte Elite und eine uneingeweihte große Mehrheit. Im zehnten und elften Jahrhundert verlagerte sich der Schwerpunkt der Nusairier vom Zweistromland in das syrische Küstengebirge, wo sie mit dem Christentum, den ebenfalls schiitischen Nizariten und der neu entstandenen Religion der Drusen konkurrierten. Noch heute ist die alawitische Minderheit, der man nach dem Ende der Kolonialzeit vorübergehend (1922–1937) einen eigenen Staat am Mittelmeer im Norden des Libanon zugestand, vor allem im Westen Syriens sowie im Süden der Türkei und im Libanon anzutreffen. Der syrische Diktator Assad sowie hochrangige Regierungsmitglieder und Militärs gehören zu den Alawiten und sichern derzeit mit Gewalt die Existenz dieser Minderheit in Syrien.

Von den Alawiten ist die Religionsgemeinschaft der Aleviten zu unterscheiden. Sie geht auf das Wirken des Mystikers Safi ad-Din Ardabili (1252–1334) zurück, der zu Beginn des vierzehnten Jahrhunderts die Sufi-Bruderschaft der Safawiya begründete, die besonders bei der turkmenischen Bevölkerung Aserbaidschans und Ostanatoliens Anklang fand. Ihre Anhänger wurden seit dem späten fünfzehnten Jahrhundert nach ihrer charakteristischen roten Kopfbedeckung auch als Kizilbasch (türkisch *Kızılbaş*) oder «Rotköpfe» bekannt. Als Ismail I., ein Nachkomme Safi ad-Dins, 1501 die Safawiden-Dynastie gründete, führte dies zu langjährigen Kriegen mit dem Osmanischen Reich, in deren Folge sich der Gegensatz zwischen der schiitischen Ausrichtung des Safawidenreichs und der sunnitischen Prägung des Osmanischen Reichs immer mehr verschärfte. Die seit dem sechzehnten Jahrhundert auch als Aleviten bezeichneten Kizilbasch entfernten sich dadurch von ihren schiitischen Ursprüngen, wurden aber im Osmanischen Reich immer wieder verfolgt. Obschon die Mehrheit der Aleviten sich als Muslime versteht, vertreten sie in vieler Hinsicht abweichende Anschauungen und religiöse Praktiken. So verehren sie in besonderer Weise Ali, richten sich nicht nach der Scharia, akzeptieren von den fünf Säulen des Islams nur das Glaubensbekenntnis und praktizieren eine eigene Form des Gottesdienstes (türkisch *cem*), der ohne Moscheen auskommt. Es ist nicht möglich, zum Alevitentum zu konvertieren. Man wird als Alevit geboren, und zwar entweder als Laie oder als ein Mitglied der spirituellen Führungsschicht. Bis heute sind die Aleviten vor allem unter der Türkisch, Kurdisch und Zaza sprechenden Bevölkerung Zentral- und Ostanatoliens verbreitet, doch bilden sie infolge der globalen Migration vor allem des letzten halben Jahrhunderts auch außerhalb der Türkei eine bedeutende Minderheit.

Ungleich weniger zahlreich als die Schiiten sind die Ibaditen. Sie sind aus den Charidschiten hervorgegangen, die sich im siebten Jahrhundert von den anderen Anhängern des vierten Kalifen Ali abspalteten. Die Ibaditen vertreten als ein Erbe der mutazilitischen Theologie die Lehre von der Erschaffenheit des Korans, beachten besondere Regeln hinsichtlich des Pflichtgebets, besitzen eigene Hadith-Sammlungen und folgen eigenen Rechtstraditionen. Außerdem befolgen sie das Prinzip der Solidarität im Inneren und der Abgrenzung nach außen; sie sind heute vor allem in kleinen Enklaven in Nordafrika (M'zab, Insel Dscherba, Dschabal Nafusa), in einigen Regionen Ostafrikas und auf der Arabischen Halbinsel anzutreffen. Die Bevölkerungsmehrheit bilden sie jedoch nur in Oman.

Betrachtet man die gegenwärtige geographische Verteilung von Sunniten, Schiiten und Ibaditen sowie die vielfältigen regionalen Ausprägungen dieser unterschiedlichen Ausrichtungen des Islams, so wird rasch deutlich, dass der ursprüngliche Trennungsgrund – die Frage nach der Legitimation des Kalifen – zur Erklärung der gegenwärtigen Verhältnisse bei weitem nicht ausreicht. Eine wichtige Rolle spielen und spielten von jeher auch ethnische Unterschiede, gegensätzliche politische und wirtschaftliche Interessen, unterschiedliche Gesellschaftsformen, besondere geographische Lebensräume sowie ein Bewusstsein von historisch gewachsener Identität, das weit über den religiösen Bereich hinausgeht. Die Frage, inwiefern diese historisch gewachsenen Gegensätze auch die bewaffneten Konflikte innerhalb der gegenwärtigen islamischen Welt bestimmen, wird weiter unten zur Sprache kommen.

Der Neokonfuzianismus unter den Ming und Qing

In China begegnet schon in frühen Quellen aus der Zeit der Zhou-Dynastie im frühen ersten Jahrtausend v. Chr. als zentraler Begriff des religiösen Weltbilds das Wort *Tian*, «Himmel», zur Bezeichnung der obersten Gottheit und der durch sie verkörperten kosmischen Ordnung. Mittler zwischen den Menschen und der göttlichen Sphäre war – ähnlich wie im Alten Ägypten – der Herrscher, der allein dem Himmel die vorgeschriebenen Opfer darbringen durfte und als «Sohn des Himmels» (*Tianzi*) galt. Seine Herrschaft erstreckte sich über «Alles unter dem Himmel» (*Tianxia*) und wurde durch das «Mandat des Himmels» (*Tianming*) legitimiert, das bei Verstößen gegen die kosmische Ordnung auch wieder entzogen werden konnte. Mit der zuletzt genannten Vorstellung konnte man – anders als bei der abendländisch-christlichen Vorstellung des Gottesgnadentums – auch den Widerstand gegen eine ungerechte Obrigkeit legitimieren und einen Wechsel des Herrschers oder der Dynastie nachträglich begründen; sie bildete daher über alle Wechselfälle der chinesischen Geschichte mit ihren unterschiedlichen Reichsbildungen einen integralen Bestandteil des chinesischen Weltbilds. Als der Mandschu-Fürst Nurhaci 1644 die Ming-Dynastie stürzte und die bis 1911 regierende Qing-Dynastie begründete, gab er sich daher auch den Regierungsnamen *Tianming*.

Eine wichtige Rolle spielte die Vorstellung vom «Mandat des Himmels» und von dem zentralistisch, aber maßvoll und weise regierenden

Herrscher als dem Garanten der kosmischen und sozialen Ordnung schon im frühen Konfuzianismus, besonders in den Schriften des Philosophen Mengzi. In den folgenden Jahrhunderten konkurrierten die konfuzianischen Anschauungen und Lehren jedoch nicht nur mit dem Daoismus, sondern auch mit dem Buddhismus, Manichäismus und Christentum, die sich infolge der internationalen Kontakte des Kaiserreichs unter der Han-Dynastie in China verbreiteten. Die daraus resultierenden Auseinandersetzungen führten seit dem neunten Jahrhundert zu einer Weiterentwicklung der älteren konfuzianischen Lehren, die man als Neokonfuzianismus bezeichnet.

Am Anfang der chinesischen Renaissance konfuzianischer Lehren steht ein Gelehrter der späten Tang-Zeit, Han Yu (768–824). Er stand dem Daoismus distanziert gegenüber, kritisierte aber vor allem den Buddhismus und besonders den buddhistischen Reliquienkult. Als eigentlicher Begründer des Neokonfuzianismus gilt indes Zhou Dunyi (1017–1073), der zur Zeit der Nördlichen Song-Dynastie unter Rückgriff auf daoistische Anschauungen und Begriffe die Lehre vom «Gipfel des Nichts» (*Wújí*) und dem daraus hervorgegangenen «Höchsten Sein» (*Tàijí*) mit seinen beiden komplementären Ausprägungen *Yin* und *Yang* entwickelte. Eine wichtige Rolle spielt dabei die Deutung von Werden und Vergehen mit Hilfe der daoistischen Lehre von den Fünf Elementen (*Wu Xing*) Holz, Feuer, Erde, Metall und Wasser; ihre unterschiedlichen Eigenschaften dienen zur Beschreibung kosmischer Beziehungen und dynamischer Prozesse, durch die der Mensch mit dem Himmel und der Erde verbunden ist. Die Aufgabe des Menschen besteht darin, die eigene Lebensenergie (*Qi*) mit den kosmischen Gesetzen in Übereinstimmung zu bringen.

Schon unter der Han-Dynastie wurden fünf konfuzianische Schriften zu einem Kanon der «Fünf Klassiker» (*Wujing*) zusammengestellt. Dabei handelt es sich um das «Buch der Wandlungen» (*Yijing*), das ursprünglich aus der Orakelpraxis stammt, das «Buch der Lieder» (*Shijing*), eine Sammlung von über dreihundert Festliedern mit rituellen und kultischen Bezügen, das «Buch der Urkunden» (*Shujing* oder *Shangshu*), eine Sammlung von politischen Erklärungen, Gesetzen und

Erlassen in chronologischer Anordnung, das «Buch der Riten» (*Liji*), eine umfangreiche Sammlung von Anweisungen und Regeln aus dem Bereich des Hofzeremoniells, der zwischenmenschlichen Etikette und des Ahnenkults, sowie schließlich die «Frühlings- und Herbstannalen» (*Chunqiu*), eine Chronik der Ereignisse in dem chinesischen Staat Lu vom späten achten bis zum frühen fünften Jahrhundert v. Chr. Durch die Aufnahme weiterer Schriften wurde diese Sammlung bis zur Tang-Zeit zum Kanon der «Dreizehn Klassiker» (*Shisan jing*) erweitert.

Ausgehend von diesen beiden älteren Sammlungen der Fünf bzw. Dreizehn Klassiker schuf der neokonfuzianische Philosoph Zhu Xi (1130–1200), der als Lehrer, Organisator und Theoretiker gleichermaßen bedeutend war, die für spätere Zeiten maßgebliche Sammlung der «Vier Bücher» (*Si Shu*). Zu ihnen gehören erstens «Das Große Lernen» (*Da Xue*), ein Kapitel aus dem «Buch der Riten» mit Ausführungen zu zentralen Aspekten der politischen Philosophie, zweitens die noch in der Han-Zeit zusammengestellten «Gespräche des Konfuzius» (*Lun Yu*), drittens das «Buch von Mitte und Maß» (*Zhong Yong*), das ebenfalls aus dem «Buch der Riten» stammt und eine Anleitung zur Selbstvervollkommnung enthält, sowie schließlich eine Sammlung der Gespräche des Philosophen Mengzi.

Die zentrale Bedeutung der neokonfuzianischen Klassiker für weite Bereiche der chinesischen Kultur unter den Ming und Qing ergab sich vor allem daraus, dass die genaue Kenntnis und Identifikation mit der konfuzianischen Philosophie eine Hauptvoraussetzung für das Bestehen der Beamtenprüfung darstellte. Hatten in der älteren Zeit noch die vornehme Abkunft, der Reichtum oder die persönlichen Verbindungen eines Kandidaten den Ausschlag bei der Besetzung öffentlicher Ämter gegeben, so folgte man seit der Zeit der Song zunehmend einem ausgefeilten System von Prüfungen. Sie standen theoretisch zwar weiten Kreisen der (männlichen) Bevölkerung offen, konnten jedoch wegen des enormen Zeitaufwands, den die Bewältigung des Wissensstoffs erforderte, nur von einer relativ kleinen Schicht mit Erfolg abgelegt werden. Durch die enge Anbindung an die Verwaltung, das Militär, die Rechtsprechung, den Kult und das Bildungswesen blieb die zentrale Rolle der

Abb. 32 Bildnis des chinesischen Malers Jin Nong als buddhistischer Heiliger. Zeitgenössische Malerei, um 1760

neokonfuzianischen Philosophie im öffentlichen Leben bis zum politischen Niedergang des Kaiserreichs im neunzehnten Jahrhundert unangefochten und fand erst mit der Xinhai-Revolution der Jahre 1911/12 ein jähes Ende.

Nichiren-Buddhismus und Neokonfuzianismus in Japan

In Japan führte die zunehmende politische Instabilität in der späten Heian-Zeit gegen Ende des elften Jahrhunderts dazu, dass man der ursprünglich in Indien und China entwickelten Anschauung von einer Rezeption der buddhistischen Lehre in drei aufeinander folgenden Zeitaltern (altindisch *tri-kāla*, chinesisch *sānshí*, japanisch *sanji*) besondere Beachtung schenkte. Nach dieser Anschauung folgt auf ein Zeitalter der wahren, unverfälschten Lehre ein Zeitalter der dogmatischen Erstarrung, das seinerseits von einem Zeitalter des Verfalls der Lehre und der religiösen Praxis abgelöst wird. Dass man in diesem dritten Zeitalter des Verfalls lebe, galt chinesischen Buddhisten bereits im sechsten Jahrhundert unter dem Eindruck der staatlichen Verfolgung als ausgemacht. Im Amitabha-Buddhismus zog man daraus die Folgerung, dass eine Erleuchtung wie in den beiden vorausgegangenen Zeitaltern nicht mehr möglich sei und die Gläubigen stattdessen auf den Eintritt in das «Reine Land» dank ihrer Hingabe an den Buddha Amitabha hoffen müssten. Eine ganz andere Folgerung zog dagegen der Reformer Nichiren (1222–1282). Er wandte sich gegen die weltabgewandte Haltung des Amitabha-Buddhismus, aber auch gegen den esoterischen Shingon-Buddhismus und vertrat die Auffassung, dass man die buddhistische Lehre den Gegebenheiten des Zeitalters anpassen müsse.

Den Schlüssel zum rechten Verständnis des Buddhismus sah Nichiren ähnlich wie die Anhänger der Tendai-Schule, der er auch selbst angehörte, im Lotos-Sutra. In einer Reihe von Schriften erläuterte er seine Lehre und stellte sie in dem Mandala Gohonzon, dem zentralen Kultobjekt der Schule, sinnbildlich dar. Im Mittelpunkt dieses Mandalas steht das feierliche Bekenntnis zum Lotos-Sutra in dem Mantra *Nam Myoho Renge Kyo* (etwa «Ich nehme Zuflucht zum wahren Gesetz des Lotos-Sutra»); es gilt unter der Bezeichnung *Daimoku* als Quintessenz der Lehre Nichirens, durch dessen Rezitation der Gläubige schon in diesem Leben zum Buddha werden kann. Im Mandala ist das zentrale Mantra von Göttern, Geistern und anderen Wesenheiten umgeben, die dadurch als Zeugen der Verkündigung des Lotos-Sutra dargestellt werden.

Im vierzehnten und fünfzehnten Jahrhundert entstanden unterschiedliche Ausrichtungen im japanischen Buddhismus, die sich alle auf Nichiren beriefen, aber jeweils unterschiedliche Aspekte des Lotos-Sutra in den Mittelpunkt ihrer Lehre rückten. Da Nichiren keine Schule gegründet hatte, berief man sich in der Regel nicht auf ihn selbst, sondern auf einen seiner sechs namentlich bekannten Schüler und auf den von ihm gestifteten Tempel. So gründete Nichirens Schüler Nikko (1246–1333) 1290 am Berg Fuji den Taiseseki-ji Tempel, der später zum Haupttempel der «Wahren Nichiren-Schule» (*Nichiren-Shōshū*) wurde.

Dagegen geht der Ikegami Honmon-ji Tempel bei Tokyo, ein bedeutender Tempel der «Nichiren-Schule» (*Nichiren-shū*), auf Nichirens Schüler Nichiro (1245–1320) zurück.

Die kritische Haltung Nichirens gegenüber den Herrschenden und den von ihnen begünstigten buddhistischen Schulen seiner Zeit brachte es mit sich, dass die verschiedenen Ausrichtungen seiner Lehre trotz ihrer Popularität keine besondere staatliche Förderung erfuhren. Unter dem Tokugawa-Shogunat wurde das sogenannte Danka-System ausgebaut, demzufolge jeder Haushalt einem buddhistischen Tempel zugeordnet war und diesen finanziell unterstützte, was von dem Tempel schriftlich dokumentiert wurde. Dies diente nicht zuletzt dazu, heimliche Christen aufzuspüren, konnte aber auch als Instrument der staatlichen Kontrolle über die verschiedenen buddhistischen Schulen genutzt werden.

Stärker als den Buddhismus förderten die Tokugawa-Herrscher indes den Konfuzianismus, der unter ihrem Patronat in Japan unter der Bezeichnung *Shushigaku* eigenständig weiterentwickelt wurde.[5] Am Anfang des japanischen Neokonfuzianismus steht der Philosoph Fujiwara Seika (1561–1619), ursprünglich ein Anhänger des Zen-Buddhismus, der unter dem Eindruck der Schriften von Zhu Xi eine Synthese des Konfuzianismus mit dem japanischen Shinto anstrebte. Als wichtiger Theoretiker des japanischen Neokonfuzianismus wirkte in der mittleren Edo-Zeit Arai Hakuseki (1657–1725), der in seinen Schriften die politische Macht des Shogun mit der traditionell auf den Kaiser angewendeten Vorstellung vom «Mandat des Himmels» begründete. Wie in China spielte der Neokonfuzianismus damit auch in Japan eine zentrale Rolle in der Ausbildung der Staatsbediensteten, die erst in der zweiten Hälfte des neunzehnten Jahrhunderts infolge der Abschaffung des Shogunats, der Restauration des Kaiserreichs und der Modernisierung des Landes nach europäischen und amerikanischen Vorbildern zurückgedrängt wurde. Besonders wichtig war außerdem die Rückbesinnung auf nationale japanische Traditionen (*Kokugaku*), wie sie im späten achtzehnten Jahrhundert vor allem von dem Gelehrten Motoori Norinaga (1730–1801) begründet wurde. Er erforschte alte japanische Schriften, rekonstruierte nicht mehr gebräuchliche Ausdrücke und wurde damit zum Begründer der altjapanischen Sprachforschung.

17. Alte Welt, Neue Welt: Missionsbewegungen und Akkulturation

Parallel zur Entstehung und allmählichen Verfestigung der konfessionellen Grenzen in Europa und im Zuge der Entdeckung Amerikas und des Seewegs nach Indien entwickelten sich die ersten europäischen Bestrebungen zur Missionierung Nord- und Südamerikas sowie Süd- und Ostasiens. Den Anfang machte dabei die römisch-katholische Kirche, deren Missionare sich schon seit dem späten fünfzehnten Jahrhundert im Zusammenhang mit der Ausdehnung des spanischen und portugiesischen Reichs um die Verbreitung des Christentums in den unterworfenen Gebieten einsetzten. In der Regel dienten die Bekehrung der «Heiden» und die vermeintliche «Rettung ihrer Seelen» zur Rechtfertigung ihrer Unterwerfung, so dass Missionare und Conquistadoren meist Hand in Hand arbeiteten. Deutlich später, nämlich erst zu Beginn des achtzehnten Jahrhunderts, begannen umfangreiche und koordinierte Missionsanstrengungen der protestantischen Kirchen, da sie sich zunächst oft an der zu Hause vorherrschenden Vorstellung orientierten, dass die jeweilige Obrigkeit auch über die Religionszugehörigkeit der Untertanen entscheide. Nicht von ungefähr gingen daher einige der frühesten neuzeitlichen Missionsanstrengungen außerhalb des Katholizismus gerade von solchen protestantischen Bewegungen aus, die – wie etwa die nach Amerika ausgewanderten Puritaner – in ihrer Heimat nicht den Schutz der Regierung genossen hatten, sondern benachteiligt oder verfolgt worden waren.[6] Neben den Unterschieden, die sich aus der Konfession der Missionare ergab, standen aber auch solche, die aus dem unterschiedlichen kulturellen und religiösen Hintergrund der Missionierten resultierten.

Die christliche Mission in Indien, China und Japan

Am Anfang der christlichen Mission in Indien steht der spanische Adlige und Mitbegründer des Jesuitenordens Franz Xaver (Francisco de Xavier, 1506–1552). Er wurde 1540 vom Papst zum apostolischen Nuntius für Asien ernannt und missionierte von 1542 bis 1545 in der portugiesischen Kolonie Goa und danach auf der Halbinsel Malakka und den Molukken. Von dort aus reiste er nach Japan und weiter nach China, wo er auf einer Insel in der Bucht von Kanton verstarb.[7] Um die Bewohner Goas zur Annahme der christlichen Religion zu bewegen, setzten die Missionare in Zusammenarbeit mit den portugiesischen Kolonisatoren auf unterschiedliche Anreize wie etwa die materielle Unterstützung der ärmsten Bevölkerungsschichten oder die Beschäftigung von Konvertiten in der Kolonialverwaltung. Schon bald stellte sich jedoch heraus, dass Neubekehrte immer wieder zu ihrer alten Religion zurückkehrten oder mehr als eine Religion praktizierten. Bereits 1545 bat Franz Xaver daher um die Entsendung von Inquisitoren, die – mit einer kurzen Unterbrechung von 1774 bis 1778 – von 1560 bis 1820 in Goa tätig waren und europäische Christen wie auch einheimische Neubekehrte bei Verstößen gegen die religiösen Vorschriften der Kolonialmacht zur Rechenschaft zogen. Von Goa aus unternahmen europäische Missionare auch Vorstöße in das Innere des Indischen Subkontinents. 1624 überquerte der portugiesische Jesuit Antonio Freire de Andrade (1580–1634) als erster europäischer Missionar den Himalaya und gründete ein Jahr später eine Missionsstation in Tibet. Einer der ersten Indienmissionare, die weitreichende Anstrengungen zur Anpassung an indische Lebensformen unternahmen und sich auch um das Erlernen indischer Sprachen bemühten, war der italienische Jesuit Roberto de Nobili (1577–1656), der christliche Glaubenslehren mit Begriffen der traditionellen indischen Philosophie auszudrücken versuchte und mehrere religiöse Schriften in der Gelehrtensprache Sanskrit und den südindischen Sprachen Tamil und Telugu verfasste.

Die protestantische Missionstätigkeit in Indien begann 1706, als die beiden deutschen Missionare Bartholomäus Ziegenbalg (1682–1719) und Heinrich Plütschau (1676–1752) im Auftrag des dänischen Königs in der dänischen Handelskolonie Tranquebar an der Südostküste Indiens, der heutigen Stadt Tharangambadi im Bundesstaat Tamil Nadu, eine Missionsstation gründeten. Während Plütschau aus gesundheitlichen Gründen bereits 1711 wieder nach Deutschland zurückkehrte, nahm Ziegenbalg nach dem Erlernen des Tamilischen eine umfangreiche Übersetzungstätigkeit auf und gründete in Tranquebar eine evangelisch-lutherische Gemeinde und eine Schule. Übersetzungen der Bibel in die Umgangssprachen des Missionsgebiets und das Bemühen um eine Alphabetisierung der Bevölkerung kennzeichneten auch das weitere Wirken all jener Missionare, die sich dem Anliegen der Reformation verpflichtet fühlten. Ein prominentes Beispiel ist der englische Missionar William Carey (1761–1834), der seit 1800 in Indien tätig war, dort Schulen und eine theologische Hochschule gründete und die Bibel in die indischen Sprachen Bengalisch, Oriya, Assamesisch, Marathi, Hindi und Sanskrit übertrug.

In China wirkte seit 1582 der italienische Jesuit Matteo Ricci (1552–1610), der sich durch seine guten Beziehungen zu den konfuzianischen Gelehrten des Landes hohes Ansehen erwarb. Er übersetzte europäische mathematische und philosophische Werke aus dem Griechischen und Lateinischen ins Chinesische und übte gleichzeitig mit seinen Berichten aus dem Reich der Mitte einen starken Einfluss auf das europäische Chinabild aus.[8] Ein jüngerer Mitbruder Riccis war Johann Adam Schall von Bell (1592–1666), der 1644 zum Präsidenten des kaiserlichen astronomischen Instituts in Peking berufen wurde und zwischen 1651 und 1661 als einer der wichtigsten Berater des ersten Mandschu-Kaisers Shunzhi tätig war. Schon bald jedoch geriet die weitgehende Anpassung der jesuitischen Missionare an ihre chinesische Umgebung infolge des Widerstands anderer Missionsorden, besonders der Dominikaner und Franziskaner, in die Kritik. Sie nahmen Anstoß daran, dass die Jesuiten den Neubekehrten weiterhin die Ausübung traditioneller Riten wie etwa die Verehrung der Ahnen oder des Konfuzius gestatteten. 1742 und 1744 entschied Papst Benedikt XIV. diesen so genannten Riten- oder Akkommodationsstreit endgültig gegen die Missionsmethode der Jesuiten.

Abb. 33 Adam Schall von Bell. Zeitgenössische Darstellung

Die christliche Mission in Japan begann 1549 mit der Ankunft Franz Xavers in der Hafenstadt Kagoshima an der Südwestspitze der Insel Kyushu. Infolge der politischen Zersplitterung des Landes hingen Erfolg und Misserfolg der Missionsbestrebungen weitgehend von der Kooperation der regionalen Machthaber ab, die sich von der Zusammenarbeit mit den Missionaren Vorteile im Handel mit der portugiesischen Kolonialmacht versprachen oder aber das Christentum als Gegengewicht zum Einfluss der politisch und wirtschaftlich mächtigen buddhistischen Klöster nutzen wollten. Bereits gegen Ende des sechzehnten Jahrhunderts führte die zunehmende Zentralisierung Japans jedoch zu restriktiven Maßnahmen gegen die Missionare und ihre portugiesischen Schutzherren; 1587 erließ der Feldherr Toyotomi Hideyoshi (1537–1598) erstmals ein Edikt zur Ausweisung katholischer Geistlicher, und zehn Jahre später wurden mehrere jesuitische und franziskanische Missionare sowie einheimische Christen in Nagasaki öffentlich hingerichtet. Nach der Errichtung des Tokugawa-Shogunats zu Beginn des siebzehnten Jahrhunderts nahmen die Repressalien zu. Als Truppen der Zentralmacht 1638 einen Aufstand der überwiegend christlichen Landbevölkerung der Shimabara-Halbinsel und der nahegelegenen Amakusa-Inseln nur unter großen eigenen Verlusten niederschlagen konnten, führte dies zur Ausweisung sämtlicher Ausländer aus Japan und zum Verbot des Christentums, dessen Anhänger bis zur Öffnung Japans um die Mitte des neunzehnten Jahrhunderts nur im Untergrund überleben konnten.[9]

Die christliche Mission in Amerika

Wie in Süd- und Ostasien stand auch die Missionierung der Neuen Welt von Anfang an im Spannungsfeld zwischen dem Gewinnstreben der europäischen Glücksritter, Händler und Siedler vor Ort, den wirtschaftlichen Anliegen der Kolonialmächte, den geistlichen Bestrebungen der Missionare und den machtpolitischen Interessen der Kirche, die oft uneinheitlich waren und zusammengenommen ein breites Spektrum von unterschiedlichen Handlungsmöglichkeiten, aber auch Zwängen eröffneten.

Ausschlaggebend für die Verhältnisse in den weitaus meisten Kolonialgebieten Süd- und Mittelamerikas war das Verfahren der spanischen Krone, die Conquistadoren vertraglich zur Inbesitznahme neu entdeckter Länder im Namen der Krone, zu deren kolonisatorischer Erschließung und zur Bekehrung der dort lebenden Völker zu verpflichten. Weithin üblich war dabei das sogenannte *Encomienda*-System, in dem der Eroberer als *Encomendero*, «Auftragnehmer», der Idee nach für den Schutz und die Missionierung der Bevölkerung zuständig war, sie aber in der Realität nach Gutdünken ausbeuten konnte und im Falle einer Verweigerung der Bekehrung auch militärisch gegen sie vorgehen durfte. Schon bald protestierten daher vor allem die Angehörigen der Missionsorden, darunter Dominikaner, Franziskaner und Jesuiten, gegen die schlechte Behandlung der eingeborenen Völker. 1512 suchte die Krone mit den «Gesetzen von Burgos» (*Leyes de Burgos*) weitgehend vergeblich, eine Verbesserung ihrer Lage zu erreichen; auch die 1542 zu demselben Zweck erlassenen «Neuen Gesetze» (*Leyes Nuevas*) verfehlten ihr Ziel und wurden drei Jahre später teilweise wieder zurückgenommen.

Welch gegensätzliche Auffassungen in diesen Fragen aufeinanderstießen, zeigt der Disput von Valladolid, in dem 1550 und 1551 auf Veranlassung Kaiser Karls V. die Frage nach der Menschenwürde der Ureinwohner Amerikas erörtert wurde. In der Debatte, an der namhafte Gelehrte beteiligt waren, begründete der humanistische Theologe Juan Ginés de Sepúlvida unter Berufung auf die Schriften des Aristoteles die Minderwertigkeit der Bevölkerung Amerikas mit dem Kannibalismus und ihrer Götzenverehrung und leitete daraus das Recht der Europäer ab, sie zu versklaven. Dagegen argumentierte der Dominikanermönch und ehemalige Bischof von Chiapas Bartolomé de Las Casas unter Berufung auf die biblische Lehre von der Gottesebenbildlichkeit aller Menschen, der Gebrauch der Vernunft weise die amerikanischen Völker als echte Menschen aus, die man nicht versklaven und nur ohne Anwendung von Gewalt bekehren dürfe; diesen Standpunkt hatte bereits 1537 Papst Paul III. in seiner Verlautbarung *Sublimis Deus* («Der erhabene Gott») vertreten.

Ebenso unterschiedlich wie die weltanschaulichen Positionen der Theoretiker war die Vorgehensweise der Missionare vor Ort. 1535 zum Inquisitor von Mexiko ernannt, betrieb der Franziskaner Juan de Zumárraga (1468–1548) eifrig die Zerstörung der alten Tempel und ließ 1539 mehrere Angehörige des aztekischen Adels auf dem Scheiterhaufen verbrennen, da sie auch nach der Taufe heidnische Riten praktizierten. Sein Mitbruder Diego de Landa (1524–1579) verbrannte 1562 alle Handschriften der Maya-Kultur, die er finden konnte. Er wurde dafür zwar wegen Überschreitung seiner Kompetenz in Spanien angeklagt, letztlich jedoch freigesprochen und 1572 zum Bischof von Yucatán ernannt. Viel maßvoller agierte dagegen der Franziskaner Bernardino de Sahagún (1499–1590), der für seine 1569 vollendete *Historia general de las cosas de nueva España*, eine zwölfbändige Enzyklopädie der aztekischen Kultur und Gesellschaft, zwei Jahre lang mündliche Überlieferungen sammelte und auch in der Originalsprache für die Nachwelt festhielt.

Zu den wohl eindrucksvollsten Schöpfungen des Jesuitenordens in der Neuen Welt gehören die sogenannten Jesuitenreduktionen. Dabei handelt es sich um planvoll angelegte Siedlungen, die der Orden seit 1610 in Paraguay, Brasilien und Argentinien errichtete, um die einheimischen Bewohner vor Übergriffen europäischer Kolonisten und Sklavenjäger zu schützen. Diese Siedlungen durften außer von den Indianern und den Jesuiten nur mit besonderer Genehmigung betreten werden und unterstanden nicht der Rechtsprechung der Kolonialregierung, sondern unmittelbar der spanischen Krone. Zunehmende Konflikte mit der Kolonialverwaltung und den Großgrundbesitzern sowie politische Widerstände gegen die Jesuiten führten jedoch 1767 zur Aufhebung dieses «Jesuitenstaats», dessen geistliche Leiter daraufhin aus den spanischen Gebieten Südamerikas vertrieben wurden. Die Überreste ihrer bedeutendsten Siedlungen wurden zwischen 1983 und 1993 als Teil des Weltkulturerbes unter den Schutz der UNESCO gestellt.[10]

Anders als in Süd- und Mittelamerika waren in Nordamerika mehrere verschiedene und teilweise miteinander rivalisierende Kolonialmächte aktiv. In den französisch kontrollierten Gebieten lag die Mission zumeist in den Händen der Jesuiten; zu ihnen gehörte Jean de Brébeuf (1593–1649), der seit 1526 unter den Huronen missionierte und nach einem Überfall der Irokesen auf die Missionsstation am Marterpfahl starb. Er ist auch bekannt als Verfasser des ersten kanadischen Weihnachtsliedes, *Jesous Ahatonhia* («Jesus, er ist geboren»), das er in der Sprache der Huronen zur Melodie eines traditionellen französischen Volksliedes dichtete.[11] Ganz andere Verhältnisse herrschten dagegen in der englischen Kolonie Virginia, wo man lange Zeit gar keine Anstalten zur Missionierung der einheimischen Bevölkerung traf, so dass die Bekehrung von einzelnen Angehörigen der Oberschicht, so etwa der Häuptlingstochter Pocahontas (1595–1617), Ausnahmen blieben.

Stärker missionarisch engagiert als die Vertreter der anglikanischen Kirche waren die calvinistischen Puritaner, die in England selbst eine verfolgte Minderheit bildeten. Einer der ersten puritanischen Missionare Neuenglands war John Eliot (1604–1690), der 1631 von England nach Massachusetts auswanderte und sich als Prediger und Lehrer in Boston niederließ. Dort erlernte er mit Hilfe eines Englisch sprechenden Wampanoag-Indianers die in Massachusetts verbreitete Algonkin-Sprache, in der er 1646 erstmals eine Predigt hielt. 1663 veröffentlichte Eliot *Mamusse Wunneetupanatamwe Up-Biblum God*, die erste vollständige Übersetzung der Bibel in eine indianische Sprache. Finanziert wurde diese Übersetzung, an der Eliot vierzehn Jahre lang gearbeitet hatte, von der 1649 gegründeten «Gesellschaft zur Förderung und Verbreitung des Evangeliums Jesu Christi in Neuengland» oder kurz *New England Company*, der ersten englischen Missionsgesellschaft. Für bekehrte oder «betende» Indianer (*praying Indians*) gründeten die Puritaner mehrere «Gebetsstädte» (*praying towns*), um sie sesshaft zu machen. In den folgenden Jahren empfanden die Indianer in Massachusetts den beständig wachsenden Zustrom an englischen Siedlern jedoch zunehmend als Bedrohung; die Spannungen entluden sich 1675 in einem blutigen Kolonialkrieg, den man nach der englischen Bezeichnung des Anführers der Wampanoag-Indianer zumeist *King Philip's War* nennt. Als die Kampfhandlungen nach über einem Jahr endeten, waren Tausende nicht mehr am Leben. Die einst guten Beziehungen der englischen Kolonisten zu den benachbarten Indianervölkern waren unwiederbringlich zerstört und die wenigen noch vorhandenen Gebetsstädte bedeutungslos geworden.

1732 gelangten erstmals Angehörige der Herrnhuter Brüdergemeine, von der weiter unten noch im Zusammenhang mit dem Aufschwung des Pietismus die Rede sein wird, auf die Karibik-Inseln und wenig später auf das nordamerikanische Festland. Auf St. Croix, St. John, Jamaica, Barbados und Tobago missionierten die Herrnhuter vor allem unter den afrikanischen Sklaven.[12] In Pennsylvania wandten sie sich vor allem den Indianervölkern der Lenape (Delawaren) und Mahican zu. Den Idealen der Herrnhuter Brüdergemeine entsprechend, lebten und arbeiteten die Missionare oft in den Siedlungen der Indianer jenseits des Kolonialgebiets, wo sie tägliche Gottesdienste feierten und Gewaltlosigkeit predigten. Besonders erfolgreich war der aus Mähren stammende

Abb. 34 David Zeisberger predigt den Indianern in Pennsylvania. Zeitgenössischer kolorierter Holzstich

David Zeisberger (1721–1808), der geistliche Texte und Lieder in die Sprache der Lenape übersetzte und 1772 für konvertierte Lenape-Indianer in Ohio den Ort Gnadenhütten gründete. Mit dem Ausbruch des Amerikanischen Unabhängigkeitskriegs gerieten dessen Bewohner jedoch zwischen die Fronten. Während Zeisberger von den Engländern inhaftiert wurde, richteten amerikanische Milizionäre in Gnadenhütten ein Massaker an und brannten den Ort nieder. Wie Zeisberger hinterließen viele Herrnhuter Missionare kulturgeschichtlich wertvolle Aufzeichnungen, da sie in enger Gemeinschaft mit den Indianern lebten und großen Wert auf das Erlernen ihrer Sprache legten. Zu den bedeutendsten dieser Autoren zählt John Heckewelder (1743–1823), dessen Bücher auch James Fenimore Cooper für seine Lederstrumpf-Romane benutzte.

Die Ausbreitung des Islams in Afrika und Indonesien

Im Unterschied zur Ausbreitung des Christentums auf dem amerikanischen Doppelkontinent ist die gegenwärtige weite Verbreitung des Islams in Afrika das Ergebnis einer Entwicklung, die sich über anderthalb Jahrtausende erstreckt.[13] In dem hier zu besprechenden Zeitraum vom frühen siebten bis zum späten achtzehnten Jahrhundert erfolgte die Ausbreitung des Islams vor allem im Zusammenhang mit Handels- und Kulturkontakten, die von drei verschiedenen Regionen ausgingen: dem Horn von Afrika, den früh islamisierten Regionen nördlich der Sahara und der afrikanischen Ostküste.

Muslimischer Überlieferung zufolge kam der Islam bereits im frühen siebten Jahrhundert nach Afrika, als einige Anhänger Muhammads unter dem Druck der Verfolgung durch die Mekkaner in das christliche Reich von Aksum nach Äthiopien flohen. Sie sollen später zurückgekehrt sein und sich erneut dem Propheten angeschlossen haben. Nach der Annahme des Islams durch die Bewohner der Arabischen Halbinsel fasste die neue Religion zunächst in den Hafenstädten im Norden Somalias Fuß, so etwa in dem Handelsknotenpunkt Zeila nahe der heutigen Grenze zwischen Somalia und Dschibuti. Als ein frühes islamisches Reich am Horn von Afrika erscheint im zehnten Jahrhundert das Königreich Schewa (Schoa), das im dreizehnten Jahrhundert im Sultanat Ifat aufging. Sein Nachfolger wurde im frühen fünfzehnten Jahrhundert das Sultanat Adal, das sich östlich des Reichs von Aksum bis zum Golf von Aden erstreckte und weite Teile der heutigen Staaten Eritrea, Dschibuti und Somalia umfasste. Seine beherrschende Stellung am Horn von Afrika wurde erst in der zweiten Hälfte des sechzehnten Jahrhunderts durch das mit Portugal verbündete christliche Kaiserreich Äthiopien beendet.

Südlich von Ägypten, das schon vor der Mitte des siebten Jahrhunderts von den Muslimen erobert worden war, befanden sich seit der Spätantike die christlichen Königreiche von Nobatia, Makuria und Alodia. Diese Nachfolger des antiken Reichs von Meroe wurden im

Laufe des vierzehnten und fünfzehnten Jahrhunderts muslimisch. Seit dem sechzehnten Jahrhundert war das Reich der Fung oder das Sultanat von Sannar (Sennar) die bedeutendste regionale Macht im Sudan, das bis zu seiner Eroberung durch den osmanischen Statthalter Ägyptens im Jahr 1821 bestand. Es erstreckte sich zur Zeit seiner größten Ausdehnung vom dritten Nilkatarakt bis zum Blauen Nil und von Kordofan im Westen bis an die Küste des Roten Meeres. Seine Herrscher nahmen bereits im frühen sechzehnten Jahrhundert den Islam an, woraufhin muslimische Rechtsgelehrte aus Arabien, Ägypten und Nordafrika ins Land kamen und dort wesentlich zur Ausbreitung der neuen Religion beitrugen.

Eine wichtige Rolle für die Islamisierung der Gebiete südlich von Ägypten spielten die in nord-südlicher Richtung verlaufenden Handelsrouten, auf denen auch Sklaven aus den Regionen südlich der Sahara in die muslimischen Reiche an der Mittelmeerküste verschleppt wurden. Auf der einen Seite konnte der Islam dadurch zwar als die Religion einer fremden Oberschicht erscheinen, doch besaß er gerade deswegen auch eine gewisse Anziehungskraft, da Muslime nach islamischem Recht nicht versklavt werden durften. Dieser Faktor war auch bei der Ausbreitung des Islams vom Maghreb in die Sahara und die weiter südlich gelegenen Länder von erheblicher Bedeutung.

Im elften Jahrhundert gelangte der Islam von Marokko aus über die Westsahara nach Mauretanien; eine wichtige Rolle spielte dabei die kämpferische islamische Bewegung der Almoraviden, deren Anhänger sich vor allem aus dem Berbervolk der Sanhadscha rekrutierten. Sie propagierten eine strikte Anwendung des islamischen Rechts malikitischer Prägung und errichteten auf dieser Grundlage ein Reich, das sich im frühen zwölften Jahrhundert von der Oasenstadt Audaghust im Südosten des heutigen Staates Mauretanien bis in den Nordosten der Iberischen Halbinsel und auf die Balearen erstreckte. Unter dem Einfluss der Almoraviden wurde der Islam in der zweiten Hälfte des elften Jahrhunderts auch im Reich Ghana heimisch. Als Nachfolger des Reichs Ghana entstand im frühen dreizehnten Jahrhundert das ebenfalls muslimische Reich Mali, dessen Schwerpunkt etwas weiter südlich lag und das sich zur Zeit seiner größten Ausdehnung von der Atlantikküste bis zu den Handelsknotenpunkten Timbuktu und Gao am östlichen Nigerbogen im Norden des heutigen Staates Mali erstreckte. Ihm folgte als eines der größten westafrikanischen Reiche das Songhai-Reich, das bis zu seiner Eroberung durch Marokko im späten sechzehnten Jahrhundert bestand. Östlich davon lag das Reich von Kanem-Bornu, das vom späten elften bis zum frühen neunzehnten Jahrhundert von der Dynastie der Sefuwa beherrscht wurde und von dem aus der Islam auch in die weiter östlich gelegenen Regionen westlich des Sultanats von Sannar gelangte.

Eine entscheidende Rolle spielte der internationale Handel auch bei der Etablierung des Islams an der Ostküste Afrikas, deren Bewohner die Araber Swahili (*sawāḥilī*), «Küstenbewohner», nannten. In diese Region gelangte der Islam bereits im siebten oder achten Jahrhundert, wie aus den archäologischen Überresten einer Moschee in der alten Hafenstadt Shanga an der Küste von Kenia hervorgeht. In späterer Zeit unterhielten mehrere große Hafenstädte auf dem afrikanischen Festland und auf den vorgelagerten Inseln weitgespannte Handelsverbindungen ins Innere Afrikas, aber auch nach Somalia, die Arabische Halbinsel, Iran und über den Indischen Ozean nach Indien. Eine wichtige Rolle spielte dabei das Sultanat Kilwa, das von einem persischen Adligen im späten zehnten Jahrhundert gegründet wurde und bis zur Ankunft der Portugiesen im frühen sechzehnten Jahrhundert Bestand hatte.

Um die Rolle des Islams im heutigen Afrika zu verstehen, sind weitreichende spätere Entwicklungen im neunzehnten und zwanzigsten Jahrhundert zu berücksichtigen, von denen weiter unten im Zusammenhang mit den islamischen Reformbewegungen jener Zeit noch die Rede sein wird. Grundlegend für alle späteren Entwicklungen war der Umstand, dass der Islam vom Frühen Mittelalter bis zur Frühen Neuzeit aus verschiedenen Regionen und zu verschiedenen Zeiten in Afrika Eingang fand und dort von einer Vielzahl einheimischer Kulturen mit ganz unterschiedlichen Wirtschafts- und Gesellschaftsformen übernommen wurde. Da diese Übernahme in den meisten Fällen nicht durch Zwangsmaßnahmen, sondern durch Akkulturation erfolgte, wurden Elemente der traditionellen Religion vielerorts integriert und an das islamische Rechtssystem angepasst. Den Rahmen dafür bot vielfach der Sufismus, dessen Bruderschaften die gelebte Alltagsreligiosität weithin bestimmten.

Ähnlich wie in Afrika verbreitete sich der Islam auch in Indonesien mit seinen fünf Hauptinseln Sumatra, Java, Borneo, Sulawesi (Celebes) und Neuguinea zunächst im Zusammenhang mit Handelskontakten zwischen der Arabischen Halbinsel, Indien und China. Nachdem arabische und persische Händler bereits im siebten und achten Jahrhundert nach Sumatra gelangt waren, entstand dort im Norden der Insel gegen Ende des dreizehnten Jahrhunderts das islamische Sultanat Pasai. International ungleich bedeutender war indes das Sultanat Aceh, das im frühen sechzehnten Jahrhundert in dieser Region gegründet wurde und bis zu seiner Eroberung durch die niederländische Kolonialmacht im späten neunzehnten Jahrhundert Bestand hatte. Seine größte Ausdehnung und Machtfülle erreichte es in der ersten Hälfte des siebzehnten Jahrhunderts unter dem zwölften Sultan Iskandar Muda, der in einer Reihe von Feldzügen mehrere Städte an der Küste Sumatras eroberte. 1629 nahm er die portugiesische Festung Malakka an der Westküste der Malaiischen Halbinsel ein und gewann so vorübergehend die Kontrolle über die Straße von Malakka, die für den Gewürzhandel wichtig war. Infolge der engen Beziehungen zur Arabischen Halbinsel, die sich sowohl aus dem Handel als auch aus der Wallfahrt nach Mekka ergaben, entwickelte sich das Sultanat Aceh im siebzehnten Jahrhundert zu einem bedeutenden Zentrum der Sufi-Mystik und des muslimischen Rechtswesens.

Auf Java entstanden im fünfzehnten und sechzehnten Jahrhundert mehrere Sultanate, deren Herrscher sich zum Islam bekannten und die neue Religion in ihrem Territorium verbreiteten. Eine wichtige Rolle spielten in der Folge die internatsähnlichen Pesantren-Lehrstätten, in denen die Schüler (*santri*) von einem Islamgelehrten (*kyai*) umsonst oder gegen Zahlung einer geringen Gebühr im Studium des Korans, der Hadithe und des islamischen Rechts unterwiesen wurden. Im Laufe des siebzehnten und achtzehnten Jahrhunderts breitete sich der Islam über ganz Indonesien aus. Dabei wurden vorislamische religiöse Vorstellungen, Riten und Kulte in das islamische Weltbild und die religiöse Praxis übernommen. Buddhistisch geprägt blieb lediglich die Insel Bali östlich von Java, während sich auf den Molukken und in Teilen Neuguineas das Christentum etablierte.

18. Die letzten ihrer Art: Ethnische Religionen in der Neuzeit

Bis zum Ausgang des Mittelalters verdrängte das Christentum fast alle vorchristlichen Religionen in Europa. Im Zeitalter des Kolonialismus entdeckten die Europäer jedoch eine Vielzahl neuer ethnischer Religionen in Gegenden, die bis dahin vollständig außerhalb ihres Gesichtskreises gelegen hatten.[14] Kriegerische Auseinandersetzungen zwischen den Einheimischen und den europäischen Neuankömmlingen, die Aktivitäten christlicher Missionare sowie eine fortschreitende kulturelle Angleichung zwischen den kolonisierten Völkern und den Kolonisatoren trugen dazu bei, dass auch diese Religionen in ihrer bis dahin bekannten Form zumeist schon bald vollständig verschwanden. Was wir über sie wissen, beruht daher zum größten Teil auf den Beobachtungen, die Europäer in der Frühen Neuzeit machten.

Die Religion der Maya

Als eine bedeutende Hochkultur mit steinernen Monumentalbauten, einer auf dem Vigesimalsystem basierenden Mathematik und einem hochentwickelten Schrift- und Kalendersystem zeigt sich heute die Kultur der Maya.[15] Sie erstreckte sich vom dritten bis zum späten siebzehnten Jahrhundert auf dem Territorium der heutigen Staaten Mexiko, Guatemala, Honduras und El Salvador. Naturräumlich zeigt dieses Gebiet eine ausgeprägte Vielfalt, die tropische Regenwälder, Savannenlandschaften, Steppen und bewaldete Hochlandflächen umfasst; auch ethnisch, sprachlich und kulturell sind die Maya nicht als eine Einheit, sondern als eine Gruppe verwandter Völker anzusehen. Die Anfänge der Maya-Kultur datiert man in das dritte oder zweite Jahrtausend v. Chr., wobei man eine vorklassische Zeit (ungefähr bis 300), eine klassische Zeit (ungefähr 300–900) und eine nachklassische Zeit (nach 900 bis zur Kolonisierung) unterscheidet.

Zu den wichtigsten Quellen für das religiöse Weltbild der Maya gehören drei Bilderhandschriften mit insgesamt etwas über zweihundert Seiten, die nach ihren derzeitigen Aufbewahrungsorten zumeist als Madrider, Dresdner und Pariser Codex bezeichnet werden. Sie entstanden in der nachklassischen Epoche der Maya-Kultur, aber noch vor der spanischen Eroberung, vermutlich im Norden der Halbinsel Yucatán. Diese Handschriften, die Anweisungen für Rituale, Götterbilder, Darstellungen von Opferszenen, astronomische Berechnungen und Weissagungen für die Landwirtschaft enthalten, sind die einzigen mit Sicherheit authentischen Schriftzeugnisse aus der vorkolonialen Epoche. Einige weitere Überlieferungen der Maya wurden jedoch in der frühen Kolonialzeit in lateinischer Schrift aufgezeichnet. Dazu gehört das «Buch des Rates» oder *Popol Vuh* der Quiché-Maya in Guatemala, das der Dominikaner Francisco Ximénez zu Beginn des achtzehnten Jahrhunderts in der Stadt Chichicastenango fand, abschrieb und ins Lateinische übersetzte.[16] Es enthält sowohl mythologische als auch historische Überlieferungen, von denen viele auf Traditionen aus der vorkolonialen Zeit zurückgehen dürften.

Die Zeit stellten sich die Maya-Völker analog zum täglichen Lauf der Sonne und dem Kreislauf der Jahreszeiten als eine zyklische Bewegung vor, die erkennbaren Gesetzmäßigkeiten folgte. Neben einem zivilen oder profanen Kalender mit 365 Tagen kannte man einen rituellen oder religiösen Kalender mit 260 Tagen. Aus der Verbindung dieser beiden Systeme ergab sich die sogenannte Kalenderrunde, die 18 980 Tage oder 52 zivile Jahre umfasst. Diese Einheit wurde in der sogenannten «Langen Zählung» zur Berechnung größerer Zeiträume und zur Fixierung historischer Ereignisse verwendet. Im rituellen Kalender wurde jeder

Tag durch die Kombination einer Zahl von 1 bis 13 mit dem Namen einer Schutzgottheit bezeichnet. Die Zahl der Schutzgötter (20) entspricht dabei der Anzahl der Tage eines Monats und der Zahl der menschlichen Finger und Zehen, während man die Zahl 13 zu den Gelenken des menschlichen Körpers (je sechs Arm- und Beingelenke und ein Genick) in Beziehung setzen kann.

Die Welt bestand in der Vorstellung der Maya aus drei vertikal übereinanderliegenden Bereichen: der Unterwelt, die aus neun Ebenen besteht, der Erde als dem Lebensraum der Menschen und schließlich dem Himmel, der den Göttern vorbehalten ist und dreizehn verschiedene Ebenen aufweist. Verschiedene Farben – Rot für den Osten, Gelb für den Süden, Schwarz für den Westen und Weiß für den Norden – symbolisierten die vier Himmelsrichtungen. Den Himmel und die Unterwelt mit ihren verschiedenen Ebenen stellte man sich wie zwei Stufenpyramiden vor, die einander spiegelbildlich zugeordnet waren, so dass ihre Grundflächen waagerecht einander gegenüberlagen. Wichtig für die Verbindung zwischen den drei kosmischen Bereichen war die Weltachse im Zentrum des Universums, die man sich als Baum vorstellte.

Die Götter und Göttinnen der Maya standen in vielfältigen Beziehungen zueinander und konnten menschliche, tierische und pflanzliche Gestalt annehmen. Von zentraler Bedeutung war Chaac, der Gott des Regens und der Fruchtbarkeit, der häufig in menschlicher Gestalt mit einer rüsselähnlichen Nase abgebildet wurde. Als weibliche Gestalt, manchmal mit dem Attribut eines Kaninchens, erscheint die Mond- und Fruchtbarkeitsgöttin Ix Chel. In der Gestalt eines eidechsenähnlichen Tiers verehrte man den Gott Itzamná, der in seiner Person die Züge eines Schöpfergottes und Kulturbringers miteinander vereint, und als gefiederte Schlange erscheint Kukulcan, ein Gott der zyklischen Erneuerung. Mythologische Bezüge verschiedener Götter untereinander erkennt man in dem göttlichen Zwillingspaar Hunahpú und Ixbalanqué, den beiden Söhnen von Hun-Hunahpú und Ixquic.

Wie in den frühen Religionen der Alten Welt, diente auch der Götterkult der Maya vor allem dazu, die kosmische und soziale Ordnung aufrechtzuerhalten. Opfer an die Götter sollte ihre Versorgung sicherstellen und dadurch ihre Lebenskraft stärken. Eine wichtige Rolle spielten Tier- und Menschenopfer, da man dem Blut als Sitz der Lebenskraft besondere Bedeutung beimaß, doch sind auch Blüten-, Trank- und Räucheropfer bekannt. Anlässe für Opferrituale boten die großen Feste, die an den Kreislauf der Jahreszeiten gebunden waren, Krisensituationen wie etwa Kriege oder Missernten sowie die Übergangszeiten im Leben des einzelnen Menschen wie Geburt, Hochzeit und Tod.

Charakteristisch für die sakrale Architektur der Maya ist die Stufenpyramide, die aus mehreren übereinanderliegenden Pyramidenstümpfen besteht. Einige dieser Bauwerke dienten als Kult- und Opferstätten, bei denen sich das eigentliche Heiligtum auf der obersten Plattform befand, die über eine Treppe zu erreichen war. Bei anderen Pyramiden handelt es sich dagegen um Grabdenkmäler. Kultischen Zwecken dienten – zumindest teilweise – auch die in großer Zahl gefundenen Ballspielplatze, die für die präkolumbianischen Kulturen Mittelamerikas insgesamt charakteristisch sind und vielleicht im Zusammenhang mit einem Sonnenkult standen.

Die Religion der Azteken

Im Unterschied zur Kultur der Maya, die ihren Zenit schon lange vor der Entdeckung Amerikas durch die Europäer überschritten hatte, stand das Reich der Azteken, die sich selbst *Mexica* nannten, bei der Ankunft der Spanier in voller Blüte.[17] Seine Anfänge liegen im frühen fünfzehnten Jahrhundert, als sich die drei auf der zentralen Hochebene von Mexiko gelegenen Stadtstaaten von Tenochtitlán, Texcoco und Tlacopán unter der Führung von Tenochtitlán miteinander verbündeten und nach und nach die umliegenden Völker unterwarfen und tributpflichtig machten. Ihrem eigenen Ursprungsmythos zufolge waren die Azteken einst aus ihrer Urheimat Aztlán (daher der Name Azteca) nach Süden in das Hochland von Mexiko gezogen und hatten dort die Stadt Tenochtitlán gegründet.

Anders als im Fall der Maya sind bei den Azteken keine schriftlichen

Aufzeichnungen aus der vorkolonialen Zeit erhalten geblieben. Im sechzehnten und siebzehnten Jahrhundert entstanden jedoch in Anlehnung an vorkoloniale Vorbilder mehrere Bilderhandschriften, die neben historischen auch mythische Ereignisse darstellen und teilweise durch Anmerkungen in lateinischer Schrift erläutern. Darüber hinaus wurden in dieser Zeit auch religiöse Vorstellungen der Azteken nach mündlicher Überlieferung unter Aufsicht von Missionaren aufgezeichnet, um ihre Bekämpfung zu erleichtern.

In seinen Grundzügen ähnelte das religiöse Weltbild der Azteken dem der benachbarten präkolumbianischen Kulturen Mittelamerikas. Wie für die Maya bestand auch für die Azteken der Kosmos aus Erde, Unterwelt und Himmel, von denen die beiden zuletzt genannten Sphären mehrere übereinanderliegende Ebenen aufwiesen, und wie die Maya verwendeten auch die Azteken nebeneinander einen zivilen und einen rituellen Kalender mit 365 bzw. 260 Tagen. Damit war die Vorstellung einer Abfolge von Weltaltern verbunden, in der man die Gegenwart als fünftes und letztes Zeitalter deutete. Eine symbolische Darstellung aztekischer kosmologischer Vorstellungen bietet der sogenannte «Sonnenstein», eine kreisrunde Basaltskulptur von gut dreieinhalb Metern Durchmesser, die 1790 bei Bauarbeiten in der Nähe der Kathedrale von Mexiko-Stadt entdeckt wurde und vermutlich aus dem großen Haupttempel von Tenochtitlán stammt.

Wie die Religion der Maya war auch die Religion der Azteken polytheistisch, und die verschiedenen Gottheiten des Pantheons standen in enger Verbindung mit den Mächten, die das Leben der Menschen bestimmten. Die Zahl der aztekischen Götter war beträchtlich, da man die Götter unterworfener Völker in das aztekische Pantheon integrierte oder als Erscheinungsformen einheimischer Gottheiten deutete. Eine besondere kosmogonische Rolle spielte der androgyne Schöpfergott Ometeotl (Zwei-Gott), der eine männliche und eine weibliche Seite aufwies, jedoch nicht kultisch verehrt wurde. Kriegsgott und Beschützer der Stadt Tenochtitlán war Huitzilopochtli, der als Kolibri oder mit Kolibrifedern geschmückt dargestellt wurde. Zu seinen Ehren feierte man alljährlich im Mai ein Fest, bei dem ein prachtvoll geschmücktes

Abb. 35 Der Aztekenherrscher Montezuma wird von den Spaniern in Eisen gelegt. Zeitgenössische Abbildung

Abbild des Gottes auf einer Sänfte in feierlicher Prozession zu verschiedenen Orten getragen wurde. Dem Maya-Gott Chaac entsprach bei den Azteken Tlaloc, der für das Wetter verantwortlich war und im großen Heiligtum von Tenochtitlán gemeinsam mit Huitzilopochtli verehrt wurde. Als Entsprechung des Maya-Gottes Kukulcan erscheint der Schöpfergott Quetzalcoatl, Gegenspieler des Gottes Tezcatlipoca. Eine weitere wichtige Gottheit war der Sonnengott Tonatiuh, der teils als bewaffneter Krieger, teils als Adler dargestellt wurde.

Um die kosmische und soziale Ordnung aufrechtzuerhalten, vollzogen die Azteken in großem Umfang Menschenopfer, für die man je nach dem Anlass und den besonderen Umständen auf Sklaven, Kinder und vor allem Kriegsgefangene zurückgriff. Eine Besonderheit der aztekischen Kultur waren sogenannte Blumenkriege, deren Ziel vor allem darin bestand, Kriegsgefangene als «Blumen für die Götter» für den Opferkult zu beschaffen. Tägliche Menschenopfer forderte besonders der Sonnengott, da nur sie den regelmäßigen Sonnenlauf gewährleisten konnten. Bei diesem Ritual wurde – bildlichen und schriftlichen Darstellungen zufolge – das auf dem Rücken liegende Opfer an Händen und Füßen festgehalten, während der Opferpriester ihm mit einem Messer aus Obsidian die Brust aufschnitt, um das noch schlagende Herz herauszuziehen und der Sonne entgegenzustrecken. Der Leichnam wurde dann von der obersten Plattform der Stufenpyramide hinabgestoßen, was aber wohl nicht als Ausdruck der Missachtung, sondern als Wiederholung eines mythischen Geschehens der Urzeit anzusehen ist. Das Fleisch des Getöteten wurde rituell verzehrt; die Köpfe der Toten wurden, aufgereiht auf einem Gerüst aus Holzstämmen, zur Schau gestellt. Lange Zeit waren schriftliche Aufzeichnungen aus der frühen Kolonialzeit die Hauptquelle für unsere Kenntnis dieser Rituale, doch sind sie in der jüngeren Vergangenheit durch archäologische Funde in der aztekischen Stadt Zultepec-Tecoaque bestätigt worden. Dort wurden 1520 mehrere hundert spanische Gefangene über einen Zeitraum von mehreren Monaten hinweg geopfert.

Die Religion der Inka

In Südamerika war der mächtigste und am höchsten entwickelte Staat, den die Spanier bei ihrer Ankunft vorfanden, das Reich der Inka.[18] Es umfasste zur Zeit seiner größten Ausdehnung ein Gebiet, das sich vom Süden Ecuadors über Peru und Teile Boliviens bis nach Chile und Argentinien erstreckte, und war damit eines der größten Reiche seiner Zeit. Obschon die Inka weder Kenntnis von Rad und Wagen noch von der Metallverarbeitung hatten, regierten sie ihr Reich straff zentralistisch. Sie bezeichneten es vom Standpunkt ihrer Hauptstadt Cuzco aus als *Tawantinsuyu*, «die vier Regionen», nämlich *Chinchansuyu* im Norden, *Antinsuyu* im Osten – daher der Gebirgsname *Anden* –, *Kuntisuyu* im Westen und *Qullasuyu* im Süden. Jede dieser Regionen (*suyu*) bestand aus mehreren Provinzen (*wamani*) und umfasste eine Vielzahl sprachlich und ethnisch unterschiedlicher Völker.

Die sprachliche und ethnische Vielfalt des Inkareichs spiegelt sich auch in der Religion, die auf lokaler und regionaler Ebene durch die Verehrung zahlreicher heiliger Stätten (*wak'a* oder *huaca*) gekennzeichnet war. Einige von ihnen wurden auch von den Bewohnern weiter entfernter Gegenden verehrt und dienten als Pilgerstätten. An ihnen brachte man Opfer dar und vollzog Riten der Verehrung, um sich die darin präsenten Mächte gewogen zu machen. Eine frühe Beschreibung solcher regionaler Glaubensvorstellungen und Riten enthält das sogenannte Huarochirí-Manuskript, das im späten sechzehnten Jahrhundert in der Quechua-Sprache verfasst wurde. Über diesen regionalen Formen des Kults stand die im ganzen Reich verbreitete Religion der Inka, die ausgehend von der Region Cuzco ihre Herrschaft immer weiter ausgedehnt hatten und als staatstragende Oberschicht alle wichtigen Schaltstellen in der Armee, der Verwaltung, der Rechtsprechung und der religiösen Hierarchie besetzten. Sich selbst sahen die Inka als Nachkommen des Sonnengottes, was Kult und Mythologie in vielfältiger Weise zum Ausdruck brachten.

Auch in diesem Fall ist jedoch zu berücksichtigen, dass aus der vorkolonialen Epoche fast nur archäologische Zeugnisse auf uns gekommen sind. Man vermutet zwar, dass die Knotenschrift der Inka (*Quipu*) nicht nur als Zählsystem diente, sondern durch die Verwendung unterschiedlicher Fasern und Farben auch als Silbenschrift, doch ist es bislang nicht gelungen, dieses System zu entschlüsseln. Zu den wichtigsten Quellen der Inka-Religion zählen daher schriftliche Aufzeichnungen aus der frühen Kolonialzeit, etwa des Spaniers Juan Diez de Betanzos (1510–1576). Er war mit einer Angehörigen des Inka-Adels verheiratet und konnte daher auch auf einheimische Traditionen zurückgreifen. Ein weiterer Augenzeuge war Pedro de Cieza de León (1520–1554), der sich zwischen 1535 und 1550 in Südamerika aufhielt, seit 1541 ein Tagebuch führte und später eine umfassende Geschichte des Inkareichs und seiner Eroberung durch die Spanier verfasste. Eine Geschichte Perus schrieb der Missionar Martín de Murúa (um 1540–1618). Sein zeitweiliger einheimischer Dolmetscher Waman Puma de Ayala (um 1550–um 1615) verfasste auf Spanisch und in seiner Muttersprache Quechua eine kritische alternative Darstellung der spanischen Eroberung, die auch wegen ihrer zahlreichen Illustrationen eine herausragende ethnographische Quelle darstellt. Einer der letzten Chronisten, die in ihrer Darstellung der Endphase des Inkareichs auf einheimische mündliche Überlieferungen zurückgreifen konnte, war «El Inca» Garcilaso de la Vega (1539–1616), der Sohn eines spanischen Eroberers und einer Nichte des elften Inka-Herrschers Huayna Cápac.

An der Spitze des Pantheons der Inka stand der Schöpfergott Viracocha, der einer Überlieferung zufolge aus dem Titicaca-See an der Grenze zwischen Peru und Bolivien aufstieg und Sonne, Mond und Sterne sowie die Menschen erschuf. Dann entschwand er nach Westen über das Meer, um eines Tages in einer Zeit der Not wiederzukehren. Nach einer anderen Erzählung hatte Viracocha einen Sohn namens Inti und zwei Töchter namens Mama Killa und Pachamama. Letztere wurde als Erd- und Fruchtbarkeitsgöttin verehrt, die reiche Ernte schenken, aber auch Erdbeben hervorrufen konnte. Aus der inzestuösen Verbindung von Inti, der Sonne, und Mama Killa, dem Mond, gingen der erste Inka-Herrscher Manco Cápac und seine Schwester und Frau Mama Uqllu hervor.

Kultstätten des Sonnengottes befanden sich in allen Teilen des Inkareichs; der zentrale und bedeutendste dieser Tempel war die «Goldene Einfriedung» (Coricancha) in der Hauptstadt Cuzco, von dem nur noch einige Mauerreste erhalten sind. Dort wirkten die obersten religiösen Würdenträger des Reiches, die sich in der Regel aus der nächsten Verwandtschaft des *Sapa Inka*, des regierenden Herrschers, rekrutierten. Zu seiner Ausschmückung dienten große Mengen an Gold und Silber, da diese Metalle dem Weltbild der Inka zufolge in einer besonderen Beziehung zur Sonne und zum Mond standen. Reich mit Gold geschmückt waren auch die Mumien der verstorbenen Inka-Herrscher und ihrer Gemahlinnen, die dort zur Schau gestellt und rituell versorgt wurden. Mehrere Nachbargebäude waren dem Kult weiterer, untergeordneter Gottheiten gewidmet; in einem nahegelegenen heiligen Bezirk sollen lebensgroße goldene Statuen von Menschen, Tieren und Pflanzen gestanden haben. Das wichtigste religiöse Fest zu Ehren des Sonnengottes, Inti Raymi, wurde alljährlich neun Tage lang zur Zeit der Wintersonnenwende gefeiert, wenn mit der Aussaat ein neues landwirtschaftliches Jahr begann.

Die Religion der Irokesen

Eine der ersten Religionen Nordamerikas, mit denen sich die Europäer näher auseinandersetzten, war die Religion der Irokesen.[19] Dabei handelt es sich um eine Gruppe von fünf, später sechs Völkerschaften, die eng miteinander verwandte Sprachen verwendeten und weite Landstriche im Norden der späteren Vereinigten Staaten und im Südosten Kanadas besiedelten. Die meisten Irokesen lebten in Dörfern und betrieben Ackerbau, während Jagd und Fischfang nur eine untergeordnete Rolle spielten. Charakteristisch für ihre Siedlungen waren Langhäuser von rund zwanzig Metern Länge, in denen mehrere Familien unter einem Dach lebten. Sich selbst bezeichneten die Irokesen daher auch als «Leute des Langhauses» (*Haudenosaunee*); die Bezeichnung *Irokesen* (französisch und englisch *Iroquois*) geht auf eine Fremdbezeichnung durch benachbarte Algonkin-Stämme zurück. Die Bewohner mehrerer Langhäuser bildeten zusammen einen Clan, und mehrere Clans bildeten einen Stamm, dessen Angehörige ihre Abkunft auf einen gemeinsamen mythischen Ahnherrn zurückführten. Die Gesellschaft der Irokesen war matrilinear organisiert, so dass den Frauen das Familieneigentum gehörte und die Verwandtschaft nach der weiblichen Linie bestimmt wurde. Nachdem die Irokesen langjährige Kriege gegen die französische Kolonialmacht und die mit ihr verbündeten Stämme geführt hatten, stellten sie sich zu Beginn des Amerikanischen Unabhängigkeitskriegs auf die Seite der Britischen Regierung. In den folgenden Jahren wurden sie daher zum großen Teil aus dem Gebiet der Vereinigten Staaten vertrieben und siedelten sich in Kanada im Gebiet des oberen Sankt-Lorenz-Stroms an.

Die Religion der Irokesen drehte sich, wie alle ethnischen Religionen, zu einem Großteil um die Sicherung der Lebensgrundlagen. Eine wichtige Rolle spielten daher jahreszeitlich gebundene Feste, die im Zusammenhang mit den landwirtschaftlichen Aktivitäten standen. Schaden stiftende Mächte, die das Leben der Gemeinschaft und des einzelnen Menschen bedrohten, mussten besänftigt oder abgewehrt werden. Ein wichtiges religiöses Konzept war *Orenda*, womit die Irokesen eine Art Lebenskraft bezeichneten. Diese Kraft konnte Menschen, Tieren und Geistern in geringerem oder höherem Maße innewohnen und ließ sich auch auf Gegenstände übertragen. Gegenstände, in denen sich diese Kraft manifestierte, bezeichnete man im Hinblick auf ihre Heilwirkung auch als «Medizin». Seit dem späten achtzehnten Jahrhundert verdichten sich Hinweise auf das Bestehen besonderer «Medizinbünde», deren Angehörige nach einer rituellen Einweihung oder Initiation die Funktion von religiösen Spezialisten wahrnahmen und sowohl öffentliche als auch geheime Zeremonien durchführten.

In die Zeit um 1800 fällt auch das Wirken des religiösen Reformers Handsome Lake (1735–1815), der dem Irokesenvolk der Seneca angehörte und in seiner eigenen Sprache Sganyodaiyo hieß. Er gründete 1799 nach einer religiösen Vision die synkretistische Langhaus-Religion. Er bezeichnete seine Lehre als die «Gute Nachricht» (*Gai'wiio*) und verband darin traditionelle irokesische Elemente mit christlichen Vorstellungen. So vertrat er eine ausgeprägt christliche Ethik, identifizierte Gestalten des traditionellen Polytheismus mit christlichen Engeln und wandte sich gegen die geheimen Zeremonien der Medizinbünde, deren Aktivitäten er in christlicher Deutung mit Zauberei gleichsetzte.

Afrikanische Religionen

Die ältesten Nachrichten über die Religionen afrikanischer Völker verdanken wir Herodot, der sich in seiner Darstellung jedoch weitgehend auf die Regionen nördlich der Sahara beschränkt und für jedes der von ihm genannten Völker nur wenige konkrete Einzelheiten bietet. Dazu gehören der Hinweis auf die Sitte der Nasamonen, sich zur Erlangung von Traumoffenbarungen an den Gräbern der Ahnen schlafen zu legen, eine Notiz über das Orakel des widderköpfigen Gottes Ammon in der Libyschen Wüste und einige Bemerkungen über die Opferbräuche nordafrikanischer Nomaden (*Historien* 4,172, 181 und 188). Für ihn bildeten die Regionen westlich von Ägypten jedoch bereits die Grenze der von Menschen bewohnten Welt; dies zeigen seine auf Hörensagen gegründeten Mutmaßungen über Menschen mit Hundeköpfen und Tiere mit Augen auf der Brust (*Historien* 4,191), die allerdings auch mythische Erzählungen seiner Gewährsleute widerspiegeln könnten.

Afrika südlich der Sahara rückte erst durch die Entdeckungsfahrten portugiesischer Seeleute im Laufe des sechzehnten Jahrhunderts in den Gesichtskreis der Europäer, doch wurde das Landesinnere vielfach erst im neunzehnten Jahrhundert geographisch und ethnographisch erschlossen. Aus der Frühen Neuzeit sind daher nur wenige Aufzeichnungen über die traditionellen Religionen dieser Gegenden bekannt. Auch die Berichte arabischer Geographen und Historiker bieten in dieser Hinsicht kaum Erhellendes, da sie die Kulte, Riten und Mythen der Afrikaner wegen des Fehlens schriftlicher Aufzeichnungen unter dem Sammelbegriff «Unglauben» (*kufr*) zusammenfassten und daher nicht weiter kommentierten; diesen Sprachgebrauch bezeugt noch heute die Bezeichnung des Afrikanischen Büffels als «Kaffernbüffel», der die früher geläufige Bezeichnung *Kaffer* (über portugiesisch *cafre* aus arabisch *kāfir* «Ungläubiger») für Angehörige des südafrikanischen Volks der Xhosa und weiterer Bantuvölker widerspiegelt.

Da religiöse Vorstellungen in Afrika nahezu ausschließlich mündlich tradiert wurden, wissen wir nur wenig über die Geschichte der dortigen Kulte, Riten und Mythen. Die frühesten ausführlichen Aufzeichnungen über sie stammen von Missionaren und Ethnographen des neunzehnten und zwanzigsten Jahrhunderts. Für den Religionshistoriker ergeben sich daraus gleich zwei Probleme. Zum einen kann man wegen des vergleichweise geringen Alters der Schriftquellen oft nicht ausschließen, dass viele ethnische Religionen Afrikas zu dieser Zeit bereits von christlichen und muslimischen Vorstellungen beeinflusst waren. Zum anderen ist stets damit zu rechnen, dass die europäischen Missionare, Händler und Kolonialbeamten Aussagen ihrer Gewährsleute vor dem Hintergrund der ihnen besser vertrauten christlichen Glaubenslehren interpretierten – oder dass zweisprachige Informanten ihre traditionellen Vorstellungen bewusst oder unbewusst an das christliche Weltbild anpassten, um die Chance einer positiven Würdigung seitens der Beobachter zu erhöhen. Überprüfen kann man man dies heute nur noch in

Abb. 36 Zeremonieller Tanz zu Ehren des Gottes Ogun. Darstellung aus Benin, Mitte des sechzehnten Jahrhunderts

seltenen Fällen, so dass sich eine Darstellung der afrikanischen Religionen in der Frühen Neuzeit auf einige allgemeine Züge beschränken muss.[20]

Wie auf dem amerikanischen Doppelkontinent bestand auch im subsaharischen Afrika eine enge Wechselbeziehung zwischen der Religion und der vorherrschenden Wirtschaftsform, die wiederum von den klimatischen und geographischen Rahmenbedingungen abhing. Zu den bekanntesten und am besten erforschten Wildbeuterkulturen gehören die nach ihrer Kleinwüchsigkeit so genannten Pygmäen.[21] Obschon sie weder in kultureller noch in ethnischer oder sprachlicher Hinsicht eine Einheit bilden, besteht eine wesentliche Gemeinsamkeit der so bezeichneten Völker in dem für sie charakteristischen Lebensraum. Dies ist der zentralafrikanische tropische Regenwald, der für ihre weitgehend egalitär organisierten und räumlich mobilen Gemeinschaften von Jägern und Sammlern die Lebensgrundlage darstellt. Als Spender aller Nahrung und Garant des Lebens steht der Regenwald auch im Mittelpunkt der Religion, die sich vor allem in Liedern und Tänzen manifestiert. Die Vorstellung von einem nur in der Urzeit aktiven Schöpfergott ist zwar bezeugt, spielt im Alltag jedoch kaum eine Rolle. Da die Gesellschaft der Pygmäen weder eine hierarchische Gliederung noch eine ausgeprägte Arbeitsteiligkeit aufweist, nehmen religiöse Spezialisten, sofern sie überhaupt vorhanden sind, keine herausgehobene Stellung ein. Auffällig ist der Gegenwartsbezug der religiösen Riten, der weder für Ahnenverehrung noch für die Erwartung eines Lebens nach dem Tod Spielraum lässt.

Eine deutlich größere Rolle spielt der Glaube an einen Schöpfergott bei afrikanischen Hirtenvölkern wie etwa den Nuer im Südsudan oder den Massai und Kikuyu in Kenia und Tansania. Die Nuer nennen diesen Schöpfergott Kwoth und sehen in ihm den Vater und Beschützer der Menschen, dem alle anderen Gottheiten und Geister untergeordnet sind. Diese untergeordneten übermenschlichen Wesen manifestieren sich in der Natur, können aber auch von Menschen Besitz ergreifen. Bei den Massai und Kikuyu heißt der Schöpfergott Ngai; er hat als Spender des Regens und der Fruchtbarkeit seinen Sitz in den Wolken oder auf einem heiligen Berg. Um sein Wohlwollen zu gewinnen, bringt man ihm Opfer von Milch und Rindern dar. Religiöse Würdenträger, die man als Seher bezeichnet, nehmen eine Mittlerfunktion zwischen den Menschen und der übernatürlichen Sphäre ein und besitzen dadurch auch politischen Einfluss.

Bei sesshaften Agrarvölkern spielt zumeist die Ahnenverehrung eine wichtige Rolle. Die verstorbenen Vorfahren nehmen Einfluss auf das Leben ihrer Nachkommen, und tote Herrscher können auch lange nach ihrem Ableben das Wohlergehen der ganzen Gemeinschaft positiv wie negativ beeinflussen. Sowohl die Ahnen als auch andere Geister werden oft mit besonders geheiligten Gegenständen in Verbindung gebracht, für die sich in den europäischen Sprachen die Bezeichnung «Fetisch» eingebürgert hat. Dieser Ausdruck stammt ursprünglich aus dem Portugiesischen (*feitiço* aus lateinisch *facticius* «künstlich») und gelangte in der zweiten Hälfte des achtzehnten Jahrhunderts über das Französische ins Deutsche und Englische. Eine wichtige Rolle spielte dabei das 1760 veröffentlichte religionsethnologische Werk «Vom Kult der Fetisch-Götter» (*Du culte des dieux fétiches*), in dem der Jurist und Philologe Charles de Brosses (1709–1777) die westafrikanischen Religionen seiner Zeit mit der – damals noch wenig erschlossenen – Religion des Alten Ägypten verglich. Als «Fetischismus» bezeichnet man seitdem die Verehrung besonderer Objekte, deren Wirksamkeit durch den Kult erhalten und gesteigert werden kann.[22] Allerdings ist nicht auszuschließen, dass der so beschriebene «Fetischismus» auch von katholischen Missionaren und ihrer Verehrung von Reliquien und Heiligenbildern beeinflusst wurde, so dass uns in ihm nicht das ganz Fremde, sondern ein Teil unserer eigenen religiösen Tradition begegnet.[23]

Mit dem wachsenden Einfluss des Christentums und des Islams im neunzehnten und zwanzigsten Jahrhundert sowie den gesellschaftlichen Veränderungen durch den Kolonialismus verloren manche Aspekte der traditionellen Religionen afrikanischer Völker wie etwa das sakrale Herrschertum zunehmend an Bedeutung. Andere Aspekte dagegen, darunter die Vorstellung der Besessenheit durch Geister oder der Glaube an die Wirksamkeit kraftgeladener Gegenstände, haben sich bis heute erhalten und gelangten durch den Sklavenhandel auch in die Karibik und auf den amerikanischen Doppelkontinent. Von ihren modernen Ausprägungen wird weiter unten im Zusammenhang mit den afroamerikanischen Religionen der Gegenwart noch die Rede sein.

Indigene und antike Religionen und die Suche nach der Urreligion

Vergleicht man die ethnischen Religionen der frühen Neuzeit mit den Kulten, Riten und Mythen des vorchristlichen Altertums, erkennt man eine Reihe von Parallelen, etwa in der Verehrung einer Vielzahl von Göttern und Göttinnen, dem verpflichtenden Charakter gemeinsamer religiöser Feiern oder in der herausragenden Bedeutung des Opfers und der Weissagung. Dies fiel bereits den frühen europäischen Beobachtern auf, und so spekulierte der spanische Jesuit José de Acosta (1540–1600) in seinem 1590 veröffentlichten Geschichtswerk *Historia natural y moral de las Indias*, dass die amerikanischen Ureinwohner wohl über eine Landbrücke aus Asien eingewandert sein müssten. Dafür spreche auch, dass sie in ihrem Aussehen den Tataren ähnelten. Einen detaillierten Vergleich zwischen den religiösen Bräuchen der Alten und Neuen Welt unternahm 1724 ein anderer Jesuit, Joseph-François Lafitau (1681–1746), in seinem Werk über «Die Sitten der amerikanischen Wilden im Vergleich mit den Sitten der Frühzeit» (*Moeurs des Sauvages Amériquains, Comparées aux Moeurs des Premiers Temps*). Darin äußerte auch er die Vermutung, dass Parallelen zwischen den Irokesen und den frühen Griechen auf vorgeschichtliche Wanderungen zurückzuführen seien.

Einen anderen Standpunkt vertrat dagegen Bernard le Bovier de Fontenelle (1657–1757), der 1724 in seinem Buch *De l'origine des fables* (Über den Ursprung der Mythen) solche Übereinstimmungen und Ähnlichkeiten darauf zurückführte, dass der menschliche Geist unter ähnlichen Bedingungen für ähnliche Herausforderungen auch ähnliche Lösungen finde. Dies glaubte auch Giambattista Vico (1668–1744), der ein Jahr später in seinem Werk *La scienza nuova* (Die neue Wissenschaft) die These aufstellte, dass sich alle Kulturen in Zyklen entwickelten, die sich durch vorhersagbare gesellschaftliche und religiöse Eigenheiten auszeichneten. Diese Vorstellung fand im Zeitalter der Aufklärung viel Anklang, so dass man immer mehr dazu überging, all jene Eigenheiten ethnischer Religionen, die für Europäer schwer verständlich waren, mit Hilfe vermeintlicher Parallelen aus vermeintlich vergleichbaren anderen Religionen zu deuten und zu erklären.

Um die Mitte des achtzehnten Jahrhunderts stellten Jesuitenmissionare in Kanada fest, dass die Stämme der Irokesen in Clans gegliedert waren, die den Namen bestimmter Tiere trugen. Ein halbes Jahrhundert später beobachtete der Trapper John Long bei den Ojibway-Indianern, dass deren *Totem* oder persönlicher Schutzgeist die Gestalt eines Tieres annehmen konnte, das zu töten oder zu verzehren streng verboten war. Im späten neunzehnten Jahrhundert wurden beide Mitteilungen aufeinander bezogen, mit vermeintlich ähnlichen Beobachtungen bei einer Vielzahl anderer Völker kombiniert und daraus eine urtümliche Form von Religion konstruiert, die man als Totemismus bezeichnete und in Spuren praktisch auf der ganzen Welt zu finden glaubte. Wie man heute weiß, handelt es sich bei dieser vermeintlichen Urform der Religion jedoch um eine Chimäre, die es in dieser Form nie gegeben hat. Tatsächlich sind die Quellen für die ethnischen Religionen der Neuen Welt so spärlich, dass vieles bis heute im Dunkeln liegt und selbst zentrale Aspekte nach wie vor umstritten sind. Dies rührt nicht zuletzt daher, dass wir in vielen Fällen nicht wissen, ob bestimmte Riten, Kulte und Mythen schon vor der Ankunft der Europäer in der uns bekannten Form bestanden oder ob sie sich erst in der Auseinandersetzung mit dem Christentum entwickelten. Ungeachtet aller Deutungsprobleme übten die Religionen der Neuen Welt und des Orients jedoch gerade im Zeitalter der Aufklärung auf ihre europäischen Beobachter eine zuvor unbekannte Faszination aus. Dies lag nicht zuletzt daran, dass das Phänomen Religion in Europa selbst in dieser Zeit zunehmend kritisch hinterfragt wurde.

19. Offenbarung und Vernunft: Philosophen, Kritiker und Reformer

Im Laufe des siebzehnten und achtzehnten Jahrhunderts veränderte sich das europäische Verständnis von Religion. Da einige Kirchen, die aus der Reformation hervorgegangen waren, gleichberechtigt neben der römisch-katholischen Kirche standen, galten unterschiedliche oder gar gegensätzliche Deutungen von zentralen Aspekten der christlichen Religion nicht mehr als anstößig, sondern als selbstverständlich. Auch sank die Geltung überindividueller Autoritäten in diesen Fragen in dem

Ausmaß, wie man die Freiheit der persönlichen Gewissensentscheidung zum Maßstab des Handelns machte. Die Existenz lebenskräftiger religiöser Minderheiten machte deutlich, dass Religion und Staat auch getrennte Wege gehen konnten, während der beständige Zustrom immer neuer Informationen über hochentwickelte Kulturen im Fernen Osten den Blick auf Europa und seine Stellung in der Welt veränderte.

Philosophische Religionskritik

Am Anfang der Religionskritik des siebzehnten und achtzehnten Jahrhunderts steht die Rückbesinnung auf einen Gedanken der antiken stoischen Philosophie. Ihr zufolge gibt es bestimmte allgemeine Vorstellungen und Begriffe (griechisch *koinai ennoiai*, lateinisch *notiones* oder *notitiae communes*), die alle Menschen teilen und die daher auch zur Entscheidung über den Wahrheitsgehalt von Glaubensvorstellungen dienen können. In der Spätantike war dieser Gedanke aus der antiken Philosophie ins Christentum übernommen worden und hatte dort zu der Vorstellung der «zwei Bücher» geführt, durch die der Mensch zur Erkenntnis Gottes gelangen könne: die Heilige Schrift als Quelle der Offenbarung und das «Buch der Natur» als Quelle der natürlichen, jedem vernünftigen Menschen zugänglichen Gotteserkenntnis.

Die Attraktivität dieses Gedankens zu Beginn des siebzehnten Jahrhunderts erklärt sich unschwer daraus, dass er eine Handhabe dafür zu bieten schien, jenseits aller dogmatischen Streitigkeiten und unter Umgehung kirchlicher Autoritäten das Gemeinsame und Verbindende zwischen den Konfessionen und Religionen zu ermitteln. 1624 veröffentlichte der englische Diplomat Edward Herbert, Baron von Cherbury (1583–1648) in lateinischer Sprache seine Abhandlung «Von der Wahrheit, je nachdem sie sich unterscheidet von der Offenbarung, vom Wahrscheinlichen, vom Möglichen und vom Falschen». Darin legte er fünf Grundannahmen dar, die seiner Auffassung nach allein aus der Vernunft und nicht mit Hilfe irgendeiner Offenbarung allen Menschen zugänglich seien: die Existenz eines höchsten Wesens, die menschliche

Pflicht zur Verehrung dieses Wesens, eine moralische Lebensführung als Ausdruck dieser Verehrung, die Pflicht zur Reue und Buße für moralische Verfehlungen und schließlich die Notwendigkeit einer Belohnung der Guten und Bestrafung der Bösen durch das höchste Wesen.

Einen ähnlich hohen Stellenwert erhielt die menschliche Vernunft im Denken einer Reihe englischer Theologen, die man wegen ihres Rückgriffs auf das Gedankengut des Neuplatonismus und ihrer Verbindung zur Universität von Cambridge als die «Cambridger Platoniker» (*Cambridge Platonists*) bezeichnet.[24] Zu ihren prominentesten Vertretern gehörten Henry More (1614–1687), Ralph Cudworth (1617–1688), Benjamin Whichcote (1609–1683) und John Smith (1616–1652). Sie alle vertraten den Standpunkt, dass Gott die Welt vernünftig geordnet habe und auch selbst nicht willkürlich, sondern in Übereinstimmung mit der Vernunft handle. Die Vernunft befähigt den Menschen zur Erkenntnis des göttlichen Willens und der Ordnung der Welt. Die göttliche Offenbarung kann die menschliche Vernunft zwar übersteigen, ihr jedoch niemals widersprechen, so dass der Inhalt der Offenbarung stets durch die Vernunft überprüft werden kann. Mit ihrer Betonung der Freiheit des menschlichen Willens und der daraus resultierenden moralischen Verantwortung des einzelnen Menschen wandten sich die Cambridger Platoniker zum einen gegen die calvinistischen Puritaner, die die Vorherbestimmung der Menschen zum Heil oder zur Verdammnis lehrten, zum anderen gegen alle mechanistischen oder materialistischen Weltbilder. Die aus einer speziellen Offenbarung abgeleiteten Dogmen spielten für ihr Denken nur eine untergeordnete Rolle; dies verband sie mit anderen moderaten Theologen der englischen Nationalkirche, die als «Latitudinarier» darauf beharrten, dass man in Glaubensdingen eine gewisse «Breite» (lateinisch *latitudo*) respektieren müsse.

Eine durchgreifende Änderung der erkenntnistheoretischen Prämissen all dieser Anschauungen propagierte 1690 – nicht zufällig unmittelbar nach der «Glorreichen Revolution» – John Locke (1632–1704).[25] Er hatte die letzten Jahre der Stuart-Dynastie im holländischen Exil verbracht und war 1689 gleich nach ihrem Sturz nach England zurückgekehrt. In seinem vierbändigen «Versuch über den menschlichen Ver-

Abb. 37 John Locke. Zeitgenössisches Porträt

stand» (*Essay Concerning Human Understanding*) wandte er sich schroff gegen die Annahme angeborener Ideen und vertrat den Standpunkt, Ideen resultierten ausschließlich aus der sinnlichen Wahrnehmung äußerer Gegenstände (*sensation*) oder aus dem Rückbezug auf den menschlichen Geist selbst (*reflexion*). Alles Wissen stamme daher aus der Erfahrung, die folglich auch der einzige Maßstab zur Überprüfung des Wahrheitsgehalts einer Aussage darstelle. Dies war revolutionär, denn bisher hatte man argumentiert, dass bestimmte angeborene Ideen dem Menschen unmittelbar von Gott als dem Schöpfer gegeben worden seien und daraus resultierende Folgerungen unbedingt respektiert werden müssten.

Die politischen und gesellschaftlichen Schlussfolgerungen aus seiner Erkenntnistheorie zog Locke in seinen ebenfalls 1690 veröffentlichten «Zwei Abhandlungen über die Regierung» (*Two Treatises of Government*). Darin vertrat er die Auffassung, dass die politische Macht nicht gottgegeben sei, sondern auf einem Gesellschaftsvertrag beruhe. Nur um ihr Leben, ihre Freiheit und ihr Eigentum besser zu schützen, so Locke, übertrugen die Menschen die eigenen Machtbefugnisse auf die Regierung. Aus dieser Auffassung folgt zunächst, dass die Menschen auch das Recht zum Widerstand haben, wenn die Regierung dieser vertraglichen Verpflichtung nicht nachkommt oder ihre Macht missbraucht. Da Locke jedoch zugleich die Existenz angeborener Ideen göttlicher Herkunft ablehnt, folgt daraus auch, dass sich der Staat in religiösen Fragen nicht auf göttliche Wahrheiten berufen kann und auf diesem Gebiet daher auch keine Entscheidungs- oder Weisungsbefugnisse hat.

Im Umfeld solcher Gedanken entwickelte sich seit dem späten siebzehnten Jahrhundert der Deismus. Seine Anhänger bejahten zwar die Existenz eines Schöpfergottes, gingen ansonsten aber davon aus, dass Gott die Welt nach der Schöpfung den ihr innewohnenden Gesetzen überlassen hat und in die menschliche Geschichte nicht eingreift. Den Glauben an die Offenbarung lehnten die Deisten unter Berufung auf die menschliche Vernunft genauso ab wie die kirchlichen Dogmen und die biblischen Wundererzählungen. Ein früher Vertreter dieser Position war Charles Blount (1564–1693), der in seinen Schriften die Lehre von der Göttlichkeit Jesu und der Unsterblichkeit der Seele anzweifelte und den «Priestertrug» (*priestcraft*) für Fehlentwicklungen innerhalb der christlichen Religion verantwortlich machte. Ähnlich argumentierte Matthew Tindal (1657–1733) in seinem 1730 erschienenen Hauptwerk *Christianity as old as the creation*, das Evangelium Jesu sei ursprünglich nur eine Neuverkündung der Naturreligion der Urzeit gewesen, die nach seinem Tod von Priestern verfälscht worden sei. Die Vorstellung, dass Gott und die lebendige Natur eins seien, vertrat John Toland (1670–1722) in seinem Werk *Pantheistikon*, mit dem er den Begriff des Pantheismus in die philosophische Diskussion einführte. Toland galt schon einem Zeitgenossen als «Freidenker» (*freethinker*). In der Folge verwendete man diese Bezeichnung häufig für all jene, die sich gegen eine kirchliche Bevormundung wandten. Als Selbstbezeichnung begegnet der Begriff bei Anthony Collins (1676–1729), der sich in seinem 1713 veröffentlichten *Discourse on Freethinking* für den freien Gebrauch der Vernunft und gegen kirchliche Autoritätsansprüche wandte.

Eine beträchtliche Wirkung entfalteten die Ideen der englischen Aufklärung in Frankreich. Zu einem führenden Vertreter der Religionskritik wurde dort Voltaire (eigentlich François-Marie Arouet, 1694–1778), der 1742 in seiner Tragödie *Mahomet* den religiösen Fanatismus, die Intoleranz und überhaupt das Bündnis von Staat und Kirche anprangerte. Während Voltaire sich noch als Deist verstand, propagierten andere Philosophen der französischen Aufklärung unter Rückgriff auf die Gedanken Demokrits und Epikurs eine entschieden atheistische und materialistische Weltsicht. Ein Pionier war in dieser Hinsicht der katholische Geistliche Jean Meslier (1664–1729), dessen radikal religionskritische Thesen im achtzehnten Jahrhundert nur handschriftlich oder in stark gekürzten Auszügen zirkulierten und erst 1864 vollständig veröffentlicht wurden. Für die Verbreitung atheistischer und materialistischer Gedanken sorgte Denis Diderot (1713–1784) vor allem als Mitherausgeber der *Encyclopédie ou Dictionnaire raisonnée des sciences, des arts et des métiers* («Enzyklopädie oder Auf Vernunfterkenntnis gegründetes Lexikon der Wissenschaften, der Künste und des Handwerks»); in anderen Schriften musste er sich besonders nach seiner Inhaftierung 1749 zurückhalten, da er von der Zensur überwacht wurde. Zu Diderots Mitstreitern zählte Paul-Henri Thiry d'Holbach (1723–1789), der 1770 mit seinem zweibändigen *Système de la nature* ein Hauptwerk des philosophischen Materialismus veröffentlichte.

Schon kurz nach der Französischen Revolution versuchten radikale Aufklärer, das Christentum und besonders den Katholizismus in Frankreich durch eine Reihe von Revolutionskulten und Revolutionsfesten zu ersetzen. An die Stelle der traditionellen Heiligenverehrung trat ein Kult der Revolutionsmärtyrer, die Kathedrale von Notre-Dame wurde zum «Tempel der Vernunft und der Freiheit» umgewandelt, und an jedem zehnten Tag des Monats im neuen republikanischen Kalender sollte das «Fest der Vernunft» begangen werden. In Abgrenzung zu atheistischen Tendenzen initiierte Maximilien de Robespierre im Frühjahr 1794 einen deistischen «Kult des Höchsten Wesens», der jedoch nach seinem Sturz bereits wenige Monate später wieder aufgegeben wurde. Mit dem Abschluss des Staatskirchenvertrags zwischen dem napoleonischen Frankreich und dem Heiligen Stuhl im Juli 1801 fanden auch die letzten noch verbliebenen Reste der Revolutionskulte ihr Ende.

Aufklärungstheologie

Einen beträchtlichen Einfluss übten die Gedanken der Aufklärer auch auf die protestantische Theologie in Deutschland aus. Als «Supranaturalisten» bezeichnete man dort all jene Theologen, die die göttliche Offenbarung als eine besondere, die menschliche Vernunft übersteigende Quelle der Erkenntnis anerkannten. Die Gegenposition dazu vertraten die «Rationalisten», die im Christentum nur solche Lehren zulassen wollten, die mit der Vernunft in Einklang standen. Um eine vermittelnde Position bemühten sich die «rationalistischen Supranaturalisten», die das Christentum zwar in erster Linie als Vernunftreligion auffassten, das Postulat einer göttlichen Offenbarung aber trotzdem anerkannten.

Im Mittelpunkt der Reformbewegung stand eine Gruppe von Theologen, die vor allem an den Universitäten von Berlin, Halle und Göttingen tätig waren. Zu ihren wichtigsten Anliegen zählten die Relativierung der Inspirationslehre und der kirchlichen Dogmen und Bekenntnisse, die Betonung des ethischen Charakters der Lehre Jesu sowie die historisch-kritische Interpretation der Bibel wie auch der Kirchen- und Dogmengeschichte. Eine wichtige Rolle spielte dabei die These, dass das Christentum ein sittlich besseres Leben ermögliche; indem man die Wirksamkeit der christlichen Lehre als allgemein erfahrbar darstellte, versuchte man, die Entfremdung zwischen dem gebildeten Bürgertum und der Kirche, die durch die Aufklärung noch verstärkt wurde, aufzuhalten.

Als Philologe, Pädagoge und Theologe wirkte Johann August Ernesti (1707–1781). Zunächst Rektor an der Thomasschule in Leipzig (wo er über die Einsetzung eines Chorpräfekten mit Johann Sebastian Bach in Streit geriet), lehrte Ernesti seit 1742 als Professor der Eloquenz und seit 1759 als Professor der Theologie an der Leipziger Universität. Seiner Auffassung zufolge gibt es neben der philosophischen Gotteserkenntnis, die die menschliche Vernunft ermöglicht, auch eine Offenbarung, die der Vernunft nicht zugänglich ist. Um sie zu erkennen, braucht der Theologe vor allem ein methodisch gesichertes Verfahren zur Interpretation der Heiligen Schrift als wichtigster Quelle der Offenbarung. Entscheidend dafür ist die genaue Ermittlung des Wortsinns, die sich aus der exakten grammatischen Analyse des Textes und einer umfassenden Beobachtung des Sprachgebrauchs ergibt.

Fragen der Textgeschichte, Datierung und Autorschaft, des Aufbaus und der Adressaten biblischer Texte bilden den Gegenstand der «Einleitungswissenschaft», die eine eigene Disziplin der Theologie darstellt. Als ihr Begründer gilt Johann David Michaelis (1717–1791), der seit 1745 als Privatdozent und später Professor der Theologie an der Universität Göttingen lehrte. Er forderte zum besseren Verständnis der Bibel neben der philologischen Textarbeit auch die Einbeziehung historischer, juristischer sowie altertums- und naturwissenschaftlicher Forschungen. 1753 initiierte Michaelis zu diesem Zweck eine Forschungsexpedition in den Vorderen Orient, die zwischen 1761 und 1767 mit finanzieller Unterstützung durch den dänischen König durchgeführt wurde. Von den sechs Teilnehmern überlebte die Strapazen der Reise allerdings nur der Mathematiker und Geograph Carsten Niebuhr (1733–1815), der seine Beobachtungen in einer ausführlichen *Reisebeschreibung nach Arabien und andern umliegenden Ländern* (1774–1837) festhielt und dessen Kopien der persischen Königsinschriften die Grundlage zur Entzifferung der Keilschrift wurden.

Wegweisend für die historisch-kritische Betrachtung der Bibel, wie sie sich im Laufe des neunzehnten Jahrhunderts allgemein durchsetzte, wurde Johann Salomo Semler (1725–1791), der seit 1753 an der Universität Halle lehrte.[26] Er verwarf die im Gefolge der Reformation entstandene Lehre von der Verbalinspiration, derzufolge Gott der eigentliche Verfasser der biblischen Texte ist und die menschlichen Verfasser nur als Schreibwerkzeuge benutzte; stattdessen betonte er die Verschiedenartigkeit der einzelnen biblischen Schriften und ihrer Urheber. Da er den biblischen Kanon selbst als Resultat einer historischen Entwicklung ansah, lehnte er es auch ab, theologische Lehren unter Hinweis auf deren biblische Grundlage zu Offenbarungswahrheiten zu erheben. Auch unterschied Semler zwischen öffentlicher wissenschaftlicher Theologie und privater lebendiger Religion des mündigen Individuums, die dogmenfrei und emotional sei. Die entscheidende Ausprägung des Christentums sah er nicht im öffentlichen Raum, sondern im privaten Umfeld des einzelnen Gläubigen, weshalb er auch für Toleranz und Gewissensfreiheit plädierte.

Radikalere Schlussfolgerungen zog demgegenüber der Orientalist Hermann Samuel Reimarus (1694–1768) aus der historisch-kritischen Erforschung der Bibel.[27] Er lehrte seit 1728 als Professor für Orientalische Sprachen am Akademischen Gymnasium in Hamburg und veröffentlichte in dieser Zeit zahlreiche philologische und philosophische Arbeiten, darunter 1754 die *Abhandlungen über die vornehmsten Wahrheiten der natürlichen Religion*. Bei seinem Tod hinterließ er eine *Apologie oder Schutzschrift für die vernünftigen Verehrer Gottes*, an der er über dreißig Jahre von 1736 bis 1768 gearbeitet hatte. Darin bestritt er nicht nur den Offenbarungscharakter des Alten Testaments, sondern unterzog auch die Evangelien einer radikalen Kritik. Seiner Auffassung nach verkündete Jesus die Natürliche Religion der Vernunft, doch wurde seine Lehre bereits von seinen Jüngern verfälscht, indem sie den Leichnahm Jesu stahlen, um in betrügerischer Absicht seine Auferstehung vorzutäuschen.

Nach Reimarus' Tod gelangte Gotthold Ephraim Lessing (1729–1781), seit 1770 Leiter der Herzog August Bibliothek in Wolfenbüttel, in den Besitz einer frühen Fassung dieser Schrift. Zwischen 1774 und 1778 veröffentlichte er in der von ihm herausgegebenen Zeitschrift *Zur Geschichte und Literatur* unter dem Titel «Fragmente eines Ungenannten» sieben Abschnitte aus Reimarus' Apologie, ohne den Namen des Verfassers preiszugeben. Dies führte zu dem sogenannten «Fragmentenstreit», in dem vor allem der Hamburger Hauptpastor Johann Melchior Goeze (1717–1786) als Anhänger der Verbalinspiration gegen Lessing Partei ergriff. Dieser antwortete im Frühjahr und Sommer 1778 mit der Veröffentlichung des *Anti-Goeze*, einer Folge von elf theologischen Streitschriften. Als Lessings Dienstherr, der Herzog von Braunschweig-

Wolfenbüttel, ihm daraufhin verbot, weiterhin auf theologischem Gebiet zu publizieren, gestaltete der Dichter seine theologischen Auffassungen ein Jahr später in dem Drama *Nathan der Weise*, in dem die Figur des Patriarchen von Jerusalem seinem Gegner Goeze nachempfunden ist.

Freimaurer, Rosenkreuzer und Illuminaten

Mit der konfessionellen Zersplitterung innerhalb des abendländischen Christentums, dem Aufschwung religions- und kirchenkritischer Strömungen im Gefolge der Aufklärung und einer zunehmenden Kritik des Bürgertums an der überkommenen Ständeordnung entwickelte sich im Laufe des achtzehnten Jahrhunderts auch die neue Gemeinschaftsform des Geheimbunds oder der Geheimgesellschaft. Diese Zirkel standen staatlichen und kirchlichen Strukturen oft kritisch oder ablehnend gegenüber und entwickelten auf der Grundlage aufklärerischer Ideale eigene Rituale. Die meisten von ihnen waren als Freimaurerlogen organisiert, die trotz wiederholter Anfeindung und Verfolgung teilweise bis heute bestehen.[28]

Der Ausdruck «Freimaurer» ist eine Übersetzung des englischen Wortes *freemason*, mit dem man in den Bauhütten des Späten Mittelalters und der Frühen Neuzeit eine bestimmte Gruppe von Steinmetzen bezeichnete. Diese besonders qualifizierten Bildhauer hatten ihre eigenen Organisationsformen, da sie im Unterschied zu den in Zünften organisierten Handwerkern der Städte nicht ortsgebunden waren, sondern je nach Bedarf vor allem an den kirchlichen Großbaustellen zum Einsatz kamen. Aus dieser Zeit stammen einige typische freimaurerische Symbole wie etwa der Zirkel und das Winkelmaß, aber auch Ausdrücke wie «Loge» (englisch *lodge*) als Bezeichnung einer Bruderschaft von Steinbildhauern und «Stuhlmeister» oder «Meister vom Stuhl» (englisch *chairman*) als Titel ihres Vorsitzenden.

Als eigentliches Gründungsdatum der Freimaurerei in der heute geläufigen Bedeutung dieses Wortes gilt der 24. Juni 1717, als sich vier *lodges* zum nationalen Dachverband der «Ersten Großloge von England» (*Premier Grand Lodge of England*) zusammenschlossen. Ihr erster adliger Großmeister war der englische Herzog John Montagu (1690–1749). In seinem Auftrag entwarf der schottische presbyterianische Geistliche James Anderson (1678–1739) 1723 unter Rückgriff auf spätmittelalterliche Urkunden die erste gedruckte freimaurerische Verfassung mit dem Titel «Alte Pflichten» (*Old Charges*). Sie regelte die Voraussetzungen für die Aufnahme in eine Loge, das Verhalten der Freimaurer untereinander und die Stellung der Freimaurer gegenüber Kirche und Staat. Eine Neuerung, die schon bald Kritik und Widerspruch hervorrief, war das Verbot, Frauen aufzunehmen. An den Anfang seiner Darlegungen stellte Anderson eine phantasievolle Geschichte der Freimaurerei, die er bis auf den Bau der ägyptischen Pyramiden zurückführte, was in der Folge vielfach aufgegriffen und ausgeschmückt wurde. 1751 entstand in Konkurrenz zur «Ersten Großloge von England» und ihren Neuerungen die «Alte Großloge von England» (*Ancient Grandlodge of England*); beide Richtungen der britischen Freimaurerei vereinigten sich 1813 zur «Vereinigten Großloge von England» (*United Grand Lodge of England*).

Von England aus gelangte die Freimaurerei bereits vor der Mitte des achtzehnten Jahrhunderts nach Frankreich. 1738 entstand dort die erste *Grande Loge de France*; aus ihr ging 1773 der noch heute bestehende *Grand Orient de France* hervor, der seit 1877 betont laizistisch geprägt ist. Zu den bedeutendsten Freimaurern unter den Vertretern der französischen Aufklärung zählen Voltaire und Montesquieu. Unter den führenden Revolutionären ist Jean-Paul Marat zu nennen, der sich den Freimaurern 1774 während eines mehrjährigen Aufenthalts in England angeschlossen hatte. Aus England und Frankreich gelangten freimaurerische Ideale auch nach Nordamerika; dort sicherten ihnen die Freimaurer Benjamin Franklin (1706–1790) und George Washington (1732–1799) einen bedeutenden Einfluss im öffentlichen Leben der jungen Vereinigten Staaten. 1789 legte George Washington bei seiner Vereidigung als erster Präsident den Amtseid auf eine freimaurerische Logenbibel ab. 1793 legte man den Grundstein zum Bau des Kapitols nach

Abb. 38 Der Großmeister nimmt einen Freimaurerlehrling in die Loge auf. Kupferstich aus dem Jahr 1745

einem freimaurerischen Ritus; dabei trug George Washington einen Freimaurerschurz der Großloge von Maryland. Bekannt ist das freimaurerische Symbol der Pyramide mit dem «Auge der Vorsehung», das sowohl auf der Rückseite des 1782 eingeführten Großen Siegels der Vereinigten Staaten als auch auf der heute gängigen Ein-Dollar-Banknote erscheint.

In Deutschland entstanden die ersten Freimaurerlogen ebenfalls schon vor der Mitte des achtzehnten Jahrhunderts. Weite Verbreitung gewann hier die sogenannte «Strikte Observanz», die im Unterschied zum englischen System mit den drei Graden Lehrling, Geselle und Meister noch mehrere übergeordnete Hochgrade umfasst, die strikter Geheimhaltung unterlagen. Die Anhänger dieser Form der Freimaurerei rekrutierten sich überwiegend aus dem Adel, so dass die Logen vielfach den Charakter miteinander konkurrierender politischer Netzwerke annahmen. Eine wichtige Rolle spielte in diesem Zusammenhang der 1756 gegründete Orden der Gold- und Rosenkreuzer, dessen Mitglieder magische, alchemistische und kabbalistische Vorstellungen in ihr Weltbild integrierten, den Ordensoberen fast übermenschliche

Qualitäten zusprachen, Geisterbeschwörungen durchführten und ihren politischen Einfluss dazu nutzten, gegen den Rationalismus der Aufklärung und die empirisch fundierten Naturwissenschaften vorzugehen. Dies stand im Gegensatz zu den Zielen des evangelischen Theologen Johann Valentin Andreae (1586–1654), der 1616 mit seiner Schrift *Die Chymische Hochzeit des Christian Rosencreutz* die literarische Figur des Christian Rosenkreuz als Begründer eines fiktiven Ordens geschaffen hatte.

Gegen den Orden der Gold- und Rosenkreuzer wandte sich Johann Adam Weishaupt (1748–1830). Er lehrte seit 1773 als Professor für Kirchenrecht an der Universität Ingolstadt, dem Vorläufer der heutigen Ludwig-Maximilians-Universität München. Dort gründete er 1776 mit einigen Gleichgesinnten den Bund der «Perfektibilisten», eine Art Lesegesellschaft mit dem Ideal der Selbstvervollkommnung, den man nach wenigen Jahren in «Illuminatenorden» (zu lateinisch *illuminati* «die Erleuchteten») umbenannte. Zu einem regelrechten Geheimbund wurde der Illuminatenorden durch die Mitarbeit des Freiherrn Adolph Knigge (1752–1796), der ihm 1780 beitrat und zusammen mit Weishaupt freimaurerische Strukturen einführte. In der Folge rekrutierte der Illuminatenorden besonders unter den Anhängern verschiedener Freimaurerlogen zahlreiche Anhänger, wurde aber auch seinerseits von Freimaurern, die den aufgeklärten Idealen der Illuminaten ablehnend gegenüberstanden, unterwandert. Dies führte zum Streit zwischen Weishaupt und Knigge, der 1784 aus dem Illuminatenorden austrat und sich von der Organisationsform des Geheimbunds vollständig abwandte. Seine Vorstellungen von der Selbstvervollkommnung veröffentlichte er 1788 in dem Leitfaden *Über den Umgang mit Menschen*, der allerdings nach dem Tod des Autors von späteren Herausgebern immer wieder umgeschrieben wurde und dadurch schließlich von einem Plädoyer für moralische Lebensführung und Weltklugheit zu einer bloßen Anstandsfibel wurde. In den folgenden Jahren kamen die Aktivitäten des Illuminatenordens infolge mehrerer staatlicher Verbote und der Flucht Weishaupts aus Ingolstadt nach Gotha weitgehend zum Erliegen.

Die politischen und gesellschaftlichen Umwälzungen durch die Französische Revolution, die Napoleonischen Kriege und die darauf folgende Neuordnung Europas entzogen vielen Geheimgesellschaften des achtzehnten Jahrhunderts ihre Existenzgrundlage. Erhalten blieb jedoch das Ideal einer Werte- und Lebensgemeinschaft von Gleichgesinnten jenseits aller kirchlichen Strukturen. Dieses Ideal blieb auch im neunzehnten Jahrhundert für breite Kreise der Gesellschaft attraktiv und führte zur Entstehung neuer Gemeinschaften und politischer Vereine. Mit ihren oft kaum mehr durchschaubaren politischen Verbindungen, ihren Mystifikationen und Täuschungsmanövern lieferten die Freimaurer späteren Generationen den Stoff für zahlreiche Verschwörungstheorien. Sie wurden von der katholischen Kirche angefeindet, in kommunistischen Staaten verfolgt und in der Zeit des Nationalsozialismus diffamiert und verboten.

20. An der Schwelle zur Moderne: Bewahrer und Neuerer

Mit ihrem weitreichenden Einfluss auf die philosophische Religionskritik, die christliche Theologie und die Entstehung von nicht-religiösen Werte- und Lebensgemeinschaften hatte sich die Wirkung der Aufklärung auf die Religion noch nicht erschöpft. In der zweiten Hälfte des achtzehnten Jahrhunderts spielte sie auch für das europäische Judentum eine wichtige Rolle und stieß dort Entwicklungen an, die sich bis ins neunzehnte und zwanzigste Jahrhundert fortsetzten. Anders stand es dagegen mit dem Islam, wo die Ideen der europäischen Aufklärung kaum rezipiert wurden und die vielfältigen Erneuerungsbewegungen des achtzehnten Jahrhunderts sich vor allem aus innerislamischen Quellen speisten. Besondere Beachtung verdient aber auch, dass die konfessionellen Auseinandersetzungen um das richtige Verständnis des Christentums und die zunehmende Tendenz zur Trennung staatlicher und kirchlicher Strukturen auch neue Formen der Frömmigkeit und des christlichen Gemeinschaftslebens hervorbrachten, die weit über ihre Entstehungszeit hinaus weiterwirken sollten.

Die jüdische Haskala und ihr Erbe

Seit dem achtzehnten Jahrhundert entwickelte sich vor allem in den sozial benachteiligten Schichten des osteuropäischen Judentums die von mystischen Strömungen geprägte Bewegung des Chassidismus, die sich innerhalb weniger Jahrzehnte vor allem unter den Juden der Ukraine, Polens, Weißrusslands, Russlands und Österreichs ausbreitete. Charakteristisch für diese osteuropäischen *Chassidim* («Frommen») war die hohe Wertschätzung der individuellen und gemeinschaftlichen religiösen Erfahrung, die Orientierung an einer charismatischen Führergestalt (dem *Zaddik*, «Gerechten») sowie eine strenge Absonderung von der nichtjüdischen Umwelt und den Einflüssen der Moderne. Zu den Gegnern des Chassidismus zählten einerseits die Vertreter der traditionellen rabbinischen Gelehrsamkeit, andererseits die jüdischen Befürworter der Aufklärung und einer Modernisierung des Judentums, die man mit einer Ableitung von der hebräischen Wurzel *skl* (wie in dem Wort *sekel* «Verstand») als *Haskala* bezeichnet. Zu einem Zentrum der Haskala entwickelte sich in der zweiten Hälfte des achtzehnten Jahrhunderts Berlin. Dort waren Juden zwar bereits im dreizehnten Jahrhundert vor allem im Kreditwesen und im Handel tätig gewesen, doch hatte man sie im fünfzehnten und sechzehnten Jahrhundert immer wieder verfolgt und vertrieben. Erst 1671 entstand mit der Zuwanderung und Neuansiedlung jüdischer Familien, die Kaiser Leopold I. aus Wien ausgewiesen hatte, eine dauerhafte jüdische Gemeinde. Ausgestattet mit einem Schutzbrief des Großen Kurfürsten Friedrich Wilhelm, dem es um den Wiederaufbau seines Landes nach dem Dreißigjährigen Krieg zu tun war, legten die Berliner Juden bereits 1672 vor dem Spandauer Tor einen eigenen Friedhof an und errichteten 1714 in der Stadt ihre erste Synagoge.

Zu den bedeutendsten Vertretern der jüdischen Aufklärung zählt der deutsch-jüdische Philosoph Moses Mendelssohn, Freund des Dichters Gotthold Ephraim Lessing (1729–1781), Kontrahent des reformierten Pfarrers und Philosophen Johann Caspar Lavater (1741–1801) und Großvater der Komponistin Fanny Hensel (1805–1847) und ihres Bruders, des Komponisten Felix Mendelssohn Bartholdy (1809–1847). Er wurde am 6. September 1729 als Sohn des jüdischen Küsters und Gemeindeschreibers Menachem Chaim (jiddisch Mendel Heymann) in Dessau geboren. Seit 1739 studierte er bei dem Dessauer Oberrabbiner David Fränkel (1704–1762), durch dessen 1742 gedruckte Neuausgabe des *Führers der Unschlüssigen* von Moses Maimonides er erstmals Bekanntschaft mit der mittelalterlichen jüdischen Philosophie machte. 1743 folgte Mendelssohn seinem Lehrer nach Berlin, wo er sich mit dem Kopieren hebräischer Texte das Geld für den Besuch der ein Jahr zuvor gegründeten Talmudschule verdiente und im Selbststudium Kenntnisse der deutschen, lateinischen, englischen und französischen Sprache erwarb. 1754 wurde Mendelssohn Buchhalter in der Fabrik des Seidenhändlers Isaak Bernhard, für den er zuvor als Hauslehrer tätig gewesen war. Um die gleiche Zeit begann seine Freundschaft mit dem gleichaltrigen Lessing, der ihn mit dem befreundeten Schriftsteller, Kritiker und Verlagsbuchhändler Friedrich Nicolai (1733–1811) bekannt machte. Durch die Zusammenarbeit mit Lessing und Nicolai wurde er rasch zu einem der bekanntesten und einflussreichsten Kritiker und Publizisten.

1763 gewann Mendelssohn mit einer philosophischen Preisschrift noch vor seinem Konkurrenten Immanuel Kant den ersten Preis bei einem Wettbewerb der «Königlichen Academie» (dem Vorläufer der späteren Preußischen Akademie der Wissenschaften). 1767 erschien sein erfolgreichstes, in zehn Sprachen übersetztes Werk *Phaedon oder Über die Unsterblichkeit der Seele*, in dem er Gedanken Platons mit dem Rationalismus der Aufklärung verband. Als der reformierte Pfarrer Lavater Mendelssohn 1770 öffentlich aufforderte, das Christentum entweder zu widerlegen oder sich zu ihm zu bekehren, führte dies zu einer publizistischen Auseinandersetzung, in deren Verlauf sich Mendelssohn

Abb. 39 Moses Mendelssohn. Zeitgenössisches Porträt von Anton Graff, 1771

gegen öffentlich ausgetragene religiöse Streitigkeiten wandte. Neun Jahre später setzte Lessing seinem Freund als idealer Verkörperung aufgeklärter Humanität und Toleranz in der Gestalt der Hauptfigur seines Dramas *Nathan der Weise* ein Denkmal.

1780–1783 veröffentlichte Mendelssohn seine in hebräischen Lettern gedruckte deutsche Übersetzung der Tora, mit der er den Juden, die das Hebräische gar nicht oder nur unvollkommen beherrschten, den wichtigsten religiösen Text des Judentums, aber auch die deutsche Literatursprache nahebringen wollte. Ebenfalls 1783 erschien seine Übersetzung der Psalmen und die rechtsphilosophische Schrift *Jerusalem oder Über religiöse Macht und Judentum*, in der er die Vereinbarkeit der jüdischen Zeremonialgesetze mit dem Geist der Aufklärung zu beweisen suchte. Als sein letztes Werk erschien postum die Schrift *An die Freunde Lessings*, in der er seinen Weggefährten gegen den Vorwurf des Atheismus verteidigte. Mendelssohn starb am 4. Januar 1786 und wurde einen Tag später auf dem Berliner Jüdischen Friedhof beigesetzt.

Eine unmittelbare Folge der jüdischen Aufklärung des achtzehnten Jahrhunderts war die Entwicklung eines progressiven und liberalen Judentums, das die Offenbarung Gottes nicht als ein einmaliges Ereignis, sondern als einen fortschreitenden Prozess verstand und daraus die Notwendigkeit einer Verbindung von Tradition und Erneuerung ableitete. In der Folge dieser Neueinschätzung führte man die Verwendung von Musikinstrumenten in der Synagoge und den Gebrauch des Deutschen als Sprache der jüdischen Liturgie ein. Auch bekannte man sich bewusst zu aufklärerischen Werten wie etwa der Demokratie, sozialen Gerechtigkeit und Gleichberechtigung von Mann und Frau; in ritueller Hinsicht hob man den Vorrang des inhaltlichen ethischen Sinns der jüdischen Gebote vor ihrer verbindlichen Festlegung als unverrückbares Gesetz hervor.

Bereits 1778 hatte Mendelssohns Freund David Friedländer (1750–1834) in Berlin eine jüdische Freischule gegründet, für die er die Schulbücher verfasste und das jüdische Gebetbuch ins Deutsche übersetzte. Als Hauslehrer der Kinder seines Bruders wirkte zu dieser Zeit in Königsberg Isaac Euchel (1756–1804), der an der Königsberger Universität Albertina unter anderem bei Kant Philosophie und Orientalische Sprachen studierte. Als Mitbegründer der aufklärerischen «Gesellschaft der hebräischen Literaturfreunde» gab er ihre Monatsschrift *Hame'assef* («Der Sammler») heraus, die erste moderne hebräische Zeitschrift. Darin veröffentlichte er nicht nur eine Paraphrase von Kants *Kritik der reinen Vernunft*, sondern auch eine ausführliche Biographie Moses Mendelssohns. Ein weiterer Reformer des jüdischen Gottesdienstes und der Pädagogik war Israel Jacobson (1768–1828), in dessen 1801 gegründeter Schule jüdische und christliche Kinder gemeinsam bei freier Unterkunft und Verpflegung unterrichtet wurden. Als Prediger in der Synagoge, die Jacobson 1815 in Berlin errichtete, wirkte auch Leopold Zunz (1794–1886), der sich im Rahmen der von ihm mitbegründeten «Wissenschaft des Judentums» für die kritische Erforschung der rabbinischen Literatur und der jüdischen Liturgie einsetzte. In diese Richtung zielten auch die wissenschaftlichen Arbeiten des Orientalisten Julius Fürst (1805–1873), der 1864 als erster Jude auf eine Professur an der Universität Leipzig berufen wurde und dort die Abteilung für Orientalische Sprachen und Literatur leitete. Ein weiterer Orientalist war

Abraham Geiger (1810–1874), der nach arabistischen Studien an der Universität Bonn in Wiesbaden und Breslau als Rabbiner wirkte und 1872 in Berlin die «Hochschule für die Wissenschaft des Judentums» mitbegründete.

Hand in Hand mit der Öffnung des Judentums für seine Umwelt gingen die Bemühungen um das, was man zunächst als Gleichstellung und später als Emanzipation der Juden bezeichnete. Den Anfang machte das einflussreiche Werk *Über die bürgerliche Verbesserung der Juden*, das der Jurist Christian Konrad Wilhelm von Dohm (1751–1820) 1781 auf Veranlassung seines Freundes Mendelssohn veröffentlichte. Während die französische Nationalversammlung bereits 1791 die Gleichberechtigung aller französischen Juden verkündet hatte, erstreckte sich die Emanzipation der Juden im deutschsprachigen Raum über mehrere Generationen vom «Toleranzpatent» Kaiser Josephs II. (1782) über das «Preußische Judenedikt» (1812) bis hin zu entsprechenden Gesetzgebungen des Norddeutschen Bundes (1869), des Kaiserreichs (1871) und der Schweiz (1874). Mit der zunehmenden Gleichberechtigung der Juden wuchsen indes auch die Judenfeindschaft und ein rassistischer Antisemitismus, der in Deutschland nach nur wenigen Jahrzehnten im Nationalsozialismus einen für die Aufklärer unvorstellbaren Höhepunkt erreichen sollte.

Islamische Reformbewegungen

In der islamischen Welt ist im siebzehnten und achtzehnten Jahrhundert eine gegenläufige Bewegung zu beobachten: Während das Osmanische Reich um die Mitte dieses Zeitraums in Europa zunehmend an Einfluss verlor, breitete sich der Islam in Afrika und Asien immer weiter aus und integrierte im Zuge dieser Entwicklung zahlreiche lokale und regionale Formen vorislamischer Religiosität. Gleichzeitig wuchs mit dem Ausbau des europäischen Kolonialsystems und den Anfängen der Industriellen Revolution aber auch der politische Einfluss der europäischen Staaten auf die überwiegend islamisch geprägten Gesellschaften, die ihre eigene Schwäche als ein Resultat der politischen Zersplitterung infolge von Glaubensspaltungen wahrnahmen. Als eine Reaktion darauf entstanden in verschiedenen Regionen der islamischen Welt Erneuerungsbewegungen, die oft – doch keineswegs immer – eine idealisierte Frühzeit des Islams zum Ausgangspunkt ihrer Reformbestrebungen machten.

Im Norden Indiens dehnten seit dem frühen sechzehnten Jahrhundert die ursprünglich osttürkischen, aus Zentralasien stammenden Mogulherrscher ihr Reich ausgehend von seinem geographischen Schwerpunkt in der nordindischen Indus-Ganges-Ebene immer weiter aus. Im Nordwesten des Mogulreichs, im Gebiet der heutigen Staaten Afghanistan und Pakistan, war die Bevölkerung überwiegend muslimisch, ebenso im östlichen Bengalen, dem heutigen Staat Bangladesch. Im mittleren und südlichen Indien dagegen praktizierte die Mehrheit der Bevölkerung vor allem auf dem Land die traditionellen indischen Riten und Kulte, während der Islam vor allem bei einer relativ kleinen städtischen Oberschicht vorherrschte.

Planvolle Anstrengungen zum Ausgleich zwischen den beiden Religionen unternahm in der zweiten Hälfte des sechzehnten Jahrhunderts der Mogulherrscher Akbar (1542–1605), der 1556 mit nur dreizehn Jahren die Nachfolge seines Vaters Humayun antrat. Er setzte zur Festigung seiner Herrschaft auf den Einsatz militärischer Mittel und eine geschickte Heiratspolitik; als erster Mogulherrscher heiratete er 1562 eine Hindu-Prinzessin aus der nordwestindischen Volksgruppe der Rajputen. In den folgenden Jahren berief Akbar Hindus in hohe Verwaltungsfunktionen, tolerierte an seinem Hof bestimmte hinduistische Riten und schaffte sowohl die Kopfsteuer für Nichtmuslime als auch die Tempelsteuer für hinduistische Heiligtümer ab. 1575 gründete Akbar in seiner Hauptstadt Fatehpur Sikri südwestlich von Agra ein «Haus der Verehrung» (*Ibādat Khāna*), in dem sich Muslime, Hindus, Katholiken, Zoroastrier und Jainas über ihre Weltanschauungen austauschen sollten. 1582 propagierte er den «Gottesglauben» (*dīn-i Ilāhi*), der Elemente aus Islam, Hinduismus, Christentum, Jainismus und Zoroastrismus umfasste, jedoch nur bei einem kleinen Kreis bei Hofe Anklang fand. Eine wichtige Quelle für unsere Kenntnis von der religiösen Vielfalt im Mogulreich ist das um die Mitte des siebzehnten Jahrhunderts in persischer Sprache geschriebene Werk «Die Schule der Religionen» (*Dabistān-i Mazāhib*), das neben einer Darstellung der *dīn-i Ilāhi* Akbars auch eine der ersten Beschreibungen des Sikhismus enthält.

Akbars Sohn Salim (1569–1627), der 1605 unter dem Namen Jahangir sein Nachfolger wurde, setzte die auf Ausgleich bedachte Religionspolitik seines Vaters fort, doch unter der Herrschaft von Jahangirs Sohn und Nachfolger Shah Jahan (1592–1666), der das Taj Mahal in Agra und das «Rote Fort» in Delhi erbauen ließ, wurde 1632 erstmals wieder ein Gesetz gegen den Neubau hinduistischer Tempel erlassen. Die endgültige Kehrtwende vollzog Shah Jahans Sohn Aurangzeb (1618–1707), der nach seinem Herrschaftsantritt 1658 wichtige Schaltstellen der Macht mit Muslimen besetzte, hinduistische Pilgerfeste verbieten ließ, Hindutempel durch Moscheen ersetzte und 1679 wieder die Kopfsteuer für nichtmuslimische Untertanen einführte. Zu seiner früheren Macht fand das Mogulreich im Laufe der folgenden Jahrzehnte jedoch nicht wieder zurück, da sich das britische Kolonialreich in Indien besonders in der zweiten Hälfte des achtzehnten Jahrhunderts auf seine Kosten immer weiter ausdehnte.

Zur Bezeichnung von Veränderungen, wie sie Akbar während seiner Herrschaft einführte, verwendeten muslimische Theologen traditionell den Begriff der «Neuerung» (*bid'a*); Neuerungen galten im Allgemeinen nur dann als erlaubt, wenn sie im Einklang mit dem Koran und der Sunna standen, wobei die einzelnen islamischen Rechtsschulen einen unterschiedlich großen Interpretationsspielraum zuließen. Tendenziell galten jedoch Entwicklungen wie der Sufismus oder die Heiligenverehrung, die nach allgemeiner Auffassung kaum Anhaltspunkte in Koran und Sunna fanden, als problematisch oder gar verwerflich.

Ein Reformer, der sich unter Berufung auf die Schriften Ibn Taimiyas besonders gegen den Sufismus und die Heiligenverehrung wandte und die mystische Lehre von der «Einheit des Seins» verwarf, war der osmanische Rechtsgelehrte Taqi ad-Din Muhammad ibn Ali, genannt Imam Birgivi (1523–1573). Er beeinflusste Kadizade Mehmed (1582–1635), der als

Abb. 40 Akbar der Große im Gespräch mit Jesuiten. Indische Miniatur, um 1605

Ratgeber und Hofprediger Sultan Mehmeds IV. die Rückkehr der Muslime zum einfachen Leben Muhammads und seiner Gefährten propagierte und die Reformbewegung der «Anhänger Kadizades» (*Kadızadeliler*) begründete. Deren Anhänger verwarfen die Feiern anlässlich des Geburtstags von Muhammad, die im Sufismus übliche laute Anrufung Gottes und die Verehrung von Heiligengräbern, aber auch den Genuss von Kaffee, Tabak, Alkohol und Drogen. Im Laufe des siebzehnten Jahrhunderts kam es darüber mehrfach zu gewalttätigen Auseinandersetzungen zwischen den Reformern und verschiedenen Sufi-Orden, doch verlor die Kadizade-Bewegung nach der osmanischen Niederlage vor Wien gegen Ende des siebzehnten Jahrhunderts zunehmend an Einfluss und Bedeutung.[29]

Ein islamischer Reformer des achtzehnten Jahrhunderts, dessen Anhänger heute noch von großer politischer Bedeutung sind, war Muhammad ibn Abd al-Wahhab (1703–1792).[30] Geboren als Sohn eines Rechtsgelehrten der hanbalitischen Schule, predigte er nach Studien in Medina und Basra eine puristische Form des Islams, die das aktive Bekenntnis zur Einheit Gottes (*tauḥīd*) in Wort und Tat in den Mittelpunkt stellte, sämtliche über Koran und Sunna hinausgehenden Neuerungen verwarf, jegliche Form von Luxus strikt ablehnte und Muslime, die seine Lehren bestritten, darunter besonders die Schiiten, zu Ungläubigen erklärte. Vielerorts angefeindet, schloss er 1744 ein Bündnis mit dem Emir Muhammad ibn Saud (1710–1765), der seinen Kampf um die Vorherrschaft auf der Arabischen Halbinsel von da an als einen Kampf des wahren Islams gegen die Ungläubigen führte. Von ihren Gegnern «Wahhabiten» genannt, bezeichneten sich die Anhänger Abd al-Wahhabs selbst als «Sunniten» (*ahl as-sunna*), «Bekenner der Einheit» (*muwaḥḥidūn*) oder schlicht als «Muslime» (*muslimūn*).

Bis zum Ende des achtzehnten Jahrhunderts eroberten Ibn Saud und sein Sohn große Teile des Hochlands im Inneren der Arabischen Halbinsel und begründeten dort ein Reich, das formal dem osmanischen Sultan unterstand, aber weitgehend selbständig agieren konnte. Zu Beginn des neunzehnten Jahrhunderts brachten die Nachfahren Ibn Sauds vorübergehend auch Mekka und Medina in ihren Besitz und setzten dort ihre rigiden Gesetze durch, doch konnte der osmanische Gouverneur von Ägypten einige Jahre später die Heiligen Stätten im Auftrag des osmanischen Sultans zurückerobern und das saudische Reich zerschlagen. Zu diesem Zeitpunkt hatte Abd al-Wahhab aber bereits außerhalb

Arabiens zahlreiche Anhänger und Nachahmer gefunden. Wie weiter unten noch zu zeigen sein wird, beeinflussten seine Lehren viele islamische Denker des neunzehnten und zwanzigsten Jahrhunderts und spielen eine gewichtige Rolle auch im islamistischen Extremismus der Gegenwart. Politisches Gewicht erhielten sie vor allem dadurch, dass Abd al-Aziz ibn Saud (1876–1953), ein Nachfahre Muhammad Ibn Sauds, zu Beginn des zwanzigsten Jahrhunderts das Bündnis zwischen der Lehre Abd al-Wahhabs und der saudischen Dynastie erneuerte. Nachdem es ihm in jahrzehntelangen Kämpfen gelungen war, fast die gesamte Arabische Halbinsel zu unterwerfen, gründete er 1932 das Königreich Saudi-Arabien, das seine Nachkommen bis heute regieren.

Pietismus und Erweckungsbewegung

Innerhalb des Christentums zeigte der Wunsch nach Erneuerung und Veränderung im Laufe des achtzehnten Jahrhunderts vor allem in den protestantischen Kirchen Wirkung. Dort führten die Unzufriedenheit mit dem hohen Stellenwert dogmatischer Lehrgebäude, die zunehmende Kritik an starren kirchlichen Strukturen, das Bedürfnis nach gefühlsbetonter Erbauung und die Sehnsucht nach einer Begründung religiöser Wahrheit aus der persönlichen Erfahrung zu den langfristig einflussreichen Strömungen des Pietismus und der Erweckungsbewegung.[31]

Abgeleitet von dem lateinischen Wort *pietas*, «Frömmigkeit», war «Pietist» ursprünglich ein spöttischer Ausdruck für «Frömmler», begegnet jedoch schon vor dem Ende des siebzehnten Jahrhunderts als selbstbewusste Eigenbezeichnung von Christen, die nach einer vertieften und lebenspraktischen Frömmigkeit strebten. Dabei orientierten sie sich vor allem an den Schriften der großen Reformatoren, die von dogmatischen Systemen im Zeitalter der Konfessionalisierung in den Hintergrund gedrängt worden waren. Dies führte zu einer neuen Hochschätzung des Studiums der Heiligen Schrift als Grundlage aller späteren Bekenntnisschriften sowie zu einer Betonung des Priestertums aller Gläubigen, so dass auch Laien ohne theologische Ausbildung eine wichtige Rolle spielen konnten. Eine weitere wichtige Quelle des Pietismus waren frühe protestantische Autoren, die Gedanken der spätmittelalterlichen Mystik aufgriffen, darunter die lutherischen Theologen Valentin Weigel (1533–1588) und Johann Arndt (1555–1621), aber auch der Mystiker Jakob Böhme (1575–1624). Darüber hinaus nahmen die Pietisten Anregungen aus dem englischen Puritanismus auf, von dem weiter unten noch die Rede sein wird.

Als Begründer des lutherischen Pietismus gilt Philipp Jacob Spener (1635–1705), der 1670 als Pfarrer in Frankfurt am Main in seinem Pfarrhaus erbauliche Versammlungen abhielt, in denen auch akademisch ungeschulte Laien sprechen durften. Diese «frommen Zusammenkünfte» (*collegia pietatis*), die den öffentlichen Gottesdienst ergänzen sollten, wurden zum Vorbild zahlreicher ähnlicher Einrichtungen, die als «Bibelstunden», «Konventikel» oder «Hauskreise» für den Pietismus typisch wurden. 1675 veröffentlichte Spener mit der Schrift *Pia Desideria* sein Programm einer pietistischen Erneuerung der lutherischen Kirche, das weniger die Allgemeinheit der Gläubigen als vielmehr die Frommen in der Kirche ins Auge fasste. Darin forderte er eine Intensivierung des Bibelstudiums, eine verstärkte Mitarbeit der Laien, eine größere Betonung der religiösen Praxis gegenüber der Theorie, eine Einschränkung der konfessionellen Polemik, ein stärker an der Praxis orientiertes Theologiestudium und eine deutlichere Ausrichtung der Predigten an dem Bedürfnis nach innerer Erbauung.

Eine weitreichende Wirkung entfalteten die Ideen Speners durch seinen Einfluss auf die Universität Halle, die 1694 von dem brandenburgischen Kurfürsten Friedrich III. gegründet wurde. Auf Speners Empfehlung hin wurde dort sein Schüler August Hermann Francke (1663–1727) als Professor für Griechisch und orientalische Sprachen berufen; er widmete sich als Pfarrer im Vorort Glaucha und später in Halle selbst einer umfangreichen pädagogischen Tätigkeit, darunter der Gründung von Schulen für Kinder aus dem Adel und Bürgertum, aber auch der Einrichtung einer Armenschule und eines Waisenhauses. Mit Unterstützung des brandenburgisch-preußischen Herrscherhauses und einiger pietistisch gesinnter Adliger entwickelten sich daraus die Franckeschen Stiftungen, die schließlich auch Einrichtungen wie eine Buchdruckerei und Buchhandlung sowie eine Apotheke umfassten. Außerdem gründete Francke 1710 zusammen mit dem Freiherrn Carl Hildebrand von Canstein (1667–1719) eine Bibelanstalt zur massenhaften Produktion preiswerter Bibeln und war maßgeblich am Aufbau der Dänisch-Halleschen Mission beteiligt, die seit 1706 in Südostindien aktiv war.

Zu einem weiteren Zentrum des lutherischen Pietismus entwickelte sich Herrnhut in der Oberlausitz, wo Nikolaus Ludwig Graf von Zinzendorf (1700–1760) seit 1722 Flüchtlinge aus Mähren aufnahm. Dabei handelte es sich um Nachfahren der Böhmischen Brüder, die sich aus dem gemäßigten Flügel der Hussiten entwickelt und schwere Verfolgungen erlitten hatten. Durch den Zustrom weiterer Verfolgter aus anderen Regionen entstand so als eine neue Art der Kirchengemeinschaft die überkonfessionelle Herrnhuter Brüdergemeine. Kontakte bestanden sowohl zu verwandten Bewegungen in England als auch zum Halleschen Pietismus, von denen sich Zinzendorf jedoch theologisch abgrenzte. Eine wichtige Rolle spielte für die Herrnhuter Brüdergemeine die Heidenmission. Ihre Laienmissionare waren in der Karibik und auf dem amerikanischen Doppelkontinent, auf Grönland sowie in Afrika und Ostasien aktiv.

Um die Mitte des achtzehnten Jahrhunderts prägte man im Halleschen Pietismus den Begriff der «Erweckungsbewegung». Heute bezeichnet man damit eine religiöse Strömung, die sich ungefähr gleichzeitig mit dem Pietismus vor allem in Großbritannien und Nordamerika entwickelte und das religiöse Leben dort nachhaltig beeinflusste. Charakteristisch für ihre Anhänger war die Überzeugung, dass die Zugehörigkeit zum Christentum nicht allein aus der Taufe, sondern aus einem zutiefst emotionalen Bekehrungs- oder Erweckungserlebnis resultiere und sich im täglichen Leben praktisch bewähren müsse. Dabei betonte man besonders die Sündhaftigkeit des Menschen und seine unbedingte Abhängigkeit von der unverdienten Gnade Gottes. Predigten galten als ein herausragendes Mittel, um bei den Zuhörern ein solches Erweckungserlebnis hervorzurufen. Begabte Redner sprachen bei Großversammlungen unter freiem Himmel oft Menschen an, die dem gewöhnlichen kirchlichen Leben eher fernstanden, und konnten viele von ihnen überzeugen.

Eine wichtige Quelle für die englische Erweckungsbewegung des achtzehnten Jahrhunderts war der Calvinismus, der in Schottland nach der Glorreichen Revolution von 1688 die Staatskirche maßgeblich prägte, in England und Wales jedoch nur während der Herrschaft Oliver Cromwells um die Mitte des siebzehnten Jahrunderts vorherrschte. Noch 1620 hatten radikale Puritaner sich von der Staatskirche losgesagt und waren auf der *Mayflower* nach Amerika gesegelt. Nach der Restauration der Monarchie um 1660 wurde der Puritanismus in England wieder zu einer Unterströmung, die nur noch durch das Schrifttum puritanischer Autoren wie John Milton (1608–1674) und John Bunyan (1628–1688) auf die Frömmigkeit innerhalb der anglikanischen Kirche wirkte.

Von zentraler Bedeutung für die Erweckungsbewegung im englischsprachigen Raum waren die Brüder John Wesley (1703–1791) und Charles Wesley (1707–1788) sowie George Whitefield (1714–1770). Die Brüder Wesley stammten aus einem puritanischen Elternhaus. Als Studenten an der Universität Oxford trafen sie sich seit 1729 mehrmals die Woche regelmäßig mit einigen Gleichgesinnten, um gemeinsam klassische und geistliche Literaturwerke zu lesen. Darüber hinaus nahmen sie freiwillig karitative Aufgaben wahr und beachteten regelmäßige Gebets- und Fastenzeiten. Wegen ihrer betont christlichen Lebensweise nannte man sie spöttisch den «Club der Heiligen» (*Holy Club*); später hießen sie wegen der planvollen und systematischen Regulierung aller ihrer Aktivitäten auch «die Methodisten». George Whitefield schloss sich 1732 dem *Holy Club* an und übernahm dessen Leitung, als die Brüder Wesley nach dem Abschluss ihres Studiums Oxford verließen.

Nachdem John und Charles Wesley zwei Jahre als Missionare in den englischen Kolonien in Nordamerika tätig gewesen waren, hatten sie beide im Frühjahr 1738 ein Erweckungserlebnis. In der Folge nahmen sie in Anlehnung an die Praxis des Herrnhuter Pietismus eine umfangreiche Evangelisierungsarbeit auf, indem sie Leihbüchereien und Kreise für das Bibelstudium einrichteten, Laienprediger einsetzten und sich vielfältigen karitativen Aufgaben widmeten. Dabei wirkte John vor allem als Organisator und durch seine Predigten, Charles durch seine geistlichen Lieder und Gedichte, darunter als eines der bekanntesten *Hark! The Herald Angels Sing*, das in der Vertonung von Felix Mendelssohn-Bartholdy zu einem der beliebtesten englischen Weihnachtslieder wurde. Seit dem ausgehenden achtzehnten Jahrhundert gingen aus der methodistischen Bewegung immer wieder Kirchen hervor. Über siebzig von ihnen sind seit 1881 im Weltrat methodistischer Kirchen zusammengeschlossen, wobei die evangelisch-methodistische Kirche (*United Methodist Church*) die meisten Mitglieder hat.[32]

Der große Erfolg der methodistischen Bewegung in England erklärt sich nicht zuletzt daraus, dass ihre Prediger vor allem in den neu entstandenen Industriegebieten auf Zustimmung stießen, so dass ihre rasche Ausbreitung auch als Ausdruck der gesellschaftlichen und kirchlichen Umwälzungen jener Zeit verstanden werden kann. Zu einer Hochburg des Methodismus wurde besonders Wales, wo sich ihm ein Großteil der Bevölkerung anschloss. Beträchtliche Missionierungserfolge erzielten die Methodisten aber auch in den englischen Kolonien Nordamerikas, wo George Whitefield eine stärker am Calvinismus ausgerichtete Form des Methodismus predigte.[33] Großen Anklang fand dort der aus Connecticut stammende Prediger Jonathan Edwards (1703–1758), dessen 1741 veröffentlichte Schrift über «Sünder in den Händen eines zürnenden Gottes» (*Sinners in the Hands of an Angry God*) die Stimmung des später so genannten «First Great Awakening» treffend zum Ausdruck bringt.

Die Auswirkungen des Pietismus und der Erweckungsbewegung gingen langfristig weit über den Kreis ihrer unmittelbaren Anhänger hinaus. Ein charakteristisches Beispiel dafür ist der reformiert-pietistische Liederdichter Joachim Neander (1650–1680), dessen Choral *Lobe den Herren, den mächtigen König der Ehren*, von Johann Sebastian Bach vertont und von Bertolt Brecht parodiert, heute sowohl im *Evangelischen Gesangbuch* als auch im katholischen *Gotteslob* zu finden ist. Neander liebte das Düsseltal bei Düsseldorf, in dem er Gottesdienste hielt und

Lieder dichtete, weshalb es im neunzehnten Jahrhundert nach ihm benannt wurde. Dass die Melodie von *Lobe den Herren* 1797 in das Programm des Glockenspiels der Garnisonskirche von Potsdam aufgenommen wurde, veranschaulicht den Einfluss des Pietismus auf den preußischen Staat.[34] Noch heute folgt im Großen Zapfenstreich der Bundeswehr in Fortführung einer preußischen Tradition auf das Kommando «Helm ab zum Gebet!» der Choral *Ich bete an die Macht der Liebe*, den der russische Komponist Bortnjanski komponierte und dessen Text von dem pietistischen Dichter Gerhard Tersteegen (1697–1769) stammt.

Viele Entwicklungen des Christentums im neunzehnten und zwanzigsten Jahrhundert, darunter der Evangelikalismus, der Aufschwung der Freikirchen und die Pfingstbewegung (von denen weiter unten noch die Rede sein wird), sind ohne den Pietismus und die Erweckungsbewegung kaum vorstellbar. Ihr Einfluss erstreckte sich aber auch auf nichtreligiöse Bereiche der modernen Gesellschaft wie etwa die Pädagogik, das Bildungswesen und die Literatur. Viele soziale Aufgaben, die nach modernem Verständnis dem Staat zukommen, wurden im achtzehnten Jahrhundert von den Vordenkern des Pietismus ins öffentliche Bewusstsein gehoben.

FÜNFTER TEIL

Vom Beginn der Industrialisierung bis zur Gegenwart

Die Tendenz zu einer immer weiter fortschreitenden Globalisierung, die die Geschichte der Religionen vom Ende des Zeitalters der Entdeckungen bis zum Aufschwung des Kolonialismus und dem Beginn der Industrialisierung maßgeblich prägte, setzte sich im neunzehnten und zwanzigsten Jahrhundert durch das Aufkommen neuer Verkehrsmittel, aber auch durch die Erfindung neuer Kommunikationsmedien mit erhöhter Geschwindigkeit und steigender Intensität fort. Zu den politischen und gesellschaftlichen Faktoren, die die religiösen Entwicklungen seit dem neunzehnten Jahrhundert wesentlich mitbestimmten, gehören Aufstieg und Niedergang global agierender Groß- und Weltmächte, die Fortsetzung des Kolonialismus im Zeitalter des Imperialismus und die darauf folgende Dekolonisation sowie schließlich tiefgreifende Veränderungen der Lebensbedingungen im Gefolge der Industriellen Revolution.

Großmächte und Weltmächte

Nach dem Ende der Napoleonischen Kriege und der Auflösung des Französischen Kaiserreichs prägte man den Ausdruck «Großmacht» zur Bezeichnung der fünf Staaten Großbritannien, Frankreich, Russland, Preußen und Österreich, deren annäherndes Gleichgewicht die politische Ordnung Europas bis zum Ersten Weltkrieg bestimmen sollte. Nach dem Zweiten Weltkrieg waren die Vereinigten Staaten und die Sowjetunion «Supermächte», die sich im Kalten Krieg gegenüberstanden und eine Reihe von anderen Staaten an sich banden. Nach dem Untergang der Sowjetunion wurden die Vereinigten Staaten als einzig verbliebene Supermacht mitunter auch als «Hypermacht» bezeichnet. Die Verschiebungen von Macht- und Einflusssphären in den letzten zweihundert Jahren, Aufstieg und Untergang von Kolonialreichen, Imperien und Supermächten haben die Religionen nicht unberührt gelassen. Darum sollen zunächst wesentliche weltpolitische Veränderungen der letzten zweihundert Jahre näher betrachtet werden.

Zu Beginn des neunzehnten Jahrhunderts hatten einige vormals bedeutende politische Akteure auf der europäischen Bühne ihre einstige Vormachtstellung weitgehend eingebüßt. Dazu gehörten etwa Spanien nach dem Friedensschluss mit Frankreich 1659, das Osmanische Reich nach der Niederlage vor Wien 1683, Schweden nach der Beendigung des Großen Nordischen Krieges 1721 und schließlich Frankreich nach dem Ende des Siebenjährigen Krieges 1763 und der Zerschlagung des Napoleonischen Kaiserreichs 1815. Einen beträchtlichen Zuwachs an Macht und Einfluss hatten dagegen Großbritannien, Russland und Preußen erzielt.

Bedeutende Veränderungen der 1815 erzielten europäischen Friedensordnung brachten der Krimkrieg (1853–1856) und der Amerikanische Sezessions- oder Bürgerkrieg (1861–1865). Beide Konflikte gaben nicht nur eine Vorahnung von den Auswirkungen der zunehmenden Technisierung des Krieges auf den Verlauf der Kämpfe und ihre öffentliche Wahrnehmung, sondern veränderten auch die bestehenden politischen Kräfteverhältnisse, indem sich Russland und Österreich einander entfremdeten und die Vereinigten Staaten nun endgültig in den Kreis der Großmächte aufstiegen. Neuerliche gewichtige Veränderungen ergaben sich 1871 mit dem Untergang des Zweiten Französischen Kaiserreichs und der Gründung des Deutschen Reiches, dessen Vormachtstreben die politischen Rivalitäten verschärfte und ein zunehmend offensives Wettrüsten der europäischen Mächte auslöste.

Mit der Katastrophe des Ersten Weltkriegs, dem Aufstieg und Niedergang der totalitären Ideologien des Faschismus und des Nationalsozialismus sowie den neuerlichen Kräfteverschiebungen nach dem Zweiten Weltkrieg verloren die Staaten Europas einen Großteil ihres geopolitischen Einflusses an die beiden Weltmächte USA und Sowjetunion. Deren gegensätzliche Gesellschaftsordnungen und machtpolitische Interessen bestimmten bis zur Auflösung des Warschauer Pakts und der Sowjetunion 1991 in hohem Maße die Weltpolitik. Um die politischen Entwicklungen bis zu diesem Zeitpunkt und darüber hinaus bis zur Gegenwart nachzuvollziehen, sind – gerade mit Blick auf die Weltreligionen – an dieser Stelle aber auch die Entwicklung des Kolonialismus und Imperialismus seit dem frühen neunzehnten Jahrhundert sowie die politischen Verwerfungen und Konflikte im nachkolonialen Zeitalter ins Auge zu fassen.

Höhepunkt und Niedergang des Kolonialismus

Schon im siebzehnten und achtzehnten Jahrhundert wechselten etliche überseeische Kolonien der europäischen Mächte – teilweise mehrfach – den Besitzer. So musste Portugal am Ende des Niederländisch-Portugiesischen Kriegs (1624–1661) die meisten seiner Besitzungen in Ostasien an die Niederlande abtreten, und Frankreich verlor am Ende des Siebenjährigen Krieges (1756–1763) einen Großteil seines Kolonialbesitzes in Nordamerika und Indien an Großbritannien. Im letzten Viertel des achtzehnten Jahrhunderts begann in Nordamerika aber auch bereits der Prozess der Entkolonialisierung oder Dekolonisation, der sich im ersten Viertel des neunzehnten Jahrhunderts in Mittel- und Südamerika fortsetzte. Den Anfang machten dreizehn englische Kolonien an der Ostküste Nordamerikas, die 1776 ihre Unabhängigkeit vom Mutterland proklamierten und sich 1789 zu den Vereinigten Staaten von Amerika zusammenschlossen. Ihnen folgte unter dem Eindruck der Französischen Revolution Haiti, das nach langjährigen Kämpfen 1804 seine Unabhängigkeit erklärte. Im Laufe der Südamerikanischen Unabhängigkeitskriege (1809–1825) verloren Spanien und Portugal alle ihre zentral- und südamerikanischen Kolonien, aus denen der Reihe nach die Staaten Paraguay, Argentinien, Chile, Kolumbien, Ecuador, Mexiko, Peru, Venezuela, Brasilien, Uruguay und Bolivien hervorgingen.

Zur bedeutendsten Kolonialmacht der Geschichte entwickelte sich im Laufe des späten achtzehnten und neunzehnten Jahrhunderts Großbritannien. Seit 1770 kolonisierte das Vereinigte Königreich Australien, eroberte im Zuge des Britisch-Französischen Konflikts 1803 Ceylon und 1806 Südafrika, annektierte 1840 Neuseeland, wandelte 1857 das Territorium der Britischen Ostindien-Kompanie in eine Kronkolonie um und etablierte sich zwischen 1882 und 1899 als Kolonial- oder Protektoratsmacht in Ägypten, dem Sudan und weiteren Gebieten vor allem in Ost- und Zentralafrika. Zu einer bedeutenden Kolonialmacht wurde in dieser Zeit aber auch Russland, das im Kaukasuskrieg (1817–1864) weite Gebiete des nördlichen Kaukasus und zwischen 1868 und 1882 mit der Errichtung des Generalgouvernements Turkestan und des Generalgouvernements der Steppe seine Herrschaft in Zentralasien konsolidierte.

Nachdem Frankreich bis zum Ende der Napoleonischen Kriege die meisten seiner Kolonien in Nordamerika und Indien an Großbritannien verloren hatte, konzentrierte es seine Kolonialanstrengungen im weiteren Verlauf des neunzehnten Jahrhunderts auf Afrika, Südostasien und verschiedene Inseln des Indischen Ozeans und des Pazifik. Von 1830 bis 1910 eroberte Frankreich den größten Teil Nordafrikas und der Sahara, weite Gebiete Zentral- und Westafrikas sowie Madagaskar. Zwischen 1853 und 1880 erfolgte im Pazifik die Gründung der Kolonien Neukaledonien und Französisch-Polynesien, 1887 auf dem Gebiet der heutigen Staaten Laos, Kambodscha und Vietnam die Gründung der Kolonie Französisch-Indochina. Das Deutsche Kaiserreich bemühte sich dagegen erst gegen Ende des neunzehnten Jahrhunderts um den Erwerb von Kolonien vor allem in Ost-, West- und Südwestafrika, die es nach seiner Niederlage im Ersten Weltkrieg wieder abtreten musste.

In Ostasien erzwang die imperialistische Politik der europäischen Mächte, Russlands und der Vereinigten Staaten innerhalb weniger Jahrzehnte die wirtschaftliche Öffnung Chinas und Japans, die bis dahin eine ausgeprägt isolationistische Politik vertreten hatten. So wurde China am Ende des Ersten Opiumkriegs (1839–1842) dazu gezwungen, den vor Kriegsbeginn verbotenen Opiumhandel wieder zuzulassen, mehrere Häfen für den internationalen Handel zu öffnen und die Hafenstadt Hongkong abzutreten. Nach dem Zweiten Opiumkrieg (1856–1860) musste China Großbritannien, Frankreich, Russland und den Vereinigten Staaten das Recht zur Eröffnung von Botschaften in der Hauptstadt

Peking einräumen, weitere Handelshemmnisse abbauen und die unbeschränkte Tätigkeit christlicher Missionare dulden. Alle diese Maßnahmen führten zu teilweise verheerenden wirtschaftlichen und gesellschaftlichen Verwerfungen, die 1900 zum sogenannten Boxeraufstand und 1911 schließlich zur Revolution und Abschaffung des Kaiserreichs führten. In Japan erzwangen 1854 die Vereinigten Staaten die wirtschaftliche Öffnung des Landes, was 1867 zur Abschaffung des Shogunats, zur Neubegründung des Kaisertums und zu einer durchgreifenden wirtschaftlichen und gesellschaftlichen Modernisierung führte. Dadurch und infolge der politischen Schwäche Chinas wurde Japan innerhalb weniger Jahrzehnte zur führenden Großmacht Ostasiens.

Im Nahen Osten führte die Zerschlagung des Osmanischen Reichs durch die Siegermächte des Ersten Weltkriegs zu politischen Verwerfungen, die bis heute andauern. Die während des Krieges gegebenen Zusagen der Briten für einen panarabischen Staat mit der Hauptstadt Damaskus wurden gebrochen. Neue Grenzziehungen orientierten sich vor allem an den Einflusssphären der europäischen Mächte. Im südlichen Mandatsgebiet trennten die Briten Jordanien von Palästina, im französischen Mandatsgebiet wurde der Libanon von Syrien getrennt, während man die drei osmanischen Provinzen Bagdad, Mossul und Basra zu einem neuen Staat Irak zusammenfasste. Dabei spielten auch religionspolitische Überlegungen eine Rolle, denn nach Palästina durften Juden einwandern und die Staatsbürgerschaft erwerben, und die Abtrennung des Libanon erfolgte mit Blick auf den großen christlichen Bevölkerungsanteil in der ehemaligen osmanischen Großprovinz Beirut.

Das Ende des Kolonialismus kam nach dem Zweiten Weltkrieg mit dem Aufschwung nationaler Bewegungen und einer zunehmenden Schwäche der Kolonialmächte. Britisch-Indien wurde 1947 in die Unabhängigkeit entlassen und in das mehrheitlich hinduistisch geprägte Indien und einen muslimischen Staat Pakistan im Westen und Osten Indiens aufgeteilt. Ost-Pakistan erklärte sich 1971 für unabhängig und wurde in Bangladesch umbenannt. Die meisten afrikanischen Kolonien konnten in den beiden Jahrzehnten nach dem Zweiten Weltkrieg teils friedlich, teils nach verlustreichen Kriegen ihre Unabhängigkeit erlangen, wobei die Grenzziehungen oftmals auch hier auf die historisch gewachsenen ethnischen, sprachlichen und kulturellen Strukturen wenig Rücksicht nahmen. 1991 kam es zum Zerfall der Sowjetunion, wodurch in Zentralasien die unabhängigen Staaten Kasachstan, Kirgisistan, Usbekistan, Turkmenistan und Tadschikistan sowie im Kaukasus Georgien, Armenien und Aserbaidschan entstanden. Im Nordkaukasus strebten daraufhin einige Gebiete der Russischen Föderation mit muslimischer Bevölkerungsmehrheit ebenfalls die Unabhängigkeit an. Dazu gehörte vor allem Tschetschenien, das jedoch im Zweiten Tschetschenienkrieg (1999–2009) wieder der Russischen Föderation zugeschlagen wurde.

Die Industrielle Revolution und ihre Folgen

Eng verbunden mit dem Aufbau kolonialer und imperialistischer Strukturen war die Industrielle Revolution, die in der zweiten Hälfte des achtzehnten Jahrhunderts zunächst Großbritannien, im neunzehnten Jahrhundert auch andere Regionen Europas, die Vereinigten Staaten von Amerika und Japan und seitdem noch zahlreiche weitere Staaten erfasste. Sie führte zu tiefgreifenden wirtschaftlichen und gesellschaftlichen Veränderungen, die vor allem in den am stärksten industrialisierten Ländern auf die Entwicklung der Religionen erheblichen Einfluss nahmen.

Vielleicht an erster Stelle steht hier die Veränderung der Arbeits- und Lebenswelt im Gefolge des starken Rückgangs der traditionellen Landwirtschaft und der räumlich konzentrierten Massenproduktion von Gütern mit Hilfe einer sich immer weiter entwickelnden Technisierung und Automatisierung. Eine wichtige Rolle spielte dabei die rasch fortschreitende Urbanisierung, die mit dem Aufbau industrieller Zentren verbunden war. Dabei führte die Schnelligkeit dieses Prozesses vielerorts zu erheblichen gesellschaftlichen Verwerfungen, die sich gerade in den frühen Phasen der Industrialisierung in dem steigenden Wohlstand einer kleinen Minderheit und der Verelendung breiter Bevölkerungsschichten äußerte.

Technische Innovationen gingen Hand in Hand mit einer rasanten Zunahme naturwissenschaftlicher Erkenntnisse, die vielfach traditionelle Anschauungen in einem neuen Licht erscheinen ließen oder ihnen wie die Evolutionslehre Darwins direkt zuwiderliefen. Subjektiv wahrgenommen wurde dies oft unter dem Vorzeichen einer fortschreitenden Rationalisierung oder «Entzauberung der Welt», die teils als befreiend, teils als feindlich oder bedrohlich empfunden wurde. Dies führte dazu, dass man Religionen zunehmend als einen Gegensatz zur Moderne wahrnahm.

Im Zusammenhang mit der Industrialisierung steht eine Tendenz zur Individualisierung und Pluralisierung: Religiöse Entscheidungen und Lebensvollzüge sind in einer individualisierten Religion weniger durch äußere Autoritäten vorgegeben als vielmehr der persönlichen freien Entscheidung überlassen; sie sind selbst in der unmittelbaren Umgebung des Einzelnen keineswegs einheitlich und unterliegen auch zeitlich beständigen Veränderungen. Dabei sorgen die modernen Möglichkeiten der räumlichen Mobilität und Telekommunikation dafür, dass ganz unterschiedliche religiöse Lebensstile in einer früher kaum vorstellbaren Weise unmittelbar in Beziehung zueinander gesetzt und miteinander kombiniert werden können.

21. Religionen im Wandel: Säkularisierung und Dekolonisation

Seit dem frühen neunzehnten Jahrhundert begegnen neue religiöse Strömungen, in denen sich die Modernisierung von Wirtschaft und Gesellschaft, aber auch die vielfältigen Verflechtungen zwischen den Kulturen im Zeitalter des Imperialismus und Kolonialismus sowie der Dekolonisation widerspiegeln. Neben Versuchen der Anpassung an den kulturellen Wandel und der Entwicklung neuer Formen der Frömmigkeit sind dabei auch eine neue Sicht auf die religiöse Vielfalt und neue Formen der Mission zu verzeichnen.

Das Christentum in der Industriegesellschaft

Von herausragender Bedeutung für die Entwicklung des Christentums seit der Aufklärung und der Französischen Revolution wurde die Tendenz zu einer zunehmenden Entkoppelung staatlicher und religiöser Institutionen. Sie führte langfristig zu einer zunehmenden Säkularisierung, die sich von einer Beschränkung der Partnerschaft von Religion und Staat auf ausgewählte Bereiche des gesellschaftlichen Lebens (wie derzeit in Deutschland) über die strikte Trennung von Staat und Religion im Sinne des Laizismus (wie in Frankreich seit 1905) bis hin zum staatlich verordneten Atheismus (wie in Albanien zwischen 1968 und 1990) erstrecken konnte.[1]

Im neunzehnten Jahrhundert reagierten die christlichen Kirchen auf die Verelendung breiter Bevölkerungsschichten mit verstärkten Bemühungen, dem Christentum durch die Verbindung von missionarischer Verkündigung und Linderung der sozialen Not erneut Geltung zu verschaffen. Dabei trat man oft in die Fußstapfen der Erweckungsbewegung, deren Anhänger sich bereits im achtzehnten Jahrhundert in besonderer Weise der gesellschaftlich Benachteiligten angenommen hatten. Ein frühes Beispiel für ein solches christlich motiviertes soziales Engagement bietet der theologische Schriftsteller Johannes Daniel Falk (1768–1826), der Dichter des bekannten Weihnachtslieds «O du fröhliche». Er war durch sein Elternhaus und seine Umgebung in gleicher Weise von Pietismus und Aufklärung geprägt, verkehrte in Weimar mit Goethe, Herder und Wieland und gründete 1813 unter dem Eindruck der Napoleonischen Kriege und des Todes von vieren seiner sieben Kinder ein «Rettungshaus» für verwaiste Kinder und Jugendliche. Ebenfalls vom Pietismus beeinflusst war der württembergische Pädagoge Christian Heinrich Zeller (1779–1860); er gründete zusammen mit Christian Friedrich Spittler (1782–1867) 1817 einen Armenschulverein sowie 1820 auf Schloss Beug-

Abb. 41 «Während des Gottesdienstes». Gemälde von Anne Sophie Petersen aus dem Jahr 1890

gen bei Basel eine Ausbildungsstätte für Armenschullehrer und eine Erziehungsanstalt für verwahrloste Kinder. Dem Vorbild Falks und Zellers folgte Johann Hinrich Wichern (1808–1881), der 1833 in Hamburg-Horn die Stiftung «Das Rauhe Haus» als Zuflucht für gefährdete Kinder und als Ausbildungsstätte für Diakone ins Leben rief. Auf seine Anregung hin wurde 1849 zur Koordination solcher karitativer Aktivitäten der «Centralausschuss für Innere Mission der deutschen evangelischen Kirche» gegründet. Auf katholischer Seite wurde der Priester Adolph Kolping (1813–1865) zu einem Vorreiter des sozialen Engagements im neunzehnten Jahrhundert. Er gründete als Reaktion auf die Verelendung zahlreicher Handwerker 1849 den Kölner Gesellenverein, der sich 1850 mit anderen Vereinen zum «Rheinischen Gesellenbund» zusammenschloss, dem Vorläufer des 1935 gegründeten internationalen Kolpingwerks.

Die verbreitete Entfremdung besonders der unteren Bevölkerungsschichten von den Kirchen hatte zur Folge, dass die christliche Mission sich nun auch verstärkt darum bemühte, neue Formen der Verkündigung zu entwickeln. Eine wichtige Rolle spielte in diesem Zusammenhang der Evangelikalismus, der aus der Erweckungsbewegung des achtzehnten Jahrhunderts hervorging. Im Mittelpunkt dieser Form des Protestantismus stehen die persönliche Beziehung des einzelnen Menschen zu Jesus, die zentrale Bedeutung einer bewusst erlebten Erweckung oder Bekehrung, die Überzeugung von der Erlösung des Menschen durch Jesu Tod am Kreuz, der beständige Rückgriff auf die Autorität der Bibel und eine hohe Wertschätzung der missionarischen Verkündigung. Ein zentrales Mittel dieser Verkündigung war die Predigt, wobei begabte Redner auf Großveranstaltungen mitunter massenhafte Bekehrungserlebnisse hervorrufen konnten. Zu den erfolgreichsten Predigern des neunzehnten Jahrhunderts zählte Charles Haddon Spurgeon (1834–1892), dessen Predigten mitstenografiert, in Zeitschriften und Büchern veröffentlicht und in verschiedene Sprachen übersetzt wurden. Als Prediger des «Second Great Awakening» weithin geschätzt war auch der amerikanische Laientheologe Dwight Lyman Moody (1837–1899); sein wichtigster Mitarbeiter war der Komponist und Sänger Ira David Sankey (1840–1908), der die musikalische Gestaltung der Evangelisationskampagnen Moodys übernahm.

Im Umfeld US-amerikanischer Adventisten, die die unmittelbar bevorstehende Wiederkunft Christi erwarteten, gründete Charles Taze Russell (1852–1916) in den 1870er Jahren eine Bewegung zum Studium der Bibel, aus der nach internen Differenzen 1909 die beiden miteinander rivalisierenden Glaubensgemeinschaften der «Wachtturmgesellschaft Internationaler Bibelforscher» und der «Freien Bibelforscher» hervorgingen. Unter Russells Nachfolger Joseph Franklin Rutherford (1869–1942), der 1917 zum Präsidenten der Wachtturm-Gesellschaft gewählt wurde, erfolgten mehrere weitere Spaltungen; seit 1931 nennen sich die Anhänger der Wachtturm-Gesellschaft in Anlehnung an Jesaja 43,12 «Zeugen Jehovas», während sich ein anderer Zweig der Bewegung bis heute «Ernste Bibelforscher» nennt. Charakteristisch für die Zeugen Jehovas sind bis heute ihre chiliastische Ausrichtung, die sie die baldige Wiederkehr Jesu erwarten lässt, die Ablehnung der Trinitätslehre, die Annahme einer fortschreitenden Offenbarung bei gleichzeitiger Ablehnung der modernen Bibelkritik, eine straffe kirchliche Organisation mit ausgeprägter Missionstätigkeit und die Verweigerung des Militärdienstes, die immer wieder zur Verfolgung der Gemeinschaft führte.

Ungefähr zur gleichen Zeit wie die Bewegung der Bibelforscher entstand ebenfalls im Osten der Vereinigten Staaten auf der Grundlage des christlichen Weltbilds auch die «Christliche Wissenschaft» (*Christian Science*).[2] Sie geht auf Mary Baker Eddy (1821–1910) zurück, die ihre Lehre erstmals 1875 in dem Werk «Wissenschaft und Gesundheit mit Schlüssel zur Heiligen Schrift» (*Science and Health, With Key to the Scriptures*) veröffentlichte. Im Mittelpunkt ihrer Bewegung, die heute international mit einer Mutterkirche in Boston (Massachusetts) und zahlreichen Zweigkirchen organisiert ist, steht der Gedanke der geistigen Heilung als Mittelpunkt des christlichen Glaubens. Die Christliche Wissenschaft lehnt die Trinitätslehre ebenso ab wie ein wörtliches Verständnis der Bibel und betont den Gegensatz zwischen dem Geist und der Materie, der nach ihrer Überzeugung keine eigenständige Existenz zukommt. In der ersten Hälfte des zwanzigsten Jahrhunderts weit verbreitet, ist die Zahl der Kirchenmitglieder in den vergangenen Jahrzehnten infolge des Wandels im Verständnis von Medizin und Wissenschaft stark zurückgegangen.

Im Umfeld der evangelikalen Missionsbewegung des neunzehnten Jahrhunderts entstand die Heilsarmee (*Salvation Army*), deren uniformierte «Soldaten» und «Offiziere» die Verkündigung eines evangelikalen Christentums mit der Sozialarbeit vor allem unter Obdachlosen, Alkoholkranken, Strafgefangenen und Katastrophenopfern verbinden. Ihr Gründer war der methodistische Prediger William Booth (1828–1912), der sich mit dem Mittel der Zeltmission bewusst an die Angehörigen der untersten sozialen Schichten wandte. 1865 in London gegründet, verbreitete sich die Heilsarmee allmählich in der ganzen Welt und ist heute in über hundert Ländern präsent. Von Charles Haddon Spurgeon und William Booth maßgeblich beeinflusst war Jakob Vetter (1872–1918), der 1902 die Deutsche Zeltmission begründete. In der Folge entwickelte sich die Zeltmission zu einem verbreiteten Mittel der Evangelisierung durch Großveranstaltungen jenseits der etablierten Kirchen. Weithin bekannt wurde in der zweiten Hälfte des zwanzigsten Jahrhunderts der amerikanische Erweckungsprediger William Franklin «Billy» Graham (geb. 1918), der seine Evangelisierungskampagnen als

«Kreuzzüge» bezeichnete und zu ihrer Förderung auch die modernen Massenmedien wirkungsvoll einsetzte. Vor allem in den 50er Jahren war die Stoßrichtung dieser Kreuzzüge strikt antikommunistisch.

Wichtige Träger der evangelikalen Bewegung waren Freikirchen, die sich in Europa im Laufe des neunzehnten und zwanzigsten Jahrhunderts in Abgrenzung zu den Staats- und Volkskirchen etablierten. Als Selbstbezeichnung wurde der Ausdruck «Freikirche» erstmals von der *Free Church of Scotland* verwendet. Sie entstand aus einem Konflikt zwischen Kirche und Staat, als der auf die Unabhängigkeit der Kirche pochende evangelikale Flügel der *Church of Scotland* nach 1830 immer mehr Einfluss gewann und dennoch seine Ansprüche gegenüber der zivilen Gerichtsbarkeit nicht durchsetzen konnte. 1843 kam es über dieser Frage schließlich zur Kirchenspaltung (*Disruption*): Rund ein Drittel der Pfarrer und Laien verließen unter der Führung des charismatischen Theologen Thomas Chalmers (1780–1847) die *Church of Scotland* und konstituierten sich mit dem Anspruch, die wahre Staatskirche zu repräsentieren, als *Free Church of Scotland*. In vielen Regionen des Hochlands und der Hebriden verlor die *Church of Scotland* infolge der *Disruption* einen Großteil ihrer Geistlichen und Mitglieder an die neue Freikirche. Deutlich geschwächt wurde ihre Position aber auch in den Städten des Tieflands, namentlich bei der aufstrebenden Mittelschicht. Deren Vertreter nutzten ihre Wirtschaftskraft nun zum Aufbau einer neuen Nationalkirche mit einem landesweiten Netz von Pfarrkirchen, Pfarrhäusern und Pfarrschulen, Missionseinrichtungen sowie freikirchlichen Hochschulen zur Ausbildung der Geistlichen. Endgültig beendet wurde die Kirchenspaltung erst 1929, als sich die aus der schottischen Freikirche hervorgegangene *United Free Church of Scotland* größtenteils wieder mit der *Church of Scotland* vereinigte.

Im heutigen Sprachgebrauch wird die Bezeichnung «Freikirche» in einem umfassenderen und zugleich allgemeineren Sinn gebraucht, in dem nicht nur die Unabhängigkeit von der Staatskirche, sondern auch die freiwillige Mitgliedschaft aufgrund einer bewussten Entscheidung im Mittelpunkt ihres Selbstverständnisses stehen kann. In der Regel sind Freikirchen aus der Reformation und der evangelikalen Bewegung hervorgegangen, doch sind sie weder in theologischer noch in organisatorischer Hinsicht einheitlich. In Deutschland haben sich 1926 die Baptisten, Methodisten, die evangelische Gemeinschaft und der Bund freier evangelischer Gemeinden zur Vereinigung Evangelischer Freikirchen in Deutschland zusammengeschlossen.

In der Nachfolge der Erweckungsbewegung und des Evangelikalismus steht heute die Pfingstbewegung, für deren Anhänger das Wirken des Heiligen Geistes im Mittelpunkt ihrer Glaubenspraxis steht.[3] Sie entstand Anfang des zwanzigsten Jahrhunderts aus der verbreiteten Erwartung eines «zweiten Pfingsten». Zur Initialzündung wurden 1906 Versammlungen, die der afroamerikanische Erweckungsprediger William Joseph Seymour (1870–1922) in Los Angeles abhielt und bei denen einige seiner Anhänger sich erstmals auf die Erfahrung der Taufe mit dem Heiligen Geist und des dadurch bewirkten Zungenredens beriefen. Für großes Aufsehen sorgte dabei der Umstand, dass ein kritischer Zeitungsartikel über diese Versammlungen mit dem großen Erdbeben von San Francisco zusammenfiel, was als göttliche Strafe interpretiert werden konnte. In der Folge verbreitete sich die Pfingstbewegung in allen Teilen der Vereinigten Staaten, wo sie zunächst vor allem Afroamerikaner, bald jedoch auch andere Bevölkerungsgruppen ansprach. Theologisch stehen die Anhänger der Pfingstbewegung dem Evangelikalismus nahe. Dies äußert sich unter anderem darin, dass sie der – auch als «Wiedergeburt» verstandenen – Bekehrung oder Erweckung eine zentrale Bedeutung beimessen, großen Wert auf eine persönliche Beziehung des einzelnen Gläubigen zu Jesus Christus als dem Erlöser legen und oft die Verbalinspiration der Bibel vertreten.[4]

Viele Pfingstler lehnen unter Verweis auf den biblischen Schöpfungsbericht die Evolutionslehre ab und propagieren den Kreationismus.[5] Von den Evangelikalen unterscheiden sie sich dadurch, dass sie den «Geistesgaben» wie Heilungen, Prophetie und Zungenreden Raum geben, um den frühen christlichen Gemeinden nahe zu sein. Charakteristisch für die Gottesdienste der oft missionarisch orientierten Pfingstgemeinden sind daher eine lebhafte musikalische Gestaltung, spontane Predigten und frei formulierte Lobpreisungen Gottes. In der Tradition der Pfingstbewegung steht seit den 1960er Jahren die überkonfessionelle Charismatische Bewegung, die großen Wert auf die als Charisma bezeichneten Gnadengaben des Heiligen Geistes legt, heute vor allem in Afrika, Südamerika und Asien weit verbreitet ist und zu den am stärksten wachsenden religiösen Strömungen der Gegenwart zählt.

Anders als der Protestantismus nahm die römisch-katholische Kirche gegenüber der Aufklärung eine betont konservative Haltung ein, die sich den Forderungen nach einer Neuorientierung weitgehend verschloss. Dies führte gegen Ende des neunzehnten Jahrhunderts zur Bewegung des – zunächst von ihren Gegnern so genannten – Modernismus, die in England von George Tyrrell (1861–1909) und in Frankreich von Alfred Loisy (1857–1940) angeführt wurde. Ihre Anhänger traten für eine Anpassung der katholischen Theologie an die wissenschaftlichen Erkenntnisse der Gegenwart ein, indem sie auf die historische Bedingtheit der katholischen Dogmen hinwiesen und gegenüber dem traditionellen Verständnis der Bibel die Anerkennung der historisch-kritischen Forschung forderten. Diese Positionen wurden mehrfach vom Papst verworfen, von der Veröffentlichung eines «Verzeichnisses der Irrtümer» (*Syllabus errorum*) durch Pius IX. 1864 bis zur ausführlichen Verurteilung des Modernismus in der Enzyklika *Pascendi dominici gregis* durch Papst Pius X. 1907. Nachdem sowohl Tyrrell als auch Loisy exkommuniziert worden waren, forderte die römisch-katholische Kirche von 1910 bis 1967 von allen Lehrern und Seelsorgern einen «Antimodernisteneid», so dass sich die Anliegen der Modernisten von da an nur noch außerhalb der Kirche oder in der gemäßigten Form des sogenannten Reformkatholizismus äußern konnten. Ein Umschwung ergab sich erst durch das von Papst Johannes XXIII. (1881–1963) einberufene Zweite Vatikanische Konzil (1962–1965), das unter dem Stichwort des *aggiornamento* die Öffnung der Kirche gegenüber der Moderne und eine Neubestimmung ihres Verhältnisses zu den anderen Kirchen und Religionen verfolgte.[6]

Während viele Katholiken heute noch viel weitergehende Anpassungen der Kirche an die Verhältnisse der Gegenwart fordern, andere dagegen die Neuerungen des Zweiten Vatikanischen Konzils als zu weitgehend beklagen, sehen sich die christlichen Kirchen insgesamt in vielen hochindustrialiserten Ländern einem zunehmenden Mitgliederschwund und einer wachsenden religiösen Indifferenz ausgesetzt. Trotz dieser Indifferenz und trotz der Trennung von Kirche und Staat prägen christliche Anschauungen bis heute die politische Kultur vieler Länder. Besonders im Hinblick auf die Situation in den Vereinigten Staaten hat der Religionssoziologe Robert N. Bellah (1927–2013) für diese implizite religiöse Prägung von Staat und Gesellschaft den Begriff der «Zivilreligion» eingeführt. Inwieweit dieser Begriff auch auf die Verhältnisse in Europa zutrifft, ist allerdings umstritten.[7]

Politischer Islam und Panislamismus

In der islamischen Welt des neunzehnten Jahrhunderts rief die kolonialistische und imperialistische Politik, die besonders Großbritannien, Russland und Frankreich in Afrika und Asien verfolgten, bei vielen Muslimen ein Gefühl der Ohnmacht und Unterlegenheit hervor. Sie führten ihre eigene politische Schwäche teils auf die Zersplitterung und Uneinigkeit der Muslime untereinander, teils auf Fehlentwicklungen innerhalb der islamischen Gesellschaft während der vergangenen Jahrhunderte zurück. Als Reaktion darauf entstand eine breite Reformbewegung, die mit unterschiedlicher Akzentsetzung panislamische politische Ziele mit der Rückbesinnung auf die Lebensweise der ersten drei Generationen von Muslimen verband. «Die frommen Vorfahren» (*as-salaf aṣ-ṣāliḥ*), deren Vorbild man in diesem Zusammenhang beschwor, gaben der Bewegung den Namen Salafismus (*salafīya*).[8]

Als einer der wichtigsten Vordenker des politischen, reformorientierten Islams gilt Dschamal ad-Din al-Afghani (1838–1897), der vermutlich in Asadabad bei Hamadan im Westen Irans geboren wurde und erst in späteren Jahren vorgab, aus Afghanistan zu stammen. Nach ausgedehnten Reisen, die ihn unter anderem nach Kabul, Kairo und Konstantinopel führten, propagierte er seit 1871 in Ägypten seine Reformideen, die unter anderem auf die Einführung einer Verfassung und die Zurückdrängung des britischen Einflusses abzielten. 1879 wurde er deswegen des Landes verwiesen und unternahm daraufhin weitere Reisen nach Konstantinopel, London, Paris und St. Petersburg. 1884 gründete er eine politische Zeitschrift, der er unter Rückgriff auf einen Ausdruck des Korans (Sure 2,256) den Namen «Der stärkste Halt» (*al-ʿUrwa al-wuṯqā*) gab. Darin und in seinen anderen Publikationen mahnte er die Vereinbarkeit des Islams mit der modernen Welt an, kritisierte die traditionellen Rechtsschulen, propagierte die Aneignung moderner Technik durch die Muslime und rief sie zur politischen Einigung und zum Widerstand gegen die Kolonialmächte auf. 1891 warb al-Afghani in Iran für die Reform des Islams, wurde wegen der Radikalität seiner Ideen jedoch abermals des Landes verwiesen und verbrachte die restlichen Jahre seines Lebens in Konstantinopel.

Zum einflussreichsten Schüler al-Afghanis wurde der aus Unterägypten stammende Muhammad Abduh (1849–1905). Er arbeitete seit 1876 als Journalist für die ägyptische Zeitung «Die Pyramiden» (*al-Ahrām*) und seit 1880 als Herausgeber der 1828 gegründeten offiziellen Regierungszeitung «Die ägyptischen Angelegenheiten» (*al-Waqāʾiʿ al-miṣrīya*). Da er nicht nur die Erneuerung des Islams aus den Quellen propagierte, sondern vehement für die Eindämmung des britischen Einflusses eintrat, musste er 1882 Ägypten verlassen und gelangte über Paris und Tunis nach Beirut, wo er als eines seiner bekanntesten Werke «Die Abhandlung über das Bekenntnis zur Einheit Gottes» (*Risālat at-Tauḥīd*) verfasste. 1889 kehrte Abduh nach Ägypten zurück, wo er als Jurist tätig war und 1899 in das Amt des obersten Rechtsgutachters (Großmufti) berufen wurde, das er bis zu seinem Tod innehatte. In dieser einflussreichen Stellung wandte er sich in zahlreichen politisch-theologischen Schriften gegen die blinde «Nachahmung» (*taqlīd*), also die strikte und unreflektierte Ausrichtung des eigenen Verhaltens an einer der traditionellen Rechtsschulen ohne das Bemühen um ein selbständiges Urteil durch Orientierung an Koran und Sunna (*iǧtihād*). Stattdessen propagierte er – unter Verwendung eines Ausdrucks aus dem Koran – die «Aussöhnung» oder »(Wieder)Herstellung geordneter Verhältnisse» (*islāḥ*), die nach seiner Vorstellung durch eine konsequente Umsetzung politischer und sozialer Reformen und die Aneignung moderner Bildung und Wissenschaft erfolgen sollte.

Vergleicht man Abduhs Forderungen mit denen der evangelikalen Bewegung seiner Zeit, fallen mehrere Gemeinsamkeiten ins Auge: Hier wie dort berief man sich in Abkehr von der etablierten Theologie, die man als erstarrt empfand, auf die grundlegenden Offenbarungsschriften. Hier wie dort betonte man die Fähigkeit, aber auch die Verpflichtung des einzelnen Gläubigen, sich selbst ein Urteil über grundlegende religiöse Fragen zu bilden. Hier wie dort bestand schließlich auch der Anspruch, die Gesellschaft insgesamt nach den eigenen Idealen zu gestalten, was mit einer lebhaften Missionstätigkeit einherging. Manches an diesen Übereinstimmungen mag zufällig sein oder die strukturellen Gemeinsamkeiten beider Religionen widerspiegeln, doch werden auch direkte Einflüsse von seiten des evangelikalen Christentums auf die islamische Identitätsbildung – etwa in Britisch-Indien oder im britisch beeinflussten Ägypten – angenommen.[9]

Eine breite Öffentlichkeit erreichte Muhammad Abduh seit 1897 mit seinen Beiträgen in der Zeitschrift «Der Leuchtturm» (*al-Manār*). Ihr Mitbegründer und späterer Hauptherausgeber war der aus dem Libanon stammende Raschid Rida (1865–1935), der 1897 aus Unzufriedenheit mit den politischen Verhältnissen im Osmanischen Reich nach Ägypten übergesiedelt war. In seinen panislamischen Bestrebungen kooperierte Rida zunächst mit der gegen Ende des neunzehnten Jahrhunderts erstarkenden Bewegung der Jungtürken, wandte sich jedoch infolge ihres zunehmenden türkischen Nationalismus bald wieder von ihnen ab. Nach der Zerschlagung des Osmanischen Reichs, der Gründung der Republik Türkei und der Abschaffung des Kalifats durch die türkische Nationalversammlung 1924 wurde Rida zunehmend zu einem Fürsprecher des arabischen Nationalismus, der sich schon vor dem Beginn des Ersten Weltkriegs als Gegenbewegung zum europäischen Kolonialismus und osmanischen Imperialismus entwickelt hatte und nun mit dem Gedanken eines idealen neuen Kalifats verbunden werden konnte.

Mit dem allmählichen Niedergang des europäischen Kolonialismus nach dem Ende des Ersten Weltkriegs wurden die Gedanken der führenden Vertreter eines politischen Islams und eines panislamischen Ideals in den verschiedenen Regionen der islamischen Welt aufgegriffen, nachgeahmt und abgewandelt, aber auch durch Gegenentwürfe in Frage gestellt. Dass die Protagonisten dieser Entwicklung im Zuge rasanter politischer Entwicklungen auch die eigene Position immer wieder modifizierten, zeigt das Beispiel des aus Damaskus stammenden Journalisten und Verlegers Muhibb ad-Din al-Chatib (1886–1969): Er propagierte vor dem Ersten Weltkrieg in Zusammenarbeit mit Raschid Rida eine «arabische Auferstehung» (*an-nahda al-ʿarabīya*) und arbeitete während des Arabischen Aufstands gegen des Osmanische Reich für dessen Anführer Husain ibn Ali, den Emir des Hedschas. Nach Husains Vertreibung aus Mekka durch seinen politischen Rivalen Ibn Saud sympathisierte er jedoch zunehmend mit dem Wahhabismus, was mit einer ausgeprägten Polemik gegen die Schiiten und alle Bemühungen um eine Annäherung von Schiiten und Sunniten einherging.

Von Muhibb ad-Din al-Chatib gefördert wurde Hasan al-Banna (1906–1949), der 1928 zur moralischen Erneuerung des Islams die Bewegung der Muslimbrüder (*al-iḫwān al-muslimūn*) gründete.[10] Sie ist bis heute durch eine enge Verbindung von Mission und Sozialfürsorge gekennzeichnet, was vielleicht auch die Nachahmung des Vorbilds protestantischer Missionsgesellschaften widerspiegelt. Infolge dieser praktischen Ausrichtung gewann die Muslimbruderschaft rasch Zulauf und breitete sich auch in andere arabische Länder aus. Zugleich bildete sie einen Nährboden für radikale Utopien. Ein prominentes Beispiel dafür ist der ägyptische Journalist Saiyid Qutb (1906–1966), der die bestehenden islamischen Staatsordnungen und die westlichen Demokratien gleichermaßen verurteilte und seine Forderung nach einer alleinigen Herrschaft Gottes mit einem ausgeprägten Antisemitismus verband. In Ägypten wurde die Muslimbruderschaft daher bereits 1948 und seitdem immer wieder, zuletzt 2013, verboten.

Neben diese antiwestlichen Vordenker eines Reformislam traten im zwanzigsten Jahrhundert Reformmuslime, die den Islam mit aufklärerischen Werten wie einem säkularen Staat, säkularer Wissenschaft und historischer Kritik für vereinbar hielten. Als Vordenker eines islamischen

Säkularismus gilt Sayid Qutbs Zeitgenosse Ali Abd ar-Raziq (1888–1966), der 1925 unter dem Eindruck der Abschaffung des Kalifats eine Trennung von staatlichen und religiösen Strukturen befürwortete. Gegen die in salafistischen Kreisen verbreitete Idealisierung der frühen islamischen Geschichte wandte sich der Schriftsteller und Literaturkritiker Taha Husain (1889–1973), der auch für eine kritische Analyse des Korans und der ältesten arabischen Dichtung eintrat. Zu den bedeutendsten ägyptischen Vertretern einer historisch-kritischen Erforschung des Korans gehört Nasr Hamid Abu Zaid (1943–2010), der damit jedoch in seiner Heimat auf massiven Widerstand stieß und daher die letzten fünfzehn Jahre seines Lebens im Exil verbrachte. Mit ihm zu vergleichen ist der algerisch-französische Philosoph Mohammed Arkoun (1928–2010), der in seinen Schriften zum Islam seine persönliche Kenntnis des traditionellen Islams der algerischen Kabylei mit den Forschungsansätzen des französischen Strukturalismus und der Diskursanalyse verbindet.[11] Die Gleichberechtigung der Frau im Islam thematisiert die amerikanische Islamwissenschaftlerin Amina Wadud (geb. 1952), die erstmals 1994 in einer Freitagspredigt ihr Verständnis des Islams als «aktiver Hingabe» (*engaged surrender*) propagierte und 2005 als erste Frau ein traditionelles Freitagsgebet leitete.[12]

Zu den bedeutendsten Reformern im anatolischen Kerngebiet des Osmanischen Reiches zählte zu Beginn des zwanzigsten Jahrhunderts Said Nursî (eigentlich Said Okur; um 1876–1960); er verfolgte mit Unterstützung des Sultans Abdülhamid II. das Projekt einer modernen Universität in der ostanatolischen Stadt Van, die sowohl eine islamisch-theologische als auch eine naturwissenschaftliche Ausrichtung haben sollte. Nach Gründung der laizistischen Republik Türkei wurde Said Nursî mehrfach inhaftiert und zeitweise verbannt, propagierte in seinen Schriften jedoch weiterhin das Ziel eines panislamischen Staates mit der Scharia als Rechtsordnung. Aus dem Umfeld der nach Said Nursî so genannten Bewegung der Nurculuk stammt der Prediger Fethullah Gülen (geb. 1938), dessen Anhänger sich vor allem im Bildungswesen engagieren und eine Synthese des traditionellen sunnitischen Islams mit dem modernen türkischen Nationalismus und den Grundsätzen der westlichen Marktwirtschaft anstreben.[13] In der Türkei wird die Gülen-Bewegung seit dem gescheiterten Putschversuch vom Juli 2016 unter der Bezeichnung FETÖ (*Fethullahçı Terör Örgütü*) als Terror-Organisation verfolgt. Über die Berechtigung der Vorwürfe gegen die Bewegung gehen die Auffassungen weit auseinander; ihr Gründer lebt bereits seit 1999 im Exil in den Vereinigten Staaten.

Neohinduismus

Die Entstehung der vielfältigen Erneuerungsbewegungen, die man unter dem Sammelbegriff «Neohinduismus» zusammenfasst, ist eine direkte Folge der europäischen Präsenz auf dem Indischen Subkontinent. Eine wichtige Rolle spielte dabei besonders Großbritannien. Bereits 1600 gewährte Königin Elisabeth I. einer Gruppe von Londoner Kaufleuten ein Monopol auf den gesamten Handel zwischen dem Kap der Guten Hoffnung und der Magellanstraße. Unter Karl II. und Jakob II. wurden die Privilegien dieser Britischen Ostindien-Kompanie bestätigt und weiter gestärkt, so dass sie gegen Ende des siebzehnten Jahrhunderts in ihren Besitzungen nicht nur die Zivil- und Strafgerichtsbarkeit besaß, sondern auch das Recht zum Erwerb von Territorium, zur Prägung eigener Münzen, zum Abschluss von Bündnissen, zur Aushebung von Truppen, zum Festungsbau und zur Kriegführung. Ihre militärische Schlagkraft bewies die Britische Ostindien-Kompanie 1756–1763 im Siebenjährigen Krieg gegen Frankreich, das seine Aktivitäten in Indien danach stark einschränkte. Gleichzeitig besiegte General Robert Clive in der Schlacht von Plassey 1757 den letzten unabhängigen Herrscher von Bengalen. Um die Ostindien-Kompanie besser kontrollieren zu können, schuf die englische Krone 1773 das Amt des Generalgouverneurs, der die Anwendung des britischen Rechts in Indien sicherstellen sollte.

Zu den Juristen, die unter dem ersten Generalgouverneur Warren Hastings (1732–1818) nach Indien berufen wurden, gehörte William Jones (1746–1794), der 1784 zur Erforschung der indischen Kultur die

Royal Asiatic Society of Bengal ins Leben rief, 1786 auf die Verwandtschaft des Griechischen und Lateinischen mit dem Sanskrit aufmerksam machte und 1789 das später von Goethe sehr geschätzte Drama *Shakuntala* des Dichters Kalidasa ins Englische übersetzte. In ähnlicher Weise war Henry Thomas Colebrooke (1765–1837) tätig, der seit 1782 für die britische Verwaltung arbeitete, 1805 zum Professor für Sanskrit in Fort William ernannt wurde und neben bahnbrechenden Studien und Übersetzungen zum indischen Recht auch Arbeiten auf dem Gebiet der indischen Grammatik, Mathematik und Religionsgeschichte veröffentlichte. Die ersten Typen für den Druck indischer Literaturwerke schuf um 1805 der Bibliothekar und gelernte Drucker Charles Wilkins (1749–1836), der sich zuvor bereits als Übersetzer der *Bhagavadgita* (1785) und der Fabelsammlung *Hitopadesha* (1787) einen Namen gemacht hatte.

Um die Kenntnis der indischen Religionen und Literaturen bemühten sich jedoch nicht nur Juristen und Verwaltungsbeamte, sondern auch christliche Missionare. Sie beklagten sich indes immer wieder darüber, dass ihre Bemühungen bei den Angehörigen der Oberschicht auf taube Ohren stießen, während gesellschaftlich benachteiligte Randgruppen das Christentum in erster Linie wegen seines Angebots materieller Vorteile annahmen. Dies führte dazu, dass Konvertiten beim Wegfall von Kontrollen die neue Religion nicht weiter praktizierten oder sie von vornherein synkretistisch mit einheimischen Kulten kombinierten. Um das Christentum für die indischen Eliten attraktiver zu machen, setzte man daher seit dem frühen neunzehnten Jahrhundert verstärkt auf die Vermittlung europäischer Bildung, die für den Religionswechsel der Oberschicht den Boden bereiten sollte. Ein Pionier auf diesem Gebiet war der schottische Missionar Alexander Duff (1806–1878), der sich seit 1830 für den Ausbau europäischer Bildungseinrichtungen einsetzte, für die ausschließliche Förderung des Englischen als Bildungssprache eintrat und maßgeblich an der Gründung der ersten indischen Universität 1857 in Kalkutta beteiligt war.

Lernten die einheimischen Eliten durch die Tätigkeit der Missionare die Ideale christlicher Ethik kennen, so führte ihnen die oft drastische

Ausbeutung ihres Landes durch die Kolonialmacht zugleich den Abstand zwischen dem Anspruch und der Wirklichkeit dieser Ethik vor Augen. Gleichzeitig weckte das europäische Interesse an der altindischen Literatur den Wunsch nach einer Auseinandersetzung mit den Grundlagen der eigenen Kultur, die man nunmehr vielfach aus der Perspektive europäischer philosophischer Systeme betrachtete. In Verbindung mit dem Erlebnis der militärisch-technischen und machtpolitischen Unterlegenheit führte dies wiederholt zu dem Bestreben, die traditionelle Religion der Brahmanen gleichsam von innen heraus zu reformieren und an die neue Zeit anzupassen.

Am Anfang des Neohinduismus steht Ram Mohan Roy (1772–1833). Geboren als Sohn eines Brahmanen im bengalischen Radhanagar, erhielt er in Benares eine Ausbildung in der klassischen Sanskrit-Literatur, lernte aber auch Persisch, Arabisch und Englisch. Von 1803 bis 1814 war er als Steuerbeamter für die Britische Ostindien-Kompanie tätig und lebte danach von seinem privaten Vermögen. Bereits 1814 gründete er in Kalkutta die *Atmiya Sabha* («Gesellschaft der Freunde»), in der er mit gleichgesinnten Indern vor allem aus der Oberschicht die Möglichkeit gesellschaftlicher und religiöser Reformen erörterte. Dazu gehörten unter anderem die Abschaffung der Witwenverbrennung und der Polygamie sowie das Recht der Witwen auf Wiederverheiratung. Darüber hinaus befürwortete Ram Mohan Roy die Stärkung des Englischen und der Naturwissenschaften im Unterrichtswesen und gründete zu diesem Zweck eine Schule, die sich an englische Vorbilder anlehnte. 1828 rief er schließlich die Reformbewegung des *Brahmo Samaj* («Vereinigung der Brahman-Verehrer») ins Leben, die unter Rückgriff auf eine einseitige Interpretation der Veden und Upanischaden die Rückkehr zu einem vermeintlichen vedischen Monotheismus propagierte. Ein bemerkenswerter Erfolg seiner Reformbemühungen war die Abschaffung der Witwenverbrennung, die 1829 in Britisch-Indien gesetzlich verboten wurde. 1831 reiste Ram Mohan Roy im Auftrag des Mogul-Herrschers nach England, wo er zwei Jahre später an Meningitis erkrankte und starb.

Ram Mohan Roy wollte religiöse Reformen auf der Grundlage von Veden und Upanischaden mit einer Reform des Bildungswesens in Anlehnung an europäische Vorbilder verknüpfen und gilt deshalb heute als einer der Väter der «Bengalischen Renaissance». Dabei handelt es sich um eine Bewegung, die ähnlich wie bei der Wiederentdeckung des Griechischen in der europäischen Renaissance von einer Neuinterpretation der klassischen altindischen Texte ausging und vor dem Hintergrund tiefgreifender politischer, wirtschaftlicher und gesellschaftlicher Veränderungen in der Auseinandersetzung mit dem Altertum Neuansätze zur Bewältigung der Gegenwartsprobleme zu gewinnen hoffte. Obschon die Bewegung anfangs nur von einer elitären Minderheit im Rahmen kolonialer Strukturen getragen wurde, entwickelte sie schon bald eine Dynamik, die nach und nach weite Teile der indischen Gesellschaft erfassen und maßgeblich prägen sollte.

Nach dem Tod Ram Mohan Roys erneuerte sein Nachfolger Debendranath Tagore (1817–1905), der älteste Sohn des erfolgreichen Unternehmers und Sozialreformers Dwarkanath Tagore (1794–1846), die «Vereinigung der Brahman-Verehrer» von Grund auf. Eine wichtige Rolle spielte in den folgenden Jahrzehnten Keshab Chandra Sen (Keshub Chunder Sen, 1838–1884), dessen Großvater Ramkamal Sen (1783–1844) der erste indische Sekretär der Royal Asiatic Society gewesen war und 1830–1834 das erste englisch-bengalische Wörterbuch zusammengestellt hatte. Europäisch gebildet, schloss Keshab Chandra Sen sich 1857 dem *Brahmo Samaj* an und wurde 1870 bei einer Vortragsreise in England von Vertretern unterschiedlicher Konfessionen begeistert empfangen. Nach seiner Rückkehr rief er die *Indian Reform Association* ins Leben und erzielte mit der von ihm gegründeten sozialreformerischen Zeitschrift *Sulava Samachar* einen großen publizistischen Erfolg.

Bereits um 1830 hatte sich eine Gruppe junger bengalischer Intellektueller um den Lehrer Henry Louis Vivian Derozio (1809–1831) versammelt, der europäische Vorfahren hatte, sich jedoch als Inder verstand. Zu dieser Bewegung der «Derozianer» oder «Jungbengalen» (*Young Bengal*), die ebenso wie der *Brahmo Samaj* das Anliegen religiöser und sozialer Reformen verfolgte, zählten unter anderem der erste bengalische Priester, Krishna Mohan Banerjee (1813–1885), der auch im *Brahmo Samaj* aktive Sib Chandra Deb (1811–1890), der Jurist Hara

Abb. 42 Swami Vivekananda. Aufnahme um 1895

Chandra Ghosh (1808–1868) und der als «bengalischer Dickens» bezeichnete Journalist und Schriftsteller Peary Chand Mitra (1814–1883). Den organisatorischen Mittelpunkt ihrer Bewegung bildete die noch von Derozio ins Leben gerufene «Akademische Verbindung» (*Academic Association*), der 1839 die «Gesellschaft zum Erwerb allgemeinen Wissens» (*Society for the Acquisition of General Knowledge*) folgte.

Hatte Ram Mohan Roy vor allem die Gemeinsamkeiten zwischen dem Hinduismus, dem Islam und dem Christentum betont, so kultivierten die «Jungbengalen» oftmals eine kritische und rationalistische Haltung zur Religion. Im Unterschied dazu erstrebte die 1875 ins Leben gerufene «Gemeinschaft der Arier» (*Arya Samaj*) eine grundlegende Reform des Hinduismus im Geist der monotheistisch gedeuteten vedischen Religion. Ihr Gründer war der Brahmane Dayananda Sarasvati (eigentlich Mula Shankara, 1824–1883), der in seinem auf Hindi abgefassten Hauptwerk *Satyarthaprakasha* («Das Licht der Wahrheit») zwar die Wiedergeburtslehre der Upanischaden akzeptierte, den hinduistischen Polytheismus, die Kastenordnung, die Bilderverehrung, das

Pilgerwesen und den Opferkult jedoch strikt ablehnte. Mit großem Eifer betrieb Dayananda Sarasvati die Rückkonversion von Hindus, die sich zum Christentum bekehrt hatten. Da er zugleich mit einem universalen Missionsanspruch auftrat, erschien der Hinduismus nun erstmals als eine Religion, in die man nicht notwendigerweise hineingeboren werden musste, sondern in die man – ebenso wie in das Christentum und in den Islam – aus freien Stücken eintreten konnte. Große Bedeutung erlangte diese Neuinterpretation im zwanzigsten Jahrhundert, als Hindus wie Swami Vivekananda (1863–1902) und Sri Aurobindo (1872–1950) den Hinduismus weit über die Grenzen Indiens hinaus bekannt und populär machten.

Neobuddhismus

Deutlich später als die hinduistischen Glaubensformen wurde der Buddhismus einer breiten Öffentlichkeit in Europa bekannt. Eine wichtige Rolle spielte dabei die Theosophische Bewegung des späten neunzehnten Jahrhunderts, von der weiter unten noch die Rede sein wird. Aufmerksamkeit erregte der Buddhismus aber auch durch den Auftritt einiger prominenter Vertreter bei dem sogenannten Weltparlament der Religionen 1893 in Chicago.[14]

Am Anfang der Planungen zu einer Begegnung der Weltreligionen stand der Beschluss, in den Vereinigten Staaten zum vierhundertsten Jahrestag der Entdeckung Amerikas durch Christoph Columbus eine jener Weltausstellungen auszurichten, die sich in der zweiten Hälfte des neunzehnten Jahrhunderts als publikumswirksame Jahrmärkte und propagandistisch wirksame Demonstrationen technischer und kunsthandwerklicher Leistungsfähigkeit zunehmender Beliebtheit erfreuten. Nachdem internationale Ausstellungen bereits in New York, Philadelphia und New Orleans zu sehen gewesen waren, fiel diesmal die Wahl auf Chicago. Getragen von dem Bemühen um eine möglichst positive Selbstdarstellung, schufen die Veranstalter ein Ausstellungsgelände der Superlative, das erstmals auch einen eigenen Vergnügungspark umfasste.

Das «Weltparlament der Religionen» tagte gegen Ende der Ausstellung im September 1893, geplant von dem amerikanischen Juristen Charles Carroll Bonney (1831–1903) und unter der Präsidentschaft des Presbyterianers John Henry Barrows (1847–1902). In zahlreichen Ansprachen und Vorträgen versuchten über zweihundert Sprecher aus zahlreichen Religionsgemeinschaften der ganzen Welt, den Zuhörern die Grundlagen ihrer Religion zu vermitteln. Dabei konnte die Bezeichnung der Veranstaltung als «Parlament» jedoch nicht darüber hinwegtäuschen, dass viele Sprecher keineswegs von allen Anhängern der Religionen, für die sie sprachen, legitimiert worden waren. Auch bekannten sich keineswegs alle Sprecher zu einem religiösen Pluralismus, der die Vielfalt der Religionen uneingeschränkt bejahte. Vielmehr vertraten viele Teilnehmer eine Art Inklusivismus, der die bestehende Vielfalt nur als Vorstufe zu einer kommenden Einheit begrüßte, oder zu einem unverhohlenen Exklusivismus, der den Vorrang oder die absolute Sonderstellung der eigenen Religion propagierte.

Großes Aufsehen erregte das Auftreten von Anagarika Dharmapala (1864–1933), der ursprünglich David Hewavitarne hieß und aus Colombo (Sri Lanka) stammte.[15] Auf einer Missionsschule christlich erzogen, hatte er sich dem Theravada-Buddhismus zugewandt und wurde nach seiner begeisterten Aufnahme beim Weltparlament der Religionen zu einem Pionier der buddhistischen Erneuerung in Indien und zu einem seiner erfolgreichsten Missionare in den Vereinigten Staaten und Europa. Wie Buffalo Bill und Frederick Jackson Turner zur gleichen Zeit das populäre Bild vom amerikanischen Westen als der Grenze zwischen Wildnis und Zivilisation bestimmten, so prägte Anagarika Dharmapala weithin die amerikanischen und europäischen Vorstellungen vom Wesen der buddhistischen Spiritualität. Nachdem er zunächst noch eng mit der Theosophischen Bewegung zusammengearbeitet hatte, sagte er sich in späteren Jahren wegen ihrer universalistischen Ausrichtung von ihr los. 1891 gründete er zusammen mit Sir Edwin Arnold (1832–1904), dem Verfasser einer populären Biographie des Buddha in Versen, die Mahabodhi-Gesellschaft (*Maha Bodhi Society*), die das Ziel einer Wiederbelebung des Buddhismus in Indien und vor allen in Sri Lanka verfolgte. Ähnlich wie im Falle muslimischer Reformbewegungen des neunzehnten Jahrhunderts betonte man auch hier die Wichtigkeit einer Rückbesinnung auf die ältesten Heiligen Schriften, die große Bedeutung der Laien gegenüber den religiösen Experten und die Rolle der Religion bei der Bewältigung gesellschaftlicher Veränderungen.

Eine wichtige Rolle spielte ferner der deutsch-amerikanische philosophische Schriftsteller und Verleger Paul Carus (1852–1919), der in Chicago mit dem japanischen Buddhisten Shaku Soen zusammentraf und vier Jahre später dessen Schüler Daisetz Teitaro Suzuki (1870–1966) als seinen persönlichen Assistenten nach Amerika holte, um bei der Übersetzung und Herausgabe buddhistischer Schriften einen kompetenten Helfer zu haben. Nach zehnjähriger Übersetzer- und Vortragstätigkeit kehrte Suzuki 1908 über England und Frankreich nach Japan zurück. 1921 wurde er in Kyoto Professor für Buddhistische Philosophie, gründete zusammen mit seiner amerikanischen Frau die *Eastern Buddhist Society* und erzielte in den folgenden Jahrzehnten durch zahlreiche Vortragsreisen in Europa und den Vereinigten Staaten eine breite Wirkung, die das europäische und amerikanische Verständnis des Zen-Buddhismus nachhaltig beeinflusste.

Zum einflussreichsten Übersetzer des Pali-Kanons im deutschsprachigen Raum wurde Karl Eugen Neumann (1865–1915), der über die Beschäftigung mit den Schriften Arthur Schopenhauers zum Buddhismus kam. Von den Anschauungen Schopenhauers beeinflusst war auch Georg Grimm (1868–1945); er gründete 1921 zusammen mit dem Indologen Karl Seidenstücker (1876–1936), der 1903 bereits einen «Buddhistischen Missionsverein für Deutschland» ins Leben gerufen hatte, die «Buddhistische Gemeinde für Deutschland» und entwickelte dabei eine eigenwillige Interpretation der Lehre des Buddha, die sich durch die Annahme der Existenz eines unsterblichen Ichs von den traditionellen Schulen des Buddhismus deutlich unterschied. Eine bedeutende Rolle als Vermittler buddhistischer Anschauungen in Deutschland spielte schließlich der homöopathische Arzt Paul Dahlke (1865–1928), der in den frühen 1920er Jahren mit dem «Buddhistischen Haus» in Berlin-Frohnau den ersten buddhistischen Tempel in Europa gründete.

Als erster deutscher Buddhist wurde Nyanatiloka Mahathera (Anton Gueth, 1878–1957) 1904 in Rangun als Mönch ordiniert. Zu seinen Schülern zählen Nyanaponika Mahathera (Siegmund Feniger, 1901–1994), Übersetzer zahlreicher Schriften aus dem Pali-Kanon ins Deutsche, und Lama Anagarika Govinda (Ernst Lothar Hoffmann, 1898–1985), der 1933 in Darjeeling als Vereinigung unterschiedlicher Ausrichtungen des Buddhismus den «Kreis des edlen Maitreya» (*Ārya Maitreya Maṇḍala*) gründete und in den 1950er Jahren maßgeblich zum europäischen Interesse am tibetischen Buddhismus beitrug.

In der Auseinandersetzung mit europäischen Philosophien und westlichen Neuinterpretationen der Lehre des Buddha kamen im Laufe des zwanzigsten Jahrhunderts auch in den buddhistischen Ländern neue Schulrichtungen des Buddhismus auf. In Japan gründete der Philosoph und Pädagoge Makiguchi Tsunesaburo (1871–1944) die «Werte schaffende Erziehungsgesellschaft» (*Sōka Kyōiku Gakkai*), die in Anlehnung an den Nichiren-Buddhismus für ein Zusammenwirken von Schule, Familie und Gesellschaft zur Reform des Bildungswesens eintrat. Sie wurde während des Zweiten Weltkriegs wegen ihrer Kritik an der Verbindung des Buddhismus mit dem Shinto verboten, 1946 jedoch von Makiguchis Freund und Mitarbeiter Toda Josei (1900–1958) unter dem Namen *Soka Gakkai* («Werte schaffende Gesellschaft») neu gegründet.[16] Indem sie das Ziel eines friedlichen Zusammenlebens und der Erlangung individuellen Glücks und Wohlergehens betonte, wurde sie besonders unter ihrem seit 1960 amtierenden Präsidenten Daisaku Ikeda (geb. 1928) zu einer der zahlenstärksten religiösen Organisationen Japans, die auch im Ausland erfolgreich missionierte. 1975 gründete Ikeda als Dachverband dieser nationalen Gemeinschaften *Soka Gakkai International*, die seit 1983 als Nichtregierungsorganisation auch bei den Vereinten Nationen vertreten ist.

Zwei weitere zeitgenössische Vertreter des Buddhismus, die in ihren Schriften besonders die gesellschaftliche Verantwortung der Laienbuddhisten betonen, sind der vietnamesische Zen-Mönch Thich Nhat Hanh (1926–2022), der in den 1970er Jahren das Schlagwort vom «Engagierten Buddhismus» (*Engaged Buddhism*) prägte, sowie Tenzin Gyatso, vierzehnter Dalai Lama (geb. 1935), der für sein Wirken 1989 mit dem Friedensnobelpreis ausgezeichnet wurde. Eine neue religiöse Bewegung auf der Grundlage buddhistischer und traditioneller chinesischer Anschauungen ist die 1992 von Li Hongzhi (geb. 1952) gegründete Bewegung Falun Gong, die hierzulande vor allem durch ihre Verfolgung durch die chinesische Regierung bekannt wurde.[17]

22. Rückkehr der Propheten: Die Entstehung neuer Religionen

Abgesehen von den Veränderungen innerhalb der Weltreligionen, in denen sich eine zunehmend engmaschige Vernetzung zwischen den Religionen und Kulturen widerspiegelt, ist im neunzehnten Jahrhundert auch die Entstehung einiger neuer Religionen zu verzeichnen. Manche von ihnen haben noch heute großen Zulauf, andere dagegen sind durch den schnellen gesellschaftlichen und kulturellen Wandel schon bald nach ihrer Entstehung wieder verschwunden.[18]

Die Mormonen

Als «Mormonen» bezeichnet man Gemeinschaften, die neben der Bibel auch das Buch Mormon als göttliche Offenbarung anerkennen. Die zahlenmäßig größte und bedeutendste von ihnen ist die «Kirche Jesu Christi der Heiligen der letzten Tage», die zumeist gemeint ist, wenn man allgemein von «den» Mormonen spricht.[19] Am Anfang dieser neuen Religion steht Joseph Smith, der 1805 in dem kleinen Ort Sharon im US-Bundesstaat Vermont geboren wurde. Viele Jahre lang kämpften seine Eltern mit wirtschaftlichen Schwierigkeiten, und die Familie musste mehrfach den Wohnort wechseln. Nach eigener Aussage hatte Joseph Smith erstmals im Frühjahr 1820 in der Nähe seines Elternhauses in Manchester im Bundesstaat New York eine Vision. Seinem Bericht zufolge verstörte ihn die Vielzahl unterschiedlicher Kirchen, und er bat Gott um eine Antwort. Da erschienen ihm Gott Vater und Jesus Christus und warnten ihn davor, sich einer der bestehenden Kirchen anzuschließen, da diese alle im Irrtum befangen seien. In einer weiteren Vision im September 1823, so Smith, erschien ihm dann in seiner Schlafkammer ein himmlisches Wesen, das sich als der Engel Moroni zu erkennen gab und ihn auf antike Goldplatten hinwies, die seit vielen Jahrhunderten im nahegelegenen Hügel Cumorah verborgen seien. Vier Jahre später, so Smiths Bericht, durfte er diese Platten vorübergehend an sich nehmen, um mit Hilfe der beiden «Sehersteine» Urim und Thummim den darauf eingravierten Text zu übersetzen, bevor der Engel Moroni die Platten wieder an sich nahm. Eine wichtige Rolle spielte dabei der Grundschullehrer Oliver Cowdery (1806–1850), der ab 1829 den größten Teil des Textes, der heute als das *Buch Mormon* bekannt ist, nach Joseph Smiths Diktat niederschrieb. In dieser Zeit, so Smith und Cowdery, erschienen dem Übersetzer und seinem Sekretär der auferstandene Johannes der Täufer sowie die Apostel Petrus, Jakobus und Johannes, um ihnen mit dem Ziel der Wiederherstellung der Kirche Jesu Christi das «Aaronische» und das «Melchisedekische Priestertum» zu übertragen. Heute sind bei den Mormonen Aaronische Priester meist Jugendliche, die von dieser Stufe aus zu Ältesten und Melchisedekischen Priestern aufsteigen können.

Eingeteilt in fünfzehn Abschnitte, beginnt das *Buch Mormon* mit der Geschichte des Propheten Lehi, der auf Gottes Gebot hin um 600 v. Chr. mit seiner Familie aus Jerusalem flieht und dadurch der Zerstörung der Stadt durch die Babylonier entgeht. Unter der Führung seines Sohnes Nephi segeln die Flüchtlinge nach Amerika, wo Lehis Sohn Nephi zum Ahnherrn der gottesfürchtigen Nephiten, sein Bruder Laman aber zum Stammvater der mit ihnen verfeindeten gottlosen Lamaniten wird. Ausführlich schildert das *Buch Mormon* die Beziehungen dieser Volksgruppen; besondere Aufmerksamkeit schenkt die Darstellung dabei dem Erscheinen des auferstandenen Christus unter den

Nephiten, der in Amerika die Bergpredigt wiederholt und erneut das Abendmahl einsetzt. In einem blutigen Krieg vernichten schließlich die Lamaniten, in denen der Leser unschwer die Ahnen der amerikanischen Ureinwohner erkennt, das Brudervolk der Nephiten, dessen letzter Prophet Moroni im fünften Jahrhundert die Aufzeichnungen seines Vaters Mormon über diese Ereignisse vollendet.

Das *Buch Mormon* enthält die vollständigste Darstellung des mormonischen Geschichtsbildes. Dagegen fußen die Kirchenorganisation, der Kult und das religiöse Weltbild weitgehend auf anderen Werken, die neben der christlichen Bibel und dem *Buch Mormon* ebenfalls als kanonisch gelten. Dabei handelt es sich um das Buch *Lehre und Bündnisse* (*Doctrine and Covenants*), das Offenbarungen an Joseph Smith und an seine Nachfolger enthält, sowie um eine Reihe von Schriften Joseph Smiths, die erstmals 1851 zu Missionszwecken unter dem Titel *Die köstliche Perle* (*The Pearl of Great Price*) zusammengestellt und in den darauf folgenden Jahrzehnten mehrfach ergänzt wurden.

Im März 1830 wurde das *Buch Mormon* auf Kosten von Martin Harris, eines wohlhabenden Nachbarn und Anhängers von Joseph Smith, in einer Erstauflage von 5000 Exemplaren gedruckt. Im April erfolgte die offizielle Gründung der «Kirche Christi», die 1834 in «Kirche der Heiligen der letzten Tage» umbenannt wurde und schließlich 1838 die noch heute gebräuchliche Bezeichnung «Kirche Jesu Christi der Heiligen der letzten Tage» erhielt. Präsident war Joseph Smith, «Zweiter Ältester» und damit Vizepräsident Oliver Cowdery. Infolge einer regen Missionstätigkeit unter der Leitung von Joseph Smiths Bruder Samuel fand die neue Kirche rasch Zulauf, aber auch erbitterten Widerspruch, der sich in publizistischen Schmähungen und sogar Tätlichkeiten äußerte. Um diesen Anfeindungen zu entkommen, verlegte Joseph Smith bereits 1831 den Hauptsitz der Kirche nach Kirtland im schwächer besiedelten Bundesstaat Ohio und gründete weitere Kircheneinheiten in Missouri. Schon bald kam es jedoch auch in Missouri zu Verfolgungen. Darüber hinaus entwickelte sich aus einer schweren Finanzkrise in Verbindung mit unterschiedlichen Einstellungen zur damals noch geheim gehaltenen Praxis der Vielehe ein massives Zerwürfnis zwischen Joseph

Smith und seinem Stellvertreter Oliver Cowdery, der daraufhin im April 1838 aus der Kirche ausgeschlossen wurde.

Anfang 1839 gründeten Joseph Smith und seine Anhänger schließlich in Illinois am rechten Ufer des Mississippi als neuen Hauptsitz ihrer Kirche die Stadt Nauvoo, in der Joseph Smith rasch zum Bürgermeister und Kommandeur der örtlichen Miliz aufstieg. In dieser Funktion verfügte er im Juni 1844 nach einem Beschluss des von Kirchenmitgliedern dominierten Stadtrats die Vernichtung der Druckstöcke und der Druckerpresse einer örtlichen Zeitung, die in ihrer ersten und einzigen Ausgabe Smiths polygame Lebensweise und seinen prophetischen Anspruch zur Zielscheibe eines publizistischen Angriffs gemacht hatte. Auf Betreiben des Gouverneurs von Illinois wurde Joseph Smith daraufhin verhaftet und in das Gefängnis von Carthage verbracht, wo er zusammen mit seinem Bruder Hyrum von einer aufgebrachten Menschenmenge ermordet wurde.

Zum Führer der Bewegung wurde nun Brigham Young (1801–1877), ein gelernter Schreiner, der sich bereits 1832 der Kirche Christi angeschlossen hatte. Er war seit 1835 Mitglied des obersten Führungsgremiums der Zwölf Apostel und hatte in den Jahren 1839–1841 erfolgreich in England missioniert. 1846 organisierte er die Auswanderung der meisten Kirchenmitglieder von Nauvoo in ein kaum besiedeltes Gebiet, das damals noch zu Mexiko gehörte, wo er 1847 an der Ostküste des Großen Salzsees die Stadt Salt Lake City gründete. Dort wirkte er bis zu seinem Tod als Präsident, Prophet und Kolonisator. Er schuf nicht nur Stützpunkte, Versorgungsfarmen und Winterlager für die Einwanderer, sondern legte auch ein planmäßiges Siedlungsnetz an, regelte die Landverteilung und Wasserversorgung, förderte den Bau einer Telegrafenlinie und der Eisenbahn und stärkte mit der Gründung eines Frauenhilfs- und eines Fortbildungsvereins das kirchliche Leben. Eine wichtige Rolle für den Ausbau des mormonischen Gemeinwesens spielte der von Young ins Leben gerufene «Ständige Auswanderungsfonds» (*Perpetual Emigrating Fund*), der mittellosen Neubekehrten die Auswanderung in das mormonische Gemeinwesen ermöglichte. Nachdem Mexiko 1848 infolge seiner Niederlage im Mexikanisch-Amerikanischen Krieg rund die Hälfte seines Staatsgebietes an die Vereinigten Staaten abtreten musste, wurde Young im Februar 1851 zum ersten Gouverneur des neugeschaffenen Territoriums Utah ernannt, das 1896 nach der offiziellen Abschaffung der Vielehe den Status eines eigenständigen Bundesstaates erhielt.

Seit der vollen rechtlichen Anerkennung durch die Vereinigten Staaten um die Wende zum zwanzigsten Jahrhundert und besonders seit dem Ende des Ersten Weltkriegs breitete sich die «Kirche Jesu Christi der Heiligen der letzten Tage» weltweit aus. Mit der Abkehr von der älteren Vorstellung, dass alle Mitglieder sich in Utah sammeln sollten, etablierte sich die Kirche in vielen Ländern gerade auch Lateinamerikas und Afrikas. Wesentlich gefördert wurde diese Entwicklung durch die Aufgabe des Priestertumsverbotes für farbige Mitglieder, die 1978 von Präsident Spencer Kimball unter Verweis auf eine neue Offenbarung festgeschrieben wurde. Derzeit zählt die Kirche offiziell um zwölf Millionen Mitglieder, von denen über die Hälfte außerhalb der Vereinigten Staaten lebt. Innerhalb der Vereinigten Staaten gelten die Mormonen infolge der starken konfessionellen Zersplitterung als fünftgrößte Religionsgemeinschaft und stellen im Bundesstaat Utah noch immer die Bevölkerungsmehrheit.

Das Mormonentum speist sich aus unterschiedlichen Quellen anderer Religionen und wird daher auch als synkretistisch bezeichnet. Es entstand im Zuge der großen protestantischen Erweckungsbewegungen und mit dem Erwachen eines eigenständigen nordamerikanischen Kultur- und Geschichtsbewusstseins. Kritiker der Mormonen haben Joseph Smith Scharlatanerie und Betrug vorgeworfen. Eine wichtige Rolle spielt dabei die These, bei dem *Buch Mormon* handle es sich um das Plagiat eines unveröffentlichten historischen Romans, den der Prediger Solomon Spaulding (1761–1816) über die Vorgeschichte der amerikanischen Indianer verfasst habe. Diese Frage kann heute nicht mehr entschieden werden. Allgemeine Anerkennung finden die innerkirchliche Solidarität der Mormonen, ihre interreligiöse Toleranz, ihr humanitäres Engagement und nicht zuletzt ihre gesunde Lebensweise. Unbestritten ist auch die erstaunliche Pionierleistung der frühen «Heiligen der letzten Tage», derer man in Utah und einigen Regionen benachbarter

Abb. 43 Mormonen brechen Steine für den Bau des Großen Tempels in Salt Lake City. Zeitgenössischer Holzstich, um 1870

Bundesstaaten noch immer alljährlich am 24. Juli, dem «Pioniertag» (*Pioneer Day*), mit Umzügen, Feuerwerken und anderen Festlichkeiten gedenkt.

Die Religion der Baha'i

Zur gleichen Zeit, als die Mormonen vom Osten der Vereinigten Staaten in unbekanntes Neuland im Westen aufbrachen, um sich der Verfolgung zu entziehen, bekam in einem anderen Teil der Welt eine weitere neu gegründete Religionsgemeinschaft die ganze Härte staatlicher Repressionen zu spüren: Nachdem sich Mirza Ali Muhammad aus der persischen Stadt Schiraz im Mai 1844 zum Träger einer göttlichen Offenbarung erklärt hatte, wurde er im August 1845 unter Arrest gestellt, später eingekerkert und schließlich im Juli 1850 in Täbriz hingerichtet. Sein Tod steht jedoch nicht am Ende, sondern am Anfang einer neuen Religion, die sich besonders in den vergangenen Jahrzehnten über ihren iranischen Ursprungsraum hinaus weltweit verbreitet hat: die Religion der Baha'i.[20] Sie knüpfte ebenso wie die «Kirche Jesu Christi der Heiligen der letzten Tage» an die schriftlich fixierte Offenbarung der vorherrschenden Religion ihres kulturellen Umfelds an, führte jedoch in entscheidenden Punkten über sie hinaus und bewies dadurch ihre Eigenständigkeit.

Den Ausgangspunkt der Baha'i-Religion bildet die schiitische Glaubensgemeinschaft der Imamiten, die zwölf Imame als Führer des muslimischen Gemeinwesens anerkennen und davon ausgehen, dass der letzte dieser zwölf Imame 874 entrückt wurde und dereinst als «Rechtgeleiteter» (*Mahdi*) wiederkehren wird. Zu einer Hochburg der Imamiten entwickelte sich seit dem frühen sechzehnten Jahrhundert Iran. Dort verschaffte Schah Ismail I. (1485–1524) als Begründer der bis 1736 herrschenden Safawiden-Dynastie der Zwölfer-Schia eine beherrschende Stellung, die sie auch unter den darauffolgenden Dynastien der Afschariden (1736–1796) und der Kadscharen (1796–1925) behaupten konnten.

Die Geschichte oder besser Vorgeschichte der Baha'i-Religion beginnt im frühen neunzehnten Jahrhundert mit dem Mystiker Scheich Ahmad al-Ahsai (um 1750–1826), den seine Anhänger als Mittler zwischen den Muslimen und dem verborgenen Imam betrachteten. Ihm folgte Saiyid Kazim Rashti (1793–1843), der selbst keinen Nachfolger bestimmte, sondern die baldige Wiederkehr des verborgenen Imam voraussagte und vor seinem Ableben seine Anhänger dazu aufrief, den in der Verborgenheit bereits wirksamen Mahdi zu suchen. Zum spirituellen Führer der Bewegung wurde wenig später der persische Kaufmann Sayid Ali Muhammad (1819–1850), der sich im Mai 1844 zum Empfänger einer besonderen Offenbarung erklärte, was von Saiyid Kazims wichtigstem Schüler Mulla Husain (1813–1849) bestätigt wurde. Zur Bezeichnung seiner besonderen Rolle als Sprachrohr Gottes verwendete Saiyid Ali Muhammad von nun an den Titel *Bab* («Tor» oder «Pforte»), weshalb man seine Anhänger *Babis* (persisch *Babiha*) nannte.

Im Mai 1844 begann der Bab mit der Niederschrift seines ersten großen Werks, eines Kommentars zur zwölften Sure des Korans, der die Josephsgeschichte enthält. Überzeugt von seiner göttlichen Sendung, entsandte er Mulla Husain und weitere siebzehn Anhänger, die er als die achtzehn «Buchstaben der Lebendigen» (*ḥurūf al-ḥaiy*) bezeichnete, um in verschiedenen Regionen Irans für seine Bewegung zu werben. Dies rief jedoch schon bald den Widerstand der Geistlichkeit und der staatlichen Behörden hervor, die den Bab im Sommer 1847 in der aserbeidschanischen Bergfestung Maku festsetzten und im darauf folgenden Frühjahr in die persische Festung Chihriq verbrachten. Während seiner Inhaftierung schrieb der Bab sein zweites Hauptwerk, den teils auf Persisch, teils auf Arabisch abgefassten *Bayan* («Erklärung»). In ihm erläuterte er zentrale Begriffe seiner Theologie und Eschatologie, bestätigte die prophetische Sendung Muhammads, propagierte jedoch zugleich die Vorschriften einer neuen Religion, die islamische Gesetze ersetzen sollten.

Zum endgültigen Bruch mit dem herrschenden schiitischen Islam Irans und zum offenen Konflikt mit den staatlichen Behörden kam es im Juli 1848, als der Bab sich selbst in Anwesenheit des Thronfolgers als den erwarteten *Mahdi* bezeichnete und damit die alleinige geistliche und weltliche Autorität beanspruchte. In der Nähe des Grabs des schiitischen Heiligen Schaich Tabarsi in der iranischen Provinz Mazandaran lieferten sich die Anhänger des Bab und Regierungstruppen von Oktober 1848 bis Mai 1849 eine Serie von Gefechten, in deren Verlauf Mulla Husain und andere «Buchstaben des Lebendigen» ums Leben kamen. Nach weiteren militärischen Zusammenstößen in anderen Regionen Persiens wurde der Bab im Juli 1850 in Täbris öffentlich hingerichtet. Als drei seiner Anhänger zwei Jahre später ein erfolgloses Attentat auf den Schah unternahmen, führte dies zu weiteren schweren Verfolgungen der Bewegung, denen viele ihrer Anführer zum Opfer fielen.

Eine wichtige Rolle spielte seit 1848 Mirza Husain Ali Nuri, genannt Baha'ullah («Herrlichkeit Gottes»), der Sohn eines hohen persischen Staatsbeamten, dessen jüngeren Bruder Mirza Yahya Nuri, genannt Subh-i-Azal, der Bab als Nachfolger ausersehen hatte. Während viele führende Anhänger des Bab im Zuge der Verfolgungen des Jahres 1852 hingerichtet wurden, wurden die beiden Brüder wegen ihres hohen gesellschaftlichen Ansehens und ihrer Verbindungen zu den Botschaftern westlicher Staaten lediglich inhaftiert und schließlich nach Bagdad verbannt. Während seiner Kerkerhaft im berüchtigten Teheraner Gefängnis *Siyah Chal* («Schwarzes Loch») gewann Baha'ullah die Überzeugung, Empfänger einer besonderen göttlichen Offenbarung zu sein. 1862 veröffentlichte er als sein erstes theologisches Werk das teils persisch, teils arabisch geschriebene *Buch der Gewissheit* (*Kitab-i-Iqan*). In ihm entwickelte er erstmals den Gedanken einer fortschreitenden Gottesoffenbarung. Demnach bauen alle monotheistischen Religionen aufeinander auf. Die Bibel ist Vorbote des Korans und der Koran ein Vorbote der Sendung des Bab. Ein Jahr später beanspruchte Baha'ullah vor einem kleinen Kreis von Anhängern erstmals, der Verkünder der neuen Offenbarung zu sein, den die Schriften des Bab ankündigen. Als er diesen Anspruch 1866 öffentlich bekräftigte, kam es darüber zwischen ihm und seinem jüngeren Bruder Subh-i-Azal zum Bruch, doch fast alle Anhänger des Bab erkannten den Anspruch Baha'ullahs an und bildeten so die neue Religionsgemeinschaft der Baha'i.

1868 verbannte die osmanische Regierung Subh-i-Azal und seine Anhänger nach Famagusta auf der Insel Zypern, Baha'ullah und seine Gemeinde dagegen in die Festungsstadt Akkon im heutigen Israel. Dort verfasste Baha'ullah ein umfangreiches Schrifttum in persischer und arabischer Sprache, darunter 1873 das auf Arabisch geschriebene *Heiligste Buch* (*al-Kitab al-Aqdas*, oft auch persisch *Kitab-i-Aqdas* genannt). In ihm forderte er die wichtigsten Herrscher seiner Zeit zur Anerkennung seines Offenbarungs- und Führungsanspruchs auf und legte wichtige Grundsätze für die Organisation der neuen Religion fest. So enthält das *Heiligste Buch* Angaben über die Pflichtgebete, die Gebetsrichtung, das Fasten, die Feste und Feiertage sowie die als «Häuser der Andacht» bezeichneten Kultzentren, aber auch gesetzliche Bestimmungen wie etwa das Verbot der Sklaverei, der Polygamie und des Glücksspiels bzw. die positive Würdigung der interreligiösen Toleranz, der Familie und der gemeinnützigen staatlichen Einrichtungen. In seinem *Buch des Bundes* (*Kitab-i-Ahd*) übertrug Baha'ullah die Leitung der neuen Religion und die Auslegung seiner Schriften seinem ältesten Sohn Abdul Baha (1844–1921), der in den Jahren 1910–1913 die Religion der Baha'i

Abb. 44 Abdul Baha predigt den Bahaismus in einer Moschee in Konstantinopel. Farbdruck aus dem Jahr 1913

auf einer großen Missionsreise durch Europa und die Vereinigten Staaten weithin bekannt machte. In seinen Vorträgen warb er vor allem für die ethischen Grundsätze der Lehren Baha'ullahs: die Einheit der Menschheit bei gleichzeitiger Wahrung der kulturellen Vielfalt, die Mündigkeit des Einzelnen bei gleichzeitiger Ablehnung einer vermittelnden Geistlichkeit, die Einheit der Religionen und ihre Übereinstimmung mit Wissenschaft und Vernunft, die Gleichberechtigung von Mann und Frau, den Abbau gesellschaftlicher Spannungen und die Förderung des Weltfriedens durch die Einführung einer Welthilfssprache und die Einsetzung eines Weltschiedsgerichtshofes.

Von der britischen Regierung wegen seiner humanitären Verdienste im Ersten Weltkrieg geadelt, starb Abdul Baha im November 1921. Er wurde unter großer Anteilnahme unterschiedlicher Bevölkerungsteile und Religionsgemeinschaften Palästinas im Schrein des Bab am Fuße des Bergs Karmel beigesetzt. Zu seinem Nachfolger hatte er seinen Enkel Shoghi Effendi (1897–1957) bestimmt, unter dessen Leitung sich die Religion der Baha'i in der ganzen Welt verbreitete. Seit 1963 leitet sie ein neunköpfiges Gremium, das als «Universales Haus der Gerechtigkeit» bekannt ist und seinen Sitz im israelischen Haifa hat.

Die Taiping-Bewegung

Während sich die Mormonen und Bahai seit ihrer Gründung vor über hundertfünfzig Jahren zu global agierenden Weltreligionen entwickelt haben, konnten andere religiöse Strömungen des neunzehnten Jahrhunderts sich nicht in dieser Weise von den spezifischen Anliegen ihrer Zeit und Umgebung lösen, obwohl auch ihnen in ihren Ursprungskulturen und zur Zeit ihrer Entstehung große Bedeutung zukommt. Eine dieser religiösen Bewegungen, die in einem der verlustreichsten Bürgerkriege aller Zeiten endete, war die der Taiping.[21]

Am Anfang der chinesischen Taiping-Bewegung steht Hong Xiuquan (ursprünglich Hong Huoxiu, 1814–1864), der Sohn eines Bauern aus der Volksgruppe der Hakka. Um die Beamtenlaufbahn einschlagen zu können, unternahm er mehrere vergebliche Anläufe, die erforderliche staatliche Prüfung abzulegen. Als er 1837 zum dritten Mal durchfiel, erkrankte er schwer und sah sich in einem Fiebertraum als Teil einer überirdischen Familie mit einem älteren Bruder und einem himmlischen Vater mit langem, goldenem Bart. Dieser überreichte ihm ein Schwert zur Bekämpfung der Dämonen, die die Menschen an seiner Stelle verehrten, und wies ihn an, seinen Namen in Hong Xiuquan zu ändern. Nach seiner Genesung arbeitete Hong Xiuquan mehrere Jahre lang als Lehrer, bis er 1843 ein viertes und letztes Mal bei der Beamtenprüfung durchfiel. Unmittelbar danach glaubte er jedoch, durch die Lektüre eines christlichen Missionstraktats den Schlüssel zur Deutung seines Fiebertraums gefunden zu haben. Er erklärte sich zu einem Sohn Gott Vaters und zu einem jüngeren Bruder Jesu Christi, der damit beauftragt sei, den Konfuzianismus und Buddhismus zu bekämpfen, um der wahren Religion in China zum Durchbruch zu verhelfen.

Zu den ersten Anhängern Hong Xiuquans gehörte Feng Yunshan (1815–1852), der um 1845 die «Gemeinschaft der Gottesverehrer» gründete. Zwei weitere Mitglieder dieser Gruppe, Yang Xiuqing und Xiao Chaogui, nahmen für sich in Anspruch, dass Gott Vater und Jesus Christus aus ihnen rede, während Hong Xiuquan die geistliche Führung der Bewegung übernahm. Als Legitimation seiner Theologie diente ihm die 1847 vollendete chinesische Bibelübersetzung des evangelisch-lutherischen Missionars Karl Gützlaff (1803–1851), die er im Sinne seiner eigenen Lehre abänderte und als eine Beschreibung der alten Religion Chinas vor ihrer Korrumpierung durch den Konfuzianismus darstellte. Wesentliche Faktoren für den Erfolg seiner Bewegung waren die sozialen und politischen Verhältnisse in China. Viele Bauern litten unter den drückenden Abgaben, die sie zu leisten hatten. Durch die steigenden Bevölkerungszahlen wurden die landwirtschaftlichen Nutzflächen immer knapper. Ein Großteil der Bevölkerung war mit der Regierung unzufrieden, die 1842 den Ersten Opiumkrieg gegen Großbritannien verloren hatte und der zunehmenden Gesetzlosigkeit im Land nicht Herr wurde. Hinzu kam eine feindselige Haltung vieler Chinesen gegen die Oberschicht der Mandschu, wie sie gerade im Süden des Landes unter der Bevölkerungsgruppe der Hakka verbreitet war.

Während die Anhängerschaft der «Gemeinschaft der Gottesverehrer» beständig zunahm, wuchsen auch die Spannungen mit den örtlichen Behörden und Militärführern. Anfang 1851 kam es in der südchinesischen Stadt Jintian zum offenen Aufruhr, in dem Hong Xiuquan das «Himmlische Königreich des Ewigen Friedens» (*Tàipíng Tiānguó*) proklamierte und die Bevölkerung zur Annahme seiner Religion und zum Sturz der Mandschu-Dynastie aufrief. Im September 1851 eroberten die Aufständischen die Stadt Yongan und im März 1853 die alte Kaiserresidenz Nanjing, die Hong Xiuquan zu seiner Hauptstadt machte. In den folgenden Jahren kam es in zahlreichen Provinzen Chinas zum Krieg zwischen Aufständischen und Regierungstruppen, der von beiden Seiten mit großer Brutalität geführt wurde. Gleichzeitig wurden im inneren

Führungszirkel der Aufständischen politische Säuberungen durchgeführt, die zahlreiche Opfer forderten. Eine wichtige Rolle spielte seit 1859 Hong Rengan (1822–1864), ein Verwandter und früher Anhänger Hong Xiuquans, der infolge seiner langjährigen Zusammenarbeit mit christlichen Missionaren gute Kenntnisse der europäischen Verhältnisse besaß, seine weitreichenden Reformpläne jedoch nicht durchsetzen konnte.

Zu einem Wendepunkt in der militärischen Auseinandersetzung wurde der Angriff der Aufständischen auf die strategisch wichtige Hafenstadt Schanghai, den die Regierungstruppen im August 1860 mit europäischer Unterstützung zurückschlugen. In der Folge drängten in der sogenannten «stets siegreichen Armee» *(cháng shèng jūn)* chinesische Soldaten unter der Führung europäischer und amerikanischer Offiziere die Aufständischen immer weiter zurück. 1864 wurde Nanjing nach mehrjähriger Belagerung von den kaiserlichen Truppen erobert, die Anführer hingerichtet und die Taiping-Bewegung in den folgenden Jahren überall auch auf lokaler Ebene unterdrückt. Nach realistischen Schätzungen verloren in den vierzehn Jahren des Taiping-Aufstands zwischen zwanzig und dreißig Millionen Menschen ihr Leben.

Der Geistertanz der Prärie-Indianer

Die Taiping-Bewegung war ein typischer Krisenkult, der in einer Zeit tiefgreifender Verunsicherung, Zerstörung der Lebensgrundlagen und Perspektivlosigkeit unter Rückgriff auf einheimische Überlieferungen und Anleihen bei der Religion der Kolonialmacht die irrationale Hoffnung erzeugte, eine vollständige Umkehrung der Verhältnisse herbeiführen zu können. Unmittelbar damit vergleichbar ist die Geistertanz-Bewegung, die wenig später mehrere nordamerikanische Indianervölker erfasste.[22]

Am Anfang der Geistertanz-Bewegung stand der bei vielen indianischen Völkern praktizierte Rundtanz, bei dem die Tänzer einen Kreis bilden und sich unter den Klängen von Trommeln und Gesängen in langsamen Tanzschritten und mit rhythmisch gebeugten Knien nach links bewegen. 1869 verkündete der indianische Seher und Heiler Wodziwob aus dem Volk der Paiute im Zusammenhang mit solchen Tänzen, dass eine große Naturkatastrophe bevorstehe, bei der die Weißen vernichtet, die Ureinwohner Amerikas aber verschont würden. Seine Prophezeiung fand zunächst nur geringes Echo, wurde jedoch zwanzig Jahre später von einem anderen Seher aufgegriffen, dessen Vater mit Wodziwob bekannt gewesen war. Dieser Seher war der Paiute Wovoka (um 1856–1932), der über viele Jahre hinweg für eine Familie von Einwanderern gearbeitet hatte und daher auch mit den Grundzügen der christlichen Religion vertraut war.

1889 verkündete Wovoka, dass er zu Gott in den Himmel entrückt worden sei und dieser ihm offenbart habe, dass alle Indianer rechtschaffen, arbeitsam und gewaltfrei leben sowie in regelmäßigen Abständen fünf Tage lang den zeremoniellen Rundtanz durchführen sollten. Dies werde das Böse vernichten und dazu führen, dass die Menschen auf einer Neuen Erde friedlich und im Überfluss leben könnten. Da die Anhänger dieser Botschaft davon ausgingen, dass das erwartete Paradies den Lebenden wie auch den Verstorbenen zugutekommen würde, nannte man den Rundtanz *spirit dance* oder *ghost dance*, «Geistertanz». Die Kenntnis davon verbreitete sich rasch unter den indianischen Völkern, von denen etliche Abgesandte zu Wovoka schickten, um sich über die neue Lehre zu informieren. Schon bald entwickelte man in diesem Zusammenhang auch weitergehende Vorstellungen wie etwa die, dass die besondere Kleidung der Tänzer sie unverwundbar mache. Wie Zeitgenossen vermuteten, entstand diese Vorstellung vielleicht daraus, dass auch die Mormonen ihren sogenannten Tempelgewändern eine – wenn auch spirituelle – Schutzfunktion zuschrieben.

Einer der indianischen Delegierten, die Wovoka aufsuchten, war der Schamane Mato Wartaka (Kicking Bear, 1846–1904), der vierzehn Jahre zuvor an der Schlacht am Little Big Horn teilgenommen hatte und nun die Tradition des Geistertanzes bei den Prärie-Indianern des Volks der Lakota einführte. Deren Lebensbedingungen hatten sich soeben dramatisch verschlechtert, da die Regierung ihnen einen erheblichen Teil des Landes, das man ihnen zuvor vertraglich zugesichert hatte, zugunsten neu zugewanderter Siedler aus dem Osten der Vereinigten Staaten weggenommen hatte. Auch wurde erwartet, dass sie künftig sesshaft werden, von Ackerbau und Viehzucht leben und ihre traditionelle Kultur weitgehend aufgeben würden. 1890 führte eine Nahrungsmittelknappheit in den Reservaten zu der Befürchtung, dass die zeremoniellen Geistertänze den Auftakt zu einem bewaffneten Aufstand bilden könnten, und die Regierung entsandte Soldaten, um dieser Entwicklung vorzubeugen. Eines der ersten Opfer, die diese Aktion forderte, war Thathangka Iyotake (Sitting Bull, 1831–1890), der Anführer der Hunkpapa Lakota; er wurde Mitte Dezember 1890 bei dem Versuch, ihn als einen Förderer der Geistertänze zu verhaften, erschossen. Vierzehn Tage später kam es zu dem berüchtigten Massaker am Wounded Knee Creek, bei dem über hundertfünfzig Angehörige der Oglala-Lakota, darunter viele Frauen und Kinder, durch die Schnellfeuerwaffen der US-Kavallerie ums Leben kamen. Danach kam die Geistertanz-Bewegung aus Furcht vor weiterer Gewalt von Seiten der Regierungstruppen weitgehend zum Erliegen; nur im Verborgenen wurden die Tänze noch eine Zeit lang weiter durchgeführt.

Die Ahmadiya-Bewegung

Gegen Ende des neunzehnten Jahrhunderts entstand auf dem Boden des Islams noch einmal eine neue religiöse Bewegung, die bis heute lebendig ist, obschon Selbst- und Fremdeinschätzung im Hinblick auf ihre Zugehörigkeit zum Islam auseinandergehen: die Ahmadiya-Bewegung.[23] Ihr Gründer Mirza Ghulam Ahmad (1835–1908) entstammte einer begüterten Familie ursprünglich persischer Herkunft, die seit langem in dem Ort Qadian im Pandschab ansässig war. 1885 erhob Mirza Ghulam Ahmad erstmals den Anspruch, einer jener «Erneuerer» (*muǧaddid*) zu sein, wie sie einer verbreiteten muslimischen Auffassung zufolge einmal in jedem islamischen Jahrhundert auftreten, um den Islam in seiner ursprünglichen, gottgewollten Form wiederherzustellen. 1889 gründete er daher eine eigene Bewegung, die einige Jahre später mit Blick auf ihre offizielle Anerkennung durch die Verwaltung im damaligen Britisch-Indien den Namen «die Islamische Ahmadiya-Gemeinschaft» (*al-ǧamāʿa al-islāmīya al-aḥmadīya*) annahm. Diese Bezeichnung bezieht sich den Worten ihres Gründers zufolge jedoch nicht auf seinen eigenen Namen, sondern auf einen Vers des Korans (Sure 61,6), in dem Jesus einen zukünftigen Gesandten voraussagt, «dessen Name hochlöblich (oder: löblicher) ist» (*ismuhu aḥmadu*). Ahmad gilt daher als alternative Bezeichnung für den Propheten Muhammad. 1890 erklärte Mirza Ghulam Ahmad erstmals, er sei der von den Muslimen erwartete Mahdi, der von den Christen erwartete wiedergekehrte Messias und eine Verkörperung des Gottes Krishna. Religiöse Lehrer wie Buddha, Konfuzius und Zarathustra sah er ebenso wie Mose, Jesus und Muhammad als Propheten Gottes an. 1891 organisierte die Ahmadiya-Bewegung erstmals zur Stärkung des Gemeinschaftsgefühls und zur Erbauung der Gläubigen eine allgemeine Versammlung (*Jalsa Salana*) in Qadian, wie sie seitdem alljährlich in unterschiedlichen Ländern abgehalten wird.

Im Hinblick auf ihre Glaubenslehren und ihre religiöse Praxis stehen die Anhänger der Ahmadiya-Bewegung den Sunniten sehr viel näher als den Schiiten, was in ihrer Anerkennung der fünf Säulen des Islams und der sunnitischen Hadithe zum Ausdruck kommt. Der Interpretation des Dschihad nicht nur als Anstrengung auf dem Weg zu Gott, sondern auch als gewaltsamer Kampf gegen Ungläubige, wie sie viele Muslime vertreten, stellte Mirza Ghulam Ahmad die Mission mit friedlichen Mitteln gegenüber. Abgelehnt wird auch die sunnitische Lehre von der Abrogation einzelner Koranverse, nach der spätere Bestimmungen des Korans frühere aufheben. Nach Auffassung Mirza Ghulam Ahmads sind vielmehr alle Verse des Korans in gleicher Weise gültig; scheinbare Widersprüche dürfen nicht durch eine Entscheidung im Sinne der Chronologie beseitigt werden. Darüber hinaus vertreten Anhänger der Ahmadiya-Bewegung die Auffassung, dass Jesus die Kreuzigung überlebt habe und danach auf der Suche nach den verlorenen Stämmen Israels nach Kaschmir gereist sei; in Srinagar sei er in hohem Alter verstorben, und dort liege er auch begraben.

Gravierender als alle bisher genannten Unterschiede ist indes das abweichende Prophetieverständnis der Ahmadiya-Bewegung, denn die Bezeichnung Muhammads als «Siegel der Propheten» versteht sie nicht im Sinne von «Letzter der Propheten», sondern als einen Ehrentitel, so dass auch spätere Propheten wie Mirza Ghulam Ahmad auftreten können. Nach seinem Tod wählte die Ahmadiya-Gemeinschaft 1908 den Mediziner Nuur ud-Din (1841–1914), einen der ersten Anhänger Mirza Ghulam Ahmads, zum «Kalifen des Messias» (*ḫalīfatu l-masīḥ*), also zu dem auf Lebenszeit gewählten geistlichen Leiter der Ahmadiya-Bewegung. Sechs Jahre später kam es zwar nach Nuur ud-Dins Tod zu einer Spaltung, als die Anhänger der sogenannten Lahore-Ahmadiya-Bewegung die Einrichtung des Kalifats in seiner bestehenden Form ablehnten und auch dem Stifter der Bewegung nur den Titel eines Erneuerers, nicht aber den eines Propheten zugestehen wollten, doch spielte diese neuentstandene Gruppierung langfristig nur noch eine untergeordnete Rolle.

Infolge einer regen Missionstätigkeit gewann die Ahmadiya-Bewegung bereits in den ersten Jahren ihres Bestehens zahlreiche Anhänger vor allem im Nordwesten Britisch-Indiens. Als das Land 1947 seine Unabhängigkeit zurückgewann und in die beiden Staaten Indien und Pakistan aufgeteilt wurde, verlegte die Ahmadiya-Bewegung ihren Hauptsitz vom indischen Qadian nach Rabwah in Pakistan, wo die große Mehrzahl ihrer Anhänger lebte. Dort kam es jedoch schon bald zum Konflikt mit der sunnitischen Bevölkerungsmehrheit, so dass das pakistanische Parlament 1974 schließlich den Anhängern Mirza Ghulam Ahmads den Status von Muslimen förmlich aberkannte. Da der Islam in Pakistan Staatsreligion ist und religiöse Minderheiten unterdrückt werden, verlegte der Kalif Mirza Tahir Ahman (1928–2003) wegen der Verfolgung seiner Glaubensgemeinschaft den Sitz des Kalifats 1984 von Rabwah nach London. Derzeitiges Oberhaupt der Ahmadiya-Bewegung ist seit 2003 Mirza Masrur Ahmad (geb. 1950), ein Urenkel Mirza Ghulam Ahmads.

23. Alternativen zur Religion: Philosophen, Ideologen und Visionäre

Während die großen Religionen in ganz ähnlicher Weise mit der Rückbesinnung auf autoritative Schriften und vermeintliche Ursprünge, mit antimodernistischen Verhärtungen oder auch Reformen auf die gesellschaftlichen Veränderungen seit der Aufklärung und der Industrialisierung reagierten, entwickelten sich besonders in Europa seit dem frühen neunzehnten Jahrhundert immer wieder Bewegungen, die von ihren Begründern und Anhängern als Alternative zur Religion verstanden werden wollten. Sie waren häufig in hohem Maße den philosophischen Anschauungen und wissenschaftlichen Theorien ihrer Zeit verpflichtet, artikulierten sich mitunter aber auch in Formen, die sich an den Gepflogenheiten der etablierten Religionen orientierten.

Humanismus, Atheismus und Agnostizismus

Sinnfälliger Ausdruck der zentralen Bedeutung, die der Mensch im Weltbild vieler Denker des späten achtzehnten und frühen neunzehnten Jahrhunderts einnahm, ist der erstmals 1808 geprägte Begriff «Humanismus» (zu lateinisch *homo* «Mensch» und *humanus* «menschlich»). Er hat zwei ältere Wurzeln, nämlich den schon im sechzehnten Jahrhundert geprägten Ausdruck «Humanist» (neulateinisch *humanista*) als Bezeichnung eines Kenners und Erforschers des griechisch-römischen Altertums sowie das seit der zweiten Hälfte des achtzehnten Jahrhunderts betonte Ideal der «Humanität». Am Anfang der Begriffsgeschichte steht das griechische Wort *philanthrōpía* (zu *anthrōpos* «Mensch» und *philía* «Liebe»), das zum einen ganz konkret die Wohltat eines Höhergestellten gegenüber einem Untergebenen, zum anderen eher abstrakt die Haltung einer allgemeinen «Menschenfreundlichkeit» oder «Menschenliebe» bezeichnen konnte. In dieser zweiten Bedeutung erscheint das Wort in dem modernen Ausdruck «Philanthrop(in)ismus», mit dem besonders der Reformpädagoge Johann Bernhard Basedow (1724–1790) eine Neuordnung des Schulsystems nach den Prinzipien der Aufklärung propagierte.

Eine wichtige Rolle spielte die Auffassung der *philanthrōpía* als eines Ideals, das in der Wesensgleichheit aller Menschen gründet, jedoch schon in der stoischen Philosophie. Von dort übernahm sie Cicero, der das lateinische Wort *humanitas* («Menschlichkeit») als Lehnübersetzung von *philanthrōpía* in die lateinische Literatur und Philosophie einführte. Durch den Rückgriff spätmittelalterlicher und frühneuzeitlicher Autoren wie Francesco Petrarca (1304–1374) und Erasmus von Rotterdam (um 1466–1536) gerade auf die Schriften Ciceros wurde der neulateinische Ausdruck (*studia*) *humaniora* zu einem Synonym für das antike Bildungsgut schlechthin. Eine deutliche Akzentverschiebung ergab sich erst im späten achtzehnten und frühen neunzehnten Jahrhundert, indem Herder den Begriff der Humanität zu den Idealen der Aufklärung in Beziehung setzte und Autoren wie Friedrich August Wolf (1759–1824) und Wilhelm von Humboldt (1767–1835) im heute so genannten Neuhumanismus den unmittelbaren Rückgriff auf ein – stark idealisiertes und letztlich unhistorisches – «Griechentum» als Bildungsideal für die Moderne propagierten.

Zum Mittelpunkt einer Alternative zur Religion wurde der Begriff «Humanität» erstmals in der «Religion der Menschlichkeit» (*Religion de l'Humanité*), die der französische positivistische Philosoph und Mitbegründer der Soziologie Auguste Comte (1798–1857) ins Leben rief. Als oberstes Gebot der Religion galt ihm das «Leben für den Nächsten» (*vivre pour autrui*), wodurch er zum Schöpfer des Begriffs «Altruismus» als Gegenteil von «Egoismus» wurde. Obwohl seiner «Religion der Menschlichkeit», die einige zeitgenössische Kritiker als gottlosen Katholizismus verspotteten, kein dauerhafter Erfolg beschieden war, inspirierte sie doch zahlreiche ähnliche Vereinigungen. So gründeten Richard Congreve (1818–1899) 1878 in England die *Church of Humanity* und Raimundo Teixeira Mendes (1855–1927) 1881 in Brasilien die *Igreja Positivista do Brasil.* Das von Comte inspirierte Motto

Ordem e Progresso («Ordnung und Fortschritt») ziert noch heute die brasilianische Flagge.

Wie die Vertreter des Neuhumanismus Gedanken der stoischen Philosophie aufnahmen, so machten einige prominente Kritiker der Religion Anleihen bei anderen Theorien der vorchristlichen antiken Philosophie. So erscheint etwa die antike Auffassung, alle Götter der Menschen seien ursprünglich nur bedeutende Wohltäter gewesen, die man erst nach ihrem Tod vergöttlicht habe, in ganz ähnlicher Form bei dem Philosophen Herbert Spencer (1820–1903), der in seinem vielbändigen «System der synthetischen Philosophie» (1862–1898) eine umfassende Geschichte der menschlichen Gesellschaft vom Standpunkt des Evolutionismus entwarf. Antike Vorstellungen von der Relativität religiöser Vorstellungen und ihrer Instrumentalisierung, wie sie bei den vorsokratischen Philosophen begegnen, vertiefte Ludwig Feuerbach (1804–1872). In seinem erstmals 1841 veröffentlichten religionskritischen Hauptwerk *Das Wesen des Christentums* entwickelte er seine erst später so genannte Projektionstheorie, derzufolge der Mensch aus dem Wissen um die ihm eigenen Grenzen heraus ideale Eigenschaften, die seine Möglichkeiten übersteigen, auf eine Gottheit projiziere.

Parallel zu den verschiedenen Manifestationen eines dezidierten Atheismus stieg mit der aufklärerischen Kritik an den traditionellen Gottesbeweisen und den Erkenntnisfortschritten der Naturwissenschaften auch die Zahl derer, die eine Entscheidung zwischen Theismus und Atheismus vermeiden wollten, da eine solche Frage grundsätzlich nicht entschieden werden könne. Als Vorbild für diese Position verwies man gerne auf den vorsokratischen Philosophen Protagoras (um 490–um 410 v. Chr.), der nach den Worten des Philosophiehistorikers Diogenes Laertios eine seiner Schriften mit der Feststellung begann, er wisse von den Göttern «weder dass sie sind noch dass sie nicht sind; denn vieles hemmt uns in dieser Erkenntnis, sowohl die Dunkelheit der Sache als auch die Kürze des menschlichen Lebens» (*Leben und Meinungen berühmter Philosophen* 9,51). Bezeichnenderweise heißt es gleich im Anschluss an dieses Zitat, die Athener hätten die Schriften des Protagoras wegen dieser Aussage öffentlich verbrannt und ihn selbst aus der Stadt verbannt.

In der zweiten Hälfte des neunzehnten Jahrhunderts prägte man für die erkenntnistheoretisch begründete Verweigerung einer Entscheidung zwischen Theismus und Atheismus die Bezeichnung «Agnostizismus» (von griechisch *ágnōstos*, «unbekannt», «unerkennbar») und bezeichnete ihre Anhänger als «Agnostiker». Als Urheber dieses Begriffs gilt der Biologe Thomas Henry Huxley (1825–1895), der zu seiner Zeit einflussreichste Fürsprecher der Evolutionstheorie Charles Darwins. Ein prominenter Befürworter des Agnostizismus im viktorianischen England war der schottische Schriftsteller und Verleger William Stewart Ross (1844–1906), der von 1888 bis zu seinem Tod die Zeitschrift *Agnostic Journal* herausgab. In Amerika wurde nicht zuletzt dank seines rhetorischen Talents vor allem der Jurist und republikanische Politiker Robert Green Ingersoll (1833–1899) für diese Haltung weithin bekannt.

Zu den bekanntesten Vertretern des Agnostizismus im zwanzigsten Jahrhundert gehörte der britische Philosoph Bertrand Russell (1872–1970), der sich selbst teils als Agnostiker, teils als Atheist bezeichnete und besonders die fehlende Plausibilität vieler empirisch unbegründeter Glaubensaussagen anprangerte. Bekannt wurde in diesem Zusammenhang der Ausdruck «Russells Teekanne» (*Russell's teapot*); er bezieht sich auf Russells Bemerkung, dass er als Philosoph zwar sehr wohl behaupten könne, dass zwischen der Erde und dem Mars auch eine Teekanne ihre elliptische Bahn um die Sonne beschreibe, dass er dann aber auch den Nachweis der Plausibilität einer solchen Behauptung führen müsse und nicht etwa die Last des Gegenbeweises seinen Gegnern aufbürden dürfe.

Neue Aktualität gewann die Debatte um die relative Plausibilität religiöser und naturwissenschaftlicher Aussagen gegen Ende des zwanzigsten Jahrhunderts, als Kritiker der Evolutionstheorie aus dem Umfeld des Evangelikalismus den teleologischen Gottesbeweis der mittelalterlichen Scholastik wiederbelebten. Er besagt, dass man aus der planvollen, auf ein Ziel (griechisch *télos*) gerichteten Einrichtung der Welt auf Gott als ein dahinterstehendes intelligentes Wesen schließen könne. Dies führte zur Gründung der kreationistischen *Intelligent Design*-

Abb. 45 Thomas Henry Huxley. Aufnahme aus dem Jahr 1880

Bewegung, deren Anhänger für ihre Anschauungen eine mindestens ebenso hohe Plausibilität beanspruchten wie für die Evolutionstheorie. Dieser Auffassung zufolge lässt sich die Organisation des Universums und des Lebens nur durch einen intelligenten Urheber erklären. Als Reaktion darauf veröffentlichte der US-amerikanische Physiker Bobby Henderson (geb. 1980) 2006 in satirischer Absicht sein Buch «Das Evangelium des Fliegenden Spaghettimonsters» (*The Gospel of the Flying Spaghetti Monster*), in dem er die Argumentationsweise der Kreationisten dadurch parodierte, dass er sich in ganz ähnlicher Weise gegen die Evolutionstheorie aussprach, jedoch ein von ihm erfundenes «Fliegendes Spaghettimonster» an die Stelle des christlichen Gottes setzte. Durch ihre Präsenz im Internet und in den sozialen Medien gewannen Hendersons Ideen große Aufmerksamkeit und wurden in vielen Ländern vor allem in religionskritischer Absicht aufgegriffen. In Deutschland ist die «Kirche des Fliegenden Spaghettimonsters e. V.» seit 2012 als Weltanschauungsgemeinschaft anerkannt. 2016 wurde in Christchurch auf Neuseeland erstmals eine rechtsgültige Eheschließung nach dem Ritus der Spaghettimonster-Kirche vollzogen.

Wunderglaube, Mesmerismus und Spiritismus

Die sozialreformerischen und politischen Utopien des neunzehnten Jahrhunderts und die daraus hervorgegangenen totalitären Ideologien wurden wesentlich durch die sozialen Verwerfungen im Gefolge der Industriellen Revolution geprägt. Auf der anderen Seite wirkte aber auch ein zunehmender Fortschrittsoptimismus, der durch den Aufschwung der Naturwissenschaften und der Technik beflügelt wurde. Hand in Hand mit der Zuversicht, die Naturgesetze immer besser zu verstehen, ging ein neues Interesse an einer Welt jenseits dieser berechenbaren Größen – sei es, dass man sie als Gegengewicht zum Materialismus und Positivismus auffasste, sei es, dass man die bereits bekannten Gesetzmäßigkeiten auf noch unerforschte Bezirke hoffte ausdehnen zu können.

Im Protestantismus spiegelt sich die verbreitete Sehnsucht nach dem unmittelbaren und befreienden Einbruch des Göttlichen in einen oft als trost- und hoffnungslos empfundenen Alltag im Aufschwung der Erweckungsbewegungen, der schon im achtzehnten Jahrhundert begonnen hatte und sich bis ins zwanzigste Jahrhundert fortsetzte. In der römisch-katholischen Kirche ist parallel dazu vor allem seit dem frühen neunzehnten Jahrhundert eine Zunahme des Interesses an Wundern, mystischen Erfahrungen und Visionen zu verzeichnen, die sich auch in einer deutlichen Zunahme von Wunderberichten manifestierte. Ein frühes Beispiel dafür ist die Nonne Anna Katharina Emmerick (1774–1824), die über zehn Jahre lang in mystischen Visionen das Leiden und Sterben Christi durchlebte. In ihren letzten fünf Lebensjahren machte der Schriftsteller Clemens Brentano (1778–1842) umfangreiche Aufzeichnungen über diese Visionen, die er danach in mehreren Büchern literarisch gestaltete. Sie dienten noch 2004 dem amerikanisch-australischen Regisseur Mel Gibson als Vorlage für seinen Film «Die Passion Christi» (*The Passion of the Christ*). Große Aufmerksamkeit erregte um die Mitte des neunzehnten Jahrhunderts auch der österreichische Visionär Jakob Lorber (1800–1864), dessen teils von ihm selbst, teils von seinen Freunden nach Diktat niedergeschriebene Offenbarungen schließlich um die zehntausend Druckseiten umfassten.

Auch Berichte über Marienerscheinungen wurden von einer breiten Öffentlichkeit begierig aufgegriffen. In dem südostfranzösischen Dorf La Salette etwa meinten zwei fünfzehn und elf Jahre alte Hirtenkinder im September 1846 auf einem nahegelegenen Berg die Jungfrau Maria erblickt und mit ihr gesprochen zu haben. Nachdem der örtliche Bischof die Authentizität der Erscheinung bestätigt hatte, errichtete man dort zwischen 1852 und 1865 eine große Basilika, die zahlreiche Pilger anzog. Als Wallfahrtsort weithin bekannt wurde auch die südwestfranzösische Stadt Lourdes am Fuße der Pyrenäen unweit der spanischen Grenze; dort hatte die damals vierzehnjährige Bernadette Soubirous (1844–1879) eigenem Bekunden zufolge insgesamt achtzehn Erscheinungen einer weißgekleideten Frau, die sich ihr gegenüber als «die unbefleckte Empfängnis» zu erkennen gab.

Charakteristisch für die katholischen Wundererzählungen und Visionsberichte des neunzehnten Jahrhunderts ist zum einen der hohe Anteil von Frauen gerade auch aus den unteren und weniger gebildeten Schichten der Bevölkerung, zum anderen der oft beträchtliche Aufwand an medizinischen Untersuchungen, die auch von kirchlicher Seite zur Überprüfung ihres Wahrheitsgehalts angestellt wurden, obschon die herangezogenen Fachleute oft zu gegensätzlichen Beurteilungen kamen und ihre abschließenden Stellungnahmen oft unterschiedlich interpretiert und bewertet wurden. Wissenschaftsgläubigkeit und Wundersucht gingen hier eine enge Verbindung ein.[24] In Kreisen, die den christlichen Kirchen eher distanziert gegenüberstanden, manifestierte sich das Interesse am Übernatürlichen dagegen eher in den verschiedenen Varianten des Geisterglaubens, der im neunzehnten Jahrhundert ebenfalls zum Gegenstand theoretischer Spekulationen und (pseudo-) wissenschaftlicher Untersuchungen wurde.

Für die vor allem im neunzehnten und frühen zwanzigsten Jahrhundert verbreitete Vorstellung, dass die «Seele» des Menschen als «Geist» den Tod überdauere und dass man mit Hilfe bestimmter «Medien» unmittelbar zu solchen Geistern in Kontakt treten könne, hat sich im

Deutschen die Bezeichnung «Spiritismus» eingebürgert.[25] Da man im Englischen stattdessen zumeist von *spiritualism* spricht, begegnet mitunter auch im Deutschen die Bezeichnung «Spiritualismus»; im Allgemeinen bezeichnet dieser Ausdruck jedoch im Unterschied zum «Spiritismus» eine religiöse Bewegung innerhalb des Christentums, die dem unmittelbaren Einwirken des Heiligen Geistes auf den einzelnen Gläubigen besondere Bedeutung beimisst.

Im Hintergrund des modernen Spiritismus steht ein breites Spektrum von religiös-philosophischen Texten über das Verhältnis von Geist und Materie, die sich von der Hebräischen Bibel und dem Neuen Testament über die Schriften von Aristoteles und Platon bis hin zu deren Rezeption in der Spätantike, dem Mittelalter und der Frühen Neuzeit erstrecken. Zeitlich näher und unmittelbarer relevant sind indes zwei Autoren des achtzehnten Jahrhunderts, die diese älteren Vorstellungen mit Spekulationen der frühen Naturwissenschaften über die Existenz einer besonderen «feinstofflichen» Materie verbanden. Der erste dieser Autoren war der schwedische Naturforscher und Mystiker Emanuel Swedenborg (1688–1772), der nach visionären Erlebnissen in umfangreichen lateinischen Schriften ein esoterisches Weltbild mit ausführlichen Schilderungen des Zustands der Verstorbenen in der Geisterwelt entwickelte. Eine wichtige Rolle spielte ferner der Arzt Franz Anton Mesmer (1734–1815), dessen Lehre von einem alle Lebewesen durchströmenden magnetischen Fluidum zu seiner Zeit und auch noch einige Jahrzehnte nach seinem Tod viel diskutiert wurde.[26] Weithin bekannt wurde besonders die in der Heilmethode des Mesmerismus gängige Vorstellung, dass Somnambulen (Schlafwandler) in ihrem Dämmerzustand über paranormale Fähigkeiten verfügen.

Einer der ersten Spiritisten war der US-Amerikaner Andrew Jackson Davis (1826–1910), der schon in jugendlichem Alter als begabter Hellseher und Heiler galt. Er veröffentlichte 1845 als sein erstes und einflussreichstes spiritistisches Werk «Die Grundlagen der Natur» (*The Principles of Nature*), in dem er seine Überzeugungen von der postmortalen Weiterentwicklung des Menschen in der Geisterwelt darlegte. Weithin bekannt wurde der Spiritismus wenige Jahre später durch die drei Töchter der Familie Fox aus Hydesville bei New York. Sie gaben an, in ihrem Haus durch Klopfzeichen mit einem dort verstorbenen Krämer in Kontakt treten zu können. Durch die Vermarktung dieser vermeintlichen Fähigkeit auf Reisen durch die Vereinigten Staaten und Europa wurde der Glaube an diese Art der Kommunikation mit den Geistern Verstorbener weithin bekannt und rief zahlreiche Nachahmer auf den Plan; erst 1888 gestanden die beiden jüngeren Schwestern, die Klopfzeichen mit Hilfe eines einfachen Tricks selbst erzeugt zu haben.

Zu den Begründern des Spiritismus in Europa zählt der aus Lyon stammende Pädagoge Hippolyte Léon Déziard Rivail (1804–1869). Er hielt sich für die Reinkarnation eines Druiden namens Allan Kardec und veröffentlichte unter diesem Pseudonym zwischen 1857 und 1868 fünf viel gelesene Bücher, in denen er sein spiritistisches Weltbild, die Methoden der Kommunikation mit der Geisterwelt und seine Anschauungen vom Verhältnis zwischen Religion und Wissenschaft entwickelte. Großes Aufsehen erregte in der Folge der Amerikaner Henry Slade (1836–1905) mit dem Verfahren, die Mitteilungen von Verstorbenen auf Schiefertafeln erscheinen zu lassen. 1877 organisierte der renommierte Astrophysiker Karl Friedrich Zöllner (1834–1882) mehrere spiritistische Séancen mit Slade und interpretierte die von ihm hervorgerufenen Phänomene daraufhin als Beweis für die Existenz einer vierten Dimension. Tatsächlich hatte man Slade jedoch bereits ein Jahr zuvor in England als Trickbetrüger entlarvt, was Zöllner in den Augen vieler Fachkollegen diskreditierte.

In dem Umfang, wie die Anhänger des Geisterglaubens immer wieder an ihrem eigenen Anspruch der experimentellen Überprüfbarkeit scheiterten und professionelle Taschenspieler und Zauberkünstler prominente Spiritisten und Medien zunehmend als Betrüger oder Scharlatane entlarvten, sank das gesellschaftliche Ansehen des Spiritismus. Gleichwohl sollten einige der für ihn charakteristischen Vorstellungen auch später noch im Bereich der afroamerikanischen Religionen und einiger neuer religiöser Bewegungen eine erhebliche Rolle spielen; davon wird weiter unten noch die Rede sein.

Theosophie und Anthroposophie

Das griechische Wort *theosophía* spielte in der Bedeutung «Gottesweisheit» oder «Weisheit vom Göttlichen» als Bezeichnung einer mystischen Gotteserkenntnis bereits vor der Christianisierung des Römischen Reichs eine wichtige Rolle, etwa in der neuplatonischen Philosophie und in der Gnosis. Bei den griechischsprachigen Kirchenschriftstellern bedeutet es dann oft so viel wie «Theologie»; erst seit der Frühen Neuzeit wurde es zunehmend üblich, die Theologie als eine konfessionell geprägte, spekulativ-lehrhafte Ausdeutung des christlichen Glaubens der Theosophie als einer unmittelbaren mystischen Erfahrung Gottes gegenüberzustellen. Mit dieser Bedeutungsverschiebung war oft der Rückgriff auf eher randständige oder auch außerchristliche Traditionen wie etwa die Kabbala verbunden. Die christliche Theosophie erhielt dadurch einen esoterischen Charakter, was ihren Vertretern mitunter den Vorwurf der Häresie eintrug.

Eine neue Bedeutung gewann der Ausdruck «Theosophie» 1875 mit der Gründung der «Theosophischen Gesellschaft» durch Helena Petrowna Blavatsky (1831–1891) und Henry Steel Olcott (1832–1907).[27] Das erklärte Ziel der Gesellschaft bestand in der Förderung des Studiums «östlicher» Religionen und der Erforschung bislang unbekannter Naturkräfte, um dadurch Glauben und Wissenschaft miteinander zu versöhnen und eine «universelle Bruderschaft der Menschheit» herbeizuführen. In dem 1877 erschienenen ersten Hauptwerk Blavatskys, «Die entschleierte Isis» (*Isis Unveiled*), standen vor allem die antiken Religionen im Mittelpunkt der Aufmerksamkeit. Nachdem Blavatsky und Olcott jedoch 1882 den Hauptsitz der Bewegung von New York nach Indien verlegt hatten, spielten hinduistische und buddhistische Vorstellungen eine zunehmend wichtige Rolle im theosophischen Weltbild. 1888 veröffentlichte Blavatsky als ihr zweites Hauptwerk «Die Geheimlehre» (*The Secret Doctrine*); darin verband sie die letztlich gnostische Vorstellung von einem Abstieg des Geistes in die Materie, aus der es sich wieder zu befreien gilt, mit indischen Vorstellungen von einer Abfolge von Weltaltern (*kalpa*) und der kausalen Notwendigkeit der Wiederverkörperung, die in der Theosophie jedoch nicht mehr als leidvoller Kreislauf, sondern als Chance zur Weiterentwicklung des Menschen verstanden wird. Zur Legitimation ihrer Anschauungen verwies Blavatsky auf die «Meister der Weißen Loge», die als eine geheime Bruderschaft jenseits von Tod und Wiedergeburt von Tibet aus die Geschicke der Menschheit lenkten und ihr den Auftrag zur Verkündung dieser Lehre gegeben hätten.

1885 kam ein Gutachten, das die drei Jahre zuvor gegründete *Society for Psychical Research* in Auftrag gegeben hatte, zu einem vernichtenden Urteil über die angeblich paranormalen Phänomene, auf die sich Blavatsky berief, was den Ruf der Theosophischen Gesellschaft in Europa nachhaltig beschädigte. In Indien dagegen erwarb sich die Bewegung großes Ansehen, weil sie sich mit der indischen Nationalbewegung solidarisierte und 1885 eine wichtige Rolle bei der Gründung des Indischen Nationalkongresses spielte. Zusätzliches Gewicht gewann die indische Ausrichtung der Theosophischen Gesellschaft durch Annie Besant (1847–1933), die 1889 in London Mitglied wurde und vier Jahre später die Bewegung auf dem Weltparlament der Religionen in Chicago vertrat. 1895, vier Jahre nach dem Tod Blavatskys, kam es nach internen Rivalitäten und Meinungsverschiedenheiten über die Ausrichtung der Bewegung zur Spaltung in die «Theosophische Gesellschaft in Amerika» und die «Theosophische Gesellschaft Adyar», die beide für sich in Anspruch nahmen, die wahre Theosophie zu repräsentieren.

1907 wurde nach dem Tod Henry Steel Olcotts Annie Besant zur Präsidentin der Theosophischen Gesellschaft Adyar gewählt. Vier Jahre später gründete sie zusammen mit dem Theosophen Charles Webster Leadbeater den «Orden des Sterns im Osten» (*Order of the Star in the East*), mit dem sie das bevorstehende Auftreten des jungen Inders Jiddu Krishnamurti (1895–1986) als eines neuen «Weltenlehrers» propagieren wollte. Dies führte zur Abspaltung der deutschen Sektion der Theosophischen Gesellschaft Adyar, deren Generalsekretär Rudolf Steiner (1861–1925) 1913 die Anthroposophische Gesellschaft gründete. Jiddu

Abb. 46 Die Theosophin Annie Besant

Krishnamurti verließ um 1930 die Theosophische Gesellschaft und wirkte danach als freier Philosoph und Schriftsteller.

Rudolf Steiner propagierte unter Berufung auf eigene hellseherische Fähigkeiten ein Weltbild, das in wesentlichen Punkten an das der Theosophischen Gesellschaft anknüpft, sich jedoch in verschiedener Hinsicht von den Vorstellungen Besants unterscheidet.[28]

Wie die Theosophie lehrt auch die Anthroposophie die Wiederverkörperung, die sich nach dem Gesetz der karmischen Vergeltung vollziehe. Wie die Theosophie vertritt auch die Anthroposophie die Auffassung der Geschichte als einer Entwicklung vom Geistigen zum Materiellen und wieder zurück, die man in sieben aufeinander folgende Weltalter und weitere Unterabschnitte gliedern kann. Ähnlich wie in der Theosophie befindet sich die Menschheit auch nach anthroposophischer Anschauung derzeit in der fünften Kulturepoche der sogenannten

Nachatlantischen Zeit, die wiederum den fünften Abschnitt des vierten dieser sieben Weltalter bildet. Dies ist auch insofern relevant, als die Siebengliederung auch für das anthroposophische Menschenbild und das anthroposophische Verständnis der menschlichen Entwicklung eine wichtige Rolle spielt. In Abgrenzung zur Theosophie vertrat Steiner jedoch in einer Reihe von Vorlesungen zu Beginn des zwanzigsten Jahrhunderts eine eigenwillige Christologie, die in ihrer Auffassung der Kreuzigung an gnostische Anschauungen erinnert. Besonders nach dem Ersten Weltkrieg beschäftigte er sich verstärkt mit den Gebieten der Reformpädagogik, der Landwirtschaft und der alternativen Medizin, auf denen die anthroposophische Bewegung noch heute einflussreich ist.

24. Religion und Gewalt: Konflikte und ihr Kontext

Für die Geschichte der Religionen bedeutete der Erste Weltkrieg in vieler Hinsicht eine Zäsur, die unter anderem in einer nachhaltigen Erschütterung des bis dahin vorherrschenden Fortschrittsglaubens, einer zunehmend kritischen Sicht auf das Christentum und dem Aufschwung totalitärer Ideologien als Alternative zu den Religionen zum Ausdruck kam. In dem Maß, wie die Religionen ihre kulturelle Prägekraft und gesellschaftliche Relevanz gerade in Europa im Zuge der Säkularisierung verloren und damit auch die religiöse Legitimation von Kriegen in Misskredit kam, erregte der oftmals beträchtliche Anteil der Religionen an der Entstehung bewaffneter Konflikte und bei der Rechtfertigung von Gewalt besondere Aufmerksamkeit.[29]

Buddhismus und japanischer Imperialismus

In Japan führten die Abschaffung des Shogunats, die Wiederherstellung der politischen Macht des Kaisertums sowie die wirtschaftliche Öffnung und Modernisierung des Landes zu einer Krise des Buddhismus, der eine Hauptstütze der alten politischen Ordnung gewesen war.[30] Im Zuge der Rückbesinnung auf die Tradition des Shinto, der als die einzige echt japanische Form von Religion galt, entfernte man aus den Shinto-Schreinen alles, was man als buddhistische Zutat ansah. Darüber hinaus wurden besonders in den Anfangsjahren der Meiji-Restauration zahlreiche buddhistische Tempel zerstört oder geschlossen, buddhistische Priester in den Laienstand versetzt, finanzielle Zuwendungen des Staates gekürzt oder gestrichen und Privilegien abgeschafft.

In ihrem Bemühen, die Vereinbarkeit des japanischen Buddhismus mit der neuen Zeit zu erweisen, bekundeten viele japanische Buddhisten eine demonstrativ patriotische Haltung, mit der sie auch die imperialistischen Ambitionen der aufstrebenden Großmacht begrüßten. Dies zeigte sich erstmals 1894/95 im Ersten Japanisch-Chinesischen Krieg, an dessen Ende China nach einer Reihe schwerer militärischer Niederlagen die Unabhängigkeit Koreas anerkennen und Taiwan an Japan abtreten musste. 1904 führte dieser wachsende Gegensatz zu Russland zum Russisch-Japanischen Krieg; an seinem Ende musste Russland die südliche Hälfte der Insel Sachalin an Japan abtreten, sich aus der Mandschurei zurückziehen und den Verbleib Koreas in der Interessensphäre Japans anerkennen. 1905 wurde das erst 1897 gegründete Kaiserreich Korea in ein japanisches Protektorat unter der Leitung eines Generalgouverneurs umgewandelt und 1910 von Japan als Kolonie annektiert. Im Zuge dieser Entwicklung nahm der japanische Einfluss auf den koreanischen Buddhismus beständig zu, was auch in einer rigiden staatlichen Kontrolle der buddhistischen Klöster Koreas zum Ausdruck kam.

Wie sehr sich führende japanische Buddhisten zu jener Zeit mit dem japanischen Imperialismus identifizierten, zeigt das Beispiel des Zen-Meisters Shaku Soen (1860–1919), der 1893 am Weltparlament der Religionen in Chicago teilgenommen hatte. Er diente während des Russisch-Japanischen Krieges als Feldgeistlicher in der japanischen Armee und beantwortete einen Aufruf des Pazifisten Leo Tolstoi (1828–1910), sich gegen den Krieg auszusprechen, mit dem Hinweis darauf, dass der Krieg und das Töten zur Verteidigung einer gerechten Sache mitunter geboten sei. In ähnlicher Weise argumentierte auch der renommierte Gelehrte Inoue Enryo (1858–1919), der 1881 als erster buddhistischer Mönch an der Kaiserlichen Universität Tokyo studiert und sich seitdem um eine philosophische Neubegründung des Buddhismus bemüht hatte.

1931 besetzte Japan inmitten des Chinesischen Bürgerkriegs die Mandschurei und errichtete dort den von Japan abhängigen Staat Mandschukuo. Weitere Expansionsbestrebungen führten 1937 zur japanischen Invasion Chinas und damit zum Zweiten Japanisch-Chinesischen Krieg sowie 1938 zu einem ersten bewaffneten Konflikt zwischen Japan und der Sowjetunion. Zu einem gefeierten Kriegshelden wurde Oberst Sugimoto Goro (1900–1937), dessen Gedanken über den Nutzen des Zen für einen Soldaten postum veröffentlicht wurden und besonders in der Armee Verbreitung fanden. Bekannt wurde auch die Aussage des Zen-Meisters Harada Daiun Sogaku (1871–1961) von der Identität des Zen mit dem Krieg und vom Marschieren und Schießen als Ausdruck der höchsten Weisheit. Für den japanischen Nationalismus und Imperialismus begeisterten sich indes auch die Vertreter anderer buddhistischer Schulen. Zu ihnen gehörte der Laienprediger Tanaka Chigaku (1861–1939), der in seiner 1914 gegründeten «Gesellschaft zur Stütze der Nation» (*Kokuchūkai*) eine nationalistische Auslegung des Nichiren-Buddhismus propagierte.

Zu einem Wendepunkt des Zweiten Weltkriegs wurde der japanische Angriff auf Pearl Harbor und die britischen und niederländischen Kolonien in Südostasien im Dezember 1941. Nach einer anfänglichen Überlegenheit der japanischen Streitkräfte gewannen die Alliierten die Oberhand und erzwangen nach dem Abwurf zweier Atombomben auf Hiroshima und Nagasaki im September 1945 die bedingungslose Kapitulation des japanischen Kaiserreichs. Für den Kaiser selbst sah die 1947 verabschiedete und bis heute gültige Verfassung Japans nur noch eine symbolische und zeremonielle Rolle vor.

Viele Aspekte des japanischen Imperialismus zwischen 1868 und 1945 werden in Japan und seinen Nachbarländern bis heute unterschiedlich interpretiert und bewertet. Ein Vorreiter für die Aufarbeitung der Rolle des Buddhismus in jener Zeit war der buddhistische Mönch Ichikawa Hakugen (1902–1986), dessen Arbeiten außerhalb Japans vor allem seit den 1990er Jahren von dem US-amerikanischen Buddhisten und Buddhismus-Forscher Brian Daizen Victoria (geb.1939) aufgegriffen wurden.[31] Über die angemessene Interpretation der zeitgenössischen japanischen Quellen hat sich seitdem eine lebhafte Diskussion entwickelt. Dabei erscheint die Verwunderung einer breiten Öffentlichkeit über den Einsatz brutaler Gewalt und deren Rechtfertigung durch Buddhisten nicht zuletzt dadurch bedingt, dass die europäischen Vorstellungen vom Buddhismus mit der gelebten Realität oft wenig zu tun haben und dass man den abstrakten Idealen der «östlichen» Religionen in ihren Ursprungsregionen offenbar eine Präge- und Durchsetzungskraft zutraut, wie sie im Falle des Christentums hierzulande kaum jemand erwarten würde. Zuletzt zeigte sich diese Diskrepanz der Wahrnehmung im Herbst 2017 bei der Verfolgung der muslimischen Minderheit der Rohingya in Myanmar, als viele Berichte darüber dem buddhistischen Bekenntnis der Verfolger mehr Aufmerksamkeit schenkten als den komplexen Ursachen des Konflikts.[32]

Konflikte zwischen Hindus, Muslimen und Sikhs

Im Hintergrund der jahrzehntelangen Verfolgung der Rohingya in Myanmar wie auch der immer wieder aufflammenden Konflikte zwischen Hindus, Muslimen und Sikhs stehen politische Entwicklungen am Ende der britischen Kolonialherrschaft auf dem Indischen Subkontinent und deren Auswirkungen auf die daraus hervorgegangenen unabhängigen Staaten Indien, Pakistan, Bangladesch und Myanmar. Nachdem es 1857 vor allem im Norden Indiens zu einem großen Aufstand gegen die britische Kolonialherrschaft gekommen war, löste die britische Regierung 1858 die Britische Ostindien-Kompanie auf und wandelte ihren Besitz in eine von London aus regierte Kronkolonie um. Sie bestand aus den drei «Präsidentschaften» (*Presidencies*) Bombay im Nordwesten, Bengalen im Nordosten und Madras im Süden. 1876 wurde Königin Viktoria in Anlehnung an das Vorbild der früheren Mogulherrscher zur «Kaiserin von Indien» (*Kaisar-i-Hind*) proklamiert. Ungefähr die Hälfte des *British Raj*, das wegen seiner enormen wirtschaftlichen Bedeutung auch als «Kronjuwel des Britischen Weltreichs» galt, wurde direkt durch einen auch als «Vizekönig» bezeichneten Generalgouverneur regiert; über die andere Hälfte herrschten mehrere hundert einheimische Fürsten unter britischer Oberhoheit.

Schon in den Anfangsjahren des *British Raj* führte die Unzufriedenheit eines Großteils der einheimischen Bevölkerung mit den teilweise verheerenden Folgen der wirtschaftlichen Ausbeutung Indiens durch Großbritannien zu einem Erstarken nationalistischer Bewegungen. 1885 gründeten Hindus und Muslime gemeinsam und unter Mitwirkung von Vertretern der Theosophischen Gesellschaft in Bombay die Partei «Indischer Nationalkongress» (*Indian National Congress*), die sich für eine stärkere Beteiligung der einheimischen Oberschicht an politischen Entscheidungen einsetzte. Als der britische Vizekönig 1905 unter Hinweis auf verwaltungstechnische Notwendigkeiten die Aufteilung der besonders bevölkerungsreichen Präsidentschaft Bengalen in einen mehrheitlich hinduistischen westlichen und mehrheitlich muslimischen Ostteil verkündete, kamen erstmals in großem Umfang Befürchtungen auf, die britische Regierung könnte zur Unterdrückung der nationalen Bewegung versuchen, Hindus und Muslime gegeneinander auszuspielen. Dies führte zu gewalttätigen Unruhen, in deren Folge die Teilung Bengalens 1912 revidiert wurde. Der Konflikt führte aber auch zur Gründung der «Gesamtindischen Muslimliga» (*All-India Muslim League*) als einer politischen Partei, die sich gegenüber den radikalen Hindunationalisten in besonderer Weise den Interessen der muslimischen Bevölkerung Britisch-Indiens verpflichtet sah.

1916 verkündeten der Indische Nationalkongress und die Gesamtindische Muslimliga gemeinsam den Lucknow-Pakt, in dem sie für Indien weitreichende Autonomierechte forderten. Das einzig greifbare Resultat war jedoch eine bloße Absichtserklärung der britischen Regierung. Dies führte nach dem Ende des Ersten Weltkriegs, in dem die indische Bevölkerung große Opfer gebracht hatte, zu einer wachsenden Erbitterung und Massenprotesten. Zu einem wichtigen Anführer der Unabhängigkeitsbewegung wurde nun der Rechtsanwalt Mohandas Karamchand Gandhi (1869–1948), der von 1920 bis 1922 mit einer Kampagne des zivilen Ungehorsams und des gewaltfreien Widerstands (Sanskrit *satyāgraha*) erste Erfolge erzielte. Selbst gläubiger Hindu, unterstützte Gandhi zugleich die Proteste führender Muslime dagegen, dass die Briten die türkischen Pläne zur Abschaffung des Kalifats unterstützten; dies führte jedoch zu einer gewissen Entfremdung von den überwiegend säkular eingestellten Führern der Muslimliga, die auch der von Gandhi geforderten Praxis des zivilen Ungehorsams kritisch gegenüberstanden. Zunehmendes Gewicht gewann in der Muslimliga nun Muhammad Ali Jinnah (1876–1948), der 1920 von der Kongresspartei in die Muslimliga wechselte und dort kurz darauf die Präsidentschaft übernahm.

Im Frühjahr 1930 erzielte Gandhi mit dem sogenannten Salzmarsch, einer Demonstration gegen das britische Salzmonopol, einen weiteren spektakulären Erfolg für seine Bewegung des zivilen Ungehorsams und gewaltfreien Widerstands. Einen Dämpfer erhielten seine politischen Vorstellungen jedoch im Dezember des gleichen Jahres, als der Philosoph und Mystiker Muhammad Iqbal (1877–1938) als neugewählter Präsident der Muslimliga auf deren Parteitag in Allahabad erstmals eine eigene staatliche Ordnung für die indischen Muslime forderte. Wie andere führende Muslime seiner Zeit, erstrebte auch der Dichter, Philosoph und politische Denker Iqbal eine Erneuerung und Modernisierung des Islams, doch sah er die in Europa verwirklichte Trennung von Staat und Religion bei aller Bewunderung der Leistung europäischer Philosophen kritisch.

Da viele Muslime fürchteten, in einem gesamtindischen Nationalstaat als religiöse Minderheit benachteiligt zu werden, fand Iqbals Vorschlag in den folgenden Jahren breite Zustimmung. 1940 forderte die

Muslimliga unter der Führung Jinnahs in Lahore von der britischen Regierung offiziell die Errichtung eines eigenen muslimischen Staates. Zu den Gegnern einer Aufteilung Britisch-Indiens gehörte Saiyid Abul Ala Maududi (1903–1979), der daraufhin 1941 die Partei «Islamische Gemeinschaft» (*Jamāat-e-Islāmī*) mit dem Ziel der Schaffung eines gesamtindischen, konservativ islamisch geprägten Staates ins Leben rief. Zustimmung fand Jinnahs Linie jedoch bei dem britischen Vizekönig Lord Mountbatten. Er vereinbarte 1947 mit dem Indischen Nationalkongress und der Muslimliga den sogenannten Mountbattenplan, der vorsah, Britisch-Indien bei der Entlassung in die Unabhängigkeit in die beiden Nachfolgestaaten Indien (im Süden und in der Mitte des Indischen Subkontinents) und Pakistan (im Westen des Pandschab und im Osten Bengalens) aufzuteilen. Die zahlreichen autonomen Fürstenstaaten, darunter Kaschmir an der Grenze zwischen Pakistan und Indien, sollten selbst darüber entscheiden dürfen, ob sie sich einem dieser beiden Staaten anschließen oder weiterhin unabhängig bleiben wollten.

Noch bevor Britisch-Indien am 15. August 1947 um Mitternacht in die Unabhängigkeit entlassen wurde, kam es wegen des Fehlens allgemein akzeptierter natürlicher Grenzen, des hohen Zeitdrucks bei der Umsetzung der Pläne und des wachsenden Misstrauens zwischen Hindus und Muslimen zu gewaltsamen Ausschreitungen. Sie verschärften sich in der Folge und führten dazu, dass Hunderttausende ums Leben kamen und um die zwanzig Millionen Menschen ihre Heimat verließen, umgesiedelt oder vertrieben wurden. Da sowohl Pakistan als auch Indien Anspruch auf das mehrheitlich muslimische, doch von einem Hindu-Maharaja regierte Fürstentum Kaschmir erhoben, kam es darüber noch im Oktober 1947 zum Ersten Indisch-Pakistanischen Krieg. Die Kämpfe fanden zwar zu Beginn des Jahres 1949 mit der Aufteilung Kaschmirs entlang einer Waffenstillstandslinie ein vorläufiges Ende, flammten jedoch immer wieder auf und begründeten den noch heute schwelenden Kaschmir-Konflikt.

Zündstoff für Konflikte enthielten jedoch auch die kulturellen, wirtschaftlichen und ethnischen Unterschiede zwischen West- und Ostpakistan. Bereits 1949 gründeten ostbengalische Muslime als Alternative zur Muslimliga die «Volksliga von Bangladesch» (*Bangladesh Awami League*), die 1966 in einem Sechspunkteprogramm mehr Autonomie für Ostpakistan forderte. Als die pakistanische Zentralregierung sich im Frühjahr 1971 weigerte, den Wahlsieg der Volksliga anzuerkennen, kam es darüber zum Krieg zwischen den beiden Landesteilen, der Hunderttausende das Leben kostete und im Dezember 1971 mit der Gründung des unabhängigen Staates Bangladesch endete.

Im Pandschab, wo von 1799 bis 1849 ein eigenständiges Reich der Sikhs bestanden hatte, wurde bereits in den 1940er Jahren die Forderung nach einem eigenen Staat Khalistan («Land der Reinen») als Heimat für die Sikhs erhoben. Nach Gründung der Staaten Pakistan und Indien siedelte ein Großteil der im pakistanischen Westteil des Pandschab lebenden Sihks in den indischen Ostteil über. Zum Vorkämpfer eines unabhängigen Sikh-Staates im indischen Teil des Pandschab wurde Jagjit Singh Chauhan (1929–2007), der vom Ausland aus und mit finanzieller Unterstützung von Sikhs in Europa und den Vereinigten Staaten die Loslösung von Indien betrieb. Der Konflikt mit der Zentralregierung eskalierte, als sich im Juni 1984 radikale Separatisten im Goldenen Tempel von Amritsar verschanzten und die indische Ministerpräsidentin Indira Gandhi daraufhin die Erstürmung des Heiligtums anordnete. Mehrere hundert indische Soldaten und ungefähr zweitausend Sikhs kamen dabei ums Leben. Als eine Reaktion darauf wurde Indira Gandhi vier Monate später von zwei ihrer Sikh-Leibwächter erschossen, was wiederum zur Ermordung und Vertreibung zahlreicher Sikhs in Indien führte.

Das heutige Myanmar (englisch *Burma*, eingedeutscht *Birma*) war nach zwei Kolonialkriegen 1852 und 1885 Britisch-Indien einverleibt worden, erhielt 1937 den Status einer eigenständigen Kronkolonie und wurde ein halbes Jahr nach Britisch-Indien am 4. Januar 1948 in die Unabhängigkeit entlassen. Für Zündstoff sorgte hier die Präsenz einer Minderheit von Muslimen in dem Vielvölkerstaat Myanmar, die sich heute unter dem Namen Rohingya als eine eigene Ethnie verstehen, von der Zentralregierung jedoch als illegale Einwanderer aus Bengalen betrachtet werden. Seit 1948 kam es immer wieder zu Militäraktionen gegen die muslimische Minderheit des Landes, deren Angehörige seit 1982 in Myanmar als staatenlos gelten und daher keinerlei Rechte haben. Dies führte schon in den vergangenen Jahrzehnten immer wieder zu Verfolgungen und zur Flucht von Rohingyas nach Bangladesch. Zuletzt eskalierte die Situation im Anschluss an die Parlamentswahlen des Jahres 2015, an denen die Rohingyas wieder nicht teilnehmen durften. Die Erbitterung darüber führte zu mehreren Anschlägen militanter Separatisten, die wiederum eine neue Welle von Repressalien nach sich zogen. Man schätzt, dass bis zum Herbst 2017 mehrere Hunderttausend Rohingyas nach Bangladesch flohen, wo sie in Lagern interniert wurden und einer unsicheren Zukunft entgegensehen.

Völkische Ideologien und Neuheidentum

Zwei Wörter, die gegen Ende des neunzehnten Jahrhunderts neu geprägt wurden, um eine verbreitete Stimmung der Zeit auszudrücken, waren englisch *jingoism* und deutsch *Chauvinismus*. Beide bezeichneten eine übersteigerte, mitunter religiös überhöhte Vorstellung vom Wert und der Bedeutung des eigenen Volkes, die mit einer oft pseudowissenschaftlich begründeten Geringschätzung anderer Völker und infolgedessen mit einer aggressiven Außenpolitik einherging. Die Vorlagen für beide Ausdrücke stammten nicht etwa aus der akademischen Fachsprache, sondern aus populären Schlagern. Im Falle von *jingoism* war dies der Refrain eines gegen Russland gerichteten Lieds mit der drohenden Zeile *We don't want to fight, but by Jingo if we do ...* («Wir sind nicht auf Kampf erpicht, doch, *by Jingo*, wenn wir kämpfen ...»; *Jingo* steht hier für *Jesus*). Dagegen bezog sich der Ausdruck *Chauvinismus* auf die Karikatur des patriotischen französischen Grenadiers Chauvin, der in einer musikalischen Komödie aus der Zeit des Algerienkriegs singt, *Je suis Français, je suis Chauvin, je tape sur le bedouin* («Ich bin Franzos', ich bin Chauvin, verprügle gern den Beduin'»).

Eine wesentliche Grundlage für die Entstehung des religiös überhöhten Nationalismus im neunzehnten Jahrhundert bildeten die rasanten

Veränderungen in der Lebenswelt vieler Menschen, die ein Bedürfnis nach neuen Formen einer kollektiven Identitäts- und Sinnstiftung hervorriefen. Hinzu kam die beträchtliche Steigerung der kolonialen Anstrengungen im Gefolge der wachsenden Industrialisierung, da die damit verbundene Ausbeutung oder gar Vernichtung fremder Völker legitimiert werden musste. Christlich-theologische Vorstellungen und Deutungsmuster standen weiterhin im Hintergrund nationalstaatlicher Denkweisen, etwa bei der Auffassung des Volkes als einer patrilinearen Abstammungsgemeinschaft, der Unterscheidung des eigenen Volkes von allen anderen Völkern und vor allem bei der Vorstellung vom Volk als Träger einer göttlichen Sendung und Vollstrecker einer göttlichen Ordnung. Hinzu kamen Ideen aus dem Zeitalter der Aufklärung und Romantik wie etwa die Vorstellung von der Volkssouveränität als Alternative zum Gottesgnadentum der Könige oder vom Volksgeist als einer historisch langfristig wirksamen Einheit von Sprache, Sitte, Recht und Religion.

Immer wieder diente übersteigerter Nationalismus zur Diskriminierung von Minderheiten und der «ethnischen Säuberung» im Sinne gewaltsamer Vertreibungen oder Umsiedlungen bis hin zum Völkermord, etwa von 1904 bis 1908 beim Krieg der deutschen Kolonialtruppen gegen die Völker der Herero und Nama in Deutsch-Südwestafrika oder bei der Ermordung von Armeniern im Osmanischen Reich während des Ersten Weltkriegs. Was genau ein Volk oder eine Nation ausmache, blieb allerdings oft umstritten, da man bei der Bestimmung des Begriffs mit unterschiedlicher Gewichtung auf weit auseinanderliegende Kriterien zurückgriff, darunter biologische Verwandtschaftsbeziehungen, Sprache, Religion, eine historisch gewachsene gemeinsame Kultur, das Selbstverständnis der Beteiligten, angebliche Übereinstimmungen im Denken und Fühlen, das Bekenntnis zu derselben staatlich-politischen Ordnung oder auch physische Merkmale. Das Fehlen einer allgemein anerkannten Definition leistete immer wieder dem Irrationalismus, der Verbreitung pseudowissenschaftlicher Theorien und der Entstehung säkularer, politischer Mythen Vorschub.

Schon im frühen achtzehnten Jahrhundert hatte Graf Henri de Boulainvilliers (1658–1722) die politischen Gegensäze im Frankreich seiner

Zeit aus den «rassischen» Unterschieden zwischen Germanen und Kelten erklärt, da er den französischen Adel auf die germanischen Franken und das Bürgertum auf die keltischen Gallier zurückführte. Vergleichbare Anschauungen findet man, ausgeweitet auf die Weltgeschichte, in dem 1853–1855 veröffentlichten «Versuch über die Ungleichheit der menschlichen Rassen» (*Essai sur l'inégalité des races humaines*), in dem Joseph Arthur Graf Gobineau (1816–1882) die kulturschöpferischen Kräfte der Germanen als der vornehmsten Repräsentanten der «arischen Rasse» verherrlichte. 1881 postulierte der positivistische Philosoph und Volkswirtschaftler Eugen Dühring (1833–1921) in seiner Schrift *Die Judenfrage als Race-, Sitten und Culturfrage* einen unüberbrückbaren, biologisch begründeten Gegensatz zwischen den Juden und anderen Völkern. Darauf folgte 1887 die Veröffentlichung eines *Antisemiten-Katechismus* durch den Verleger Theodor Fritsch (1852–1933). Weiter ausgesponnen und popularisiert wurden die darin vertretenen Verschwörungstheorien durch Houston Stewart Chamberlain (1855–1927), der 1899 in seinem Buch *Die Grundlagen des 19. Jahrhunderts* den kulturschöpferischen Germanen die Semiten und besonders die Juden gegenüberstellte. Seit dem frühen zwanzigsten Jahrhundert berufen sich Antisemiten auf die literarische Fälschung der *Protokolle der Weisen von Zion* als angeblichen Beweis für eine jüdische Weltverschwörung. In dieser Tradition steht auch der nationalsozialistische Ideologe Alfred Rosenberg (1893–1946), dessen erstmals 1930 erschienenes Werk *Der Mythus des 20. Jahrhunderts* die Germanen als Urheber der gesamten abendländischen Kultur feierte und eine Verschwörung von Jesuiten, Freimaurern und Juden für deren Niedergang verantwortlich machte.

Im Zusammenhang mit dem Aufschwung völkischer Ideologien des späten neunzehnten und frühen zwanzigsten Jahrhunderts ist auch das neugermanische Heidentum zu sehen.[33] An seinem Anfang steht die sogenannte Ariosophie als eine Verbindung der völkischen Ideologie des späten neunzehnten Jahrhunderts mit dem Gedankengut der Theosophischen Bewegung jener Zeit. Zu ihren Begründern gehört der Österreicher Guido von List (1848–1919), der seit 1903 unter Berufung auf eine visionäre «Erberinnerung» an frühere Leben mehrere Schriften über das germanische Altertum veröffentlichte. Dabei stand er in enger Verbindung mit Adolf Josef Lanz (1874–1954), der seit 1900 unter dem Namen Jörg Lanz von Liebenfels in der von ihm herausgegebenen Zeitschrift *Ostara* eine aggressive rassistische Weltanschauung mit quasireligiösen Zügen propagierte. In Anlehnung an die Ariosophie entstand 1912 als Schwesterorganisation des antisemitischen «Reichshammerbundes» der «Germanenorden», aus dem 1918 die «Thule-Gesellschaft» hervorging. In ihrem Umfeld entstand 1919 die «Deutsche Arbeiterpartei», die ein Jahr später zur «National-Sozialistischen Deutschen Arbeiterpartei» umgewandelt wurde. Die Kontinuität mit der völkischen Ideologie der Vorkriegszeit veranschaulicht das Hakenkreuz als Parteiemblem, dessen Verwendung über die Thule-Gesellschaft bis auf Guido von List zurückgeht.

Politische Heilslehren

Von besonderer Bedeutung für die Geschichte der Religionen sind die im Laufe des neunzehnten und zwanzigsten Jahrhunderts entwickelten totalitären Ideologien, da sie infolge ihrer autoritären und religionskritischen Haltung die Ausübung und Ausbreitung von Religion stark beeinträchtigten, oft aber selbst die Funktion einer (Ersatz-)Religion erfüllten. Chronologisch an erster Stelle steht hier der Sowjetkommunismus, der unter Lenin und seinem Nachfolger Stalin nach Gründung der Sowjetunion zur Grundlage des Umgangs mit den Religionen wurde. Ausschlaggebend für das Verhältnis zu den Kirchen war zum einen das kommunistische Verständnis von Religion als «Opium für das Volk» und Ausdruck eines falschen gesellschaftlichen Bewusstseins, zum anderen die traditionelle Nähe der russisch-orthodoxen Kirche zum Zarentum. Bereits unmittelbar nach der Oktoberrevolution verfügte Lenin im Januar 1918 die Trennung von Staat und Kirche und die Gleichstellung aller Religionsgemeinschaften. Darauf folgten ab 1919 die planmäßige Schließung von Kirchen und Klöstern und die

Inhaftierung und Ermordung von Geistlichen sowie 1922 die Beschlagnahmung sämtlicher Kirchengüter. 1929 wurde die Religionsfreiheit auf die Ausübung von Kulthandlungen beschränkt und die religiöse Unterweisung von Kindern und Jugendlichen verboten. Zusätzlich geschwächt wurden die noch vorhandenen religiösen Strukturen durch die umfangreichen politischen «Säuberungen» Stalins, denen bis 1938 eine bis heute unbekannte Zahl von Geistlichen und Laien zum Opfer fiel. Nach dem Überfall des Deutschen Reichs auf die Sowjetunion 1941 setzte Stalin die religionsfeindliche Politik zur Förderung der Kriegsanstrengungen vorübergehend aus, doch wurde sie nach Kriegsende und auch nach Stalins Tod weiter fortgeführt und erst in den letzten sechs Jahren der Sowjetunion, von 1985 bis 1991, unter Michail Gorbatschow deutlich abgeschwächt.

In Italien war das Verhältnis des faschistischen Staates zur Religion und besonders zur römisch-katholischen Kirche ambivalent. Strebte die Regierung einerseits die Unterordnung der Kirche unter den von ihr propagierten *stato totalitario* an, so blieb sie wegen des Widerstands gegen dieses Konzept vonseiten des Papstes und führender Repräsentanten katholischer Verbände doch auf Kooperation und Entgegenkommen angewiesen. Sinnfälliger Ausdruck des dadurch bewirkten Modus vivendi waren die 1929 zwischen dem Heiligen Stuhl und dem Königreich Italien abgeschlossenen Lateranverträge. In ihnen garantierte der italienische Staat die seit 1870 in Frage stehende politische Souveränität und territoriale Integrität des Staates der Vatikanstadt und regelte in einem Konkordat die Beziehungen zwischen Staat und Kirche. Die katholische Kirche gewann dadurch Rechtssicherheit und einen erweiterten politischen Handlungsspielraum, während die faschistische Regierung unter Benito Mussolini damit ihr Prestige erhöhte.

Der Vatikan bemühte sich seit der Kodifizierung des Kirchenrechts im *Codex Iuris Canonici* 1917 darum, seine internationalen Beziehungen neu zu regeln. Den Lateranverträgen waren Konkordate mit Lettland (1922) und Portugal (1928) vorausgegangen. Im Deutschen Reich scheiterten die Bemühungen des Vatikans zunächst. Erfolg hatten sie erst im Juli 1933 unter der neuen nationalsozialistischen Regierung mit einem

Reichskonkordat, das auch noch für die heutige Bundesrepublik gültig ist.[34] Der Staat garantierte in dem Konkordat den Katholiken die Freiheit des Bekenntnisses und der öffentlichen Ausübung ihrer Religion, behandelte kirchliche Organisationen als Körperschaften des öffentlichen Rechts, verpflichtete sich zum Schutz des kirchlichen Eigentums, gewährte katholischen Geistlichen den gleichen Schutz wie Staatsbeamten, bestätigte das Recht der Kirche auf die Erhebung von Kirchensteuern und erlaubte eine unabhängige Militärseelsorge, den Fortbestand katholisch-theologischer Fakultäten an den Universitäten, einen von der Kirche organisierten und kontrollierten Religionsunterricht als ordentliches Lehrfach an den Schulen sowie den Fortbestand und die Neugründung katholischer Schulen. War es der Kirche bei der Aushandlung dieser Bestimmungen nicht zuletzt darum zu tun, den Druck der nationalsozialistischen Regierung auf katholische Einrichtungen zu verringern, so betrieb Hitler den Abschluss des Reichskonkordats, um die Attraktivität der NSDAP für katholische Wähler zu erhöhen und durch einen außenpolitischen Erfolg das internationale Ansehen seiner Regierung zu stärken.

Das Verhältnis der führenden Vertreter des Nationalsozialismus zum Christentum und zu den Kirchen war uneinheitlich und wurde von taktischen Erwägungen beeinflusst. Im deutschen Protestantismus entwickelte sich auf der Grundlage völkischer und rassistischer Ideologien aus der Zeit des Kaiserreichs und der Weimarer Republik die Bewegung der «Deutschen Christen», deren Weltanschauung in vieler Hinsicht mit der nationalsozialistischen Ideologie übereinstimmte. Sie wurde von Hitler unterstützt, fand gegenüber dem totalitären Anspruch des nationalsozialistischen Staates jedoch keine einheitliche Linie. Bereits 1934 formierte sich die «Bekennende Kirche», die seit 1937 zunehmend verfolgt und unterdrückt wurde. Um ihren Rückhalt bei der mehrheitlich katholisch oder protestantisch geprägten Bevölkerungsmehrheit nicht zu gefährden, hielt sich die nationalsozialistische Regierung besonders nach dem Beginn des Zweiten Weltkriegs mit kirchenfeindlichen Maßnahmen zwar stark zurück, doch sprechen viele Äußerungen ihrer führenden Vertreter dafür, dass man langfristig eine weitgehende Eliminierung des

Christentums anstrebte, was nur infolge des Zusammenbruchs nicht weiter verfolgt wurde.[35] Von der Verfolgung der Juden im Nationalsozialismus wird weiter unten noch die Rede sein.

Während die nationalsozialistische Ideologie mit der bedingungslosen Kapitulation des Deutschen Reichs im Mai 1945 ihren staatlichen und politischen Rückhalt verlor, konnte der Kommunismus sowjetischer Prägung seinen Einfluss in der Nachkriegszeit festigen und auch auf Regionen außerhalb der Sowjetunion ausdehnen. In der Volksrepublik China wurde das Recht auf freie Religionsausübung in der 1954 verabschiedeten Verfassung unter der Maßgabe gewährt, dass religiöse Organisationen und Einrichtungen sich der Kontrolle durch Partei und Regierung unterwarfen und sich jeglicher politischer und gesellschaftlicher Einflussnahme enthielten. Diese Einschränkung wurde in der Folge sehr unterschiedlich ausgelegt. Insbesondere während der Kulturrevolution (1966–1976) kam es zu massiven Verfolgungen von Religionsgemeinschaften. In der heute gültigen chinesischen Verfassung aus dem Jahr 1982 gilt die staatlich garantierte Religionsfreiheit lediglich für den Buddhismus, den Daoismus, den Islam und das Christentum, deren Aktivitäten von der Regierung kontrolliert werden. Immer wieder spannungsvoll gestaltet sich dabei besonders das Verhältnis zum Buddhismus und zum Islam, da sich dort auch die politischen Differenzen zwischen der Zentralregierung und der buddhistisch geprägten autonomen Region Tibet und der mehrheitlich von muslimischen Uiguren bewohnten Provinz Xinjiang auswirken.[36]

Antisemitismus und Zionismus

Parallel zu den Bestrebungen, den Juden in säkularisierten Staaten die bürgerliche Gleichstellung zu ermöglichen, vollzog sich im neunzehnten Jahrhundert der Übergang von einem vorwiegend religiös begründeten Antijudaismus zu einem oft pseudowissenschaftlich verbrämten Antisemitismus im Zeichen des Nationalismus.[37] Im Zuge dieser Entwicklung gründete der Journalist Wilhelm Marr (1819–1904) 1879 eine

«Antisemiten-Liga», 1882 organisierte man in Dresden den ersten «Internationalen antijüdischen Kongress», und 1891 wurde als eine der prominentesten und einflussreichsten Organisationen mit völkischer und antisemitischer Ideologie der «Allgemeine Deutsche Verband» (seit 1894 «Alldeutscher Verband») ins Leben gerufen.

Im Russischen Reich verschlechterte sich die Lage der Juden drastisch mit der Ermordung des Zaren Alexander II. durch revolutionäre Studenten im März 1881. In der Folge kam es zu etlichen Pogromen, aber auch zu einer Reihe von antijüdischen Maßnahmen durch die russische Regierung, die die Freizügigkeit der Juden und ihren Zugang zu den Bildungseinrichtungen einschränkten. Auf die Hinwendung jüdischer Intellektueller zu revolutionären Kreisen reagierte die Regierung mit antijüdischer Propaganda, die wiederum die Bevölkerung zu weiteren Judenpogromen ermunterte.

Eine unmittelbare Folge dieser gesteigerten Feindseligkeit gegenüber den Juden in den letzten Jahrzehnten des neunzehnten Jahrhunderts war der Aufschwung der zionistischen Bewegung, die sich für die Schaffung eines jüdischen Staates in Palästina einsetzte. In ihr verband sich die Suche nach einer Lösung für drängende soziale Probleme mit Vorstellungen aus der traditionellen jüdischen Eschatologie, sozialreformerischen Ideen des späten neunzehnten und frühen zwanzigsten Jahrhunderts sowie kolonialistischen und nationalstaatlichen Konzepten.[38]

Weniger aus religiösen Motiven als vielmehr unter dem Eindruck des wachsenden Antisemitismus in Europa bekannte sich der Schriftsteller Theodor Herzl (1860–1904) zum Plan eines jüdischen Nationalstaats. Er verfasste 1896 die programmatische Schrift *Der Judenstaat* und organisierte 1897 den Ersten Zionistenkongress in Basel, auf dem die Zionistische Weltorganisation gegründet wurde. Zunächst zog man auch die Gründung eines jüdischen Staates in Südamerika oder Ostafrika in Erwägung, doch legte man sich auf dem siebten Zionistenkongress 1905 endgültig auf Palästina fest und propagierte die Wiederbelebung der hebräischen Sprache.

Viele Juden waren der Auffassung, dass die Endzeit nur durch Gott selbst herbeigeführt werden könne, und lehnten die Pläne einer Rückkehr ins Gelobte Land daher ab. Starken Auftrieb gewann der Zionismus jedoch, als sich die britische Regierung im November 1917 aus kriegstaktischen Erwägungen und zur Sicherung ihrer langfristigen strategischen Interessen in der sogenannten Balfour-Deklaration zur Unterstützung des Plans einer nationalen jüdischen Heimstätte in Palästina bekannte. Zur Umsetzung dieses Plans erteilte der Völkerbund nach dem Zusammenbruch des Osmanischen Reiches 1920 Großbritannien das Mandat, in Palästina für die Errichtung eines jüdischen Staates zu sorgen, ohne dass die Rechte der nichtjüdischen Bevölkerung Palästinas beeinträchtigt würden.

Während sich in Palästina die Gründung eines jüdischen Staates anbahnte, verschlechterte sich die Lage der Juden in Russland weiter. Die kommunistische Politik der Sowjetunion führte durch die Abschaffung des Privathandels zur Verelendung der jüdischen Kleinbürgerschicht, während eine aggressive antireligiöse Agitation die kulturelle Identität der Juden bedrohte und viele von ihnen zur Auswanderung veranlasste. Prekär war die Lage der Juden aber auch in den Nachfolgestaaten des Deutschen Kaiserreichs und Österreich-Ungarns, in denen der Antisemitismus immer mehr an Boden gewann. Als 1933 in Deutschland der Nationalsozialismus an die Regierung kam, führten antijüdische Maßnahmen und Gesetze zunächst in Deutschland und seit 1938 auch in Österreich zu einer Auswanderungswelle. Zur Katastrophe führte schließlich der Angriffskrieg des Deutschen Reiches gegen seine Nachbarn, der 1939 mit dem Überfall auf Polen begann und innerhalb weniger Jahre die Besetzung Polens, weiter Teile der Sowjetunion, aber auch der Niederlande, Belgiens und Frankreichs nach sich zog. Durch das Zusammenwirken von SS, Sicherheitsdienst, Geheimer Staatspolizei und Wehrmacht wurden bis Kriegsende Millionen von Juden ermordet.

In Syrien und Palästina führte unterdessen der Bruch der Vereinbarungen, die Großbritannien während des Ersten Weltkriegs mit den Führern des Arabischen Aufstands gegen das Osmanische Reich getroffen hatte, zu einer wachsenden Erbitterung gegen die Siegermächte, aber auch zu Spannungen mit der steigenden Zahl jüdischer Einwanderer. Bereits im April 1920 kam es während muslimischer Feierlichkeiten

Abb. 47 Ältere Frau mit Davidstern vor einem Deportationszug. Foto, nach 1940

in Jerusalem zu gewaltsamen Ausschreitungen mit Toten auf beiden Seiten. 1929 führten Konflikte zwischen Juden und Muslimen um die Nutzung der Klagemauer in Jerusalem zu einem Massaker, dem in Hebron fast siebzig Juden zum Opfer fielen. Zu einem der radikalsten Gegner der zionistischen Einwanderung in Palästina wurde Muhammad Amin al-Husaini (1893–1974), der nach seiner Ernennung zum Großmufti von Jerusalem zunehmend auf Konfrontationskurs zu Großbritannien ging, 1936 einen allgemeinen Aufstand der Araber gegen die britische Verwaltung anführte und während des Zweiten Weltkriegs, zeitweise von Berlin aus, den Völkermord der nationalsozialistischen Regierung unterstützte.

Im Februar 1947 übergab die britische Regierung die Verantwortung für die Lösung des Palästinaproblems den Vereinten Nationen. Sie beschlossen im November 1947 mit den Stimmen der Vereinigten Staaten und der Sowjetunion, aber gegen die Stimmen der sechs arabischen Mitgliedsstaaten, Palästina in zwei unabhängige, nur durch eine Zoll- und

Wirtschaftsunion verbundene Staaten aufzuteilen und Jerusalem (mit Bethlehem) wegen seiner besonderen religiösen Bedeutung unter internationale Verwaltung zu stellen. Bereits nach der Verabschiedung dieser Resolution kam es zu Kämpfen zwischen Juden und Arabern. Als mit dem Ende des Palästinamandats am 14. Mai 1948 die Gründung des Staates Israel proklamiert wurde, kam es nur Stunden später durch die konzertierten Angriffe einer Allianz der arabischen Staaten Ägypten, Syrien, Libanon, Jordanien und Irak zum ersten arabisch-israelischen Krieg, mit dem der bis heute ungelöste Nahostkonflikt in eine neue Phase eintrat.

Der Nahostkonflikt und der islamistische Extremismus

1949 endete der erste bewaffnete Konflikt zwischen Israel und seinen arabischen Nachbarn mit mehreren getrennten Waffenstillstandsabkommen. Als eine Folge davon wurde der Gazastreifen ägyptischer Verwaltung unterstellt, während das aus Judäa und Samaria bestehende Westjordanland (englisch *West Bank*) von Jordanien besetzt und später völkerrechtswidrig annektiert wurde. Zum Nährboden für künftige Konflikte wurde vor allem das Flüchtlingsproblem, da Hunderttausende aus ihren Wohngebieten vertriebene Palästinenser zwar in mehreren arabischen Nachbarstaaten Zuflucht fanden, jedoch nur in Jordanien staatsbürgerliche Rechte erhielten und ansonsten als Staatenlose diskriminiert wurden, während Israel ihnen unter Hinweis auf die Aufnahme jüdischer Flüchtlinge aus den arabischen Ländern das Recht auf Rückkehr in ihre Heimat verweigerte.

Als eine Reaktion auf das Flüchtlingsproblem und die wachsende Radikalisierung auf beiden Seiten gründete Yasir Arafat (1929–2004) 1959 in Kuwait die Guerillaorganisation Fatah (arabisch *fatḥ* «Eroberung»), die bis 1993 das Existenzrecht Israels ablehnte, die vollständige Befreiung Palästinas anstrebte und zur Durchsetzung ihrer Ziele auch terroristische Anschläge einsetzte. Als Vertretung aller Palästinenser entstand 1964 in Jerusalem die Palästinensische Befreiungsorganisation. Entscheidend für ihre weitere Geschichte wurde im Juni 1967 der Sechstagekrieg zwischen Israel und seinen arabischen Nachbarn Ägypten, Jordanien und Syrien, in dessen Verlauf die arabischen Armeen eine Reihe schwerer Niederlagen erlitten und Israel den Gazastreifen, die Sinaihalbinsel, die Golanhöhen, das Westjordanland und Ostjerusalem besetzte. Juden hatten nun erstmals seit 1948 wieder Zugang zur Klagemauer, während Israel den Zugang zu den heiligen Stätten des Islams auf dem Tempelberg kontrollierte. Die Frage der Kontrolle über Jerusalem und damit über den Zugang zu den heiligen Stätten dreier Weltreligionen ist bis heute eine der größten ungelösten Fragen des Nahostkonflikts. Der Ausgang des Sechstagekriegs erhöhte nicht nur die Zahl der palästinensischen Flüchtlinge, sondern zerstörte auch die Hoffnungen derer, die auf eine baldige Rückkehr in ihre Heimat gehofft hatten. 1969 wurde Arafat zum Vorsitzenden der Palästinensischen Befreiungsorganisation gewählt, die sich von da an vor allem dem bewaffneten Kampf im Untergrund widmete und mit teilweise spektakulären Terroranschlägen von sich reden machte, ohne sich jedoch einer radikalislamischen Ideologie zu verschreiben.

Zwei weitere gegen Israel gerichtete Untergrundorganisationen entstanden in den 1980er Jahren, begünstigt durch die 1979 gegründete Islamische Republik Iran: die «Bewegung des islamischen Dschihad in Palästina» und die schiitische Hisbollah-Miliz im Libanon. 1987 entstand außerdem als Ableger der Muslimbruderschaft die «Bewegung des Islamischen Widerstands» (*ḥaraka al-muqāwama al-islāmīya*), zumeist bekannt unter dem Namen Hamas (arabisch *ḥamās* «Eifer»). Ihr erklärtes Ziel war die Beseitigung des Staates Israel und die Gründung eines islamischen Staates, der ganz Palästina einschließlich des Gazastreifens und des Westjordanlandes umfassen sollte.

Ägypten war bereits 1979 aus der Front der arabischen Gegner Israels ausgeschert, indem es unter Vermittlung der Vereinigten Staaten mit Israel einen Friedensvertrag abschloss, der unter anderem die Anerkennung Israels und die Rückgabe der 1967 eroberten Sinaihalbinsel an Ägypten beinhaltete. Dieser Positionswechsel war eine maßgebliche Ursache für die Ermordung des ägyptischen Regierungschefs Anwar as-Sadat durch radikale Islamisten im Oktober 1981. 1990/91 führte die

Annektion Kuwaits durch den Irak zum Ersten Irakkrieg, in dem die arabischen Staaten erstmals gegeneinander kämpften und an dem weitere Staaten außerhalb der arabischen Welt unmittelbar beteiligt waren. Diese Konstellation wiederholte sich im Zweiten Irakkrieg 2003, in dem die Vereinigten Staaten zusammen mit Großbritannien unter Berufung auf eine – nachträglich als falsch erwiesene – Bedrohung durch den Irak den Sturz der Regierung Saddam Husains herbeiführten und den Irak für mehrere Jahre besetzten. Dies führte zu einer nachhaltigen politischen Destabilisierung der gesamten Region, hatte aber auch unmittelbare Rückwirkungen auf den Palästinakonflikt und die weitere Entwicklung des islamistischen Terrorismus.[39]

Erheblichen Einfluss auf die Entwicklung des gegenwärtigen islamistischen Terrorismus, der Israel als einen Brückenkopf des US-amerikanischen Imperialismus und die Vereinigten Staaten und ihre Verbündeten als den größten Feind eines idealen islamischen Staates ansieht, gewann seit den späten 1980er Jahren die Situation in Afghanistan. Dort kam es 1989 nach dem Rückzug der sowjetischen Truppen, die zehn Jahre zuvor dort einmarschiert waren, zu einem mehrjährigen Bürgerkrieg zwischen der Zentralregierung, verfeindeten Milizen und regionalen Stammesführern. Nutznießer waren die radikalislamischen Taliban-Milizen, die 1996 die afghanische Hauptstadt Kabul eroberten und 1997 unter ihrem Führer Mullah Omar (1960–2013) das Islamische Emirat Afghanistan errichteten.[40]

Ein Verbündeter der Taliban war das Terrornetzwerk al-Qaida (arabisch *al-qāʿida* «das Fundament») unter ihrem Anführer Osama bin Laden (um 1957–2011). Nach den Terroranschlägen auf das World Trade Center in New York am 11. September 2001 intervenierte daher eine internationale Koalition unter Führung der Vereinigten Staaten in Afghanistan. Dadurch wurde die Taliban-Regierung gestürzt, doch konnten die Taliban mit dem allmählichen Rückzug der Vereinigten Staaten und ihrer Verbündeten wieder Boden gutmachen und 2021 erneut ganz Afghanistan unter ihre Kontrolle bringen.[41]

2011 kam es in dem religiös und ethnisch heterogenen Syrien aufgrund massiver wirtschaftlicher Probleme zu Protesten gegen die herrschende

Einparteienregierung unter Staatspräsident Baschar al-Assad (geb. 1965), die durch den sogenannten «Arabischen Frühling» in verschiedenen arabischen Ländern beflügelt wurden. Sie wuchsen sich in kurzer Zeit zu einem Bürgerkrieg aus, in dem unterschiedliche Gruppierungen innerhalb der syrischen Bevölkerung, aber auch mehrere ausländische Akteure ihre jeweils eigenen Interessen verfolgten. So standen Russland, Iran und die libanesische Hisbollah-Miliz dem herrschenden Regime bei, während die Vereinigten Staaten und Saudi-Arabien die Opposition unterstützten, die Kurden für einen eigenen Staat kämpften und die Türkei sich gegen die Unabhängigkeitsbestrebungen der Kurden wandte. Zum Nutznießer des daraus entstandenen Machtvakuums wurde die Terrororganisation «Islamischer Staat» (*ad-daula al-islāmīya*), die seit 2007 bereits im Irak aktiv gewesen war. Sie proklamierte nach der Eroberung der Millionenstadt Mossul im Juni 2014 ein Kalifat, dessen Anhänger seitdem zahlreiche internationale Terroranschläge verüben. Durch die anhaltenden Luftangriffe einer internationalen Allianz und den Bodeneinsatz syrischer, kurdischer und irakischer Truppen ist der Islamische Staat seit 2016 in Syrien und dem Irak zunehmend in die Defensive geraten, ist seitdem jedoch auch in anderen Ländern aktiv.[42] Im Norden Nigerias entstand im Zuge einer zunehmenden islamistischen Radikalisierung die Terrororganisation Boko Haram, deren Name vielleicht am zutreffendsten mit «Verwestlichung ist ein Sakrileg» übersetzt werden kann und die mit Morden und Anschlägen für die landesweite Einführung der Scharia kämpft.[43]

Wie sich aus einer Zusammenschau der hier skizzierten Ereignisse ergibt, handelt es sich bei dem islamistischen Terrorismus der Gegenwart um eine Vielzahl heterogener Erscheinungen. Ihre vordergründige Einheitlichkeit ergibt sich durch den Rückgriff auf ähnliche Versatzstücke aus der islamischen Tradition, die Verwendung derselben (oft umgedeuteten) Begriffe aus dem islamischen Recht, ähnliche Argumentationsstrukturen und nicht zuletzt ein gemeinsames Feindbild. Bei näherer Betrachtung erweisen sich die gegenwärtigen islamistischen Terrororganisationen jedoch als Produkte rezenter regionaler (Fehl-) Entwicklungen. Der Anspruch, in einem imaginären Islam der Frühzeit

Abb. 48 Der IS-Terrorist Abu Omar al-Shishani (1986–2016)

verwurzelt zu sein, dient nicht zuletzt der propagandistisch motivierten Selbstüberhöhung.

25. Digitalisierung und Globalisierung: Religion und Religionen heute

Eine Geschichte der Religionen «bis heute» wäre unvollständig, würde sie neben neueren Entwicklungen in den Weltreligionen und den interreligiösen Konflikten unserer Zeit nicht auch das Aufkommen neuer religiöser Bewegungen während der vergangenen Jahrzehnte berücksichtigen. Während einige neue religiöse Bewegungen weltweit verbreitet sind und festgefügte institutionelle Strukturen aufweisen, sind andere eher als religiöse Strömungen zu verstehen, die sich durch schwach ausgeprägte Organisationsstrukturen, aber einen hohen Grad an Individualismus, Variabilität und Wandelbarkeit auszeichnen. Eine nähere Betrachtung verdient schließlich auch das Internet, das in jüngster Zeit das Phänomen der Cyber-Kirche hervorgebracht hat. Einige Überlegungen zum Verhältnis zwischen Religionsgeschichte und Religionswissenschaft sollen am Ende dieser Darstellung stehen.

Afroamerikanische Religionen

Die afroamerikanischen Religionen verdanken ihre Entstehung dem Einfluss afrikanischer Religionen auf das nord- und südamerikanische Christentum. Sie entstanden infolge des Sklavenhandels vor allem in Brasilien und auf den Inseln der Karibik, sind uns jedoch vor allem in ihren rezenten Ausprägungen aus dem zwanzigsten und einundzwanzigsten Jahrhundert bekannt.[44] Da afrikanische Sklaven in der Regel gleich nach ihrer Ankunft in der Neuen Welt getauft wurden, ihre frühere Religion nicht mehr ausüben durften und zumeist aus ihren bisherigen Sozialverbänden herausgerissen wurden, zeigen die afroamerikanischen Religionen insgesamt den Einfluss unterschiedlicher afrikanischer Religionen, darunter je nach Entstehungsort Einflüsse aus dem Katholizismus oder Protestantismus sowie Anleihen bei den einheimischen indianischen Religionen und bei einstmals populären europäisch-amerikanischen Weltanschauungen wie etwa dem Spiritismus.

Religiöse Anschauungen und Praktiken, wie sie in der Frühen Neuzeit bei den Bewohnern der westafrikanischen Küstenregionen verbreitet waren, spiegeln sich in den Riten und Bräuchen, die man unter dem Oberbegriff Obeah zusammenfasst und die heute vor allem in der Karibik sowie in Mittelamerika verbreitet sind.[45] Charakteristisch dafür sind Praktiken, die von besonderen Spezialisten, den *obayifo*, ausgeübt wurden und die man entweder als Schadenzauber fürchtet oder als Heilzauber schätzt. Eine wichtige Rolle spielt dabei der Glaube an Totengeister (anglokaribisch *jumbies*, kreolisch *zonbis*), von denen man annimmt, dass sie körperliche und seelische Krankheiten sowie anderes Unglück verursachen können.

Ebenfalls westafrikanischer Herkunft und mit dem Obeah verwandt ist die Praxis des Voodoo oder Wudu, die heute vor allem in Benin, Ghana und Togo sowie in Haiti und in der Dominikanischen Republik verbreitet ist.[46] Charakteristisch für die Voodoo-Religion ist der Glaube an einen allmächtigen Gott und eine Vielzahl ihm untergeordneter, doch mächtiger Geistwesen, die sowohl Nutzen als auch Schaden stiften können und teilweise mit christlichen Heiligen gleichgesetzt werden. Eine wichtige Rolle spielen das Tier- oder Speiseopfer für die Geister und der von Trommeln und Liedern begleitete kultische Tanz, der die Teilnehmer in Trance versetzen und so empfänglich für den Einfluss der Geister machen soll. Die Zeremonien finden in einem eigens dafür vorgesehenen Kultbau statt und werden von einem Voodoo-Priester oder einer Voodoo-Priesterin geleitet. Weithin bekannt wurde die Vorstellung vom «Zombie», der durch den Fluch eines Voodoo-Priesters ums Leben kommt, aber auf rituelle Weise wieder zum Leben erweckt wird, um als willenloser Sklave zu arbeiten. Während die Voodoo-Religion auf Haiti auch von Katholiken praktiziert wird, findet man sie in Westafrika oft in Verbindung mit dem Islam.

Besonders in Brasilien verbreitet ist die Religion des Candomblé, in dem sich religiöse Vorstellungen aus West- und Zentralafrika mit Elementen der katholischen Heiligenverehrung verbinden.[47] Wie in der Voodoo-Religion gibt es auch hier einen obersten Gott und untergeordnete Gottheiten, die mit christlichen Heiligen gleichgesetzt werden. Wie die Voodoo-Religion kennt auch der Candomblé Tier- und Speiseopfer sowie kultische Tänze, die von einer charakteristischen Musik mit Trommeln und Rasseln begleitet werden. Im Ritual kann die im Kult gefeierte Gottheit von einem Menschen Besitz ergreifen, was sich in charakteristischen Tanzbewegungen manifestiert. Galt der Candomblé früher als eine Religion der Sklaven, so ist er heute in unterschiedlichen Schichten der Bevölkerung anzutreffen, oftmals in Verbindung mit dem Katholizismus.

Auf Elementen aus dem Candomblé, dem brasilianischen Volkskatholizismus und dem Spiritismus des neunzehnten und frühen zwanzigsten Jahrhunderts fußt schließlich die Umbanda-Religion, die außerhalb Brasiliens vor allen in Uruguay und Argentinien, inzwischen aber auch in den Vereinigten Staaten und in Europa zu finden ist.[48] Wie schon die Bezeichnung *Umbanda* (nach einem Bantu-Wort für «Heilung») andeutet, geht es dabei vor allem um konkrete Hilfe bei körperlichen und seelischen Krankheiten und darüber hinaus bei Unglücksfällen und in Notlagen. Im Mittelpunkt des Rituals steht auch hier die Kontaktaufnahme des

Abb. 49 Candomblé in Salvador de Bahia, Brasilien. Foto aus dem Jahr 1958

Kultleiters mit den Geistern, die sich im Ergriffensein oder der Besessenheit zeigt. Die Anhänger der Religion glauben, dass die im Leben praktizierte Nächstenliebe – als höchster religiöser Wert der Umbanda-Religion – den Grad der Erleuchtung einer Person nach ihrem Tod und so ihren Platz in einer Hierarchie von Geistwesen bestimmt. Da die spezifisch afrikanischen Elemente bei Umbanda eher im Hintergrund stehen und die Religion Elemente aus der zeitgenössischen Esoterik aufgenommen hat, ist sie stärker als andere afroamerikanische Religionen auch unter den Nachfahren der europäischen Einwanderer weit verbreitet. Im Unterschied etwa zum Voodoo oder dem Candomblé hat Umbanda in Brasilien auch regionale und nationale Organisationsformen ausgebildet.

Neue religiöse Bewegungen

Im Unterschied zu den oben besprochenen «neuen Religionen», die bereits im neunzehnten Jahrhundert entstanden, handelt es sich bei den sogenannten «neuen religiösen Bewegungen» um Schöpfungen der jüngeren Vergangenheit seit dem Ende des Zweiten Weltkriegs, die jedoch vielfach auf Elemente aus den Weltreligionen und säkularen Weltanschauungen des neunzehnten und frühen zwanzigsten Jahrhunderts zurückgreifen.[49] Viele Anhänger neuer religiöser Bewegungen schlossen sich als Konvertiten der ersten Generation im jungen Erwachsenenalter einer neuen religiösen Bewegung an, nachdem sie sich zuvor von der kirchlichen Religiosität ihrer Eltern abgewandt hatten. Dies führte besonders in den 1970er und 1980er Jahren zu einer ausgedehnten christlich-theologischen Polemik, in der die neuen religiösen Bewegungen mitunter durch Bezeichnungen wie «Kult», «Sekte» und «Psychogruppe» diffamiert und wegen ihres destruktiven oder die Persönlichkeit zersetzenden Charakters pauschal verurteilt wurden. Tatsächlich zeigen die so bezeichneten Gruppierungen jedoch relativ wenige strukturelle Gemeinsamkeiten, wie sie auch ihrem historischen Ursprung nach durchaus verschieden sind.

Als eine der ersten international erfolgreichen neuen religiösen Bewegungen entstand 1954 in Kalifornien die Scientology-Kirche (*Church of Scientology*). Sie beruht auf den Schriften des US-amerikanischen Autors Lafayette Ronald Hubbard (1911–1986), dessen auch als «Dianetik» (*Dianetics*) bezeichnete Lehre nach eigenem Bekunden die Lebensqualität verbessern soll. Eine wichtige Rolle spielt dabei eine spezifisch scientologische Anthropologie, derzufolge jeder Mensch aus den drei Bestandteilen Körper, Verstand und Thetan (eine Art Seele) besteht. Besondere Techniken sollen dazu dienen, die einst vorhandenen, heute jedoch verlorenen Fähigkeiten des Thetans wiederzuerlangen. In Deutschland ist die Scientology-Kirche bis heute zwar als eingetragener Verein anerkannt, gilt im Unterschied zu den Kirchen aber nicht als Körperschaft des öffentlichen Rechts. Die Frage, ob sie im juristischen Sinn als Religionsgemeinchaft gelten kann, wurde in der Vergangenheit unterschiedlich beurteilt und ist nach wie vor umstritten.

Im gleichen Jahr wie die Scientology-Kirche entstand in Seoul, Korea, die «Heilig-Geist-Gesellschaft zur Vereinigung des Weltchristentums» (*The Holy Spirit Association for the Unification of World Christianity*), die heute zumeist als «Vereinigungskirche» bekannt ist. Ihr Gründer war der Koreaner Sun Myung Moon (1920–2012), der sich nach einer

Christusvision zum Messias erklärte und in seiner Auslegung der Bibel Elemente des christlichen und des daoistischen Weltbilds miteinander verband. In den 1970er und 1980er Jahren war die Vereinigungskirche vor allem wegen ihrer weitverzweigten wirtschaftlichen Aktivitäten in den Schlagzeilen; 1982 wurde ihr Gründer in den Vereinigten Staaten wegen Steuerhinterziehung zu einer achtzehnmonatigen Haftstrafe verurteilt. 1995 verhängte das Bundesinnenministerium wegen der möglichen Gefährdung von Jugendlichen durch die Vereinigungskirche gegen Moon und seine Frau ein Einreiseverbot, das jedoch 2007 unter Hinweis auf den Grundsatz der Religionsfreiheit wieder aufgehoben wurde.

In der Tradition des Neohinduismus entstanden in den 1950er und 1960er Jahren mehrere religiöse Bewegungen, die vor allem außerhalb Indiens Anhänger fanden. Zu ihnen gehörte die 1957 gegründete «Geistige Erneuerungsbewegung» (*Spiritual Regeneration Movement*), deren Gründer Maharishi Mahesh Yogi (1918–2008) unter der Bezeichnung «Transzendentale Meditation» eine besondere Form des Yoga zur Entwicklung eines «kosmischen Bewusstseins» propagierte. Auf hinduistischem Gedankengut fußen auch die «Internationale Gesellschaft für Krishna-Bewusstsein (*International Society for Krishna Consciousness*, kurz ISKCON), die 1966 von Bhaktivedanta Swami Prabhupada (1896–1977) ins Leben gerufen wurde, sowie die 1970 gegründete Neo-Sannyas-Bewegung von Bhagwan Shree Rajneesh (später Osho genannt, eigentlich Chandra Mohan Jain, 1931–1990). Ihnen allen gemeinsam ist die Neuinterpretation von Elementen der traditionellen indischen Philosophie aus einer spezifisch neuzeitlich-europäischen Perspektive, die zumeist durch das Medium der englischen Sprache erfolgt. Öffentliche Aufmerksamkeit fanden sie nicht zuletzt dadurch, dass man den Lebensstil ihrer Anhänger als Gegenentwurf zur bürgerlichen «westlichen» Gesellschaft ansah.

Blickt man nach dieser Übersicht über einige der prominentesten Vertreter neuer religiöser Bewegungen auf das Phänomen insgesamt zurück, wird deutlich, dass sein Umfang und seine gesamtgesellschaftliche Relevanz in den vergangenen Jahrzehnten wohl eher über- als unterschätzt wurden. Zum einen haben viele einst populäre Formen alternativer «östlicher» Religionen im Zeitalter des Internet und des Massenferntourismus stark an Attraktivität verloren, zum anderen ist das öffentliche Interesse an dem Phänomen im Hinblick auf stagnierende oder rückläufige Mitgliedszahlen und das Ausbleiben prognostizierter katastrophaler Folgen stark zurückgegangen. Die gewandelte Perspektive der Öffentlichkeit zeigt sich nicht zuletzt darin, dass das Schlagwort vom «Neuen Zeitalter» (*New Age*), das in den 1970er und 1980er Jahren weit verbreitet war, heute kaum noch verwendet wird. Ursprünglich wurde dieser Begriff ungefähr gleichbedeutend mit «Wassermannzeitalter» (*Age of Aquarius*) gebraucht und bezog sich auf die Vorstellung, dass um die Mitte des zwanzigsten Jahrhunderts der jährliche Frühlingspunkt (als Schnittpunkt des Himmelsäquators mit der Ekliptik) vom Sternbild der Fische in das Sternbild des Wassermanns gewandert und damit ein neues Zeitalter angebrochen sei. Schon bald wurde der Ausdruck *New Age* jedoch auch ohne diese astrologische Komponente als Sammelbegriff für eine Vielzahl neuer, kirchlich ungebundener religiöser Vorstellungen verwendet.

Weithin charakteristisch für die Anhänger der Weltsicht, die man unter dem Schlagwort *New Age* zusammenfasste, war die optimistische Annahme einer Epochenwende, die ein neues Bewusstsein hervorbringen würde, die Überzeugung von der Möglichkeit eines friedlichen Ausgleichs unterschiedlicher religiöser Entwürfe und Weltanschauungen, die Suche nach einem gemeinsamen Nenner der Religionen und der Naturwissenschaften sowie eine ausgeprägt kulturkritische Stoßrichtung. Typisch erscheint etwa der US-amerikanische Autor David Spangler (geb. 1945), der sich 1970 der Findhorn Community, einer alternativ-spirituellen Gemeinschaft im Norden Schottlands, anschloss und 1971 seine Vision des Neuen Zeitalters in dem Buch *Revelation. The Birth of a New Age* veröffentlichte.

Wie mit zunehmendem zeitlichem Abstand deutlich geworden ist, waren jedoch viele religiöse Phänomene, die in den 1970er und 1980er Jahren aus der Perspektive der Akteure als neuartig und revolutionär galten, tatsächlich nur moderne Spielarten weitaus älterer Erscheinungen.

So kann man die Vorstellung vom Anbruch eines glücklichen neuen Zeitalters als eine Kombination des christlichen Millenarismus mit dem modernen Fortschrittsoptimismus betrachten, während das holistische Weltbild des *New Age* eine unmittelbare Fortsetzung des theosophischen Anspruchs einer Versöhnung von Religion und Wissenschaft darstellt. In ähnlicher Weise hat die Abkehr vom bürgerlichen Lebensstil einen Vorläufer in Vorstellungen der Lebensreform als Gegenbewegung zur Industrialisierung, während Vorstellungen von weiblicher Spiritualität unmittelbar auf dem neuen Verständnis von der Gleichberechtigung der Geschlechter im Gefolge zweier Weltkriege aufbauen. Infolge dieser historischen Kontinuitäten, aber auch wegen der Verschiedenartigkeit der einst unter *New Age* subsumierten Phänomene, neigt man heute vielfach dazu, sie eher unter dem Begriff der «modernen Esoterik» zusammenzufassen.

Besonders auffällig ist die Diskrepanz zwischen dem öffentlichen Interesse und dem tatsächlichen Umfang des Phänomens im Falle des Satanismus.[50] Ähnlich wie beim Neuheidentum liegen auch die Anfänge des Satanismus im Sinne einer kultischen Verehrung des Teufels als Widersacher des christlichen Gottes im neunzehnten Jahrhundert, sofern man nicht in dualistischen Anschauungen der antiken Gnosis oder im Hexenglauben des Spätmittelalters und der Frühen Neuzeit ältere Vorläufer sehen will. Religionsgemeinschaften in der eigentlichen Bedeutung dieses Wortes sind daraus jedoch erst in den 1960er Jahren entstanden. Zu ihnen gehörte die «Kirche Satans» (*Church of Satan*), die 1966 von Anton Szandor LaVey (eigentlich Howard Stanton Levey, 1930–1997) gegründet wurde und deren Sitz sich inzwischen in New York befindet. Ihre Anhänger verstehen sich als Atheisten und betreiben magische Riten in Kenntnis der Naturgesetze lediglich um ihrer psychologischen Wirkung willen. Zentrale ethische Grundsätze sind ein vorbehaltloses Bekenntnis zur Sinnlichkeit und die Ablehnung jeder Form von Heuchelei. Eine Abspaltung von der Kirche Satans ist der 1975 gegründete «Tempel Seths» (*Temple of Seth*), doch sind satanistische Symbole auch losgelöst von ihren religiösen Bezügen etwa in der Heavy-Metal-Bewegung zu finden.

Religionen im Internet

Die Verbreitung des Internet und der sozialen Medien hat auch auf dem Gebiet der religiösen Kommunikation zu merklichen Veränderungen geführt.[51] Viele Religionsgemeinschaften treten selbst im Internet auf und widmen diesem Aspekt der Außendarstellung große Sorgfalt. So betreibt etwa der Zentralrat der Muslime in Deutschland die Webseite islam.de, die sich nach eigenem Bekunden als Informations- und Serviceangebot für alle Interessenten versteht, zugleich aber auch «Dialog und Toleranz zwischen allen Gruppen und Bürgern» und «die Integration der Muslime in Deutschland» befürwortet. Die Evangelische Kirche in Deutschland findet man mit einem breiten und nach Landeskirchen untergliederten Angebot online unter www.ekd.de, die Deutsche Bischofskonferenz unter www.dbk.de. Viele solcher Webseiten zielen auf eine möglichst positive Außenwirkung ab und sind offenkundig auch dem Ziel der Gewinnung neuer Anhänger verpflichtet; als willkürlich ausgewähltes Beispiel dafür könnte man die Webseite www.scientologyreligion.de anführen. Häufig gelangt man von diesen Webseiten durch Hyperlinks zu weiteren Online-Diensten, die sich von der kostenlosen telefonischen Beratung zu religiösen Fragen über Kurse zur Vermittlung religiösen Wissens und Online-Shops zum Erwerb glaubenskonformer Lebensmittel bis hin zu Agenturen zur Heiratsvermittlung erstrecken können. Meinungsäußerungen der Nutzer zu religiösen und anderen Fragen werden auf vielen Webseiten ausdrücklich gewünscht und gefördert. So stellte im Juni 2017 der Vatikan weltweit und in fünf Sprachen einen Fragebogen für Jugendliche ins Internet, um dadurch eine für Oktober 2018 geplante Bischofskonferenz zur Situation der sechzehn- bis neunundzwanzigjährigen Katholiken vorzubereiten. Eine wichtige Rolle spielen in diesem Zusammenhang auch soziale Medien, die sich in der Regel durch einen leichten und kostengünstigen Zugang auszeichnen.

Über die Frage, wie sich das Profil der Religionen durch die Nutzung des Internet langfristig verändern wird, kann man zum gegenwärtigen

Abb. 50 Junger Mönch mit Handy in einem lamaistischen Kloster in der Mongolei. Foto aus dem Jahr 2007

Zeitpunkt nur spekulieren. Offenkundig können dadurch jedoch Personen in Kontakt miteinander treten und (virtuelle) Religionsgemeinschaften bilden, denen dies ohne Internet allein schon aufgrund der räumlichen Distanz unmöglich gewesen wäre. Auffällig ist auch das Moment der Beliebigkeit, indem sich interessierte Nutzer einer bestimmten Religionsgemeinschaft leicht zuwenden, aber ebenso leicht auch wieder von ihr abwenden, um etwas Neues auszuprobieren. So wie in der herkömmlichen Kommunikation von Religionen durch Schriften, Predigten oder Gesprächskreise, können auch im Internet religiöse Präferenzen durch gezielte Manipulation – wie etwa in der islamistischen Propaganda – gesteuert werden.[52] Dabei ist die Manipulationsgefahr wahrscheinlich größer, wenn die Kommunikation überwiegend oder gar ausschließlich über das Internet erfolgt. Der große Anteil individueller Meinungsäußerungen im Internet und der leichte Zugriff auf konkurrierende Sinnstiftungen und Begründungen kann aber auch umgekehrt dazu führen, dass früher unbestrittene religiöse Autoritäten dauerhaft untergraben werden. Dass dies in religiös fundierten und legitimierten Staaten drakonische Maßnahmen provozieren kann, zeigt das Schicksal des saudiarabischen Internet-Aktivisten Raif Badawi (geb. 1984), der nach der Gründung des Online-Forums «Die Saudischen Liberalen» 2014 wegen «Beleidigung des Islams» zu zehn Jahren Haft und sechshundert Peitschenhieben verurteilt wurde.

Als Bezeichnung für Glaubensgemeinschaften, die sich in erster Linie oder überhaupt nur über das Internet konstituieren, hat sich im Deutschen in Anlehnung an den englischen Ausdruck *cyber churches* die Bezeichnung «Cyber-Kirchen» eingebürgert. Ein prominentes Beispiel dafür ist die «Kirche des universalen Lebens» (*Universal Life Church*) mit Hauptsitz in Kalifornien, die hierzulande vor allem durch ihre großzügige Praxis bei der Verleihung der Pastoren- und Doktorwürde bekannt wurde. Darüber hinaus spricht man im Englischen von *hyperreal churches*, wenn virtuelle Glaubensgemeinschaften auf Gegebenheiten Bezug nehmen, die selbst wiederum virtuell sind.[53] Mediale Beachtung fand hier besonders die Religion des Jedismus oder Jeditums, die sich in Anlehnung an die fiktiven Figuren der Jedi aus den *Star Wars*-Filmen entwickelte, da man sie seit einigen Jahren bei offiziellen Befragungen immer wieder unter der Rubrik «Religionszugehörigkeit» findet.

Religionsgeschichte und Religionswissenschaft

Der Verfasser des vorliegenden Buches machte seine erste Bekanntschaft mit dem akademischen Fach Religionswissenschaft in den frühen 1980er Jahren – jener fernen Zeit im vorigen Jahrtausend, als westdeutsche Schulabgänger zur Planung ihrer Zukunft die von der Bundesanstalt für Arbeit bereitgestellten *Blätter zur Berufskunde* konsultierten, die westdeutschen Universitäten eine Fülle höchst exotischer und kaum irgendwie reglementierter geisteswissenschaftlicher Studiengänge anboten und man das Internet wenn überhaupt, dann nur vom Hörensagen kannte. Um sich als Student über den Gegenstand der Religionswissenschaft zu orientieren, las man Bücher. Sie befassten sich mit einzelnen Religionen, vor allem mit den sogenannten Weltreligionen, mit einzelnen Aspekten der Religion wie etwa dem Mythos, den Jenseitsvorstellungen oder dem Opfer, oft auch mit den Theorien und methodischen Ansätzen einzelner Religionswissenschaftler. Ergänzt wurde diese vergleichend und theoretisch ausgerichtete Sichtweise durch die vertiefte Beschäftigung mit einzelnen Quellen, wie sie von den zahlreichen spezialisierten Nachbardisziplinen der Religionswissenschaft betrieben wurde. Dort vertauschte man gleichsam das Weitwinkelobjektiv mit der Lupe oder dem Mikroskop und überprüfte die Tragfähigkeit luftiger Konstruktionen.

Zu den wenigen Überblickswerken, die sich nicht auf die Geschichte einer einzelnen Religion beschränkten oder die Geschichte einiger weniger Religionen unverbunden nebeneinander präsentierten, gehörte *Die Universalität der Religion* (im Original *A History of Religion East and West*) des englischen Religionswissenschaftlers Trevor Ling (1920–1995) aus dem Jahr 1968. Es behandelte die Geschichte der Religionen auf der ganzen Welt und schlug einen Bogen von den altorientalischen Hochkulturen bis zu den 1960er Jahren. Gegliedert war es in sieben große Abschnitte, die nicht etwa einzelnen religiösen Traditionen, sondern religionsübergreifenden Epochen mit charakteristischen politischen, gesellschaftlichen und kulturellen Eigenheiten gewidmet waren.

Die Universalität der Religion zeigt heute, ein halbes Jahrhundert nach der Erstveröffentlichung, unverkennbar die Spuren des Alters. Manches, was in den 1960er Jahren als gesichertes Wissen galt, ist heute überholt; in vielen Einzelheiten hat die neuere Forschung ältere Einsichten modifiziert oder präzisiert. Dass der Autor trotzdem keine Nachahmer fand, die sein Handbuch erneuerten, kann andererseits kaum überraschen: Wie schon ein Blick auf das Literaturverzeichnis des vorliegenden Buchs zeigt, ist die Anzahl der spezialisierten Einzelstudien in den vergangenen fünf Jahrzehnten in allen Teilbereichen so stark angestiegen, dass die Ergebnisse von keinem einzelnen Forscher mehr überblickt werden können. Hinzu kommt, dass Fragen wie die nach einer angemessenen Periodisierung der Religionsgeschichte, nach einer objektiven Gewichtung des Stoffs, nach der relativen Geltung zentraler Deutungskategorien und nach der Berechtigung von kausalen Erklärungen religionsgeschichtlicher Entwicklungen heute nicht weniger umstritten sind als früher.

Eine Gesamtdarstellung der Religionsgeschichte aus einer Hand hat jedoch trotz all dieser Bedenken auch heute noch ihre Berechtigung, denn der Leser kann sich daraus (und nur daraus) mit überschaubarem Zeitaufwand über einschlägige Fakten, Namen und Zahlen einen ersten Überblick verschaffen und zugleich an einem konkreten Beispiel exemplarisch nachvollziehen, wie man einen derart schwer überschaubaren Stoff insgesamt strukturieren und präsentieren kann. Dabei ist die gedrängte und manchmal apodiktische Kürze der Darstellung – auch in diesem Buch – nicht zuletzt als Einladung an den Leser zu verstehen, durch eine vertiefte Beschäftigung mit dem Stoff und die Lektüre anderer Darstellungen das Für und Wider unterschiedlicher Betrachtungsweisen und divergierender Interpretationen besser abschätzen zu lernen. Die praktische Verwertbarkeit eines Studiums der Religionswissenschaft ist begrenzt, doch wie es der Universalhistoriker Eduard Meyer schon vor über hundert Jahren in einem Brief an seinen jüngeren Bruder formulierte:[54] «Nicht in dem, was für andere dabei abfällt an Brocken von Wissen und Phrasen der Weisheit, sondern in dem, was sie Dir selbst bietet, besteht der Wert der Wissenschaft. Das erste, das eigentliche Hauptmotiv Deines Studierens bist Du selbst, ist Dein Forschungs- und Erkenntnistrieb. Du studierst, um zu klaren Anschauungen zu gelangen, über die Welt, den Menschen, Dich selbst.»

Zeittafel

ab ca. 80 000 **v. Chr.**	Erste Bestattungen des Neandertalers
ab ca. 40 000	Erste Bestattungen des Homo sapiens
ca. 38 000–33 000	Venus vom Hohen Fels, «Löwenmensch»
ca. 32 000	Malereien der Chauvet-Höhle
ca. 25 000	Venus von Willendorf
ca. 16 000–13 000	Malereien der Höhle von Altamira
ca. 12 000	Jungpaläolithisches Doppelgrab von Bonn-Oberkassel
10. Jt.	Heiligtum am Göbekli Tepe
ca. 8000	Schädelbestattungen in der Großen Ofnethöhle
ca. 3800–3500	Tempel von Ġgantija auf der Insel Gozo
ca. 3200	Anlage des Hügelgrabs von Newgrange
ca. 3000	Entstehung der Keilschrift und der Hieroglyphen
ca. 3000–1900	Anlage der Kultstätte von Stonehenge
ca. 2600–2500	Bau der Pyramiden von Giseh
ca. 2100	Der sumerische Stadtfürst Gudea von Lagasch
ca. 2100–1700	Himmelsscheibe von Nebra
ca. 1600–1000	Älteste Texte des Avesta und Rigveda
ca. 1400–1200	Blütezeit der Stadt Ugarit (Ras Schamra)
ca. 1380–1360	Pharao Amenophis IV. (Echnaton)
ca. 1200	Entstehung des Gilgamesch-Epos und des *Enuma Elisch*
ca. 1000–100	Entstehung der Hebräischen Bibel
8. Jh.	Die Propheten Amos, Hosea, Jesaja und Jeremia
8./7. Jh.	*Ilias* und *Odyssee*, älteste Homerische Hymnen, Hesiod
ca. 720	Annexion des Königreichs Israel durch die Assyrer
586–539	Babylonisches Exil der Judäer
551–479	Konfuzius
ca. 520	Wiederaufbau des Tempels von Jerusalem
5./4. Jh.	Vardhamana, genannt Mahavira, Begründer des Jinismus
5./4. Jh.	Siddhartha Gautama, genannt Buddha
ca. 428–348	Der griechische Philosoph Platon
4. Jh.	Mutmaßliche Entstehung des *Daodejing*
ca. 340–270	Der griechische Philosoph Epikur
ca. 333–262	Zenon von Kition, Begründer der Stoa
ca. 268–232	König Ashoka, buddhistischer Herrscher über ein Großreich in Indien

ca. 250	Buddhistisches Konzil von Pataliputra
3./2. Jh.	Griechische Übersetzung der Hebräischen Bibel (Septuaginta)
2. Jh.	Ausbreitung des Buddhismus nach Sri Lanka
168	Beginn des Makkabäeraufstands in Judäa
1. Jh.	Aufzeichnung des buddhistischen Pali-Kanons
ca. 30 **n. Chr.**	Öffentliches Auftreten und Kreuzigung Jesu
50–56	Briefe des Apostels Paulus
70	Zerstörung Jerusalems und des Zweiten Tempels
1./2. Jh.	Zhang Daoling, Begründer des Himmelsmeister-Daoismus
1.-3. Jh.	Aufzeichnung der *Mischna* und *Tosefta* durch die Tannaiten
2. Jh.	Ashvaghosha, Dichter des *Buddhacarita*
135	Niederschlagung des jüdischen Bar Kochba-Aufstands
ca. 150–220	Der Kirchenlehrer Tertullian
200–258	Der Kirchenlehrer Cyprian von Karthago
3.–6. Jh.	Zusammenstellung des Jerusalemer und des Babylonischen Talmud
216–276	Mani, Stifter des Manichäismus
251–356	Antonius der Große, Begründer des Anachoretentums
303–311	Letzte Christenverfolgung unter Kaiser Diokletian
313	Gleichstellung des Christentums durch Kaiser Konstantin
325	Konzil von Nicaea
354–430	Der Kirchenlehrer Aurelius Augustinus
380	Dreikaiseredikt *Cunctos populos:* Verbot aller nicht-trinitarischen christlichen Bekenntnisse und aller heidnischen Religionen im Römischen Reich
381	Konzil von Konstantinopel: Festsetzung des nicäno-konstantinopolitanischen Glaubensbekenntnisses, eines Vorläufers des *Apostolischen Glaubensbekenntnis*ses
395	Teilung des Römischen Reiches in eine westliche und eine östliche Hälfte
5.–6. Jh.	Christianisierung der Franken, der Britischen Inseln und Irlands
um 530	Gründung des Klosters Monte Cassino durch Benedikt von Nursia; Schließung der Platonischen Akademie
6.–8. Jh.	Ausbreitung des Buddhismus in China, Korea und Japan
622	Auswanderung Muhammads von Mekka nach Medina (Hidschra)
632–661	Zeit der ersten vier «rechtgeleiteten Kalifen» (Abu Bakr, Umar, Uthman, Ali)
642	Arabische Eroberung und Beginn der Islamisierung Irans

657	Abspaltung der Charidschiten von der frühislamischen Gemeinde
661–750	Kalifat der Umaiyaden
672–754	Winfried (Bonifatius)
680	Tod Husains bei Kerbela, Trennung von Schiiten und Sunniten
ca. 690	Bau des Felsendoms in Jerusalem
699–767	Abu Hanifa, Begründer der hanafitischen Rechtsschule
711–719	Eroberung der Iberischen Halbinsel durch die Muslime
715–795	Malik ibn Anas, Begründer der malikitischen Rechtsschule
ca. 715–801	Die islamische Mystikerin Rabia al-Adawiya
750–1258	Kalifat der Abbasiden
756–1031	Umaiyadisches Emirat und (seit 929) Kalifat von Córdoba
767–820	Muhammad asch-Schafii, Begründer der schafiitischen Rechtsschule
780–855	Ahmad ibn Hanbal, Begründer der hanbalitischen Rechtsschule
788–820	Der hinduistische Mystiker Shankara
800	Erneuerung des weströmischen Kaisertums durch Karl den Großen
858–922	Der islamische Mystiker Husain Ibn Mansur al-Halladsch
863–869	Missionierung Mährens durch die Brüder Kyrill und Method
10.–12. Jh.	Christianisierung Skandinaviens
10.–14. Jh.	Christianisierung der Westslawen und Balten
909–1171	Schiitisches Kalifat der Fatimiden
949–1022	Symeon der Neue Theologe
988	Christianisierung der Kiewer Rus
1017–1073	Zhou Dunyi, Begründer des Neokonfuzianismus
ca. 1020–1085	Gregor VII., Vertreter des Reformpapsttums
1040–1105	Rabbi Schlomo ben Izchak, genannt Raschi
ca. 1050–1137	Der indische Mystiker Ramanuja
1054	Morgenländisches Schisma zwischen den orthodoxen Kirchen und der römisch-katholischen Kirche
1058–1111	Der islamische Philosoph al-Ghazali
ca. 1090–1153	Bernhard von Clairvaux
1096–1099	Erster Kreuzzug
1098	Gründung des Klosters Cîteaux
1098–1179	Die Mystikerin und Kirchenlehrerin Hildegard von Bingen

um 1135–1204	Mosche ben Maimon (Maimonides)
1147–1149	Zweiter Kreuzzug
12. Jh.	Beginn der Islamisierung Indonesiens
12./13. Jh.	Entstehung der Kabbala
1165–1240	Der islamische Mystiker Ibn Arabi
1181–1226	Franz von Assisi
1189–1192	Dritter Kreuzzug
um 1199–1278	Der indische Mystiker Madhva
12.–13. Jh.	Einführung des Zen- und Amitabha-Buddhismus in Japan
1202–1204	Vierter Kreuzzug
1207–1273	Dschalaluddin Rumi, persischer Mystiker, Gründer der Sufi-Bruderschaft der Mevlevi-Derwische
1209–1229	Albigenserkriege
1216	Gründung des Dominikanerordens
1222–1282	Der buddhistische Reformer Nichiren
1258	Eroberung Bagdads durch die Mongolen
ca. 1260–1327	Der Mystiker Meister Eckhart
1263–1328	Der islamische Gelehrte Ibn Taimiya, auf den sich die heutigen Salafisten berufen
1279–1368	Herrschaft der Mongolen in China
1299	Gründung des Osmanischen Reichs
ca. 1330–1384	Der englische Kirchenreformer John Wyclif
1348–1353	Pestpogrome: Vertreibung der meisten Juden aus Mitteleuropa
1368–1644	Herrschaft der Ming-Dynastie in China
ca. 1370–1415	Der böhmische Reformator Jan Hus
1453	Eroberung Konstantinopels durch die Osmanen
1469–1539	Guru Nanak, Begründer des Sikhismus
1483–1546	Martin Luther
1484–1531	Ulrich Zwingli
1488–1575	Joseph ben Ephraim Karo, Verfasser des *Schulchan Aruch,* einer autoritativen Zusammenstellung von religiösen Vorschriften des Judentums
1489–1525	Thomas Müntzer
1491–1556	Ignatius von Loyola, Gründer des Jesuitenordens
1492	Eroberung Granadas und Entdeckung Amerikas
1496–1616	Vertreibung der Juden und Muslime von der Iberischen Halbinsel
1509–1564	Johannes Calvin
1517	Beginn der Reformation in Wittenberg

1519–1521	Eroberung des Aztekenreichs durch Hernán Cortés
1529	Erste Belagerung Wiens durch die Osmanen
1531–1534	Eroberung des Inka-Reichs durch Francisco Pizarro
1534–1540	Trennung der englischen Kirche von Rom
1545–1563	Konzil von Trient
1549	Beginn der christlichen Mission in Japan
1552–1610	Der Chinamissionar Matteo Ricci
1555	Augsburger Religionsfriede
1556–1605	Herrschaft des Großmoguls Akbar in Indien
1598	Ende der Hugenottenkriege durch das Edikt von Nantes
1603–1868	Tokugawa-Shogunat (Edo-Zeit) in Japan
1618–1648	Dreißigjähriger Krieg
1620	Auswanderung radikaler Puritaner nach Nordamerika
1626–1676	Der selbsternannte Messias Sabbtai Zvi
1632–1704 J	John Locke
1635–1705	Philipp Jacob Spener, Begründer des Pietismus
1638	Shimabara-Aufstand und Verbot des Christentums in Japan
1644–1911	Herrschaft der Qing-Dynastie in China
1663–1727	August Hermann Francke, Hauptvertreter des Pietismus, Gründer der Franckeschen Stiftungen in Halle
1683	Niederlage der Osmanen vor Wien
1688–1772	Der schwedische Mystiker Emanuel Swedenborg
1694–1768	Hermann Samuel Reimarus, Wegbereiter der historischen Bibelkritik
1694–1778	Voltaire (François-Marie Arouet)
ca. 1700–1760	Rabbi Israel ben Elieser, Begründer des Chassidismus
1703–1792	Muhammad ibn Abd al-Wahhab, Begründer des Wahhabismus
1706	Beginn der protestantischen Missionstätigkeit in Indien
1717	Entstehung der Freimaurer-Bewegung
1722	Gründung der Herrnhuter Brüdergemeine
1723–1789	Paul-Henri Thiry d'Holbach, Hauptvertreter des aufklärerischen Atheismus
1725–1791	Johann Salomo Semler, Vordenker der protestantischen Aufklärungstheologie
1729–1786	Moses Mendelssohn, Vordenker der jüdischen Aufklärung (Haskala)
1730–1801	Motoori Norinaga, Begründer des *Kogugaku*, einer nationalreligiösen Bewegung in Japan
1735–1815	Handsome Lake, Begründer der Langhaus-Religion, einer

	Verbindung von indianischer Religion und Christentum in Nordamerika
1738	Begründung des Methodismus durch John und Charles Wesley
ca. 1740–1760	First Great Awakening in den britischen Kolonien Nordamerikas
1772–1833	Ram Mohan Roy, Begründer des Neohinduismus
1789	Französische Revolution
1794–1886	Leopold Zunz, Begründer der «Wissenschaft des Judentums»
1798–1857	Auguste Comte, Begründer des Positivismus als einer wissenschaftlichen Heilslehre
1804–1872	Der Religionskritiker Ludwig Feuerbach
1805–1844	Joseph Smith, Prophet des Mormonentums
1808–1881	Johann Hinrich Wichern, Gründer der evangelischen Inneren Mission in Deutschland
1813–1865	Adolph Kolping, Gründer einer katholischen Sozialbewegung in Deutschland
1817–1892	Mirza Husain Ali Nuri, genannt Baha'ullah, Stifter der Religion der Baha'i
1821–1910	Mary Baker Eddy, Gründerin der Christian Science
1828–1912	William Booth, Gründer der Heilsarmee
1835–1908	Mirza Ghulam Ahmad, Gründer der Ahmadiya-Bewegung, einer Reformbewegung des Islam in Indien
1838–1897	Dschamal ad-Din al-Afghani, Vordenker des Reformislam
1849–1905	Muhammad Abduh, Vordenker des Reformislam
1851–1864	Taiping-Aufstand der sozialrevolutionär-theokratischen Taiping-Bewegung in China
1852–1916	Charles Taze Russell, Begründer der Wachtturm-Gesellschaft
1860–1904	Theodor Herzl, Vordenker des Zionismus
1863–1902	Swami Vivekananda, Vordenker eines liberalen Reform-Hinduismus
1864–1933	Anagarika Dharmapala, Vordenker eines missionarischen Reform-Buddhismus
1868	Neubegründung des Kaisertums in Japan
1869/70	Erstes Vatikanisches Konzil, Dogma von der Unfehlbarkeit des Papstes
1869–1948	Mohandas Karamchand (Mahatma) Gandhi
1872–1950	Sri Aurobindo, Vordenker eines antikolonialistischen Reform-Hinduismus

1872–1970	Bertrand Russell, Religionskritiker, Vordenker des Agnostizismus
1875	Gründung der Theosophischen Gesellschaft
1893	Weltparlament der Religionen in Chicago
um 1900	Beginn der Pfingstbewegung in den USA
1906–1949	Hasan al-Banna, Gründer der Muslimbruderschaft
1928–2010	Mohammed Arkoun, Vertreter einer philosophischen islamischen Aufklärung
1941–1945	Holocaust: Ermordung von über sechs Millionen europäischen Juden durch die Nationalsozialisten
1943–2010	Nasr Hamid Abu Zaid, Hauptvertreter einer historisch-kritischen Koranexegese
1946	Gründung der buddhistisch inspirierten Soka Gakkai in Japan
1948	Gründung des Staates Israel
1954	Gründung der Scientology-Kirche durch L. Ron Hubbard in den USA und der Vereinigungskirche durch Sun Myung Moon in Süd-Korea
1959	Flucht des XIV. Dalai Lama aus Tibet, Beginn seiner weltweiten Wirksamkeit als neo-buddhistische moralische Autorität
1962–1965	Zweites Vatikanisches Konzil
1979	Islamische Revolution in Iran
2001	Anschlag der Terrororganisation al-Qaida auf das World Trade Center
2013	Verbot der Muslimbruderschaft in Ägypten
2014	Einsetzung einer Päpstlichen Kommission für den Schutz von Minderjährigen im Gefolge der Debatte um sexuellen Missbrauch in der Katholischen Kirche
2016–2019	Zerschlagung des Islamischen Staates in Libyen, im Irak und in Syrien
2019	Beginn der weltweiten Ausbreitung des Coronavirus mit weitreichenden Folgen für das Gemeinschaftsleben in den Religionen
2021	Einnahme ganz Afghanistans durch die radikalislamischen Taliban; gemeinsamer Aufruf von Vertretern mehrerer Religionen zur Intensivierung der Klimaschutzmaßnahmen im Vorfeld der Weltklimakonferenz in Glasgow
2022	Konträre Stellungnahmen verschiedener christlicher Kirchen zum russischen Angriffskrieg gegen die Ukraine

Bildnachweis

Abb. 1, 13, 19, 21, 23, 30, 31, 37, 38, 39, 41, 44, 47: © akg-images
Abb. 2, 6, 15, 20, 27, 36: © akg-images/André Held
Abb. 3, 4, 35: © akg-images/De Agostini Picture Lib./G. Dagli Orti
Abb. 5, 7, 8, 9, 10: © akg-images/Erich Lessing
Abb. 11, 25, 28, 29, 32, 40: © Roland and Sabrina Michaud/akg-images
Abb. 12, 14, 16, 22, 33, 42, 48: © akg-images/Pictures From History
Abb. 17: © akg-images/Nimatallah
Abb. 18: © akg-images/Album/Prisma
Abb. 24: © akg-images/Gilles Mermet
Abb. 26: © akg-images/Fototeca Gilardi
Abb. 34, 43: © akg/North Wind Picture Archives
Abb. 45: © Heritage-Images/The Print Collector/akg-images
Abb. 46: © akg-images/Library of Congress/Science Photo Library
Abb. 49: © akg-images/Mondadori Portfolio/Mario De Biasi
Abb. 50: © akg-images/François Guénet

Anmerkungen

Einleitung

1 George Eliot, *Middlemarch: a study of provincial life* (Schlusssatz).

ERSTER TEIL

Von den Anfängen bis zum Ende der altorientalischen Großreiche

1 Neuere Studien, die sich dem Phänomen «Religion» von einem evolutionsbiologischen Standpunkt aus bzw. unter ausführlicher Berücksichtigung entsprechender Überlegungen anzunähern suchen, bieten Boyer 2004, Dennett 2008, Boyer 2010, Lewis-Williams 2010 und Bellah 2020. Vgl. ferner De Smedt u. De Cruz 2020, Krech 2021 und Szocik 2021.

2 Eine erste Übersicht zum Thema Religion und Archäologie ermöglicht das Handbuch von Insoll 2011. Eine ausführliche Erörterung der methodischen Probleme und zahlreiche Studien zu einzelnen Fallbeispielen bieten Meier u. Tillesen 2014, Wunn u. Grojnowski 2015 sowie Livarda 2018.

3 Eine neuere Studie zu den Anfängen der Religion in der Altsteinzeit bietet Wightman 2015.

4 Eine ausführliche Darstellung der heutigen Sicht auf neolithische Riten und Kulte anhand der Ausgrabungen im anatolischen Çatal Höyük bieten die Beiträge in Hodder 2020 sowie Biehl u. Rosenstock 2022.

5 Eine erste Übersicht über die frühen Religionen der Alten Welt in den letzten drei Jahrtausenden v. Chr. ermöglichen die Handbücher von Johnston 2004 sowie Salzman u. Sweeney 2013 (Bd. 1). Einen Querschnitt durch die neuere Forschung bietet Laneri 2015.

6 Neuere Gesamtdarstellungen der Religion des Alten Ägypten bieten Teeter 2011, Zivie-Coche u. Dunand 2013 sowie Quirke 2015.

7 Eine neuere Studie zu den altägyptischen Autobiographien bietet Stauder-Porchet 2017.

8 Zwei neuere Einführungen in die Religionen des Zweistromlands sind Schneider 2011 und Hrůša 2015. Eine umfangreiche Anthologie der sumerischen Literatur in deutscher Übersetzung, darunter viele religiöse Texte, bietet Volk 2015.

9 Eine knappe Übersicht über die Religion Altirans bieten Haas u. Koch 2011:

1–145. Einen Querschnitt der neueren Forschungen zur religiösen Vielfalt innerhalb des Perserreichs geben die Beiträge in Edelman u. a. 2016 und Henkelman 2017.

10 Die gesamte Kultur Altirans behandelt das Handbuch von Potts 2016.

11 Neuere Gesamtdarstellungen der Religionen Altkleinasiens bieten V. Haas in Haas u. Koch 2011: 147–286 sowie Hutter 2021. Eine umfangreiche Sammlung hethitischer religiöser Texte in französischer Übersetzung enthält Mouton 2016; einen Querschnitt neuerer Forschungen dazu bietet Müller 2016. Zur religiösen Bedeutung der altkleinasiatischen Landschaft vgl. die Beiträge in D'Agostino u. a. 2015, Müller 2016 und Hutter 2019a.

12 Einen Querschnitt der neueren Forschung zu den Hethitern in der biblischen Überlieferung bieten die Beiträge in Hutter 2014. Zum Einfluss der Hethiter auf die frühe griechische Religion vgl. Rutherford 2020.

13 Eine kurzgefasste Übersicht über die Religionsgeschichte Syrien-Palästinas vom Neolithikum bis zu den Anfängen des Christentums gibt Tilly u. Zwickel 2011. Neuere Einführungen in die Religionen Altsyriens und Palästinas (außerhalb der Religion Israels und des Judentums) bieten Bonnet u. Niehr 2014 (Phöniker und Aramäer).

14 Eine neuere Einführung in die Literatur Ugarits bieten Coogan u. Smith 2012 sowie Olmo Lete 2014a. Eine Übersicht über die neuere Forschung ermöglichen die Beiträge in Matoïan 2021.

15 Eine erste Übersicht über die Religionen Alteuropas von der Altsteinzeit über das Altertum bis ins Mittelalter ermöglichen die Beiträge in Christensen u. a. 2013. Eine erste Übersicht über die Religionen des Mittelmeerraums in der Antike ermöglichen die Beiträge in den Handbüchern von Spaeth 2013, Raja u. Rüpke 2015 sowie Orlin u. a. 2016, ferner die Gesamtdarstellungen von Rüpke 2016 und Stephens 2016.

16 Eine erste Übersicht über die Religion im vor- und frühgeschichtlichen Griechenland ermöglichen die Beiträge in den Handbüchern von Ogden 2007 sowie Eidinow u. Kindt 2015, ferner die Gesamtdarstellungen von Kindt 2012, Burkert 2011 und Larson 2016. Ausgewählte Quellentexte in englischer Übersetzung bieten Warrior 2009 und Kearns 2010. Neuere Forschungen zu den griechischen Gottesvorstellungen bieten die Beiträge in Eidinow u. a. 2016.

17 Eine erste Übersicht über die Problematik der Interpretation vorgeschichtlicher Bestattungen bietet das Handbuch von Tarlow u. Nilsson Stutz 2013. Querschnitte durch die neuere Forschung zu diesem Thema enthalten Devlin u. Graham 2015 sowie Renfrew u. a. 2016. Zahlreiche Einzelstudien aus den Kulturen des Alten Orients und des vorrömischen Mittelmeerraums findet man in Durand u. a. 2012, Pfälzner u. a. 2014, Porter 2014, Thür 2014 sowie Brandt u. a. 2015, Glunz-Hüsken 2017 und Lange-Weber 2021. Zu Ägypten vgl. ferner Clark 2016 und West 2019.

18 Zu den neueren Forschungen über Stonehenge vgl. Richards 2017 sowie die Beiträge in Jacques u. Davis 2019 und Parker Pearson u. a. 2020.

19 Eine neue Studie zur Nekropole von Qubbet el-Hawa, mit besonderem Bezug auf die Verhältnisse im Alten Reich, bietet Vischak 2015.

20 Eine neue Studie zum Grab von Newgrange bietet Hensey 2015.

21 Den *Amesbury Archer* behandelt ausführlich Fitzpatrick 2011.

22 Zum griechischen Heroenkult vgl. Boehringer 2001, Ekroth 2002 und Albersmeier 2009.

23 Das Childerich-Grab behandelt ausführlich Quast 2015. Einen Einblick in die Komplexität des Grabbrauchs am Vorabend und während der Christianisierung der germanischen Stämme gibt (am Beispiel der Alamannen) Hausmair 2015.

24 Einen Querschnitt durch die neuere Forschung zum Thema «irreguläre Bestattungen» geben die Beiträge in Müller-Scheeßel 2013; vgl. dazu ferner Reymann 2015.

25 Zur altorientalischen Vorstellung von den Dämonen als den Verursachern von Krankheiten und ihrem Weiterleben bis in die Neuzeit vgl. die Beiträge von Bhayro u. Rider 2017.

26 Zur ägyptischen Praxis der Mumifizierung vgl. Ikram 2015 sowie die knappe Darstellung konkreter Fallbeispiele in Taylor u. Antoine 2014.

27 Die ägyptische Praxis der Beigabe von Uschebti-Figuren behandelt ausführlich Moje 2013.

28 Zur Erzählung von der Totenbeschwörerin von Endor und ihrem Kontext vgl. die Beiträge in Berlejung u. Janowski 2009. Zur Rezeption der Erzählung in der Frühen Neuzeit vgl. Lecercle 2011.

29 Eine ausführliche Studie zum literarischen Motiv des «Fluchs der Mumie» bietet Luckhurst 2012.

30 Einen Querschnitt durch die neuere Forschung zur Sitte der Brandbestattung bieten die Beiträge in Thompson 2015 sowie Cerezo-Román u. a. 2017.

31 Die Sitte des Totenmahls in der Vor- und Frühgeschichte behandeln die Beiträge in Draycott u. Stamatopoulou 2016 sowie Lange-Weber 2021.

32 Eine neuere Studie zu den homerischen Jenseitsvorstellungen bietet Matijević 2015.

33 Eine ausführliche Studie zur altmesopotamischen Anthropologie bietet Steinert 2012, wo auch weitere in diesem Zusammenhang relevante Begriffe erörtert werden.

34 Vgl. dazu die bei Steiner 2015 dargestellte Kontroverse um die Deutung des Seelenbegriffs *næpæš* in der Hebräischen Bibel.

35 Zu den Bestattungssitten und dem Grabbrauchtum der Heiden, Juden und Christen in der römischen Kaiserzeit vgl. die Studie von Dresken-Weiland u. a. 2012 sowie die Beiträge in Brink u. a. 2008, Rüpke u. Scheid 2010, Hope u. Huskinson 2011, Carroll u. Rempel 2011 sowie Waldner u. a. 2016. Die Verhältnisse

im griechisch-römischen Ägypten behandelt Venit 2016, die bei den Etruskern Egeler 2014, die im frühen Christentum Mutie 2015. Einen ersten Zugang zur Vielfalt der Bestattungssitten des Mittelalters und der Frühen Neuzeit in Europa bieten die Beiträge in Classen 2016 und Rollo-Koster 2017. Neuere Studien zu den Bestattungssitten der Gegenwart sind Davis 2016, Desjarlais 2016, Dobscha 2016 sowie Lipset u. Silverman 2016 und Van den Breemer 2021.

36 Zur Vielfalt der Gottesvorstellungen in dem hier in Frage kommenden Zeitraum vgl. die Beiträge in Asher-Greve u. Westenholz 2013, Wagner 2014 und Römer u. a. 2019 (Alter Orient und Hebräische Bibel), Irsigler 2021 (Israel) sowie die Beiträge in Belayche u. Pirenne-Delforge 2015, Markschies 2016, die Beiträge in Schattner u. Guerra 2019, Versnel 2020, Wifstrand Schiebe 2020 und Jim 2022 (griechisch-römische Antike).

37 Den Begriff Maat behandelt ausführlich Assmann 2006.

38 Eine umfangreiche Sammlung von Texten aus der ägyptischen Totenliteratur in deutscher Übersetzung bietet Assmann 2008.

39 Einen Querschnitt durch die neuere Forschung zu Aphrodite und verwandten Göttinnen bieten die Beiträge in Sugimoto 2014.

40 Neuere Studien zur Rolle des Gottes Thoth in Ägypten bieten Stadler 2009 und Iniesta 2015. Neuere Untersuchungen zu den Funktionen des Gottes Enki in der sumerischen Mythologie bieten Espak 2015 und Ceccarelli 2016. Zur späteren Identifikation des ägyptischen Thoth mit dem griechischen Hermes in der Zeit des Hellenismus vgl. Bull 2014.

41 Vgl. dazu die Beiträge in Ulanowski 2016.

42 Vgl. dazu ausführlich Pongratz-Leisten 2015 und Karlsson 2016.

43 Einen Querschnitt der neueren Forschung zum Verhältnis von Göttern, Geistern und Dämonen im Alten Ägypten bieten die Beiträge in Quertinmont 2016 sowie Graves-Brown 2018. Eine neuere umfassende Studie zu den römischen *lares* gibt Flower 2017. Zu Dämonenvorstellungen in der Hebräischen Bibel und im Frühen Judentum vgl. die neueren Studien von Vreugdenhil 2020 bzw. Reed 2020. Zu den Dämonenvorstellungen der Spätantike vgl. die Beiträge in Elm u. Hartmann 2019.

44 Vgl. zum Folgenden die Einführung von Schlögl 2013 sowie die neuere Studie von Hoffmeier 2015, Ridley 2019 und David 2021.

45 Vgl. dazu ausführlich Kemp 2012.

46 Über die Zeichendeutung in den Kulturen des Alten Orients und des antiken Mittelmeerraums im Allgemeinen orientieren Stoneman 2010, Georgoudi u. a. 2011, Kajava 2013 und Rosenberger 2013. Die Verhältnisse in Mesopotamien behandeln Maul 2013, Koch 2015, Winitzer 2017 und Cohen 2020, die im frühen Griechenland, Beerden 2013 und Trampedach 2015, Dillon 2017 sowie die Beiträge in Evans 2018, die in der römischen Republik Driediger-Murphy 2019 und Mowat 2021. Vgl. ferner die Beiträge in Driediger-Murphy u. Eidinow 2019 und Addey 2022

sowie die Studie von Timotin 2022. Eine neuere Studie zu den alttestamentlichen Zeugnissen bietet Schmitt 2014. Zu den politischen Aspekten der Zeichendeutung im Alten Orient vgl. die Beiträge in Lenzi u. Stökl 2014 sowie die Studie von Ristvet 2015 und Ulanowski 2021.

47 Zur antiken Traumdeutung vgl. Struck 2016, zur Traumdeutung im antiken und mittelalterlichen Christentum vgl. die Beiträge in Koet 2012 sowie die Studie von Enke 2021.

48 Vgl. dazu die Bearbeitung der zuletzt genannten Gruppe durch Gehlken 2012.

49 Vgl. dazu die Studie von Livingstone 2013.

50 Zum Orakel von Delphi vgl. Giebel 2015, Kindt 2016 und Heineman 2018.

51 Zu den Erscheinungsformen des Opfers in den Religionen der Alten Welt vgl. die Beiträge in Meller u. a. 2020 (Vor- und Frühgeschichte), Hitch u. Rutherford 2017, Daly 2021 (vorchristliche und christliche Antike), die Beiträge in Botner u. a. 2020 (Judentum und frühes Christentum) sowie die Beiträge in Innemée 2022 (Menschenopfer).

52 Vgl. dazu die Beiträge in Durand u. a. 2015a und 2015b.

53 Einen Querschnitt durch die neuere Forschung zum Thema der rituellen Reinheit und Reinheitssvorschriften in der Hebräischen Bibel und ihrer Umwelt bieten die Beiträge in Frevel u. Nihan 2013. Zur Metaphorik des «Abwaschens» einer Sünde vgl. ferner die neue Studie von DiFransico 2016. Zur rituellen Reinheit im griechisch-römischen Ägypten vgl. Kühnemund 2021.

54 Eine neuere Studie zu diesem Vorstellungskomplex und seinem kulturgeschichtlichen Hintergrund bietet Dietrich 2010.

55 Einen Querschnitt der neueren Forschungen zu dieser Frage bieten zahlreiche Beiträge in Drewnowska-Rymarz u. Sandowicz 2017.

56 Vgl. dazu ausführlich Oshima 2013 und 2014.

57 Eine Übersicht über den Umgang mit der Theodizee-Frage in den Religionen der Antike geben die Beiträge in Ego u. Mittmann 2015. Die unterschiedlichen Ansätze zur Lösung des Problems in der abendländisch-christlichen Kultur behandeln die kurzgefasste Einführung von Hoerster 2017 und die ausführliche Darstellung von Streminger 2016.

58 Vgl. dazu ausführlich Schmitt 2011.

59 Eine kommentierte Auswahl (in deutscher Übersetzung) von Hymnen, Gebeten und Beschwörungen aus dem Umfeld der Hebräischen Bibel geben Janowski u. Schwemer 2013. Zur Deutung des Gebets in der platonischen Philosophie vgl. die Beiträge in Dillon u. Timotin 2016.

60 Einen Querschnitt durch die neuere Forschung zu den Homerischen Hymnen geben die Beiträge in Faulkner 2011. Neuere Ausgaben und Studien zu einzelnen Hymnen bieten Faulkner 2008 (Aphrodite), Richardson 2010 (Apollo, Hermes, Aphrodite), Olson 2012 (Aphrodite) und Vergados 2013 (Hermes).

61 Zu den Psalmen der Hebräischen Bibel und ihrer christlichen Rezeption vgl. das

Handbuch von Brown 2014, die Einführung von Creach 2020 sowie die Beiträge in Brodersen u. a. 2020, Barbiero u. a. 2021 und Fröhlich u. a. 2021.

62 Vgl. dazu die kommentierte zweisprachige Ausgabe der Sonnenhymnen Echnatons durch Bayer 2012.

63 Zwei umfassende Untersuchungen zum Thema Gebet und Beschwörung in Mesopotamien bieten Abusch 2002 und Schwemer 2007. Eine kommentierte Auswahl von Texten in deutscher Übersetzung enthält Janowski u. Wilhelm 2008. Vgl. dazu die kommentierte zweisprachige Ausgabe mesopotamischer Beschwörungstexte durch Abusch u. Schwemer 2011–2016 sowie die Studien zu verschiedenen mesopotamischen Gebetsgattungen von Frechette 2012, Gabbay 2014 und 2015 sowie Geller 2016.

64 Zur Magie in der griechisch-römischen Antike vgl. die Gesamtdarstellungen von Edmonds 2019 und Watson 2019 sowie die Beiträge in Frankfurter 2019, Gordon u. a. 2020 und Hölscher u. a. 2021.

65 Einen Querschnitt durch die neuere Forschung zum Verhältnis von Kult und Raum in den Religionen des Altertums geben die Beiträge in Wiemer 2017. Vgl. dazu ferner die Beiträge in Katsarou u. Nagel 2021 (Griechenland) und Matijević u. Wiegels 2022 (Römisches Reich und angrenzende Regionen).

66 Eine erste Übersicht ermöglichen die entsprechenden Beiträge in dem Handbuch von McDonald u. Veth 2012 sowie die ausführliche Darstellung von Lawson 2012. Den Schwerpunkt auf die Probleme der Interpretation legen Bahn 2010 und Bednarik 2016; einen Querschnitt durch die neuere Forschung bieten die Beiträge in Sacco u. Robert 2016.

67 Eine Einführung in den neuzeitlichen Schamanismus bietet DuBois 2009. Zur schamanistischen Deutung altsteinzeitlicher archäologischer Funde vgl. Wamers 2015.

68 Vgl. zusammenfassend Schmidt 2007 sowie kritisch dazu Yeşilyurt 2014.

69 Vgl. dazu ausführlich die Beiträge in Steiner 2014.

70 Eine Einführung in die Architektur, Funktionen und Geschichte ägyptischer Tempel bieten Wilkinson 2005 und Verner 2013. Den Tempelkult behandeln ausführlich Eaton 2013 und David 2016.

71 Neuere Einführungen in den Gegenstand bieten Pedley 2005, Spawforth 2006, Emerson 2007 und Wilson Jones 2014.

72 Eine neuere Studie zum Umgang mit den griechischen Heiligtümern in Kriegszeiten bietet Nevin 2017.

73 Vgl. dazu Römer 2010. Die altorientalischen Vorstellungen vom Tempel als Wohnhaus einer Gottheit behandelt Hundley 2013 sowie – mit Blick auf den Tempel in Jerusalem – die Beiträge in Grappe 2021.

74 Zur Bedeutung des Tempelbergs für die drei monotheistischen Religionen vgl. die Darstellung von Croitoru 2021.

75 Eine umfassende Gesamtdarstellung früher Kalendersysteme vom Alten Ori-

ent bis zur Spätantike bietet Stern 2012. Zum Kalenderwesen im Alten Orient vgl. Cohen 2015 sowie die Beiträge in Shibata u. Yamada 2021, zu dem in der Antike Hannah 2005 und 2009, Rüpke 2011 und Scholz 2011 und Badura 2022. Die altägyptischen Zeitvorstellungen erörtert Assmann 2011. Vgl. ferner Stern u. Burnett 2014 zum Kalender des frühen Judentums sowie Ben-Dov u. a. 2012 zum Einfluss früher Lunarkalender auf den Solarkalender. Kritisch zu neueren Versuchen der Ermittlung vorgeschichtlicher Kalenderberechnungen anhand archäologischer Überreste äußert sich Rohde 2012.

76 Eine neuere Studie zur Entstehung und Entwicklung des Festkalenders in der Hebräischen Bibel bietet Gesundheit 2012.

77 Zur Rolle der Umzüge und Prozessionen im antiken Rom vgl. Latham 2016 sowie die Beiträge in Östenberg u. a. 2015.

78 Vgl. dazu ausführlich Bidmead 2002.

79 Eine Einführung in die griechische Mythologie bietet das Handbuch von Dowden u. Livingstone 2011. Vgl. ferner die Beiträge in Kelly u. Metcalf 2021.

80 Zum Einfluss der antiken Homerphilologie auf die jüdische Exegese und die frühe christliche Mythendeutung vgl. ausführlich Niehoff 2011, die Beiträge in Niehoff 2012 und Herren 2017. Einen Querschnitt durch die neuere Forschung zum Umgang mit Heiligen Schriften von der Spätantike bis zum frühen Islam bieten die Beiträge in Cohen u. Berlin 2016 und Gemeinhardt 2016.

81 Eine Einführung in die Religion des Rigveda bieten Oberlies 2012 sowie Brereton u. Jamison 2020. Kommentierte deutsche Übersetzungen von allen Hymnen der ersten fünf Liederkreise bieten Witzel u. Gotō 2007 sowie Witzel u. a. 2013.

82 Eine knappe Einführung in das Gilgamesch-Epos bietet Sallaberger 2013, eine kommentierte deutsche Übersetzung Maul 2005 und Röllig 2021. Vgl. ferner zur sumerischen Überlieferung um Gilgamesch Gadotti 2014 sowie zur Ikonographie des Helden die Beiträge in Steymans 2010. Die mesopotamische Entwicklung der Sintflut-Erzählung behandeln Chen, Y. S. 2013 und Finkel 2014.

83 Vgl. dazu Talon u. Anthonioz 2019.

84 Eine vergleichende Perspektive auf die altorientalischen Schöpfungsmythen ermöglichen die Beiträge in Derron 2015. Eine neuere Studie zu den betreffenden sumerischen Texten bietet Lisman 2013.

85 Über den Dichter und sein Werk orientieren die Beiträge in dem Handbuch von Montanari u. a. 2009. Eine neuere Studie zur Theogonie und ihrer Rezeptionsgeschichte bietet Scully 2015. Zu altorientalischen Einflüssen auf die frühgriechische religiöse Dichtung vgl. López-Ruiz 2010 und Metcalf 2015.

86 Zwei neuere Einführungen in die altnordische Mythologie bieten Page 2016 und Larrington 2017. Mit dem geistesgeschichtlichen Hintergrund der Prosa-Edda beschäftigen sich Nahl 2013 und mehrere Beiträge in Beck u. a. 2013. Einen Querschnitt durch die neuere Forschung zur altnordischen Mythologie bieten

die Beiträge in Brink u. Collinson 2017. Zur Ikonographie vgl. die Studie von Kopár 2012 und zur Rezeptionsgeschichte das Handbuch von Zernack u. Schulz 2019.

87 Einen Querschnitt durch die neuere Forschung auf diesem Gebiet bieten die Beiträge in Delpech u. Quintela 2009.

88 Vgl. dazu auch Witzel 2012, der sämtliche erst seit dem dritten Jahrtausend v. Chr. überlieferten Mythen auf einen gemeinsamen Ursprung in der Altsteinzeit zurückführt.

ZWEITER TEIL

Vom Hellenismus bis zum Aufstieg des Islams

1 Eine Übersicht über die archäologischen Kulturen des Indischen Subkontinents ermöglicht das Handbuch von Coningham u. Young 2015. Zu neueren Forschungen über die Indus-Kultur vgl. Sharma 2019a und 2019b.

2 Zu Megasthenes vgl. die Beiträge in Wiesehöfer u. a. 2016 sowie die kommentierte Neuübersetzung der Fragmente durch Stoneman 2022.

3 Einen Querschnitt durch die neuere Forschung zur Religionsbegegnung an der Seidenstraße bieten die Beiträge in Lieu u. Mikkelsen 2016. Vgl. ferner Hansen 2017 sowie die ausführliche historische Darstellung von Höllmann 2022.

4 Eine umfassende Darstellung menschlicher Religiosität von den Anfängen bis zur «Achsenzeit» bietet Bellah 2020. Einen Querschnitt der neueren religionswissenschaftlichen Debatte um den Begriff der Achsenzeit bieten die Beiträge in Bellah u. Joas 2011. Zur neueren Forschung über das Konzept der Achsenzeit vgl. Assmann 2018, Sanderson 2018 sowie die Beiträge in Arjomand u. Kalberg 2021.

5 Eine erste Übersicht über die Religionsgeschichte Chinas und die einzelnen darin wirksamen Traditionen ermöglichen die Beiträge in dem Handbuch von Nadeau 2012. Zu neueren Forschungen vgl. Childs-Johnson 2020, Feuchtwang 2020, Mou u. Zhang 2020, Yeo 2021 sowie Lackner u. Zhao 2022.

6 Vgl. dazu die chinesisch-deutsche Ausgabe von Simon 2009 sowie die deutsche Übersetzung von Kubin 2011a. Eine Einführung bietet Kohn 2019.

7 Zwei neuere, ausführlich kommentierte deutsche Übersetzungen des *Yijing* bieten Schilling 2009 und Simon 2014.

8 Neuere Einführungen in den Konfuzianismus bieten Paul 2010 und Rainey 2010. Vgl. ferner Lin u. a. 2021, Cheng 2022 sowie zur Rezeptionsgeschichte DeLapp 2022.

9 Eine neuere Biographie des Konfuzius nach den chinesischen Quellen bietet Chin 2009.

10 Vgl. dazu die Auswahl der Analekten des Konfuzius in deutscher Übersetzung von Kubin 2011b sowie die englische Übersetzung von Chin 2014. Eine neuere

Studie zur europäischen Rezeptionsgeschichte des Werks bietet Meynard 2015. Zur Einführung vgl. Cline 2022.

11 Zu den Upanischaden vgl. die Einführungen von Dalal 2018 und Cohen 2018 sowie die Auswahl in deutscher Übersetzung von Slaje 2019.

12 Vgl. dazu die neueren Gesamtdarstellungen von Hutter 2016 und Hutter 2018 sowie die Handbücher von Buswell u. Lopez 2014, Silk u. a. 2015 und 2019, Jerryson 2017, Cozort u. Shields 2018, Berkwitz u. Thompson 2022, Edelglass u. a. 2022 sowie Arai u. Trainor 2022.

13 Vgl. zum Jainismus die Einführungen von Babb 2015 und Fohr 2015 sowie das Handbuch von Cort u. a. 2020.

14 Ein neueres Handbuch zur Geschichte und Religion Altisraels bietet Niditch 2016. Vgl. ferner die historischen Darstellungen von Frevel 2018 und Knauf u. Niemann 2021.

15 Einen Querschnitt durch die neuere Forschung zur frühen Geschichte des Jahwe-Glaubens bieten die Beiträge in Oorschot u. Witte 2017. Vgl. dazu ferner die Studien von Flynn 2020 und Miller 2021.

16 Zu den Propheten der Hebräischen Bibel vgl. das Handbuch von O'Brien 2021 sowie die ausführliche Gesamtdarstellung von Kratz 2022a.

17 Einen Querschnitt durch die neuere Forschung dazu bieten die Beiträge in Albertz u. Schmitt 2012 sowie Albertz u. a. 2014.

18 Zu den jüdischen und christlichen Vorstellungen vom Paradies vgl. die Beiträge in Bockmuehl u. Stroumsa 2010 sowie Lang 2019.

19 Vgl. zur Überlieferung des Avesta die Beiträge in Cantera 2012 sowie die Studie von Zeini 2020. Eine vollständige Übersetzung des Avesta ins Französische bietet Lecoq 2016.

20 Über Geschichte und Gegenwart des Zoroastrismus orientiert das Handbuch von Stausberg u. Vevaina 2015. Vgl. ferner die Gesamtdarstellung von Hutter 2019b sowie die Textsammlung von Stewart 2018–2020.

21 Eine neuere Studie zum Verlauf des Makkabäeraufstands und seiner Darstellung in den Makkabäerbüchern bietet Honigman 2014.

22 Vgl. dazu die Beiträge in Avemarie u. a. 2017, die Studie von Berthelot 2018 sowie die Beiträge in Berlin u. Kosmin 2021.

23 Vgl. dazu Stemberger 2013 sowie die Beiträge in Sievers u. Levine 2021.

24 Zur neueren Forschung über die Qumranschriften vgl. die Beiträge in Hartog u. a. 2018 sowie Magness 2021 und Kratz 2022b.

25 Zu den Zeloten vgl. Hengel 2011 und als Querschnitt durch die neuere Forschung dazu Lichtenberger 2013.

26 Zur Apokalyptik im Altertum und Mittelalter vgl. die Handbücher von Collins 2014 und Ryan 2016 sowie die Beiträge in Gabriele u. Palmer 2019 und Marlow u. a. 2021. Zum Weiterleben apokalyptischen Gedankenguts vgl. die Beiträge in Lehner 2021 sowie Smith 2021 und Jeffries 2022.

27 Zu Euhemeros und seinem Werk vgl. ausführlich Winiarczyk 2013.

28 Eine neuere Studie zu den griechischen Inkubationsriten bietet Ehrenheim 2015. Vgl. ferner Renberg 2017.

29 Die Entwicklung des Verhältnisses zwischen Religion und Medizin vom Mittelalter bis zur Frühen Neuzeit bzw. bis zur Gegenwart beleuchten die Beiträge in Donato u. a. 2013 und Classen 2014 sowie die Studie von Ferngren 2014.

30 Zu den Mysterienkulten vgl. die Einführung von Kloft 2019 sowie die Beiträge in Massa 2018 und Belayche u. a. 2021. Zum Mithraskult vgl. die Studie von Lahe 2019 sowie Adrych u. a. 2017 und die Beiträge in McCarty u. Egri 2020.

31 Eine Gesamtdarstellung des antiken Atheismus gibt Whitmarsh 2015; eine neuere Studie dazu bietet Winiarczyk 2016.

32 Eine neuere ausführliche Studie zur hellenistischen Astrologie im Kontext der Religionsgeschichte des Altertums bietet Greenbaum 2016. Neuere Studien zur Astrologie einzelner Epochen und Regionen bieten Geller 2014 (Mesopotamien), Jacobus 2014 (antikes Judentum), Green, S. J. 2014 (Rom), Blake 2016 (Islam) sowie Dooley 2014, Deimann u. Juste 2015 und Barnes 2016 (Mittelalter und Frühe Neuzeit). Zur Astrologie der Gegenwart vgl. Campion 2012 sowie zu den Bedingungen des Fortlebens antiker Deutungsmuster Schoener 2016.

33 Eine Übersicht über den gegenwärtigen Stand der Forschung zur Person und zum Wirken Jesu bietet das Handbuch von Schröter u. Jacobi 2017. Den Zeithintergrund schildert ausführlich Dahlheim 2013; die Entwicklung vom Jesus der Geschichte zum Christus der Theologie behandelt Vermès 2016. Zur neuzeitlichen Rezeptionsgeschichte vgl. ferner Schmidt 2022.

34 Eine neuere Studie zur Darstellung der Pharisäer in den Schriften des Neuen Testaments bietet Marshall 2015.

35 Zur neueren Paulusforschung vgl. die Handbücher von Horn 2013 und Novenson u. Matlock 2022.

36 Zur antiken Gnosis vgl. die Einführungen von Aland 2014, Markschies 2018 und Robertson 2022 sowie die Beiträge in dem Handbuch von Trompf u. a. 2019.

37 Deutsche Übersetzungen der Schriften von Nag Hammadi bieten Schenke u. a. 2013 sowie Lüdemann u. Janßen 2017. Zur neueren Forschung vgl. die Beiträge in Schröter u. Schwarz 2017, Lundhaug u. Jenott 2018, Oerter u. Vítkovás 2020 sowie Watson u. Parkhouse 2020.

38 Vgl. dazu Buckley 2002, Lupieri 2002, Buckley 2012 und Baker 2017. Eine kommentierte Neuausgabe und Übersetzung des Johannesbuchs der Mandäer bieten Häberl u. McGrath 2020.

39 Eine neuere zusammenfassende Darstellung des Manichäismus bietet Baker-Brian 2011. Vgl. ferner die Auswahl manichäischer Texte in englischer Übersetzung von Robinson 2015, die neuere Studie zur manichäischen Kunst und Ikono-

graphie von Gulácsi 2015 sowie das Handbuch von Pedersen u. a. 2017 zur Hebräischen Bibel bei den Manichäern. Querschnitte durch die neuere Forschung bieten die Beiträge in Goff u. a. 2016 sowie Lieu u. a. 2017. Vgl. ferner Brand 2022.

40 Über den frühen Islam orientiert das Handbuch von Berg 2018; eine zweibändige Übersicht zum Islam in der Gegenwart bietet das Handbuch von Lukens-Bull u. Woodward 2022. Neuere Handbücher mit unterschiedlichen thematischen Schwerpunkten sind Schmidtke u. a. 2016 (Theologie), Esposito u. Shahin 2018 (Politik), Chih u. a. 2022 (Bedeutung des Propheten) sowie Howe 2022 (Geschlechterrollen). Unterschiedliche regionale Ausprägungen des Islams behandeln die Handbücher von Haddad 2014 (Amerika), Cesari 2015 sowie Tottoli 2015 (Europa), Ngom u. a. sowie Østebø 2021 (Afrika), Malik u. a. 2020 sowie Aljunied 2022 (Südostasien) sowie Formichi 2022 (Asien).

41 Zahlreiche Studien zur Entstehung und Geschichte der muslimischen Eschatologie enthält Günther u. a. 2016.

42 Die Entstehungsgeschichte der *Sacred Books of the East* im Kontext ihrer Zeit behandelt ausführlich Molendijk 2016.

43 Eine Einführung in das Thema «Heilige Schriften» bieten die Beiträge in Bultmann u. a. 2005. Neuere Studien zur Kanonisierung religiöser Texte von der Antike bis zur Gegenwart bieten die Beiträge in Becker u. Scholz 2012. Die Bedeutung der Kanonbildung für die Religionsgeschichte Asiens behandeln die Beiträge in Deeg u. a. 2011. Vgl. ferner die Beiträge in Grafton u. Most 2016 und Grohmann 2017.

44 Eine Übersicht über den derzeitigen Stand der Forschungen zur Hebräischen Bibel ermöglichen die Handbücher von Barton 2016 und Chapman u. Sweeney 2016. Vgl. ferner die Einführung von Schmid 2021 sowie die ausführlichen Darstellungen von Barton 2020 und Schmid u. Schröter 2022.

45 Einen Querschnitt der neueren Forschung zur Entstehung des Pentateuch bieten die Beiträge in Gertz u. a. 2016. Vgl. ferner die Beiträge in Nihan u. Rhyder 2021.

46 Einen Querschnitt der neueren Forschung zur Bedeutung der Zerstörung Jerusalems in diesem Zusammenhang bieten die Beiträge in Dubovský u. a. 2016.

47 Zur neueren Septuaginta-Forschung vgl. das Handbuch von Karrer u. a. 2016–2022.

48 Eine kommentierte Ausgabe des Thomas-Evangeliums bietet Plisch 2016; vgl. ferner die neueren Studien von Miroshnikov 2018 und Schwarz 2020.

49 Eine Einführung in den Koran bietet Neuwirth 2010, eine neue deutsche Übersetzung gibt Bobzin 2015. Die ersten Teilbände einer ausführlich kommentierten deutschen Übersetzung sind Neuwirth 2011, Neuwirth 2017 sowie Neuwirth u. Hartwig 2021. Drei neuere Handbücher sind Rippin u. Mojaddedi 2017, Shah u. Abdel Haleem 2020 sowie Archer u. a. 2022. Vgl. ferner die neueren Studien von Loynes 2021 und Putten 2022.

50 Eine neuere Studie zur Interpretation der «Satanischen Verse» im frühen Islam bietet Ahmed 2017.

51 Zum Hadith vgl. das Handbuch von Brown 2020, die Beiträge in Abu-Alabbas u. a. 2020 sowie die Studie von Davidson 2020.

52 Einen Querschnitt durch die neuere Forschung zu den frühen christlichen Gemeinden nach dem Zeugnis der sogenannten Apostolischen Väter bieten die Beiträge in Grundeken u. Verheyden 2015.

53 Zur frühen Ausbreitung des Christentums vgl. die Beiträge in Stuckenbruck u. a. 2019 sowie die neueren Studien von Leppin H. 2018, Teitler 2020 und Greenwood 2021.

54 Zur religiösen Vielfalt innerhalb des Römischen Reichs vgl. die Beiträge in Cancik u. Rüpke 2009, Gwynn u. Bangert 2010 sowie Engels u. Nuffelen 2014 und Knapp 2017. Die römische Haltung gegenüber dem Christentum von der Mitte des ersten bis zur Mitte des zweiten Jahrhunderts behandelt Cook 2010. Zur Apologetik, Polemik und wechselseitigen Abgrenzung im antiken Judentum und Christentum vgl. Schäfer 2010b, Furstenberg 2016, Gregerman 2016 sowie Siegal u. a. 2017. Neuere Studien zu den geistigen Auseinandersetzungen zwischen Heiden und Christen in der Spätantike bieten Cameron 2014 und Jones 2014. Zum Monotheismus der Spätantike vgl. Fürst u. a. 2013.

55 Zum städtischen Christentum in der Spätantike vgl. die Beiträge in Busine 2015 und Tiwald 2021.

56 Eine erste Übersicht über die frühen Kirchenschriftsteller ermöglicht das Handbuch von Parry 2015. Vgl. ferner das Handbuch von Blowers u. Martens 2019 sowie die Studie von Zachhuber 2020.

57 Zur Christianisierung der Goten vgl. Faber 2014.

58 Eine Übersicht über die Geschichte und Gegenwart des orthodoxen Christentums bietet das Handbuch von Casiday 2012.

59 Zur frühen Geschichte des Islams vgl. Berger 2017 sowie die Beiträge in Zellentin 2019 und Mortensen u. a. 2021.

60 Zum Status religiöser Minderheiten im Islam vgl. Emon 2012 sowie die Beiträge in Fierro u. Tolan 2013.

61 Einen Querschnitt durch die neuere Forschung zur frühen Geschichte des Islams in Nordafrika bieten die Beiträge in Stevens u. Conant 2016.

62 Eine zusammenfassende neuere Darstellung der Geschichte des Islams auf der Pyrenäenhalbinsel bietet Hitchcock 2014. Die Rezeption des islamischen Zeitalters im neunzehnten und zwanzigsten Jahrhundert behandelt Hirschkind 2021.

63 Eine vergleichende Perspektive auf die Funktionen des religiösen Spezialisten bei Heiden, Juden und Christen bieten die Beiträge in Dignas u. a. 2013.

64 Zu den buddhistischen Klöstern Ostasiens vgl. die Beiträge in Benn u. a. 2010.

65 Eine Einführung in die Kultur und Geschichte des rabbinischen Judentums gibt

Stemberger 2009. Einen Querschnitt durch die neuere Forschung zur rabbinischen Literatur bieten die Beiträge in Nikolsky u. Ilan 2014.

66 Eine ausführliche Einleitung in die Mischna gibt Krupp 2007a; eine deutsche Übersetzung bietet Krupp 2007b–2017.

67 Eine neuere Monographie zu Jehuda ha-Nasi bietet Oppenheimer 2017.

68 Eine ausführliche Einleitung in den Talmud gibt Stemberger 2011; eine neuere Studie zur Textgeschichte bietet Vidas 2014.

69 Eine Übersicht über das religiöse Recht des Judentums geben die Beiträge in Hayes 2017.

70 Zur Rolle des Priesters im mittelalterlichen Christentum vgl. das Handbuch von Peters u. Anderson 2016.

71 Zur *Historia monachorum* und ihrem Umfeld vgl. ausführlich Cain 2016.

72 Eine Einführung in den Märtyrerkult der Alten Kirche bietet der Band von Bergjan u. Näf 2014. Zum Wandel der christlichen Märtyrervorstellung vgl. die Beiträge in Fuhrmann u. Grundmann 2012 sowie Blennemann u. Herbers 2014.

73 Zu den Ibaditen vgl. Love 2018, die Beiträge in Aillet 2018 und Kondō 2019 sowie die Studien von Albayrak 2020 und Jomier 2020.

74 Eine neuere Studie zur Diskussion um die «Hellenisierung des Christentums» bietet Markschies 2012.

DRITTER TEIL

Europa und Asien im Zeichen der Weltreligionen

1 Zur Christianisierung Europas vgl. die Beiträge in Stiegemann u. Ruhmann 2013, Flechner u. Ní Mhaonaigh 2017, Edwards u. a. 2017 und Heil 2019.

2 Zu Bonifatius und zur Christianiserung der Hessen vgl. Clay 2010.

3 Eine Übersicht über den Zusammenhang von Christianisierung und Reichsbildung im Frühen und Hohen Mittelalter gibt Schieffer 2013. Querschnitte durch die neuere Forschung zur Christianisierung in dieser Zeit geben Kamp u. Kroker 2013, Stiegemann u. a. 2013 sowie Ruhmann u. Brieske 2016.

4 Zur Christianisierung Skandinaviens vgl. die Studie von Nordeide 2011 und die Beiträge in Garipzanov 2014.

5 Vgl. dazu die quellenkritische Studie von Knibbs 2011 sowie die umfassende, auch rezeptionsgeschichtlich orientierte Darstellung von Staats u. Weitling 2016.

6 Zu Kyrill und Method vgl. die Beiträge in Kahl u. Salamurović 2015.

7 Eine neuere Studie zur Entstehung und frühen Geschichte des Gegensatzes zwischen «Religion» und «Aberglaube» bietet Kremer 2016.

8 Neuere Gesamtdarstellungen der Kreuzzüge bieten Asbridge 2010 und Phillips 2011. Vgl. ferner das umfassende Handbuch von Boas 2016 und zur neuzeitlichen Rezeption der Kreuzzüge die Beiträge in Cassidy-Welch 2017.

9 Einen Querschnitt durch die neuere Forschung zur Ausbreitung des Buddhismus in Zentralasien geben die Beiträge in Meinert 2015. Als Handbuch zum zentral- und ostasiatischen Buddhismus dient Poceski 2014.

10 Einen Querschnitt durch die neuere Forschung zum Vajrayana-Buddhismus in Tibet und China geben die Beiträge in Bentor u. Shahar 2017. Eine neuere Studie zur Mystik des Buddhismus in Tibet bietet Komarovski 2015.

11 Eine Auswahl aus chinesischen und japanischen Texten der buddhistischen Schule des «Reinen Landes» in deutscher Übersetzung bietet Kleine 2015.

12 Ein umfassendes Handbuch zur Geschichte des Chan-Buddhismus ist Wang 2017.

13 Eine Übersicht über die Geschichte des Buddhismus in Japan geben Kleine 2011 sowie Deal u. Ruppert 2015.

14 Neuere Übersichten über die Geschichte des japanischen Shinto bieten Breen u. Teeuwen 2010 sowie (ausführlicher) Hardacre 2017. Die Interaktion des Buddhismus mit dem Shinto im japanischen Mittelalter behandeln Faure 2016 und Andreeva 2017. Zur Rolle des Shinto im heutigen Japan vgl. Isomae 2014.

15 Einen Querschnitt durch die neuere Forschung zum Status religiöser Minderheiten im mittelalterlichen jüdischen, christlichen und muslimischen Recht bieten die Beiträge in Echevarria u. a. 2016 sowie Berend u. a. 2017.

16 Einen Querschnitt der neueren Forschung zur judenspanischen Sprache und Literatur bieten die Beiträge in Kirschen 2016.

17 Eine neuere Studie zum rechtlichen Status der Muslime unter christlicher Herrschaft während der Reconquista bietet Verskin 2015.

18 Vgl. dazu die umfassende Gesamtdarstellung von Ingram 2009–2021. Eine Auswahl zeitgenössischer Dokumente in englischer Übersetzung gibt O'Banion 2017. Den Anteil der Moriscos an der Kolonialisierung Süd- und Mittelamerikas behandelt Cook 2016.

19 Einen Querschnitt durch die neuere Forschung zur Stellung von Angehörigen religiöser Minderheiten unter den Umaiyaden geben die Beiträge in Borrut u. Donner 2016.

20 Eine Sammlung der frühen syrischen Texte zum Islam in englischer Übersetzung bietet Penn 2015.

21 Eine neuere Studie zur Situation der Christen unter muslimischer Herrschaft auf der Pyrenäenhalbinsel bietet Tieszen 2013.

22 Den «Mythos Andalusien» und seine Entstehung behandeln ausführlich Schapkow 2011, Efron 2016 und Fernández-Morera 2016. Die Sicht der mittelalterlichen iberischen Juden auf die christliche Geschichte und Kultur behandelt Ben-Shalom 2016.

23 Eine erste Übersicht über den Umgang mit Abweichlern im mittelalterlichen Judentum, Christentum und Islam bietet die Einführung von Ames 2015.

24 Eine neuere ausführliche Studie zum Umgang mit Häretikern in der Alten Kirche vom dritten bis zum sechsten Jahrhundert bietet Decousu 2015.

25 Eine kommentierte Übersetzung der Schriften Priscillians von Ávila bietet Conti 2010.

26 Neuere Studien zum Donatismus bieten die Beiträge in Dupont u. a. 2015 sowie Gaumer 2016 und Hoover 2018; zum Streit um den sogenannten Pelagianismus vgl. Hwang u. a. 2014, Bonner 2018 und Malavasi 2022.

27 Eine neuere ausführliche Studie zu Gottschalk von Orbais bietet Gillis 2017.

28 Eine umfassende Geschichte der Katharer bietet Roquebert 2012. Einen Querschnitt durch die gegenwärtige Katharer-Forschung geben die Beiträge in Sennis 2016 und Biget u. a. 2020.

29 Die Tätigkeit der Inquisition in Frankreich während des dreizehnten und vierzehnten Jahrhunderts beschreiben die Beiträge in Biget 2016; vgl. ferner Arnold u. Biller 2014.

30 Eine neuere Studie zu den Flagellanten oder Geißlern bietet Würth 2012.

31 Eine ausführliche Darstellung des Beginenwesens gibt Marchal 2020. Einen Querschnitt durch die neuere Forschung geben die Beiträge in Böhringer u. a. 2014 und Voigt u. a. 2015.

32 Ein umfassendes Handbuch zu Margareta Porete und ihrem Umfeld ist Terry u. Stauffer 2017.

33 Eine ausführliche Geschichte der Praxis des *takfīr* geben die Beiträge in Adang u. a. 2015. Vgl. ferner Timani 2018 und Nedza 2020.

34 Eine neuere Studie zur *miḥna* bietet Turner 2013.

35 Eine einführende Gesamtdarstellung des Übersetzungswesens im islamischen Mittelalter gibt Al-Khalili 2011. Einen Querschnitt durch die neuere Forschung zum kulturellen Austausch zwischen Christentum und Islam im Mittelalter bieten die Beiträge in Classen 2013; vgl. ferner zur Situation im neunten und zehnten Jahrhundert die Beiträge in Janos 2016.

36 Einen Querschnitt durch die neuere Forschung dazu bieten die Beiträge in Honnefelder 2017.

37 Zur Koranübersetzung Roberts von Ketton vgl. die Beiträge in Ferrero Hernández u. Tolan 2021.

38 Die Entstehung und frühe Geschichte der Synagoge behandeln Runesson u. a. 2010, Hachlili 2013 und Krause 2017. Eine Übersicht über die jüdische Sakralarchitektur unter islamischer Herrschaft ermöglichen die Beiträge in Gharipour 2015. Neuere Studien zur Geschichte des Synagogenbaus seit dem Spätmittelalter bieten Coenen Snyder 2013 und Stiefel 2014.

39 Eine Einführung in den mittelalterlichen Kirchenbau gibt MacNeill 2006. Fragen der Planung und technischen Ausführung behandelt Conrad 2009, die Archäologie mittelalterlicher Kirchen Rodwell 2012.

40 Eine historische und systematische kurze Einführung in die Bedeutung der Moschee bietet Korn 2012. Zum Moscheebau im frühen Islam vgl. Guidetti

2017. Eine neue Studie zur Umwandlung von Moscheen in Kirchen auf der Iberischen Halbinsel bietet Arera-Rütenik 2017.

41 Eine kurze Übersicht über die Funktionen und die Bedeutung hinduistischer Tempel bietet Lorenzetti 2015; ausführlich dazu Dagens 2009, Ray 2009, Willis 2009, Sahai 2012 sowie Bharne u. Krusche 2013. Zu neuzeitlichen hinduistischen Tempeln vgl. Michell 2015.

42 Neuere Studien zur mittelalterlichen Heiligenverehrung bieten die Beiträge in De Vriendt 2020 sowie Sansterre 2020, Craig 2021 und Florea 2021.

43 Zur Bedeutung der Wallfahrt nach Mekka vgl. die Beiträge in Tagliacozzu u. Toorawa 2016, die Studien von Chantre 2018, Can 2020 und Low 2020 sowie die Beiträge in Rahimi u. Eshaghi 2019.

44 Zitiert nach Richard Gramlich, *Die schiitischen Derwischorden Persiens. Zweiter Teil: Glauben und Lehre*, Wiesbaden: Harrassowitz, 1976, S. 120.

45 Eine erste Übersicht über die christliche Mystik ermöglichen das Handbuch von Lamm 2013 sowie die bislang fünf der auf insgesamt sieben Bände angelegten Reihe «Die Mystik im Abendland» (zuletzt McGinn 2016). Eine neuere Studie zur Mystik in der Orthodoxen Kirche bietet Bradford 2016. Vgl. ferner Leppin V. 2021.

46 Eine neuere Studie zum Einfluss des Pseudo-Dionysios Areopagita auf Albert den Großen und Thomas von Aquin bietet Blankenhorn 2015.

47 Eine erste Übersicht über den Sufismus ermöglichen das Handbuch von Ridgeon 2015a, die Einführung von Buehler 2016 sowie die beiden Nachschlagewerke von Boivin 2015 und Renard 2016. Neuere Studien zum Sufismus der Gegenwart bieten die Beiträge in Dandekar u. Tschacher 2016 sowie Ernst 2016. Die Querverbindungen und Zusammenhänge zwischen Sufismus und Salafismus, die in der Außenperspektive vor allem als Gegensätze wahrgenommen werden, erörtern die Beiträge in Ridgeon 2015b.

48 Neuere Studien zu al-Ghazali bieten Garden 2014 sowie die Beiträge in Ucar u. Griffel 2015.

49 Eine neuere Studie zur Mystik Ibn Arabis bietet Ali 2022.

50 Zur Mystik Rumis vgl. Mojaddedi 2012.

51 Eine umfassende Darstellung der Merkava-Mystik gibt Schäfer 2011; eine neuere Studie dazu bietet Grinvald 2014. Eine Auswahl von Texten aus der Hekhalot-Literatur in englischer Übersetzung gibt Davila 2013.

52 Eine deutsche Übersetzung des *Sefer Jezira* gibt Herrmann 2008.

53 Eine kurzgefasste Einführung in die Kabbala gibt Dan 2012. Eine Auswahl kabbalistischer Texte in englischer Übersetzung bietet Cole 2014. Eine ausführliche Gesamtdarstellung bietet Garb 2020.

54 Eine neuere Studie zur Bildersprache der jüdischen Mystik bietet Afterman 2016.

55 Eine umfassende neuere Studie zu Reuchlin bietet Posset 2015. Sein Verhältnis

zur jüdischen Literatur beleuchten die Beiträge in Lorenz u. Mertens 2013. Vgl. ferner Robert u. a. 2017.

56 Eine Auswahl aus dem *Sohar* in deutscher Übersetzung bietet Necker 2012. Die Rezeptionsgeschichte des Werks behandelt Huss 2016. Vgl. ferner Fishbane 2018.

57 Zur Wiederentdeckung der Kabbala im zwanzigsten Jahrhundert, die wesentlich auf die Forschungen Gershom Scholems zurückgeht, vgl. die Beiträge in Huss u. a. 2010, die Darstellung von Idel 2012, die Beiträge in Necker 2014 und Meir 2016 sowie die Studie von Arzy u. Idel 2015.

58 Eine umfassende Darstellung der indischen Bhakti-Frömmigkeit gibt Hawley 2015. Vgl. ferner die Auswahl von Hymnen südindischer Bhakti-Dichter in deutscher Übersetzung von Wilden 2013, die Studien von Mulchandani 2019, Pati 2019 und Sanyal 2019 sowie die Beiträge in Hawley u. a. 2019.

59 Vgl. dazu die vergleichende Untersuchung von Altglas 2014. Über die Querverbindungen zwischen der Mystik und esoterischen Strömungen orientiert das Handbuch von Magee 2016; eine neuere Studie zur Rezeptionsgeschichte des Sufismus in Europa bietet Sedgwick 2017.

60 Eine neuere vergleichende Analyse der sprachlichen Formen mittelalterlicher persischer und deutscher Mystiker bietet Navid 2016.

61 Eine Einführung in die Geschichte der Koranexegese bietet Abdul-Raof 2010. Einen Querschnitt durch die neuere Forschung auf diesem Feld geben die Beiträge in Bauer 2013, Görke u. Pink 2014 und Burge 2015.

62 Ausführliche Gesamtdarstellungen des islamischen Rechts bieten Rohe 2014 sowie die Handbücher von Peters u. Bearman 2014 und Abou El Fadl u. Ahmad 2017. Eine neuere Studie zur Entstehung des islamischen Rechts ist Young 2017. Über das gesamte Gebiet der islamischen Philosophie orientiert das Handbuch von El-Rouayheb u. Schmidtke 2017.

63 Einen Querschnitt durch die neuere Forschung zu Ibn Taimiya bietet Rapoport u. Ahmed 2010. Neuere Einzelstudien sind Anjum 2012 und Vasalou 2016; den Einfluss Ibn Taimiyas auf radikale Strömungen im heutigen Islam behandelt Lav 2012. Vgl. ferner Hoover 2019.

64 Einen Querschnitt durch die neuere Forschung zur Vorgeschichte und Entstehung des masoretischen Bibeltextes geben die Beiträge in Martín-Contreras u. Miralles-Maciá 2014. Vgl. ferner die Beiträge in Ueberschaer u. a. 2018 sowie die Studie von Ofer 2019.

65 Zwei neuere Studien zu Saadja ben Joseph Gaon bieten Brody 2013 und Hegedus 2013.

66 Eine neuere ausführliche Studie zu Raschi bietet Grossman 2012. Vgl. ferner Petzold 2019.

67 Einen Querschnitt durch die neuere Forschung zu Nikolaus von Lyra geben die Beiträge in Dahan 2011.

68 Neuere Studien zu Maimonides bieten Halbertal 2014 und Bouretz 2015. Vgl. ferner Frank u. Segal 2021 sowie Langermann 2021.

69 Über die Lollarden orientiert das umfassende Handbuch von Hornbeck u. a. 2016. Vgl. ferner Royal 2020.

70 Einen Querschnitt durch die neuere Forschung zur Wirkung Wyclifs geben die Beiträge in Hornbeck u. van Dussen 2017. Zur Wyclif-Bibel vgl. Kelly 2016 sowie die Beiträge in Solopova 2017.

71 Ein umfassendes Handbuch zu Jan Hus ist Šmahel 2015; drei neuere Studien zu seinem Leben und Werk bieten Soukup 2014, Fudge 2016a und Haberkern 2016. Einen Querschnitt durch die neuere Forschung geben die Beiträge in Strübind u. Weger 2015 sowie Wagnerová u. Blahak 2016. Die Querverbindungen zwischen England und Böhmen behandeln Van Dussen 2012 und Fudge 2016b. Vgl. ferner Soukup 2020.

72 Vgl. dazu die Beiträge in Van Dussen u. Soukup 2020.

73 Neuere Gesamtdarstellungen der jesidischen Kultur und Geschichte geben Açikyildiz 2010, Issa 2016 sowie die Beiträge in Tagay u. Ortaç 2016. Die mündliche und schriftliche religiöse Überlieferung behandelt Omarkhali 2017; eine umfangreiche zweisprachige Sammlung jesidischer religiöser Dichtung und Prosa bietet die Anthologie von Kreyenbroek u. Rashow 2005. Zur Situation der Jesiden in Deutschland vgl. Kartal 2016, Savucu 2016 und Wettich 2020. Einen Querschnitt durch die neuere Forschung bieten die Beiträge in Omarkhali u. Kreyenbroek 2021.

74 Eine Übersicht über den gegenwärtigen Stand der Forschung zum Sikhismus geben Fenech u. McLeod 2014 sowie Singh u. Fenech 2014. Eine kommentierte Auswahl aus den heiligen Schriften der Sikhs in deutscher Übersetzung bietet Kämpchen 2011. Neuere Studien bieten Kahlon 2021, Oberoi 2021, Mandair 2022 und Singh 2022.

VIERTER TEIL

Von der Entdeckung Amerikas bis zum Ende des Zeitalters der Aufklärung

1 Neuere ausführliche Darstellungen der Reformation bieten Eire 2016, Kaufmann 2016 und Saak 2017. Vgl. ferner die Beiträge in Strübind u. Weger 2015 sowie die Handbücher von Louthan u. Murdock 2015 und Beutel 2017.

2 Über die Reformation in der Schweiz orientiert das Handbuch von Burnett u. Campi 2016. Zur reformierten Theologie vgl. Nimmo u. Fergusson 2014.

3 Eine umfassende Geschichte des Jesuitenordens von seiner Gründung bis zum Ausgang des achtzehnten Jahrhunderts bietet Friedrich 2016. Zur jesuitischen Mystik vgl. Maryks 2017.

4 Eine neue Gesamtdarstellung der Assassinen und ihrer Geschichte bietet Halm 2017. Zur Darstellung der Assassinen in mittelalterlichen europäischen Quellen vgl. Pagès 2014.

5 Eine neuere Darstellung des japanischen Konfuzianismus bietet Paramore 2016.

6 Zur Geschichte der Puritaner in England und Amerika vgl. Pederson 2014, Winship 2018 und Hall 2019.

7 Zur Mission der Jesuiten in Indien und Japan vgl. Winnerling 2014, Kouamé 2016 und Vu Thanh 2016. Zur neuzeitlichen christlichen Mission insgesamt vgl. Maier 2021.

8 Neuere Studien zu Matteo Ricci und zur Mission der Jesuiten in China bieten Fontana 2011, Hart 2013, Landry-Deron 2013, Liu 2015, Zhang 2015 und Tang 2016.

9 Eine neuere Darstellung der Geschichte des Christentums in Japan bietet Dougill 2012.

10 Neuere Studien zur Mission der Jesuiten in Südamerika bieten Fechner 2015 und Jackson 2015.

11 Neuere Studien zur Mission der Jesuiten in Neufrankreich bieten Abé 2011, Anderson, E. 2013 und True 2015.

12 Eine neuere Studie zur Mission der Herrnhuter Brüdergemeine unter den Sklaven in Westindien bietet Hüsgen 2016.

13 Eine Übersicht über den Islam in der Geschichte und Kultur Afrikas gibt Loimeier 2013. Neuere Studien zum Islam in Westafrika bieten Ware 2014 und Kane 2016.

14 Einen Querschnitt durch die neuere Forschung zu ethnischen (indigenen) Religionen bieten die Beiträge des Handbuchs von Johnson u. Kraft 2017. Zur europäischen Sicht auf fremde Religionen in der Frühen Neuzeit vgl. Effinger u. a. 2012.

15 Ausführliche neuere Übersichten über die Kultur der Maya bieten das Handbuch von Witschey 2016 und der Ausstellungskatalog von Schubert und Grube 2016.

16 Eine neuere Studie zum *Popol Vuh* bietet Bock 2013.

17 Über die Geschichte und Kultur der Azteken orientieren die Monographie von Riese 2011 und das Handbuch von Nichols u. Rodríguez-Alegría 2017. Eine neuere Studie zu ihrer Religion bietet Bassett 2015. Eine religionswissenschaftliche Studie zum Schriftgebrauch bei den Azteken bietet Laack 2019.

18 Über die Geschichte und Kultur der Inka orientieren das Handbuch von Urton u. von Hagen 2015, der Ausstellungskatalog von Kurella u. Castro 2013 sowie die monographische Darstellung von Kolata 2013. Einen Querschnitt durch die neuere Forschung gibt Shimada 2015. Eine Beschreibung der Inka-Religion aus dem späten sechzehnten Jahrhundert in englischer Übersetzung gibt Hyland 2011.

19 Neuere Einführungen in die Geschichte und Kultur der Irokesen bieten Johnson 2013 und Kasprycki 2013.

20 Eine Einführung in die religiöse Vielfalt afrikanischer Religionen bietet das Handbuch von Bongmba 2012.

21 Einen Querschnitt durch den gegenwärtigen Stand der Forschung bieten die Beiträge in Hewlett 2014.

22 Die Rolle des Begriffs Fetischismus in der Religionsethnologie beleuchtet die Anthologie von Endres 2017.

23 Zum «Fetischismus» und seiner Rezeption in Europa vgl. Kohl 2003.

24 Zwei neuere Studien zu den Cambridger Platonikern bieten Bergemann 2012 und Kringler 2013.

25 Ein umfassendes Handbuch zu John Locke ist Stuart 2016. Neuere Studien bieten Jolley 2016, Jacovides 2017 und Priselac 2017.

26 Eine neuere Studie zu Johann Salomo Semler bietet Schröter 2012.

27 Neuere Studien zu Hermann Samuel Reimarus bieten Klein 2009, Mulsow 2011 sowie Groetsch 2015.

28 Ein umfassendes Handbuch zur Freimaurerei ist Bogdan u. Snoek 2017. Neuere Studien zur Freimaurerei im achtzehnten Jahrhundert bieten Loiselle 2014 (Frankreich), Dahl 2015 (Deutschland), Peter 2016 (England), Wistinghausen 2016 (Russland) und Reinalter 2017 (Österreich).

29 Eine neuere Studie zur Kadizade-Bewegung bietet Sheikh 2016.

30 Neuere Darstellungen des Wahhabismus bieten Valentine 2015 und Commins 2016. Vgl. ferner Nahouza 2018, Firro 2019 und die Beiträge in Mandaville 2022.

31 Eine erste Übersicht zum Thema Pietismus ermöglichen die Beiträge in Collins Winn u. a. 2012, die Einführung von Shantz 2013 sowie das Handbuch von Shantz 2015. Eine umfangreiche Anthologie pietistischer Literatur des siebzehnten und achtzehnten Jahrhunderts bieten Albrecht-Birkner u. a. 2017. Eine ausführliche Geschichte der Erweckungsbewegung und des Evangelikalismus von den Anfängen bis zur Gegenwart bietet Bebbington 2004–2017. Vgl. dazu ferner die Beiträge in Coffey 2016 sowie das Handbuch von Elwert u. a. 2017.

32 Als umfassendes Handbuch zur Geschichte des Methodismus dient Gibson u. a. 2013. Vgl. ferner Voigt 2020.

33 Neuere Studien zu George Whitefield bieten die Beiträge in Hammond u. Jones 2021. Zur Erweckungsbewegung in Amerika im achtzehnten Jahrhundert insgesamt vgl. Smith, J. H. 2015.

34 Eine neuere Studie zum Einfluss des Pietismus in Preußen während des neunzehnten Jahrhunderts bietet Ellis 2017.

FÜNFTER TEIL

Vom Beginn der Industrialisierung bis zur Gegenwart

1 Zur Geschichte der Säkularisierung in Europa vgl. die Beiträge in Frey u. a. 2017. Vgl. dazu ferner die Handbücher von Schmidt u. Pitschmann 2014 und Zuckerman u. Shook 2017 sowie zur Situation in Deutschland die Studie von Weir 2014.

2 Eine neuere Studie zur frühen Geschichte der Christian Science bietet Wallner 2014; ihre Geschichte in Deutschland behandelt Waldschmidt-Nelson 2009.

3 Neuere Studien zur Pfingstbewegung bieten Anderson, A. 2013 und Hefner 2013, die Beiträge in Miller u. a. 2013 sowie das Handbuch von Robeck u. Yong 2014. Die Entwicklung der Pfingstkirchen in Lateinamerika beleuchten Espinosa 2014 und Aasmundsen 2017, die in Afrika Lindhardt 2015.

4 Eine neuere Studie zur Auffassung der Bekehrung als «Wiedergeburt» bietet Hamilton 2017.

5 Die neuere Debatte um den Kreationismus behandeln Caudill 2013, McCalla 2013, Rios 2014 sowie die Beiträge in Blancke u. a. 2014.

6 Zur derzeitigen Bewertung der Auswirkungen des Zweiten Vatikanischen Konzils vgl. die Beiträge in Wald 2016 und Böttigheimer u. Dausner 2016.

7 Neuere Studien zur US-amerikanischen Zivilreligion bieten Gardella 2014, Lynerd 2014 und Gorski 2017. Zur Rolle der Religion in der US-amerikanischen Populärkultur vgl. ferner die Beiträge in Forbes u. Mahan 2017 sowie zur Säkularisierung McCaffree 2017. Als Handbücher zum Verhältnis von Religion und Politik in den Vereinigten Staaten dienen McGraw 2016 und Smith 2016; einen Querschnitt durch die neuere Forschung zum Thema «Zivilreligion» bieten die Beiträge in Bungert u. Weiß 2017.

8 Zum Salafismus der Gegenwart vgl. Meijer 2013 und Maher 2016.

9 Die Entstehung einer neuen islamischen Identität im neunzehnten und zwanzigsten Jahrhundert behandelt Green 2014.

10 Zu Hasan al-Banna vgl. Elsässer 2021 sowie die ausführliche Biografie von Krämer 2022.

11 Zu Mohammed Arkoun vgl. Günther 2004 und Kersten 2011.

12 Eine neue Studie zu Amina Wadud bietet Rahemtulla 2017.

13 Eine neuere Studie zur Entwicklung des politischen Islams in der Türkei bietet Delibas 2015. Zur Gülen-Bewegung vgl. Dogan 2020.

14 Neuere Studien zur Selbstdarstellung des japanischen Buddhismus auf dem Weltparlament der Religionen bieten die Beiträge in Harding 2008.

15 Zwei neuere Studien zu Anagarika Dharmapala bieten Kemper 2015 und Amunugama 2016.

16 Drei neuere Studien zu Soka Gakkai bieten Seager 2006, Höhe 2011 und Schweigkofler 2014.

17 Eine neuere Darstellung der Bewegung Falun Gong bietet Penny 2012. Zu ihrer Verfolgung vgl. Tong 2009 und Vuori 2014.

18 Über neue Religionen und neue religiöse Bewegungen im Allgemeinen orientieren die Beiträge in den Handbüchern von Cusack u. Norman 2012 und Chryssides u. Zeller 2014.

19 Zahlreiche Beiträge zur Religion der Mormonen im Allgemeinen findet man in Neilson u. Grow 2016. Eine umfangreiche Quellensammlung zur Geschichte der Mormonen ist Givens u. Neilson 2014. Die beiden ersten Jahrzehnte der Bewegung behandelt Kahlert 2016, die Geschichte der Mormonen seit 1945 Mason u. Turner 2016. Zum Einfluss der Mormonen auf die amerikanische Politik vgl. Balmer u. Riess 2016 und zu ihrem religiösen Weltbild Givens 2015 und Turner 2016.

20 Über die Religion der Bahai orientiert ausführlich das Handbuch von Hutter 2009. Zur frühen Geschichte des Bahaismus vgl. ferner Dehghani 2011 und Eschraghi 2010. Zur Ausbreitung der Religion in Afrika in der Zeit nach dem Zweiten Weltkrieg vgl. Lee 2011.

21 Eine neuere Gesamtdarstellung der Taiping-Bewegung bietet Platt 2012. Die Theologie der Taiping-Bewegung erörtert Kilcourse 2016; die Auswirkungen des Taiping-Aufstands auf die chinesische Kultur behandelt Meyer-Fong 2013.

22 Eine neuere Studie zum Geistertanz der Lakota-Indianer bietet Andersson 2008.

23 Eine Gesamtdarstellung der Aḥmadiya-Bewegung gibt Valentine 2008. Ihre verfassungsrechtliche Stellung in Pakistan behandelt Saeed 2016, die Missionstätigkeit in Europa Jonker 2016.

24 Vgl. dazu die Fallstudie zum katholischen Visions- und Wunderglauben des neunzehnten Jahrhunderts von Wolf 2013.

25 Als umfassendes Handbuch zum Spiritismus dient Gutierrez 2015. Die Entstehung des Spiritismus in Deutschland behandelt Sawicki 2016.

26 Eine neuere Studie zum Verhältnis zwischen Religion und Mesmerismus bietet Brand 2014.

27 Ein umfassendes Handbuch zur Theosophischen Bewegung ist Hammer u. Rothstein 2013. Vgl. ferner die Biographie Helena Blavatskys von Keller u. Sharandak 2013 sowie die neuere Studie zur Theosophie von Harlass 2021.

28 Eine ausführliche Geschichte der Anthroposophie bietet Zander 2007. Vgl. dazu ferner die neuere Studie von Staudenmaier 2014.

29 Einen Querschnitt durch die neuere Forschung zum Zusammenhang zwischen Religion, Krieg und Gewalt geben Juergensmeyer u. a. 2013, Clarke 2014, Gier 2014, Janes 2014, Ward u. Sherlock 2014 und Juergensmeyer 2017.

30 Eine neuere Studie zur Rolle der Religionen in der Meiji-Periode bietet Maxey 2014.

31 Vgl. dazu Victoria 2003. Eine neuere Studie zu Ichikawa Hakugen bietet Ives 2009; das Verhältnis des Buddhismus zum Krieg behandeln die Beiträge in Jerryson u. Juergensmeyer 2010.

32 Eine neuere Studie zur Verfolgung der Rohingya bietet Ibrahim 2016. Vgl. dazu die Studie von Holt 2016 zur Verfolgung muslimischer Minderheiten durch Buddhisten auf Sri Lanka.

33 Über den Neopaganismus insgesamt orientiert das Handbuch von Pizza u. Lewis 2009. Zum germanischen Neuheidentum vgl. Junginger u. Åkerlund 2013, Lewis 2015, Schnurbein 2016, Penke u. Teichert 2016 sowie Heinen 2017.

34 Die Beziehungen zwischen der katholischen Kirche und dem Nationalsozialismus behandelt Wolf 2012.

35 Zur Rolle der Religion im Nationalsozialismus vgl. Blaschke 2019, Scherf 2019, Arnhold 2020, Blaschke u. Großbölting 2020, Eschebach u. a. 2021 sowie Gailus 2021.

36 Die Rolle der Religion in China vom frühen neunzehnten Jahrhundert bis zur Gegenwart behandeln die Beiträge in Jansen u. a. 2014. Zur Situation seit dem Tod Maos vgl. Yang 2012, Katz 2014 und Johnson 2017. Einen Querschnitt durch die neuere Forschung zur Situation des Buddhismus in China geben die Beiträge in Kiely u. Jessup 2016.

37 Ein umfassendes Handbuch des Antisemitismus mit Angaben zu Personen, Begriffen, Theorien, Ereignissen, Organisationen und Publikationen bietet Benz 2008–2015. Zu den antiken Ursprüngen des modernen Antisemitismus vgl. Schäfer 2010a, und zum Zusammenhang zwischen religiösem Antijudaismus und Antisemitismus die Beiträge in Wendebourg u. a. 2017 und Wien 2017. Vgl. ferner Avrutin u. Bemporad 2021.

38 Eine Sammlung von Aufsätzen zu den Positionen führender Zionisten enthält Salzborn 2015. Zur Geschichte der zionistischen Siedlungspolitik vgl. Allweil 2017. Vgl. ferner Mahla 2020, Surzyn 2020 und Weber 2020.

39 Zum islamistischen Terrorismus der jüngsten Vergangenheit und Gegenwart vgl. die Studien von Khalil 2018, Hegghammer 2020, Rahman 2020, Zehnle 2020 und Nendwich 2021. Zur Geschichte der Vorstellungen legitimer und illegitimer Gewalt im Islam vgl. ausführlich Kristó-Nagy u. a. 2015–2021.

40 Eine neuere Darstellung der afghanischen Taliban bietet Schetter 2022.

41 Zur Geschichte des globalen Terrorismus von den Anschlägen auf das World Trade Center bis zum Tod Osama bin Ladens vgl. die Beiträge in Hoffman u. Reinares 2014. Vgl. außerdem zur Reaktion der Vereinigten Staaten die Beiträge in Johnson u. Weitzman 2017 sowie zur Rolle Pakistans Timm 2013 und Kapur 2017.

42 Eine neuere Studie zur Terrororganisation Islamischer Staat bietet Günther 2022.

43 Zu Boko Haram vgl. die Beiträge in Hentz u. a. 2018 und Oriola u. a. 2022.

44 Zu den afroamerikanischen Religionen insgesamt vgl. das Handbuch von Murphy u. a. 2011, die Einführung von Pinn 2013 und die Studie von Johnson 2015.

45 Eine neuere Studie zum Obeah bietet Paton 2015.

46 Einen Querschnitt durch die neuere Forschung zum Voodoo geben die Beiträge in Joseph u. Cleophat 2016a und 2016b.

47 Zwei neuere Studien zum Candomblé bieten Capone 2010 und Kurz 2013.

48 Zwei neuere Studien zur Umbanda-Religion bieten Pröschild 2009 und Pereira Martins 2015.

49 Eine erste Übersicht über die «neuen religiösen Bewegungen» ermöglichen die Handbücher von Hammer u. Rothstein 2012, Chryssides 2012, Oliver 2012 und Chryssides u. Zeller 2014.

50 Eine Übersicht über den Satanismus ermöglichen Dyrendal u. a. 2016, Introvigne 2016 und Lujik 2016. Vgl. ferner Laycock 2020.

51 Zur Rolle des Internets und der sozialen Medien in den Religionen vgl. die Beiträge in Campbell 2018 sowie Fairman u. Lesitaokana 2018, Gomes u. a. 2020, Campbell 2021 und Rozehnal 2022.

52 Neuere Studien zur Nutzung des Internets in der islamistischen Propaganda bieten Ammar 2018, Chan 2019 und Winkler 2022.

53 Ein Handbuch zum Phänomen der *hyper-real churches* bietet Possamai 2012.

54 Zitiert nach Christhard Hoffmann, «Die Selbsterziehung des Historikers. Zur intellektuellen Entwicklung des jungen Eduard Meyer (1855–1879)», in: William M. Calder und Alexander Demandt (Hrsg.), *Eduard Meyer: Leben und Leistung eines Universalhistorikers* (Leiden: Brill, 1990), S. 208–254 (auf S. 252).

Literatur

Aasmundsen 2017: Hans Geir Aasmundsen, *Pentecostals, Politics, and Religious Equality in Argentina*, Leiden.

Abé 2011: Takao Abé, *The Jesuit Mission to New France: a new interpretation in the light of the earlier Jesuit experience in Japan*, Leiden.

Abou El Fadl u. Ahmad 2017: Khaled Abou El Fadl und Ahmad Atif Ahmad (Hrsg.), *Routledge Handbook of Islamic Law*, London.

Abu-Alabbas u. a. 2020: Belal Abu-Alabbas, Michael H. Dann und Christopher Melchert (Hrsg.), *Modern Hadith Studies: continuing debates and new approaches*, Edinburgh.

Abusch 2002: Tzvi Abusch, *Mesopotamian Witchcraft: toward a history and understanding of Babylonian witchcraft beliefs and literature*, Leiden.

Abusch u. Schwemer 2011–16: Tzvi Abusch und Daniel Schwemer (Hrsg.), *Corpus of Mesopotamian Anti-Witchcraft Rituals*, Leiden.

Açikyildiz 2010: Birgül Açikyildiz, *The Yezidis: the history of a community, culture and religion*, London.

Adang u. a. 2015: Camilla Adang, Hassan Ansari, Maribel Fierro und Sabine Schmidtke (Hrsg.), *Accusations of Unbelief in Islam: a diachronic perspective on takfīr*, Leiden.

Addey 2022: Crystal Addey (Hrsg.), *Divination and Knowledge in Greco-Roman Antiquity*, London.

Adrych u. a. 2017: Philippa Adrych, Robert Bracey, Dominic Dalglish, Stefanie Lenk und Rachel Wood, *Images of Mithra*, Oxford.

Afterman 2016: Adam Afterman, *«And They Shall Be One Flesh»: on the language of mystical union in Judaism*, Leiden.

Ahmed 2017: Shahab Ahmed, *Before Orthodoxy: the Satanic verses in early Islam*, Cambridge, Mass.

Aillet 2018: Cyrille Aillet (Hrsg.), *L'ibadisme dans l'Islam médiéval*, Berlin.

Aland 2014: Barbara Aland, *Die Gnosis*, Stuttgart.

Albayrak 2020: Ismail Albayrak, *Approaches to Ibāḍī Exegetical Tradition*, Wiesbaden.

Albersmeier 2009: Sabine Albersmeier (Hrsg.), *Heroes: mortals and myths in ancient Greece*, New Haven, Conn.

Albertz u. Schmitt 2012: Rainer Albertz und Rüdiger Schmitt, *Family and Household Religion in Ancient Israel and the Levant*, Winona Lake, Ind.

Albertz u. a. 2014: Rainer Albertz, B. A. Nakhai, S. M. Olyan und R. Schmitt (Hrsg.), *Family and Household Religion: toward a synthesis of Old Testament studies, archaeology, epigraphy, and cultural studies*, Winona Lake, Ind.

Albrecht-Birkner u. a. 2017: Veronika Albrecht-Birkner, W. Breul, J. Jacobs, M. Matthias, A. Schunka und C. Soboth (Hrsg.), *Pietismus: eine Anthologie von Quellen des 17. und 18. Jahrhunderts*, Leipzig.

Ali 2022: Mukhtar H. Ali, *Philosophical Sufism: an introduction to the school of Ibn al-Arabi*, London.

Aljunied 2022: Syed Muhd Khairudin Aljunied (Hrsg.), *Routledge Handbook of Islam in Southeast Asia*, London.

Al-Khalili 2011: Jim Al-Khalili, *Im Haus der Weisheit: die arabischen Wissenschaften als Fundament unserer Kultur*, Frankfurt am Main.

Allweil 2017: Yael Allweil, *Homeland: Zionism as housing regime, 1860–2011*, London.

Altglas 2014: Véronique Altglas, *From Yoga to Kabbalah: religious exoticism and the logics of bricolage*, Oxford.

Ames 2015: Christine Caldwell Ames, *Medieval Heresies: Christianity, Judaism, and Islam*, Cambridge.

Ammar 2018: Jamil Ammar, *When jihadi ideology meets social media*, Cham.

Amunugama 2016: Sarat Amunugama, *The Lion's Roar: Anagarika Dharmapala and the making of modern Buddhism*, Colombo, Sri Lanka.

Anderson, A. 2013: Allan Heaton Anderson, *To the Ends of the Earth: pentecostalism and the transformation of World Christianity*, Oxford.

Anderson, E. 2013: Emma Anderson, *The Death and Afterlife of the North American Martyrs*, Cambridge, Mass.

Andersson 2008: Rani-Henrik Andersson, *The Lakota Ghost Dance of 1890*, Lincoln, Nebraska.

Andreeva 2017: Anna Andreeva, *Assembling Shinto: Buddhist approaches to Kami worship in medieval Japan*, Cambridge, Mass.

Anjum 2012: Ovamir Anjum, *Politics, Law and Community in Islamic Thought: the Taymiyyan movement*, Cambridge.

Arai u. Trainor 2022: Paula Arai und Kevin Trainor (Hrsg.), *The Oxford Handbook of Buddhist Practice*, Oxford.

Arera-Rütenik 2017: Tobias Arera-Rütenik, *Transformation von Moscheen zu Kirchen auf der Iberischen Halbinsel*, Petersberg.

Arjomand u. Kalberg 2021: Saïd Amir Arjomand und Stephen Kalberg (Hrsg.), *From World Religions to Axial Civilizations and Beyond*, Albany.

Arnhold 2020: Oliver Arnhold, *«Entjudung» von Theologie und Kirche: das Eisenacher «Institut zur Erforschung und Beseitigung des jüdischen Einflusses auf das deutsche kirchliche Leben» 1939–1945*, Leipzig.

Arnold u. Biller 2016: John Arnold und Peter Biller (Hrsg.), *Heresy and Inquisition in France, 1200–1300*, Manchester.

Arzy u. Idel 2015: Shahar Arzy und Moshe Idel, *Kabbalah: a neurocognitive approach to mystical experiences*, New Haven, Conn.

Asbridge 2010: Thomas S. Asbridge, *Die Kreuzzüge*, Stuttgart.

Asher-Greve u. Westenholz 2013: Julia M. Asher-Greve und J. Goodnick Westenholz (Hrsg.), *Goddesses in Context: on divine powers, roles, relationships and gender in Mesopotamian textual and visual sources*, Fribourg.

Assmann 2006: Jan Assmann, *Ma'at: Gerechtigkeit und Unsterblichkeit im Alten Ägypten*, 2., um ein Nachwort erweiterte Auflage, München.

Assmann 2008: Jan Assmann (Hrsg.), *Ägyptische Religion – Totenliteratur*, Frankfurt a. M.; Leipzig.

Assmann 2011: Jan Assmann, *Steinzeit und Sternzeit: altägyptische Zeitkonzepte*, Paderborn.

Assmann 2018: Jan Assmann, *Achsenzeit: eine Archäologie der Moderne*, München.

Avemarie u. a. 2017: Friedrich Avemarie u. a. (Hrsg.), *Die Makkabäer*, Tübingen.

Avrutin u. Bemporad 2021: Eugene M. Avrutin und Elissa Bemporad (Hrsg.), *Pogroms: a documentary history*, New York.

Babb 2015: Lawrence A. Babb, *Understanding Jainism*, Edinburgh.

Badura 2022: Christian Badura, *Ovids «Fasti» und das kulturelle Wissen des römischen Kalenders*, Heidelberg.

Bahn 2010: Paul G. Bahn, *Prehistoric Rock Art*, Cambridge.

Baker 2017: Karen Baker, *The Mandaeans: baptizers of Iraq and Iran*, Eugene, Oregon.

Baker-Brian 2011: Nicholas Baker-Brian, *Manicheism: an ancient faith rediscovered*, London.

Ballériaux 2016: Catherine Ballériaux, *Missionary Strategies in the New World, 1610–1690*, London.

Balmer u. Riess 2016: Randall Herbert Balmer und Jana Riess (Hrsg.), *Mormonism and American Politics*, New York.

Barbiero u. a. 2021: Gianni Barbiero, Marco Pavan und Johannes Schnocks (Hrsg.), *The Formation of the Hebrew Psalter: the book of psalms between ancient versions, material transmission and canonical exegesis*, Tübingen.

Barnes 2016: Robin B. Barnes, *Astrology and Reformation*, New York.

Barton 2016: John Barton (Hrsg.), *The Hebrew Bible: a critical companion*, Princeton, NJ.

Barton 2020: John Barton, *Die Geschichte der Bibel: von den Ursprüngen bis in die Gegenwart*, Stuttgart.

Bassett 2015: Molly H. Bassett, *The Fate of Earthly Things: Aztec gods and god-bodies*, Austin, Texas.

Bauer 2013: Karen Bauer (Hrsg.), *Aims, Methods and Contexts of Qur'anic Exegesis ($2^{nd}/8^{th}$ – $9^{th}/15^{th}$ c.)*, Oxford.

Bayer 2012: Christian Bayer (Hrsg.), *Echnaton – Sonnenhymnen*, Stuttgart.

Bebbington 2004–2017: David Bebbington (Hrsg.), *A History of Evangelicalism*, fünf Bände, Leicester.

Beck u. a. 2013: Heinrich Beck, W. Heizmann und J. A. van Nahl (Hrsg.), *Snorri Sturluson – Historiker, Dichter, Politiker*, Berlin.

Becker u. Scholz 2012: Eve-Marie Becker und Stefan Scholz (Hrsg.), *Kanon in Konstruktion und Dekonstruktion: Kanonisierungsprozesse religiöser Texte von der Antike bis zur Gegenwart*, Berlin.

Bednarik 2016: Robert G. Bednarik, *Myths about Rock Art*, Oxford.

Beerden 2013: Kim Beerden, *Worlds Full of Signs: ancient Greek divination in context*, Leiden.

Belayche u. Pirenne-Delforge 2015: Nicole Belayche und Vinciane Pirenne-Delforge (Hrsg.), *Fabriquer du divin: constructions et ajustements dans la représentation des dieux dans l'Antiquité*, Liège.

Belayche u. a. 2021: Nicole Belayche, Francesco Massa und Philippe Hoffmann (Hrsg.), *Les mystères au IIe siècle de notre ère*, Turnhout.

Bellah 2020: Robert N. Bellah, *Der Ursprung der Religion: vom Paläolithikum bis zur Achsenzeit*, Freiburg.

Ben-Dov u. a. 2012: Jonathan Ben-Dov, Wayne Horowitz und John M. Steele (Hrsg.), *Living the Lunar Calendar*, Oxford: Oxbow Books.

Benn u. a. 2010: James A. Benn, Lori Meeks und James Robson (Hrsg.), *Buddhist Monasticism in East Asia*, London.

Ben-Shalom 2016: Ram Ben-Shalom, *Medieval Jews and the Christian Past: Jewish historical consciousness in Spain and Southern France*, Oxford.

Bentor u. Shahar 2017: Yael Bentor und Meir Shahar (Hrsg.), *Chinese and Tibetan Esoteric Buddhism*, Leiden.

Benz 2008–2015: Wolfgang Benz (Hrsg.), *Handbuch des Antisemitismus*, sieben Bände, Berlin.

Berend u. a. 2017: Nora Berend, Y. Hameau-Masset, C. Nemo-Pekelman und J. Tolan (Hrsg.), *Religious Minorities in Christian, Jewish and Muslim Law (5th–15th centuries)*, Turnhout.

Berg 2018: Herbert Berg (Hrsg.), *Routledge Handbook on Early Islam*, London.

Bergemann 2012: Lutz Bergemann, *Ralph Cudworth – System aus Transformation: zur Naturphilosophie der Cambridge Platonists und ihrer Methode*, Berlin.

Berger 2017: Lutz Berger, *Die Entstehung des Islam: die ersten hundert Jahre*, 2. Aufl., München.

Bergjan u. Näf 2014: Silke-Petra Bergjan und Beat Näf, *Märtyrerverehrung im frühen Christentum*, Stuttgart.

Berkwitz u. Thompson 2022: Stephen C. Berkwitz und Ashley Thompson (Hrsg.), *Routledge Handbook of Theravāda-Buddhism*, London.

Berlejung und Janowski 2009: Angelika Berlejung und Bernd Janowski (Hrsg.), *Tod und Jenseits im alten Israel und in seiner Umwelt*, Tübingen.

Berlin u. Kosmin 2021: Andrea Berlin und Paul J. Kosmin (Hrsg.), *The Middle Maccabees: archaeology, history, and the rise of the Hasmonaean kingdom*, Atlanta.

Berthelot 2018: Katell Berthelot, *In search of the promised land? The Hasmonean dynasty between Biblical models and Hellenistic diplomacy*, Göttingen.

Beutel 2017: Albrecht Beutel (Hrsg.), *Luther Handbuch*, 3., neu bearbeitete und erweiterte Auflage, Tübingen.

Bharne u. Krusche 2013: Vinayak Bharne und Krupale Krusche, *Rediscovering the Hindu Temple*, Newcastle.

Bhayro u. Rider 2017: Siam Bhayro und Catherine Rider (Hrsg.), *Demons and Illness from Antiquity to the Early Modern Period*, Leiden.

Bidmead 2002: Julye Bidmead, *The Akītu Festival*, Piscataway, NJ.

Biehl u. Rosenstock 2022: Peter Biehl und Eva Rosenstock (Hrsg.), *6000 BC: transformation and change in the Near East and Europe*, Cambridge.

Biget 2014: Jean-Louis Biget (Hrsg.), *Inquisition et société en pays d'Oc (XIIIe et XIVe siècles)*, Toulouse.

Biget u. a. 2020: Jean-Louis Biget, Sylvie Caucanas, Michelle Fournié und Daniel Blévec (Hrsg.), *Le «catharisme» en questions*, Fanjeaux.

Blake 2016: Stephen P. Blake, *Astronomy and Astrology in the Islamic World*, Edinburgh.

Blancke u. a. 2014: Stefaan Blancke, Hans Henrik Hjermitslev und Peter C. Kjærgaard (Hrsg.), *Creationism in Europe*, Baltimore.

Blankenhorn 2015: Bernhard Blankenhorn, *The Mystery of Union with God: Dionysian mysticism in Albert the Great and Thomas Aquinas*, Washington, D. C.

Blaschke 2019: Olaf Blaschke, *Die Kirche und der Nationalsozialismus*, Bonn.

Blaschke u. Großbölting 2020: Olaf Blaschke und Thomas Großbölting (Hrsg.), *Was glaubten die Deutschen zwischen 1933 und 1945? Religion und Politik im Nationalsozialismus*, Frankfurt.

Blennemann u. Herbers 2014: Gordon Blennemann und Klaus Herbers (Hrsg.), *Vom Blutzeugen zum Glaubenszeugen? Formen und Vorstellungen des christlichen Martyriums im Wandel*, Stuttgart.

Blowers u. Martens 2019: Paul M. Blowers und Peter W. Martens (Hrsg.), *The Oxford Handbook of Early Christian Biblical Interpretation*, Oxford.

Boas 2016: Adrian J. Boas (Hrsg.), *The Crusader World*, London.

Bobzin 2015: Hartmut Bobzin (Hrsg.), *Der Koran*, 2. Aufl., München.

Bock 2013: Claudia Bock, *Fray Francisco Ximénez und das Popol Vuh*, Markt Schwaben.

Bockmuehl u. Stroumsa 2010: Markus Bockmuehl und Guy G. Stroumsa (Hrsg.), *Paradise in Antiquity: Jewish and Christian Views*, Cambridge.

Boehringer 2001: David Boehringer, *Heroenkulte in Griechenland von der geometrischen bis zur klassischen Zeit*, Berlin.

Böhringer u. a. 2014: Letha Böhringer, Jennifer Kolpacoff Deane und Hildo van Engen (Hrsg.), *Labels and Libels: naming Beguines in Northern Medieval Europe*, Turnhout.

Böttigheimer u. Dausner 2016: Christoph Böttigheimer und René Dausner (Hrsg.), *Vaticanum 21: die bleibenden Aufgaben des Zweiten Vatikanischen Konzils im 21. Jahrhundert*, Freiburg.

Bogdan u. Snoek 2014: Henrik Bogdan und Joannes A. M. Snoek (Hrsg.), *Handbook of Freemasonry*, Leiden.

Boivin 2015: Michel Boivin, *Historical Dictionary of the Sufi Culture of Sindh in Pakistan and India*, Karachi.

Bongmba 2012: Elias Kifon Bongmba (Hrsg.), *The Wiley Blackwell Companion to African Religions*, Chichester.

Bonner 2018: Ali Bonner, *The myth of Pelagianism*, Oxford.

Bonnet u. Niehr 2014: Corinne Bonnet und Herbert Niehr, *La religion des Phéniciens et des Araméens: dans le contexte de l'Ancien Testament*, Genève.

Borrut u. Donner 2016: Antoine Borrut und Fred M. Donner (Hrsg.), *Christians and Others in the Umaiyad State*, Chicago, Ill.

Botner u. a. 2020: Max Botner, Justin Harrison Duff & Simon Dürr (Hrsg.), *Atonement: Jewish and Christian origins*, Grand Rapids, Michigan.

Bouretz 2015: Pierre Bouretz, *Lumières du Moyen Âge: Maïmonide philosophe*, Paris.

Boyer 2004: Pascal Boyer, *Und Mensch schuf Gott*, Stuttgart.

Boyer 2010: Pascal Boyer, *The Fracture of an Illusion: science and the dissolution of religion*, Göttingen.

Bradford 2016: David Terry Bradford, *The Spiritual Tradition in Eastern Christianity*, Leuven.

Brand 2014: Klaus Brand, *Wissenschaft und Religion in Mesmerismusdiskursen des 19. Jahrhunderts*, Münster.

Brand 2022: Mattias Brand, *Religion an the Everyday Life of Manichaeans in Kellis: beyond light and darkness*, Leiden.

Brandt u. a. 2015: J. Rasmus Brandt, Håkon Roland und Marina Prusac (Hrsg.), *Death and Changing Rituals: function and meaning in ancient funerary practices*, Oxford.

Breen u. Teeuwen 2010: John Breen und Mark Teeuwen, *A New History of Shinto*, Oxford.

Brereton u. Jamison 2020: Joel P. Brereton und Stephanie W. Jamison, *The Rigveda: a guide*, New York.

Brink u. a. 2008: Laurie Brink, O. P. und Deborah Green (Hrsg.), *Commemorating the Dead: texts and artifacts in context: studies of Roman, Jewish, and Christian burials*, Berlin.

Brink u. Collinson 2017: Stefan Brink und L. Collinson (Hrsg.), *Theorizing Old Norse Myth*, Turnhout.

Brodersen u. a. 2020: Alma Brodersen, Friederike Neumann und David Willgren (Hrsg.), *Intertextualität und die Entstehung des Psalters*, Tübingen.

Brody 2013: Robert Brody, *Sa'adyah Gaon*, Oxford.

Brown 2014: William P. Brown (Hrsg.), *The Oxford Handbook of the Psalms*, Oxford.

Brown 2020: Daniel W. Brown (Hrsg.), *The Wiley Blackwell Concise Companion to the Hadith*, Hoboken, NJ.

Buckley 2002: Jorunn Jacobsen Buckley, *The Mandaeans*, Oxford.

Buckley 2012: Jorunn Jacobsen Buckley, *The Great Stem of Souls: reconstructing Mandaean history*, Piscataway, N. J.

Buehler 2016: Arthur F. Buehler, *Recognizing Sufism*, London.

Bull 2014: Christian H. Bull, *The Tradition of Hermes: the Egyptian priestly figure as a teacher of Hellenized wisdom*, Bergen.

Bultmann u. a. 2005: Christoph Bultmann, Claus-Peter März und Vasilios N. Makrides (Hrsg.), *Heilige Schriften*, Münster.

Bungert u. Weiß 2017: Heike Bungert und Jana Weiß (Hrsg.), *«God bless America»: Zivilreligion in den USA im 20. Jahrhundert*, Frankfurt.

Burge 2015: Stephen R. Burge (Hrsg.), *The Meaning of the Word: lexicology and Qur'anic exegesis*, Oxford.

Burkert 2011: Walter Burkert, *Griechische Religion der archaischen und klassischen Epoche*, 2., überarb. u. erw. Aufl., Stuttgart.

Burnett u. Campi 2016: Amy Nelson Burnett und Emidio Campi (Hrsg.), *A Companion to the Swiss Reformation*, Leiden.

Busine 2015: Aude Busine (Hrsg.), *Religious Practices and Christianization of the Late Antique City (4th–7th cent.)*, Leiden.

Buswell u. Lopez 2014: Robert E. Buswell und Donald S. Lopez, *The Princeton Dictionary of Buddhism*, Princeton, NJ.

Cain 2016: Andrew Cain, *The Greek ‹Historia monachorum in Aegypto›*, Oxford.

Cameron 2014: Averil Cameron, *Dialoguing in Late Antiquity*, Washington, DC.

Campbell 2018: Heidi Campbell (Hrsg.), *Religion and the Internet: critical concepts in religious studies*, 3 Bände, London.

Campbell 2021: Heidi Campbell, *Digital Creatives and the Rethinking of Religious Authority*, London.

Campion 2012: Nicholas Campion, *Astrology and Popular Religion in the Modern West*, Farnham.

Can 2020: Lâle Can, *Spiritual Subjects: Central Asia pilgrims and the Ottoman hajj at the end of empire*, Stanford, California.

Cancik u. Rüpke 2009: Hubert Cancik und Jörg Rüpke (Hrsg.), *Die Religion des Imperium Romanum*, Tübingen.

Cantera 2012: Alberto Cantera (Hrsg.), *The Transmission of the Avesta*, Wiesbaden.

Capone 2010: Stefania Capone, *Searching for Africa in Brazil: power and tradition in Candomblé*, Durham, NC.

Carroll u. Rempel 2011: Maureen Carroll und Jane Rempel (Hrsg.), *Living Through the Dead: burial and commemoration in the classical world*, Oxford.

Casiday 2012: Augustine Casiday (Hrsg.), *The Orthodox Christian World*, London.

Cassidy-Welch 2017: Megan Cassidy-Welch (Hrsg.), *Remembering the Crusades and Crusading*, London.

Caudill 2013: Edward Caudill, *Intelligently Designed: how creationists built the campaign against evolution*, Urbana, Ill.

Ceccarelli 2016: Manuel Ceccarelli, *Enki und Ninmah*, Tübingen.

Cerezo-Román u. a. 2017: Jessica Cerezo-Román, Anna Wessman und Howard Williams (Hrsg.), *Cremation and the Archaeology of Death*, Oxford.

Cesari 2015: Jocelyne Cesari (Hrsg.), *The Oxford Handbook of European Islam*, Oxford.

Chan 2019: Stephen Chan, *Spear to the West: thought and recruitment in violent jihadism*, London.

Chantre 2018: Luc Chantre, *Pèlerinages d'Empire: une histoire européenne du pèlerinage à la Mecque*, Paris.

Chapman u. Sweeney 2016: Stephen B. Chapman und Marvin A. Sweeney (Hrsg.), *The Cambridge Companion to the Hebrew Bible/Old Testament*, New York.

Chen, Y. S. 2013: Yi Samuel Chen, *The Primeval Flood Catastrophe: origins and early development in Mesopotamian traditions*, Oxford.

Cheng 2022: Anne Cheng, *Geschichte des chinesischen Denkens: Grundriss*, Hamburg.

Chih u. a. 2022: Rachida Chih u. a. (Hrsg.), *The Presence of the Prophet in Early Modern and Contemporary Islam*, 2 Bände, Leiden.

Childs-Johnson 2020: Elizabeth Childs-Johnson (Hrsg.), *The Oxford Handbook of Early China*, New York.

Chin 2009: Ann-ping Chin, *Konfuzius: Geschichte seines Lebens*, Frankfurt.

Chin 2014: Ann-ping Chin (Hrsg.), *Confucius: The Analects*, New York.

Christensen u. a. 2013: Lisbeth Bredholt Christensen, O. Hammer und D. Warburton (Hrsg.), *The Handbook of Religions in Ancient Europe*, Durham.

Chryssides 2012: George D. Chryssides, *Historical Dictionary of New Religious Movements*, Lanham, Md.

Chryssides u. Zeller 2014: George D. Chryssides und B. E. Zeller (Hrsg.), *The Bloomsbury Companion to New Religious Movements*, London.

Clark 2016: Reg Clark, *Tomb Security in Ancient Egypt from the Predynastic to the Pyramid Age*, Oxford.

Clarke 2014: Steve Clarke, *The Justification of Religious Violence*, Chichester.

Classen 2013: Albrecht Classen (Hrsg.), *East Meets West in the Middle Ages and Early Modern Times*, Berlin.

Classen 2014: Albrecht Classen (Hrsg.), *Mental Health, Spirituality, and Religion in the Middle Ages and Early Modern Age*, Berlin.

Classen 2016: Albrecht Classen (Hrsg.), *Death in the Middle Ages and Early Modern Times*, Berlin.

Clay 2010: John-Henry Clay, *In the Shadow of Death: Saint Boniface and the conversion of Hessia, 721–754*, Turnhout.

Cline 2022: Erin M. Cline, *The Analects: a guide*, New York.

Coenen Snyder 2013: Saskia Coenen Snyder, *Building a public Judaism: synagogues and Jewish identity in nineteenth-century Europe*, Cambridge, Mass.

Coffey 2016: John Coffey, *Heart Religion: evangelical piety in England and Ireland, 1690–1850*, Oxford.

Cohen 2015: Mark E. Cohen, *Festivals and Calendars of the Ancient Near East*, Bethesda, Md.

Cohen u. Berlin 2016: Mordechai Z. Cohen und Adele Berlin (Hrsg.), *Interpreting Scriptures in Judaism, Christianity, and Islam*, Cambridge.

Cohen 2018: Signe Cohen (Hrsg.), *The Upanishads: a complete guide*, London.

Cohen 2020: Yoram Cohen, *The Babylonian šumma immeru omens: transmission, reception and text production*, Münster.

Cole 2014: Peter Cole, *The Poetry of Kabbalah*, New Haven, Conn.

Collins 2015: David J. Collins (Hrsg.), *The Cambridge History of Magic and Witchcraft in the West*, New York.

Collins 2014: John J. Collins (Hrsg.), *The Oxford Handbook of Apocalyptic Literature*, Oxford.

Collins Winn u. a. 2012: Christian T. Collins Winn, C. Gehrz, G. W. Carlton und E. Holst (Hrsg.), *The Pietist Impulse in Christianity*, Cambridge.

Commins 2016: David Commins, *The Mission and the Kingdom: Wahhabi power behind the Saudi throne*, London.

Coningham u. Young 2015: Robin Coningham und Ruth Young, *The Archaeology of South Asia: from the Indus to Asoka, c. 6500 BCE–200 CE*, New York.

Conrad 2009: Dietrich Conrad, *Kirchenbau im Mittelalter*, 5. Aufl., Leipzig.

Conti 2010: Marco Conti (Hrsg.), *Priscillian of Avila: the complete works*, Oxford.

Coogan u. Smith 2012: Michael D. Coogan und Mark S. Smith (Hrsg.), *Stories from Ancient Canaan*, second edition, Louisville, KY.

Cook 2010: John Granger Cook, *Roman Attitudes towards the Christians: from Claudius to Hadrian*, Tübingen.

Cook 2016: Karoline P. Cook, *Forbidden Passages: Muslims and Moriscos in colonial Spanish America*, Philadelphia.

Cook 2014: Michael Cook, *Ancient Religions, Modern Politics: the Islamic case in comparative perspective*, Princeton, NJ.

Cort u. a. 2020: John E. Cort u. a. (Hrsg.), *Brill's Encyclopedia of Jainism*, Leiden.

Cowan u. Bromley 2010: Douglas E. Cowan und David G. Bromley, *Neureligionen und ihre Kulte*, Berlin.

Cozort u. Shields 2018: Daniel Cozort und James Mark Shields (Hrsg.), *The Oxford Handbook of Buddhist Ethics*, Oxford.

Craig 2021: Kate M. Craig, *Mobile Saints: relic circulation, devotion, and conflicts in the Central Middle Ages*, London.

Creach 2020: Jerome F. D. Creach, *Discovering Psalms: content, interpretation, reception*, Grand Rapids, Michigan.

Croitoru 2021: Joseph Croitoru, *Al-Aqsa oder Tempelberg: der ewige Kampf um Jerusalems heilige Stätten*, München.

Cusack u. Norman 2012: Carole M. Cusack und Alex Norman (Hrsg.), *Handbook of New Religions and Cultural Production*, Leiden.

Cusack u. Kosnáč 2017: Carole M. Cusack und Pavol Kosnáč (Hrsg.), *Fiction, Invention and Hyper-Reality: from popular culture to religion*, London.

Dagens 2009: Bruno Dagens, *Le temple indien, miroir du monde*, Paris.

D'Agostino u. a. 2015: Anacleto D'Agostino, Valentina Orsi und Giulia Torri (Hrsg.), *Sacred Landscapes of Hittites and Luwians*, Firenze.

Dahan 2011: Gilbert Dahan (Hrsg.), *Nicolas de Lyre, franciscain du XIVe siècle, exégète et théologien*, Paris.

Dahl 2015: Siegfried Guido Dahl, *Freimaurerei in der frühen Aufklärungszeit*, Marburg.

Dahlheim 2013: Werner Dahlheim, *Die Welt zur Zeit Jesu*, München.

Dalal 2018: Roshen Dalal, *The 108 Upanishads: an introduction*, Gurgaon.

Daly 2021: Robert J. Daly, *Sacrifice in Pagan and Christian Antiquity*, London.

Dan 2012: Joseph Dan, *Die Kabbala*, 2. Auflage, Stuttgart.

Dandekar u. Tschacher 2016: Deepra Dandekar und Torsten Tschacher (Hrsg.), *Islam, Sufism and Everyday Politics of Belonging in South Asia*, New York.

David 2016: A. Rosalind David, *Temple Ritual at Abydos*, London.

David 2021: Arlette David, *Renewing Royal Imagery: Akhenaten and family in the Amarna tombs*, Leiden.

Davidson 2021: Garrett A. Davidson, *Carrying on the tradition: a social and intellectual history of Hadith transmission across a thousand years*, Leiden.

Davila 2013: James R. Davila, *Hekhalot Literature in Translation: major texts of Merkavah mysticism*, Leiden.

Davis 2016: Erik W. Davis, *Deathpower: Buddhism's ritual imagination in Cambodia*, New York.

Deal u. Ruppert 2015: William E. Deal und Brian D. Ruppert, *A Cultural History of Japanese Buddhism*, Chichester.

Decousu 2015: Laurence Decousu, *La perte de l'Esprit Saint et son recouvrement dans l'Eglise ancienne: la réconciliation des hérétiques et des pénitents en occident du IIIe siècle jusque'à Grégoire le Grand*, Leiden.

Deeg u. a. 2011: Max Deeg, Oliver Freiberger und Christoph Kleine (Hrsg.), *Kanonisierung und Kanonbildung in der asiatischen Religionsgeschichte*, Wien.

Dehghani 2011: Sasha Dehghani, *Martyrium und Messianismus: die Geburtsstunde des Bahā'itums*, Wiesbaden.

Deimann u. Juste 2015: Wiebke Deimann und David Juste (Hrsg.), *Astrologers and their Clients in Medieval and Early Modern Europe*, Köln.

DeLapp 2022: Kevin Michael DeLapp (Hrsg.), *Portraits of Confucius: the reception of Confucianism from 1560 to 1960*, 2 Bände, London.

Delibas 2015: Kayhan Delibas, *The Rise of Political Islam in Turkey*, London.

Delpech u. Quintela 2009: François Delpech und Marco V. Quintela (Hrsg.), *Vingt ans après Georges Dumézil: mythologie comparée indo-européenne et idéologie trifonctionelle*, Budapest.

Dennett 2008: Daniel C. Dennett, *Den Bann brechen: Religion als natürliches Phänomen*, Frankfurt.

Derron 2015: Pascale Derron (Hrsg.), *Cosmologies et cosmogonies dans la littérature antique*, Genève.

Desjarlais 2016: Robert R. Desjarlais, *Subject to Death: life and loss in a Buddhist world*, Chicago.

De Smedt u. De Cruz 2020: Johan De Smedt und Helen De Cruz, *The Challenge of Evolution to Religion*, Cambridge.

Devlin u. Graham 2015: Zoë L. Devlin und Emma-Jayne Graham (Hrsg.), *Death embodied: archaeological approaches to the treatment of the corpse*, Oxford.

De Vriendt 2020: François De Vriendt (Hrsg.), *Les saints anciens au temps de la Réforme catholique*, Bruxelles.

Dietrich 2010: Jan Dietrich, *Kollektive Schuld und Haftung: religions- und rechtsgeschichtliche Studien zum Sündenkuhritus des Deuteronomiums und zu verwandten Texten*, Tübingen.

DiFransico 2016: Lesley R. DiFransico, *Washing Away Sin: an analysis of the metaphor in the Hebrew Bible and its influence*, Leuven.

Dignas u. a. 2013: Beate Dignas, Robert Parker und Guy G. Stroumsa (Hrsg.), *Priests and Prophets among Pagans, Jews and Christians*, Leuven.

Dillon u. Timotin 2016: John Dillon und Andrei Timotin (Hrsg.), *Platonic Theories of Prayer*, Leiden.

Dillon 2017: Matthew Dillon, *Omens and Oracles: divination in ancient Greece*, London.

Dobscha 2016: Susan Dobscha (Hrsg.), *Death in a Consumer Culture*, London.

Dogan 2020: Recep Dogan, *Political Islamists in Turkey and the Gülen Movement*, Cham.

Donato u. a. 2013: Maria Pia Donato, Luc Berlivet, Sara Cabibbo, Raimondo Michetti und Marilyn Nicoud (Hrsg.), *Médecine et religion: collaborations, competitions, conflits (XIIe–XXe siècles)*, Rom.

Dooley 2014: Brendan Dooley (Hrsg.), *A Companion to Astrology in the Renaissance*, Leiden.

Dougill 2012: John Dougill, *In Search of Japan's Hidden Christians*, Tokyo.

Dowden u. Livingstone 2011: Ken Dowden und Niall Livingstone (Hrsg.), *A Companion to Greek Mythology*, Malden, Mass.

Draycott u. Stamatopoulou 2016: Catherine M. Draycott und Maria Stamatopoulou (Hrsg.), *Dining and Death: interdisciplinary perspectives on the ‹Funerary Banquet› in ancient art, burial and belief*, Leuven.

Drewnowska-Rymarz u. Sandowicz 2017: Olga Drewnowska-Rymarz und Małgorzata Sandowicz (Hrsg.), *Fortune and Misfortune in the Ancient Near East*, Winona Lake, Ind.

Driediger-Murphy 2019: Lindsay G. Driediger-Murphy, *Roman Republican Augury: freedom and control*, Oxford.

Driediger-Murphy u. Eidinow 2019: Lindsay G. Driediger-Murphy und Esther Eidinow (Hrsg.), *Ancient Divination and Experience*, Oxford.

DuBois 2009: Thomas A. DuBois, *An Introduction to Shamanism*, Cambridge.

Dubovský u. a. 2016: Peter Dubovský, Dominik Markl und Jean-Pierre Sonnet (Hrsg.), *The Fall of Jerusalem and the Rise of the Torah*, Tübingen.

Dupont u. a. 2015: Anthony Dupont, Matthew Alan Gaumer und Mathijs Lamberigts (Hrsg.), *The Uniquely African Controversy: studies on Donatist Christianity*, Leuven.

Durand u. a. 2012: Jean-Marie Durand, Thomas Römer und Jürg Hutzli (Hrsg.), *Les Vivants et leurs morts*, Fribourg.

Durand u. a. 2015a: Jean-Marie Durand, Lionel Marti und Thomas Römer (Hrsg.), *Colères et repentirs divins*, Fribourg.

Durand u. a. 2015b: Jean-Marie Durand, Michaël Guichard und Thomas Römer (Hrsg.), *Tabou et Transgressions*, Fribourg.

Dyrendal u. a. 2016: Asbjørn Dyrendal, James R. Lewis und Jesper Aagaard Petersen, *The Invention of Satanism*, New York.

Eaton 2013: Katherine Eaton, *Ancient Egyptian Temple Ritual: performance, pattern, and practice*, New York.

Echevarria u. a. 2016: Ana Echevarria, J. P. Monferrer-Sala und J. Tolan (Hrsg.), *Law and Religious Minorities in Medieval Societies*, Turnhout.

Edelglass u. a. 2022: William Edelglass, Pierre-Julien Harter und Sara McClintock (Hrsg.), *The Routledge Handbook of Indian Buddhist Philosophy*, New York.

Edelman u. a. 2016: Diana Edelman, A. Fitzpatrick McKinley und Ph. Guillaume (Hrsg.), *Religion in the Achaemenid Persian Empire*, Tübingen.

Edmonds 2019: Radcliffe G. Edmonds, *Drawing Down the Moon: magic in the ancient Greco-Roman world*, Princeton.

Edwards u. a. 2017: Nancy Edwards, Máire Ní Mhaonaigh und Roy Flechner (Hrsg.), *Transforming Landscapes of Belief in the Early Medieval Insular World and Beyond*, Turnhout.

Effinger u. a. 2012: Maria Effinger, Cornelia Logemann und Ulrich Pfisterer (Hrsg.),

Götterbilder und Götzendiener in der frühen Neuzeit: Europas Blick auf fremde Religionen, Heidelberg.

Efron 2016: John M. Efron, *German Jewry and the Allure of the Sephardic*, Princeton, NJ.

Egeler 2014: Matthias Egeler, *Perspektiven aus dem Reich der Toten: Gedanken zu einem etruskischen Felsengrab, der Religionsästhetik und der historischen Religionswissenschaft*, Würzburg.

Ego u. Mittmann 2015: Beate Ego und Ulrike Mittmann (Hrsg.), *Evil and Death: conceptions of the human in Biblical, early Jewish, Graeco-Roman and Egyptian literature*, Berlin.

Ehrenheim 2015: Hedvig von Ehrenheim, *Greek Incubation Rituals in Classical and Hellenistic Times*, Liège.

Eich u. Faber 2013: Peter Eich und Eike Faber (Hrsg.), *Religiöser Alltag in der Spätantike*, Stuttgart.

Eidinow u. Kindt 2015: Esther Eidinow und Julia Kindt (Hrsg.), *The Oxford Handbook of Ancient Greek Religion*, Oxford.

Eidinow u. a. 2016: Esther Eidinow, Julia Kindt und Robin Osborne (Hrsg.), *Theologies of Ancient Greek Religion*, Cambridge.

Eire 2016: Carlos M. N. Eire, *Reformations: the early modern world, 1450–1650*, New Haven, Conn.

Ekroth 2002: Gunnel Ekroth, *The Sacrificial Rituals of Greek Hero Cults in the Archaic to the Early Hellenistic Periods*, Liège.

Ellis 2017: David L. Ellis, *Politics and Piety: the Protestant Awakening in Prussia, 1816–1856*, Leiden.

Elm u. Hartmann 2019: Eva Elm und Nicole Hartmann (Hrsg.), *Demons in Late Antiquity: their perception and transformation in different literary genres*, Berlin.

El-Rouayheb u. Schmidtke 2017: Khaled El-Rouayheb und Sabine Schmidtke (Hrsg.), *The Oxford Handbook of Islamic Philosophy*, New York.

Elsässer 2021: Sebastian Elsässer, *Die «Schule» Ḥasan al-Bannās: Erziehung und Ideologiebildung bei der Muslimbruderschaft in der arabischen Welt*, 1950–2013, Baden-Baden.

Elwert u. a. 2017: Frederik Elwert, Martin Radermacher und Jens Schlamelcher (Hrsg.), *Handbuch Evangelikalismus*, Bielefeld.

Emerson 2007: Mary Emerson, *Greek Sanctuaries: an introduction*, London.

Emon 2012: Anver M. Emon, *Religious Pluralism and Islamic Law: dhimmis and others in the empire of law*, Oxford.

Endres 2017: Johannes Endres (Hrsg.), *Fetischismus: Grundlagentexte vom 18. Jahrhundert bis in die Gegenwart*, Berlin.

Engels u. Nuffelen 2014: David Engels und Peter van Nuffelen (Hrsg.), *Religion and Competition in Antiquity*, Bruxelles.

Enke 2021: Paulus Enke, *Traum und Traumdeutung in den christlichen Apokryphen*, Göttingen.

Ernst 2016: Carl W. Ernst, *Refractions of Islam in India: situating sufism and yoga*, Los Angeles, Calif.

Eschebach u. a. 2021: Insa Eschebach, Gabriele Hammermann und Thomas Ruhe (Hrsg.), *Religiöse Praxis in Konzentrationslagern und anderen NS-Haftstätten*, Göttingen.

Eschraghi 2010: Armin Eschraghi (Hrsg.), *Baha'ullah, Brief an den Sohn des Wolfes*, Berlin.

Espak 2015: Peeter Espak, *The God Enki in Sumerian Royal Ideology and Mythology*, Wiesbaden.

Espinosa 2014: Gastón Espinosa, *Latino Pentecostals in America: faith and politics in action*, Cambridge, Mass.

Esposito u. Shahin 2018: John L. Esposito und Emad Eldin Shahin (Hrsg.), *Islam and Politics around the World*, New York.

Evans 2018: Richard Evans (Hrsg.), *Prophets and Profits: ancient divination and its reception*, London.

Faber 2014: Eike Faber, *Von Ulfila bis Rekkared: Die Goten und ihr Christentum*, Stuttgart.

Faulkner 2008: Andrew Faulkner, *The Homeric Hymn to Aphrodite: introduction, text, and commentary*, Oxford.

Faulkner 2011: Andrew Faulkner (Hrsg.), *The Homeric Hymns: interpretative essays*, Oxford.

Faure 2016: Bernard Faure, *Gods of Medieval Japan*, zwei Bände, Honolulu.

Fechner 2015: Fabian Fechner, *Entscheidungsprozesse vor Ort: die Provinzkongregationen der Jesuiten in Paraguay (1608–1762)*, Regensburg.

Fenech u. McLeod 2014: Louis E. Fenech und William H. McLeod, *Historical Dictionary of Sikhism*, Lanham, Md.

Fernández-Morera 2016: Darío Fernández-Morera, *The Myth of the Andalusian Paradise: Muslims, Christians, and Jews under Islamic rule in medieval Spain*, Wilmington, Del.

Ferngren 2014: Gary B. Ferngren, *Medicine and Religion: a historical introduction*, Baltimore.

Ferrero Hernández u. Tolan 2021: Cándida Ferrero Hernández und John Victor Tolan (Hrsg.), *The Latin Qur'an, 1143–1500*, Berlin.

Feuchtwang 2020: Stephan Feuchtwang (Hrsg.), *Handbook on Religion in China*, Cheltenham.

Fierro u. Tolan 2013: Maribel Fierro und John Tolan (Hrsg.), *The Legal Status of ḏimmī-s in the Islamic West (second/eighth–ninth/fifteenth centuries)*, Turnhout.

Finkel 2014: Irving Finkel, *The Ark Before Noah: decoding the story of the Flood*, London.

Finkelstein 2015: Israel Finkelstein, *Das vergessene Königreich. Israel und die verborgenen Ursprünge der Bibel*, 2. Aufl., München.

Firro 2019: Tarik K. Firro, *Wahhabism and the rise of the House of Saud*, Brighton.

Fishbane 2018: Eitan P. Fishbane, *The Art of Mystical Narrative: a poetics of the Zohar*, New York.

Fitzpatrick 2011: Andrew P. Fitzpatrick, *The Amesbury Archer and the Boscombe Bowmen*, Amesbury.

Flechner u. Ní Mhaonaigh 2016: Roy Flechner und Máire Ní Mhaonaigh (Hrsg.), *Converting the Isles 1: The Introduction of Christianity into the Early Medieval Insular World*, Turnhout.

Flood 2003: Gavin Flood (Hrsg.), *The Blackwell Companion to Hinduism*, Oxford.

Florea 2021: Carmen Florea, *The Late Medieval Cult of the Saints: universal developments within local contexts*, London.

Flower 2017: Harriet I. Flower, *The Dancing Lares and the Serpent in the Garden: religion at the Roman street corner*, Princeton, NJ.

Flynn 2020: Shawn W. Flynn, *A Story of YHWH: cultural translation and subversive reception in Israelite history*, London.

Fohr 2015: Sherry Fohr, *Jainism: a guide for the perplexed*, London.

Fontana 2011: Michela Fontana, *Matteo Ricci: a Jesuit in the Ming Court*, Lanham, Md.

Forbes u. Mahan 2017: Bruce David Forbes und Jeffrey H. Mahan (Hrsg.), *Religion and Popular Culture in America*, third edition, Oakland, Calif.

Formichi 2022: Chiara Formichi (Hrsg.), *Routledge Handbook of Islam in Asia*, London.

Fox 2016: Jonathan Fox, *The Unfree Exercise of Religion: a world survey of discrimination against religious minorities*, Cambridge.

Frank u. Segal 2021: Daniel H. Frank und Aaron Segal, *Maimonides' «Guide of the Perplexed»: a critical guide*, Cambridge.

Frankfurter 2015: David Frankfurter (Hrsg.), *Pilgrimage and Holy Space in Late Antique Egypt*, Leiden.

Frankfurter 2020: David Frankfurter, *Guide to the Study of Ancient Magic*, Leiden.

Frechette 2012: Christopher G. Frechette, *Mesopotamian Ritual-prayers of «Hand-lifting» (Akkadian Šuillas)*, Münster.

Freiberger u. Kleine 2011: Oliver Freiberger und Christoph Kleine, *Buddhismus: Handbuch und kritische Einführung*, Göttingen.

Frevel u. Nihan 2013: Christian Frevel und Christophe Nihan (Hrsg.), *Purity and the Forming of Religious Traditions in the Ancient Mediterranean World and Ancient Judaism*, Leiden.

Frevel 2018: Christian Frevel, *Geschichte Israels*, zweite, erweiterte und überarbeitete Auflage, Stuttgart.

Frey u. a. 2017: Christiane Frey, Uwe Hebekus und David Martyn (Hrsg.), *Säkularisierung: Grundlagentexte zur Theoriegeschichte*, Berlin.

Friedrich 2016: Markus Friedrich, *Die Jesuiten*, München.

Fröhlich u. a. 2021: Ida Fröhlich, Nóra Dávid und Gerhard Langer (Hrsg.), *You who live in the shelter of the Most High (Ps. 91:1): the use of psalms in Jewish and Christian traditions*, Göttingen.

Fudge 2016a: Thomas A. Fudge, *Jan Hus between Time and Eternity*, Lanham, Md.

Fudge 2016b: Thomas A. Fudge, *Jerome of Prague and the Foundations of the Hussite Movement*, Oxford.

Fürst u. a. 2013: Alfons Fürst, Luise Ahmed, Christian Gers-Uphaus und Stefan Klug (Hrsg.), *Monotheistische Denkfiguren in der Spätantike*, Tübingen.

Fuhrmann u. Grundmann 2012: Sebastian Fuhrmann und Regina Grundmann (Hrsg.), *Martyriumsvorstellungen in Antike und Mittelalter*, Leiden.

Furley u. Gysembergh 2015: William D. Furley und Victor Gysembergh, *Reading the Liver: papyrological texts on ancient Greek extispicy*, Tübingen.

Furstenberg 2016: Yair Furstenberg (Hrsg.), *Jewish and Christian Communal Identities in the Roman World*, Leiden.

Gabbay 2014: Uri Gabbay, *Pacifying the Hearts of the Gods: Sumerian Emesal prayers of the first millennium BC*, Wiesbaden.

Gabbay 2015: Uri Gabbay, *The Eršema Prayers of the First Millennium BC*, Wiesbaden.

Gabriele u. Palmer 2019: Matthew Gabriele und James T. Palmer (Hrsg.), *Apocalypse and Reform from Late Antiquity to the Middle Ages*, London.

Gadotti 2014: Alhena Gadotti, *«Gilgamesh, Enkidu and the Netherworld» and the Sumerian Gilgamesh Cycle*, Berlin.

Gailus 2021: Manfred Gailus, *Gläubige Zeiten: Religiosität im Dritten Reich*, Freiburg.

Galland 2012: Caroline Galland, *Pour la gloire de Dieu et du Roi: les récollets en Nouvelle-France aux XVIIe et XVIIIe siècles*, Paris.

Garb 2020: Yehonatan Garb, *A history of the Kabbalah: from the early modern period to the present day*, Cambridge.

Gardella 2014: Peter Gardella, *American Civil Religion*, New York, NY.

Garden 2014: Kenneth Garden, *The First Islamic Reviver: Abū Ḥamīd al-Ġazālī and his revival of the religious sciences*, New York.

Garipzanov 2014: Ildar Garipzanov (Hrsg.), *Conversion and Identity in the Viking Age*, Turnhout.

Gaumer 2016: Matthew Alan Gaumer, *Augustine's Cyprian: authority in Roman Africa*, Leiden.

Gehlken 2012: Erlend Gehlken, *Weather Omens of Enūma Anu Enlil: thunderstorms, wind and rain (tablets 44–49)*, Leiden.

Geller 2014: Markham J. Geller, *Melothesia in Babylonia: medicine, magic, and astrology in the Ancient Near East*, Berlin.

Geller 2016: Markham J. Geller, *Die babylonisch-assyrische Medizin in Texten und Untersuchungen. Band 8: Healing magic and evil demons*, Berlin.

Gemeinhardt u. Zgoll 2010: Peter Gemeinhardt und Annette Zgoll (Hrsg.), *Weltkonstruktionen: religiöse Weltdeutung zwischen Chaos und Kosmos vom Alten Orient bis zum Islam*, Tübingen.

Gemeinhardt 2016: Peter Gemeinhardt (Hrsg.), *Zwischen Exegese und religiöser Praxis: heilige Texte von der Spätantike bis zum Klassischen Islam*, Tübingen.

Georgoudi u. a. 2011: Stella Georgoudi, Renée Koch Pietre und Francis Schmidt (Hrsg.), *La raison des signes: présages, rites, destin dans les sociétés de la Méditerranée ancienne*, Leiden.

Gertz u. a. 2016: Jan C. Gertz, Bernard M. Levinson, Dalit Rom-Shiloni und Konrad Schmid (Hrsg.), *The Formation of the Pentateuch*, Tübingen.

Gesundheit 2012: Shimon Gesundheit, *Three Times a Year: studies on festival legislation in the Pentateuch*, Tübingen: Mohr Siebeck (Forschungen zum Alten Testament 87).

Gharipour 2015: Mohammed Gharipour (Hrsg.), *Sacred Precincts: the religious architecture of non-Muslim communities across the Islamic world*, Leiden.

Gibson u. a. 2013: William Gibson, Peter Forsaith und Martin Wellings (Hrsg.), *The Ashgate Research Companion to World Methodism*, Farnham.

Giebel 2015: Marion Giebel, *Das Orakel von Delphi: Geschichte und Texte Griechisch/Lateinisch/Deutsch*, Stuttgart.

Gier 2014: Nicholas F. Gier, *The Origins of Religious Violence: an Asian perspective*, Lanham, Md.

Gillis 2017: Matthew Bran Gillis, *Heresy and Dissent in the Carolingian Empire: the case of Gottschalk of Orbais*, Oxford.

Givens u. Neilson 2014: Terryl Givens und Reid Larkin Neilson (Hrsg.), *The Columbia Sourcebook of Mormons in the United States*, New York.

Givens 2015: Terryl Givens, *Wrestling the Angel: the foundations of Mormon thought*, Oxford.

Glunz-Hüsken 2017: Bettina Glunz-Hüsken, *Religiöse Symbolik in reichen Gräbern der Nekropole von Hallstatt, Oberösterreich*, Rahden/Westfalen.

Görke u. Pink 2014: Andreas Görke und Johanna Pink (Hrsg.), *Tafsīr and Islamic Intellectual History*, Oxford.

Goff u. a. 2016: Matthew J. Goff, Loren T. Stuckenbruck und Enrico Morano (Hrsg.), *Ancient Tales of Giants from Qumran and Turfan: contexts, traditions, and influences*, Tübingen.

Gomes u. a. 2020: Catherine Gomes, Lily Kong und Orlando Woods (Hrsg.), *Religion, Hypermobility and Digital Media in Global Asia*, Amsterdam.

Gordon u. Marco Simón 2010: Richard L. Gordon und Francisco Marco Simón (Hrsg.), *Magical Practice in the Latin West*, Leiden.

Gordon u. a. 2020: Richard L. Gordon, Marina Piranomonte und Francisco Marco Simón (Hrsg.), *Choosing magic – contexts, objects, meanings: the archaeology of instrumental religion in the Latin West*, Roma.

Gorski 2017: Philip Gorski, *American Covenant: a history of civil religion from the Puritans to the present*, Princeton, NJ.

Graf 2014: Friedrich Wilhelm Graf, *Götter global: Wie die Welt zum Supermarkt der Religionen wird*, München.

Grafton u. Most 2016: Anthony Grafton und Glenn W. Most (Hrsg.), *Canonical Texts and Scholarly Practices: a global comparative approach*, Cambridge.

Granholm u. a. 2015: Kennet Granholm, Marcus Moberg und Sofia Sjö (Hrsg.), *Religion, Media, and Social Change*, London.

Grappe 2021: Christian Grappe (Hrsg.), *La maison de Dieu*, Tübingen.

Graves-Brown 2018: Carolyn Graves-Brown, *Daemons & Spirits in Ancient Egypt*, Cardiff.

Green, N. 2014: Nile Green, *Terrains of Exchange: religious economies of global Islam*, London.

Green, S. J. 2014: Steven J. Green, *Disclosure and Discretion in Roman Astrology*, Oxford.

Greenbaum 2016: Dorian Gieseler Greenbaum, *The Daimon in Hellenistic Astrology: origins and influence*, Leiden.

Greenwood 2021: David Neal Greenwood, *Julian and Christianity: resisting the Constantinian revolution*, Ithaca, NY.

Gregerman 2016: Adam Gregerman, *Building on the Ruins of the Temple: apologetics and polemics in early Christianity and Rabbinic Judaism*, Tübingen.

Grinvald 2014: Ithamar Grinvald, *Apocalyptic and Merkavah Mysticism*, second, rev. ed., Leiden.

Groetsch 2015: Ulrich Groetsch, *Hermann Samuel Reimarus (1694–1768): classicist, hebraist, enlightenment radical in disguise*, Leiden.

Grohmann 2017: Marianne Grohmann (Hrsg.), *Identität und Schrift: Fortschreibungsprozesse als Mittel religiöser Identitätsbildung*, Göttingen.

Grossman 2012: Avraham Grossman, *Raschi*, Oxford.

Grundeken u. Verheyden 2015: Mark Grundeken und Joseph Verheyden (Hrsg.), *Early Christian Communities Between Ideal and Reality*, Tübingen.

Günther u. a. 2016: Sebastian Günther, Todd Lawson und Christian Mauder (Hrsg.), *Roads to Paradise: Eschatology and Concepts of the Hereafter in Islam*, 2 Bände, Leiden.

Günther 2004: Ursula Günther, *Mohammed Arkoun: ein moderner Kritiker der islamischen Vernunft*, Würzburg.

Günther 2022: Christoph Günther, *Entrepreneurs of Identity: the Islamic State's symbolic repertoire*, New York.

Guidetti 2017: Mattia Guidetti, *In the Shadow of the Church: the building of mosques in early medieval Syria*, Leiden.

Gulácsi 2015: Zsuzsanna Gulácsi, *Mani's Pictures: the didactic images of the Mani-*

chaeans from Sasanian Mesopotamia to Uygur Central Asia and Tang-Ming China, Leiden.

Gutierrez 2015: Cathy Gutierrez (Hrsg.), *Handbook of Spiritualism and Channeling*, Leiden.

Gwynn u. Bangert 2010: David M. Gwynn und Susanne Bangert (Hrsg.), *Religious Diversity in Late Antiquity*, Leiden.

Haas u. Koch 2011: Volkert Haas und Heidemarie Koch, *Religionen des Alten Orients 1: Hethiter und Iran*, Göttingen.

Haberkern 2016: Phillip Haberkern, *Patron Saint and Prophet: Jan Hus in the Bohemian and German Reformations*, New York.

Hachlili 2013: Rachel Hachlili, *Ancient Synagogues – archaeology and art*, Leiden.

Hackett 2015: David G. Hackett, *That Religion in which all Men agree: freemasonry in American culture*, Berkeley, Cailf.

Haddad 2014: Yvonne Yazbeck Haddad (Hrsg.), *The Oxford Handbook of American Islam*, Oxford.

Häberl u. McGrath 2020: Charles G. Häberl und James F. McGrath (Hrsg.), *The Mandaean Book of John*, Berlin.

Hämmerli u. Mayer 2014: Maria Hämmerli und Jean-François Mayer (Hrsg.), *Orthodox Identities in Western Europe: migration, settlement and innovation*, Farnham.

Hagen 2012: Fredrik Hagen, *An Ancient Egyptian Literary Text in Context: the instruction of Ptahhotep*, Leuven.

Halbertal 2014: Mosheh Halbertal, *Maimonides: life and thought*, Princeton, NJ.

Hall 2019: David D. Hall, *The Puritans: a transatlantic history*, Princeton.

Halm 2017: Heinz Halm, *Die Assassinen: Geschichte eines islamischen Geheimbundes*, München.

Hamilton 2017: Stephen James Hamilton, *«Born again»: a portrait and analysis of the doctrine of regeneration within evangelical Protestantism*, Göttingen.

Hammer u. Rothstein 2012: Olav Hammer und Mikael Rothstein (Hrsg.), *The Cambridge Companion to New Religious Movements*, Cambridge.

Hammer u. Rothstein 2013: Olav Hammer und Mikael Rothstein (Hrsg.), *Handbook of the Theosophical Current*, Leiden.

Hammond 2014: Geordan Hammond, *John Wesley in America*, Oxford.

Hammond u. Jones 2021: Geordan Hammond und David Ceri Jones (Hrsg.), *George Whitefield: life, context, and legacy*, Oxford.

Hannah 2005: Robert Hannah, *Greek and Roman Calendars*, London.

Hannah 2009: Robert Hannah, *Time in Antiquity*, London.

Hansen 2017: Valerie Hansen, *The Silk Road: a new history with documents*, New York.

Hardacre 2017: Helen Hardacre, *Shinto: a history*, New York.

Harding 2008: John S. Harding (Hrsg.), *Mahāyāna Phoenix: Japan's Buddhists at the 1893 World's Parliament of Religions*, New York.

Harlass 2021: Ulrich Harlass, *Die orientalische Wende der Theosophischen Gesellschaft*, Berlin.

Hart 2013: Roger Hart, *Imagined Civilizations: China, the West and their first encounter*, Baltimore, Md.

Hausmair 2015: Barbara Hausmair, *Am Rande des Grabs: Todeskonzepte und Bestattungsritual in der frühmittelalterlichen Alamannia*, Leiden.

Hawley 2015: John Stratton Hawley, *A Storm of Songs: India and the idea of the Bhakti movement*, Cambridge, Mass.

Hayes 2017: Christine Elizabeth Hayes, *Cambridge Companion to Judaism and Law*, Cambridge.

Hefner 2013: Robert W. Hefner (Hrsg.), *Global Pentecostalism in the 21st Century*, Bloomington, Ind.

Hegedus 2013: Gyongyi Hegedus, *Saadya Gaon: the double path of the mystic and the rationalist*, Leiden.

Hegghammer 2020: Thomas Hegghammer, *The Caravan: Abdallah Azzam and the Rise of Global Jihad*, Cambridge.

Heil 2019: Uta Heil (Hrsg.), *Das Christentum im frühen Europa: Diskurse – Tendenzen – Entscheidungen*, Berlin.

Heineman 2018: Kristin M. Heineman, *The Decadence of Delphi: the oracle in the second century AD and beyond*, London.

Heinen 2017: Serina Heinen, *«Odin rules»: Religion, Medien und Musik im Pagan Metal*, Bielefeld.

Hengel 2011: Martin Hengel, *Die Zeloten*, 3., durchgesehene und ergänzte Auflage, Tübingen.

Henkelman u. Redard 2016: Wouter F. M. Henkelman und Céline Redard, *Persian Religion in the Achaemenid Period*, Wiesbaden.

Henkelman 2017: Wouter F. M. Henkelman (Hrsg.), *Persian Religion in the Achaemenid Period*, Wiesbaden.

Hensel 2016: Benedikt Hensel, *Juda und Samaria: zum Verhältnis zweier nach-exilischer Jahwismen*, Tübingen.

Hensey 2015: Robert Hensey, *First Light: the origins of Newgrange*, Oxford.

Hentz u. a. 2018: James J. Hentz u. a. (Hrsg.), *Understanding Boko Haram: terrorism and insurgency in Africa*, London.

Herren 2017: Michael W. Herren, *The Anatomy of Myth: the art of interpretation from the Presocratics to the church fathers*, New York.

Herrmann 2008: Klaus Herrmann (Hrsg.), *Sefer Jezira: Buch der Schöpfung*, Frankfurt.

Hewlett 2014: Barry S. Hewlett (Hrsg.), *Hunter-Gatherers of the Congo Basin*, New Brunswick, NJ.

Hirschkind 2021: Charles H. Hirschkind (Hrsg.), *The Feeling of History: Islam, Romanticism and Andalusia*, Chicago.

Hitch u. Rutherford 2017: Sarah Hitch und Ian Rutherford (Hrsg.), *Animal Sacrifice in the ancient Greek world*, Cambridge.

Hitchcock 2014: Richard Hitchcock, *Muslim Spain Reconsidered: from 711 to 1502*, Edinburgh.

Hodder 2020: Ian Hodder (Hrsg.), *Consciousness, Creativity, and Self at the Dawn of Settled Life*, Cambridge.

Hoerster 2017: Norbert Hoerster, *Der gütige Gott und das Übel: ein philosophisches Problem*, München.

Hoffman u. Reinares 2014: Bruce Hoffman und Fernando Reinares (Hrsg.), *The Evolution of the Global Terrorist Threat*, New York.

Hoffmeier 2015: James Karl Hoffmeier, *Akhenaten and the Origins of Monotheism*, Oxford.

Höllmann 2022: Thomas O. Höllmann, *China und die Seidenstraße: Kultur und Geschichte von der frühen Kaiserzeit bis zur Gegenwart*, München.

Hölscher u. a. 2021: Michael Hölscher, Markus Lau und Susanne Luther (Hrsg.), *Antike Fluchtafeln und das Neue Testament: Materialität – Ritualpraxis – Texte*, Tübingen.

Hollywood u. Beckman 2012: Amy Hollywood und Patricia Z. Beckman (Hrsg.), *The Cambridge Companion to Christian Mysticism*, Cambridge.

Holt 2016: John Clifford Holt (Hrsg.), *Buddhist Extremists and Muslim Minorities: religious conflict in contemporary Sri Lanka*, New York.

Honigman 2014: Sylvie Honigman, *Tales of High Priests and Taxes: the Book of the Maccabees and the Judean rebellion against Antiochos IV*, Berkeley, Calif.

Honnefelder 2017: Ludger Honnefelder (Hrsg.), *Albertus Magnus und der Ursprung der Universitätsidee*, Weilerswist.

Hoover 2018: Jesse A. Hoover, *The Donatist Church in an Apocalyptic Age*, Oxford.

Hoover 2019: Jon Hoover, *Ibn Taymiyya*, London.

Hope u. Huskinson 2011: Valerie M. Hope und Janet Huskinson (Hrsg.), *Memory and Mourning: studies on Roman death*, Oxford.

Horn 2013: Friedrich W. Horn (Hrsg), *Paulus Handbuch*, Tübingen.

Hornbeck u. a. 2016: J. Patrick Hornbeck, Mishtooni Bose und Fiona Somerset Fry, *A Companion to Lollardy*, Leiden.

Hornbeck u. van Dussen 2017: J. Patrick Hornbeck und Michel van Dussen (Hrsg.), *Europe after Wyclif*, New York.

Howe 2022: Justine Howe (Hrsg.), *The Routledge Handbook of Islam and Gender*, London.

Hrůša 2015: Ivan Hrůša, *Ancient Mesopotamian Religion: a descriptive introduction*, Münster.

Hüsgen 2016: Jan Hüsgen, *Mission und Sklaverei: die Herrnhuter Brüdergemeine und die Sklavenemanzipation in Britisch- und Dänisch-Westindien*, Stuttgart.

Hundley 2013: Michael B. Hundley, *Gods in Dwellings: temple and divine presence in the Ancient Near East*, Atlanta, Ga.

Hunter 2017: Erica C. D. Hunter, *Religious Minorities of the Modern Middle East*, London.

Huss u. a. 2010: Boaz Huss, Marco Pasi und Kocku von Stuckrad (Hrsg.), *Kabbalah and Modernity*, Leiden.

Huss 2016: Boaz Huss, *The Zohar: reception and impact*, Oxford.

Hutter 2009: Manfred Hutter (Hrsg.), *Handbuch Bahā'ī*, Stuttgart.

Hutter 2014: Manfred Hutter (Hrsg.), *Themen und Traditionen hethitischer Kultur in biblischer Überlieferung*, Freiburg.

Hutter 2016: Manfred Hutter (Hrsg.), *Der Buddhismus II: Theravāda-Buddhismus und Tibetischer Buddhismus*, Stuttgart.

Hutter 2018: Manfred Hutter (Hrsg.), *Der Buddhismus III: Ostasiatischer Buddhismus und Buddhismus im Westen*, Stuttgart.

Hutter 2019a: Manfred Hutter (Hrsg.), *Economy of religions in Anatolia: from the early second to the middle of the first millennium* BCE, Münster.

Hutter 2019b: Manfred Hutter, *Iranische Religionen: Zoroastrismus, Yezidentum, Bahā'itum*, Berlin.

Hutter 2021: Manfred Hutter, *Religionsgeschichte Anatoliens: vom Ende des dritten bis zum Beginn des ersten Jahrtausends*, Stuttgart.

Hwang u. a. 2014: Alexander Y. Hwang, Brian Matz und Augustine Casiday (Hrsg.), *Grace for Grace: the debates after Augustine and Pelagius*, Washington, DC.

Hyland 2011: Sabine Hyland (Hrsg.), *Gods of the Andes: an early Jesuit account of Inca religion and Andean Christianity*, University Park, Pa.

Ibrahim 2016: Azeem Ibrahim, *The Rohingyas: inside Myanmar's hidden genocide*, London.

Idel 2012: Moshe Idel, *Alte Welten, neue Bilder: jüdische Mystik und die Gedankenwelt des 20. Jahrhunderts*, Berlin.

Ikram 2015: Salima Ikram, *Death and Burial in Ancient Egypt*, Cairo.

Ingram 2009–2021: Kevin Ingram (Hrsg.), *The Conversos and Moriscos in late medieval Spain and beyond*, 4 Bände, Leiden.

Iniesta 2015: Ferran Iniesta, *Thot: pensée et pouvoir en Égypte pharaonique*, Paris.

Innemée 2022: Karel C. Innemée (Hrsg.), *The Value of a Human Life: ritual killing and human sacrifice in antiquity*, Leiden.

Insoll 2011: Timothy Insoll (Hrsg.), *Oxford Handbook of the Archaeology of Ritual and Religion*, Oxford.

Introvigne 2016: Massimo Introvigne, *Satanism: a social history*, Leiden.

Irsigler 2021: Hubert Irsigler, *Gottesbilder des Alten Testaments: von Israels Anfängen bis zum Ende der exilischen Epoche*, Freiburg.

Isomae 2014: Jun'ichi Isomae, *Religious Discourse in Modern Japan*, Leiden.

Issa 2016: Chaukeddin Issa, *Das Jesidentum: Religion und Leben*, 2. Auflage, Oldenburg.

Ives 2009: Christopher Ives, *Imperial-Way Zen: Ichikawa Hakugen's critique and lingering questions for Buddhist ethics*, Honolulu.

Jackson 2015: Robert H. Jackson, *Demographic Change and Ethnic Survival among the Sedentary Populations in the Jesuit Mission Frontiers of Spanish South America 1609–1803*, Leiden.

Jacobus 2014: Helen R. Jacobus, *Zodiac Calendars in the Dead Sea Scrolls and their Reception*, Leiden.

Jacovides 2017: Michael Jacovides, *Locke's Image of the World*, Oxford.

Jacques u. Davis 2019: David Jacques und Graeme Davis (Hrsg.), *Stonehenge: a landscape through time*, Oxford.

Janos 2016: Damien Janos (Hrsg.), *Ideas in Motion in Baghdad and Beyond: philosophical and theological exchanges between Christians and Muslims in the third/ninth and fourth/tenth centuries*, Leiden.

Janowski u. Schwemer 2013: Bernd Janowski und Daniel Schwemer (Hrsg.), *Hymnen, Klagelieder und Gebete*, Gütersloh.

Janowski u. Schwemer 2015: Bernd Janowski und Daniel Schwemer (Hrsg.), *Weisheitstexte, Mythen und Epen*, Gütersloh.

Jansen u. a. 2014: Thomas Jansen, Thoralf Klein und Christian Meyer (Hrsg.), *Globalization and the Making of Religious Modernity in China*, Leiden.

Jaques 2011: Margaret Jaques (Hrsg.), *Klagetraditionen: Form und Funktion der Klage in den Kulturen der Antike*, Fribourg.

Jaques 2015: Margaret Jaques, *Mon dieu qu'ai-je fait? les diğir-šà-dab(5)-ba et la piété privée en Mésopotamie*, Fribourg.

Jerryson u. Juergensmeyer 2010: Michael K. Jerryson und Mark Juergensmeyer (Hrsg.), *Buddhist Warfare*, Oxford.

Jerryson 2017: Michael Jerryson (Hrsg.), *The Oxford Handbook of Contemporary Buddhism*, New York.

Jim 2022: Theodora Suk Fong Jim, *Saviour Gods and Soteria in Ancient Greece*, Oxford.

Johnson u. Kraft 2017: Greg Johnson und Siv Ellen Kraft (Hrsg.), *Handbook of Indigenous Religion(s)*, Leiden.

Johnson 2017: Ian Johnson, *The Souls of China: the return of religion after Mao*, New York.

Johnson 2013: Michael Johnson, *Iroquois: people of the longhouse*, Richmond Hill, Ont.

Johnson 2015: Sylvester A. Johnson, *African American Religions, 1500–2000*, New York.

Johnson u. Weitzman 2017: Sylvester A. Johnson und Steven Weitzman (Hrsg.), *The FBI and Religion: faith and national security before and after 9/11*, Oakland, Calif.

Johnston 2004: Sarah Iles Johnston (Hrsg.), *Religions of the Ancient World: a guide*, Cambridge, Mass.

Jolley 2016: Nicholas Jolley, *Toleration and Understanding in Locke*, Oxford.

Jomier 2020: Augustin Jomier, *Islam, réforme et colonisation: une histoire de l'ibadisme en Algérie (1882–1962)*, Paris.

Jones 2014: Christopher P. Jones, *Between Pagan and Christian*, Cambridge, Mass.

Jonker 2016: Gerdien Jonker, *The Ahmadiyya Quest for Religious Progress: missionizing Europe 1900–1965*, Leiden.

Joseph u. Cleophat 2016a: Celucien L. Joseph und Nixon S. Cleophat (Hrsg.), *Vodou in the Haitian Experience*, Lanham, Md.

Joseph u. Cleophat 2016b: Celucien L. Joseph und Nixon S. Cleophat (Hrsg.), *Vodou in Haitian Memory*, Lanham, Md.

Jourdan 2014: Fabienne Jourdan (Hrsg.), *Die Wurzel allen Übels: Vorstellungen über die Herkunft des Bösen und Schlechten in der Philosophie und Religion des 1.–4. Jahrhunderts*, Tübingen.

Juergensmeyer u. a. 2013: Mark Juergensmeyer, Margo Kitts und Michael Jerryson (Hrsg.), *The Oxford Handbook of Religion and Violence*, Oxford.

Juergensmeyer 2017: Mark Juergensmeyer, *Terror in the Mind of God: the global rise of religious violence*, fourth edition, revised and updated, Oakland, Calif.

Junginger u. Åkerlund 2013: Horst Junginger und Andreas Åkerlund (Hrsg.), *Nordic Ideology between Religion and Scholarship*, Frankfurt.

Kämmerer u. Koiv 2015: Thomas R. Kämmerer und Mait Koiv (Hrsg.), *Cultures in Comparison: religion and politics in Ancient Mediterranean regions*, Münster.

Kämpchen 2011: Martin Kämpchen (Hrsg.), *Aus dem Gurū Granth Sāhib und anderen heiligen Schriften der Sikhs*, ausgewählt, übersetzt und kommentiert von Tilak Raj Chopra und Heinz Werner Wessler, Berlin.

Kahl u. Salamurović 2015: Thede Kahl und Aleksandra Salamurović (Hrsg.), *Das Erbe der Slawenapostel im 21. Jahrhundert: nationale und europäische Perspektiven*, Frankfurt.

Kahlert 2016: Christian Robert Kahlert, *Salvation and Solvency: the socio-economic policies of early Mormonism*, Berlin.

Kahlon 2021: Swarn Singh Kahlon, *Sikhs in continental Europe*, London.

Kajava 2013: Mika Kajava (Hrsg.), *Studies in Ancient Oracles and Divination*, Rom.

Kamlah 2012: Jens Kamlah (Hrsg.), *Temple Building and Temple Cult: architecture and cultic paraphernalia in the Levant (2.–1. Mill. B. C.E.)*, Wiesbaden.

Kamp u. Kroker 2013: Hermann Kamp und Martin Kroker (Hrsg.), *Schwertmission: Gewalt und Christianisierung im Mittelalter*, Paderborn.

Kane 2016: Ousmane Oumar Kane, *Beyond Timbuktu: an intellectual history of Muslim West Africa*, Cambridge, Mass.

Kaniuth u. a. 2013: Kai Kaniuth, Anne Löhnert, Jared L. Miller, Adelheid Otto, Michael Roaf und Walther Sallaberger (Hrsg.), *Tempel im Alten Orient*, Wiesbaden.

Kapur 2017: S. Paul Kapur, *Jihad as Grand Strategy: Islamist militancy, national security, and the Pakistani State*, New York.

Karlsson 2016: Mattias Karlsson, *Relations of Power in Early Neo-Assyrian State Ideology*, Berlin.

Karrer u. a. 2020: Martin Karrer u. a. (Hrsg.), *Handbuch zur Septuaginta*, bisher 4 von 6 Bänden, Gütersloh.

Kartal 2016: Celalettin Kartal, *Deutsche Yeziden*, Marburg.

Kasprycki 2013: Sylvia S. Kasprycki (Red.), *Auf den Spuren der Irokesen*, Berlin.

Katsarou u. Nagel 2021: Stella Katsarou und Alexander Nagel (Hrsg.), *Cave and Worship in Ancient Greece: new approaches to landscape and ritual*, New York.

Katz 2014: Paul R. Katz, *Religion in China and its Modern Fate*, Waltham, Mass.

Kaufmann 2016: Thomas Kaufmann, *Erlöste und Verdammte: eine Geschichte der Reformation*, München.

Kearns 2010: Emily Kearns, *Ancient Greek Religion: a sourcebook*, Chichester.

Keller u. Sharandak 2013: Ursula Keller und Natalja Sharandak, *Madame Blavatsky: eine Biographie*, Berlin.

Kelly 2016: Henry Ansgar Kelly, *The Middle English Bible: a reassessment*, Philadelphia.

Kelly u. Metcalf 2021: Adrian Kelly und Christopher Metcalf (Hrsg.), *Gods and Mortals in early Greek and Near Eastern mythology*, Cambridge.

Kemp 2012: Barry Kemp, *The City of Akhenaten and Nefertiti: Amarna and its people*, London.

Kemper 2015: Steven Kemper, *Rescued from the Nation: Anagarika Dharmapala and the Buddhist world*, Chicago.

Kennedy 2014: Kathleen E. Kennedy, *The Courtly and Commercial Art of the Wycliffite Bible*, Turnhout.

Kersten 2011: Carool Kersten, *Cosmopolitans and Heretics: new Muslim intellectuals and the study of Islam*, New York.

Khalil 2018: Mohammad Hassan Khalil, *Jihad, Radicalisation, and the New Atheism*, Cambridge.

Kiely u. Jessup 2016: Jan Kiely und J. Brooks Jessup (Hrsg.), *Recovering Buddhism in Modern China*, New York.

Kilcourse 2016: Carl S. Kilcourse, *Taiping Theology: the localization of Christianity in China, 1843–64*, New York.

Kindt 2012: Julia Kindt, *Rethinking Greek Religion*, Cambridge.

Kindt 2016: Julia Kindt, *Revisiting Delphi: religion and storytelling in ancient Greece*, Cambridge.

Kinzig 2017a: Wolfram Kinzig (Hrsg.), *Faith in Formulae: a collection of early Christian creeds and creed-related texts*, 4 Bände, Oxford.

Kinzig 2017b: Wolfram Kinzig, *Neue Texte und Studien zu den antiken und frühmittelalterlichen Glaubensbekenntnissen*, Berlin.

Kirschen 2016: Bryan Kirschen (Hrsg.), *Judeo-Spanish and the Making of a Community*, Newcastle.

Kistler u. a. 2015: Erich Kistler, Birgit Öhlinger, Martin Mohr und Matthias Hoernes (Hrsg.), *Sanctuaries and the Power of Consumption: networking and the formation of elites in the archaic Western Mediterranean world*, Wiesbaden.

Kivisto 2014: Peter Kivisto, *Religion and Immigration: migrant faiths in North America and Western Europe*, Cambridge.

Klein 2009: Dietrich Klein, *Hermann Samuel Reimarus (1694–1768): das theologische Werk*, Tübingen.

Kleine 2011: Christoph Kleine, *Der Buddhismus in Japan*, Tübingen.

Kleine 2015: Christoph Kleine (Hrsg.), *Der Buddhismus des Reinen Landes: aus der chinesischen und der japanischen Tradition*, Berlin.

Kloft 2019: Hans Kloft, *Mysterienkulte der Antike: Götter, Menschen, Rituale*, 5., aktualisierte Auflage, München.

Knapp 2017: Robert Knapp, *The Dawn of Christianity: people and gods in a time of magic and miracles*, Cambridge, Mass.

Knauf u. Niemann 2021: Ernst Axel Knauf und Hermann Michael Niemann, *Geschichte Israels und Judas im Altertum*, Berlin.

Knibbs 2011: Eric Knibbs, *Ansgar, Rimbert and the Forged Foundations of Hamburg-Bremen*, Farnham.

Koch 2015: Ulla Susanne Koch, *Mesopotamian Divination Texts*, Münster.

Koet 2012: Bart J. Koet (Hrsg.), *Dreams as Divine Communication in Christianity: from Hermas to Aquinas*, Leuven.

Kohl 2003: Karl-Heinz Kohl, *Die Macht der Dinge: Geschichte und Theorie sakraler Objekte*, München.

Kohn 2019: Livia Kohn, *The Daode jing: a guide*, New York.

Kolata 2013: Alan L. Kolata, *Ancient Inca*, Cambridge.

Komarovski 2015: Yaroslav Komarovski, *Tibetan Buddhism and Mystical Experience*, Oxford.

Kondō 2019: Yohei Kondō (Hrsg.), *Local and Global Ibadi Identities*, Hildesheim.

Kopár 2012: Lilla Kopár, *Gods and Settlers: the iconography of Norse mythology in Anglo-scandinavian sculpture*, Turnhout.

Korn 2012: Lorenz Korn, *Die Moschee: Architektur und religiöses Leben*, München.

Kouamé 2016: Nathalie Kouamé, *Le christianisme à l'épreuve du Japon médiéval*, Paris.

Krämer 2022: Gudrun Krämer, *Der Architekt des Islamismus: Hasan al-Banna und die Muslimbrüder*, München.

Kratz 2022a: Reinhard Gregor Kratz, *Die Propheten der Bibel: Geschichte und Wirkung*, München.

Kratz 2022b: Reinhard Gregor Kratz, *Qumran: Die Schriftrollen vom Toten Meer und die Entstehung des biblischen Judentums*, München.

Krause 2017: Andrew R. Krause, *Synagogues in the Work of Flavius Josephus*, Leiden.

Krech 2021: Volkhard Krech, *Die Evolution der Religion: ein soziologischer Grundriss*, Bielefeld.

Kremer 2016: Rudolph Kremer, *Glaube und Aberglaube: wie aus Religion und Superstition ein Gegensatz wurde*, Marburg.

Kreyenbroek u. Rashow 2005: Philip G. Kreyenbroek und Khalil Jindy Rashow (Hrsg.), *God and Sheikh Adi are Perfect: sacred poems and religious narratives from the Yezidi tradition*, Wiesbaden.

Kringler 2013: Insa Kringler, *Die gerettete Welt: zur Rezeption des Cambridger Platonismus in der europäischen Aufklärung des 18. Jahrhunderts*, Berlin.

Kristensen u. Friese 2017: Troels Myrup Kristensen und Wiebke Friese (Hrsg.), *Excavating Pilgrimage: archaeological approaches to sacred travel and movement in the ancient world*, London.

Kristó-Nagy u. a. 2015–2021: István T. Kristó-Nagy u. a. (Hrsg.), *Legitimate and Illegitimate Violence in Islamic Thought*, 3 Bände, Edinburgh.

Kroger u. Granziera 2012: Joseph Kroger und Patrizia Granziera, *Aztec Goddesses and Christian Madonnas: images of the divine feminine in Mexico*, Farnham.

Krohn u. Ristow 2012: Niklot Krohn und Sebastian Ristow (Hrsg.), *Wechsel der Religionen – Religion des Wechsels*, Hamburg.

Krupp 2007a: Michael Krupp, *Einführung in die Mischna*, Frankfurt.

Krupp 2007b: Michael Krupp (Hrsg.), *Die Mischna: Festzeiten – Seder Mo'ed*, Frankfurt.

Krupp 2008: Michael Krupp (Hrsg.), *Die Mischna: Schädigungen – Seder Neziqin*, Frankfurt.

Krupp 2010: Michael Krupp (Hrsg.), *Die Mischna: Frauen – Seder Nashim*, Berlin.

Krupp 2013: Michael Krupp (Hrsg.), *Die Mischna: Saaten – Seder Zeraṭim*, Frankfurt.

Krupp 2015: Michael Krupp (Hrsg.), *Die Mischna: Heiligkeiten – Seder Qodashim*, Berlin.

Krupp 2017: Michael Krupp (Hrsg.), *Die Mischna: Reinheiten – Seder ṭoharot*, Berlin.

Kubin 2011a: Wolfgang Kubin (Hrsg.), *Lao Zi (Laotse): Der Urtext*, Freiburg.

Kubin 2011b: Wolfgang Kubin (Hrsg.), *Konfuzius: Gespräche*, Freiburg.

Kühnemund 2021: Marcel Kühnemund, *Die rituelle Reinheit in den Tempeln der griechisch-römischen Zeit*, Wiesbaden.

Kurella u. Castro 2013: Doris Kurella und Inés del Castro (Hrsg.), *Inka: Könige der Anden*, Darmstadt.

Kurz 2013: Helmar Kurz, *Performanz und Modernität im brasilianischen Candomblé*, Hamburg.

Laack 2019: Isabel Laack, *Aztec Religion and Art of Writing*, Leiden.

Lackner u. Zhao 2022: Michael Lackner und Lu Zhao (Hrsg.), *Handbook of Divination and Prognostication in China*, Leiden.

Lahe 2019: Jaan Lahe, *Mithras – Miθra – Mitra: der römische Gott Mithras aus der Perspektive der vergleichenden Religionsgeschichte*, Münster.

Lamm 2013: Julia A. Lamm (Hrsg.), *The Wiley-Blackwell Companion to Christian Mysticism*, Chichester.

Landry-Deron 2013: Isabelle Landry-Deron (Hrsg.), *La Chine des Ming et de Matteo Ricci (1552–1610)*, Paris.

Laneri 2015: Nicola Laneri (Hrsg.), *Defining the Sacred: approaches to the archaeology of religion in the Near East*, Oxford.

Lang 2019: Bernhard Lang, *Himmel, Hölle, Paradies: Jenseitswelten von der Antike bis heute*, München.

Langermann 2021: Yitzhak Tzvi Langermann, *In and around Maimonides: original essays*, Piscataway.

Lange-Weber 2021: Sarah Lange-Weber, *Das Totenmahl in Syrien im 2. Jahrtausend v. Chr.*, Wiesbaden.

Larrington 2017: Carolyne Larrington, *Norse Myths*, New York.

Larson 2016: Jennifer Larson, *Understanding Greek Religion: a cognitive approach*, London.

Latham 2016: Jacob A. Latham, *Performance, Memory and Processions in Ancient Rome*, New York.

Lauster 2014: Jörg Lauster, *Die Verzauberung der Welt: eine Kulturgeschichte des Christentums*, München.

Lav 2012: Daniel Lav, *Radical Islam and the Revival of Medieval Theology*, Cambridge.

Lawson 2012: Andrew J. Lawson, *Painted Caves: palaeolithic rock art in Western Europe*, Oxford.

Laycock 2020: Joseph Laycock, *Speak of the Devil: how the Satanic Temple is changing the way we talk about religion*, New York.

Lecercle 2011: François Lecercle, *Le retour du mort: Débats sur la sorcière d'Endor et l'apparition de Samuel; (XVIe–XVIIIe siècle)*, Genève.

Lecerf u. a. 2014: Adrien Lecerf, Lucia Saudelli und Helmut Seng (Hrsg.), *Oracles chaldaïques*, Heidelberg.

Lecoq 2016: Pierre Lecoq, *Les livres de l'Avesta*, Paris.

Lee 2011: Anthony A. Lee, *The Baha'i Faith in Africa*, Leiden.

Lennon 2014: Jack J. Lennon, *Pollution and Religion in Ancient Rome*, New York.

Lenzi u. Stökl 2014: Alan Lenzi und Jonathan Stökl (Hrsg.), *Divination, Politics, and Ancient Near Eastern Empires*, Atlanta, Ga.

Leppin H. 2018: Hartmut Leppin, *Die frühen Christen: von den Anfängen bis Konstantin*, München.

Leppin V. 2021: Volker Leppin, *Ruhen in Gott: eine Geschichte der christlichen Mystik*, München.

Levene 2013: Dan Levene, *Jewish Aramaic Curse Texts from Late-Antique Mesopotamia*, Leiden.

Lewis 2015: James R. Lewis (Hrsg.), *Handbook of Nordic New Religions*, Leiden.

Lewis-Williams 2010: David Lewis-Williams, *Conceiving God: the cognitive origin and evolution of religion*, London.

Lichtenberger 2013: Hermann Lichtenberger (Hrsg.), *Martin Hengels «Zeloten»*, Tübingen.

Lieu u. Mikkelsen 2016: Samuel N. C. Lieu und Gunner B. Mikkelsen (Hrsg.), *Between Rome and China: history, religions and material culture of the Silk Road*, Turnhout.

Lieu u. a. 2017: Samuel N. C. Lieu, N. A. Pedersen, E. Morano und E. Hunter (Hrsg.), *Manichaeism East and West*, Turnhout.

Lin u. a. 2021: Ganquan Lin, Renlong Tian und Qingfu Zhai, *Confucius and China in the Modern Age*, 2 Bände, Reading.

Lindhardt 2015: Martin Lindhardt (Hrsg.), *Pentecostalism in Africa*, Leiden.

Linke 2014: Bernhard Linke, *Antike Religion*, München.

Lipset u. Silverman 2016: David Lipset und Eric K. Silverman (Hrsg.), *Mortuary Dialogues: death ritual and the reproduction of moral community in Pacific modernities*, New York.

Lisman 2013: Jan J. W. Lisman, *Cosmogony, Theogony and Anthropogeny in Sumerian Texts*, Münster.

Liu 2015: Yu Liu, *Harmonious Disagreement: Matteo Ricci and his closest Chinese friends*, New York.

Livarda 2018: Alexandra Livarda (Hrsg.), *The Bioarchaeology of Ritual and Religion*, Oxford.

Livingstone 2013: Alasdair Livingstone, *Hemerologies of Babylonian and Assyrian Scholars*, Bethesda, Md.

Loimeier 2013: Roman Loimeier, *Muslim Societies in Africa: a historical anthropology*, Bloomington, Ind.

Loimeier 2016: Roman Loimeier, *Islamic Reform in Twentieth-Century Africa*, Edinburgh.

Loiselle 2014: Kenneth Loiselle, *Brotherly Love: freemasonry and male friendship in Enlightenment France*, Ithaca, NY.

Longva u. Roald 2015: Anh Nga Longva und Anne Sofie Roald (Hrsg.), *Religious Minorities in the Middle East*, Leiden.

López-Ruiz 2010: Carolina López-Ruiz, *When the Gods Were Born: Greek cosmogonies and the Near East*, Cambridge, Mass.

Lorenz u. Mertens 2013: Sönke Lorenz und Dieter Mertens (Hrsg.), *Johannes Reuchlin und der «Judenbücherstreit»*, Ostfildern.

Lorenzetti 2015: Tiziana Lorenzetti, *Understanding the Hindu temple*, Berlin.

Louthan u. Murdock 2015: Howard Louthan und Graeme Murdock (Hrsg.), *A Companion to the Reformation in Central Europe*, Leiden.

Love 2018: Paul M. Love, *Ibadi Muslims of North Africa*, Cambridge.

Low 2020: Michael Christopher Low, *Imperial Mecca: Ottoman Arabia and the Indian Ocean Hajj*, New York.

Luckhurst 2012: Roger Luckhurst, *The Mummy's Curse: the true history of a dark fantasy*, Oxford.

Lüdemann u. Janßen 2017: Gerd Lüdemann und Martina Janßen, *Bibel der Häretiker: die gnostischen Schriften aus Nag Hammadi*, Stuttgart.

Luijk 2016: Ruben van Luijk, *Children of Lucifer: the origins of modern religious Satanism*, New York.

Lukens-Bull u. Woodward 2021: Ronald A. Lukens-Bull und Mark R. Woodward (Hrsg.), *Handbook of Contemporary Islam and Muslim Lives*, 2 Bände, Cham.

Lundhaug u. Jenott 2018: Hugo Lundhaug und Lance Jenott (Hrsg.), *The Nag Hammadi Codices and late antique Egypt*, Tübingen.

Lupieri 2002: Edmondo Lupieri, *The Mandaeans: the last gnostics*, Grand Rapids, Mich.

Lynerd 2014: Benjamin T. Lynerd, *Republican Theology: the civil religion of American evangelicals*, Oxford.

McCaffree 2017: Kevin J. McCaffree, *The Secular Landscape: the decline of religion in America*, Cham.

McCalla 2013: Arthur McCalla, *The Creationist Debate: the encounter between the Bible and the historical mind*, second edition, New York.

McCarty u. Egri 2020: Matthew M. McCarty und Mariana Egri (Hrsg.), *The Archaeology of Mithraism: new finds and approaches to Mithras-Worship*, Leuven.

McDonald u. Veth 2012: Jo McDonald und Peter Veth (Hrsg.), *A Companion to Rock Art*, Oxford.

McDonald 2017: Lee Martin McDonald, *The Formation of the Biblical Canon*, zwei Bände, London.

McGinn 2016: Bernard McGinn, *Vielfalt: die Mystik in den Niederlanden, Italien und England (1350–1550)*, Freiburg.

McGraw 2016: Barbara A. McGraw (Hrsg,), *The Wiley Blackwell Companion to Religion and Politics in the U. S.*, Chichester.

MacNeill 2006: Thomas E. MacNeill, *Faith, Pride and Works: Medieval church building*, Stroud.

MacRae 2016: Duncan MacRae, *Legible Religion: books, gods, and rituals in Roman culture*, Cambridge, Mass.

Magee 2016: Glenn Alexander Magee (Hrsg.), *The Cambridge Handbook of Western Mysticism and Esotericism*, New York.

Maher 2016: Shiraz Maher, *Salafi-Jihadism: the history of an idea*, London.

Mahla 2020: Daniel Mahla, *Orthodox Judaism and the Politics of Religion: from prewar Europe to the State of Israel*, Cambridge.

Maier 2021: Bernhard Maier, *Die Bekehrung der Welt: eine Geschichte der christlichen Mission in der Neuzeit*, München.

Malavasi 2022: Giulio Malavasi, *La controversia Pelagiana in oriente*, Münster.

Malik u. a. 2020: Jamal Malik u. a. (Hrsg.), *Islam in South Asia*, revised, enlarged and updated second edition, Leiden.

Mandair 2022: Arvind-Pal Mandair, *Violence and the Sikhs*, Cambridge.

Mandaville 2022: Peter G. Mandaville (Hrsg.), *Wahhabism and the world: understanding Saudi Arabia's global influence on Islam*, Oxford.

Maraszek 2014: Regine Maraszek, *Die Himmelsscheibe von Nebra*, 5., geänderte Aufl., Halle.

March 2014: Jenny March, *Dictionary of Classical Mythology*, Oxford.

Marchal 2020: Paul Marchal, *Die Beginen im europäischen Vergleich*, Weilerswist-Metternich.

Markschies 2012: Christoph Markschies, *Hellenisierung des Christentums: Sinn und Unsinn einer historischen Deutungskategorie*, Leipzig.

Markschies 2016: Christoph Markschies, *Gottes Körper: jüdische, christliche und pagane Gottesvorstellungen in der Antike*, München.

Markschies 2018: Christoph Markschies, *Die Gnosis*, 4., durchgesehene Auflage, München.

Marlow u. a. 2021: Hilary Marlow, Karla Pollmann und Helen Van Noorden (Hrsg.), *Eschatology in Antiquity: forms and functions*, London.

Marshall 2015: Mary Marshall, *The Portrayals of the Pharisees in the Gospels and Acts*, Göttingen.

Martín-Contreras u. Miralles-Maciá 2014: Elvira Martín-Contreras und Lorena Miralles-Maciá (Hrsg.), *The Text of the Hebrew Bible: from the Rabbis to the Masoretes*, Göttingen.

Martín-Velasco u. García Blanco 2016: María José Martín-Velasco und Mará José García Blanco (Hrsg.), *Greek Philosophy and Mystery Cults*, Newcastle.

Maryks 2017: Robert A. Maryks (Hrsg.), *A Companion to Jesuit Mysticism*, Leiden.

Mason u. Turner 2016: Patrick O. Mason und John G. Turner (Hrsg.), *Out of Obscurity: Mormonism since 1945*, New York.

Massa 2018: Francesco Massa (Hrsg.), *Mystery Cults and Heresies in the Roman Empire: polemics, identities and interactions*, Tübingen.

Matijević 2015: Krešimir Matijević, *Ursprung und Charakter der homerischen Jenseitsvorstellungen*, Paderborn.

Matijević u. Wiegels 2022: Krešimir Matijević und Rainer Wiegels (Hrsg.), *Kultureller Transfer und religiöse Landschaften: zur Begegnung zwischen Imperium und Barbaricum in der römischen Kaiserzeit*, Berlin.

Matoïan 2021: Valérie Matoïan (Hrsg.), *Ougarit, un anniversaire: bilans et recherches en cours*, Leuven.

Maul 2005: Stefan M. Maul, *Das Gilgamesch-Epos, neu übersetzt und kommentiert*, 2. durchges. Aufl., München.

Maul 2013: Stefan Maul, *Die Wahrsagekunst im Alten Orient*, München.

Mavelli u. Wilson 2016: Luca Mavelli und Erin K. Wilson (Hrsg.), *The Refugee Crisis and Religion*, London.

Maxey 2014: Trent E. Maxey, *The ‹Greatest Problem›: religion and state formation in Meiji Japan*, Cambridge, Mass.

Meier u. Tillessen 2014: Thomas Meier und Petra Tillessen (Hrsg.), *Archaeological Imaginations of Religion*, Budapest.

Meijer 2013: Roel Meijer (Hrsg.), *Global Salafism*, Oxford.

Meinert 2015: Carmen Meinert (Hrsg.), *Transfer of Buddhism Across Central Asian Networks (7th to 13th Centuries)*, Leiden.

Meir 2016: Jonatan Meir, *Kabbalistic Circles in Jerusalem (1896–1948)*, Leiden.

Melfi u. Bobou 2016: Milena Melfi und Olympia Bobou (Hrsg.), *Hellenistic Sanctuaries*, Oxford.

Meller u. a. 2020: Harald Meller u. a. (Hrsg.), *Rituelle Gewalt – Rituale der Gewalt*, Halle/Saale.

Mentzer u. Ruymbeke 2016: Raymond A. Mentzer und Bertram van Ruymbeke (Hrsg.), *A Companion to the Huguenots*, Leiden.

Metcalf 2015: Christopher Metcalf, *The Gods Rich in Praise: early Greek and Mesopotamian religious poetry*, Oxford.

Meyer-Fong 2013: Tobie S. Meyer-Fong, *What Remains: coming to terms with civil war in 19th century China*, Stanford, Calif.

Meynard 2015: Thierry Meynard, *The Jesuit Reading of Confucius*, Leiden.

Michel 2014: Patrick M. Michel, *Le culte des pierres à Emar à l'époque hittite*, Fribourg.

Michell 2015: George Michell, *Late Temple Architecture in India, 15th to 19th centuries*, New Delhi.

Mikalson 2016: Jon D. Mikalson, *New Aspects of Religion in Ancient Athens*, Leiden.

Mili 2015: Maria Mili, *Religion and Society in Ancient Thessaly*, Oxford.

Miller u. a. 2013: Donald E. Miller, Kimon H. Sargeant und Richard Flory (Hrsg.), *Spirit and Power: the growth and global impact of Pentecostalism*, Oxford.

Miller 2021: Robert D. Miller, *Yahweh: origin of a desert God*, Göttingen.

Miroshnikov 2018: Ivan Miroshnikov, *The Gospel of Thomas and Plato*, Leiden.

Mitchell u. Van Nuffelen 2010: Stephen Mitchell und Peter Van Nuffelen (Hrsg.), *One God: pagan Monotheism in the Roman Empire*, Cambridge.

Mojaddedi 2012: Jawid A. Mojaddedi, *Beyond Dogma: Rumi's teachings on friendship with God and early Sufi theories*, Oxford.

Moje 2013: Jan Moje, *The ushebtis from early excavations in the necropolis of Asyut, mainly by David George Hogarth and Ahmed Bey Kamal*, Wiesbaden.

Molendijk 2016: Arie L. Molendijk, *Friedrich Max Müller and the Sacred Books of the East*, Oxford.

Montanari u. a. 2009: Franco Montanari, Antonios Rengakos und Christos Tsagalis (Hrsg.), *Brill's Companion to Hesiod*, Leiden.

Moriggi 2014: Marco Moriggi, *A Corpus of Syriac Incantation Bowls*, Leiden.

Mou u. Zhang 2020: Zhongjan Mou und Jian Zhang (Hrsg.), *Handbook of the History of Religions in China, I–II*, Stuttgart.

Mouton 2016: Alice Mouton (Hrsg.), *Rituels, mythes et prières Hittites*, Paris.

Mowat 2021: Chris Mowat, *Engendering the future: divination and the construction of gender in the late Roman republic*, Stuttgart.

Müller 2016: Gerfried G. W. Müller (Hrsg.), *Liturgie oder Literatur? Die Kultrituale der Hethiter im transkulturellen Vergleich*, Wiesbaden.

Müller u. Pakkala 2017: Reinhard Müller und Juha Pakkala (Hrsg.), *Insights into Editing in the Hebrew Bible and the Ancient Near East*, Leuven.

Müller-Scheeßel 2013: Nils Müller-Scheeßel (Hrsg.), *«Irreguläre» Bestattungen in der Urgeschichte*, Bonn.

Mulsow 2011: Martin Mulsow (Hrsg.), *Between Philology and Radical Enlightenment: Hermann Samuel Reimarus (1694–1768)*, Leiden.

Murphy u. a. 2011: Larry G. Murphy, Gordon J. Melton und Garry L. Ward (Hrsg.), *Encyclopedia of African American Religions*, New York.

Murray 2016: Carrie Ann Murray (Hrsg.), *Diversity of Sacrifice: form and function of sacrificial practices in the ancient world and beyond*, Albany, NY.

Mutie 2015: Jeremiah Mutie, *Death in Second-Century Christian Thought*, Eugene, Oregon.

Myrvold 2010: Kristina Myrvold (Hrsg.), *The Death of Sacred Texts: ritual disposal and renovation of texts in world religions*, Farnham.

Nadeau 2012: Randall L. Nadeau (Hrsg.), *The Wiley-Blackwell Companion to Chinese Religions*, Malden, Mass.

Nahl 2013: Jan Alexander van Nahl, *Snorri Sturlusons Mythologie und die mittelalterliche Theologie*, Berlin.

Nahouza 2018: Namira Nahouza, *Wahhabism and the rise of the new Salafists: theology, power and Sunni Islam*, London.

Navid 2016: Bijan Navid, *Ungeklärte Verwandtschaft: vergleichende Analyse struktureller, begrifflicher und metaphorischer Parallelen zwischen persischer und deutscher Prosa und Lyrik der mittelalterlichen Mystik*, Frankfurt.

Necker 2008: Gerold Necker, *Einführung in die lurianische Kabbala*, Frankfurt.

Necker 2012: Gerold Necker (Hrsg.), *Sohar – Schriften aus dem Buch des Glanzes*, Berlin.

Necker 2014: Gerold Necker (Hrsg.), *Gershom Scholem in Deutschland*, Tübingen.

Nedza 2020: Justyna Nedza, *Takfir im militanten Salafismus: der Staat als Feind*, Leiden.

Neilson u. Grow 2016: Reid Larkin Neilson und Matthew J. Grow (Hrsg.), *From the Outside Looking In: essays on Mormon history, theology, and culture*, New York.

Nendwich 2021: Petra Nendwich, *Legitimation und Mobilisierung in dschihadistischen Texten*, Baden-Baden.

Neuwirth 2010: Angelika Neuwirth, *Der Koran als Text der Spätantike: ein europäischer Zugang*, Berlin.

Neuwirth 2011: Angelika Neuwirth, *Der Koran. Band 1: Frühmekkanische Suren. Handkommentar mit Übersetzung*, Berlin.

Neuwirth 2014: Angelika Neuwirth, *Koranforschung – eine politische Philologie? Bibel, Koran und Islamentstehung im Spiegel spätantiker Textpolitik und moderner Philologie*, Berlin.

Neuwirth 2017: Angelika Neuwirth, *Der Koran. Band 2/1: Frühmittelmekkanische Suren. Handkommentar mit Übersetzung*, Berlin.

Nevin 2017: Sonya Nevin, *Military Leaders and Sacred Space in Classical Greek Warfare: temples, sanctuaries and conflict in antiquity*, London.

Ngom u. a. 2021: Fallou Ngom, Mustapha Hashim Kurfi und Toyin Falola (Hrsg.), *The Palgrave Handbook of Islam in Africa*, Basingstoke.

Nichols u. Rodríguez-Alegría 2017: Deborah L. Nichols und Enrique Rodríguez-Alegría (Hrsg.), *The Oxford Handbook of the Aztecs*, New York.

Niditch 2016: Susan Niditch (Hrsg.), *The Wiley Blackwell Companion to Ancient Israel*, Chichester.

Niehoff 2011: Maren Niehoff, *Jewish Exegesis and Homeric Scholarship in Alexandria*, Cambridge.

Niehoff 2012: Maren Niehoff (Hrsg.), *Homer and the Bible in the Eyes of Ancient Interpreters*, Leiden.

Nihan u. Rhyder 2021: Christophe Nihan und Julia Rhyder (Hrsg.), *Text and Ritual in the Pentateuch*, University Park, Pennsylvania.

Nikolsky u. Ilan 2014: Ronit Nikolsky und Tal Ilan (Hrsg.), *Rabbinic Traditions between Palestine and Babylonia*, Leiden.

Nimmo u. Fergusson 2014: Paul T. Nimmo und David A. S. Fergusson (Hrsg.), *The Cambridge Companion to Reformed Theology*, New York.

Noll 2013: Kurt L. Noll, *Canaan and Israel in Antiquity: a textbook on history and religion*, second edition, London.

Nordeide 2011: Sæbjorg Walaker Nordeide, *The Viking Age as a Period of Religious Transformation*, Turnhout.

Novenson u. Matlock 2022: Matthew V. Novenson und Barry Matlock (Hrsg.), *The Oxford Handbook of Pauline Studies*, Oxford.

O'Banion 2017: Patrick J. O'Banion (Hrsg.), *This Happened in my Presence: Moriscos, Old Christians, and the Spanish Inquisition in the town of Deza, 1569–1611*, Toronto.

Oberlies 2012: Thomas Oberlies, *Der Rigveda und seine Religion*, Berlin.

Oberoi 2021: Harjot Oberoi, *When does history begin? Religion, narrative, and identity in the Sikh tradition*, Albany.

O'Brien 2021: Julia M. O'Brien (Hrsg.), *The Oxford Handbook of the Minor Prophets*, New York.

Oerter u. Vítková 2020: Wolf B. Oerter und Zuzana Vítková (Hrsg.), *Coptica, Gnostica und Mandaica*, Berlin.

Östenberg u. a. 2015: Ida Östenberg, Simon Malmberg und Jonas Bjørnebye (Hrsg.), *The Moving City: processions, passages and promenades in ancient Rome*, London.

Ofer 2019: Yosef Ofer, *The Masora on Scripture and its Methods*, Berlin.

Ogden 2007: Daniel Ogden (Hrsg.), *A Companion to Greek Religion*, Oxford.

Oliver 2012: Paul Oliver, *New Religious Movements: a guide for the perplexed*, London.

Olmo Lete 2014a: Gregorio del Olmo Lete, *Canaanite Religion according to the Liturgical Texts from Ugarit*, second English ed., thoroughly revised and enlarged, Münster.

Olmo Lete 2014b: Gregorio del Olmo Lete, *Incantations and Anti-Witchcraft Texts from Ugarit*, Berlin.

Olson 2012: Stuart Douglas Olson, *The Homeric Hymn to Aphrodite and Related Texts: text, translation and commentary*, Berlin.

Omarkhali 2017: Khanna Omarkhali, *The Yezidi Religious Textual Tradition: from oral to written*. Wiesbaden.

Omarkhali u. Kreyenbroek 2021: Khanna Omarkhali und Philip Kreyenbroek (Hrsg.), *Yezidism: between continuity and transformation*, Wiesbaden.

Oorschot u. Witte 2017: Jürgen van Oorschot und Markus Witte (Hrsg.), *The Origins of Yahwism*, Berlin.

Oppenheimer 2017: Aharon Oppenheimer, *Rabbi Judah ha-Nasi: statesman, reformer, and the redactor of the Mishnah*, Tübingen.

Oriola u. a. 2022: Temitope B. Oriola, Freedom Chukwudi Onuoha und Samuel Oyewole (Hrsg.), *Boko Haram's terrorist campaign in Nigeria: contexts, dimensions and emerging trajectories*, London.

Orlin u. a. 2016: Eric Orlin, Lisbeth S. Fried, Jennifer Wright Knust und Michael Satlow (Hrsg.), *The Routledge Encyclopedia of Ancient Mediterranean Religions*, New York.

Oshima 2011: Takayoshi Oshima, *Babylonian Prayers to Marduk*, Tübingen.

Oshima 2013: Takayoshi Oshima, *The Babylonian Theodicy: introduction, cuneiform text and transliteration with a translation, glossary and commentary*, Helsinki.

Oshima 2014: Takayoshi Oshima, *Babylonian poems of pious sufferers: Ludlul Bēl Nēmeqi and the Babylonian Theodicy*, Tübingen.

Ossa-Richardson 2013: Anthony Ossa-Richardson, *The Devil's Tabernacle: the pagan oracles in early modern thought*, Princeton, NJ.

Østebø 2021: Terje Østebø (Hrsg.), *Routledge Handbook of Islam in Africa*, London.

Page 2016: R. I. Page, *Nordische Mythen*, Stuttgart.

Pagès 2014: Meriem Pagès, *From Martyr to Murderer: representations of the assassins in twelfth- and thirteenth-century Europe*, Syracuse, NY.

Paramore 2016: Kiri Paramore, *Japanese Confucianism: a cultural history*, Cambridge.

Parker 2011: Robert Parker, *On Greek Religion*, Ithaca, NY.

Parker Pearson u. a. 2020: Michael Parker Pearson u. a., *Stonehenge for the Ancestors*, Leiden.

Parry 2015: Ken Parry (Hrsg.), *The Wiley Blackwell Companion to Patristics*, Chichester.

Patera 2012: Ioanna Patera, *Offrir en Grèce ancienne*, Stuttgart.

Paton 2015: Diane Paton, *The Cultural Politics of Obeah*, Cambridge.

Paul 2010: Gregor Paul, *Konfuzius und Konfuzianismus*, Darmstadt.

Pedersen u. a. 2017: N. A. Pedersen, R. Falkenberg, J. M. Larsen und C. Leurini (Hrsg.), *The Old Testament in Manichaean Tradition*, Turnhout.

Pederson 2014: Randall J. Pederson, *Unity in Diversity: English Puritans and the Puritan Reformation, 1603–1689*, Leiden.

Pedley 2005: John Pedley, *Sanctuaries and the Sacred in the Ancient Greek World*, Cambridge.

Penke u. Teichert 2016: Niels Penke und Matthias Teichert (Hrsg.), *Zwischen Germanomanie und Antisemitismus: Transformationen altnordischer Mythologie in den Metal-Subkulturen*, Baden-Baden.

Penn 2015: Michael Philip Penn (Hrsg.), *When Christians First Met Muslims: a sourcebook of the earliest Syriac writings on Islam*, Oakland, Calif.

Penny 2012: Benjamin Penny, *The Religion of Falun Gong*, Chicago.

Perego u. Scopasca 2016: Elisa Perego und Rafael Scopasca (Hrsg.), *Burial and Social Change in First-Millennium BC Italy*, Oxford.

Pereira Martins 2015: Alexandra Pereira Martins, *Text und Trance: sprachliche Kontextualisierungsverfahren im brasilianischen Umbanda-Ritual*, Hamburg.

Perez 2016: Elizabeth Perez, *Religion in the Kitchen: cooking, talking and the making of Black Atlantic traditions*, New York.

Peter 2016: Robert Peter (Hrsg.), *British Freemasonry, 1717–1813*, fünf Bände, London.

Peters u. Anderson 2016: Greg Peters und C. Colt Anderson (Hrsg.), *A Companion to Priesthood and Holy Orders in the Middle Ages*, Leiden.

Peters u. Bearman 2014: Rudolph Peters und Peri Bearman (Hrsg.), *The Ashgate Research Companion to Islamic Law*, Farnham.

Petzold 2019: Kay Joe Petzold, *Masora und Exegese: Untersuchungen zur Masora und Bibeltextüberlieferung im Kommentar des R. Schlomo ben Yitzchaq (Raschi)*, Berlin.

Pfälzner u. a. 2014: Peter Pfälzner, Herbert Niehr, Ernst Pernicka, Sarah Lange und

Tina Köster (Hrsg.), *Contextualising Grave Inventories in the Ancient Near East*, Wiesbaden.

Phillips 2011: Jonathan Phillips, *Heiliger Krieg: eine neue Geschichte der Kreuzzüge*, München.

Pinn 2013: Anthony B. Pinn, *Introducing African American Religion*, London.

Piovanelli u. Burke 2015: Pierluigi Piovanelli und Tony Burke (Hrsg.), *Rediscovering the Apocryphal Continent: new perspectives on early Christian and late antique apocryphal texts and traditions*, Tübingen.

Pizza u. Lewis 2009: Murphy Pizza und James R. Lewis (Hrsg.), *Handbook of Contemporary Paganism*, Leiden.

Platt 2012: Stephen R. Platt, *Autumn in the Heavenly Kingdom: China, the West, and the epic story of the Taiping Civil War*, New York.

Plisch 2016: Uwe-Karsten Plisch, *Das Thomasevangelium: Originaltext mit Kommentar*, 2., verbesserte Auflage, Stuttgart.

Poceski 2014: Mario Poceski (Hrsg.), *The Wiley Blackwell Companion to East and Inner Asian Buddhism*, Oxford.

Polak u. Reiss 2015: Regina Polak und Wolfram Reiss (Hrsg.), *Religion im Wandel: Transformation religiöser Gemeinschaften in Europa durch Migration – Interdisziplinäre Perspektiven*, Göttingen.

Polinskaya 2013: Irene Polinskaya (Hrsg.), *A Local History of Greek Polytheism: gods, people, and the land of Aigina, 800–400 BCE*, Leiden.

Pongratz-Leisten 2011: Beate Pongratz-Leisten (Hrsg.), *Reconsidering the Concept of Revolutionary Monotheism*, Winona Lake, Ind.

Pongratz-Leisten 2015: Beate Pongratz-Leisten, *Religion and Ideology in Assyria*, Berlin.

Porter 2014: Benjamin W. Porter (Hrsg.), *Remembering the Dead in the Ancient Near East*, Boulder, Col.

Possamai 2012: Adam Possamai (Hrsg.), *Handbook of Hyper-Real Religions*, Leiden.

Posset 2015: Franz Posset, *Johann Reuchlin (1455–1522): a theological biography*, Berlin.

Potthast 2013: Daniel Potthast, *Christen und Muslime in Andalus*, Wiesbaden.

Potts 2013: Daniel T. Potts (Hrsg.), *The Oxford Handbook of Ancient Iran*, New York.

Potts 2016: Daniel T. Potts, *The Archaeology of Elam*, Cambridge.

Priselac 2017: Matthew Priselac, *Locke's Science of Knowledge*, New York.

Pröschild 2009: Sibylle Pröschild, *Das Heilige in der Umbanda*, Göttingen.

Prohl u. Nelson 2012: Inken Prohl und John K. Nelson (Hrsg.), *Handbook of Contemporary Japanese Religions*, Leiden.

Quast 2015: Dieter Quast (Hrsg.), *Das Grab des fränkischen Königs Childerich in Tournai und die Anastasis Childerici von Jean-Jacques Chifflet aus dem Jahre 1655*, Mainz.

Quertinmont 2016: Arnaud Quertinmont (Hrsg.), *Dieux, génies et démons en Égypte ancienne*, Paris.

Quirke 2015: Stephen Quirke, *Exploring Religion in Ancient Egypt*, Chichester.

Rahemtulla 2017: Shadaab Rahemtulla, *Qur'an of the Oppressed: liberation theology and gender justice in Islam*, Oxford.

Rahimi u. Eshaghi 2019: Babak Rahimi und Peyman Eshaghi (Hrsg.), *Muslim Pilgrimage in the Modern World*, Chapel Hill.

Rahman 2020: Tariq Rahman, *Interpretators of Jihad in South Asia: an intellectual history*, second revised edition, Berlin.

Rainey 2010: Lee Dian Rainey, *Confucius and Confucianism*, Chichester.

Raja u. Rüpke 2015: Rubina Raja und Jörg Rüpke (Hrsg.), *A Companion to the Archaeology of Religion in the Ancient World*, Chichester.

Rapoport u. Ahmed 2010: Yossef Rapoport und Shahab Ahmed (Hrsg.), *Ibn Taymiyya and his Times*, Karachi.

Rasmussen u. a. 2017: Joel D. S. Rasmussen, Judith Wolfe und Johannes Zachhuber (Hrsg.), *The Oxford Handbook of Nineteenth-Century Christian Thought*, Oxford.

Rauhut 2012: Claudia Rauhut, *Santería und ihre Globalisierung in Kuba*, Würzburg.

Ray 2009: Himanshu Prabha Ray (Hrsg.), *Archaeology and Text: the temple in South Asia*, Oxford.

Reed 2020: Annette Yoshiko Reed, *Demons, Angels, and Writing in Ancient Judaism*, New York.

Reinalter 2017: Helmut Reinalter, *Aufklärung, Humanität und Toleranz: die Geschichte der österreichischen Freimaurerei im 18. Jahrhundert*, Innsbruck.

Renard 2016: John Renard, *Historical Dictionary of Sufism*, second edition, Lanham, Md.

Renberg 2017: Gil H. Renberg, *Where dreams may come: incubation sanctuaries in the Greco-Roman world*, Leiden.

Renfrew u. a. 2016: Colin Renfrew, Michael J. Boyd und Iain Morley (Hrsg.), *Death Rituals, Social Order, and the Archaeology of Immortality in the Ancient World*, New York.

Reymann 2015: Andy Reymann, *Das religions-ethnologische Konzept des Schamanen in der prähistorischen Archäologie*, Bonn.

Rezania 2014: Kianoosh Rezania (Hrsg.), *Raumkonzeptionen in antiken Religionen*, Wiesbaden.

Richards 2017: Julian Richards, *Stonehenge: the story so far*, second edition, Swindon.

Richardson 2010: Nicholas Richardson, *Three Homeric Hymns to Apollo, Hermes, and Aphrodite*, Cambridge.

Richardson u. Santangelo 2011: James H. Richardson und Federico Santangelo (Hrsg.), *Priests and State in the Roman World*, Stuttgart.

Richey 2015: Jeffrey L. Richey (Hrsg.), *Daoism in Japan*, London.

Ridgeon 2015a: Lloyd Ridgeon (Hrsg.), *The Cambridge Companion to Sufism*, New York.

Ridgeon 2015b: Lloyd Ridgeon (Hrsg.), *Sufis and Salafis in the Contemporary Age*, London.

Ridley 2019: Ronald T. Ridley, *Akhenaten: a historian's view*, Kairo.

Riese 2011: Berthold Riese, *Das Reich der Azteken*, München.

Rios 2014: Christopher M. Rios, *After the Monkey Trial: evangelical scientists and a new creationism*, New York.

Rippin u. Mojaddedi 2017: Andrew Rippin und Jawid Mojaddedi (Hrsg.), *The Wiley Blackwell Companion to the Qur'ān*, Malden, Mass.

Ristvet 2015: Lauren Ristvet, *Ritual, Performance, and Politics in the Ancient Near East*, New York.

Robeck u. Yong 2014: Cecil M. Robeck und Amos Yong (Hrsg.), *The Cambridge Companion to Pentecostalism*, New York.

Robert u. a. 2017: Jörg Robert, Evamarie Blattner und Wiebke Ratzeburg (Hrsg.), *«Ein Vater neuer Zeit»: Reuchlin, die Juden und die Reformation*, Tübingen.

Robertson 2022: David G. Robertson, *Gnosticism and the History of Religions*, London.

Robinson 2015: James M. Robinson, *The Manichaean Codices of Medinet Madi*, Cambridge.

Rodwell 2012: Warwick Rodwell, *The Archaeology of Churches*, Stroud.

Röllig 2021: Wolfgang Röllig, *Das Gilgamesch-Epos*, Ditzingen.

Römer 2010: Willem P. H. Römer, *Die Zylinderinschriften von Gudea*, Münster.

Römer u. a. 2019: Thomas Römer, Hervé Gonzalez und Lionel-Édouard Martin (Hrsg.), *Représenter dieux et hommes dans le Proche-Orient ancien et dans la Bible*, Leuven.

Rohde 2012: Claudia Rohde, *Kalender in der Urgeschichte: Fakten und Fiktion*, Rahden, Westf.

Rohe 2014: Mathias Rohe, *Islamic Law in Past and Present*, Leiden.

Rollo-Koster 2017: Joëlle Rollo-Koster (Hrsg.), *Death in Medieval Europe*, New York.

Roquebert 2012: Michel Roquebert, *Die Geschichte der Katharer*, Stuttgart.

Rosenberger 2013: Veit Rosenberger (Hrsg.), *Divination in the Ancient World*, Stuttgart.

Royal 2020: Susan Royal, *Lollards in the English Reformation: history, radicalism, and John Foxe*, Manchester.

Rozehnal 2022: Robert Thomas Rozehnal, *Cyber Muslims: mapping Islamic digital media in the internet age*, London.

Rüpke 2007: Jörg Rüpke (Hrsg.), *A Companion to Roman Religion*, Malden, Mass.

Rüpke 2008: Jörg Rüpke (Hrsg.), *Festrituale in der römischen Kaiserzeit*, Tübingen.

Rüpke u. Scheid 2010: Jörg Rüpke und John Scheid (Hrsg.), *Bestattungsrituale und Totenkult in der römischen Kaiserzeit*, Stuttgart.

Rüpke 2011: Jörg Rüpke, *The Roman Calendar from Numa to Constantine*, Boston.

Rüpke 2014: Jörg Rüpke, *Römische Religion in republikanischer Zeit*, Darmstadt.

Rüpke 2015: Jörg Rüpke, *Von Jupiter zu Christus: Religionsgeschichte in römischer Zeit*, 2., um ein neues Vorwort ergänzte Aufl., Darmstadt.

Rüpke 2016: Jörg Rüpke, *Pantheon: Geschichte der antiken Religionen*, München.

Ruhmann u. Brieske 2016: Christiane Ruhmann und Vera Brieske (Hrsg.), *Dying Gods: religious beliefs in northern and eastern Europe in the time of Christianisation*, Stuttgart.

Runesson u. a. 2010: Anders Runesson, Donald D. Binder und Birger Olsson, *The Ancient Synagogue from its Origins to 200 C. E.*, Leiden.

Rutherford 2020: Ian Rutherford, *Hittite Texts and Greek Religion: contact, interaction, and comparison*, Oxford.

Ryan 2016: Michael A. Ryan, *A Companion to the Pre-Modern Apocalypse*, Leiden.

Saak 2017: Eric Leland Saak, *Luther and the Reformation of the later Middle Ages*, Cambridge.

Sacco u. Robert 2016: François Sacco und Eric Robert (Hrsg.), *L'origine des représentations: regards croisés sur l'art préhistorique*, Paris.

Sahai 2012: Sachchidanand Sahai, *The Hindu Temples in Southeast Asia*, Shimla.

Sallaberger 2013: Walther Sallaberger, *Das Gilgamesch-Epos*, 2., durchges. und aktualisierte Aufl., München.

Salzborn 2015: Samuel Salzborn (Hrsg.), *Zionismus: Theorien des jüdischen Staates*, Baden-Baden.

Salzman u. Sweeney 2013: Michele Renee Salzman und Marvin A. Sweeney (Hrsg.), *The Cambridge History of Religions in the Ancient World*, zwei Bände, New York.

Sanderson 2018: Stephen K. Sanderson, *Religious Evolution and the Axial Age*, London.

Sansterre 2020: Jean-Marie Sansterre, *Les images sacrées en Occident au Moyen Âge*, Madrid.

Savucu 2016: Halil Savucu, *Yeziden in Deutschland*, Marburg.

Sawicki 2016: Diethard Sawicki, *Leben mit den Toten: Geisterglauben und die Entstehung des Spiritismus in Deutschland, 1770–1900*, 2., durchges. und um ein Nachwort ergänzte Aufl., Paderborn.

Schäfer 2010a: Peter Schäfer, *Judenhass und Judenfurcht: die Entstehung des Antisemitismus in der Antike*, Berlin.

Schäfer 2010b: Peter Schäfer, *Die Geburt des Judentums aus dem Geist des Christentums: fünf Vorlesungen zur Entstehung des rabbinischen Judentums*, Tübingen.

Schäfer 2011: Peter Schäfer, *Die Ursprünge der jüdischen Mystik*, Berlin.

Schäfer 2017: Peter Schäfer, *Zwei Götter im Himmel: Gottesvorstellungen in der jüdischen Antike*, München.

Schapkow 2011: Carsten Schapkow, *Vorbild und Gegenbild: das iberische Judentum in der deutsch-jüdischen Erinnerungskultur, 1779–1939*, Köln.

Schattner u. Guerra 2019: Thomas G. Schattner und Amílcar M. Ribeiro Guerra (Hrsg.), *Das Antlitz der Götter: Götterbilder im Westen des Römischen Reiches*, Wiesbaden.

Schenke u. a. 2013: Hans-Martin Schenke, Ursula Ulrike Kaiser und Hans-Gebhard Bethge (Hrsg.), *Nag Hammadi Deutsch: Studienausgabe*, 3., überarb. u. erw. Aufl., Berlin.

Scherf 2019: Rebecca Scherf, *Evangelische Kirche und Konzentrationslager (1939–1945)*, Göttingen.

Schetter 2022: Conrad Schetter, *Die Taliban: Geschichte, Politik, Ideologie*, München.

Schieffer 2013: Rudolf Schieffer, *Christianisierung und Reichsbildungen: Europa 700–1200*, München.

Schilling 2009: Dennis R. Schilling (Hrsg.), *Yijing – das Buch der Wandlungen*, Frankfurt.

Schlögl 2013: Hermann A. Schlögl, *Echnaton – Tutanchamun*, Wiesbaden.

Schmid u. Neuwirth 2016: Nora K. Schmid und Angelika Neuwirth (Hrsg.), *Denkraum Spätantike: Reflexionen von Antiken im Umfeld des Koran*, Wiesbaden.

Schmid 2021: Konrad Schmid, *Die Bibel: Entstehung, Geschichte, Auslegung*, München.

Schmid u. Schröter 2022: Konrad Schmid und Jens Schröter, *Die Entstehung der Bibel*, München.

Schmidt 2007: Klaus Schmidt, *Sie bauten die ersten Tempel: das rätselhafte Heiligtum der Steinzeitjäger*, 3., erw. und aktualisierte Aufl., München.

Schmidt u. Pitschmann 2014: Thomas Schmidt und Annette Pitschmann (Hrsg.), *Religion und Säkularisierung: ein interdisziplinäres Handbuch*, Stuttgart.

Schmidt 2022: Eckart David Schmidt, *Jesus in Geschichte, Erzählung und Idee: Perspektiven der Jesusrezeption in der Bibelwissenschaft der Aufklärung, der Romantik und des Idealismus*, Tübingen.

Schmidtke u. a. 2016: Sabine Schmidtke u. a. (Hrsg.), *The Oxford Handbook of Islamic Theology*, Oxford.

Schmitt 2011: Rüdiger Schmitt, *Der «Heilige Krieg» im Pentateuch und im deuteronomistischen Geschichtswerk*, Münster.

Schmitt 2014: Rüdiger Schmitt, *Mantik im Alten Testament*, Münster.

Schneider 2011: Tammi J. Schneider, *An Introduction to Ancient Mesopotamian Religion*, Grand Rapids, Mich.

Schnurbein 2016: Stefanie von Schnurbein, *Norse Revival: transformations of Germanic neopaganism*, Leiden.

Schoener 2016: Gustav-Adolf Schoener, *Astrologie in der Europäischen Religionsgeschichte*, Frankfurt.

Scholz 2011: Udo W. Scholz, *Der römische Kalender*, Stuttgart.

Schröter u. Jacobi 2017: Jens Schröter und Christine Jacobi (Hrsg.), *Jesus: Handbuch*, Tübingen.

Schröter u. Schwarz 2017: Jens Schröter und Konrad Schwarz (Hrsg.), *Die Nag-Hammadi-Schriften in der Literatur- und Theologiegeschichte des frühen Christentums*, Tübingen.

Schröter 2012: Marianne Schröter, *Aufklärung durch Historisierung: Johann Salomo Semlers Hermeneutik des Christentums*, Berlin.

Schubert u. Grube 2016: Alexander Schubert und Nikolai Grube (Hrsg.), *Maya: das Rätsel der Königsstädte*, München.

Schwarz 2020: Konrad Schwarz, *Gleichnisse und Parabeln Jesu im Thomasevangelium*, Berlin.

Schweigkofler 2014: Markus Schweigkofler, *Sōka Gakkai International in Deutschland (SGI-D): diskursanalytische Untersuchungen*, München.

Schwemer 2007: Daniel Schwemer, *Abwehrzauber und Behexung: Studien zum Schadenzauberglauben im alten Mesopotamien*, Wiesbaden.

Scully 2015: Stephen Scully, *Hesiod's Theogony: from Near Eastern creation myths to ‹Paradise Lost›*, Oxford.

Seager 2006: Richard Hughes Seager, *Encountering the Dharma: Daisagu Ikeda, Soka Gakkai, and the globalization of Buddhist humanism*, Berkeley, Calif.

Sedgwick 2017: Mark J. Sedgwick, *Western Sufism: from the Abbasids to the New Age*, Oxford.

Seidensticker 2016: Tilman Seidensticker, *Islamismus: Geschichte, Vordenker, Institutionen*, 4., durchges. und aktualisierte Aufl., München.

Seng 2015: Helmut Seng, *Un livre sacré de l'antiquité tardive: les oracles chaldaïques*, Turnhout.

Seng u. Sfameni Gasparro 2016: Helmut Seng und Giulia Sfameni Gasparro (Hrsg.), *Theologische Orakel in der Spätantike*, Heidelberg.

Sennis 2016: Antonio Sennis (Hrsg.), *Cathars in Question*, Woodbridge.

Shantz 2013: Douglas H. Shantz, *An Introduction to German Pietism*, Baltimore.

Shantz 2015: Douglas H. Shantz (Hrsg.), *A Companion to German Pietism, 1660–1800*, Leiden.

Sharma 2019a: Dev Prakash Sharma (Hrsg.), *New Harappan discoveries in Sindh and Gujarat*, Varanasi.

Sharma 2019b: Dev Prakash Sharma (Hrsg.), *New Harappan discoveries in North Rajasthan and Punjab*, Varanasi.

Sheikh 2016: Mustapha Sheikh, *Ottoman Puritanism and its Discontents: Aḥmad al-Rūmī al-Āqḥisārī and the Qāḍīzādelis*, Oxford.

Shibata u. Yamada 2021: Daisuke Shibata und Shiego Yamada (Hrsg.), *Calendars and Festivals in Mesopotamia in the third and second millennia BC*, Wiesbaden.

Shimada 2015: Izumi Shimada (Hrsg.), *The Inka Empire*, Austin, Texas.

Siegal u. a. 2017: Michael Bar-Asher Siegal, Wolfgang Grünstäudl und Matthew Thiessen (Hrsg.), *Perceiving the Other in Ancient Judaism and Early Christianity*, Tübingen.

Sievers u. Levine 2021: Joseph Sievers und Amy-Gill Levine (Hrsg.), *The Pharisees*, Grand Rapids/Michigan.

Silk u. a. 2015: Jonathan A. Silk u. a. (Hrsg.), *Brill's Encyclopedia of Buddhism. I: Literature and Languages*, Leiden.

Silk u. a. 2019: Jonathan A. Silk u. a. (Hrsg.), *Brill's Encyclopedia of Buddhism. II: Lives*, Leiden.

Silverstein u. Stroumsa 2015: Adam J. Silverstein und Guy G. Stroumsa (Hrsg.), *The Oxford Handbook of the Abrahamic Religions*, Oxford.

Simon 2009: Rainald Simon (Hrsg.), *Laozi: Daodejing*, Stuttgart.

Simon 2014: Rainald Simon (Hrsg.), *Yijing: chinesisch-deutsch*, Stuttgart.

Singh u. Fenech 2014: Pashaura Singh und Louis E. Fenech (Hrsg.), *The Oxford Handbook of Sikh Studies*, New York.

Singh 2022: Gurharpal Singh, *Sikh Nationalism: from a dominant minority to an ethno-religious diaspora*, Cambridge.

Sisson u. Larson 2016: Keith Sisson und Atria A. Larson (Hrsg.), *A Companion to the Medieval Papacy*, Leiden.

Slaje 2019: Walter Slaje, *Upanischaden: Arkanum des Veda*, durchgesehene und korrigierte Neuausgabe, Berlin.

Šmahel 2015: František Šmahel (Hrsg.), *A Companion to Jan Hus*, Leiden.

Smith 2016: Frank Joseph Smith (Hrsg.), *Religion and Politics in America: an encyclopedia of church and state in American life*, 2 Bände, Santa Barbara, Calif.

Smith, J. H. 2015: John Howard Smith, *The First Great Awakening: redefining religion in British America, 1725–1775*, Madison, Wis.

Solopova 2017: Elzabeth Solopova (Hrsg.), *The Wycliffite Bible*, Leiden.

Soukup 2014: Pavel Soukup, *Jan Hus*, Stuttgart.

Soukup 2020: Pavel Soukup, *Jan Hus: the life and death of a preacher*, West Lafayette, Indiana.

Spaeth 2013: Barbette Stanley Spaeth (Hrsg.), *The Cambridge Companion to Ancient Mediterranean Religions*, New York.

Spawforth 2006: Tony Spawforth, *The Complete Greek Temples*, London.

Staats u. Weitling 2016: Reinhart Staats und Günter Weitling, *Ansgar in Haithabu: Anfänge des Christentums in Nordeuropa*, Kiel.

Stadler 2009: Martin Andreas Stadler, *Weiser und Wesir: Studien zu Vorkommen, Rolle und Wesen des Gottes Thot im ägyptischen Totenbuch*, Tübingen.

Staudenmaier 2014: Peter Staudenmaier, *Between Occultism and Nazism: anthroposophy and the politics of race in the fascist era*, Leiden.

Stauder-Porchet 2017: Julie Stauder-Porchet, *Les autobiographies de l'Ancien Empire égyptien*, Leuven.

Stausberg u. Vevaina 2015: Michael Stausberg und Yuhan Sohrab-Dinshaw Vevaina (Hrsg.), *The Wiley Blackwell Companion to Zoroastrianism*, Chichester.

Steiner 2014: Hubert Steiner (Hrsg.), *Alpine Brandopferplätze*, Trento.

Steiner 2015: Richard C. Steiner, *Disembodied Souls: the ‹nefesh› in Israel and kindred spirits in the Ancient Near East*, Atlanta, Ga.

Steinert 2012: Ulrike Steinert, *Aspekte des Menschseins im alten Mesopotamien*, Leiden.

Stemberger 2009: Günter Stemberger, *Das klassische Judentum: Kultur und Geschichte der rabbinischen Zeit*, München.

Stemberger 2011: Günter Stemberger, *Einleitung in Talmud und Midrasch*, 9., vollst. neubearb. Ausg., München.

Stemberger 2013: Günter Stemberger, *Pharisäer, Sadduzäer, Essener*, Stuttgart.

Stephens 2016: John Charles Stephens, *Ancient Mediterranean Religions*, Newcastle.

Stern 2012: Sasha Stern, *Calendars in Antiquity*, Oxford.

Stern u. Burnett 2014: Sasha Stern und Charles Burnett (Hrsg.), *Time, Astronomy, and Calendars in the Jewish Tradition*, Leiden.

Stevens u. Conant 2016: Susan T. Stevens und Jonathan P. Conant (Hrsg.), *North Africa under Byzantium and Early Islam*, Washington, D. C.

Stewart 2018–2020: Sarah Stewart, *Voices from Zoroastrian Iran*, 2 Bände, Wiesbaden.

Steymans 2010: Hans Ulrich Steymans (Hrsg.), *Gilgamesch: Ikonographie eines Helden*, Fribourg.

Stiefel 2014: Barry L. Stiefel, *Jews and the Renaissance of Synagogue Architecture, 1450–1730*, London.

Stiegemann u. a. 2013: Christoph Stiegemann, Martin Kroker und Wolfgang Walter (Hrsg.), *Credo: Christianisierung Europas im Mittelalter*, zwei Bände, Petersberg.

Stiegemann u. Ruhmann 2013: Christoph Stiegemann und Christiane Ruhmann (Hrsg.), *Credo: Christianisierung Europas im Mittelalter*, 3 Bände, Petersberg.

Stockman 2013: Robert H. Stockman, *Bahā'i Faith: a guide for the perplexed*, London.

Stoneman 2010: Richard Stoneman, *The Ancient Oracles: making the gods speak*, New Haven, Conn.

Stoneman 2022: Richard Stoneman, *Megasthenes' Indica: a new translation of the fragments with commentary*, London.

Streminger 2016: Gerhard Streminger, *Gottes Güte und die Übel der Welt: das Theodizee-Problem*, 2., überarb. Aufl., Tübingen.

Stroumsa 2011: Guy G. Stroumsa, *Das Ende des Opferkults: die religiösen Mutationen der Spätantike*, Berlin.

Stroumsa 2015: Guy G. Stroumsa, *The Making of the Abrahamic Religions in Late Antiquity*, Oxford.

Struck 2016: Peter T. Struck, *Divination and Human Nature: a cognitive history of intuition in classical antiquity*, Princeton, NJ.

Strübind u. Weger 2015: Andrea Strübind und Tobias Weger (Hrsg.), *Jan Hus – 600 Jahre Erste Reformation*, München.

Stuart 2016: Matthew Stuart (Hrsg.), *A Companion to Locke*, Malden, Mass.

Stuckenbruck u. a. 2019: Loren T. Stuckenbruck, B. Langstaff und Michael Tilly

(Hrsg.), *«Make disciples of all nations»: the appeal and authority of Christian faith in Hellenistic-Roman times*, Tübingen.

Sugimoto 2014: David T. Sugimoto (Hrsg.), *Transformation of a Goddess: Ishtar, Astarte, Aphrodite*, Fribourg.

Surzyn 2020: Jacek Surzyn, *Return to the Promised Land: the birth and philosophical foundations of Zionism*, Berlin.

Szocik 2021: Konrad Szocik, *Revising Cognitive and Evolutionary Science of Religion: religion as an adaptation*, Cham.

Tagay u. Ortaç 2016: Şefik Tagay und Serhat Ortaç, *Die Eziden und das Ezidentum*, Hamburg.

Tagliacozzo u. Toorawa 2016: Eric Tagliacozzo und Shawkat M. Toorawa (Hrsg.), *The Hajj: pilgrimage in Islam*, New York.

Talon u. Anthonioz 2019: Philippe Talon und Stéphanie Anthonioz (Hrsg.), *Enūma Eliš: lorsqu'en haut*, Paris.

Tang 2016: Kaijian Tang, *Setting off from Macau: essays on Jesuit history during the Ming and Qing dynasties*, Leiden.

Tarlow u. Nilsson Stutz 2013: Sarah Tarlow und Liv Nilsson Sutz (Hrsg.), *The Oxford Handbook of the Archaeology of Death and Burial*, Oxford.

Tartakoff 2012: Paola Tartakoff, *Between Christian and Jew: conversion and inquisition in the Crown of Aragon, 1250–1391*, Philadelphia, Pa.

Taylor u. Antoine 2014: John H. Taylor und Daniel Antoine, *Ancient Lives, New Discoveries: eight mummies, eight stories*, London.

Taylor u. López-Farjeat 2016: Richard C. Taylor u. Luis Xavier López-Farjeat (Hrsg.), *The Routledge Companion to Islamic Philosophy*, London.

Teeter 2011: Emily Teeter, *Religion and Ritual in Ancient Egypt*, Cambridge.

Teitler 2020: H. C. Teitler, *The Last Pagan Emperor: Julian the Apostate and the war against Christianity*, New York.

Terry u. Stauffer 2017: Wendy R. Terry und Robert Stauffer (Hrsg.), *A Companion to Marguerite of Porete and the Mirror of Simple Souls*, Leiden.

Thompson 2015: Tim Thompson (Hrsg.), *The Archaeology of Cremation: burned human remains in funerary studies*, Oxford.

Thür 2014: Gerhard Thür (Hrsg.), *Grabrituale: Tod und Jenseits in Frühgeschichte und Altertum*, Wien.

Tieszen 2013: Charles L. Tieszen, *Christian Identity amid Islam in Medieval Spain*, Leiden.

Tilly u. Zwickel 2011: Michael Tilly und Wolfgang Zwickel, *Religionsgeschichte Israels: von der Vorzeit bis zu den Anfängen des Christentums*, Darmstadt.

Timani 2018: Hussam S. Timani, *Takfir in Islamic thought*, Lanham, Md.

Timm 2013: Daniel Matthias Timm, *Dschihadismus in Pakistan*, Berlin.

Timotin 2022: Andrei Timotin, *Trois théories antiques de la divination: Plutarque, Jamblique, Augustin*, Leiden.

Tiwald 2021: Markus Tiwald (Hrsg.), *Early Christian Encounters with Town and Countryside*, Göttingen.

Tong 2009: James W. Tong, *Revenge of the Forbidden City: the suppression of the Falungong in China, 1999–2005*, Oxford.

Tottoli 2015: Roberto Tottoli (Hrsg.), *Routledge Handbook of Islam in the West*, London.

Trampedach 2015: Kai Trampedach, *Politische Mantik: die Kommunikation über Götterzeichen und Orakel im klassischen Griechenland*, Heidelberg.

Trompf u. a. 2019: Garry W. Trompf, Gunner B. Mikkelsen und Jay Johnston (Hrsg.), *The Gnostic World*, London.

True 2015: Micah True, *Masters and Students: Jesuit mission ethnography in seventeenth-century New France*, Montreal.

Turner 2016: John G. Turner, *The Mormon Jesus: a biography*, Cambridge, Mass.

Turner 2013: John P. Turner, *Inquisition in Early Islam: the competition for political and religious authority in the Abbasid Empire*, London.

Ucar u. Griffel 2015: Bülent Ucar und Frank Griffel (Hrsg.), *900 Jahre al-Ġazālī im Spiegel der islamischen Wissenschaften*, Göttingen.

Ueberschaer 2018: Frank Ueberschaer (Hrsg.), *Theologie und Textgeschichte: Septuaginta und Masoretischer Text als Äußerungen theologischer Reflexion*, Tübingen.

Ulanowski 2016: Krzysztof Ulanowski (Hrsg.), *The Religious Aspects of War in the Ancient Near East, Greece, and Rome*, Leiden.

Ulanowski 2021: Krzysztof Ulanowski, *Neo-Assyrian and Greek Divination in War*, Leiden.

Urton u. von Hagen 2015: Gary Urton und Adriana von Hagen (Hrsg.), *Encyclopedia of the Incas*, Lanham, Md.

Valentine 2008: Simon Ross Valentine, *Islam and the Ahmadiyya Jama'at: history, belief, practice*, New York.

Valentine 2015: Simon Ross Valentine, *Force and Fanaticism: Wahhabism in Saudi Arabia and beyond*, London.

Van den Breemer 2021: Rosemarie Van den Breemer, *Governing Cemeteries: state responses to the new diversity in the Netherlands, Norway and France*, Göttingen.

Van Dussen 2012: Michael Van Dussen, *From England to Bohemia: heresy and communication in the later Middle Ages*, Cambridge.

Van Dussen u. Soukup 2020: Michael Van Dussen und Pavel Soukup (Hrsg.), *A Companion to the Hussites*, Leiden.

Vasalou 2016: Sophia Vasalou, *Ibn Taymiyya's Theological Ethics*, Oxford.

Venit 2016: Marjorie Susan Venit, *Visualizing the Afterlife in the Tombs of Graeco-Roman Egypt*, New York.

Vergados 2013: Athanassios Vergados, *The Homeric Hymn to Hermes: introduction, text and commentary*, Berlin.

Vermès 2016: Géza Vermès, *Vom Jesus der Geschichte zum Christus des Dogmas*, Berlin.

Verner 2013: Miroslav Verner, *Temple of the World: sanctuaries, cults and mysteries of Ancient Egypt*, Cairo.

Verskin 2015: Alan Verskin, *Islamic Law and the Crisis of the Reconquista: the debate on the status of Muslim communities in Christendom*, Leiden.

Versnel 2020: H. S. Versnel, *Coping with the Gods: wayward readings in Greek theology*, Leiden.

Victoria 2003: Brian A. Victoria, *Zen War Stories*, London.

Vidas 2014: Moulie Vidas, *Tradition and the Formation of the Talmud*, Princeton, NJ.

Vilaça u. a. 2014: Helena Vilaça, Enzo Pace, Inger Furseth und Per Pettersson (Hrsg.), *The Changing Soul of Europe: religions and migrations in northern and southern Europe*, Farnham.

Vischak 2015: Deborah Vischak, *Community and Identity in Ancient Egypt: the Old Kingdom cemetery Qubbet el-Hawa*, New York.

Voigt u. a. 2015: Jörg Voigt, Bernward Schmidt und Marco A. Sorace (Hrsg.), *Das Beginenwesen in Spätmittelalter und Früher Neuzeit*, Stuttgart.

Voigt 2020: Karl Heinz Voigt, *Methodisten: Name – Deutung – Wirkung – Gestaltung*, Göttingen.

Volk 2015: Konrad Volk (Hrsg.), *Erzählungen aus dem Land Sumer*, Wiesbaden.

Vos u. Otten 2011: Nienke Vos und Willemien Otten (Hrsg.), *Demons and the Devil in Ancient and Medieval Christianity*, Leiden.

Vreugdenhil 2020: Gerrit C. Vreugdenhil, *Psalm 91 and demonic menace*, Leiden.

Vuori 2014: Juha A. Vuori, *Critical Security and Chinese Politics: the anti-Falungong campaign*, London.

Vu Thanh 2016: Hélène Vu Thanh, *Devenir japonais: la mission jésuite au Japon (1549–1614)*, Paris.

Wagner 2014: Andreas Wagner (Hrsg.), *Göttliche Körper – göttliche Gefühle: was leisten anthropomorphe und anthropopathische Götterkonzepte im Alten Orient und im Alten Testament?*, Fribourg.

Wagnerová u. Blahak 2016: Marina Wagnerová und Boris Blahak (Hrsg.), *Hussitismus und Grenze: Jan Hus, seine Zeit und Bezüge aus interdisziplinärer Perspektive*, Hamburg.

Wald 2016: Berthold Wald (Hrsg.), *Krise und Erneuerung der Kirche: das Zweite Vatikanische Konzil*, Paderborn.

Waldner u. a. 2016: Katharina Waldner, Richard L. Gordon und Wolfgang Spickermann (Hrsg), *Burial Rituals, Ideals of Afterlife, and the Individual in the Hellenistic World and the Roman Empire*, Stuttgart.

Waldschmidt-Nelson 2009: Britta Waldschmidt-Nelson, *Christian Science im Lande Luthers: eine amerikanische Religionsgemeinschaft in Deutschland, 1894–2009*, Stuttgart.

Wallner 2014: Peter A. Wallner, *Faith on Trial: Mary Baker Eddy, Christian Science and the First Amendment*, Concord.

Walter-Karydi 2015: Elena Walter-Karydi, *Die Athener und ihre Gräber (1000–300 v. Chr.)*, Berlin.

Wamers 2015: Egon Wamers (Hrsg.), *Bärenkult und Schamanenzauber: Rituale früher Jäger*, Regensburg.

Wang 2011: Xianhua Wang, *The Metamorphosis of Enlil in Early Mesopotamia*, Münster.

Wang 2017: Youru Wang, *Historical Dictionary of Chan Buddhism*, Lanham, Md.

Ward u. Sherlock 2014: Veronica M. Ward und Richard Sherlock (Hrsg.), *Religion and Terrorism*, Lanham, Md.

Ware 2014: Rudolph T. Ware, *The Walking Qur'an: Islamic education, embodied knowledge, and history in West Africa*, Chapel Hill.

Warner 2022: Jason Warner, *The Islamic State in Africa*, Oxford 2022.

Warrior 2009: Valerie M. Warrior, *Greek Religion: a sourcebook*, Newburyport, Ma.

Watson 2019: Lindsay Watson, *Magic in Ancient Greece and Rome*, London.

Watson u. Parkhouse 2020: Francis Watson und Sarah Parkhouse (Hrsg.), *Telling the Christian story differently: counter-narratives from Nag Hammadi and beyond*, London.

Weber 2020: Fabian Weber, *Projektionen auf den Zionismus: nichtjüdische Wahrnehmungen des Zionismus im Deutschen Reich 1897–1933*, Göttingen.

Weir 2014: Todd H. Weir, *Secularism and Religion in Nineteenth-Century Germany: the rise of the fourth confession*, New York.

Wendebourg u. a. 2017: Dorothea Wendebourg, Andreas Stegmann und Martin Ohst (Hrsg.), *Protestantismus, Antijudaismus, Antisemitismus: Konvergenzen und Konfrontationen in ihren Kontexten*, Tübingen.

Wendt 2016: Heidi Wendt, *At the Temple Gates: the religion of freelance experts in the Roman empire*, New York.

West 2019: Glennise West, *The Tekenu and Ancient Egyptian Funerary Ritual*, Oxford.

Wettich 2020: Thorsten Wettich, *Erkundungen im religiösen Raum: Verortungen religiöser Transformationsprozesse der yezidischen Gemeinschaft in Niedersachsen*, Stuttgart.

Whitmarsh 2015: Tim Whitmarsh, *Battling the Gods: atheism in the ancient world*, New York.

Wiemer 2017: Hans-Ulrich Wiemer (Hrsg.), *Kulträume: Studien zum Verhältnis von Kult und Raum in alten Kulturen*, Stuttgart.

Wien 2017: Ulrich Andreas Wien (Hrsg.), *Judentum und Antisemitismus in Europa*, Tübingen.

Wiesehöfer u. a. 2016: Josef Wiesehöfer, Horst Brinkhaus und Reinhold Bichler (Hrsg.), *Megasthenes und seine Zeit*, Wiesbaden.

Wifstrand Schiebe 2020: Marianne Wifstrand Schiebe, *Das anthropomorphe Gottesbild: Berechtigung und Ursprung aus der Sicht antiker Denker*, Stuttgart.

Wightman 2015: Gregory J. W. Wightman, *The Origins of Religion in the Paleolithic*, Lanham, Md.

Wilden 2013: Eva Wilden (Hrsg.), *Lieder von Hingabe und Staunen: Gedichte der frühen tamilischen Bhakti*, Berlin.

Wilkinson 2005: Richard H. Wilkinson, *Die Welt der Tempel im alten Ägypten*, Stuttgart.

Willems 2014: Harco Willems, *Historical and Archaeological Aspects of Egyptian Funerary Culture*, Leiden.

Williamson 2016: Jacqueline Williamson, *Nefertiti's Sun Temple: a new cult complex at Tell el-Amarna*, Leiden.

Willis 2009: Michael D. Willis, *The Archaeology of Hindu Ritual*, Cambridge.

Wilson Jones 2014: Mark Wilson Jones, *Origins of classical architecture: temples, orders and gifts to the gods in ancient Greece*, New Haven, Conn.

Winiarczyk 2013: Marek Winiarczyk, *The «Sacred History» of Euhemerus of Messene*, Berlin.

Winiarczyk 2016: Marek Winiarczyk, *Diagoras of Melos: a contribution to the history of ancient atheism*, Berlin.

Winitzer 2017: Abraham Winitzer, *Early Mesopotamian divination literature*, Leiden.

Winkler 2022: Carol Winkler, *Proto-State Media Systems: the digital rise of Al-Qaeda and ISIS*, New York.

Winnerling 2014: Tobias Winnerling, *Vernunft und Imperium: die Societas Jesu in Indien und Japan, 1542–1574*, Göttingen.

Winship 2018: Michael P. Winship, *Hot Protestants: a history of Puritanism in England and America*, New Haven.

Wistinghausen 2016: Henning von Wistinghausen, *Freimaurerei und Aufklärung im Russischen Reich*, zwei Bände, Köln.

Witschey 2016: Walter Robert Thurmond Witschey (Hrsg.), *Encyclopedia of the Ancient Maya*, Lanham. Md.

Witte u. Diehl 2010: Markus Witte und Johannes F. Diehl (Hrsg.), *Orakel und Gebete: interdisziplinäre Studien zur Sprache der Religion in Ägypten, Vorderasien und Griechenland in hellenistischer Zeit*, Tübingen.

Witzel u. Gotō 2007: Michael Witzel und Toshifumi Gotō (Hrsg.), *Rig-Veda: das heilige Wissen. Erster und zweiter Liederkreis*, Berlin.

Witzel 2012: Michael Witzel, *The Origins of the World's Mythologies*, Oxford.

Witzel u. a. 2013: Michael Witzel, Toshifumi Gotō und Salvatore Scarlata (Hrsg.), *Rig-Veda: das heilige Wissen. Dritter bis fünfter Liederkreis*, Berlin.

Wolf 2012: Hubert Wolf, *Papst & Teufel: die Archive des Vatikan und das Dritte Reich*, München.

Wolf 2013: Hubert Wolf, *Die Nonnen von Sant'Ambrogio*, München.

Würth 2012: Ingrid Würth, *Geißler in Thüringen: die Entstehung einer spätmittelalterlichen Häresie*, Berlin.

Wunn u. a. 2015: Ina Wunn, Patrick Urban und Constantin Klein, *Götter – Gene – Genesis: Die Biologie der Religionsentstehung*, Heidelberg.

Wunn u. Grojnowski 2016: Ina Wunn und Davina Grojnowski, *Ancestors, Territoriality, and Gods: a natural history of religion*, Heidelberg.

Yang 2012: Fenggang Yang, *Religion in China: survival and revival under communist rule*, Oxford.

Yeager 2016; Jonathan M. Yeager, *Jonathan Edwards and Transatlantic Print Culture*, New York.

Yeo 2021: K. K. Yeo (Hrsg.), *Handbook of the Bible in China*, New York.

Yeşilyurt 2014: Metin Yeşilyurt, *Die wissenschaftliche Interpretation von Göbeklitepe: die Theorie und das Forschungsprogramm*, Berlin.

Young 2017: Walter Edward Young, *The Dialectical Forge: juridical disputation and the evolution of Islamic law*, Cham.

Zachhuber 2020: Johannes Zachhuber, *The Rise of Christian Theology and the End of Ancient Metaphysics*, Oxford.

Zander 2007: Helmut Zander, *Anthroposophie in Deutschland*, 2., durchges. Aufl., Göttingen.

Zehnle 2020: Stephanie Zehnle, *A Geography of Jihad: Sokoto jihadism and the Islamic frontier in West Africa*, Berlin.

Zeini 2020: Arash Zeini, *Zoroastrian scholasticism in late antiquity: the Pahlavi version of the Yasna Haptanhāiti*, Edinburgh.

Zernack u. Schulz 2019: Julia Zernack und Katja Schulz (Hrsg.), *Gylfis Täuschung: rezeptionsgeschichtliches Lexikon zur nordischen Mythologie und Heldensage*, Heidelberg.

Zernecke 2011: Anna Elise Zernecke, *Gott und Mensch in Klagegebeten aus Israel und Mesopotamien*, Münster.

Zhang 2015: Qiong Zhang, *Making the New World Their Own: Chinese encounters with Jesuit science in the Age of Discovery*, Leiden.

Zivie-Coche u. Dunand 2013: Christiane Zivie-Coche und Françoise Dunand, *Die Religionen des Alten Ägypten*, Stuttgart.

Zuckerman u. Shook 2017: Phil Zuckerman und John R. Shook (Hrsg.), *The Oxford Handbook of Secularism*, New York.

Register

Das Namen-, Wort- und Sachregister beschränkt sich auf die wichtigsten Stichwörter. Stellen, an denen ein Name oder Begriff nur beiläufig erwähnt wird, wurden nicht berücksichtigt. Namenvarianten und alternative Bezeichnungen werden überall dort, wo mehrere Formen gebräuchlich sind, durch Verweise erschlossen.